중소기업
세액공제 · 감면 실무

장상록 · 이한솔 · 안미예라 지음

준커뮤니케이션즈

저자약력

장상록(張相錄)

경력
법학박사, 경영학박사, 부동산학박사
대구광역시청 지방세업무 30년(서기관 퇴임)
계명대학교 대학원 조세법 강의
밀양대학교 세무회계학과 조세법 강의
지방행정연수원 세무조사 강의
現) 한국세무사회 세무연수원 교수
現) 한국지방세정책학회 학회장
現) 한국세무회계학회 부회장
現) 한국조세정책학회 부회장
現) 한국지방세학회 부회장
現) 대한세무학회 부회장
現) 법제처 국민법제관
現) 안진세무법인 부대표

저서
개발부담금이해와실무 (도서출판 탐진, 2023)
취득세 해설과 신고실무 (도서출판 탐진, 2020~2024)
산업단지 입주기업 지방세감면실무 (북랩, 2020)
부동산개발 세무실무 (도서출판 탐진, 2022)
재개발재건축도시개발 세무실무 (도서출판 더존테크윌, 2019~2021)
지방세 세무조사 실무 (삼일인포마인, 2017 2019)
지방세 체납정리 실무 (삼일인포마인, 2015 2017)
사회복지법인의 세무와회계실무 (세연 T&A, 2013)

수상
한국세무회계학회 세무회계대상(2022)
대한민국 자치발전 대상(2017)
지방공무원 정책연구 최우수상(2016)
대한민국 신지식인(2016)
한국세무회계학회 우수논문상(2012, 2020)
대통령표창(2010)

이한솔(李한솔)

학력 및 경력
변호사
성균관대학교 법학과
경북대학교 법학전문대학원
한국세법학회 정회원
한국세무회계학회 평생회원
한국세무학회 평생회원
한국조세연구포럼 평생회원
한국지방세학회 평생회원
現) 대구지방국세청 송무담당
前) 남대구세무서 납세자보호실장
前) 법무법인 큐브
前) 법무법인 중원

주요 수행업무
과세전적부심사청구
조세심판 및 행정소송 등 조세불복

안미예라(安美藝羅)

학력 및 경력
제56회 세무사 시험 합격
現) 세무회계위드미 대표세무사
現) 서울지방세무사회 세무조정 및 성실신고 감리위원
前) ㈜한국바스프 회계팀 및 자금팀

주요 수행업무
취득세 감면적용 및 과세전적부심사청구
법인세 및 종합소득세 경정청구

머리말

조세특례제한법은 그 방대함과 복잡성 및 잦은 개정으로 인하여 조세전문가들도 어려워하는 법입니다.

조세특례제한법상 법인세 공제·감면은 고용증대세액공제, 중소기업 특별세액감면 등 총 59개 조문이 있으며, 중소기업의 공제·감면 건수와 규모는 모두 매년 증가하는 추세입니다.

하지만 안타깝게도 업무를 하면서 어려운 조세특례제한법 전체에 대하여 참고할 만한 서적을 쉽게 찾기가 어려웠습니다. 옛말에 궁즉통(窮則通)이라 하였습니다. 이 말을 새기며 그동안 실무경험을 바탕으로 이한솔 변호사, 안미예라 세무사와 의기투합하여 조세특례제한법에 관심있는 분들에게 조금이나 도움을 드리고자 이 책을 집필하게 되었습니다.

이 책의 주요 특징은 요약하면 다음과 같습니다.
1. 조세특례제한법에 따른 세액공제 조문 및 세액감면 조문에 대하여 조세특례제한법 법전이 없어도 법, 시행령, 시행규칙까지 법조문의 모든 내용을 한 눈에 볼 수 있도록 하였습니다.
2. 조세특례제한법에 따른 세액공제 조문 및 세액감면 조문 연혁을 이해하는 데 도움을 주고자 2021년부터 2025년까지 5년간 각각의 조문별 입법취지, 주요 개정내용, 적용요령 등 입법연혁을 반영하였습니다.

아무쪼록 조세특례제한법 업무를 담당하는 공무원이나 납세자 등 모든 분들이 현장에서 업무하는데 참고가 되기를 바라며, 부족한 부분은 향후 독자 여러분들의 질책과 조언으로 보완해 나갈 것을 약속드립니다.

2025. 4.

장상록·이한솔·안미예라

목차

PART 01 조세특례제한법에 따른 세액공제 ········· 1

중소기업지원
1. 상생결제 지급금액에 대한 세액공제(제7조의4) ········· 1
2. 상생협력을 위한 기금 출연 등에 대한 세액공제(제8조의3) ········· 6
3. 협력중소기업에 대한 유형고정자산 무상임대 세액공제(제8조의3제2항) ········· 8
4. 수탁기업에 설치하는 시설에 대한 세액공제(제8조의3제3항) ········· 9
5. 사업 사용 연구시험용 자산의 교육 기관 무상기증에 대한 세액공제(제8조의3제4항) ········· 10

연구개발
6. 기술취득에 대한 세액 공제(제12조제2항) ········· 14
7. 기술혁신형 합병에 대한 세액공제(제12조의3) ········· 18
8. 기술혁신형 주식취득에 대한 세액공제(제12조의4) ········· 22
9. 벤처기업 등에의 출자에 대한 세액공제(제13조의2) ········· 29
10. 소재·부품·장비 전문기업에의 공동출자에 대한 세액공제(제13조의3제1항) ········· 34
11. 소재·부품·장비 관련 외국법인 인수에 대한 세액공제(제13조의3제3항) ········· 36
12. 성과공유 중소기업 경영성과급 세액공제(제19조) ········· 43

투자촉진
13. 통합투자세액공제(제24조) ········· 47

제작지원
14. 영상콘텐츠 제작비용에 대한 세액공제(제25조의6) ········· 59

고용지원
15. 산업수요맞춤형고등학교등 졸업자를 병역 이행 후 복직시킨 중소기업에 대한 세액공제(제29조의2) ········· 66
16. 경력단절 여성 고용 기업 등에 대한 세액공제(제29조의3제1항) ········· 68
17. 육아휴직 후 고용유지 기업에 대한 인건비 세액공제(제29조의3제2항) ········· 70
18. 근로소득을 증대시킨 기업에 대한 세액공제(제29조의4) ········· 74
19. 고용을 증대시킨 기업에 대한 세액공제(제29조의7) ········· 81

20. 통합고용세액공제(제29조의8) ··· 90
21. 정규직 근로자로의 전환에 따른 세액공제(제30조의2) ······································· 99
22. 고용유지중소기업에 대한 세액공제(제30조의3) ··· 100
23. 중소기업고용증가 인원에 대한 사회보험료 세액공제(제30조의4제1항) ············· 104
24. 중소기업 사회보험 신규가입에 대한 사회보험료 세액공제(제30조의4제3항) ····· 110

기타

25. 상가임대료를 인하한 임대사업자에 대한 세액공제(제96조의3) ························ 115
26. 전자신고에 대한 세액공제(법인)(제104조의8제1항) ·· 121
27. 전자신고에 대한 세액공제(세무법인 등)(제104조의8제3항) ····························· 122
28. 기업의 운동경비부 설치·운영에 대한 세액공제(제104조의22) ························· 125
29. 석유제품 전자상거래에 대한 세액공제(제104조의25) ······································ 128
30. 우수 선화주기업 인증받은 국제 물류주선업자에 대한 세액공제(제104조의30) · 130
31. 용역제공자에 관한 과세자료의 제출에 대한 세액공제(제104조의32) ··············· 132
32. 금사업자와 스크랩등 사업자의 수입금액증가 등 세액공제(제122조의4) ··········· 134
33. 성실신고 확인비용에 대한 세액공제(제126조의6) ··· 136

PART 02 조세특례제한법에 따른 세액감면 ·· 138

중소기업지원

34. 창업중소기업 등에 대한 감면(제6조) ·· 138
35. 중소기업에 대한 특별세액감면(제7조) ·· 152

연구개발

36. 기술이전소득에 대한 세액감면(제12조제1항) ··· 159
37. 기술대여소득에 대한 세액감면(제12조제3항) ··· 161
38. 연구개발특구에 입주하는 첨단기술기업 등에 대한 감면(제12조의2) ··············· 163

국제거래

39. 국제금융거래에 따른 이자소득 등에 대한 법인세 면제(제21조) ·· 170

지역균형

40. 공장의 수도권 밖 이전에 대한 세액감면(제63조) ·· 174
41. 본사의 수도권 밖 이전에 대한 세액감면(제63조의2) ·· 182
42. 농공단지 입주기업 등에 대한 세액감면(제64조) ·· 191
43. 영농조합법인 감면(제66조) ··· 196
44. 영어조합법인 감면(제67조) ··· 204
45. 농업회사법인 감면(제68조) ··· 210

공익사업

46. 사회적기업 및 장애인 표준사업장에 대한 감면(제85조의6) ·· 219

기타

47. 소형주택 임대사업자에 대한 세액감면(제96조) ··· 223
48. 상가건물 장기임대사업자에 대한 세액감면(제96조의2) ·· 230
49. 위기지역 내 창업기업 세액감면(제99조의9) ·· 232
50. 해외진출기업의 국내복귀에 대한 세액감면(제104조의24) ·· 238
51. 외국인투자에 대한 감면(제121조의2) ·· 248
52. 외국인투자기업의 증자의 조세감면(제121조의4) ··· 266
53. 제주도첨단과학기술단지 입주기업 감면(제121조의8) ··· 269
54. 제주투자진흥지구 등 입주기업 감면(제121조의9) ·· 275
55. 기업도시개발구역 등의 창업기업 등 감면(제121조의17) ·· 280
56. 아시아문화중심도시 투자진흥지구 입주기업 감면(제121조의20) ···································· 289
57. 금융중심지 창업기업에 대한 감면(제121조의21) ··· 294
58. 첨단의료복합단지 입주기업에 대한 감면(제121조의22) ·· 298
59. 국가식품클러스터 입주기업에 대한 감면(제121조의22) ·· 298

PART 03 조세특례제한법에 따른 조세특례제한 등 ... 303

60. 중복지원의 배제 ... 303
61. 추계과세 시 등의 감면배제 ... 308
62. 수도권과밀억제권역의 투자에 대한 조세감면 배제 ... 311
63. 최저한세액에 미달하는 세액에 대한 감면 등의 배제 ... 314

PART 04 조세특례제한법 보칙 ... 319

64. 구분경리 ... 319
65. 세액공제액의 이월공제 ... 320
66. 감면세액의 추징 ... 324

PART 05 부록 ... 325

- 조세특례제한법 시행령 [별표 1] 〈신설 2023. 2. 28.〉 ... 325
- 조세특례제한법 시행규칙 [별표 5] 〈개정 2021. 3. 16.〉 ... 326
- 조세특례제한법 시행규칙 [별표 6] 〈개정 2024. 3. 22.〉 ... 327
- 조세특례제한법 시행령 [별표 7] 〈개정 2024. 2. 29.〉 ... 344
- 조세특례제한법 시행규칙 [별표 1] 〈개정 2021. 3. 16.〉 ... 370
- 조세특례제한법 시행규칙 [별표 2] 〈개정 2021. 3. 16.〉 ... 371
- 조세특례제한법 시행규칙 [별표 3] 〈개정 2021. 3. 16.〉 ... 372
- 조세특례제한법 시행규칙 [별표 4] 〈개정 2023. 3. 20.〉 ... 373
- 조세특례제한법 시행규칙 [별표 5] 〈개정 2021. 3. 16.〉 ... 374
- 조세특례제한법 시행규칙 [별표 6] 〈개정 2024. 3. 22.〉 ... 375
- 조세특례제한법 시행규칙 [별표 6의2] 〈개정 2024. 3. 22.〉 ... 392
- 조세특례제한법 시행규칙 [별표 8의9] 〈개정 2022. 3. 18.〉 ... 398
- 조세특례제한법 시행령 [별표 14] 〈개정 2021. 11. 9.〉 ... 400

- 조세특례제한법 시행규칙 [별표 9] 〈개정 2023. 3. 20.〉 ……………………………… 401
- 중소기업기본법 시행령 [별표 1] 〈개정 2017. 10. 17.〉 ……………………………… 402
- 조세특례제한법 시행령 [별표 6] 〈개정 2024. 8. 6.〉 ………………………………… 404
- 중소기업기본법 시행령 [별표 3] 〈개정 2017. 10. 17.〉 ……………………………… 407
- 법인세법 시행규칙 [별표 3] 〈개정 2019. 3. 20.〉 ……………………………………… 409
- 조세특례제한법 시행령 [별표 7] 〈개정 2024. 2. 29.〉 ………………………………… 410
- 조세특례제한법 시행령 [별표 13] 〈신설 2014.2.21.〉 ………………………………… 436
- 조세특례제한법 시행규칙 [별표 14] 〈신설 2017. 3. 17.〉 …………………………… 437

PART 01 조세특례제한법에 따른 세액공제

1. 중소기업지원 - 상생결제 지급금액에 대한 세액공제

법 제7조의 4 【상생결제 지급금액에 대한 세액공제】

① 중소기업 및 대통령령으로 정하는 중견기업(이하 제10조를 제외하고 "중견기업"이라 한다)을 경영하는 내국인이 2025년 12월 31일까지 중소기업 및 중견기업에 지급한 구매대금(제7조의 2 제3항 제1호에 따른 구매대금을 말한다. 이하 이 조에서 같다) 중 대통령령으로 정하는 상생결제제도(이하 이 조에서 "상생결제제도"라 한다)를 통하여 지급한 금액이 있는 경우로서 해당 과세연도에 지급한 구매대금 중 약속어음으로 결제한 금액이 차지하는 비율이 직전 과세연도보다 증가하지 아니하는 경우에는 제2항에 따라 계산한 금액을 소득세[사업소득(「소득세법」 제45조 제2항에 따른 부동산임대업에서 발생하는 소득은 포함하지 아니한다. 제122조의 3, 제126조의 2, 제126조의 6 및 제132조를 제외하고 이하에서 같다)에 대한 소득세만 해당한다] 또는 법인세에서 공제한다. 다만, 공제받는 금액이 해당 과세연도의 소득세 또는 법인세의 100분의 10을 초과하는 경우에는 100분의 10을 한도로 한다. (2022. 12. 31. 개정)

1. (삭제, 2021. 12. 28.)
2. (삭제, 2021. 12. 28.)

② 제1항에 따라 공제할 금액은 다음 각 호의 금액(해당 금액이 0보다 작은 경우에는 0으로 한다)을 합하여 계산한 금액으로 한다. (2021. 12. 28. 개정)

1. 상생결제제도를 통한 지급금액 중 지급기한이 세금계산서등(제7조의 2 제1항 제2호에 따른 세금계산서등을 말한다. 이하 이 조에서 같다)의 작성일부터 15일 이내인 지급금액에 대하여 다음의 계산식에 따라 산출한 금액 (2021. 12. 28. 개정)

$$(A - B) \times 1천분의 5$$

A: 상생결제제도를 통한 지급금액 중 지급기한이 세금계산서등의 작성일부터 15일 이내인 금액
B: 직전 과세연도에 지급한 대통령령으로 정하는 현금성결제금액(이하 이 조에서 "현금성결제금액"이라 한다)이 해당 과세연도의 현금성결제금액을 초과하는 경우 그 초과하는 금액

2. 상생결제제도를 통한 지급금액 중 지급기한이 세금계산서등의 작성일부터 15일 초과 30일 이내인 지급금액에 대하여 다음의 계산식에 따라 산출한 금액 (2021. 12. 28. 개정)

$$(C - D) \times 1천분의 3$$

C: 상생결제제도를 통한 지급금액 중 지급기한이 세금계산서등의 작성일부터 15일 초과 30일 이내인 금액
D: 제1호에 따른 B가 A를 초과하는 경우 그 초과하는 금액

3. 상생결제제도를 통한 지급금액 중 지급기한이 세금계산서등의 작성일부터 30일 초과 60일 이내인 지급금액에 대하여 다음의 계산식에 따라 산출한 금액 (2021. 12. 28. 개정)

$$(E - F) \times 1만분의 15$$

E: 상생결제제도를 통한 지급금액 중 지급기한이 세금계산서등의 작성일부터 30일 초과 60일 이내인 금액
F: 제2호에 따른 D가 C를 초과하는 경우 그 초과하는 금액

③ 제1항과 제2항을 적용받으려는 내국인은 대통령령으로 정하는 바에 따라 세액공제신청을 하여야 한다. (2015. 12. 15. 신설)

영 6조의 4 【상생결제 지급금액에 대한 세액공제】

① 법 제7조의 4 제1항 본문에서 "대통령령으로 정하는 중견기업"이란 다음 각 호의 요건을 모두 갖춘 기업(이하 제9조 및 제93조의 4를 제외하고 "중견기업"이라 한다)을 말한다. (2024. 2. 29. 개정)
1. 중소기업이 아닐 것 (2021. 2. 17. 개정)
1의 2. 「중견기업 성장촉진 및 경쟁력 강화에 관한 특별법 시행령」 제2조 제1항 제1호 또는 제2호에 해당하는 기관이 아닐 것 (2023. 2. 28. 신설)
2. 다음 각 목의 어느 하나에 해당하는 업종을 주된 사업으로 경영하지 않을 것. 이 경우 둘 이상의 서로 다른 사업을 경영하는 경우에는 사업별 사업수입금액이 큰 사업을 주된 사업으로 본다. (2021. 2. 17. 개정)
　가. 제29조 제3항에 따른 소비성서비스업 (2021. 2. 17. 개정)
　나. 「중견기업 성장촉진 및 경쟁력 강화에 관한 특별법 시행령」 제2조 제2항 제2호 각 목의 업종 (2021. 2. 17. 개정)
3. 소유와 경영의 실질적인 독립성이 「중견기업 성장촉진 및 경쟁력 강화에 관한 특별법 시행령」 제2조 제2항 제1호에 적합할 것 (2021. 2. 17. 개정)
4. 직전 3개 과세연도의 매출액(매출액은 제2조 제4항에 따른 계산방법으로 산출하며, 과세연도가 1년 미만인 과세연도의 매출액은 1년으로 환산한 매출액을 말한다)의 평균금액이 3천억원 미만인 기업일 것 (2021. 2. 17. 개정)
② 법 제7조의 4 제1항 본문에서 "대통령령으로 정하는 상생결제제도"란 다음 각 호의 요건을 모두 충

족하는 결제방법을 말한다. (2022. 2. 15. 개정)
1. 판매기업이 구매기업으로부터 판매대금으로 받은 외상매출채권을 담보로 다른 판매기업에 새로운 외상매출채권을 발행하여 구매대금을 지급할 것 (2016. 2. 5. 신설)
2. 여러 단계의 하위 판매기업들이 구매기업이 발행한 외상매출채권과 동일한 금리조건의 외상매출채권으로 판매대금을 지급할 것 (2016. 2. 5. 신설)
3. 외상매출채권의 지급기한이 법 제7조의 2 제1항 제2호에 따른 세금계산서등(이하 이 조에서 "세금계산서등"이라 한다)의 작성일부터 60일 이내일 것 (2016. 2. 5. 신설)
4. 금융기관이 판매기업에 대하여 상환청구권을 행사할 수 없는 것으로 약정될 것 (2016. 2. 5. 신설)

③ 법 제7조의 4 제2항 제1호의 계산식에서 "대통령령으로 정하는 현금성결제금액"이란 법 제7조의 2 제1항에 따른 환어음등 지급금액(같은 항 제1호에 따른 환어음 및 판매대금추심의뢰서로 결제한 금액은 대금결제 기한이 세금계산서등의 작성일부터 60일 이내이고 금융기관이 판매기업에 대하여 상환청구권을 행사할 수 없는 것으로 약정된 것에 한정한다)을 말한다. (2022. 2. 15. 개정)

④ 법 제7조의 4에 따라 소득세 또는 법인세를 공제받으려는 내국인은 과세표준신고와 함께 기획재정부령으로 정하는 세액공제신청서 및 공제세액계산서를 납세지 관할 세무서장에게 제출하여야 한다. (2018. 2. 13. 항번개정)

□ **개정연혁**

[2021년] 상생결제 지급금액에 대한 세액공제 적용기한 연장
가. 개정취지: 중소·중견기업의 원활한 납품대금 수령 지원
나. 개정내용

종전	개정
▨ 상생결제 지급금액에 대한 세액공제 ○ (지원금액) 중소·중견기업의 상생결제금액 × 공제율* * (지급기한 15일 이내) 0.2% (지급기한 15~60일) 0.1% ○ (요건) 전년 대비 ①현금성 결제금액 비중이 감소하지 않고, ②약속어음 금액이 증가하지 않을 것 ○ (적용기한) 2020.12.31.	▨ 적용기한 2년 연장 ○ (좌 동) ○ 2022.12.31.

다. 적용시기 및 적용례: 2021.1.1. 이후 개시하는 과세연도 분부터 적용

[2022년] 상생결제 지급금액 세액공제 지원 확대
가. 개정취지: 중소·중견기업 간 상생결제 활성화
나. 개정내용

종전	개정
▨ 상생결제* 지급금액에 대한 세액공제 * 만기일에 현금지급을 보장받고, 만기일 이전에도 구매기업이 지급한 외상매출채권을 낮은 수수료로 현금화 할 수 있는 제도 ○ (대상) 상생결제를 통해 구매대금을 지급한 중소·중견기업 ○ (요건) ❶과 ❷ 모두 충족 ❶ 현금성 결제* 비율이 감소하지 않을 것 * 외상매출채권담보대출 등 어음대체결제 수단 ❷ 어음 결제 금액이 증가하지 않을 것 ○ (공제대상) 상생결제금액 ○ (공제율) 2단계 구조 | 지급기일 | 공 제 율 | |---|---| | 15일 이내 지급 | 0.2% | | 16~60일 지급 | 0.1% | ○ (적용기한) 2022.12.31.	▨ 요건 완화 및 공제율 상향 등 지원 확대 ○ (좌 동) ○ 요건 단순화 - 어음 결제 비율이 전년 대비 증가하지 않을 것 ○ 상생결제금액에서 현금성 결제 감소분을 차감한 금액 ○ 공제율 상향 및 구간 세분화 | 지급기일 | 공 제 율 | |---|---| | 15일 이내 지급 | 0.5% | | 16~30일 지급 | 0.3% | | 31~60일 지급 | 0.15% | ○ (좌 동)

다. 적용시기 및 적용례: 2022.1.1. 이후 개시하는 과세연도 분부터 적용

[2023년] 상생결제 지급금액에 대한 세액공제 적용기한 연장

가. 개정취지: 중소·중견기업 상생결제 활성화

나. 개정내용

종전	개정
▨ 상생결제 지급금액에 대한 세액공제 ○ (대상) 상생결제를 통해 구매대금을 지급한 중소·중견기업 ○ (요건) 어음 결제 비율이 전년 대비 증가하지 않을 것 ○ (공제대상) 상생결제금액에서 현금성 결제 감소분을 차감한 금액 ○ (공제율) 3단계 구조 | 지급기일	공제율
15일 이내 지급	0.5%
16~30일 지급	0.3%
31~60일 지급	0.15% | ○ (적용기한) 2022.12.31.	▨ 적용기한 연장 ○ (좌 동) ○ 2025.12.31.

다. 적용시기 및 적용례: 2023.1.1. 이후 개시하는 과세연도 분부터 적용

□ **해석사례**

▷ **현금예치기반 상생결제 구매대금에 대한 세액공제 가능 여부**

서면법규법인2022-1040(2024.02.05)

현금예치기반 상생결제 구매대금에 대한 세액공제 가능함. 상생결제제도의 최초 구매기업이 되기 위한 약정을 체결하기 위해서는 은행 신용평가에서 우수한 신용등급을 부여받아야 함. 은행 신용평가기준을 충족하지 못하는 기업들도 상생결제제도에 참여할 수 있도록 제도를 개선한 것이 현금기반 상생결제임.

▷ **상생결제 지급금액에 부가가치세가 포함되는 지 여부**

서면법인2021-6711(2021.12.09)

상생결제 지급금액은 부가가치세를 포함한 금액임

2. 중소기업지원 – 상생협력을 위한 기금 출연 등에 대한 세액공제

법 제8조의 3 【상생협력을 위한 기금 출연 등에 대한 세액공제】 (2018. 12. 24. 제목개정)
① 내국법인이 「대·중소기업 상생협력 촉진에 관한 법률」 제2조 제3호 또는 「자유무역협정체결에 따른 농어업인 등의 지원에 관한 특별법」 제2조 제19호에 따른 상생협력을 위하여 2025년 12월 31일까지 다음 각 호의 어느 하나에 해당하는 출연을 하는 경우에는 해당 출연금의 100분의 10에 상당하는 금액을 출연한 날이 속하는 사업연도의 법인세에서 공제한다. 다만, 해당 출연금이 대통령령으로 정하는 특수관계인을 지원하기 위하여 사용된 경우 그 금액에 대해서는 공제하지 아니한다. (2022. 12. 31. 개정)
1. 「대·중소기업 상생협력 촉진에 관한 법률」 제2조 제6호에 따른 수탁기업 등 대통령령으로 정하는 중소기업(이하 이 조에서 "협력중소기업"이라 한다)에 대한 보증 또는 대출지원을 목적으로 「신용보증기금법」에 따른 신용보증기금(이하 이 조에서 "신용보증기금"이라 한다) 또는 「기술보증기금법」에 따른 기술보증기금(이하 이 조에서 "기술보증기금"이라 한다)에 출연하는 경우 (2016. 3. 29. 개정 ; 기술신용보증기금법 부칙)
2. 「대·중소기업 상생협력 촉진에 관한 법률」에 따른 대·중소기업·농어업협력재단(「자유무역협정체결에 따른 농어업인 등의 지원에 관한 특별법」에 따른 농어촌상생협력기금을 포함하며, 이하 이 조에서 "협력재단"이라 한다)에 출연하는 경우 (2016. 12. 20. 개정)
3. 「대·중소기업 상생협력 촉진에 관한 법률」 제2조 제1호에 따른 중소기업(이하 이 항에서 "상생중소기업"이라 한다)이 설립한 「근로복지기본법」 제50조에 따른 사내근로복지기금에 출연하거나 상생중소기업 간에 공동으로 설립한 「근로복지기본법」 제86조의 2에 따른 공동근로복지기금에 출연하는 경우. 다만, 해당 내국법인이 설립한 사내근로복지기금 또는 해당 내국법인이 공동으로 설립한 공동근로복지기금에 출연하는 경우는 제외한다. (2019. 12. 31. 신설)
4. 「중소기업협동조합법」 제106조 제8항에 따른 공동사업지원자금에 출연하는 경우 (2021. 12. 28. 신설)

영 제7조의 2 【협력중소기업의 범위 등】
① 법 제8조의 3 제1항 각 호 외의 부분 단서 및 같은 조 제2항에서 "대통령령으로 정하는 특수관계인"이란 각각 「법인세법 시행령」 제2조 제5항에 따른 특수관계인을 말한다. (2019. 2. 12. 개정)
② 법 제8조의 3 제1항 제1호에서 "「대·중소기업 상생협력 촉진에 관한 법률」 제2조 제6호에 따른 수탁기업 등 대통령령으로 정하는 중소기업"이란 다음 각 호의 어느 하나에 해당하는 중소기업을 말한다. (2017. 2. 7. 개정)
1. 「대·중소기업 상생협력 촉진에 관한 법률」 제2조 제6호에 따른 수탁기업 (2010. 12. 30. 신설)
2. 제1호의 수탁기업과 직접 또는 간접으로 물품을 납품하는 계약관계가 있는 중소기업 (2010. 12. 30. 신설)
3. 「과학기술기본법」 제16조의 4 제3항에 따라 지정된 전담기관과 연계하여 지원하는 창업기업 (2016.

6. 21. 개정)

4. 그 밖에 법 제8조의 3 제1항에 따른 내국법인이 협력이 필요 하다고 인정한 중소기업 (2016. 2. 5. 호번개정)

③ (삭제, 2017. 2. 7.)

④ 법 제8조의 3 제1항을 적용받으려는 내국법인은 과세표준신고와 함께 기획재정부령으로 정하는 세액공제신청서를 납세지 관할 세무서장에게 제출하여야 한다. (2014. 2. 21. 항번개정)

⑤ 법 제8조의 3 제1항 제1호에 따른 신용보증기금, 기술보증기금 및 같은 항 제2호에 따른 협력재단은 해당 사업연도의 과세표준신고를 할 때 기획재정부령으로 정하는 출연금 사용명세서를 납세지 관할 세무서장에게 제출하여야 한다. (2016. 5. 31. 개정 ; 기술신용보증기금법 시행령 부칙)

3. 중소기업지원 – 협력중소기업에 대한 유형고정자산 무상임대 세액공제

법 제8조의 3【상생협력을 위한 기금 출연 등에 대한 세액공제】(2018. 12. 24. 제목개정)
② 내국법인이 협력중소기업(해당 내국법인의 대통령령으로 정하는 특수관계인인 경우는 제외한다)을 지원하기 위하여 대통령령으로 정하는 바에 따라 2025년 12월 31일까지 대통령령으로 정하는 유형고정자산을 무상으로 임대하는 경우에는 대통령령으로 정하는 바에 따라 유형고정자산 장부가액의 100분의 3에 상당하는 금액을 무상임대를 개시하는 날이 속하는 사업연도의 법인세에서 공제한다. (2022. 12. 31. 개정)

영 제7조의 2【협력중소기업의 범위 등】
⑥ 법 제8조의 3 제2항에서 "대통령령으로 정하는 유형고정자산"이란 연구개발을 위한 연구·시험용 자산으로서 기획재정부령으로 정하는 자산을 말한다. (2017. 2. 7. 신설)
⑦ 법 제8조의 3 제2항에 따라 내국법인이 유형고정자산을 무상으로 임대하는 경우에는 제2항 제3호에 따른 전담기관 또는 「중소기업창업 지원법」에 따른 창업보육센터(이하 이 조에서 "창업보육센터 등"이라 한다)와 연계하여 지원하는 창업기업에 제6항에 따른 자산을 무상으로 5년 이상 계속 임대하여야 한다. (2017. 2. 7. 신설)
⑧ 법 제8조의 3 제2항을 적용받으려는 내국법인은 과세표준신고를 할 때 기획재정부령으로 정하는 세액공제신청서 및 제9항에 따른 확인서를 납세지 관할 세무서장에게 제출하여야 한다. (2017. 2. 7. 신설)
⑨ 법 제8조의 3 제2항에 따라 자산을 무상임대받은 창업기업과 연계한 창업보육센터등은 무상임대가 개시되는 즉시 기획재정부령으로 정하는 무상임대 확인서(이하 이 조에서 "확인서"라 한다)를 해당 내국법인에게 발급하여야 한다. (2017. 2. 7. 신설)
⑩ 창업보육센터등은 확인서 발급일 이후 매년 무상임대 여부를 확인하여야 하며, 제7항에 따른 기간 동안 무상임대가 이루어지지 아니한 사실을 확인한 경우에는 지체 없이 그 사실을 납세지 관할 세무서장에게 알려야 한다. (2017. 2. 7. 신설)

규칙 제5조의 2【무상임대 자산의 범위】
영 제7조의 2 제6항에서 "기획재정부령으로 정하는 자산"이란 제13조의 10 제1항 제1호에 해당하는 자산을 말한다. (2021. 3. 16. 개정)

4. 중소기업지원 – 수탁기업에 설치하는 시설에 대한 세액공제

법 제8조의 3 【상생협력을 위한 기금 출연 등에 대한 세액공제】 (2018. 12. 24. 제목개정)
③ 내국인이 「대·중소기업 상생협력 촉진에 관한 법률」에 따른 수탁·위탁거래의 상대방인 수탁기업에 설치(제2항에 따라 무상임대하는 경우는 제외한다)하는 대통령령으로 정하는 시설에 2025년 12월 31일까지 투자(중고품 및 대통령령으로 정하는 리스에 의한 투자는 제외한다)하는 경우에는 그 투자금액의 100분의 1(중견기업의 경우에는 100분의 3, 중소기업의 경우에는 100분의 7)에 상당하는 금액을 소득세(사업소득에 대한 소득세만 해당한다) 또는 법인세에서 공제한다. 이 경우 세액공제의 방법에 관하여는 제24조 제1항, 제2항 및 제5항을 준용한다. (2022. 12. 31. 개정)

영 제7조의 2 【협력중소기업의 범위 등】
⑪ 법 제8조의 3 제3항 전단에서 "대통령령으로 정하는 시설"이란 「대·중소기업 상생협력 촉진에 관한 법률」에 따라 위탁기업이 수탁기업에 설치하는 검사대 또는 연구시설을 말한다. (2019. 2. 12. 신설)
⑫ 법 제8조의 3 제3항을 적용받으려는 자는 투자완료일이 속하는 과세연도(법 제25조 제3항을 적용받으려는 경우에는 해당 투자가 이루어지는 각 과세연도를 말한다)에 과세표준신고와 함께 기획재정부령으로 정하는 세액공제신청서를 납세지 관할 세무서장에게 제출해야 한다. (2019. 2. 12. 신설)

영 제3조 【투자세액공제 제외 대상 리스】
법 제8조의 3 제3항 전단, 제24조 제1항 각 호 외의 부분 및 제26조 제1항 각 호 외의 부분 본문에서 "대통령령으로 정하는 리스"란 각각 내국인에게 자산을 대여하는 것으로서 기획재정부령으로 정하는 금융리스를 제외한 것을 말한다. (2021. 2. 17. 개정)

5. 중소기업지원 – 사업 사용 연구시험용 자산의 교육 기관 무상기증에 대한 세액공제

법 제8조의 3 【상생협력을 위한 기금 출연 등에 대한 세액공제】 (2018. 12. 24. 제목개정)

④ 내국법인이 사업에 사용하던 자산 중 연구시험용 시설 등 대통령령으로 정하는 자산을 「고등교육법」 제2조 제1호에 따른 대학 및 그 밖에 대통령령으로 정하는 교육기관에 2025년 12월 31일까지 무상으로 기증하는 경우에는 기증한 자산의 「법인세법」 제52조 제2항에 따른 시가의 100분의 10에 상당하는 금액을 기증하는 날이 속하는 사업연도의 법인세에서 공제한다. 이 경우 기증한 자산의 세액공제에 관하여 필요한 사항은 대통령령으로 정한다. (2022. 12. 31. 신설)

⑤ 신용보증기금, 기술보증기금, 협력재단, 사내근로복지기금 및 공동근로복지기금은 제1항에 따라 세액공제를 적용받은 해당 출연금을 회계처리할 때에는 다른 자금과 구분경리하여야 한다. (2022. 12. 31. 항번개정)

⑥ 신용보증기금 또는 기술보증기금은 제1항에 따라 받은 출연금을 같은 항에 따른 지원목적 외의 용도로 사용한 경우에는 해당 사업연도의 과세표준신고를 할 때 제1항에 따라 내국법인이 공제받은 세액상당액을 법인세로 납부하여야 한다. (2022. 12. 31. 항번개정)

⑦ 내국법인이 제2항에 따른 무상임대 개시일 이후 5년 이내에 해당 유형고정자산의 무상임대를 종료하는 경우에는 해당 사업연도의 과세표준신고를 할 때 제2항에 따라 내국법인이 공제받은 세액상당액을 법인세로 납부하여야 한다. (2022. 12. 31. 항번개정)

⑧ 제1항부터 제4항까지의 규정을 적용받으려는 내국법인은 대통령령으로 정하는 바에 따라 세액공제 신청을 하여야 한다. (2022. 12. 31. 개정)

영 제7조의 2 【협력중소기업의 범위 등】

⑬ 법 제8조의 3 제4항 전단에서 "연구시험용 시설 등 대통령령으로 정하는 자산"이란 반도체 관련 연구·교육에 직접 사용하기 위한 시설·장비로서 별표 1에 따른 시설·장비를 말한다. (2023. 2. 28. 신설)

⑭ 법 제8조의 3 제4항 전단에서 "대통령령으로 정하는 교육기관"이란 다음 각 호의 기관을 말한다. (2023. 2. 28. 신설)

1. 「고등교육법」 제2조 제4호에 따른 전문대학 (2023. 2. 28. 신설)
2. 「한국과학기술원법」에 따른 한국과학기술원, 「광주과학기술원법」에 따른 광주과학기술원, 「대구경북과학기술원법」에 따른 대구경북과학기술원 및 「울산과학기술원법」에 따른 울산과학기술원 (2023. 2. 28. 신설)
3. 「산업교육진흥 및 산학연협력촉진에 관한 법률」 제25조 제1항에 따른 산학협력단 (2023. 2. 28. 신설)
4. 다음 각 목의 학교 (2023. 2. 28. 신설)
   가. 「초·중등교육법 시행령」 제90조 제1항 제10호에 따른 산업수요 맞춤형 고등학교 (2023. 2. 28. 신설)

나. 「초·중등교육법 시행령」 제91조 제1항에 따른 특성화고등학교 (2023. 2. 28. 신설)
다. 「초·중등교육법 시행령」 제81조 제7항 제2호에 따른 학과가 설치된 일반고등학교 (2023. 2. 28. 신설)
5. 「국가첨단전략산업 경쟁력 강화 및 보호에 관한 특별조치법」 제38조 제1항에 따른 전략산업종합교육센터 (2023. 2. 28. 신설)

⑮ 법 제8조의 3 제4항에 따라 기증한 자산에 대하여 「법인세법」 제24조를 적용하는 경우에는 같은 법 시행령 제36조 제1항에 따라 가액을 산정한다. (2023. 2. 28. 신설)

⑯ 법 제8조의 3 제4항을 적용받으려는 내국법인은 과세표준신고를 할 때 기획재정부령으로 정하는 세액공제신청서를 납세지 관할 세무서장에게 제출해야 한다. (2023. 2. 28. 신설)

□ **개정연혁**

[2020년] 대·중소기업 상생협력에 대한 세액공제 대상 확대 등

가. 개정취지: 대·중소기업의 상생협력을 지원

나. 개정내용

종전	개정
▨ 내국법인이 대·중소기업 상생협력을 위한 기금 등 출연 시 세액공제 ○ (적용대상) - 협력중소기업 보증 또는 대출지원을 목적으로 신용보증기금·기술신용보증기금에 출연 - 대·중소기업협력재단에 출연 〈추 가〉 ○ (공제율) 출연금의 10% ○ (적용기한) 2019.12.31.	▨ 적용대상 확대 및 기한 연장 ○ (좌 동) - 중소기업 사내근로복지기금 또는 중소기업 공동근로복지기금에 출연 ○ (좌 동) ○ 2022.12.31.
	▨ 적용기한 연장 ○ (좌 동) ○ 2022.12.31.
▨ 내국법인이 협력중소기업에 연구·시험용자산 등을 무상으로 임대 시 세액공제 ○ (공제율) 취득가액의 3% ○ (적용기한) 2019.12.31.	▨ 적용기한 연장 ○ (좌 동) ○ 2022.12.31.
▨ 내국인이 수탁·위탁거래의 상대방인 수탁기업 연구시설 등에 투자 시 세액공제 ○ (공제율) 투자금액의 1%(중견 3%, 중소 7%) ○ (적용기한) 2019.12.31.	

다. 적용시기 및 적용례: 2020.1.1. 이후 출연하는 분부터 적용

[2023년] 상생협력출연금 세액공제 적용기한 연장 및 기업의 중고자산 교육기관 기증 시 세액공제 신설

가. 개정취지: 대·중소기업 상생협력 및 산학 공동연구 활성화 지원

나. 개정내용

종전	개정
■ 대·중소 상생협력을 위한 기금 출연 등에 대한 세액공제 ○ 대·중소 상생협력을 위한 출연금*의 10% 세액공제 　* 신보·기보에 대한 출연금 대·중소·농어업 협력재단 출연금 中企 사내·공동근로복지기금 출연금 中企 협동조합 공동사원지원자금 출연금 ○ 협력중소기업에 유형고정자산 무상임대시 장부가액의 3% 세액공제 ○ 수탁기업에 연구시설 등 설치 시 투자금액의 1/3/7%(대/중견/중소기업) 세액공제 〈추 가〉 ○ (적용기한) 2022.12.31.	■ 적용대상 확대 및 적용기한 연장 ○ (좌 동) ○ 대학 등 교육기관*에 중고자산 무상기증 시 해당 자산 시가의 10% 세액공제 　* 대학(원), 산학협력단, 직업계 고등학교 및 전략 산업 종합교육센 - (중고자산) 반도체 관련 연구·교육에 직접 사용하기 위한 시설·장비로서 반도체 공정에 사용되는 설비 ○ 2025.12.31.

다. 적용시기 및 적용례: 2023.1.1. 이후 기증하는 분부터 적용

□ 해석사례

▷ **내국법인이 제휴업체와 협력이익공유제를 시행하기 위해 협력재단에 출연 시, 상생협력기금 출연 세액공제 여부**
　사전법령해석법인2021-1047(2021.09.08.)
내국법인이 목표 매출구간에 따라 판매장려금을 지급하는 협력이익공유 과제 이행계약을 제휴업체들과 체결한 후 협력과제의 목표를 달성한 제휴업체들에게 지급할 판매장려금을 협력재단에 출연하는 경우 해당 출연은 조세특례제한법§8의3①(2)에 따른 출연에 해당하지 않는 것임

▷ **상생협력기금 출연에 대한 세액공제 등 적용 가능 여부**
　서면법인2021-703(2021.06.17)
질의법인과 수혜법인이 특수관계인에 해당하지 않는다면 상생협력기금 출연에 대한 세액공제 및 투자·상생협력 촉진을 위한 과세특례가 적용되는 상생협력기금의 출연으로 볼 수 있으나, 특수관계 여부는 사실 판단할 사항임

▷ **불특정 다수의 중소기업의 상생협력을 지원하기 위해 협력재단에 출연시 세액공제 적용 가능 여부**
 서면-2018-법인-1362

내국법인이 「대·중소기업 상생협력 촉진에 관한 법률」 제2조제3호에 따른 상생협력을 위해 같은 법률에 따른 대·중소기업·농어업협력재단에 2017.1.1 이후 출연하는 경우 해당 출연금이 법인세법 시행령 제2조제5항의 특수관계인을 지원하기 위해 사용되는 경우를 제외하고 조세특례제한법 제8조의3 제1항의 세액공제를 적용받을 수 있는 것이며, 또한 동 출연금은 조세특례제한법 시행령 제100조의32 제14항제1호의 출연금에 해당하는 것임

6. 연구개발 – 기술취득에 대한 세액 공제

법 제12조 【기술이전 및 기술취득 등에 대한 과세특례】

① 중소기업 및 중견기업이 대통령령으로 정하는 자체 연구·개발한 특허권, 실용신안권, 기술비법 또는 기술(이하 이 조에서 "특허권등"이라 한다)을 2026년 12월 31일까지 내국인에게 이전(대통령령으로 정하는 특수관계인에게 이전한 경우는 제외한다)함으로써 발생하는 소득에 대해서는 해당 소득에 대한 소득세 또는 법인세의 100분의 50에 상당하는 세액을 감면한다. (2023. 12. 31. 개정)

② 내국인이 대통령령으로 정하는 특허권등을 자체 연구·개발한 내국인으로부터 2018년 12월 31일까지 특허권등을 취득(대통령령으로 정하는 특수관계인으로부터 취득한 경우는 제외한다)한 경우에는 취득금액에 다음 각 호의 구분에 따른 비율을 곱하여 계산한 금액을 해당 과세연도의 소득세(사업소득에 대한 소득세만 해당한다) 또는 법인세에서 공제한다. 이 경우 공제받을 수 있는 금액은 해당 과세연도의 소득세 또는 법인세의 100분의 10을 한도로 한다. (2016. 12. 20. 개정)

1. 중소기업이 취득하는 경우: 100분의 10 (2016. 12. 20. 신설)
2. 중소기업에 해당하지 아니하는 자가 취득하는 경우: 100분의 5(중소기업으로부터 특허권등을 취득하는 경우로 한정한다) (2016. 12. 20. 신설)

③ 중소기업 및 중견기업이 대통령령으로 정하는 자체 연구·개발한 특허권등을 2026년 12월 31일까지 대여(대통령령으로 정하는 특수관계인에게 대여한 경우는 제외한다)함으로써 발생하는 소득에 대해서는 해당 소득에 대한 소득세 또는 법인세의 100분의 25에 상당하는 세액을 감면한다. (2023. 12. 31. 개정)

④ 제1항 또는 제3항을 적용할 때 해당 과세연도 및 직전 4개 과세연도에 특허권등에서 발생한 손실이 있는 경우에는 특허권등을 이전 또는 대여함으로써 발생하는 소득을 계산할 때 그 소득에서 해당 손실금액을 뺀다. (2017. 12. 19. 개정)

⑤ 제1항부터 제3항까지의 규정을 적용받으려는 내국인은 대통령령으로 정하는 바에 따라 세액감면 또는 세액공제 신청을 하여야 한다. (2017. 12. 19. 항번개정)

영 제11조 【기술비법의 범위 등】

① 법 제12조 제1항, 같은 조 제2항 전단 및 같은 조 제3항에서 "대통령령으로 정하는 특수관계인"이란 「법인세법 시행령」 제2조 제5항 및 「소득세법 시행령」 제98조 제1항에 따른 특수관계인을 말한다. 이 경우 「법인세법 시행령」 제2조 제5항 제2호의 소액주주등을 판정할 때 「법인세법 시행령」 제50조 제2항 중 "100분의 1"은 "100분의 30"으로 본다. (2019. 2. 12. 개정)

② (삭제, 2021. 2. 17.)

③ 법 제12조 제1항에서 "대통령령으로 정하는 자체 연구·개발한 특허권, 실용신안권, 기술비법 또는 기술"은 다음 각 호의 어느 하나에 해당하는 것을 말한다. (2017. 2. 7. 개정)

1. 「특허법」 및 「실용신안법」에 따라 해당 기업이 국내에서 자체 연구·개발하여 최초로 설정등록받은

특허권 및 실용신안권 (2017. 2. 7. 개정)
2. 해당 기업이 국내에서 자체 연구·개발한 과학기술분야에 속하는 기술비법(공업소유권, 「해외건설 촉진법」에 따른 해외건설 엔지니어링활동 또는 「엔지니어링산업 진흥법」에 따른 엔지니어링활동과 관련된 기술비법은 제외한다)으로서 수입금액 기준 등 기획재정부령으로 정하는 요건을 충족하는 것 (2017. 2. 7. 개정)
3. 해당 기업이 국내에서 자체 연구·개발한 「기술의 이전 및 사업화 촉진에 관한 법률」 제2조 제1호에 따른 기술로서 수입금액 기준 등 기획재정부령으로 정하는 요건을 충족하는 것 (2017. 2. 7. 개정)
④ 법 제12조 제2항 각 호 외의 부분 전단에서 "대통령령으로 정하는 특허권등"이란 제3항 각 호의 어느 하나에 해당하는 것을 말한다. (2017. 2. 7. 개정)
⑤ 법 제12조 제3항에서 "대통령령으로 정하는 자체 연구·개발한 특허권등"이란 제3항 제1호에 따른 특허권 및 실용신안권과 같은 항 제2호에 따른 기술비법을 말한다. (2017. 2. 7. 개정)
⑥ 법 제12조 제1항부터 제3항까지의 규정을 적용받으려는 자는 과세표준신고와 함께 기획재정부령으로 정하는 세액감면신청서 또는 세액공제신청서를 납세지 관할 세무서장에게 제출하여야 한다. (2015. 2. 3. 개정)

규칙 제8조의 7 【기술비법의 범위 등】
영 제11조 제3항 제2호 및 제3호에서 "수입금액 기준 등 기획재정부령으로 정하는 요건을 충족하는 것"이란 다음 각 호의 요건을 모두 충족하는 경우를 말한다. (2017. 3. 17. 신설)
1. 해당 기업이나 해당 기업이 「중소기업기본법 시행령」 제2조 제3호에 따른 관계기업에 속하는 경우 해당 관계기업의 직전 5개 과세연도의 매출액(매출액은 영 제2조 제4항에 따른 계산방법으로 산출하며, 과세연도가 1년 미만인 과세연도의 매출액은 1년으로 환산한 매출액을 말한다. 이하 이 조에서 같다)의 평균금액이 500억원 이하일 것 (2017. 3. 17. 신설)
2. 해당 기업이 영 제11조 제3항 각 호에 해당하는 것을 거래하여 얻은 직전 5개 과세연도의 매출액의 평균금액이 70억원 이하일 것 (2017. 3. 17. 신설)
3. (삭제, 2022. 3. 18.)

개정연혁

[2022년] 지식재산(IP) 시장 수요·공급 생태계 조성 지원
① 기술 이전·대여소득 세액감면 적용대상 확대 및 적용기한 연장
가. 개정취지 : 특허권 등 기술의 사업화 유도
나. 개정내용

종전	개정
■ 기술이전소득 세액감면 ○ (적용대상) 중소·중견기업 ○ (감면율) 특허권등 기술이전 소득의 50% 세액감면 ○ (적용기한) 2021.12.31. ■ 기술대여소득 세액감면 ○ (적용대상) 중소기업 ○ (감면율) 특허권등 기술대여 소득의 25% 세액감면 ○ (적용기한) 2021.12.31	■ 적용기한 2년 연장 (좌 동) ○ 2023.12.31. ■ 적용대상 확대 및 적용기한 2년 연장 ○ 중견기업 추가 ○ (좌 동) ○ 2023.12.31.

다. 적용시기 및 적용례 : 2022.1.1. 이후 개시하는 과세연도 분부터 적용

[2024년] 기술 이전·대여소득 과세특례 적용기한 연장
가. 개정취지 : 기술거래 활성화를 통한 R&D 촉진 및 기술사업화 유도
나. 개정내용

종전	개정
■ 기술 이전·대여소득 세액감면 ○ (대상) 중소·중견기업 ○ (내용) 특허권등 기술 이전 소득의 50%, 대여 소득의 25% 세액감면 ○ (적용기한) 2023.12.31.	■ 적용기한 연장 ○ (좌 동) ○ 2026.12.31.

다. 적용시기 및 적용례

해석사례

▷ **특허권의 승계가능 여부**
　서면인터넷방문상담2팀-168

특허권 등을 포괄 승계한 합병법인 등이 당해 특허권 등을 양도하는 경우 기술이전소득 세액감면을 적용 받을 수 있는 것임. 피합병법인이 설정 등록한 특허권을 승계한 법인이 합병 혹은 인적분할하면서

합병법인이나 분할신설법인이 이를 승계한 후 양도할 경우 조세특례제한법 제12조 제1항 제1호에 의하여 기술이전소득 세액감면을 적용 받을 수 있는지 여부에 대하여, 피합병법인이 설정 등록한 특허권 등을 포괄 승계한 합병법인 혹은 인적분할에 의한 분할신설법인이 당해 특허권 등을 양도하는 경우 기술이전소득 세액감면을 적용 받을 수 있는 것임.

▷ **특허권 등의 취득가액에 대한 세액공제**
　서면2팀-270(2006.02.03)

기술이전 소득 등에 대한 과세특례와 고용증대특별세액공제는 중복적용 배제가 적용되지 아니하며 기한 내에 신고한 법인이 기술이전 소득 등에 대한 과세특례 대상이 해당되는 경우에 경정 등의 청구할 수 있음

7. 연구개발 – 기술혁신형 합병에 대한 세액공제

법 제12조의 3【기술혁신형 합병에 대한 세액공제】
① 내국법인이 2024년 12월 31일까지 대통령령으로 정하는 기술혁신형 중소기업을 다음 각 호의 요건을 모두 갖추어 합병(대통령령으로 정하는 특수관계인과의 합병은 제외한다)하는 경우 합병법인이 피합병법인에게 지급한 양도가액(이하 이 조에서 "양도가액"이라 한다) 중 대통령령으로 정하는 기술가치금액의 100분의 10에 상당하는 금액을 해당 사업연도의 법인세에서 공제한다. (2021. 12. 28. 개정)
1. 합병등기일 현재 1년 이상 사업을 계속하던 내국법인 간의 합병일 것 (2014. 1. 1. 신설)
2. 양도가액이 합병등기일 현재의 피합병법인의 순자산시가의 100분의 130 이상일 것 (2015. 12. 15. 개정)
3. 대통령령으로 정하는 피합병법인의 주주 또는 출자자(이하 이 조에서 "주주등"이라 한다)가 합병등기일부터 합병등기일이 속하는 사업연도의 종료일까지 합병법인의 지배주주등에 해당하지 아니할 것 (2017. 12. 19. 개정)
4. 합병법인이 합병등기일이 속하는 사업연도의 종료일까지 피합병법인으로부터 승계받은 사업을 계속할 것 (2014. 1. 1. 신설)
② 제1항에 따라 법인세를 공제받은 내국법인이 3년 이내의 범위에서 대통령령으로 정하는 기간에 다음 각 호의 어느 하나에 해당하는 사유가 발생하는 경우에는 그 사유가 발생한 날이 속하는 사업연도의 과세표준신고를 할 때 제1항에 따라 공제받은 세액에 대통령령으로 정하는 바에 따라 계산한 이자상당액을 더한 금액을 법인세로 납부하여야 한다. (2014. 1. 1. 신설)
1. 대통령령으로 정하는 피합병법인의 주주등이 합병법인의 지배주주등에 해당하는 경우 (2014. 1. 1. 신설)
2. 합병법인이 피합병법인으로부터 승계 받은 사업을 폐지하는 경우 (2014. 1. 1. 신설)
③ 제1항 제4호 및 제2항 제2호를 적용할 때 대통령령으로 정하는 부득이한 사유가 있는 경우에는 사업을 계속하는 것으로 본다. (2014. 1. 1. 신설)
④ 제1항 및 제2항에 따른 양도가액 및 피합병법인의 순자산시가의 계산, 합병대가의 총합계액의 계산, 지배주주등의 범위, 승계받은 사업의 계속 및 폐지에 관한 기준 등에 관하여 필요한 사항은 대통령령으로 정한다. (2014. 1. 1. 신설)
⑤ 제1항을 적용받으려는 내국법인은 대통령령으로 정하는 바에 따라 세액공제 신청을 하여야 한다. (2014. 1. 1. 신설)

영 제11조의 3【기술혁신형 합병에 대한 세액공제】
① 법 제12조의 3 제1항 각 호 외의 부분에서 "대통령령으로 정하는 기술혁신형 중소기업"이란 다음 각 호의 어느 하나에 해당하는 중소기업을 말한다. (2014. 2. 21. 신설)
1. 합병등기일까지「벤처기업육성에 관한 특별법」제25조에 따라 벤처기업으로 확인받은 기업 (2024. 7. 2. 개정 ; 벤처기업육성에 관한 특별조치법 시행령 부칙)

2. 합병등기일까지 「중소기업 기술혁신 촉진법」 제15조와 같은 법 시행령 제13조에 따라 기술혁신형 중소기업으로 선정된 기업 (2014. 2. 21. 신설)
3. 합병등기일이 속하는 사업연도의 직전 사업연도의 법 제10조 제1항에 따른 연구·인력개발비가 매출액의 100분의 5 이상인 중소기업 (2020. 2. 11. 개정)
4. 합병등기일까지 다음 각 목 중 어느 하나에 해당하는 인증 등을 받은 중소기업 (2016. 2. 5. 신설)
   가. 「산업기술혁신 촉진법」 제15조의 2 제1항에 따른 신기술 인증 (2016. 2. 5. 신설)
   나. 「보건의료기술 진흥법」 제8조 제1항에 따른 보건신기술 인증 (2016. 2. 5. 신설)
   다. 「산업기술혁신 촉진법」 제16조 제1항에 따른 신제품 인증 (2016. 2. 5. 신설)
   라. 「제약산업 육성 및 지원에 관한 법률」 제7조 제2항에 따른 혁신형 제약기업 인증 (2016. 2. 5. 신설)
   마. 「중견기업 성장촉진 및 경쟁력 강화에 관한 특별법」 제18조 제1항에 따른 선정 (2016. 2. 5. 신설)
   바. 「의료기기산업 육성 및 혁신의료기기 지원법」 제10조에 따른 혁신형 의료기기기업의 인증 (2022. 2. 15. 신설)
   사. 그 밖에 가목부터 바목까지와 유사한 경우로서 기획재정부령으로 정하는 인증 등 (2022. 2. 15. 개정)

② 법 제12조의 3 제1항 각 호 외의 부분에서 "대통령령으로 정하는 특수관계인"이란 「법인세법 시행령」 제2조 제5항에 따른 특수관계인을 말한다. (2019. 2. 12. 개정)

③ 법 제12조의 3 제1항 각 호 외의 부분에서 "대통령령으로 정하는 기술가치 금액"이란 다음 각 호의 어느 하나에 해당하는 금액 중에서 합병법인이 선택한 금액을 말한다. (2014. 2. 21. 신설)

1. 「벤처기업육성에 관한 특별법 시행령」 제4조 각 호의 어느 하나에 해당하는 기관이 합병등기일 전후 3개월 이내에 피합병법인이 보유한 특허권, 실용신안권 및 기획재정부령으로 정하는 기술비법 또는 기술(이하 이 조 및 제11조의 4에서 "특허권등"이라 한다)을 평가한 금액의 합계액. 이 경우 그 합계액은 합병법인이 피합병법인에 지급한 양도가액에서 합병등기일 현재의 피합병법인의 순자산시가를 뺀 금액[음수(陰數)인 경우에는 영으로 본다]을 한도로 한다. (2024. 7. 2. 개정 ; 벤처기업육성에 관한 특별조치법 시행령 부칙)
2. 합병법인이 피합병법인에 지급한 양도가액에서 합병등기일 현재의 피합병법인의 순자산시가의 100분의 120을 뺀 금액 (2024. 2. 29. 개정)

④ 법 제12조의 3 제1항 각 호 외의 부분에 따른 양도가액은 「법인세법 시행령」 제80조 제1항 제2호에 따른 금액으로 한다. (2014. 2. 21. 신설)

⑤ 법 제12조의 3 제1항 제2호와 이 영 제3항에 따른 피합병법인의 순자산시가는 합병등기일 현재의 피합병법인의 자산총액(특허권등의 가액을 제외한다)에서 부채총액을 뺀 금액으로 한다. (2017. 2. 7. 개정)

⑥ (삭제, 2022. 2. 15.)

⑦ (삭제, 2022. 2. 15.)

⑧ 법 제12조의 3 제1항 제3호에서 "대통령령으로 정하는 피합병법인의 주주 또는 출자자" 및 같은 조 제2항 제1호에서 "대통령령으로 정하는 피합병법인의 주주등"이란 각각 피합병법인의 「법인세법

시행령」 제43조 제3항 및 제7항에 따른 지배주주등 중 다음 각 호에 해당하는 자를 제외한 자를 말한다. (2018. 2. 13. 개정)

1. 「법인세법 시행령」 제43조 제8항 제1호 가목의 친족 중 4촌인 혈족 (2023. 2. 28. 개정)
2. 합병등기일 현재 피합병법인에 대한 지분비율이 100분의 1 미만이면서 시가로 평가한 그 지분가액이 10억원 미만인 자 (2014. 2. 21. 신설)

⑨ 법 제12조의 3 제1항 제3호 및 같은 조 제2항 제1호에 따른 합병법인의 지배주주등의 범위에 관하여는 「법인세법 시행령」 제43조 제3항 및 제7항을 준용한다. (2014. 2. 21. 신설)

⑩ 법 제12조의 3 제1항 제4호 및 같은 조 제2항 제2호에 따른 합병법인의 사업 계속 및 폐지 여부의 판정에 관하여는 「법인세법 시행령」 제80조의 2 제7항을 준용한다. (2020. 2. 11. 개정)

⑪ 법 제12조의 3 제2항 각 호 외의 부분에서 "대통령령으로 정하는 기간"이란 합병등기일이 속하는 사업연도의 다음 사업연도의 개시일부터 2년을 말한다. (2014. 2. 21. 신설)

⑫ 법 제12조의 3 제2항 각 호 외의 부분에서 "대통령령으로 정하는 바에 따라 계산한 이자상당액"이란 같은 조 제1항에 따라 공제받은 세액에 제1호의 기간과 제2호의 율을 곱하여 계산한 금액을 말한다. (2014. 2. 21. 신설)

1. 공제받은 사업연도 종료일의 다음 날부터 납부사유가 발생한 날이 속하는 사업연도의 종료일까지의 기간 (2014. 2. 21. 신설)
2. 제11조의 2 제9항 제2호에 따른 율 (2022. 2. 15. 개정)

⑬ 법 제12조의 3 제3항에서 "대통령령으로 정하는 부득이한 사유가 있는 경우"란 합병법인이 파산하거나 「채무자 회생 및 파산에 관한 법률」에 따른 회생절차에 따라 법원의 허가를 받아 승계 받은 자산을 처분한 경우를 말한다. (2014. 2. 21. 신설)

⑭ 법 제12조의 3 제1항에 따라 세액공제를 받으려는 내국법인은 과세표준신고와 함께 기획재정부령으로 정하는 세액공제신청서 및 공제세액계산서를 납세지 관할 세무서장에게 제출하여야 한다. (2014. 2. 21. 신설)

규칙 제8조의 5 【기술혁신형 중소기업의 범위 등】 (2017. 3. 17. 제목개정)

① 영 제11조의 3 제1항 제4호 사목 및 영 제11조의 4 제2항 제4호 사목에서 "기획재정부령으로 정하는 인증 등"이란 영 제11조의 3 제1항 제4호 가목부터 바목까지 및 영 제11조의 4 제2항 제4호 가목부터 바목까지와 유사한 경우로서 기획재정부장관이 정하여 고시하는 인증 등을 말한다. (2022. 3. 18. 개정)

② 영 제11조의 3 제3항 제1호에서 "기획재정부령으로 정하는 기술비법 또는 기술"이란 다음 각 호의 어느 하나에 해당하는 기술비법 또는 기술로서 「산업기술혁신 촉진법」 제38조에 따른 한국산업기술진흥원에 등록되어 관리되는 기술비법 또는 기술을 말한다. (2017. 3. 17. 신설)

1. 피합병법인 또는 피인수법인이 국내에서 자체 연구·개발한 과학기술분야에 속하는 기술비법(공업소유권, 「해외건설 촉진법」에 따른 해외건설 엔지니어링활동 또는 「엔지니어링산업 진흥법」에 따른 엔지니어링활동과 관련된 기술비법은 제외한다) (2017. 3. 17. 신설)

2. 피합병법인 또는 피인수법인이 국내에서 자체 연구·개발한 「기술의 이전 및 사업화 촉진에 관한 법률」 제2조 제1호에 따른 기술 (2017. 3. 17. 신설)

□ **개정연혁**

[2019년] 기술혁신형 중소기업 인수·합병 지원세제 사후관리 방법 개선 및 적용기한 연장
가. 개정취지: M&A를 통한 기술거래 활성화 지원
나. 개정내용

종전	개정
■ 내국법인이 기술혁신형 중소기업을 합병하거나 주식 인수하는 경우 기술가치금액*의 10%를 법인세 세액공제 * 특허권 등 평가액 또는 기업 순자산시가의 130% 초과액 (주식인수시에는 인수지분율을 곱한 금액) ○ 주식 인수시 지분율 요건 - 지분율 50% 이상 취득(경영권 인수시에는 30% 이상) ○ 사후관리 방법 - 5년 내 지분율 감소시 공제세액 전액 추징 ○ (적용기한) 2018.12.31.	■ 사후관리 방법 개선 및 적용기한 3년 연장 ○ (좌 동) ○ 사후관리 방법 개선 지분율 요건 유지 못한 경우 : 공제세액 전액 추징 지분율 요건 유지한 경우 : (공제세액×감소한 지분율) 추징 ○ 2021.12.31.

다. 적용시기 및 적용례: 2019.1.1. 이후 사후관리 사유가 발생하는 경우부터 적용

□ **해석사례**

▷ **인수법인이 피인수법인을 합병한 경우 피인수법인 주식을 계속 보유한 것에 해당하는지 여부**
사전-2022-법규법인-0230
내국법인(A법인)이 기술혁신형 중소기업(B법인)의 주식 전부를 취득한 경우로서 B법인의 주식 취득일이 속하는 사업연도 중 B법인을 무증자 흡수합병한 경우〈BR/〉 A법인은 「조세특례제한법」 제12조의4 제1항제2호의 "인수법인이 해당 주식등을 취득일이 속하는 사업연도의 종료일까지 보유할 것"의 요건을 충족한 것으로 보는 것임

▷ **벤처창업자인 구주로부터 취득한 벤처기업 주식의 기술혁신형 주식취득에 대한 세액공제 적용 여부**
서면-2017-법령해석법인-1028
舊「조세특례제한법」 제12조의4(2014.1.1. 법률 제12173호로 개정된 것)제1항제2호 및 제3호의 "인수법인이 피인수법인으로부터 취득일에 취득한 주식등"에는 인수법인이 피인수법인의 주주로부터 취득일에 취득한 주식도 포함되는 것임

8. 연구개발 – 기술혁신형 주식취득에 대한 세액공제

법 제12조의 4 【기술혁신형 주식취득에 대한 세액공제】
① 내국법인(이하 이 조에서 "인수법인"이라 한다)이 2027년 12월 31일까지 대통령령으로 정하는 기술혁신형 중소기업(이하 이 조에서 "피인수법인"이라 한다)의 주식 또는 출자지분(이하 이 조에서 "주식등"이라 한다)을 다음 각 호의 요건을 모두 갖추어 취득(대통령령으로 정하는 특수관계인으로부터 취득한 경우는 제외한다)하는 경우 매입가액 중 대통령령으로 정하는 기술가치 금액의 100분의 5에 상당하는 금액을 그 취득한 주식등이 제2호의 기준지분비율을 최초로 초과하는 사업연도(이하 이 조에서 "기준충족사업연도"라 한다)의 법인세에서 공제한다. (2024. 12. 31. 개정)
1. 인수법인이 피인수법인의 주식등을 최초 취득한 날(이하 이 조에서 "최초취득일"이라 한다) 현재 1년 이상 사업을 계속하던 내국법인 간의 취득일 것 (2023. 12. 31. 개정)
2. 인수법인이 최초취득일부터 2년이 되는 날이 속하는 사업연도의 종료일까지 취득한 주식등이 해당 사업연도의 종료일 현재 피인수법인의 발행주식총수 또는 출자총액의 100분의 50(인수법인이 피인수법인의 최대출자자로서 피인수법인의 경영권을 실질적으로 지배하는 경우는 100분의 30으로 하고, 이하 이 조에서 "기준지분비율"이라 한다)을 초과하고, 인수법인이 해당 주식등을 기준충족사업연도의 종료일까지 보유할 것 (2024. 12. 31. 개정)
3. 인수법인이 최초취득일부터 기준충족사업연도의 종료일까지 취득한 주식등의 매입가액이 가목의 금액에 나목의 비율을 곱한 금액 이상일 것 (2023. 12. 31. 개정)
   가. 기준충족사업연도의 피인수법인의 순자산시가의 100분의 130 (2023. 12. 31. 개정)
   나. 최초취득일부터 기준충족사업연도의 종료일까지 취득한 주식등이 기준충족사업연도의 종료일 현재 피인수법인의 발행주식총수 또는 출자총액에서 차지하는 비율(이하 이 조에서 "당초지분비율"이라 한다) (2023. 12. 31. 개정)
4. 대통령령으로 정하는 피인수법인의 주주 또는 출자자(이하 이 조에서 "주주등"이라 한다)가 기준충족사업연도의 종료일에 인수법인 또는 피인수법인의 지배주주등에 해당하지 아니할 것 (2023. 12. 31. 개정)
5. 피인수법인이 기준충족사업연도의 종료일까지 종전에 영위하던 사업을 계속할 것 (2023. 12. 31. 개정)
② 제1항에 따라 법인세를 공제받은 내국법인이 5년 이내의 범위에서 대통령령으로 정하는 기간에 다음 각 호의 어느 하나에 해당하는 사유가 발생하는 경우에는 그 사유가 발생한 날이 속하는 사업연도의 과세표준신고를 할 때 제1항에 따라 공제받은 세액[제3호에 해당하는 경우로서 각 사업연도 종료일 현재 인수법인의 피인수법인 지분비율(이하 이 항에서 "현재지분비율"이라 한다)이 기준지분비율을 초과하는 경우에는 당초지분비율에서 현재지분비율을 차감한 값을 당초지분비율로 나눈 비율과 제1항에 따른 공제세액을 곱한 금액(지분비율 감소로 이미 납부한 공제세액은 제외한다)]에 대통령령으로 정하는 바에 따라 계산한 이자상당액을 더한 금액을 법인세로 납부하여야 한다. (2018. 12. 24. 개정)

1. 대통령령으로 정하는 피인수법인의 주주등이 인수법인 또는 피인수법인의 지배주주등에 해당하는 경우 (2014. 1. 1. 신설)
2. 피인수법인이 종전에 영위하던 사업을 폐지하는 경우 (2014. 1. 1. 신설)
3. 현재지분비율이 당초지분비율보다 낮아지는 경우. 다만, 다음 각 목의 어느 하나에 해당하는 사유로 지분비율이 낮아지는 경우는 제외한다. (2018. 12. 24. 개정)
   가. 「벤처기업육성에 관한 특별법」 제16조의 3 또는 「상법」 제340조의 2에 따른 주식매수선택권을 행사하는 경우 (2024. 1. 9. 개정 ; 벤처기업육성에 관한 특별조치법 부칙)
   나. 「근로복지기본법」에 따른 우리사주조합원이 우리사주를 취득하는 경우 (2015. 12. 15. 신설)
   다. 제13조 제1항 제1호에 따른 벤처투자회사, 같은 항 제2호에 따른 신기술사업금융업자, 같은 항 제3호에 따른 벤처투자조합등이 출자하는 경우(타인 소유의 주식 또는 출자지분을 매입하는 경우는 제외한다) (2024. 12. 31. 개정)
③ 제1항 제5호 및 제2항 제2호를 적용할 때 대통령령으로 정하는 부득이한 사유가 있는 경우에는 사업을 계속하는 것으로 본다. (2014. 1. 1. 신설)
④ 제1항 및 제2항에 따른 매입가액 및 피인수법인의 순자산시가의 계산, 지배주주등의 범위, 종전에 영위하던 사업의 계속 및 폐지에 관한 기준 등에 관하여 필요한 사항은 대통령령으로 정한다. (2014. 1. 1. 신설)
⑤ 제1항을 적용받으려는 내국법인은 대통령령으로 정하는 바에 따라 세액공제 신청을 하여야 한다. (2014. 1. 1. 신설)

영 제11조의 4 【기술혁신형 주식취득에 대한 세액공제】
① 법 제12조의 4 제1항 제1호에 따른 최초 취득한 날(이하 이 조에서 "최초취득일"이라 한다)은 인수법인이 피인수법인의 주식 또는 출자지분(이하 이 조에서 "주식등"이라 한다)을 취득한 날부터 직전 2년 이내의 기간 동안 그 주식등을 보유한 사실이 없는 경우로 한다. 다만, 인수법인이 「법인세법 시행령」 제50조 제2항에 따른 소액주주등에 해당하는 기간은 주식등을 보유한 것으로 보지 아니한다. (2024. 2. 29. 개정)
② 법 제12조의 4 제1항 각 호 외의 부분에서 "대통령령으로 정하는 기술혁신형 중소기업"이란 다음 각 호의 어느 하나에 해당하는 중소기업을 말한다. (2014. 2. 21. 신설)
1. 최초취득일까지 「벤처기업육성에 관한 특별법」 제25조에 따라 벤처기업으로 확인받은 기업 (2024. 7. 2. 개정 ; 벤처기업육성에 관한 특별조치법 시행령 부칙)
2. 최초취득일까지 「중소기업 기술혁신 촉진법」 제15조와 같은 법 시행령 제13조에 따라 기술혁신형 중소기업으로 선정된 기업 (2024. 2. 29. 개정)
3. 최초취득일이 속하는 사업연도의 직전 사업연도의 법 제10조 제1항에 따른 연구·인력개발비가 매출액의 100분의 5 이상인 중소기업 (2024. 2. 29. 개정)
4. 최초취득일까지 다음 각 목의 어느 하나에 해당하는 인증 등을 받은 중소기업 (2024. 2. 29. 개정)

가. 「산업기술혁신 촉진법」 제15조의 2 제1항에 따른 신기술 인증 (2016. 2. 5. 신설)

나. 「보건의료기술 진흥법」 제8조 제1항에 따른 보건신기술 인증 (2016. 2. 5. 신설)

다. 「산업기술혁신 촉진법」 제16조 제1항에 따른 신제품 인증 (2016. 2. 5. 신설)

라. 「제약산업 육성 및 지원에 관한 법률」 제7조 제2항에 따른 혁신형 제약기업 인증 (2016. 2. 5. 신설)

마. 「중견기업 성장촉진 및 경쟁력 강화에 관한 특별법」 제18조 제1항에 따른 선정 (2016. 2. 5. 신설)

바. 「의료기기산업 육성 및 혁신의료기기 지원법」 제10조에 따른 혁신형 의료기기기업의 인증 (2022. 2. 15. 신설)

사. 그 밖에 가목부터 바목까지와 유사한 경우로서 기획재정부령으로 정하는 인증 등 (2022. 2. 15. 개정)

③ 법 제12조의 4 제1항 각 호 외의 부분에서 "대통령령으로 정하는 특수관계인"이란 「법인세법 시행령」 제2조 제5항 각 호의 어느 하나에 해당하는 관계에 있는 자(이하 이 조에서 "특수관계인"이라 한다)를 말한다. 이 경우 특수관계인 여부는 최초취득일을 기준으로 판단한다. (2024. 2. 29. 후단개정)

④ 법 제12조의 4 제1항 각 호 외의 부분에서 "대통령령으로 정하는 기술가치 금액"이란 다음 각 호의 어느 하나에 해당하는 금액 중에서 인수법인이 선택한 금액을 말한다. (2014. 2. 21. 신설)

1. 「벤처기업육성에 관한 특별법 시행령」 제4조 각 호의 어느 하나에 해당하는 기관이 최초취득일 전후 3개월 이내에 피인수법인이 보유한 특허권등을 평가한 금액의 합계액에 법 제12조의 4 제1항에 따른 기준충족사업연도(이하 이 조에서 "기준충족사업연도"라 한다) 종료일 현재의 지분비율을 곱하여 계산한 금액. 이 경우 그 계산한 금액은 인수법인이 피인수법인에 지급한 매입가액에서 기준충족사업연도의 피인수법인의 순자산시가에 해당 지분비율을 곱하여 계산한 금액을 뺀 금액[음수(陰數)인 경우에는 영으로 본다]을 한도로 한다. (2024. 7. 2. 개정 ; 벤처기업육성에 관한 특별조치법 시행령 부칙)

2. 인수법인이 피인수법인에 지급한 매입가액에서 가목의 금액에 나목의 비율을 곱한 금액을 뺀 금액 (2014. 2. 21. 신설)

가. 기준충족사업연도의 피인수법인의 순자산시가의 100분의 120에 해당하는 금액 (2024. 2. 29. 개정)

나. 기준충족사업연도 종료일 현재의 지분비율 (2024. 2. 29. 개정)

⑤ 법 제12조의 4 제1항 제3호 가목, 이 조 제4항 제1호 및 제2호 가목에 따른 기준충족사업연도의 피인수법인의 순자산시가는 인수법인이 피인수법인의 주식등을 취득한 날 현재의 피인수법인의 자산총액(특허권등의 가액은 제외한다)에서 부채총액을 뺀 금액으로 하되, 인수법인이 피인수법인의 주식등을 2회 이상 취득한 경우에는 취득시점 각각의 피인수법인의 순자산시가에 취득한 주식등의 수를 곱한 금액의 합계액을 최초취득일부터 기준충족사업연도 종료일까지 취득한 주식등의 총수로 나눈 금액으로 한다. (2024. 2. 29. 개정)

⑥ 법 제12조의 4 제1항 제4호에서 "대통령령으로 정하는 피인수법인의 주주 또는 출자자" 및 같은 조 제2항 제1호에서 "대통령령으로 정하는 피인수법인의 주주등"이란 각각 피인수법인의 「법인세법 시행령」 제43조 제3항 및 제7항에 따른 지배주주등 중 다음 각 호에 해당하는 자를 제외한 자를 말한다. (2018. 2. 13. 개정)

1. 「법인세법 시행령」 제43조 제8항 제1호 가목의 친족 중 4촌인 혈족 (2023. 2. 28. 개정)
2. 최초취득일 현재 피인수법인에 대한 지분비율이 100분의 1 미만이면서 시가로 평가한 그 지분가액이 10억원 미만인 자 (2024. 2. 29. 개정)

⑦ 법 제12조의 4 제1항 제4호 및 같은 조 제2항 제1호에 따른 인수법인 또는 피인수법인의 지배주주 등의 범위에 관하여는 「법인세법 시행령」 제43조 제3항 및 제7항을 준용한다. (2014. 2. 21. 신설)

⑧ 법 제12조의 4 제1항 제5호 및 같은 조 제2항 제2호에 따른 피인수법인의 사업의 계속 및 폐지 여부의 판정에 관하여는 「법인세법 시행령」 제80조의 2 제7항을 준용한다. (2020. 2. 11. 개정)

⑨ 법 제12조의 4 제2항 각 호 외의 부분에서 "대통령령으로 정하는 기간"이란 기준충족사업연도의 다음 사업연도의 개시일부터 2년을 말한다. 다만, 법 제12조의 4 제2항 제3호의 경우는 기준충족사업연도의 다음 사업연도의 개시일부터 4년으로 한다. (2024. 2. 29. 개정)

⑩ 법 제12조의 4 제2항 각 호 외의 부분에서 "대통령령으로 정하는 바에 따라 계산한 이자상당액"이란 같은 조 제1항에 따른 공제세액에 제1호의 기간과 제2호의 율을 곱하여 계산한 금액을 말한다. (2014. 2. 21. 신설)

1. 공제받은 사업연도 종료일의 다음 날부터 납부사유가 발생한 날이 속하는 사업연도의 종료일까지의 기간 (2014. 2. 21. 신설)
2. 제11조의 2 제9항 제2호에 따른 율 (2022. 2. 15. 개정)

⑪ 법 제12조의 4 제3항에서 "대통령령으로 정하는 부득이한 사유가 있는 경우"란 피인수법인이 파산하거나 「채무자 회생 및 파산에 관한 법률」에 따른 회생절차에 따라 법원의 허가를 받아 보유한 자산을 처분한 경우를 말한다. (2014. 2. 21. 신설)

⑫ 법 제12조의 4 제1항에 따라 세액공제를 받으려는 내국법인은 과세표준신고와 함께 기획재정부령으로 정하는 세액공제신청서 및 공제세액계산서를 납세지 관할 세무서장에게 제출하여야 한다. (2014. 2. 21. 신설)

개정연혁

[2022년] 기술혁신형 중소기업 주식취득에 대한 세액공제 확대 및 적용기한 연장

가. 개정취지 : 벤처투자 활성화 지원

나. 개정내용

종전	개정

▨ 기술혁신형 중소기업의 주식취득에 대한 세액공제
○ (적용대상) 대통령령으로 정하는 기술혁신형 중소기업
- 「벤처기업법」에 따른 벤처기업
- 「보건의료기술법」에 따라 보건신기술 인증을 받은 중소기업 등
〈추 가〉
○ (적용요건)
- 취득일 현재 피인수법인 지분의 50% 초과 취득(또는 피인수법인 지분의 30% 초과 + 경영권 인수)
  * 특수관계인으로부터 취득하는 경우는 제외
〈후단 신설〉
○ (지원내용) 기술가치금액*의 10% 세액공제
  * ① 「벤처기업법」상 평가기관의 평가금액 × 취득일 현재 지분비율
  ② 매입가액 - 피인수법인의 순자산시가 × 취득일 현재 지분비율
○ (피인수법인의 순자산시가) 취득일 현재(피인수법인의 자산총액 - 부채총액)
○ (적용기한) 2021.12.31.
	▨ 대상 추가, 요건 완화 및 적용기한 연장
	○ (좌 동)
	- 「의료기기산업법」에 따라 혁신형 의료기기기업 인증을 받은 중소기업
	○ (좌 동)
	- 취득일 현재→ 취득일이 속하는 사업연도의 종료일 현재
	  * (좌동), 이 경우 특수관계인 여부는 피인수법인 지분 최초 취득일 현재를 기준으로 판단
	○ (좌 동)
	  * ① 「벤처기업법」상 평가기관의 평가금액 × 취득일이 속하는 사업연도의 종료일 현재 지분비율
	  ② 매입가액 - 피인수법인의 순자산시가 × 취득일이 속하는 사업연도의 종료일 현재 지분비율
	○ 취득일별 순자산시가를 해당 날짜에 취득한 지분율로 가중평균하여 산정
	○ 2024.12.31.

다. 적용시기 및 적용례 : 2022.1.1. 이후 최초로 취득하는 경우부터 적용

[2022년] 기술혁신형 중소기업 합병에 대한 세액공제 확대 및 적용기한 연장

가.개정취지 : 벤처투자 활성화 지원

나.개정내용

종전	개정

■ 기술혁신형 중소기업 합병에 대한 세액공제
○ (적용대상) 대통령령으로 정하는 기술혁신형 중소기업
- 「벤처기업법」에 따른 벤처기업
- 「보건의료기술법」에 따라 보건신기술 인증을 받은 중소기업 등
〈추 가〉
○ (지원내용) 기술가치금액*의 10% 세액공제
  * ① 「벤처기업법」상 평가기관의 평가금액
  ② 양도가액 - (피합병법인의 순자산시가 × 130%)
○ (적용기한) 2021.12.31.
	■ 대상 추가 및 적용기한 연장
	○ (좌 동)
	
	- 「의료기기산업법」에 따라 혁신형 의료기기기업 인증을 받은 중소기업
	○ (좌 동)
	
	○ 2024.12.31.

다.적용시기 및 적용례: 2022.1.1. 이후 합병하는 경우부터 적용

[2024년] 기술혁신형 M&A에 대한 세액공제 확대 ① 기술혁신형 M&A에 대한 주식등 취득기간 확대

가.개정취지: 기술혁신형 중소기업의 합병ㆍ인수 지원

나.개정내용

종전	개정

■ 내국법인이 기술혁신형 중소기업의 주식등 인수 시 과세특례
○ (과세특례) 취득한 주식등의 매입가액 중 기술가치금액에 대해 10% 세액공제
- 기술가치금액 산정방식: ❶ 또는 ❷
❶ 평가기관 평가금액 × 취득일이 속하는 사업연도의 종료일 현재 지분비율
❷ 매입가액 - 피인수법인의 순자산 시가×취득일이 속하는 사업연도의 종료일 현재 지분비율
○(지분율 요건)주식등을 취득한 사업연도의 종료일 현재 피인수 법인 지분의 50% (경영권 인수시 지분 30%) 초과 취득
○ (취득기간) 주식등 최초취득일부터 해당 사업연도 종료일까지
	■ 주식등의 취득기간 확대
	○ (좌 동)
	
	❶ 평가기관 평가금액 × 기준충족사업연도*의 종료일 현재 지분비율
	  * 취득 주식등이 출자총액의 50%(경영권 확보시 30%) 기준을 최초로 충족하는 사업연도
	❷ 매입가액- 피인수법인의 순자산시가×기준충족사업연도의 종료일 현재 지분비율
	○ (좌 동)
	
	○ 최초취득일부터 해당 사업연도의 다음 사업연도 종료일*까지
	  * 최초 취득일이 속하는 사업연도 내 지분율 요건 충족시 해당 사업연도 종료일까지

다.적용시기 및 적용례: 2024.1.1. 이후 주식등을 최초 취득하는 분부터 적용

해석사례

▷ **기술혁신형 주식취득에 대한 세액공제 적용시 피인수법인의 지배주주 해당 여부**
    기획재정부법인-463(2024.08.19)
「계열편입 유예 통지」를 받은 경우 인수법인과 피인수법인간 계열회사 관계가 성립하지 않기에 특수관계에 해당하지 아니하므로 피인수법인의 대표이사는 피인수법인의 지배주주에 해당하지 않음

▷ **기술혁신형 주식취득에 대한 세액공제의 주식취득요건 적용 시 「신주」도 포함되는지 여부**
    서면법규법인2023-683(2024.01.24)
「기술혁신형 주식취득에 대한 세액공제」의 주식취득요건(50% 초과취득) 적용 시, 유상증자로 인수한 신주는 포함되지 아니함

▷ **기술혁신형 주식취득에 대한 세액공제 가능 여부**
    사전법규법인2023-665(2023.10.25.)
'기술혁신형 중소기업'으로 선정된 기업"(이하 '피인수법인')의 주식등을 취득하는 경우, 해당 주식거래로 인해 피인수법인이 「중소기업기본법」상 중소기업의 요건을 충족하지 못하게 되더라도 "기술혁신형 주식취득에 대한 세액공제"가 가능

▷ **지분비율이 감소한 것으로 보는지 여부**
    기획재정부법인-437(2022.10.17)
내국법인이 '기술혁신형 주식취득에 대한 세액공제' 적용 이후 적격인적분할하면서 분할신설법인이 해당 주식을 승계받은 경우에는 「조세특례제한법」제12조의4제2항제3호의 '현재지분비율이 당초지분비율보다 낮아지는 경우'로 보지 않음

▷ **청구법인이 「조세특례제한법」제12조의4에서 규정하는 기술혁신형 주식취득에 대한 세액공제 요건을 충족하지 못한 것으로 보아 경정청구를 거부한 처분의 당부**
    조심2022중14(2022.05.24.)
청구법인의 쟁점주식 취득 이후 피인수법인의 출자지분의 합계가 가장 많은 주주는 청구법인이고, 청구법인과 같은 계열회사(피인수법인)의 임원인 AAA은 「법인세법 시행령」 제87조 제1항 제7호에 따라 청구법인의 특수관계인으로서 지배주주등에 포함되며, 201x.xx.xx. AAA이 피인수법인의 대표이사에서 퇴임하였다 하더라도, 조특법 제12조의4 제1항 제4호는 취득일부터 취득일이 속하는 사업연도의 종료일까지 인수법인 또는 피인수법인의 지배주주등에 해당하지 아니할 것을 요건으로 하고 있어 청구법인이 이러한 요건을 갖춘 것으로 보기는 어려운 점 등에 비추어 처분청이 경정청구를 거부한 이건 처분은 잘못이 없는 것으로 판단됨

9. 연구개발 – 벤처기업 등에의 출자에 대한 세액공제

법 제13조의 2【내국법인의 벤처기업 등에의 출자에 대한 과세특례】

① 대통령령으로 정하는 내국법인이 2025년 12월 31일까지 다음 각 호의 어느 하나에 해당하는 주식 또는 출자지분을 취득하는 경우 주식 또는 출자지분 취득가액의 100분의 5에 상당하는 금액을 해당 사업연도의 법인세에서 공제한다. 다만, 대통령령으로 정하는 특수관계인의 주식 또는 출자지분을 취득하는 경우 그 금액에 대해서는 공제하지 아니한다. (2022. 12. 31. 개정)

1. 창업기업, 신기술사업자, 벤처기업 또는 신기술창업전문회사에 출자함으로써 취득한 주식 또는 출자지분 (2021. 12. 28. 개정 ; 중소기업창업 지원법 부칙)

2. 「자본시장과 금융투자업에 관한 법률」 제249조의 23에 따른 창업·벤처전문 사모집합투자기구(이하 "창업·벤처전문사모집합투자기구"라 한다) 또는 벤처투자조합등(민간재간접벤처투자조합은 제외한다)을 통하여 창업기업, 신기술사업자, 벤처기업 또는 신기술창업전문회사에 출자함으로써 취득한 주식 또는 출자지분 (2024. 12. 31. 개정)

② 제1항에 따른 내국법인이 2025년 12월 31일까지 민간재간접벤처투자조합을 통하여 창업기업, 신기술사업자, 벤처기업 또는 신기술창업전문회사에 출자함으로써 주식 또는 출자지분을 취득하는 경우 다음 각 호의 금액을 합한 금액을 해당 사업연도의 법인세에서 공제한다. 이 경우 제1항 각 호 외의 부분 단서를 준용한다. (2023. 12. 31. 신설)

1. 다음 각 목의 금액 중 큰 금액의 100분의 5에 상당하는 금액 (2023. 12. 31. 신설)
   가. 해당 주식 또는 출자지분의 취득가액 (2023. 12. 31. 신설)
   나. 민간재간접벤처투자조합에 투자한 금액의 100분의 60에 상당하는 금액 (2023. 12. 31. 신설)

2. 해당 사업연도에 취득한 해당 주식 또는 출자지분의 취득가액이 직전 3개 사업연도의 해당 주식 또는 출자지분 취득가액의 평균액을 초과하는 경우 그 초과하는 금액의 100분의 3에 상당하는 금액 (2023. 12. 31. 신설)

③ 제1항 각 호 및 제2항을 적용할 때 출자는 내국법인이 다음 각 호의 어느 하나에 해당하는 방법으로 주식 또는 출자지분을 취득하는 것으로 하되, 타인 소유의 주식 또는 출자지분을 매입에 의하여 취득하는 경우는 제외한다. (2023. 12. 31. 개정)

1. 해당 기업의 설립 시에 자본금으로 납입하는 방법 (2016. 12. 20. 신설)

2. 해당 기업이 설립된 후 7년 이내에 유상증자하는 경우로서 증자대금을 납입하는 방법 (2016. 12. 20. 신설)

④ 제1항 또는 제2항에 따라 법인세를 공제받은 내국법인이 주식 또는 출자지분을 취득한 후 5년 이내에 피출자법인의 지배주주 등에 해당하는 경우에는 지배주주 등이 되는 날이 속하는 사업연도의 과세표준신고를 할 때 주식 또는 출자지분에 대한 세액공제액 상당액에 대통령령으로 정하는 바에 따라 계산한 이자상당가산액을 더하여 법인세로 납부하여야 하며, 해당 세액은 「법인세법」 제64조에 따라 납부하여야 할 세액으로 본다. (2023. 12. 31. 개정)

⑤ 제1항 또는 제2항을 적용받으려는 내국법인은 대통령령으로 정하는 바에 따라 세액공제신청을 하여야 한다. (2023. 12. 31. 개정)
⑥ 제1항부터 제5항까지를 적용할 때 지배주주 등의 범위 등에 관하여 필요한 사항은 대통령령으로 정한다. (2023. 12. 31. 개정)

영 제12조의 2 【내국법인의 벤처기업 등에의 출자에 대한 과세특례】
① 법 제13조의 2 제1항 각 호 외의 부분 본문에서 "대통령령으로 정하는 내국법인"이란 다음 각 호의 자를 제외한 내국법인을 말한다. (2017. 2. 7. 신설)
1. 법 제13조 제1항 제1호에 따른 벤처투자회사 및 창업기획자 (2024. 2. 29. 개정)
2. 법 제13조 제1항 제2호에 따른 신기술사업금융업자 (2017. 2. 7. 신설)
3. 법 제13조 제1항 제3호 각 목 외의 부분에 따른 벤처기업출자유한회사 (2017. 2. 7. 신설)
4. 법 제13조 제1항 제4호에 따른 기금운용법인등 (2017. 2. 7. 신설)
② 법 제13조의 2 제1항 각 호 외의 부분 단서에서 "대통령령으로 정하는 특수관계인"이란 「법인세법 시행령」 제2조 제5항에 따른 특수관계인을 말한다. (2019. 2. 12. 개정)
③ 법 제13조의 2 제3항에 따른 이자상당가산액은 공제받은 세액에 제1호의 기간 및 제2호의 율을 곱하여 계산한 금액을 말한다. (2017. 2. 7. 신설)
1. 공제받은 사업연도의 과세표준신고일의 다음 날부터 법 제13조의 2 제3항의 사유가 발생한 날이 속하는 사업연도의 과세표준신고일까지의 기간 (2017. 2. 7. 신설)
2. 제11조의 2 제9항 제2호에 따른 율 (2022. 2. 15. 개정)
④ 법 제13조의 2 제3항에 따른 지배주주 등의 범위는 「법인세법 시행령」 제43조 제7항에 따른 지배주주등의 범위로 한다. (2017. 2. 7. 신설)
⑤ 법 제13조의 2 제1항을 적용받으려는 내국법인은 과세표준신고와 함께 기획재정부령으로 정하는 세액공제신청서를 납세지 관할 세무서장에게 제출하여야 한다. (2017. 2. 7. 신설)

□ **개정연혁**

[2020년] 내국법인 벤처기업 출자 과세특례 적용기한 연장
가. 개정취지 : 창업자, 벤처기업 등에 대한 투자 확대를 지원
나. 개정내용

종전	개정
▨ 내국법인이 벤처기업 등에 대한 출자 시 출자금액 법인세 세액공제 ○ (공제대상) 창업자, 벤처기업, 신기술사업자, 신기술창업전문회사에 대한 직접출자 및 중소기업창업투자조합 등을 통한 간접출자 ○ (지원내용) 출자금의 5% 세액공제 ○ (요건) 다음의 방법으로 주식 또는 출자지분 취득(구주매입 제외) - 설립 시 자본금 납입 - 설립 후 7년 이내 유상증자 납입 ○ (적용기한) 2019.12.31.	▨ 적용기한 연장 (좌 동) ○ 2022.12.31.

다. 적용시기 및 적용례

[2023년] 창업 · 벤처투자 활성화를 위한 과세특례 확대 ② 내국법인의 벤처기업 등 출자 과세특례 적용기한 연장
가. 개정취지 : 벤처 생태계 조성 지원
나. 개정내용

종전	개정
▨ 내국법인의 벤처기업 등 출자 시 취득가액의 5% 세액공제 ○ (적용요건) 벤처기업 등에 신규출자를 통해 취득한 주식, 출자지분 ○ (출자방식) 직·간접 출자 ○ (적용기한) 2022.12.31.	▨ 적용기한 연장 ○ (좌 동) ○ 2025.12.31.

다. 적용시기 및 적용례

[2024년] 민간벤처모펀드 활성화를 위한 세제지원 ② 민간벤처모펀드 출자에 대한 세액공제 특례 허용

가. 개정취지: 민간의 벤처투자 지원

나. 개정내용

종전	개정
■ 내국법인이 벤처기업 등에 대한 출자 시 법인세 세액공제 ○ (공제대상) ❶~❷를 통해 취득한 주식등 ❶ 벤처기업 등에 대한 직접출자 ❷ 벤처투자조합 등을 통한 간접출자 〈추 가〉 ○ (출자방법) 설립시 자본금 납입 또는 7년 내 유상증자 (구주매입 제외) ○ (공제액) - (❶, ❷를 통한 취득) 출자가액의 5% 〈신 설〉	■ 민간재간접벤처투자조합을 통한 출자 시 세액공제 신설 ○ ❶~❸을 통해 취득한 주식등 ❶ (좌 동) ❷ (좌 동) ❸ 민간재간접벤처투자조합을 통한 간접 출자 ○ (좌 동) ○ 민간재간접벤처투자조합 투자 시 세액 공제 적용 - (좌 동) - (❸을 통한 취득) 출자 시 투자금액*의 5% + 주식등 취득가액의 직전 3년 평균 대비 증가분의 3% * Max(출자가액, 모펀드 투자액의 60%)

다. 적용시기 및 적용례 : 2024.1.1. 이후 세액공제를 신청하는 분부터 적용(제2항 제2호의 개정규정은 내국법인이 민간재간접벤처투자조합을 통하여 최초로 벤처기업 등의 주식 또는 출자지분을 취득한 사업연도의 다음 사업연도의 법인세에서 공제하는 경우부터 적용)

□ 해석사례

▷ 상환전환우선주(RCPS)가 조특법§13의2① 각 목의 「주식」에 해당하는지 여부
  사전법규법인2023-370(2023.06.26.)
상환전환우선주는 신주발행의 절차에 따라 증자의 형식을 갖추어 발행되고, 상법상 상환전환우선주와 같은 상환권 및 전환권이 부여된 주식도 발행이 허용됨으로써(상법 §345·346) 법률상 주식으로 분류되는 이상, 채권이 아닌 「주식」으로 봄이 타당함. 또한 법원은 상환전환우선주는 발행법인의 부채가 아닌 자본에 해당한다는 취지의 판결(서울고등법원 2021. 7. 14. 선고 2020누57822 판결)을 하였음. 따라서 상환전환우선주는 조특법§13의2① 각 목의 주식에 해당함.

▷ 법인설립 시 자본금 납입으로 주식을 취득한 후 벤처기업으로 확인받는 경우 과세특례 가능 여부
  서면법령해석법인2021-2770(2021.09.27.)
피출자기업이 설립당시에 「벤처기업육성에 관한 특별조치법」 제2조제1항에 따른 벤처기업에 해당하지 않는 경우 「조세특례제한법」 제13조의2에 따른 과세특례가 적용되지 않는 것임

▷ **전환사채 취득 후 7년내 출자전환시 적격 유상증자 해당여부**
　서면-2020-법인-6005

내국법인이 벤처기업 또는 창업자가 발행하는 전환사채를 직접 또는 창업투자조합 등을 통해 취득한 후 해당 벤처기업 등이 설립된 후 7년 이내에 이를 보통주식으로 전환하는 경우에는 같은 법 제13조의2에 따른 내국법인의 벤처기업 등에의 출자에 대한 과세특례가 적용되지 않음

▷ **법인이 특정금전신탁에 의해 벤처기업 등에 출자시 과세특례 적용**
　서면법인2018-1676(2020.09.15.)

법인이 법인의 의사에 따라 투자대상 및 투자비중 결정 등을 행하는 특정금전신탁을 통하여 「조세특례제한법」제13조의2제1항각호에 해당하는 투자를 한 경우 같은 규정에 따라 해당 사업연도의 법인세에서 공제함

10. 연구개발 – 소재 · 부품 · 장비 전문기업에의 공동출자에 대한 세액공제

법 제13조의 3 【내국법인의 소재 · 부품 · 장비전문기업 등에의 출자 · 인수에 대한 과세특례】
① 둘 이상의 내국법인(이하 이 조에서 "투자기업"이라 한다)이 2025년 12월 31일까지 다음 각 호의 요건을 모두 갖추어 대통령령으로 정하는 소재 · 부품 · 장비 관련 중소기업 · 중견기업(이하 이 조에서 "투자대상기업"이라 한다)의 주식 또는 출자지분(이하 이 조에서 "주식등"이라 한다)을 대통령령으로 정하는 바에 따라 공동으로 취득(이하 이 조에서 "공동투자"라 한다)하는 경우 주식등의 취득가액의 100분의 5에 상당하는 금액을 각 내국법인의 해당 사업연도의 법인세에서 공제한다. (2022. 12. 31. 개정)
1. 투자대상기업의 대통령령으로 정하는 소재 · 부품 · 장비 관련 연구개발 · 인력개발 · 시설투자(이하 이 조에서 "소재 · 부품 · 장비 관련 연구 · 인력개발등"이라 한다)를 통하여 투자기업의 제품 생산에 도움을 받기 위한 목적일 것 (2019. 12. 31. 신설)
2. 투자대상기업이 유상증자하는 경우로서 증자대금을 납입하는 방법으로 주식등을 취득할 것 (2019. 12. 31. 신설)
3. 투자기업 간, 투자기업과 투자대상기업의 관계가 대통령령으로 정하는 특수관계인이 아닐 것. 다만, 이 항에 따른 공동투자로 서로 본문에 따른 특수관계인이 된 경우는 제외한다. (2019. 12. 31. 신설)
② 제1항에 따라 투자기업이 법인세를 공제받은 후에 다음 각 호의 어느 하나에 해당하는 사유가 발생하는 경우에는 그 사유가 발생한 날이 속하는 사업연도의 과세표준신고를 할 때 주식등에 대한 세액공제액 상당액(제3호에 해당하는 경우 대통령령으로 정하는 바에 따라 계산한 금액)에 대통령령으로 정하는 바에 따라 계산한 이자상당가산액을 더하여 법인세로 납부하여야 하며, 해당 세액은 「법인세법」 제64조에 따라 납부하여야 할 세액으로 본다. (2019. 12. 31. 신설)
1. 제1항에 따라 법인세를 공제받은 투자기업이 주식등을 취득한 후 5년 이내에 투자대상기업의 지배주주등에 해당하는 경우 (2019. 12. 31. 신설)
2. 투자대상기업이 유상증자일부터 3년이 되는 날이 속하는 사업연도 종료일까지 투자기업이 납입한 증자대금의 100분의 80에 상당하는 금액 이상을 소재 · 부품 · 장비 관련 연구 · 인력개발등에 지출하지 아니하는 경우 (2019. 12. 31. 신설)
3. 제1항에 따라 법인세를 공제받은 투자기업이 주식등을 취득한 후 4년 이내에 해당 주식등을 처분하는 경우. 이 경우 처분되는 주식등은 먼저 취득한 주식등이 먼저 처분되는 것으로 본다. (2019. 12. 31. 신설)

영 제12조의 3 【내국법인의 소재 · 부품 · 장비전문기업 등에의 출자 · 인수에 대한 과세특례】
① 법 제13조의 3 제1항 각 호 외의 부분에서 "대통령령으로 정하는 소재 · 부품 · 장비 관련 중소기업 · 중견기업"이란 「소재 · 부품 · 장비산업 경쟁력 강화 및 공급망 안정화를 위한 특별조치법」 제16조에 따른 특화선도기업등으로서 중소기업 또는 중견기업에 해당하는 기업을 말한다. (2023. 12.

5. 개정 ; 소재·부품·장비산업 경쟁력강화를 위한 특별조치법 시행령 부칙)

② 법 제13조의 3 제1항에 따른 공동투자(이하 이 조에서 "공동투자"라 한다)는 다음 각 호의 요건을 모두 갖추어야 한다. (2020. 2. 11. 신설)

1. 법 제13조의 3 제1항에 따른 투자기업(이하 이 조에서 "투자기업"이라 한다)이 투자대상기업(이하 이 조에서 "투자대상기업"이라 한다)과 공동투자에 대해 체결한 협약에 따라 공동으로 주식 또는 출자지분(이하 이 조에서 "주식등"이라 한다)을 취득할 것 (2020. 2. 11. 신설)

2. 공동투자에 참여한 각 내국법인이 투자대상기업의 유상증자 금액의 100분의 25 이상을 증자대금으로 납입할 것 (2020. 2. 11. 신설)

③ 법 제13조의 3 제1항 제1호에서 "대통령령으로 정하는 소재·부품·장비 관련 연구개발·인력개발·시설투자"란 다음 각 호의 어느 하나에 해당하는 것을 말한다. (2020. 2. 11. 신설)

1. 법 제10조 제1항에 따른 연구·인력개발비 (2020. 2. 11. 신설)

2. 법 제24조 제1항 제1호에 따른 공제대상 자산에 대한 투자 (2021. 2. 17. 개정)

3. (삭제, 2021. 2. 17.)

4. (삭제, 2021. 2. 17.)

④ 법 제13조의 3 제1항 제3호 본문 및 같은 조 제3항 각 호 외의 부분 전단에서 "대통령령으로 정하는 특수관계인"이란 각각 「법인세법」 제2조 제12호에 따른 특수관계인을 말한다. (2020. 2. 11. 신설)

⑤ 법 제13조의 3 제2항 각 호 외의 부분에 따라 같은 항 제3호에 해당하여 법인세로 납부해야 하는 세액공제액 상당액은 다음 각 호의 구분에 따라 계산한 금액으로 한다. (2020. 2. 11. 신설)

1. 투자기업이 주식등 취득일부터 2년 이내에 주식등을 처분하는 경우: 법 제13조의 3 제1항에 따라 공제받은 세액 전액 (2020. 2. 11. 신설)

2. 투자기업이 주식등 취득일부터 2년이 경과한 날부터 2년 이내에 주식등을 처분하는 경우: 다음의 계산식에 따라 계산한 금액 (2020. 2. 11. 신설)

$$\text{법 제13조의 3 제1항에 따라 각 내국법인이 공제받은 세액} \times \frac{\text{공동투자로 각 내국법인이 취득한 주식등 중 해당 과세기간에 처분한 주식등의 수}}{\text{공동투자로 각 내국법인이 취득한 주식등의 수}}$$

⑥ 법 제13조의 3 제2항 각 호 외의 부분, 같은 조 제4항 각 호 외의 부분 본문 및 같은 조 제5항에 따라 법인세에 더하여 납부해야 하는 이자상당액은 같은 조 제1항 및 제3항에 따라 공제받은 세액(법 제13조의 3 제5항의 경우에는 같은 항에 따른 계산식, 제5항 제2호의 경우에는 같은 호에 따른 계산식에 따라 계산한 금액을 말한다)에 제1호의 기간과 제2호의 율을 곱하여 계산한 금액으로 한다. (2020. 2. 11. 신설)

1. 공제받은 사업연도 종료일의 다음 날부터 납부사유가 발생한 날이 속하는 사업연도의 종료일까지의 기간 (2020. 2. 11. 신설)

2. 제11조의 2 제9항 제2호에 따른 율 (2022. 2. 15. 개정)

11. 연구개발 – 소재·부품·장비 관련 외국법인 인수에 대한 세액공제

법 제13조의 3 【내국법인의 소재·부품·장비전문기업 등에의 출자·인수에 대한 과세특례】

③ 내국법인[외국법인이 대통령령으로 정하는 특수관계인(이하 이 항에서 "특수관계인"이라 한다)인 법인과 금융 및 보험업을 영위하는 법인은 제외한다. 이하 이 항 및 제4항에서 같다]이 다음 각 호의 구분에 따른 요건을 모두 갖추어 2025년 12월 31일까지 국내 산업 기반, 해외 의존도 등을 고려하여 대통령령으로 정하는 소재·부품·장비 또는 국가전략기술 관련 외국법인(내국법인이 특수관계인인 경우는 제외하며, 이하 이 조에서 "인수대상외국법인"이라 한다)의 주식등을 취득하거나 인수대상외국법인의 소재·부품·장비 또는 국가전략기술 관련 사업의 양수 또는 사업의 양수에 준하는 자산의 양수(이하 이 조에서 "인수"라 한다)를 하는 경우[인수대상외국법인을 인수할 목적으로 설립된 대통령령으로 정하는 특수 목적 법인(이하 이 조에서 "인수목적법인"이라 한다)을 통해 간접적으로 인수하는 경우를 포함한다] 주식등 취득가액 또는 사업·자산의 양수가액(이하 이 조에서 "인수가액"이라 한다)의 100분의 5(중견기업의 경우에는 100분의 7, 중소기업의 경우에는 100분의 10)에 상당하는 금액을 해당 사업연도의 법인세에서 공제한다. 이 경우 대통령령으로 정하는 인수건별 인수가액이 5천억원을 초과하는 경우 그 초과하는 금액은 없는 것으로 본다. (2022. 12. 31. 개정)

1. 주식등을 취득하는 경우: 다음 각 목의 요건 (2019. 12. 31. 신설)

   가. 해당 내국법인과 인수대상외국법인이 각각 1년 이상 사업을 계속하던 기업일 것 (2022. 12. 31. 개정)

   나. 인수대상외국법인의 발행주식총수 또는 출자총액의 100분의 50(내국법인이 인수대상외국법인의 최대주주 또는 최대출자자로서 그 인수대상외국법인의 경영권을 실질적으로 지배하는 경우는 100분의 30으로 하고, 이하 이 조에서 "기준지분비율"이라 한다) 이상을 직접 또는 간접적으로 취득하고, 해당 내국법인이 해당 주식등을 취득일이 속하는 사업연도의 종료일까지 보유할 것 (2022. 12. 31. 개정)

   다. 인수일 당시 인수대상외국법인의 주주 또는 출자자(이하 이 조에서 "주주등"이라 한다)가 해당 주식등을 양도한 날부터 그 날이 속하는 내국법인의 사업연도 종료일까지 내국법인 또는 인수목적법인의 지배주주등에 해당하지 아니할 것 (2022. 12. 31. 개정)

   라. 내국법인의 주식등 취득일이 속하는 사업연도의 종료일까지 인수대상외국법인이 종전에 영위하던 사업을 계속할 것 (2022. 12. 31. 개정)

2. 사업 또는 자산을 양수하는 경우: 다음 각 목의 요건 (2019. 12. 31. 신설)

   가. 해당 내국법인과 인수대상외국법인이 각각 1년 이상 사업을 계속하던 기업일 것 (2022. 12. 31. 개정)

   나. 인수대상외국법인의 주주등이 사업 또는 자산을 양도한 날부터 그 날이 속하는 내국법인의 사업연도 종료일까지 내국법인 또는 인수목적법인의 지배주주등에 해당하지 아니할 것 (2022. 12.

31. 개정)

다. 내국법인의 사업·자산의 양수일이 속하는 사업연도의 종료일까지 양수를 통하여 승계된 종전의 사업을 계속할 것 (2019. 12. 31. 신설)

④ 제3항에 따라 법인세를 공제받은 내국법인은 5년 이내의 범위에서 대통령령으로 정하는 기간에 다음 각 호의 사유가 발생하는 경우에는 그 사유가 발생한 날이 속하는 사업연도의 과세표준신고를 할 때 제3항에 따라 공제받은 세액에 대통령령으로 정하는 바에 따라 계산한 이자상당액을 더한 금액을 법인세로 납부하여야 하며, 해당 세액은 「법인세법」 제64조에 따라 납부하여야 할 세액으로 본다. 다만, 사업 또는 자산을 양수한 경우에는 제3호를 적용하지 아니한다. (2019. 12. 31. 신설)

1. 인수일 당시 인수대상외국법인의 주주등이 내국법인 또는 인수목적법인의 지배주주등에 해당하는 경우 (2022. 12. 31. 개정)
2. 인수대상외국법인이 종전에 영위하던 사업을 폐지하거나 양수를 통하여 승계된 종전의 사업을 폐지하는 경우 (2022. 12. 31. 개정)
3. 각 사업연도 종료일 현재 내국법인이 직접 또는 간접적으로 보유하고 있는 인수대상외국법인의 지분비율(이하 이 조에서 "현재지분비율"이라 한다)이 주식등의 취득일 당시 지분비율(이하 이 조에서 "당초지분비율"이라 한다)보다 낮아지는 경우 (2022. 12. 31. 개정)

⑤ 제4항 제3호에 해당하는 경우로서 현재지분비율이 기준지분비율 이상인 경우에는 제4항 각 호 외의 부분 본문에도 불구하고 다음의 계산식에 따라 계산한 금액(지분비율 감소로 이미 납부한 공제세액은 제외한다)에 대통령령으로 정하는 바에 따라 계산한 이자상당액을 더한 금액을 법인세로 납부하여야 한다. (2019. 12. 31. 신설)

$$\frac{(당초지분비율 - 현재지분비율)}{제3항에 따른 공제세액} \times 당초지분비율$$

⑥ 제3항 및 제4항을 적용할 때 둘 이상의 내국법인이 대통령령으로 정하는 바에 따라 공동으로 인수대상외국법인을 인수(이하 "공동인수"라고 한다)하는 경우 1개의 내국법인이 인수하는 것으로 보며, 공동인수에 참여한 각 내국법인의 공제금액은 인수가액에 비례하여 안분계산한 금액으로 한다. (2022. 12. 31. 개정)

⑦ 제1항 및 제3항을 적용받으려는 내국법인은 대통령령으로 정하는 바에 따라 세액공제신청을 하여야 한다. (2019. 12. 31. 신설)

⑧ 제1항부터 제7항까지의 규정에 따른 중견기업의 요건, 지배주주등의 범위, 종전에 영위하던 사업의 계속 및 폐지에 관한 기준 등과 그 밖에 필요한 사항은 대통령령으로 정한다. (2019. 12. 31. 신설)

영 제12조의 3 【내국법인의 소재·부품·장비전문기업 등에의 출자·인수에 대한 과세특례】

⑦ 법 제13조의 3 제3항 각 호 외의 부분 전단에서 "대통령령으로 정하는 소재·부품·장비 또는 국가

전략기술 관련 외국법인"이란 다음 각 호의 어느 하나에 해당하는 외국법인(이하 이 조에서 "인수대상외국법인"이라 한다)을 말한다. (2023. 2. 28. 개정)

1. 해당 소재·부품·장비 관련 국내 산업 기반, 국내 특허 보유 여부, 해외 의존도 등을 고려하여 기획재정부령으로 정하는 소재·부품·장비 품목을 생산하는 외국법인. 이 경우 주식등을 취득하는 방법으로 인수하는 경우에는 소재·부품·장비 품목의 매출액(제2조 제4항에 따른 계산방법으로 산출한 매출액으로서 주식등의 취득일이 속한 사업연도 직전 3개 사업연도의 평균 매출액을 말하며, 사업연도가 1년 미만인 사업연도의 매출액은 1년으로 환산한 매출액을 말한다. 이하 이 항에서 같다)이 전체 매출액의 100분의 50 이상인 외국법인으로 한정한다. (2023. 2. 28. 개정)
2. 국가전략기술을 활용한 사업에서 발생한 매출액이 전체 매출액의 100분의 50 이상인 외국법인 (2023. 2. 28. 개정)
3. 소재·부품·장비 품목의 매출액과 국가전략기술을 활용한 사업에서 발생한 매출액의 합계액이 전체 매출액의 100분의 50 이상인 외국법인 (2023. 2. 28. 개정)

⑧ 법 제13조의 3 제3항 각 호 외의 부분 전단에 따른 소재·부품·장비 또는 국가전략기술 관련 사업(이하 이 조에서 "인수대상사업"이라 한다)의 양수는 인수대상사업에 관한 권리와 의무를 포괄적 또는 부분적으로 승계하는 것을 말하며, 사업의 양수에 준하는 자산의 양수는 양수 전에 인수대상외국법인이 영위하던 인수대상사업이 양수 후에도 계속될 수 있는 정도의 자산을 매입하는 것을 말한다. (2023. 2. 28. 개정)

⑨ 법 제13조의 3 제3항 각 호 외의 부분 전단에서 "인수대상외국법인을 인수할 목적으로 설립된 대통령령으로 정하는 특수 목적 법인"이란 다음 각 호의 요건을 모두 충족하는 법인(이하 "인수목적법인"이라 한다)을 말한다. (2023. 2. 28. 개정)

1. 인수대상외국법인을 인수하는 것을 사업목적으로 할 것 (2023. 2. 28. 개정)
2. 법 제13조의 3 제3항 각 호 외의 부분 전단에 따른 내국법인이 발행주식총수 또는 출자총액의 100분의 100을 출자하고 있는 법인일 것 (2020. 2. 11. 신설)

⑩ 법 제13조의 3 제3항 각 호 외의 부분 후단에서 "대통령령으로 정하는 인수건별 인수가액"이란 법 제13조의 3 제3항 각 호 외의 부분 전단에 따라 인수대상외국법인의 인수대상사업 또는 자산의 양수일부터 3년 이내에 그 외국법인으로부터 인수대상사업 또는 자산의 양수가 있는 경우 그 각각의 인수가액을 합한 금액을 말한다. (2023. 2. 28. 개정)

⑪ 법 제13조의 3 제3항 각 호 외의 부분 전단에 따라 간접적으로 인수하는 경우 지분비율은 내국법인의 인수목적법인에 대한 출자비율에 그 인수목적법인의 인수대상외국법인에 대한 출자비율을 곱한 것으로 한다. (2023. 2. 28. 개정)

⑫ 법 제13조의 3 제4항 각 호 외의 부분 본문에서 "대통령령으로 정하는 기간"이란 법 제13조의 3 제3항 각 호 외의 부분 전단에 따른 인수일이 속하는 사업연도의 다음 사업연도의 개시일부터 4년을 말한다. (2020. 2. 11. 신설)

⑬ 법 제13조의 3 제6항에 따라 같은 조 제3항 및 제4항이 적용되는 공동인수는 같은 조 제3항에 따른

내국법인이 공동투자 등에 대해 체결한 협약에 따라 공동으로 같은 항에 따른 인수를 하는 경우로 한다. (2020. 2. 11. 신설)

⑭ 법 제13조의 3 제6항에 따른 공동인수에 참여한 법인이 그 공동인수에 참여하지 않은 제3자에게 주식등을 처분하여 같은 조 제4항 제3호 또는 같은 조 제5항에 해당하게 된 경우에는 해당 법인이 각각 같은 조 제4항 또는 제5항에 따른 법인세를 납부해야 한다. (2020. 2. 11. 신설)

⑮ 법 제13조의 3 제7항에 따라 세액공제를 받으려는 내국법인은 과세표준신고와 함께 기획재정부령으로 정하는 세액공제신청서 및 공제세액계산서를 납세지 관할 세무서장에게 제출해야 한다. (2020. 2. 11. 신설)

⑯ 법 제13조의 3 제2항 제1호, 같은 조 제3항 제1호 다목, 같은 항 제2호 나목 및 같은 조 제4항 제1호에 따른 지배주주등의 범위에 관하여는 「법인세법 시행령」 제43조 제7항을 준용한다. (2020. 2. 11. 신설)

⑰ 법 제13조의 3 제3항 제1호 라목, 같은 항 제2호 다목 및 같은 조 제4항 제2호에 따른 사업의 계속 및 폐지 여부의 판정에 관하여는 「법인세법 시행령」 제80조의 2 제7항을 준용한다. (2020. 2. 11. 신설)

규칙 제8조의 8 【소재 · 부품 · 장비의 범위】

영 제12조의 3 제7항에서 "기획재정부령으로 정하는 소재 · 부품 · 장비 품목"이란 「소재 · 부품 · 장비산업 경쟁력 강화 및 공급망 안정화를 위한 특별조치법」 제12조에 따른 핵심전략기술과 관련된 품목으로서 산업통상자원부장관이 기획재정부장관과 협의하여 고시하는 품목을 말한다. (2024. 1. 5. 개정 ; 소재 · 부품 · 장비산업 경쟁력 강화 및 공급망 안정화를 위한 특별조치법 시행규칙 부칙

개정연혁

[2020년] 소재·부품·장비 관련 외국법인 인수 시 세액공제 신설

가. 개정취지: 소재·부품·장비 관련 외국법인에 대한 M&A 지원

나. 개정내용

종전	개정

〈신 설〉	▨ 소재·부품·장비 관련 외국법인 인수 시 세액공제
	○ (적용대상) 내국법인*이 소재·부품·장비 외국법인** 주식·지분취득 또는 소재·부품·장비 사업·자산양수 시
	  * ① 내국법인의 특수관계인이 외국법인인 경우, ② 외국법인의 특수관계인이 내국법인인 경우는 제외
	  ** 특정 소재·부품·장비 품목 매출액이 전체 매출액의 50% 이상인 외국법인(소재·부품·장비 품목은 시행규칙에서 규정할 예정)
	○ (공제율) 인수금액의 5%(중견 7%, 중소 10%)
	- 공제대상 한도(건당) : Min[총 인수금액, 5천억원*]
	  * 최근 3년 내 동일기업으로부터 소재·부품·장비 사업부문을 여러차례 인수하는 경우에는 해당 인수가액을 합산하여 공제한도 적용
	○ (적용요건) 다음의 요건을 모두 충족할 것
	- 1년 이상 사업을 계속하던 법인간 M&A
	- 피인수법인의 출자총액의 50%(또는 30% + 경영권) 이상
	- 인수법인이 취득한 주식 등을 사업연도 종료일까지 보유
	○ (사후관리) 인수일이 속하는 사업연도 및 다음 사업연도 개시일부터 4년까지 다음 어느 하나에 해당 시 세액공제액에 이자상당액을 가산하여 추징
	- 피인수법인의 지배주주가 인수법인 또는 피인수법인의 지배주주에 해당하는 경우
	- 피인수기업이 사업을 폐지하는 경우
	- 인수기업의 피인수기업 지분비율이 인수일이 속한 사업연도 종료일보다 낮아지는 경우*
	  * 기준비율(50% 또는 30% + 경영권) 미만으로 낮아지면 세액공제액 전액, 기준비율 이상 유지되면 줄어든 비율 상당액을 추징
	○ (적용기한) 2022.12.31.

다. 적용시기 및 적용례: 2020.1.1. 이후 인수하는 분부터 적용

[2020년] 내국법인의 소재부품장비기업 공동출자 시 세액공제 신설

가. 개정취지: 소재·부품·장비기업과 수요기업간 상생협력 지원

나. 개정내용

종전	개정
〈신 설〉	■ 내국법인의 협력사 공동출자에 대한 세액공제 ○ (적용대상) 둘 이상의 내국법인*이 대통령령으로 정하는 소재·부품·장비** 중소·중견기업에 공동***으로 출자 * 내국법인 상호간, 내국법인과 피출자법인간 특수관계인 경우 제외 **「소재·부품·장비산업 경쟁력강화를 위한 특별조치법」§16에 따른 "특화선도기업등" *** 공동출자 : ① 투자기업과 투자대상기업이 공동투자에 대해 체결한 협약(MOU)에 따라 투자할 것, ② 공동투자에 참여한 내국법인이 투자대상기업의 유상증자금액의 25% 이상을 각각 납입할 것 ○ (출자범위) 내국법인이 피출자법인의 유상증자 참여 ○ (세액공제율) 지분 취득가액의 5% ○ (사후관리) 다음 어느 하나에 해당하는 경우 세액공제액에 이자상당액을 가산하여 추징 - 유상증자일부터 3년이 되는 날이 속하는 사업연도 종료일까지 피출자법인이 출자금액의 80% 이상을 연구·인력개발 또는 설비투자*로 지출하지 않는 경우 * 연구·인력개발비(조특법 §10), 연구시험용시설 및 직업훈련용 시설투자(조특법 §25①1호), 생산성향상시설투자(조특법 §25①6호), 신성장기술 사업화 시설투자(조특법 §25의5) - 내국법인이 지분취득 후 5년 이내에 피출자법인의 지배주주에 해당하는 경우 - 내국법인이 지분 취득 후 4년 이내에 해당 지분 처분 시* * 단, 이 경우는 처분주식에 상당하는 세액공제액 및 이자상당액만 추징 ○ (적용기한) 2022.12.31.

다. 적용시기 및 적용례: 2020.1.1. 이후 출자하는 분부터 적용

[2023년] 소재·부품·장비 관련 조세특례 적용기한 연장

가. 개정취지: 소재·부품·장비 분야의 경쟁력 제고

나. 개정내용

종전	개정

▩ 내국법인의 소재·부품·장비 기업 공동출자 시 세액공제
○ (적용요건) 둘 이상의 내국법인이 소재·부품·장비 기업에 공동으로 출자
○ (공제율) 취득가액의 5%
○ (적용기한) 2022.12.31.
▩ 중소기업창업투자회사 등*의 소재·부품·장비 기업(중소기업에 한함)** 출자에 따른 주식 등 양도소득·배당소득 비과세
  * 중소기업창업투자회사, 창업기획자, 신기술 사업금융업자 등
  ** 「소부장특별법」 제13조에 따라 선정된 특화선도기업
○ (적용요건) 소재·부품·장비 중소기업등에 신규출자를 통해 취득한 주식·출자지분
○ (출자방식) 직·간접 출자
  - 투자대상기업 설립 시 자본금으로 납입
  - 투자대상기업이 유상증자하는 경우로서 증자대금을 납입
  - 투자대상기업이 잉여금을 자본으로 전입 또는 채무를 자본으로 전환
○ (적용기한) 2022.12.31.
	▩ 적용기한 연장
	○ (좌 동)
	○ 2025.12.31.
	▩ 적용기한 연장
	○ (좌 동)
	○ (좌 동)
	○ 2025.12.31.

다. 적용시기 및 적용례

▢ 해석사례

▷ 소재·부품·장비외국법인을 인수할 목적으로 설립되는 특수목적법인에 내국법인의 완전 손자회사가 포함되는지 여부

  기획재정부법인-143(2021.03.08.)

소재·부품·장비외국법인을 인수하기 위해 설립되는 특수목적법인 (인수목적법인)에 내국 법인의 손자회사가 포함됨

12. 연구개발 - 성과공유 중소기업 경영성과급 세액공제

법 제19조 【성과공유 중소기업의 경영성과급에 대한 세액공제 등】
① 「중소기업 인력지원 특별법」 제27조의 2 제1항에 따른 중소기업(이하 이 조에서 "성과공유 중소기업"이라 한다)이 대통령령으로 정하는 상시근로자(이하 이 조에서 "상시근로자"라 한다)에게 2027년 12월 31일까지 대통령령으로 정하는 경영성과급(이하 이 조에서 "경영성과급"이라 한다)을 지급하는 경우 그 경영성과급의 100분의 10에 상당하는 금액을 해당 과세연도의 소득세(사업소득에 대한 소득세만 해당한다) 또는 법인세에서 공제한다. 다만, 성과공유 중소기업의 해당 과세연도의 상시근로자 수가 직전 과세연도의 상시근로자 수보다 감소한 경우에는 공제하지 아니한다. (2024. 12. 31. 개정)
② 성과공유 중소기업의 근로자 중 다음 각 호에 해당하는 사람을 제외한 근로자가 해당 중소기업으로부터 2027년 12월 31일까지 경영성과급을 지급받는 경우 그 경영성과급에 대한 소득세의 100분의 50에 상당하는 세액을 감면한다. (2024. 12. 31. 개정)
1. 해당 과세기간의 총급여액이 7천만원을 초과하는 사람 (2018. 12. 24. 신설)
2. 해당 기업의 최대주주 등 대통령령으로 정하는 사람 (2018. 12. 24. 신설)
③ 제1항 및 제2항을 적용받으려는 중소기업과 근로자는 대통령령으로 정하는 바에 따라 세액공제 또는 세액감면을 신청하여야 한다. (2018. 12. 24. 신설)
④ 제1항 및 제2항에서 규정한 사항 외에 상시근로자 수의 계산방법, 소득세 감면의 계산방법, 그 밖에 필요한 사항은 대통령령으로 정한다. (2018. 12. 24. 신설)

영 제17조 【성과공유 중소기업의 경영성과급에 대한 세액공제 등】
① 법 제19조 제1항 본문에서 "대통령령으로 정하는 상시근로자"란 「근로기준법」에 따라 근로계약을 체결한 내국인 근로자를 말한다. 다만, 다음 각 호의 어느 하나에 해당하는 사람은 제외한다. (2019. 2. 12. 신설)
1. 근로계약기간이 1년 미만인 근로자(근로계약의 연속된 갱신으로 인하여 그 근로계약의 총 기간이 1년 이상인 근로자는 제외한다) (2020. 2. 11. 개정)
2. 「근로기준법」 제2조 제1항 제9호에 따른 단시간근로자. 다만, 1개월간의 소정근로시간이 60시간 이상인 근로자는 상시근로자로 본다. (2020. 6. 2. 개정)
3. 「법인세법 시행령」 제40조 제1항 각 호의 어느 하나에 해당하는 임원 (2019. 2. 12. 신설)
4. 해당 기업의 최대주주 또는 최대출자자(개인사업자의 경우에는 대표자를 말한다)와 그 배우자 (2019. 2. 12. 신설)
5. 제4호에 해당하는 자의 직계존비속(그 배우자를 포함한다) 및 「국세기본법 시행령」 제1조의 2 제1항에 따른 친족관계인 사람 (2019. 2. 12. 신설)
6. 「소득세법 시행령」 제196조에 따른 근로소득원천징수부에 의하여 근로소득세를 원천징수한 사실이

확인되지 않고, 다음 각 목의 어느 하나에 해당하는 금액의 납부사실도 확인되지 않은 자 (2019. 2. 12. 신설)

가. 「국민연금법」 제3조 제1항 제11호 및 제12호에 따른 부담금 및 기여금 (2019. 2. 12. 신설)

나. 「국민건강보험법」 제69조에 따른 직장가입자의 보험료 (2019. 2. 12. 신설)

7. 해당 과세기간의 총급여액이 7천만원을 초과하는 근로자 (2019. 2. 12. 신설)

② 법 제19조 제1항 본문에서 "대통령령으로 정하는 경영성과급"이란 「중소기업 인력지원 특별법 시행령」 제26조의 2 제1항 제1호에 따른 성과급을 말한다. (2022. 2. 15. 개정)

1. (삭제, 2022. 2. 15.)

2. (삭제, 2022. 2. 15.)

③ 법 제19조 제1항을 적용할 때 상시근로자의 수는 다음의 계산식에 따라 계산한 수(100분의 1 미만의 부분은 없는 것으로 한다)로 한다. (2019. 2. 12. 신설)

$$\frac{\text{해당 과세연도의 매월 말 현재 상시근로자 수의 합}}{\text{해당 과세연도의 개월 수}}$$

④ 제3항에 따른 상시근로자 수의 계산에 관하여는 제23조 제11항 각 호 외의 부분 후단 및 같은 항 제2호를 준용한다. (2019. 2. 12. 신설)

⑤ 법 제19조 제1항에 따라 세액공제를 받으려는 자는 과세표준신고와 함께 기획재정부령으로 정하는 세액공제신청서 및 공제세액계산서를 납세지 관할 세무서장에게 제출해야 한다. (2019. 2. 12. 신설)

⑥ 법 제19조 제2항 제2호에서 "해당 기업의 최대주주 등 대통령령으로 정하는 사람"이란 다음 각 호의 어느 하나에 해당하는 사람을 말한다. (2019. 2. 12. 신설)

1. 해당 기업의 최대주주 또는 최대출자자(개인사업자의 경우에는 대표자를 말한다)와 그 배우자 (2019. 2. 12. 신설)

2. 제1호에 해당하는 자의 직계존비속(그 배우자를 포함한다) 또는 제1호에 해당하는 사람과 「국세기본법 시행령」 제1조의 2 제1항에 따른 친족관계에 있는 사람 (2019. 2. 12. 신설)

⑦ 법 제19조 제2항에 따른 감면세액은 다음 계산식에 따라 계산한 금액으로 한다. (2019. 2. 12. 신설)

$$\text{「소득세법」 제137조제1항제2호에 따른 종합소득산출세액 (이하 이조에서 "산출세액"이라 한다)} \times \frac{\text{「소득세법」 제20조제2항에 따른 근로소득금액}}{\text{「소득세법」 제14조제2항에 따른 종합소득금액}} \times \frac{\text{법 제19조제1항에 따른 경영성과급}}{\text{해당 근로자의 총 급여액}} \times \text{법 제19조제2항의 감면율}$$

⑧ 제7항에도 불구하고 법 제19조 제2항에 따라 세액감면을 받으려는 자가 법 제30조 제1항에 따라 감면을 받는 경우 법 제19조 제2항에 따른 감면세액은 다음 계산식에 따라 계산한 금액으로 한다.

(2019. 2. 12. 신설)

$$\left[\left(\text{산출세액} \times \frac{\text{「소득세법」 제20조 제2항에 따른 근로소득금액}}{\text{「소득세법」 제14조 제2항에 따른 종합소득금액}} \right) - \text{법 제30조 제1항에 따른 감면세액} \right] \times \frac{\text{법 제19조제1항에 따른 경영성과급}}{\text{해당 근로자의 총급여액}} \times \text{법 제19조 제2항의 감면율}$$

⑨ 법 제19조 제2항에 따라 세액감면을 받으려는 자는 경영성과급을 지급받은 날이 속하는 달의 다음 달 말일까지 기획재정부령으로 정하는 세액감면신청서를 원천징수의무자에게 제출해야 한다. (2019. 2. 12. 신설)

⑩ 제9항에 따라 세액감면신청서를 제출받은 원천징수의무자는 기획재정부령으로 정하는 감면 대상 명세서를 신청을 받은 날이 속하는 달의 다음 달 말일까지 원천징수 관할 세무서장에게 제출해야 한다. (2019. 2. 12. 신설)

□ 개정연혁

[2022년] 성과공유 중소기업 과세특례 지원 확대 및 적용기한 연장

가.개정취지: 대·중소 임금격차 축소 지원

나.개정내용

종전	개정
■ 성과공유 중소기업 경영성과급 세제지원 ○ (대상) 성과공유 중소기업* 및 해당 기업에 종사하는 근로자** * 「중소기업 인력지원 특별법(제27조의2)」에 따라 경영성과급 지급 등을 통해 근로자와 성과를 공유하는 중소기업 ** 특수관계인, 총급여 7천만원 이상자 제외 ○ (경영성과급 요건) ❶ + ❷ ❶ 「중소기업 인력지원 특별법」에 따른 성과급 ❷ 영업이익이 발생한 기업이 지급하는 성과급 ○ (지원내용) - (중소기업) 상시근로자에게 지급한 경영성과급의 10% 세액공제 - (근로자) 경영성과급의 50% 세액감면 ○ (적용기한) 2021.12.31	■ 지원 확대 및 적용기한 3년 연장 ○ (좌 동) ○ 요건 완화 ❶ (좌 동) 〈삭 제〉 ○ 중소기업 공제율 상향 - 15% 세액공제 - (좌 동) ○ 2024.12.31.

다.적용시기 및 적용례 : 2022.1.1. 이후 중소기업이 지급한 경영성과급부터 적용

해석사례

▷ "총급여액"에 내일채움공제 만기지급금 중 근로소득 과세대상인 기여금은 포함되지 아니하는 것인지 여부

　사전법규소득2024-13(2024.05.30.)

쟁점특례를 적용받기 위해서는 총급여 7천만원이 넘지 않아야 하고, 총급여가 7천만원이 넘지 않는 직원의 숫자가 전년대비 감소하지 않아야 함. 「조세특례제한법」 제19조 제2항 제1호 및 같은 법 시행령 제17조 제1항 제7호의 "해당 과세기간의 총급여액"에는 「조세특례제한법」 제29조의6 제1항에 따른 "기여금"이 포함되는 것임. 따라서 내일채움공제 만기지급금 중 근로소득 과세대상인 기업기여금을 총급여액에 포함하여 총급여 7천만원 초과여부를 판단해야 함.

▷ 성과공유 중소기업의 경영성과급에 대한 세액공제 적용 시 상시근로자 수 계산 방법

　서면법인2022-590(2022.03.24.)

「근로기준법」에 따라 근로계약을 체결한 근로자가 성과공유 중소기업 경영성과급 세액공제 적용대상 사업연도와 직전 사업연도 중 어느 하나의 사업연도에 상시근로자에 해당하지 않는 경우에는 해당 사업연도와 직전 사업연도에서 해당 근로자를 제외하고 상시근로자 수를 계산하는 것임

▷ 성과공유 중소기업의 경영성과급에 대한 세액공제 적용이 가능한지 여부

　사전법령해석법인2021-831(2021.10.19.)

중소기업이 요건을 갖추어 경영성과급 지급약정을 체결하고 그 약정에 따라 중소기업에 해당하는 과세연도에 대한 경영성과급을 다음 과세연도에 지급하는 경우 지급하는 과세연도에 규모의 확대등으로 중소기업에 해당하지 않게 되었더라도 세액공제 가능함

▷ 세액공제 대상인 중소기업이 조세특례제한법상 중소기업인지 중기법상 중소기업인지 여부

　기준법령해석법인2021-90(2021.10.15.)

「조세특례제한법」 제19조(성과공유 중소기업의 경영성과급에 대한 세액공제 등)를 적용함에 있어 그 적용대상이 되는 중소기업은 「중소기업기본법」 제2조제1항에 따른 중소기업을 말하는 것임

▷ 성과공유기업 확인서를 발급받지 않더라도 성과공유 중소기업의 경영성과급에 대한 세액공제가 적용가능한지 여부

　서면법령해석법인2020-1920(2020.12.14)

조특법상 요건을 충족하는 경우에는 성과공유기업 확인서를 발급 받지 아니하였더라도 해당 세액공제 대상에 해당함

13. 투자촉진 - 통합투자세액공제

법 제24조 【통합투자세액공제】

① 대통령령으로 정하는 내국인이 제1호 가목 또는 나목에 해당하는 자산(중고품 및 대통령령으로 정하는 임대용 자산은 제외한다. 이하 이 조에서 같다)에 투자(대통령령으로 정하는 리스에 의한 투자는 제외한다. 이하 이 조에서 같다)하는 경우에는 제2호 각 목에 따른 기본공제 금액과 추가공제 금액을 합한 금액을 해당 투자가 이루어지는 과세연도의 소득세(사업소득에 대한 소득세만 해당한다) 또는 법인세에서 공제한다. 다만, 2023년 12월 31일이 속하는 과세연도에 투자하는 경우에는 제3호 각 목에 따른 기본공제 금액과 추가공제 금액을 합한 금액을 공제한다. (2024. 12. 31. 개정)

1. 공제대상 자산 (2020. 12. 29. 신설)

   가. 기계장치 등 사업용 유형자산. 다만, 대통령령으로 정하는 자산은 제외한다. (2020. 12. 29. 신설)

   나. 가목에 해당하지 아니하는 유형자산과 무형자산으로서 대통령령으로 정하는 자산 (2020. 12. 29. 신설)

2. 공제금액 (2020. 12. 29. 신설)

   가. 기본공제 금액: 해당 과세연도에 투자한 금액에 다음의 구분에 따른 비율을 곱한 금액에 상당하는 금액(2024. 12. 31. 개정)

      1) 신성장·원천기술의 사업화를 위한 시설로서 대통령령으로 정하는 시설(이하 이 조에서 "신성장사업화시설"이라 한다)에 투자하는 경우

         가) 중소기업의 경우: 100분의 12

         나) 중소기업이 대통령령으로 정하는 바에 따라 최초로 중소기업에 해당하지 아니하게 된 경우로서 최초로 중소기업에 해당하지 아니하게 된 과세연도의 개시일부터 3년 이내에 끝나는 과세연도까지의 경우: 100분의 9

         다) 나)에 해당하지 아니하는 중견기업의 경우: 100분의 6

         라) 가)부터 다)까지 외의 경우: 100분의 3

      2) 국가전략기술의 사업화를 위한 시설로서 대통령령으로 정하는 시설(이하 이 조에서 "국가전략기술사업화시설"이라 한다)에 2027년 12월 31일까지 투자하는 경우

         가) 중소기업의 경우: 100분의 25

         나) 중소기업이 대통령령으로 정하는 바에 따라 최초로 중소기업에 해당하지 아니하게 된 경우로서 최초로 중소기업에 해당하지 아니하게 된 과세연도의 개시일부터 3년 이내에 끝나는 과세연도까지의 경우: 100분의 20

         다) 가) 및 나) 외의 경우: 100분의 15

      3) 1) 및 2) 외의 자산에 투자하는 경우

         가) 중소기업의 경우: 100분의 10

         나) 중소기업이 대통령령으로 정하는 바에 따라 최초로 중소기업에 해당하지 아니하게 된

경우로서 최초로 중소기업에 해당하지 아니하게 된 과세연도의 개시일부터 3년 이내에 끝나는 과세연도까지의 경우: 1000분의 75
    다) 나)에 해당하지 아니하는 중견기업의 경우: 100분의 5
    라) 가)부터 다)까지 외의 경우: 100분의 1
  나. 추가공제 금액: 해당 과세연도에 투자한 금액이 해당 과세연도의 직전 3년간 연평균 투자 또는 취득금액을 초과하는 경우에는 그 초과하는 금액의 100분의 10에 상당하는 금액. 다만, 추가공제 금액이 기본공제 금액을 초과하는 경우에는 기본공제 금액의 2배를 그 한도로 한다. (2024.12.31 개정)

3. 임시 투자 세액공제금액 (2023. 4. 11. 신설)
  가. 기본공제 금액: 2023년 12월 31일이 속하는 과세연도에 투자한 금액의 100분의 3(중견기업은 100분의 7, 중소기업은 100분의 12)에 상당하는 금액. 다만, 다음의 어느 하나에 해당하는 경우에는 다음의 구분에 따른 금액으로 한다. (2023. 4. 11. 신설)
    1) 신성장사업화시설에 투자하는 경우: 100분의 6(중견기업은 100분의 10, 중소기업은 100분의 18)에 상당하는 금액 (2023. 4. 11. 신설)
    2) 국가전략기술사업화시설에 투자하는 경우: 제2호 가목 2)에 따른 금액 (2023. 4. 11. 신설)
  나. 추가공제 금액: 2023년 12월 31일이 속하는 과세연도에 투자한 금액이 해당 과세연도의 직전 3년간 연평균 투자 또는 취득금액을 초과하는 경우에는 그 초과하는 금액의 100분의 10에 상당하는 금액. 다만, 추가공제 금액이 기본공제 금액을 초과하는 경우에는 기본공제 금액의 2배를 그 한도로 한다. (2023. 4. 11. 신설)

② 제1항에 따른 투자가 2개 이상의 과세연도에 걸쳐서 이루어지는 경우에는 그 투자가 이루어지는 과세연도마다 해당 과세연도에 투자한 금액에 대하여 제1항을 적용한다. (2020. 12. 29. 신설)

③ 제1항에 따라 소득세 또는 법인세를 공제받은 자가 투자완료일부터 5년 이내의 기간 중 대통령령으로 정하는 기간 내에 그 자산을 다른 목적으로 전용하는 경우에는 공제받은 세액공제액 상당액에 대통령령으로 정하는 바에 따라 계산한 이자 상당 가산액을 가산하여 소득세 또는 법인세로 납부하여야 한다. 이 경우 해당 세액은 「소득세법」 제76조 또는 「법인세법」 제64조에 따라 납부하여야 할 세액으로 본다. (2020. 12. 29. 신설)

④ 제1항을 적용받으려는 내국인은 대통령령으로 정하는 바에 따라 세액공제신청을 하여야 한다. (2020. 12. 29. 신설)

⑤ 제1항부터 제4항까지의 규정을 적용할 때 투자금액의 계산방법, 해당 과세연도의 직전 3년간 연평균 투자금액의 계산방법, 신성장사업화시설 및 국가전략기술사업화시설의 판정방법 및 그 밖에 필요한 사항은 대통령령으로 정한다. (2023. 4. 11. 개정)

영 제21조 【통합투자세액공제】

① 법 제24조 제1항 각 호 외의 부분 본문에서 "대통령령으로 정하는 내국인"이란 다음 각 호의 업종 외의 사업을 경영하는 내국인을 말한다. (2021. 2. 17. 신설)

1. 제29조 제3항에 따른 소비성서비스업 (2021. 2. 17. 신설)

2. 부동산임대 및 공급업 (2021. 2. 17. 신설)

② 법 제24조 제1항 제1호 가목 단서에서 "대통령령으로 정하는 자산"이란 토지와 건축물 등 기획재정부령으로 정하는 자산을 말한다. (2021. 2. 17. 신설)

③ 법 제24조 제1항 제1호 나목에서 "가목에 해당하지 않는 유형자산과 무형자산으로서 대통령령으로 정하는 자산"이란 다음 각 호의 자산을 말한다. (2021. 2. 17. 신설)

1. 연구ㆍ시험, 직업훈련, 에너지 절약, 환경보전 또는 근로자복지 증진 등의 목적으로 사용되는 사업용자산으로서 기획재정부령으로 정하는 자산 (2021. 2. 17. 신설)

2. 운수업을 경영하는 자가 사업에 직접 사용하는 차량 및 운반구 등 기획재정부령으로 정하는 자산 (2021. 2. 17. 신설)

3. 중소기업 및 중견기업이 취득한 다음 각 목의 자산(제11조 제1항에 따른 특수관계인으로부터 취득한 자산은 제외한다) (2022. 2. 15. 신설)

　가. 내국인이 국내에서 연구ㆍ개발하여 「특허법」에 따라 최초로 설정등록받은 특허권 (2022. 2. 15. 신설)

　나. 내국인이 국내에서 연구ㆍ개발하여 「실용신안법」에 따라 최초로 설정등록받은 실용신안권 (2022. 2. 15. 신설)

　다. 내국인이 국내에서 연구ㆍ개발하여 「디자인보호법」에 따라 최초로 설정등록받은 디자인권 (2022. 2. 15. 신설)

④ 법 제24조 제1항 제2호 가목 1) 및 2)에서 "대통령령으로 정하는 시설"이란 다음 각 호의 시설을 말한다. (2022. 2. 15. 개정)

1. 법 제24조 제1항 제2호 가목 1)의 시설: 다음 각 목의 시설 (2022. 2. 15. 개정)

　가. 기획재정부령으로 정하는 바에 따라 신성장ㆍ원천기술을 사업화하는 시설(신성장ㆍ원천기술을 사용하여 생산하는 제품 외에 다른 제품의 생산에도 사용되는 시설을 포함한다)로서 연구개발세액공제기술심의위원회의 심의를 거쳐 기획재정부장관과 산업통상자원부장관이 공동으로 인정하는 시설(이하 "신성장사업화시설"이라 한다) (2022. 2. 15. 개정)

　나. 별표 7 제6호 가목 1) 및 2)의 기술이 적용된 5세대 이동통신 기지국(이와 연동된 교환시설을 포함한다)을 운용하기 위해 필요한 설비로서 「전기통신사업 회계정리 및 보고에 관한 규정」 제8조에 따른 전기통신설비 중 같은 조 제1호, 제2호 및 제6호에 따른 교환설비, 전송설비 및 전원설비 (2022. 2. 15. 개정)

2. 법 제24조 제1항 제2호 가목 2)의 시설: 기획재정부령으로 정하는 바에 따라 국가전략기술을 사업화하는 시설(국가전략기술을 사용하여 생산하는 제품 외에 다른 제품의 생산에도 사용되는 시설을

포함한다)로서 연구개발세액공제기술심의위원회의 심의를 거쳐 기획재정부장관과 산업통상자원부장관이 공동으로 인정하는 시설(이하 "국가전략기술사업화시설"이라 한다) (2022. 2. 15. 개정)

⑤ 법 제24조 제3항 전단에서 "대통령령으로 정하는 기간"이란 다음 각 호의 구분에 따른 기간을 말한다. (2022. 2. 15. 개정)

1. 제3항 각 호의 어느 하나에 해당하는 사업용자산으로서 기획재정부령으로 정하는 건축물 또는 구축물: 5년 (2021. 2. 17. 신설)
2. 신성장사업화시설 또는 국가전략기술사업화시설 중 해당 기술을 사용하여 생산하는 제품 외에 다른 제품의 생산에도 사용되는 시설: 투자완료일이 속하는 과세연도의 다음 3개 과세연도의 종료일까지의 기간 (2022. 2. 15. 개정)
3. 제1호 및 제2호 외의 사업용자산: 2년 (2022. 2. 15. 신설)

⑥ 법 제24조 제3항 전단에서 "대통령령으로 정하는 바에 따라 계산한 이자상당 가산액"은 공제받은 세액에 제1호의 기간과 제2호의 율을 곱하여 계산한 금액으로 한다. (2022. 2. 15. 개정)

1. 공제받은 과세연도의 과세표준신고일의 다음 날부터 법 제24조 제3항의 사유가 발생한 날이 속하는 과세연도의 과세표준신고일까지의 기간 (2021. 2. 17. 신설)
2. 제11조의 2 제9항 제2호에 따른 율 (2022. 2. 15. 개정)

⑦ 법 제24조 제1항 및 제2항에 따른 투자금액은 제1호의 금액에서 제2호의 금액을 뺀 금액으로 한다. (2021. 2. 17. 신설)

1. 총투자금액에 「법인세법 시행령」 제69조 제1항에 따른 작업진행률에 의하여 계산한 금액과 해당 과세연도까지 실제로 지출한 금액 중 큰 금액 (2021. 2. 17. 신설)
2. 다음 각 목의 금액을 더한 금액 (2021. 2. 17. 신설)
   가. 해당 과세연도 전에 법 제24조를 적용받은 투자금액 (2021. 2. 17. 신설)
   나. 해당 과세연도 전의 투자분으로서 가목의 금액을 제외한 투자분에 대하여 제1호를 준용하여 계산한 금액 (2021. 2. 17. 신설)

⑧ 법 제24조 제1항 제2호 나목 및 같은 항 제3호 나목에 따른 3년간 연평균 투자금액의 계산은 다음 계산식에 따른다. 이 경우 내국인의 투자금액이 최초로 발생한 과세연도의 개시일부터 세액공제를 받으려는 해당 과세연도 개시일까지의 기간이 36개월 미만인 경우에는 그 기간에 투자한 금액의 합계액을 36개월로 환산한 금액을 해당 과세연도의 개시일부터 소급하여 3년간 투자한 금액의 합계액으로 보며, 합병법인, 분할신설법인, 분할합병의 상대방법인, 사업양수법인 또는 현물출자를 받은 법인(이하 이 항에서 "합병법인등"이라 한다)의 경우에는 합병, 분할, 분할합병, 사업양도 또는 현물출자를 하기 전에 피합병법인, 분할법인, 사업양도인 또는 현물출자자가 투자한 금액은 합병법인등이 투자한 것으로 본다. (2023. 6. 7. 개정)

$$\frac{\text{해당 과세연도의 개시일부터 소급하여 3년간 투자한 금액의 합계액}}{3} \times \frac{\text{해당 과세연도의 개월 수}}{12}$$

⑨ 법 제24조 제1항 제2호 나목 및 같은 항 제3호 나목을 적용할 때 제8항에 따라 계산한 3년간 투자한 연평균 투자금액이 없는 경우에는 추가공제 금액이 없는 것으로 한다. (2023. 6. 7. 개정)

⑩ 법 제24조 제3항을 적용할 때 제5항 제2호의 시설이 다음 각 호에 해당하면 해당 호에서 정한 기간이 끝나는 날에 그 시설을 다른 목적으로 전용한 것으로 본다. 다만, 천재지변으로 인한 시설의 멸실, 그 밖에 기획재정부령으로 정하는 사유가 있는 경우에는 전용한 것으로 보지 않는다. (2022. 2. 15. 신설)

1. 신성장사업화시설의 경우: 투자완료일(투자완료일이 2022년 4월 1일 이전인 경우에는 2022년 4월 1일)부터 제5항 제2호의 기간 동안 해당 시설에서 생산된 모든 제품의 총생산량에서 신성장·원천기술을 사용하여 생산한 제품과 국가전략기술을 사용하여 생산한 제품의 생산량의 합이 차지하는 비율이 100분의 50 이하인 경우 (2022. 2. 15. 신설)

2. 국가전략기술사업화시설의 경우: 투자완료일(투자완료일이 2022년 4월 1일 이전인 경우에는 2022년 4월 1일)부터 제5항 제2호의 기간 동안 해당 시설에서 생산된 모든 제품의 총생산량에서 국가전략기술을 사용하여 생산한 제품의 생산량이 차지하는 비율이 100분의 50 이하인 경우 (2022. 2. 15. 신설)

⑪ 제10항에 따라 신성장사업화시설 또는 국가전략기술사업화시설을 다른 목적으로 전용한 것으로 보는 경우의 법 제24조 제3항 전단에 따른 "공제받은 세액공제액 상당액"은 다음 각 호의 구분에 따라 계산한 금액으로 한다. (2022. 2. 15. 신설)

1. 신성장사업화시설의 경우: 공제받은 세액공제액에서 해당 시설이 신성장사업화시설 또는 국가전략기술사업화시설이 아닌 시설(이하 이 항에서 "일반시설"이라 한다)인 경우에 공제받을 수 있는 세액공제액을 뺀 금액 (2022. 2. 15. 신설)

2. 국가전략기술사업화시설의 경우: 공제받은 세액공제액에서 해당 시설이 일반시설인 경우에 공제받을 수 있는 세액공제액(해당 시설에서 생산된 모든 제품의 총생산량에서 신성장·원천기술을 사용하여 생산한 제품과 국가전략기술을 사용하여 생산한 제품의 생산량의 합이 차지하는 비율이 100분의 50을 초과하는 경우에는 신성장사업화시설로서 공제받을 수 있는 세액공제액)을 뺀 금액 (2023. 2. 28. 개정)

⑫ 제1항부터 제11항까지의 규정을 적용할 때 투자의 개시시기에 관하여는 제23조 제14항을 준용한다. (2022. 2. 15. 개정)

⑬ 법 제24조 제1항에 따른 세액공제를 적용받으려는 자는 해당 과세연도의 과세표준신고서와 함께 기획재정부령으로 정하는 세액공제신청서를 납세지 관할 세무서장에게 제출해야 한다. 이 경우 신성장사업화시설 또는 국가전략기술사업화시설의 인정을 받을 것을 조건으로 그 인정을 받기 전에 기획재정부령으로 정하는 바에 따라 세액공제를 신청할 수 있다. (2023. 2. 28. 후단신설)

⑭ 신성장사업화시설 또는 국가전략기술사업화시설 중 해당 기술을 사용하여 생산하는 제품 외에 다른 제품의 생산에도 사용되는 시설에 대하여 법 제24조 제1항에 따른 세액공제를 적용받으려는 자는 해당 시설에서 생산되는 모든 제품의 생산량을 기획재정부령으로 정하는 바에 따라 측정하여 작성·보관해야 하며, 제5항 제2호에 따른 기간 중 마지막 과세연도의 과세표준신고를 할 때 기획재정부령으로 정하는 생산량 실적 자료를 납세지 관할 세무서장에게 제출해야 한다. (2022. 2. 15. 신설)

규칙 제12조 【사업용자산의 범위 등】
① 영 제21조 제2항에서 "건축물 등 기획재정부령으로 정하는 자산"이란 별표 1의 건축물 등 사업용 유형자산을 말한다. (2021. 3. 16. 신설)
② 영 제21조 제3항 제1호에서 "사업용자산으로서 기획재정부령으로 정하는 자산"이란 다음 각 호에 해당하는 시설을 말한다. (2021. 3. 16. 신설)
1. 연구·시험 및 직업훈련시설: 제13조의 10 제1항 및 제2항에 따른 시설 (2021. 3. 16. 신설)
2. 에너지절약 시설: 다음 각 목의 어느 하나에 해당하는 시설 (2021. 3. 16. 신설)
    가. 「에너지이용 합리화법」 제14조 제1항에 따른 에너지절약형 시설투자(에너지절약전문기업이 대가를 분할상환 받은 후 소유권을 이전하는 조건으로 같은 법 제25조에 따라 설치한 경우를 포함한다) 및 에너지절약형 기자재 (2021. 3. 16. 신설)
    나. 「물의 재이용 촉진 및 지원에 관한 법률」 제2조 제4호에 따른 중수도 (2021. 3. 16. 신설)
3. 환경보전 시설: 별표 2에 따른 환경보전시설 (2021. 3. 16. 신설)
4. 근로자복지 증진 시설: 다음 각 목의 어느 하나에 해당하는 시설 (2021. 3. 16. 신설)
    가. 무주택 종업원(출자자인 임원은 제외한다)에게 임대하기 위한 「주택법」에 따른 국민주택 규모의 주택 (2021. 3. 16. 신설)
    나. 종업원용 기숙사 (2021. 3. 16. 신설)
    다. 장애인·노인·임산부 등의 편의 증진을 위한 시설 또는 장애인을 고용하기 위한 시설로서 별표 3에 따른 시설 (2021. 3. 16. 신설)
    라. 종업원용 휴게실, 체력단련실, 샤워시설 또는 목욕시설(건물 등의 구조를 변경하여 해당시설을 취득하는 경우를 포함한다) (2021. 3. 16. 신설)
    마. 종업원의 건강관리를 위해 「의료법」 제35조에 따라 개설한 부속 의료기관 (2021. 3. 16. 신설)
    바. 「영유아보육법」 제10조 제4호에 따른 직장어린이집 (2021. 3. 16. 신설)
5. 안전시설: 별표 4에 따른 안전시설 (2021. 3. 16. 신설)
③ 영 제21조 제3항 제2호에서 "운수업을 경영하는 자가 사업에 직접 사용하는 차량 및 운반구 등 기획재정부령으로 정하는 자산"이란 다음 각 호의 구분에 따른 사업에 직접 사용하는 각 호의 시설을 말한다. (2021. 3. 16. 신설)
1. 운수업을 주된 사업으로 하는 중소기업(영 제2조 제1항에 따른 중소기업을 말한다. 이하 이 조에서

"중소기업"이라 한다): 차량 및 운반구(「개별소비세법」 제1조 제2항 제3호에 따른 자동차로서 자가용인 것을 제외한다)와 선박 (2021. 3. 16. 신설)
2. 어업을 주된 사업으로 하는 중소기업: 선박 (2021. 3. 16. 신설)
3. 건설업: 「지방세법 시행규칙」 제3조에 따른 기계장비 (2021. 3. 16. 신설)
4. 도매업·소매업·물류산업: 별표 5에 따른 유통산업합리화시설 (2021. 3. 16. 신설)
5. 「관광진흥법」에 따라 등록한 관광숙박업 및 국제회의기획업: 건축물과 해당 건축물에 딸린 시설물 중 「지방세법 시행령」 제6조에 따른 시설물 (2021. 3. 16. 신설)
6. 「관광진흥법」에 따라 등록한 전문휴양업 또는 종합휴양업: 「관광진흥법 시행령」 제2조 제1항 제3호 가목 및 제5호 가목에 따른 숙박시설, 전문휴양시설(골프장 시설은 제외한다) 및 종합유원시설업의 시설 (2021. 3. 16. 신설)
7. 중소기업이 해당 업종의 사업에 직접 사용하는 소프트웨어: 다음 각 목의 어느 하나에 해당하는 것을 제외한 소프트웨어 (2021. 3. 16. 신설)

   가. 인사, 급여, 회계 및 재무 등 지원업무에 사용하는 소프트웨어 (2021. 3. 16. 신설)

   나. 문서, 도표 및 발표용 자료 작성 등 일반 사무에 사용하는 소프트웨어 (2021. 3. 16. 신설)

   다. 컴퓨터 등의 구동을 위한 기본운영체제(Operating System) 소프트웨어 (2021. 3. 16. 신설)

규칙 제12조의 2【신성장·원천기술의 사업화를 위한 시설의 범위 등】(2022. 3. 18. 제목개정)

① 영 제21조 제4항 제1호 가목에서 "기획재정부령으로 정하는 바에 따라 신성장·원천기술을 사업화하는 시설"이란 별표 6에 따른 시설을 말한다. (2022. 3. 18. 개정)

② 영 제21조 제4항 제2호에서 "기획재정부령으로 정하는 바에 따라 국가전략기술을 사업화하는 시설"이란 별표 6의 2에 따른 시설을 말한다. (2022. 3. 18. 개정)

③ 영 제21조 제10항 각 호 외의 부분 단서에서 "기획재정부령으로 정하는 사유"란 해당 시설의 투자완료일부터 투자완료일이 속하는 과세연도의 다음 3개 과세연도의 종료일까지의 기간 중 화재 등으로 해당 시설이 파손되어 가동이 불가능한 경우를 말한다. (2022. 3. 18. 개정)

④ 영 제21조 제14항에 따라 같은 조 제4항 제1호 가목에 따른 신성장사업화시설(이하 "신성장사업화시설"이라 한다) 또는 같은 항 제2호에 따른 국가전략기술사업화시설(이하 "국가전략기술사업화시설"이라 한다) 중 해당 기술을 사용하여 생산하는 제품 외에 다른 제품의 생산에도 사용되는 시설에 대하여 법 제24조 제1항에 따른 세액공제를 적용받으려는 자는 다음 각 호에서 정하는 바에 따라 생산량을 측정·기록하고 제2호의 측정 기간 종료일부터 5년 동안 보관해야 한다. (2022. 3. 18. 개정)

1. 해당 시설을 거쳐 저장·판매가 가능한 형태로 생산된 제품 또는 반제품(그 제품 또는 반제품을 사용하여 생산한 다른 제품 또는 반제품은 제외한다)을 측정 대상으로 할 것 (2022. 3. 18. 개정)
2. 해당 시설의 투자완료일(투자완료일이 2022년 4월 1일 이전인 경우에는 2022년 4월 1일)부터 그 날이 속하는 과세연도의 다음 3개 과세연도의 종료일까지 측정할 것 (2022. 3. 18. 개정)

3. 다음 각 목의 구분에 따른 단위로 측정할 것 (2022. 3. 18. 개정)
　가. 고체류: 개수 (2022. 3. 18. 개정)
　나. 액체류 및 기체류: 부피 단위 또는 해당 제품을 담은 동일한 부피의 용기 등의 개수 (2022. 3. 18. 개정)

규칙 제12조의 3 【사후관리 대상 건물 또는 구축물의 범위】

영 제21조 제5항 제1호에서 "기획재정부령으로 정하는 건축물 또는 구축물"이란 다음 각 호의 어느 하나에 해당하는 시설을 말한다. (2021. 3. 16. 신설)
1. 제12조 제2항 제4호에 따른 근로자복지 증진 시설 (2021. 3. 16. 신설)
2. 제12조 제3항 제4호에 따른 유통산업합리화시설 중 창고시설 등 (2021. 3. 16. 신설)
3. 제12조 제3항 제6호에 따른 숙박시설, 전문휴양시설(골프장 시설은 제외한다) 및 종합유원시설업의 시설 (2021. 3. 16. 신설)

규칙 제13조 【신성장사업화시설 또는 국가전략기술사업화시설의 인정 신청】

① 영 제21조 제13항 후단에 따라 세액공제를 신청하는 자는 투자완료일이 속하는 달의 말일부터 3개월 이내에 기획재정부장관과 산업통상자원부장관에게 신성장사업화시설 또는 국가전략기술사업화시설의 인정을 신청해야 한다. 다만, 동일한 과세연도에 완료된 둘 이상의 투자에 대하여 각각 영 제21조 제13항 후단에 따라 세액공제를 신청하는 경우에는 가장 늦게 완료된 투자의 투자완료일이 속하는 달의 말일부터 3개월 이내에 인정을 신청할 수 있다. (2023. 3. 20. 신설)

② 제1항에도 불구하고 투자가 2개 이상의 과세연도에 걸쳐 이루어지는 경우로서 그 투자가 이루어지는 과세연도(투자완료일이 속하는 과세연도는 제외한다)에 투자한 금액에 대하여 영 제21조 제13항 후단에 따라 세액공제를 신청하는 경우에는 해당 과세연도 종료일부터 3개월 이내에 제1항에 따른 인정을 신청해야 한다. 다만, 다음 각 호의 어느 하나에 해당하는 경우에는 해당 과세연도의 다음 과세연도 종료일(다음 과세연도가 투자완료일이 속하는 과세연도인 경우에는 투자완료일이 속하는 달의 말일)부터 3개월 이내에 인정을 신청할 수 있다. (2023. 3. 20. 신설)
1. 투자개시일이 속하는 과세연도의 경우 (2023. 3. 20. 신설)
2. 직전 과세연도에 투자한 금액에 대하여 신성장사업화시설 또는 국가전략기술사업화시설의 인정을 받은 경우 (2023. 3. 20. 신설)

□ **개정연혁**

[2021년] 통합투자세액공제 신설 : 투자세액공제제도 전면 개편① 통합투자세액공제 공제대상 및 공제율

가. 개정취지: 기업투자 활성화 지원

나. 개정내용

종전	개정
▨ 기업투자 관련 세액공제 제도 ○ 중소기업등 투자세액공제(조세특례제한법 제5조) 	구 분	중소기업			중견기업		
	위기지역	신규상장	일반	위기지역	신규상장	일반
공제율|10%|4%|3%|5%|4%|2% (수도권1%)| ○ 특정시설 투자세액공제(조세특례제한법 제25조) | 구 분	중소 기업	중견 기업	대기업
---	---	---	---
❶ 연구시험용 및 직업 훈련용 시설	7%	3%	1%
❷ 에너지절약시설	7%	3%	1%
❸ 환경보전시설	10%	5%	3%
❹ 근로자복지증진시설	10%	5%	3%
❺ 안전시설	10%	5%	1%
❻ 생산성향상시설	7%(10%)	3%(5%)	1%(2%) | * 대기업 '20년, 중소·중견기업 21년까지 공제율 한시 상향 ❼ 의약품 품질관리개선시설 투자세액공제(조세특례제한법 제25의4) | 구 분	중소기업	중견기업	대기업
---	---	---	---
공제율	6%	3%	1% | ❽ 신성장기술 사업화 시설 투자세액공제(조세특례제한법 제25의5) | 구 분	중소기업	중견기업	대기업
---	---	---	---
공제율	10%	7%	5%	 ❾ 초연결 네트워크구축 시설투자세액공제(조세특례제한법 제25의7) 	구 분	모든 기업

공제율	최대 3% = 2% + 최대 1%
	(전년대비 고용증가율 ×1/5)
			▨ "통합투자세액공제"로 통합·단순화
			○ (적용대상) 모든 개인사업자·법인(소비성 서비스업, 부동산임대·공급업 제외)
			○ (공제대상) 모든 사업용 유형자산을 대상으로 하되, 일부 자산* 제외(현행 : 포지티브 ⇒ 개정 : 네거티브 방식)
			  * 건물, 구축물, 차량 및 운반구, 선박 및 항공기, 비품 등
			- 건물, 구축물, 차량 등에 해당하나, 종전 특정시설* 또는 업종별로 사업에 필수적인 자산** 등 기획재정부령으로 정하는 시설은 예외 인정(공제 허용)
			  * 연구·인력개발, 에너지절약 및 환경보전 시설 등
			  ** (건설업) 포크레인 등 중장비, (도소매·물류업) 창고 등 물류시설, (운수업) 차량·운반구·선박, (관광숙박업) 건축물 및 부속 시설물 등
			○ (공제율) 당기분 기본공제(Ⓐ) + 투자증가분 추가공제(Ⓑ)
			- (기본공제(Ⓐ)) 당해 연도 투자액 × 기본공제율
			• 일반 투자분 : 중소기업 10%, 중견기업 3%, 대기업 1%
			• 신성장기술 사업화시설 투자분 : 중소기업 12%, 중견기업 5%, 대기업 3%
			- (추가공제(Ⓑ)) [당해 연도 투자액 − 직전 3년 평균 투자액] × 추가공제율 (모든 기업 3%)
			• 추가공제액 한도 : 기본공제액의 200%

[2022년] 국가전략기술 R&D·시설투자 세제지원 강화① 국가전략기술 R&D·시설투자 세액공제 신설

가. 개정취지: 경제안보적 중요성이 큰 국가전략기술 투자 촉진

나. 개정내용

종전	개정
■ 기업의 R&D비용 및 시설투자에 대한 세제지원 ○ (지원방식) ❶연구·인력개발비 세액공제, ❷통합투자세액공제 ○ (지원구조) 일반, 신성장·원천기술 투자의 2단계 구조 ○ (지원내용) 신성장·원천기술 공제율 우대 〈신 설〉 R&D 비용(%) | | 대 | 중견 | 중소 | |---|---|---|---| | 일반 | 2 | 8 | 25 | | 신성장·원천기술 | 20~30 | | 30~40 | 〈신 설〉 시설투자(%) | | 당기분 | | | 증가분 | |---|---|---|---|---| | | 대 | 중견 | 중소 | | | 일반 | 1 | 3 | 10 | 3 | | 신성장·원천기술 | 3 | 5 | 12 | |	■ 국가전략기술 관련 R&D 비용 및 시설투자 세제지원 강화 ○ (좌 동) ○ 국가전략기술 단계 신설 → 3단계 * 국가경제안보 목적상 중요한 기술로, 경제·사회적 안보가치, 산업파급효과가 큰 기술 ○ 국가전략기술 공제율 추가 우대(2024년까지) - R&D비용: 신성장·원천기술 대비 + 10%p 상향 R&D 비용(%) | | 대 | 중견 | 중소 | |---|---|---|---| | 일반 | 2 | 8 | 25 | | 신성장·원천기술 | 20~30 | | 30~40 | | 국가전략기술 | 30~40 | | 40~50 | - 시설투자: 신성장·원천기술 대비 + 3~4%p 상향 시설투자(%) | | 당기분 | | | 증가분 | |---|---|---|---|---| | | 대 | 중견 | 중소 | | | 일반 | 1 | 3 | 10 | 3 | | 신성장·원천기술 | 3 | 5 | 12 | | | 국가전략기술 | 6 | 8 | 16 | 4 |

다. 적용시기 및 적용례

○ 2021.7.1. 이후 발생한 국가전략기술 연구개발비부터 적용
○ 2021.7.1. 이후 국가전략기술 사업화 시설에 투자하는 경우부터 적용

[2023년] 국가전략기술 등 세제지원 확대

가. 개정취지: 국가전략기술에 대한 투자 촉진 및 중견기업 시설투자에 대한 세제지원 확대

나. 개정내용

종전	개정
■ 통합투자세액공제 ○ 당기분 기본공제(Ⓐ) + 투자증가분 추가공제(Ⓑ) - (기본공제(Ⓐ)) 당해 연도 투자액 × 기본공제율	■ 공제율 조정 ○ (좌 동) - 기본공제율 상향

구분	공제율(%)		
	대	중견	중소
일반	1	3	10
신성장·원천기술	3	5	12
국가전략기술	6	8	16

구분	공제율(%)		
	대	중견	중소
일반	1	5	10
신성장·원천기술	3	6	12
국가전략기술	8	8	16

종전	개정
- (추가공제(Ⓑ)) [당해 연도 투자액 - 직전 3년 평균 투자액] × 추가공제율* * 일반, 신성장·원천기술: 3%, 국가전략기술: 4% • 추가공제액 한도: 기본공제액의 200%	- (좌 동)

다. 적용시기 및 적용례: 2023.1.1. 이후 투자하는 분부터 적용

□ **해석사례**

▷ **내국법인이 기계설비에 대한 투자를 진행하고 계약내용에 따라 대금을 2개 과세연도에 걸쳐 지급하는 경우 해당 과세연도의 투자금액 계산방법**
　서면법규법인2023-4013(2024.07.25)

통합투자세액공제 적용시 실제 지출한 금액을 투자금액으로 산정하여 각 과세연도에 세액공제하되, 투자 완료시에는 지출하지 않은 금액 전부를 투자금액으로 산정함

▷ **통합투자세액공제 공제대상 자산 여부**
　사전법규법인2024-160(2024.06.20)

차량운반구(포크레인)에 해당하는 경우에도 환경보전시설에 해당하는 경우 통합투자세액공제 대상에 해당함

▷ **태양광 발전설비가 통합투자세액공제 대상인지**
　사전법규법인2024-23(2024.04.26)

태양광 전기 발전업을 영위하는 내국법인이 태양광 발전설비에 투자하는 경우 통합투자세액공제가 가능함

▷ **임대목적으로 취득한 사업용자산의 통합투자세액공제 적용**
　서면법인2023-2493(2023.12.27)

임대업을 영위하는 법인이 임대목적으로 취득한 사업용자산은 통합투자세액공제 적용대상에 해당하나, 조세특례제한법 시행규칙 제12조【사업용자산의 범위 등】에서 제외되는 경우 통합투자세액공제 적용 제외함

▷ **발전소 건설 과정에서 전반적으로 지출한 비용이 생산성향상시설 투자세액공제 대상인지**
　대구지법2022구합20992(2023.10.18)

건설소비, 본부비, 해외사무소비, 비품비는 이 사건 자동화 시설(기자재)과 별개의 항목인 '사업주비-일반관리비'로 파악되고 있어 원고의 일반적인 운영비라 할 수 있을 뿐, 이 사건 자동화 시설의 취득에 직접적으로 소요된 비용이라 할 수 없음. 해당 투자금액이 이 사건 자동화 시설의 취득에 직접 사용되었다고 인정하기 어려워 생산성향상시설 투자세액 공제 대상이 아님

14. 제작지원 – 영상콘텐츠 제작비용에 대한 세액공제

법 제25조의 6【영상콘텐츠 제작비용에 대한 세액공제】
① 대통령령으로 정하는 내국인이 2025년 12월 31일까지 제1호 각 목의 어느 하나에 해당하는 것으로서 대통령령으로 정하는 영상콘텐츠(이하 이 조에서 "영상콘텐츠"라 한다)의 제작을 위하여 국내외에서 발생한 비용 중 대통령령으로 정하는 비용(이하 이 조에서 "영상콘텐츠 제작비용"이라 한다)이 있는 경우에는 제2호 각 목에 따른 기본공제 금액과 추가공제 금액을 합한 금액을 대통령령으로 정하는 바에 따라 해당 영상콘텐츠가 처음으로 방송되거나 영화상영관에서 상영되거나 온라인 동영상 서비스를 통하여 시청에 제공된 과세연도의 소득세(사업소득에 대한 소득세만 해당한다) 또는 법인세에서 공제한다. (2023. 12. 31. 개정)
1. 공제대상 영상콘텐츠 (2023. 12. 31. 개정)
　가. 「방송법」 제2조 제17호에 따른 방송프로그램으로서 같은 조 제3호에 따른 방송사업자의 텔레비전방송으로 방송된 드라마, 애니메이션, 다큐멘터리 및 오락을 위한 프로그램 (2023. 12. 31. 개정)
　나. 「영화 및 비디오물의 진흥에 관한 법률」 제2조 제1호에 따른 영화 (2023. 12. 31. 개정)
　다. 「영화 및 비디오물의 진흥에 관한 법률」 제2조 제12호에 따른 비디오물로서 같은 법에 따른 등급분류를 받고 「전기통신사업법」 제2조 제12호의 2에 따른 온라인 동영상 서비스를 통하여 시청에 제공된 비디오물 (2023. 12. 31. 개정)
2. 공제금액 (2023. 12. 31. 개정)
　가. 기본공제 금액: 해당 영상콘텐츠 제작비용의 100분의 5(중견기업의 경우에는 100분의 10, 중소기업의 경우에는 100분의 15)에 상당하는 금액 (2023. 12. 31. 개정)
　나. 추가공제 금액: 국내에서 발생한 제작비용이 총 제작비에서 차지하는 비율 등을 고려하여 대통령령으로 정하는 요건을 충족하는 영상콘텐츠의 경우 그 제작비용의 100분의 10(중소기업의 경우에는 100분의 15)에 상당하는 금액 (2023. 12. 31. 개정)
② 제1항을 적용받으려는 내국인은 대통령령으로 정하는 바에 따라 세액공제신청을 하여야 한다. (2016. 12. 20. 신설)
③ 제1항을 적용할 때 영상콘텐츠의 범위, 제작비용의 계산방법과 그 밖에 필요한 사항은 대통령령으로 정한다. (2016. 12. 20. 신설)

영 제22조의 10【영상콘텐츠 제작비용에 대한 세액공제】(2019. 2. 12. 조번개정)
① 법 제25조의 6 제1항 각 호 외의 부분에서 "대통령령으로 정하는 내국인"이란 「저작권법」 제2조 제14호에 따른 영상제작자로서 기획재정부령으로 정하는 요건을 갖춘 자(이하 이 조에서 "영상콘텐츠 제작자"라 한다)를 말한다. (2024. 2. 29. 개정)
② 법 제25조의 6 제1항 각 호 외의 부분에서 "대통령령으로 정하는 영상콘텐츠"란 다음 각 호의 어느

하나에 해당하는 것(이하 이 조에서 "영상콘텐츠"라 한다)을 말한다. (2023. 2. 28. 개정)
1. 다음 각 목의 어느 하나에 해당하는 「방송법」 제2조 제17호에 따른 방송프로그램 (2023. 2. 28. 개정)
   가. 「방송법 시행령」 제50조 제2항에 따른 오락에 관한 방송프로그램 (2020. 2. 11. 개정)
   나. 「방송법 시행령」 제50조 제2항에 따른 교양에 관한 방송프로그램 중 다큐멘터리 (2020. 2. 11. 개정)
   다. 「애니메이션산업 진흥에 관한 법률」 제2조 제1호에 따른 애니메이션 중 「방송법」 제2조 제3호에 따른 방송사업자의 텔레비전방송으로 방송된 애니메이션 (2020. 2. 11. 개정)
2. 「영화 및 비디오물의 진흥에 관한 법률」 제2조 제1호에 따른 영화로서 기획재정부령으로 정하는 바에 따라 영화상영관에서 일정기간 이상 연속하여 상영된 것(이하 이 조에서 "영화"라 한다) (2017. 2. 7. 신설)
3. 「영화 및 비디오물의 진흥에 관한 법률」 제2조 제12호에 따른 비디오물로서 다음 각 목의 어느 하나에 해당하는 등급분류를 받고 「전기통신사업법」 제2조 제12호의 2에 따른 온라인 동영상 서비스를 통해 시청에 제공된 비디오물 (2023. 2. 28. 신설)
   가. 「영화 및 비디오물의 진흥에 관한 법률」 제50조에 따른 영상물등급위원회의 등급분류 (2023. 2. 28. 신설)
   나. 「영화 및 비디오물의 진흥에 관한 법률」 제50조의 2에 따른 자체등급분류사업자의 등급분류 (2023. 2. 28. 신설)
③ 법 제25조의 6 제1항 각 호 외의 부분에서 "대통령령으로 정하는 비용"이란 영상콘텐츠 제작에 참여한 사람 등에 대한 인건비 등 기획재정부령으로 정하는 비용(이하 이 조에서 "영상콘텐츠 제작비용"이라 한다)을 말한다. 다만, 다음 각 호에 해당하는 비용은 제외한다. (2017. 2. 7. 신설)
1. 국가, 지방자치단체, 「공공기관의 운영에 관한 법률」에 따른 공공기관 및 「지방공기업법」에 따른 지방공기업으로부터 출연금 등의 자산을 지급받아 영상콘텐츠 제작비용으로 사용한 금액 (2017. 2. 7. 신설)
2. 광고 또는 홍보비용 등 기획재정부령으로 정하는 비용 (2022. 2. 15. 개정)
3. 법 제25조의 6에 따른 세액공제를 받은 영상콘텐츠를 활용하여 다른 영상콘텐츠를 제작한 경우 이미 세액공제를 받은 기존 영상콘텐츠의 제작비용 (2023. 2. 28. 신설)
④ 법 제25조의 6 제1항 제2호 나목에서 "대통령령으로 정하는 요건을 충족하는 영상콘텐츠"란 다음 각 호의 요건을 모두 충족하는 영상콘텐츠를 말한다. (2024. 2. 29. 신설)
1. 기획재정부령으로 정하는 촬영제작에 든 비용 중 국내에서 지출한 비용이 차지하는 비율이 100분의 80 이상일 것 (2024. 2. 29. 신설)
2. 다음 각 목의 요건 중 3개 이상의 요건을 충족할 것 (2024. 2. 29. 신설)
   가. 기획재정부령으로 정하는 작가 및 주요 스태프에게 지급한 인건비 중 내국인에게 지급한 인건비가 차지하는 비율이 100분의 80 이상일 것 (2024. 2. 29. 신설)
   나. 기획재정부령으로 정하는 배우 출연료 중 내국인에게 지급한 출연료가 차지하는 비율이 100분

의 80 이상일 것 (2024. 2. 29. 신설)

다. 기획재정부령으로 정하는 후반제작에 든 비용 중 국내에서 지출한 비용이 차지하는 비율이 100분의 80 이상일 것 (2024. 2. 29. 신설)

라. 「저작권법」에 따른 복제권, 공연권, 방송권, 전송권, 배포권 및 2차적저작물작성권 중 영상콘텐츠 제작자가 보유한 권리의 수가 3개 이상일 것. 이 경우 구체적인 권리 보유 판단기준은 기획재정부령으로 정한다. (2024. 2. 29. 신설)

⑤ 제2항 제1호 또는 제3호에 따른 영상콘텐츠가 여러 과세연도 기간 동안 연속하여 방송되거나 온라인 동영상 서비스를 통해 시청에 제공되는 경우에는 기획재정부령으로 정하는 바에 따라 계산한 제작비용에 대하여 세액공제를 적용받을 수 있다. (2023. 2. 28. 개정)

⑥ 법 제25조의 6 제1항에 따라 세액공제를 받으려는 자는 다음 각 호의 구분에 따른 과세연도의 과세표준신고와 함께 기획재정부령으로 정하는 세액공제신청서, 공제세액계산서 및 그 밖에 필요한 서류를 납세지 관할 세무서장에게 제출하여야 한다. (2024. 2. 29. 개정)

1. 제2항 제1호 또는 제3호에 따른 영상콘텐츠의 경우: 처음으로 방송되거나 온라인 동영상 서비스를 통해 시청에 제공된 날이 속하는 과세연도. 다만, 제5항에 해당하는 경우에는 다음 각 목의 어느 하나에 해당하는 과세연도를 말한다. (2023. 2. 28. 개정)

가. 방송되거나 온라인 동영상 서비스를 통해 시청에 제공된 각 과세연도 (2023. 2. 28. 개정)

나. 해당 영상콘텐츠의 마지막 회차가 방송되거나 온라인 동영상 서비스를 통해 시청에 제공된 날이 속하는 과세연도 (2023. 2. 28. 개정)

2. 영화의 경우: 처음으로 영화상영관에서 상영된 날이 속하는 과세연도 (2017. 2. 7. 신설)

[제22조의 6에서 조번 개정, 2019. 2. 12.]

규칙 제13조의 9 【영상콘텐츠 제작비용에 대한 세액공제】

① 영 제22조의 10 제1항에서 "기획재정부령으로 정하는 요건을 갖춘 자"란 같은 조 제2항 각 호에 따른 영상콘텐츠(이하 이 조에서 "영상콘텐츠"라 한다)의 실질적인 제작을 담당하는 자로서 다음 각 호의 구분에 따른 요건을 갖춘 자를 말한다. (2023. 3. 20. 개정)

1. 영 제22조의 10 제2항 제1호 또는 제3호에 따른 영상콘텐츠를 제작하는 자의 경우: 다음 각 목의 요건 중 3개 이상의 요건을 갖출 것 (2023. 3. 20. 개정)

가. 작가(극본, 시나리오 등을 집필하는 자를 말한다)와의 계약 체결을 담당할 것 (2017. 3. 17. 신설)

나. 주요 출연자와의 계약 체결을 담당할 것 (2017. 3. 17. 신설)

다. 주요 스태프(연출, 촬영, 편집, 조명 또는 미술 스태프) 중 2가지 이상 분야의 책임자와의 계약 체결을 담당할 것 (2017. 3. 17. 신설)

라. 제작비의 집행 및 관리와 관련된 모든 의사 결정을 담당할 것 (2017. 3. 17. 신설)

2. 영 제22조의 10 제2항 제2호에 따른 영상콘텐츠를 제작하는 자의 경우: 「영화 및 비디오물의 진흥에 관한 법률」 제2조 제9호 가목에 따른 영화제작업자로서 제1호 각 목의 요건 중 3개 이상의 요건

을 갖출 것 (2023. 3. 20. 개정)

② (삭제, 2020. 3. 13.)

③ (삭제, 2020. 3. 13.)

④ 영 제22조의 10 제2항 제2호에서 "기획재정부령으로 정하는 바에 따라 영화상영관에서 일정기간 이상 연속하여 상영된 것"이란 영화상영관에서 7일 이상 연속하여 상영된 것을 말한다. 다만, 「영화 및 비디오물의 진흥에 관한 법률」 제4조에 따른 영화진흥위원회가 예술영화 및 독립영화로 인정하는 경우에는 1일 이상 상영된 것을 말한다. (2019. 3. 20. 개정)

⑤ 제4항에 따른 상영 기간의 확인은 「영화 및 비디오물의 진흥에 관한 법률」 제39조에 따른 영화상영관입장권 통합전산망으로 한다. (2017. 3. 17. 신설)

⑥ 영 제22조의 10 제3항 각 호 외의 부분 본문에서 "기획재정부령으로 정하는 비용"이란 별표 8의 9에 따른 영상콘텐츠 제작비용을 말한다. (2019. 3. 20. 개정)

⑦ 영 제22조의 10 제3항 제2호에서 "광고 또는 홍보비용 등 기획재정부령으로 정하는 비용"이란 다음 각 호의 하나에 해당하는 비용을 말한다. (2022. 3. 18. 개정)

1. (삭제, 2022. 3. 18.)
2. 광고 및 홍보비용 (2017. 3. 17. 신설)
3. 「소득세법」 제35조 및 「법인세법」 제25조에 따른 기업업무추진비 (2023. 3. 20. 개정)
4. 다음 각 목의 어느 하나에 해당하는 인건비 (2017. 3. 17. 신설)

    가. 「소득세법」 제22조에 따른 퇴직소득에 해당하는 금액 (2017. 3. 17. 신설)

    나. 「소득세법」 제29조 및 「법인세법」 제33조에 따른 퇴직급여충당금 (2017. 3. 17. 신설)

    다. 「소득세법 시행령」 제40조의 2 제1항 제2호의 퇴직연금계좌에 납부한 부담금 및 「법인세법 시행령」 제44조의 2 제2항에 따른 퇴직연금등의 부담금 (2022. 3. 18. 개정)

5. 별표 8의 9 제2호 가목에 따른 배우출연료가 가장 많은 배우 5인의 배우출연료 합계액이 제작비용 합계액(제1호에서 제4호까지의 규정에 따른 금액은 제외한다)의 100분의 30을 초과하는 경우 해당 초과 금액 (2017. 3. 17. 신설)

⑧ 영 제22조의 10 제4항 제1호에서 "기획재정부령으로 정하는 촬영제작에 든 비용"이란 별표 8의 9 제2호 각 목의 제작비용을 말한다. (2024. 3. 22. 신설)

⑨ 영 제22조의 10 제4항 제2호 가목에서 "기획재정부령으로 정하는 작가 및 주요 스태프에게 지급한 인건비"란 제1항 제1호 가목의 작가 및 같은 호 다목의 주요 스태프에게 지급한 인건비를 말한다. (2024. 3. 22. 신설)

⑩ 영 제22조의 10 제4항 제2호 나목에서 "기획재정부령으로 정하는 배우 출연료"란 별표 8의 9 제2호 가목의 배우출연료를 말한다. (2024. 3. 22. 신설)

⑪ 영 제22조의 10 제4항 제2호 다목에서 "기획재정부령으로 정하는 후반제작에 든 비용"이란 별표 8의 9 제3호 각 목의 제작비용을 말한다. (2024. 3. 22. 신설)

⑫ 영상콘텐츠 제작자가 영 제22조의 10 제4항 제2호 라목 전단에 따른 권리를 공동으로 보유한 경우

에는 해당 권리의 행사에 따른 수익의 100분의 50 이상을 배분받는 경우에만 그 권리를 보유한 것으로 본다. (2024. 3. 22. 신설)

⑬ 영 제22조의 10 제6항에서 "그 밖에 필요한 서류"란 같은 조 제4항 각 호에 따른 요건의 충족 여부를 확인할 수 있는 서류를 말한다. (2024. 3. 22. 신설)

⑭ 영 제22조의 10 제6항 제1호 각 목의 어느 하나에 해당하는 과세연도에 대하여 법 제25조의 6 제1항에 따라 세액공제를 받으려는 경우에는 다음 각 호의 구분에 따른 영상콘텐츠 제작비용에 대하여 세액공제를 신청할 수 있다. (2024. 3. 22. 항번개정)

1. 영 제22조의 10 제6항 제1호 가목의 과세연도: 다음 각 목의 구분에 따른 영상콘텐츠 제작비용 (2023. 3. 20. 개정)

   가. 첫번째 회차가 방송 또는 시청에 제공된 날이 속하는 과세연도: 해당 과세연도까지 발생한 영상콘텐츠 제작비용 (2023. 3. 20. 개정)

   나. 첫번째 회차가 방송 또는 시청에 제공된 날이 속하는 과세연도 후의 과세연도: 해당 과세연도까지 발생한 영상콘텐츠 제작비용에서 직전 과세연도까지 발생한 영상콘텐츠 제작비용을 뺀 금액(제7항 제5호에 따라 세액공제 대상에서 제외된 제작비용은 빼지 않는다) (2023. 3. 20. 개정)

2. 영 제22조의 10 제6항 제1호 나목의 과세연도: 전체 영상콘텐츠 제작비용 (2023. 3. 20. 개정)

[제13조의 6에서 조번 개정, 2019. 3. 20.]

▫ **개정연혁**

[2020년] 영상콘텐츠 제작비용 적용대상 상향입법 및 오락프로그램 추가
가. 개정취지: 영상콘텐츠 산업 지원 및 한류 확산 촉진
나. 개정내용

종전	개정
▨ 영상콘텐츠 제작비용 세액공제 ○ (대상) 영화, TV에 방영된 방송프로그램* * (시행규칙§13의9) 드라마, 애니메이션, 한국 소재 다큐멘터리	▨ 적용대상으로 오락프로그램 추가 등 ○ (대상) 영화, TV에 방영된 방송프로그램 중 드라마, 애니메이션, 다큐멘터리 및 오락프로그램* * 「방송법 시행령」에 따른 교양에 관한 프로그램 중 다큐멘터리, 오락에 관한 프로그램 및 「애니메이션산업 진흥에 관한 법률」에 따른 애니메이션
○ (공제율) 대기업 3%, 중견기업 7%, 중소기업 10% ○ (적용기한) 2022.12.31.	○ (좌 동) ○ (좌 동)

다. 적용시기 및 적용례: 2020.1.1. 이후 발생한 영상콘텐츠의 제작비용 지출 분부터 적용

[2022년] 영상콘텐츠 제작비용 세액공제 대상에 국외발생 비용 포함

가. 개정취지: 영상콘텐츠 산업 지원 및 한류 확산 촉진

나. 개정내용

종전	개정
▨ 영상콘텐츠 제작비용 세액공제 ○ (공제대상) 국내에서 발생한 방송프로그램·영화 제작비용 ○ (공제율) 대기업 3%, 중견기업 7%, 중소기업 10% ○ (적용기한) 2022.12.31.	▨ 공제대상에 국외발생 비용 포함 ○ (공제대상) 국내·외에서 발생한 방송프로그램·영화 제작비용 ○ (좌 동) ○ (좌 동)

다. 적용시기 및 적용례: 2022.1.1. 이후 발생한 영상콘텐츠 제작비용부터 적용

[2023년] 영상콘텐츠 제작비용 세액공제 대상에 OTT 콘텐츠 추가 등

가. 개정취지: 영상콘텐츠 제작에 대한 세제지원 확대

나. 개정내용

종전	개정

▨ 영상콘텐츠 제작비 세액공제*
  * (공제율) 대3%, 중견7%, 중소10%
○ (공제대상)
❶ (방송프로그램) 교양·오락에 관한 방송프로그램등
❷ (영화) 영화상영관에서 일정기간 이상 연속 상영된 영화
〈추 가〉
○ (적용제외 비용) 국가 등 출연금, 광고·홍보 등 비용
○ (공제대상 내국인 요건)
- 실질적 제작자로서, ❶~❹ 중 3개이상 충족하는 자
❶ 작가와의 계약 체결 담당
❷ 주요 출연자와의 계약 체결 담당
❸ 주요 스태프(연출·촬영·편집·조명·미술) 중 2가지 이상 분야의 책임자와 계약 체결 담당
❹ 제작비의 집행·관리 관련 의사결정 담당
- 최초로 방송·상영된 과세연도
- 여러 과세연도에 걸쳐 방송된 경우, 마지막 회차 방송 과세연도 또는 방송된 각 과세연도
▨ (적용기한) 2022.12.31.
	▨ OTT 콘텐츠 제작비 공제 추가
	○ OTT 콘텐츠 추가
	○ (좌 동)
	❸ (OTT 콘텐츠) 온라인 동영상 서비스(OTT)를 통해 제공되고, 등급분류*를 받은 비디오물
	  * 「영화 및 비디오물의 진흥에 관한 법률」에 따른 등급분류(§50) 및 자체등급분류 사업자의 등급분류(§50의2)
	○ (추가) 이미 공제받은 기존 콘텐츠와 동일한 콘텐츠* 제작비 공제제외 명확화
	  * (예) TV프로그램이 OTT를 통해 다시 시청에 제공되는 경우 등
	○ OTT 콘텐츠의 실질적제작자도 방송·영화와 동일한 기준 적용
	
	○ (좌 동)
	○ OTT 콘텐츠도 동일하게 적용
	▨ 2025.12.31.

다. 적용시기 및 적용례

○ 2023.1.1. 이후 지출하는 OTT 콘텐츠 제작비부터 적용

  *「조세특례제한법 시행령」제22조의10 제2항 제3호 나목의 개정규정은 2023.3.28. 부터 적용

[2024년] 영상콘텐츠 제작비용 세액공제 확대 및 추가공제 요건 규정

가. 개정취지: 콘텐츠산업 글로벌 경쟁력 제고

나. 개정내용

종전	개정

▨ 영상콘텐츠 제작비용 세액공제
○ 공제율
- 대/중견/중소 : 3/7/10%
〈신 설〉
	▨ 세액공제 확대
	○ 공제율 상향 및 추가공제 신설
	- (기본공제율)
	대/중견/중소 : 5/10/15%
	- (추가공제율*)
	대/중견/중소 : 10/10/15%
	  * 국내 제작비 비중이 일정 비율 이상인 콘텐츠 등에 적용(시행령에서 규정)
	▨ 추가공제 요건 규정(❶, ❷ 모두 충족)
	❶ 전체 촬영제작 비용 중 국내지출 비중이 80% 이상
	❷ 다음 중 3개 이상 충족
	ⓐ 작가·스태프 인건비 중 내국인 지급 비율 80% 이상
	ⓑ 배우 출연료 중 내국인 지급비율 80% 이상
	ⓒ 후반제작비용 중 국내지출 비중 80% 이상
	ⓓ 주요 IP* 중 3개 이상 보유
	  * 「저작권법」에 따른 방송권, 전송권, 공연권, 복제권, 배포권, 2차적저작물작성권 등
	6개 저작재산권

다. 적용시기 및 적용례: 2024.1.1. 이후 발생하는 분부터 적용

□ 해석사례

▷ **외주제작비용의 영상콘텐츠 세액공제 적용 여부**
  기획재정부조세특례-241(2023.03.09)
외주제작사에 지급한 용역비 등은 영상콘텐츠 제작비용에 해당하지 않음.

▷ **영상콘텐츠 제작비용에 대한 세액공제 대상 해당 여부**
  사전법령해석법인2020-709(2021.03.30)
야외시설 이용료는 영상콘텐츠 제작비용에 해당하지 않으며 중계방송 프로그램 제작비용(중계권료 제외)은 영상콘텐츠 제작비용에 해당함

15. 고용지원 – 산업수요맞춤형고등학교등 졸업자를 병역 이행 후 복직시킨 중소기업에 대한 세액공제

법 제29조의 2 【산업수요맞춤형고등학교등 졸업자를 병역 이행 후 복직시킨 기업에 대한 세액공제】
① 중소기업 또는 중견기업이 산업수요맞춤형고등학교등을 졸업한 사람 중 대통령령으로 정하는 사람을 고용한 경우 그 근로자가 대통령령으로 정하는 병역을 이행한 후 2020년 12월 31일까지 복직된 경우(병역을 이행한 후 1년 이내에 복직된 경우만 해당한다)에는 해당 복직자에게 복직일 이후 2년 이내에 지급한 대통령령으로 정하는 인건비의 100분의 30(중견기업의 경우에는 100분의 15)에 상당하는 금액을 해당 과세연도의 소득세(사업소득에 대한 소득세만 해당한다) 또는 법인세에서 공제한다. (2020. 12. 29. 개정)
② 제1항을 적용받으려는 중소기업 또는 중견기업은 대통령령으로 정하는 바에 따라 세액공제신청을 하여야 한다. (2017. 12. 19. 개정)

영 제26조의 2 【산업수요맞춤형고등학교등 졸업자를 병역 이행 후 복직시킨 기업에 대한 세액공제】
① (삭제, 2021. 2. 17.)
② 법 제29조의 2 제1항에서 "대통령령으로 정하는 사람"이란 근로계약 체결일 현재 산업수요맞춤형고등학교등을 졸업한 날부터 2년 이상 경과하지 아니한 사람을 말하고, "대통령령으로 정하는 병역"이란 제27조 제1항 제1호 각 목의 어느 하나에 해당하는 병역을 말하며, "대통령령으로 정하는 인건비"란 근로의 대가로 지급하는 비용으로서 다음 각 호에 따른 인건비를 제외한 금액을 말한다. (2019. 2. 12. 개정)
1. 「소득세법」 제22조에 따른 퇴직소득에 해당하는 금액 (2019. 2. 12. 신설)
2. 「소득세법」 제29조 및 「법인세법」 제33조에 따른 퇴직급여충당금 (2019. 2. 12. 신설)
3. 「소득세법 시행령」 제40조의 2 제2호에 따른 퇴직연금계좌에 납부한 부담금 및 「법인세법 시행령」 제44조의 2 제2항에 따른 퇴직연금등의 부담금 (2019. 2. 12. 신설)
③ 법 제29조의 2 제1항에 따라 세액공제를 받으려는 자는 과세표준신고와 함께 기획재정부령으로 정하는 세액공제신청서를 납세지 관할세무서장에게 제출하여야 한다. (2018. 2. 13. 항번개정)

□ **개정연혁**

[2021년] 산업수요맞춤형고등학교 등 졸업생을 군복무 후 복직시킨 기업에 대한 세액공제 적용기한 종료

가. 개정취지: 실효성 미미

나. 개정내용

종전	개정
▨ 산업수요맞춤형고등학교 등 졸업생의 군 복무 후 복직기업에 대한 세액공제 ○ (지원대상) 산업수요맞춤형고등학교 등 졸업생을 병역 이행 후 복직시킨 중소·중견기업 ○ (공제액) 복직 후 2년간 지급한 인건비의 10%(중견 20%) ○ (적용기한) 2020.12.31.	▨ 적용기한 종료

다. 적용시기 및 적용례

□ **해석사례**

▷ 병역 이행 후 재고용한 경우 복직기업에 대한 세액공제 적용 여부
  사전법령해석법인2018-283(2018.08.13)
산업수요맞춤형고등학교 등 졸업자를 병역 이행 후 복직시킨 기업에 대한 세액공제 적용 시 병역 이행을 위해 자진퇴사한 후 재고용된 경우에는 적용되지 아니함

16. 고용지원 – 경력단절 여성 고용 기업 등에 대한 세액공제

법 제29조의 3 【경력단절 여성 고용 기업 등에 대한 세액공제】 (2019. 12. 31. 제목개정)
① 중소기업 또는 중견기업이 다음 각 호의 요건을 모두 충족하는 여성(이하 이 조에서 "경력단절 여성"이라 한다)과 2022년 12월 31일까지 1년 이상의 근로계약을 체결하는 경우에는 고용한 날부터 2년이 되는 날이 속하는 달까지 해당 경력단절 여성에게 지급한 대통령령으로 정하는 인건비의 100분의 30(중견기업의 경우에는 100분의 15)에 상당하는 금액을 해당 과세연도의 소득세(사업소득에 대한 소득세만 해당한다) 또는 법인세에서 공제한다. (2022. 12. 31. 개정)
1. 해당 기업 또는 해당 기업과 대통령령으로 정하는 분류를 기준으로 동일한 업종의 기업에서 1년 이상 근무(대통령령으로 정하는 바에 따라 경력단절 여성의 근로소득세가 원천징수되었던 사실이 확인되는 경우로 한정한다)한 후 대통령령으로 정하는 결혼·임신·출산·육아 및 자녀교육의 사유로 퇴직하였을 것 (2019. 12. 31. 개정)
2. 제1호에 따른 사유로 퇴직한 날부터 2년 이상 15년 미만의 기간이 지났을 것 (2021. 12. 28. 개정)
3. 해당 기업의 최대주주 또는 최대출자자(개인사업자의 경우에는 대표자를 말한다)나 그와 대통령령으로 정하는 특수관계인이 아닐 것 (2019. 12. 31. 호번개정)

영 제26조의 3 【경력단절 여성 고용 기업 등에 대한 세액공제】 (2020. 2. 11. 제목개정)
① 법 제29조의 3 제1항 각 호 외의 부분 및 같은 조 제2항 각 호 외의 부분 본문에서 "대통령령으로 정하는 인건비"란 근로의 대가로 지급하는 비용으로서 다음 각 호에 따른 인건비를 제외한 금액을 말한다. (2019. 2. 12. 개정)
1. 「소득세법」 제22조에 따른 퇴직소득에 해당하는 금액 (2019. 2. 12. 신설)
2. 「소득세법」 제29조 및 「법인세법」 제33조에 따른 퇴직급여충당금 (2019. 2. 12. 신설)
3. 「소득세법 시행령」 제40조의 2 제2호에 따른 퇴직연금계좌에 납부한 부담금 및 「법인세법 시행령」 제44조의 2 제2항에 따른 퇴직연금등의 부담금 (2019. 2. 12. 신설)
② 법 제29조의 3 제1항 제1호에서 "대통령령으로 정하는 분류"란 한국표준산업분류상의 중분류를 말한다. (2020. 2. 11. 신설)
③ 법 제29조의 3 제1항 제1호 및 같은 조 제2항 제1호에 따른 기업이 경력단절 여성 또는 육아휴직 복귀자의 근로소득세를 원천징수하였던 사실이 확인되는 경우는 「소득세법 시행령」 제196조 제1항에 따른 근로소득원천징수부를 통하여 근로소득세를 원천징수한 사실이 확인되는 경우로 한다. (2020. 2. 11. 개정)
④ 법 제29조의 3 제1항 제1호에서 "대통령령으로 정하는 결혼·임신·출산·육아 및 자녀교육의 사유"란 다음 각 호의 어느 하나에 해당하는 경우를 말한다. (2020. 2. 11. 개정)
1. 퇴직한 날부터 1년 이내에 혼인한 경우(가족관계기록사항에 관한 증명서를 통하여 확인되는 경우로 한정한다) (2020. 2. 11. 신설)

2. 퇴직한 날부터 2년 이내에 임신하거나 기획재정부령으로 정하는 난임시술을 받은 경우(의료기관의 진단서 또는 확인서를 통하여 확인되는 경우에 한정한다) (2020. 2. 11. 호번개정)
3. 퇴직일 당시 임신한 상태인 경우(의료기관의 진단서를 통하여 확인되는 경우로 한정한다) (2020. 2. 11. 호번개정)
4. 퇴직일 당시 8세 이하의 자녀가 있는 경우 (2020. 2. 11. 신설)
5. 퇴직일 당시 「초·중등교육법」 제2조에 따른 학교에 재학 중인 자녀가 있는 경우 (2020. 2. 11. 신설)

규칙 제14조의 3 【난임시술의 범위】
영 제26조의 3 제4항 제2호에서 "기획재정부령으로 정하는 난임시술"이란 「모자보건법」에 따른 보조생식술을 말한다. (2022. 3. 18. 개정)

17. 고용지원 – 육아휴직 후 고용유지 기업에 대한 인건비 세액공제

법 제29조의 3 【경력단절 여성 고용 기업 등에 대한 세액공제】

② 중소기업 또는 중견기업이 다음 각 호의 요건을 모두 충족하는 사람(이하 이 조에서 "육아휴직 복귀자"라 한다)을 2022년 12월 31일까지 복직시키는 경우에는 복직한 날부터 1년이 되는 날이 속하는 달까지 해당 육아휴직 복귀자에게 지급한 대통령령으로 정하는 인건비의 100분의 30(중견기업의 경우에는 100분의 15)에 상당하는 금액을 해당 과세연도의 소득세(사업소득에 대한 소득세만 해당한다) 또는 법인세에서 공제한다. 다만, 해당 중소기업 또는 중견기업의 해당 과세연도의 상시근로자 수가 직전 과세연도의 상시근로자 수보다 감소한 경우에는 공제하지 아니한다. (2020. 12. 29. 개정)

1. 해당 기업에서 1년 이상 근무하였을 것(대통령령으로 정하는 바에 따라 해당 기업이 육아휴직 복귀자의 근로소득세를 원천징수하였던 사실이 확인되는 경우로 한정한다) (2018. 12. 24. 신설)
2. 「남녀고용평등과 일·가정 양립 지원에 관한 법률」 제19조 제1항에 따라 육아휴직한 경우로서 육아휴직 기간이 연속하여 6개월 이상일 것 (2018. 12. 24. 신설)
3. 해당 기업의 최대주주 또는 최대출자자(개인사업자의 경우에는 대표자를 말한다)나 그와 대통령령으로 정하는 특수관계인이 아닐 것 (2018. 12. 24. 신설)

③ 제2항에 따라 소득세 또는 법인세를 공제받은 기업이 해당 기업에 복직한 날부터 1년이 지나기 전에 해당 육아휴직 복귀자와의 근로관계를 종료하는 경우에는 근로관계가 종료한 날이 속하는 과세연도의 과세표준신고를 할 때 공제받은 세액에 상당하는 금액을 소득세 또는 법인세로 납부하여야 한다. (2020. 12. 29. 개정)

④ 제2항은 육아휴직 복귀자의 자녀 1명당 한 차례에 한정하여 적용한다. (2018. 12. 24. 신설)

⑤ 제1항 또는 제2항을 적용받으려는 중소기업 또는 중견기업은 대통령령으로 정하는 바에 따라 세액공제신청을 하여야 한다. (2018. 12. 24. 개정)

⑥ 제2항을 적용할 때 상시근로자의 범위와 상시근로자의 수의 계산방법, 그 밖에 필요한 사항은 대통령령으로 정한다. (2018. 12. 24. 신설)

영 제26조의 3 【경력단절 여성 고용 기업 등에 대한 세액공제】

⑤ 법 제29조의 3 제1항 제3호 및 같은 조 제2항 제3호에서 "대통령령으로 정하는 특수관계인"이란 「국세기본법 시행령」 제1조의 2 제1항에 따른 친족관계인 사람을 말한다. (2020. 2. 11. 개정)

⑥ 법 제29조의 3에 따라 세액공제를 받으려는 자는 과세표준 신고와 함께 기획재정부령으로 정하는 세액공제신청서를 납세지 관할 세무서장에게 제출하여야 한다. (2020. 2. 11. 항번개정)

⑦ (삭제, 2021. 2. 17.)

⑧ 법 제29조의 3 제2항을 적용할 때 상시근로자 및 상시근로자 수의 계산방법에 관하여는 제23조 제10항부터 제13항까지의 규정을 준용한다. (2020. 2. 11. 항번개정)

□ **개정연혁**

[2020년] 경력단절여성 재고용 기업의 세액공제 요건 완화

가. 개정취지: 경력단절여성 요건 완화를 통해 경력단절여성 재고용 지원 제도의 실효성 제고

나. 개정내용

종전	개정
▨ 경력단절여성 재고용 중소·중견기업에 대한 세액공제 ○ (경력단절여성 요건) - 퇴직 전 1년 이상 근로소득이 있을 것 - 임신·출산·육아 사유로 퇴직 - 퇴직 후 3~10년 이내 동일기업에 재취직 ○ (공제액) 재고용 후 2년간 인건비의 30%(중견기업 15%) ○ (적용기한) 2020.12.31.	▨ 경력단절여성 요건 완화 - (좌 동) - 결혼*·임신·출산·육아·자녀교육** 사유로 퇴직 * 퇴직한 날로부터 1년 이내 결혼 ** 초·중·고등학교에 재학 중인 자녀가 있는 경우 - 퇴직 후 3~15년 이내 동종 업종*에 재취직 * 표준산업분류상 중분류 ○ (좌 동) ○ (좌 동)

다. 적용시기 및 적용례: 2020.1.1. 이후 재고용하는 분부터 적용

[2021년] 중소·중견기업의 육아휴직 복귀자 인건비 세액공제 확대 등

가. 개정취지: 중소·중견기업의 육아휴직 활성화 지원

나. 개정내용

종전	개정
▨ 중소·중견기업의 육아휴직 복귀자 인건비 세액공제 ○ (공제요건) 근로자가 6개월 이상 육아휴직 후 복직 ○ (세액공제액) 복직 후 1년간 인건비의 10%(중견기업 5%) ○ (사후관리) 복직한 날부터 1년 내에 육아휴직 복귀자와 근로 관계를 끝내는 경우 - 공제받은 세액상당액에 이자 상당액을 가산하여 납부 ○ (적용기한) 2020.12.31.	▨ 세액공제 확대 등 ○ (좌 동) ○ 세액공제율 상향 : 복직 후 1년간 인건비의 30%(중견기업 15%) ○ 추징금액 완화 -「세액공제액 + 이자상당액」→ 세액공제액 ○ 2022.12.31.

다. 적용시기 및 적용례

○ (공제율 상향) 2021.1.1. 이후 개시하는 과세연도부터 적용
  (사후관리) 2021.1.1. 이후 사후관리 요건 위반하는 분부터 적용

[2021년] 경력단절여성 재고용 중소·중견기업에 대한 세액공제 적용기한 연장

가. 개정취지: 경력단절여성의 재취업 지원

나. 개정내용

종전	개정
▨ 경력단절여성 재고용 중소·중견기업에 대한 세액공제 ○ (경력단절여성 요건) ❶퇴직 전 1년 이상 근로소득이 있을 것, ❷결혼·임신·출산·육아·자녀교육 사유로 퇴직, ❸퇴직 후 3~15년 이내 동종 업종에 재취직 ○ (세액공제액) 재고용 후 2년간 인건비의 30%(중견기업 15%) ○ (적용기한) 2020.12.31.	▨ 적용기한 2년 연장 ○ (좌 동) ○ 2022.12.31.

다. 적용시기 및 적용례

[2022년] 경력단절여성 고용 기업 세액공제 요건 완화

가. 개정취지: 경력단절여성 재취업 지원

나. 개정내용

종전	개정
▨ 경력단절여성 고용 기업에 대한 세액공제 ○ (요건) 다음의 요건 모두 충족 - 퇴직 전 1년 이상 근로소득이 있을 것 - 결혼·임신·출산·육아·자녀교육 사유로 퇴직 - 퇴직 후 3년 이상 15년 이내 동종업종 취업 ○ (공제액) 인건비의 30%(중견기업 15%) ○ (적용기한) 2022.12.31.	▨ 경력단절 인정기간 요건 완화 - (좌 동) - (좌 동) - 퇴직 후 2년 이상 15년 이내 동종업종 취업 ○ (좌 동) ○ (좌 동)

다. 적용시기 및 적용례: 2022.1.1. 이후 경력단절여성을 고용하는 경우부터 적용

□ **해석사례**

▷ **출산휴가 후 육아휴직 직원에 대한 대체인력 고용시 조특법상 세액공제 적용을 위한 상시근로자 수 계산방법**

기획재정부조세특례-366(2024.05.03)

2024.1.1. 전 과세표준 신고시 「조세특례제한법」제29조의3 제2항에 따른 세액공제를 받는 경우, 출산휴가 중인 근로자로서 같은 법 시행령 제23조 제10항 각 호의 어느 하나에 해당하지 않는 자는 상시근로자 수에 포함하는 것임.

▷ 영업양도 등으로 고용이 승계된 경우 육아휴직 복귀자 복직 세액공제의 적용을 위한 근무기간 등 판단기준
   서면법규소득2022-5660(2023.06.20)
「조세특례제한법」제29조의3제2항의 육아휴직 복귀자 세액공제 적용을 위한 같은 항 제1호의 근무기간 요건 판단 시, 영업양도로 근로자들의 근로관계가 양수하는 기업에 포괄적으로 승계된 경우에는 승계 전 기업의 근무기간도 포함하는 것임

18. 고용지원 – 근로소득을 증대시킨 기업에 대한 세액공제

법 제29조의 4【근로소득을 증대시킨 기업에 대한 세액공제】

① 중소기업 또는 중견기업이 다음 각 호의 요건을 모두 충족하는 경우에는 2025년 12월 31일이 속하는 과세연도까지 직전 3년 평균 초과 임금증가분의 100분의 20(중견기업의 경우에는 100분의 10)에 상당하는 금액을 해당 과세연도의 소득세(사업소득에 대한 소득세만 해당한다) 또는 법인세에서 공제한다. (2022. 12. 31. 개정)

1. 대통령령으로 정하는 상시 근로자(이하 이 조에서 "상시근로자"라 한다)의 해당 과세연도의 평균임금 증가율이 직전 3개 과세연도의 평균임금 증가율의 평균(이하 이 조에서 "직전 3년 평균임금 증가율의 평균"이라 한다)보다 클 것 (2014. 12. 23. 신설)
2. 해당 과세연도의 상시근로자 수가 직전 과세연도의 상시 근로자 수보다 크거나 같을 것 (2014. 12. 23. 신설)

② 제1항에 따른 직전 3년 평균 초과 임금증가분은 다음 계산식에 따라 계산한 금액으로 한다. (2014. 12. 23. 신설)

전 3년 평균 초과 임금증가분 = [해당 과세연도 상시근로자의 평균임금 − 직전 과세연도 상시근로자의 평균임금 × (1 + 직전 3년 평균임금 증가율의 평균)] × 직전 과세연도 상시근로자 수

③ 중소기업 또는 중견기업이 다음 각 호의 요건을 모두 충족하는 경우에는 2025년 12월 31일이 속하는 과세연도까지 근로기간 및 근로형태 등 대통령령으로 정하는 요건을 충족하는 정규직 전환 근로자(이하 이 조에서 "정규직 전환 근로자"라 한다)에 대한 임금증가분 합계액의 100분의 20(중견기업의 경우에는 100분의 10)에 상당하는 금액을 해당 과세연도의 소득세(사업소득에 대한 소득세만 해당한다) 또는 법인세에서 공제한다. (2022. 12. 31. 개정)

1. 해당 과세연도에 정규직 전환 근로자가 있을 것 (2015. 12. 15. 신설)
2. 해당 과세연도의 상시근로자 수가 직전 과세연도의 상시 근로자 수보다 크거나 같을 것 (2015. 12. 15. 신설)

④ 제3항에 따라 소득세 또는 법인세를 공제받은 중소기업 또는 중견기업이 공제를 받은 과세연도 종료일부터 1년이 되는 날이 속하는 과세연도의 종료일까지의 기간 중 정규직 전환 근로자와의 근로관계를 종료하는 경우에는 근로관계가 종료한 날이 속하는 과세연도의 과세표준신고를 할 때 대통령령으로 정하는 바에 따라 계산한 세액을 소득세 또는 법인세로 납부하여야 한다. (2022. 12. 31. 개정)

⑤ 제1항에도 불구하고 중소기업이 다음 각 호의 요건을 모두 충족하는 경우에는 2025년 12월 31일이 속하는 과세연도까지 전체 중소기업의 평균임금증가분을 초과하는 임금증가분의 100분의 20에 상당하는 금액을 제1항에 따른 금액 대신 해당 과세연도의 소득세(사업소득에 대한 소득세만 해당한다) 또는 법인세에서 공제할 수 있다. (2022. 12. 31. 개정)

1. 상시 근로자의 해당 과세연도의 평균임금 증가율이 전체 중소기업 임금증가율을 고려하여 대통령

령으로 정한 비율보다 클 것 (2016. 12. 20. 신설)
2. 해당 과세연도의 상시근로자 수가 직전 과세연도의 상시 근로자 수보다 크거나 같을 것 (2016. 12. 20. 신설)
3. 직전 과세연도의 평균임금 증가율이 음수가 아닐 것 (2016. 12. 20. 신설)
⑥ 제5항에 따른 전체 중소기업의 평균임금증가분을 초과하는 임금증가분은 다음 계산식에 따라 계산한 금액으로 한다. (2016. 12. 20. 신설)

전체 중소기업의 평균임금증가분을 초과하는 임금증가분 = [해당 과세연도 상시근로자의 평균임금 − 직전 과세연도 상시근로자의 평균임금 × (1 + 전체 중소기업 임금증가율을 고려하여 대통령령으로 정한 비율)] × 직전 과세연도 상시근로자 수

⑦ 제1항 또는 제3항을 적용받으려는 중소기업 또는 중견기업은 대통령령으로 정하는 바에 따라 세액공제신청을 하여야 한다. (2022. 12. 31. 개정)
⑧ 제1항부터 제4항까지의 규정을 적용할 때 임금의 범위, 평균임금 증가율 및 직전 3년 평균임금 증가율의 평균의 계산방법, 정규직 전환 근로자의 임금 증가분 합계액과 그 밖에 필요한 사항은 대통령령으로 정한다. (2016. 12. 20. 항번개정)

영 제26조의 4 【근로소득을 증대시킨 기업에 대한 세액공제】

① (삭제, 2021. 2. 17.)
② 법 제29조의 4 제1항 제1호에서 "대통령령으로 정하는 상시 근로자"란 「근로기준법」에 따라 근로계약을 체결한 근로자(다음 각 호의 어느 하나에 해당하는 자는 제외하며, 이하 이 조에서 "상시근로자"라 한다)를 말한다. (2015. 2. 3. 신설)
1. 「법인세법 시행령」 제40조 제1항 각 호의 어느 하나에 해당하는 임원 (2019. 2. 12. 개정)
2. 「소득세법」 제20조 제1항 제1호 및 제2호에 따른 근로소득의 금액의 합계액(비과세소득의 금액은 제외한다)이 7천만원 이상인 근로자 (2023. 2. 28. 개정)
3. 기획재정부령으로 정하는 해당 기업의 최대주주 또는 최대출자자(개인사업자의 경우에는 대표자를 말한다) 및 그와 「국세기본법 시행령」 제1조의 2 제1항에 따른 친족관계인 근로자 (2015. 2. 3. 신설)
4. 「소득세법 시행령」 제196조에 따른 근로소득원천징수부에 의하여 근로소득세를 원천징수한 사실이 확인되지 아니하는 근로자 (2015. 2. 3. 신설)
5. 근로계약기간이 1년 미만인 근로자(근로계약의 연속된 갱신으로 인하여 그 근로계약의 총 기간이 1년 이상인 근로자는 제외한다) (2020. 6. 2. 개정)
6. 「근로기준법」 제2조 제1항 제9호에 따른 단시간근로자 (2020. 2. 11. 개정)
③ 법 제29조의 4 제1항부터 제6항까지의 규정을 적용할 때 상시근로자 수는 다음 계산식에 따라 계산한다. 이 경우 100분의 1 미만의 부분은 없는 것으로 한다. (2017. 2. 7. 개정)

$$\frac{\text{해당 과세연도의 매월 말 현재 상시근로자 수의 합}}{\text{해당 과세연도의 개월 수}}$$

④ 법 제29조의 4 제1항부터 제6항까지의 규정을 적용할 때 임금은 「소득세법」 제20조 제1항 제1호 및 제2호에 따른 소득의 합계액(비과세소득의 금액은 제외한다)을 말한다. (2023. 2. 28. 개정)

⑤ 법 제29조의 4 제1항, 제2항, 제5항 및 제6항을 적용할 때 평균임금은 다음 계산식에 따라 계산한 금액으로 한다. 이 경우 1천원 이하 부분은 없는 것으로 한다. (2017. 2. 7. 개정)

$$\frac{\text{해당 과세연도 상시근로자의 임금의 합계}}{\text{제3항에 따른 해당 과세연도의 상시 근로자 수}}$$

⑥ 법 제29조의 4 제1항, 제2항 및 제5항을 적용할 때 평균임금 증가율은 다음 계산식에 따라 계산하며, 1만분의 1 미만의 부분은 없는 것으로 한다. (2017. 2. 7. 개정)

$$\frac{\text{해당 과세연도 평균임금} - \text{직전 과세연도 평균임금}}{\text{직전 과세연도 평균임금}}$$

⑦ 법 제29조의 4 제1항 및 제2항을 적용할 때 직전 3개 과세연도의 평균임금 증가율의 평균(이하 이 조에서 "직전 3년 평균임금 증가율의 평균"이라 한다)은 다음 계산식에 따라 계산하며, 1만분의 1 미만의 부분은 없는 것으로 한다. 이 경우 직전 2년 과세연도 평균임금 증가율 또는 직전 3년 과세연도 평균임금 증가율이 음수인 경우에는 영으로 보아 계산한다. (2015. 2. 3. 신설)

$$\frac{\text{해당 과세연도 평균임금} - \text{직전 과세연도 평균임금}}{\text{직전 과세연도 평균임금}}$$

⑧ 제5항부터 제7항까지의 규정에도 불구하고 직전 과세연도의 평균임금 증가율이 음수 또는 직전 3년 평균임금 증가율의 평균(양수인 경우로 한정한다)의 100분의 30 미만인 경우에는 기획재정부령으로 정하는 바에 따라 각각 평균임금 및 평균임금 증가율, 직전 3년 평균임금 증가율의 평균 및 법 제29조의 4 제2항에 따른 직전 3년 평균 초과 임금증가분을 계산한다. (2015. 2. 3. 신설)

⑨ 제2항 제2호에 따른 근로소득의 금액을 계산할 때 해당 과세연도의 근로제공기간이 1년 미만인 상시

근로자가 있는 경우에는 해당 상시근로자의 근로소득의 금액을 해당 과세연도 근무제공월수로 나눈 금액에 12를 곱하여 산출한 금액을 해당 상시근로자의 근로소득의 금액으로 본다. (2024. 2. 29. 개정)

⑩ 법 제29조의 4 제1항 및 제5항에 따라 세액공제를 받으려는 과세연도의 종료일 전 5년 이내의 기간 중에 퇴사하거나 새로 제2항 각 호의 어느 하나에 해당하게 된 근로자가 있는 경우에는 제3항에 따른 상시근로자 수 및 제5항에 따른 평균임금을 계산할 때 해당 근로자를 제외하고 계산하며, 세액공제를 받으려는 과세연도의 종료일 전 5년 이내의 기간 중에 입사한 근로자가 있는 경우에는 제6항에 따라 해당 근로자가 입사한 과세연도의 평균임금 증가율을 계산할 때 해당 근로자를 제외하고 계산한다. (2017. 2. 7. 개정)

⑪ 합병, 분할, 현물출자 또는 사업의 양수 등으로 인하여 종전의 사업부문에서 종사하던 상시근로자를 합병법인, 분할신설법인, 피출자법인 등(이하 이 조에서 "합병법인등"이라 한다)이 승계하는 경우에는 해당 상시근로자는 종전부터 합병법인등에 근무한 것으로 본다. (2015. 2. 3. 신설)

⑫ 창업 및 휴업 등의 사유로 제7항 및 제8항에 따라 직전 3년 평균임금 증가율의 평균을 계산할 수 없는 경우에는 법 제29조의 4 제1항 및 제5항을 적용하지 아니한다. (2017. 2. 7. 개정)

⑬ 법 제29조의 4 제3항 각 호 외의 부분에서 "대통령령으로 정하는 요건을 충족하는 정규직 전환 근로자"란 「근로기준법」에 따라 근로계약을 체결한 근로자로서 다음 각 호의 요건을 모두 갖춘 자(이하 이 조에서 "정규직 전환 근로자"라 한다)를 말한다. (2016. 2. 6. 신설)

1. 직전 과세연도 개시일부터 해당 과세연도 종료일까지 계속하여 근무한 자로서 「소득세법 시행령」 제196조의 근로소득원천징수부에 따라 매월분의 근로소득세를 원천징수한 사실이 확인될 것 (2016. 2. 6. 신설)

2. 해당 과세연도 중에 비정규직 근로자(「기간제 및 단시간근로자 보호 등에 관한 법률」에 따른 기간제근로자 또는 단시간근로자를 말한다. 이하 이 호에서 같다)에서 비정규직 근로자가 아닌 근로자로 전환하였을 것 (2016. 2. 6. 신설)

3. 직전 과세연도 또는 해당 과세연도 중에 제2항 제1호부터 제3호까지의 어느 하나에 해당하는 자가 아닐 것 (2016. 2. 6. 신설)

⑭ 법 제29조의 4 제3항을 적용할 때 정규직 전환 근로자의 임금 증가분 합계액은 정규직 전환 근로자의 해당 과세연도 임금 합계액에서 직전 과세연도 임금 합계액을 뺀 금액을 말한다. 이 경우 직전 과세연도 또는 해당 과세연도의 기간이 1년 미만인 경우에는 임금 합계액을 그 과세연도의 월수(1월 미만의 일수는 1월로 한다)로 나눈 금액에 12를 곱하여 산출한 금액을 임금 합계액으로 본다. (2016. 2. 6. 신설)

⑮ 법 제29조의 4 제4항에 따라 납부하여야 할 세액은 다음 계산식에 따라 계산한 금액으로 한다. (2021. 2. 17. 개정)

$$\text{법 제29조의4제3항에 따라 공제받은 세액} \times \frac{\text{공제받은 과세연도의 정규직 전환 근로자 중 근로관계를 종료한 근로자 수}}{\text{공제받은 과세연도의 정규직 전환 근로자 수}}$$

⑯ 법 제29조의 4 제5항 제1호 및 같은 조 제6항에서 "전체 중소기업 임금증가율을 고려하여 대통령령으로 정한 비율"이란 각각 전체 중소기업의 직전 3년 평균임금 증가율을 고려하여 기획재정부령으로 정하는 비율을 말한다. (2017. 2. 7. 신설)

⑰ 법 제29조의 4 제1항, 제3항 또는 제5항에 따라 세액공제를 받으려는 자는 과세표준 신고와 함께 기획재정부령으로 정하는 세액공제신청서를 납세지 관할 세무서장에게 제출하여야 한다. (2017. 2. 7. 개정)

규칙 제14조의 2 【근로소득을 증대시킨 기업에 대한 세액공제】

① 영 제26조의 4 제2항 제3호에서 "기획재정부령으로 정하는 해당 기업의 최대주주 또는 최대출자자"란 다음 각 호의 어느 하나에 해당하는 자를 말한다. (2015. 3. 13. 신설)

1. 해당 법인에 대한 직접보유비율[보유하고 있는 법인의 주식 또는 출자지분(이하 이 조에서 "주식 등"이라 한다)을 그 법인의 발행주식총수 또는 출자총액(자기주식과 자기출자지분은 제외한다)으로 나눈 비율을 말한다. 이하 같다]이 가장 높은 자가 개인인 경우에는 그 개인 (2015. 3. 13. 신설)

2. 해당 법인에 대한 직접보유비율이 가장 높은 자가 법인인 경우에는 해당 법인에 대한 직접보유비율과 「국제조세조정에 관한 법률 시행령」 제2조 제3항을 준용하여 계산한 간접소유비율을 합하여 계산한 비율이 가장 높은 개인 (2021. 3. 16. 개정)

② 영 제26조의 4 제8항에 따라 직전 과세연도의 평균임금 증가율이 음수 또는 직전 3년 평균임금 증가율의 평균(양수인 경우로 한정한다)의 100분의 30 미만인 경우에는 다음 각 호의 계산식에 따라 각각 평균임금, 평균임금 증가율, 직전 3개 과세연도의 평균임금 증가율의 평균(이하 이 조에서 "직전 3년 평균임금 증가율의 평균"이라 한다) 및 법 제29조의 4 제2항에 따른 직전 3년 평균 초과 임금증가분(이하 이 조에서 "직전 3년 평균 초과 임금증가분"이라 한다)을 계산한다. (2015. 3. 13. 신설)

1. 평균임금 (2015. 3. 13. 신설)

$$\frac{\text{해당 과세연도 평균임금} + \text{직전 과세연도 평균임금}}{2}$$

2. 평균임금 증가율 (2015. 3. 13. 신설)

$$\frac{\text{제1호에 따른 평균임금} - \text{직전 2년 과세연도 평균임금}}{\text{직전 2년 과세연도 평균임금}}$$

3. 직전 3년 평균임금 증가율의 평균[직전 2년 과세연도 평균임금 증가율 또는 직전 3년 과세연도 평

균임금 증가율이 음수인 경우에는 각각 영(零)으로 보아 계산한다] (2015. 3. 13. 신설)

$$\frac{\text{직전 2년 과세연도 평균임금 증가율} + \text{직전 3년 과세연도 평균임금 증가율}}{2}$$

4. 직전 3년 평균 초과 임금증가분 (2015. 3. 13. 신설)

[제1호에 따른 평균임금 − 직전 2년 과세연도 상시근로자의 평균임금 × (1 + 직전 3년 평균임금 증가율의 평균)] × 직전 과세연도 상시근로자 수

③ 영 제26조의 4 제16항에서 "기획재정부령으로 정하는 비율"이란 1천분의 32를 말한다. (2023. 3. 20. 개정)

□ **개정연혁**

[2021년] 근로소득증대세제 적용기한 연장
가. 개정취지: 근로자 임금 증가 지원
나. 개정내용

종전	개정
■ 근로소득 증대세제 ○ (적용요건) 당해연도 임금 증가율 〉 직전 3년 평균임금 증가율* * 중소기업은 전체 중소기업 평균 임금 증가율보다 높은 경우도 가능 ○ (세액공제) 직전 3년 평균임금 증가율 초과 임금증가분의 20%(중견기업 10%, 대기업 5%) ○ (적용기한) 2020.12.31.	■ 적용기한 2년 연장 ○ (좌 동) ○ 2022.12.31.

다. 적용시기 및 적용례

[2023년] 근로소득증대세제 재설계

가. 개정취지: 중소·중견기업의 근로자 임금 증가 지원

나. 개정내용

종전	개정

■ 근로소득증대세제
○ (적용요건) 당해연도 임금 증가율 〉 직전 3년 평균임금 증가율
○ (세액공제) 3년 평균임금 증가율 초과임금증가분 × 공제율*
  * 중소 20%, 중견 10%, 대 5%
○ (중소기업 적용특례) 중소기업은 임금증가율이 3.0%*를 초과하는 경우 초과임금증가분에 대해 근로소득증대세제 적용 가능
  * 전체 중소기업의 직전 3년 평균임금 증가율을 고려하여 기획재정부령으로 정하는 비율(조특령 §26의4⑯)
○ (적용대상 임금) 소득세법 제20조제1항 제1호 및 제2호에 따른 소득 합계액
○ (적용기한) 2022.12.31.
	■ 적용기한 연장 및 대기업 적용배제 등
	○ (좌 동)
	○ 대기업을 적용대상에서 제외
	○ 3.0% → 3.2%(최근 3년 임금증가율 반영)
	○ 비과세소득 제외 명확화
	○ 2025.12.31.

다. 적용시기 및 적용례: 2023.1.1. 이후 개시하는 과세연도 분부터 적용

□ **해석사례**

▷ **근로소득 증대 기업에 대한 세액공제 적용 시, 근로제공기간이 1년 미만 근로자의 평균임금 산정방법**
   사전법규소득2023-574(2023.11.15)

2이상의 사업장을 운영하는 개인사업자의 경우 상시근로자의 수는 전체 사업장을 기준으로 계산하는 것임. 양도자의 사업의 양도 전 발생한 고용증대세액공제액 중「조세특례제한법」제132조에 따른 소득세 최저한세액에 미달하여 공제받지 못한 부분에 상당하는 금액은, 「조세특례제한법 시행령」제23조제13항제3호 각 목 외의 부분에 따라 사업자별 직전 또는 해당 과세연도의 상시근로자 수를 계산하는 규정에 따라 계산한 양도자의 상시근로자 수가 최초로 공제를 받은 과세연도에 비하여 감소하지 아니한 경우에 같은 법 제144조에 따라 이월하여 공제하는 것임

▷ **신규입사자가 근로제공기간이 1년 미만인 상시근로자에 해당하는지**
   서면법인2020-4163(2020.12.18)

신규입사자가 조특령 제26조의4 제2항에 따른 상시근로자의 요건을 충족하고, 실제 근로를 제공한 경우에는 근로제공기간 1년 미만 상시근로자에 해당함

19. 고용지원 - 고용을 증대시킨 기업에 대한 세액공제

법 제29조의 7 【고용을 증대시킨 기업에 대한 세액공제】

① 내국인(소비성서비스업 등 대통령령으로 정하는 업종을 경영하는 내국인은 제외한다. 이하 이 조에서 같다)의 2024년 12월 31일이 속하는 과세연도까지의 기간 중 해당 과세연도의 대통령령으로 정하는 상시근로자(이하 이 조에서 "상시근로자"라 한다)의 수가 직전 과세연도의 상시근로자의 수보다 증가한 경우에는 다음 각 호에 따른 금액을 더한 금액을 해당 과세연도와 해당 과세연도의 종료일부터 1년(중소기업 및 중견기업의 경우에는 2년)이 되는 날이 속하는 과세연도까지의 소득세(사업소득에 대한 소득세만 해당한다) 또는 법인세에서 공제한다. (2021. 12. 28. 개정)

1. 청년 정규직 근로자, 장애인 근로자, 60세 이상인 근로자 등 대통령령으로 정하는 상시근로자(이하 이 조에서 "청년등상시근로자"라 한다)의 증가한 인원 수(증가한 상시근로자의 인원 수를 한도로 한다)에 400만원[중견기업의 경우에는 800만원, 중소기업의 경우에는 1,100만원(중소기업으로서 수도권 밖의 지역에서 증가한 경우에는 1,200만원)]을 곱한 금액. 다만, 2021년 12월 31일이 속하는 과세연도부터 2022년 12월 31일이 속하는 과세연도까지의 기간 중 수도권 밖의 지역에서 증가한 청년등상시근로자의 인원 수(증가한 상시근로자의 인원 수를 한도로 한다)에 대해서는 500만원(중견기업의 경우에는 900만원, 중소기업의 경우에는 1,300만원)을 곱한 금액으로 한다. (2021. 12. 28. 개정)

2. 청년등상시근로자 외 상시근로자의 증가한 인원 수(증가한 상시근로자 인원 수를 한도로 한다) × 0원(중견기업의 경우에는 450만원, 중소기업의 경우에는 다음 각 목에 따른 금액) (2021. 3. 16. 개정)
   가. 수도권 내의 지역에서 증가한 경우: 700만원 (2017. 12. 19. 신설)
   나. 수도권 밖의 지역에서 증가한 경우: 770만원 (2017. 12. 19. 신설)

② 제1항에 따라 소득세 또는 법인세를 공제받은 내국인이 최초로 공제를 받은 과세연도의 종료일부터 2년이 되는 날이 속하는 과세연도의 종료일까지의 기간 중 전체 상시근로자의 수가 최초로 공제를 받은 과세연도에 비하여 감소한 경우에는 감소한 과세연도부터 제1항을 적용하지 아니하고, 청년등상시근로자의 수가 최초로 공제를 받은 과세연도에 비하여 감소한 경우에는 감소한 과세연도부터 제1항 제1호를 적용하지 아니한다. 이 경우 대통령령으로 정하는 바에 따라 공제받은 세액에 상당하는 금액을 소득세 또는 법인세로 납부하여야 한다. (2021. 3. 16. 개정)

③ (삭제, 2018. 12. 24.)

④ 제1항을 적용받으려는 내국인은 대통령령으로 정하는 바에 따라 세액공제신청을 하여야 한다. (2018. 12. 24. 개정)

⑤ 제1항에 따라 소득세 또는 법인세를 공제받은 내국인이 2020년 12월 31일이 속하는 과세연도의 전체 상시근로자의 수 또는 청년등상시근로자의 수가 최초로 공제받은 과세연도에 비하여 감소한 경우에는 최초로 공제받은 과세연도의 종료일부터 3년이 되는 날이 속하는 과세연도의 종료일까지의 기간에 대하여 제2항을 적용한다. 다만, 2020년 12월 31일이 속하는 과세연도에 대해서는 제2항 후

단을 적용하지 아니한다. (2021. 3. 16. 신설)

⑥ 제5항을 적용받은 내국인이 2021년 12월 31일이 속하는 과세연도의 전체 상시근로자의 수 또는 청년등상시근로자의 수가 최초로 공제받은 과세연도에 비하여 감소하지 아니한 경우에는 제1항 각 호에 따른 금액을 더한 금액을 2021년 12월 31일이 속하는 과세연도부터 최초로 공제받은 과세연도의 종료일부터 2년(중소기업 및 중견기업의 경우에는 3년)이 되는 날이 속하는 과세연도까지 소득세(사업소득에 대한 소득세만 해당한다) 또는 법인세에서 공제한다. (2021. 3. 16. 신설)

⑦ 제6항을 적용받은 내국인이 2022년 12월 31일이 속하는 과세연도의 전체 상시근로자의 수 또는 청년등상시근로자의 수가 최초로 공제받은 과세연도에 비하여 감소한 경우에는 최초로 공제받은 과세연도의 종료일부터 3년이 되는 날이 속하는 과세연도의 종료일까지 제2항을 적용한다. (2021. 3. 16. 신설)

⑧ 제1항, 제2항 및 제5항부터 제7항까지의 규정을 적용할 때 청년등상시근로자 및 전체 상시근로자 수의 계산방법과 그 밖에 필요한 사항은 대통령령으로 정한다. (2021. 3. 16. 개정)

영 제26조의 7 【고용을 증대시킨 기업에 대한 세액공제】

① 법 제29조의 7 제1항 각 호 외의 부분에서 "소비성서비스업 등 대통령령으로 정하는 업종"이란 제29조 제3항에 따른 소비성서비스업을 말한다. (2018. 2. 13. 신설)

② 법 제29조의 7 제1항 각 호 외의 부분에서 "대통령령으로 정하는 상시근로자"란 제23조 제10항에 따른 상시근로자(이하 이 조에서 "상시근로자"라 한다)를 말한다. (2018. 2. 13. 신설)

③ 법 제29조의 7 제1항 제1호에서 "청년 정규직 근로자, 장애인 근로자, 60세 이상인 근로자 등 대통령령으로 정하는 상시근로자"란 상시근로자 중 다음 각 호의 어느 하나에 해당하는 사람(이하 이 조에서 "청년등 상시근로자"라 한다)을 말한다. (2022. 2. 15. 개정)

1. 15세 이상 29세 이하인 사람 중 다음 각 목의 어느 하나에 해당하는 사람을 제외한 사람. 다만, 해당 근로자가 제27조 제1항 제1호 각 목의 어느 하나에 해당하는 병역을 이행한 경우에는 그 기간(6년을 한도로 한다)을 현재 연령에서 빼고 계산한 연령이 29세 이하인 사람을 포함한다. (2018. 2. 13. 신설)

    가. 「기간제 및 단시간근로자 보호 등에 관한 법률」에 따른 기간제근로자 및 단시간근로자 (2018. 2. 13. 신설)

    나. 「파견근로자보호 등에 관한 법률」에 따른 파견근로자 (2018. 2. 13. 신설)

    다. 「청소년 보호법」 제2조 제5호 각 목에 따른 업소에 근무하는 같은 조 제1호에 따른 청소년 (2018. 2. 13. 신설)

2. 「장애인복지법」의 적용을 받는 장애인, 「국가유공자 등 예우 및 지원에 관한 법률」에 따른 상이자, 「5·18민주유공자예우 및 단체설립에 관한 법률」 제4조 제2호에 따른 5·18민주화운동부상자와 「고엽제후유의증 등 환자지원 및 단체설립에 관한 법률」 제2조 제3호에 따른 고엽제후유의증환자로서 장애등급 판정을 받은 사람 (2021. 4. 6. 개정 ; 5·18민주유공자예우에 관한 법률 시행령 부칙)

3. 근로계약 체결일 현재 연령이 60세 이상인 사람 (2021. 2. 17. 신설)

④ (삭제, 2021. 2. 17.)
⑤ 법 제29조의 7 제2항에 따라 납부하여야 할 소득세액 또는 법인세액은 다음 각 호의 구분에 따라 계산한 금액으로 하며, 이를 해당 과세연도의 과세표준을 신고할 때 소득세 또는 법인세로 납부하여야 한다. (2020. 2. 11. 개정)
1. 법 제29조의 7 제1항에 따라 최초로 공제받은 과세연도의 종료일부터 1년이 되는 날이 속하는 과세연도의 종료일까지의 기간 중 최초로 공제받은 과세연도보다 상시근로자 수 또는 청년등 상시근로자 수가 감소하는 경우: 다음 각 목의 구분에 따라 계산한 금액(해당 과세연도의 직전 1년 이내의 과세연도에 법 제29조의 7 제1항에 따라 공제받은 세액을 한도로 한다) (2020. 2. 11. 개정)
   가. 상시근로자 수가 감소하는 경우: 다음의 구분에 따라 계산한 금액 (2020. 2. 11. 개정)
      1) 청년등 상시근로자의 감소한 인원 수가 상시근로자의 감소한 인원 수 이상인 경우: 다음의 계산식에 따라 계산한 금액 (2020. 2. 11. 개정)
      [최초로 공제받은 과세연도 대비 청년등 상시근로자의 감소한 인원 수(최초로 공제받은 과세연도에 청년등 상시근로자의 증가한 인원 수를 한도로 한다) - 상시근로자의 감소한 인원 수] × (법 제29조의 7 제1항 제1호의 금액 - 같은 항 제2호의 금액) + (상시근로자의 감소한 인원 수 × 법 제29조의 7 제1항 제1호의 금액)
      2) 그 밖의 경우: 다음의 계산식에 따라 계산한 금액 (2020. 2. 11. 개정)
      [최초로 공제받은 과세연도 대비 청년등 상시근로자의 감소한 인원 수(상시근로자의 감소한 인원 수를 한도로 한다) × 법 제29조의 7 제1항 제1호의 금액] + [최초로 공제받은 과세연도 대비 청년등 상시근로자 외 상시근로자의 감소한 인원 수(상시근로자의 감소한 인원 수를 한도로 한다) × 법 제29조의 7 제1항 제2호의 금액]
   나. 상시근로자 수는 감소하지 않으면서 청년등 상시근로자 수가 감소한 경우: 다음의 계산식에 따라 계산한 금액 (2020. 2. 11. 개정)
   최초로 공제받은 과세연도 대비 청년등 상시근로자의 감소한 인원 수(최초로 공제받은 과세연도에 청년등 상시근로자의 증가한 인원 수를 한도로 한다) × (법 제29조의 7 제1항 제1호의 금액 - 같은 항 제2호의 금액)
2. 제1호에 따른 기간의 다음 날부터 법 제29조의 7 제1항에 따라 최초로 공제받은 과세연도의 종료일부터 2년이 되는 날이 속하는 과세연도의 종료일까지의 기간 중 최초로 공제받은 과세연도보다 상시근로자 수 또는 청년등 상시근로자 수가 감소하는 경우: 다음 각 목의 구분에 따라 계산한 금액(제1호에 따라 계산한 금액이 있는 경우 그 금액을 제외하며, 해당 과세연도의 직전 2년 이내의 과세연도에 법 제29조의 7 제1항에 따라 공제받은 세액의 합계액을 한도로 한다) (2020. 2. 11. 개정)
   가. 상시근로자 수가 감소하는 경우: 다음의 구분에 따라 계산한 금액 (2020. 2. 11. 개정)
      1) 청년등 상시근로자의 감소한 인원 수가 상시근로자의 감소한 인원 수 이상인 경우: 다음의 계산식에 따라 계산한 금액 (2020. 2. 11. 개정)
      [최초로 공제받은 과세연도 대비 청년등 상시근로자의 감소한 인원 수(최초로 공제받은 과

세연도에 청년등 상시근로자의 증가한 인원 수를 한도로 한다) - 상시근로자의 감소한 인원 수] × (법 제29조의 7 제1항 제1호의 금액 - 같은 항 제2호의 금액) × 직전 2년 이내의 과세연도에 공제받은 횟수 + (상시근로자의 감소한 인원 수 × 법 제29조의 7 제1항 제1호의 금액 × 직전 2년 이내의 과세연도에 공제받은 횟수)

　　2) 그 밖의 경우: 최초로 공제받은 과세연도 대비 청년등 상시근로자 및 청년등 상시근로자 외 상시근로자의 감소한 인원 수(상시근로자의 감소한 인원 수를 한도로 한다)에 대해 직전 2년 이내의 과세연도에 공제받은 세액의 합계액 (2020. 2. 11. 개정)

　나. 상시근로자 수는 감소하지 않으면서 청년등 상시근로자 수가 감소한 경우: 다음의 계산식에 따라 계산한 금액 (2020. 2. 11. 개정)

　　최초로 공제받은 과세연도 대비 청년등 상시근로자의 감소한 인원 수(최초로 공제받은 과세연도에 청년등 상시근로자의 증가한 인원 수를 한도로 한다) × (법 제29조의 7 제1항 제1호의 금액 - 같은 항 제2호의 금액) × 직전 2년 이내의 과세연도에 공제받은 횟수

⑥ 제5항을 적용할 때 최초로 공제받은 과세연도에 제3항 제1호에 따른 청년등 상시근로자에 해당한 자는 이후 과세연도에도 청년등 상시근로자로 보아 청년등 상시근로자 수를 계산한다. (2020. 2. 11. 개정)

⑦ 법 제29조의 7 제1항 및 제2항을 적용할 때 상시근로자 수, 청년등 상시근로자 수는 다음 각 호의 구분에 따른 계산식에 따라 계산한 수(100분의 1 미만의 부분은 없는 것으로 한다)로 한다. (2019. 2. 12. 개정)

1. 상시근로자 수: (2018. 2. 13. 신설)

$$\frac{해당\ 과세연도의\ 매월\ 말\ 현재\ 상시근로자\ 수의\ 합}{해당\ 과세연도의\ 개월\ 수}$$

2. 청년등 상시근로자 수: (2018. 2. 13. 신설)

$$\frac{해당\ 과세연도의\ 매월\ 말\ 현재\ 청년등\ 상시근로자\ 수의\ 합}{해당\ 과세연도의\ 개월\ 수}$$

⑧ 제7항에 따른 상시근로자 수의 계산에 관하여는 제23조 제11항 각 호 외의 부분 후단 및 같은 항 제2호를 준용한다. (2018. 2. 13. 신설)

⑨ 제7항을 적용할 때 해당 과세연도에 창업 등을 한 내국인의 경우에는 제23조 제13항을 준용한다. (2018. 2. 13. 신설)

⑩ 법 제29조의 7 제1항에 따라 세액공제를 받으려는 자는 과세표준 신고와 함께 기획재정부령으로 정하는 세액공제신청서 및 공제세액계산서를 납세지 관할 세무서장에게 제출하여야 한다. (2019. 2. 12. 개정)

□ 개정연혁

[2020년] 고용증대세제 공제액 명확화 및 사후관리 기준 보완 등
가. 개정취지: 고용증대세제의 합리적 운용
나. 개정내용

종전	개정
■ 고용증대세제 ○ (공제액) 전년보다 고용증가시 1인당 연간 일정금액 공제 | 구 분 | 중소기업 수도권 | 중소기업 지방 | 중견기업 | 대기업 | |---|---|---|---|---| | 청년* 상시 | 1,100 | 1,200 | 800 | 400 | | 청년 외 상시 | 700 | 770 | 450 | - | ○ (공제기간) 대기업 2년, 중소·중견 3년 ○ (사후관리) 공제받은 과세연도부터 2년간 공제받은 직전 과세연도에 비해 청년 및 전체 상시근로자 수 감소시 추가공제* 미적용 및 공제받은 세액 추징 * 고용이 증가한 과세연도 다음 해 및 다다음해 공제분 ○ (추징세액) 공제받은 과세연도 대비 청년등 상시근로자, 상시근로자 감소인원 × 공제액 - 직전연도에 이미 추징세액이 있었던 경우 해당금액 차감 ※ 청년고용증대세제 추징세액규정 준용 ○ (추징세액 계산시 청년의 기준) 공제 받은 과세연도 종료일 현재 청년인 경우 이후 과세연도에도 청년으로 간주 ○ (적용기한) 2021.12.31.	■ 세액공제 금액 명확화 및 사후관리 기준 변경 ○ 각 공제금액(청년/청년 외)은 전체 상시근로자 수 증가분을 한도로 함을 명시 ○ (좌 동) ○ 상시근로자 수 감소 기준연도 변경 : 공제받은 직전 과세연도 → 공제받은 과세연도 ○ 추징세액 계산방법 보완 ① 1년 이내 감소하는 경우 ⅰ) 상시근로자 감소시 - 청년등 감소인원이 상시근로자 감소인원 초과시 : 그 초과인원 × 청년등 및 그 외의 공제액 차이 + 상시근로자 감소인원 × 청년등 공제액 - 그 밖의 경우 : 청년등/그 외 상시근로자 감소인원 × 해당 공제액 ⅱ) 상시근로자 유지·증가시* : 그 초과인원 × 청년등 및 그 외의 공제액 차이 * 청년등 감소인원 ≥ 상시근로자 증가인원 ② 1~2년 기간 중 감소하는 경우 - ①과 같은 방법으로 추징하되, 2년간 공제받은 금액 추징 - ①에 따른 旣추징세액은 차감 ○ 최초로 공제받은 과세연도에 청년인 경우 이후 과세연도에도 청년으로 간주 ○ (좌 동)

다. 적용시기 및 적용례

(사후관리) 2020.1.1. 이후 과세표준을 신고하는 분부터 적용

(추징세액) 2020.2.11. 이후 과세표준을 신고하는 분부터 적용

[2021년] 고용증대세제 한시적 개편

가. 개정취지: 코로나19로 인한 고용위기 극복 지원

나. 개정내용

종전	개정
▨ 고용증대기업에 대한 세액공제 ○ (공제금액) 전년대비 상시 근로자 수 증가시 1인당 연간 400~1,200만원 세액공제 	구 분	중소기업 수도권	중소기업 지방	중견기업	대기업
---	---	---	---	---
청년, 장애인, 60세이상, 국가유공자 등	1,110 만원	1,200 만원	800 만원	400 만원
기타 상시근로자	700 만원	770 만원	450 만원	- | ○ (공제기간) 대기업 2년, 중소·중견기업 3년 ○ (사후관리) 최초 공제받은 과세연도 대비 2년 이내 상시근로자수가 감소한 경우, - ❶감소인원분에 대한 세액공제액 납부 + ❷감소한 과세연도부터 공제 미적용 〈신 설〉	▨ 2020년 고용감소분에 대한 사후관리 적용 1년 유예 ○ (좌 동) ○ (좌 동) ○ (좌 동) - 2020년 고용이 감소한 경우 사후관리를 2020년은 적용하지 않고 1년 유예

다. 적용시기 및 적용례: 2021.1.1. 이후 과세표준을 신고하는 분부터 적용

[2021년] 고령자에 대한 고용증대세제 세액공제액 인상

가. 개정취지: 고령자 고용 지원

나. 개정내용

종전	개정
■ 고용증대기업에 대한 세액공제 ○ (적용요건) 직전 과세연도 대비 상시근로자 수가 증가 ○ (1인당 연간 세액공제액) - 청년, 장애인, 국가유공자 등 상시근로자에 대해 우대공제 	구 분	중소기업 수도권	중소기업 지방	중견기업	대기업
---	---	---	---	---
청년, 장애인, 국가유공자 등	1,110 만원	1,200 만원	800 만원	400 만원
기타 상시근로자	700 만원	770 만원	450 만원	- | ○ (공제기간) 대기업 2년, 중소기업·중견기업 3년 ○ (적용기한) 2021.12.31.	■ 고령자 고용 증가에 대한 공제금액 인상 ○ (좌 동) - 우대공제 대상에 고령자(60세 이상) 추가* * 1인당 세액공제액 350~430만 원 인상효과 발생 ○ (좌 동) ○ (좌 동)

다. 적용시기 및 적용례: 2021.1.1. 이후 개시하는 과세연도부터 적용

[2022년] 고용증대 세액공제 공제금액 한시 상향 및 적용기한 연장

가. 개정취지: 취업 취약계층 등 민간 일자리 창출 지원

나. 개정내용

종전	개정
■ 고용증대 세액공제 ○ (대상) 모든 기업(소비성 서비스업 제외) ○ (요건) 상시근로자 수 증가 ○ (공제금액) 상시근로자 증가인원 × 1인당 공제금액 	구 분	중소기업 수도권	중소기업 지방	중견	대
---	---	---	---	---
청년, 장애인, 등	1,110	1,200	800	400
기타	700	770	450	- | ○ (공제기간) 중소·중견 3년, 대기업 2년 ○ (사후관리) 공제기간 동안 상시근로자 감소 시 잔여기간 공제 배제 및 공제세액 추징 ○ (적용기한) 2021.12.31.	■ 수도권 외 지역 취약계층 공제금액 한시 상향 및 적용기한 3년 연장 (좌 동) ○ 2022년까지 청년·장애인·60세 이상 공제금액 100만 원 한시 상향 | 구분	중소 수도권	중소 지방	중견 수도권	중견 지방	대 수도권	대 지방
---	---	---	---	---	---	---
청년, 장애인, 등	1,100	1,300*	800	900*	400	500*
기타	700	770	450	450	-	-	 * 2021~2022년 고용증가분에 한시 적용 (좌 동) ○ 2024.12.31.

다. 적용시기 및 적용례: 2021.12.31.이 속하는 과세연도의 상시근로자 증가 분부터 적용

□ **해석사례**

▷ **사업의 포괄양수도 방법으로 법인전환하는 경우 고용증대세액공제 적용을 위한 상시근로자수 계산방법**
　사전법규소득2022-1052(2023.10.12)
사업의 포괄양수도 방법으로 법인전환하는 경우 고용증대세액공제 적용을 위한 상시근로자수 계산은 조특령§23⑬(3)가 적용되는 것임

＊조특령§23⑬(3)
다음 어느 하나에 해당하는 경우의 직전 또는 해당 과세연도의 상시근로자 수: 직전 과세연도의 상시근로자 수는 승계시킨 기업의 경우에는 직전 과세연도 상시근로자 수에 승계시킨 상시근로자 수를 뺀 수로 하고, 승계한 기업의 경우에는 직전 과세연도 상시근로자 수에 승계한 상시근로자 수를 더한 수로 하며, 해당 과세연도의 상시근로자 수는 해당 과세연도 개시일에 상시근로자를 승계시키거나 승계한 것으로 보아 계산한 상시근로자 수로 한다.
　가. 해당 과세연도에 합병·분할·현물출자 또는 사업의 양수 등에 의하여 종전의 사업부문에서 종사하던 상시근로자를 승계하는 경우
　나. 제11조제1항에 따른 특수관계인으로부터 상시근로자를 승계하는 경우

▷ **사업의 포괄양수도로 법인전환 후 상시근로자 수가 감소하는 경우 추가납부세액 계산방법**
　사전법규법인2022-1190(2023.09.25)
사업의 포괄양수도로 법인전환 후 상시근로자 수가 감소하는 경우 감소한 인원수에 대해 개인사업자가 공제받은 세액과 법인이 공제받은 세액의 합계액을 법인세로 납부

▷ **청년등 상시근로자수는 감소하였으나 전체 상시근로자 수는 유지되는 경우 고용증대세액공제의 추가공제 적용방법**
　기획재정부조세특례-215(2023.03.06)
청년 증가인원에 대해 조세특례제한법§29의7①(1)에 따른 세액공제를 적용받은 후 다음 과세연도에 청년 등은 감소(최초 과세연도에는 29세 이하였으나, 이후 과세연도에 30세 이상이 되어 청년 수가 감소하는 경우를 포함)하였으나 전체 상시근로자의 수는 유지되는 경우, 잔여 공제연도에 대해서는 조세특례제한법§29의7①(2)의 공제액을 적용하여 공제가 가능함

▷ **고용증대세액공제 적용시 월 중 신규 입사자의 매월 말 상시근로자 수 포함여부**
　사전법령해석소득2021-341(2021.06.30)
내국인 신규근로자가 입사한 월의 월 근로소득에 대한 원천징수한 사실이 확인되지 아니하는 경우, 입

사한 월에 대한 「국민연금법」제3조제1항제11호 및 제12호 따른 부담금 및 기여금 또는 「국민건강보험법」제69조에 따른 직장가입자의 보험료 중 하나의 납부사실이 확인되는 경우에는 입사한 월말 현재 상시근로자 수에 포함하는 것임

▷ **기업유형이 변경된 경우의 고용증대세액공제 적용 방법**
  사전법령해석법인2020-1010(2020.11.27)
중소기업이 고용증대세액공제를 적용받은 후 다음 과세연도 이후에 중소기업에 해당하지 않더라도 공제세액 추징사유에 해당하지 않는 경우 2년간 동일한 금액을 공제받을 수 있음

20. 고용지원 - 통합고용세액공제

법 제29조의 8 【통합고용세액공제】

① 내국인(소비성서비스업 등 대통령령으로 정하는 업종을 경영하는 내국인은 제외한다. 이하 이 조에서 같다)의 2025년 12월 31일이 속하는 과세연도까지의 기간 중 해당 과세연도의 대통령령으로 정하는 상시근로자(이하 이 조에서 "상시근로자"라 한다)의 수가 직전 과세연도의 상시근로자의 수보다 증가한 경우에는 다음 각 호에 따른 금액을 더한 금액을 해당 과세연도와 해당 과세연도의 종료일부터 1년(중소기업 및 중견기업의 경우에는 2년)이 되는 날이 속하는 과세연도까지의 소득세(사업소득에 대한 소득세만 해당한다) 또는 법인세에서 공제한다.

1. 청년 정규직 근로자, 장애인 근로자, 60세 이상인 근로자 또는 경력단절 여성 등 대통령령으로 정하는 상시근로자(이하 이 조에서 "청년등상시근로자"라 한다)의 증가 인원 수(전체 상시근로자의 증가 인원 수를 한도로 한다)에 400만원[중견기업의 경우에는 800만원, 중소기업의 경우에는 1,450만원(중소기업으로서 수도권 밖의 지역에서 증가한 경우에는 1,550만원)]을 곱한 금액

2. 청년등상시근로자를 제외한 상시근로자의 증가 인원 수(전체 상시근로자의 증가 인원 수를 한도로 한다) × 0원(중견기업의 경우에는 450만원, 중소기업의 경우에는 다음 각 목에 따른 금액)
   가. 수도권 내의 지역에서 증가한 경우: 850만원
   나. 수도권 밖의 지역에서 증가한 경우: 950만원

② 제1항에 따라 소득세 또는 법인세를 공제받은 내국인이 최초로 공제를 받은 과세연도의 종료일부터 2년이 되는 날이 속하는 과세연도의 종료일까지의 기간 중 전체 상시근로자의 수가 최초로 공제를 받은 과세연도에 비하여 감소한 경우에는 감소한 과세연도부터 제1항을 적용하지 아니하고, 청년등상시근로자의 수가 최초로 공제를 받은 과세연도에 비하여 감소한 경우에는 감소한 과세연도부터 제1항제1호를 적용하지 아니한다. 이 경우 대통령령으로 정하는 바에 따라 공제받은 세액에 상당하는 금액(제1항에 따른 공제금액 중 제144조에 따라 공제받지 못하고 이월된 금액이 있는 경우에는 그 금액을 차감한 후의 금액을 말한다)을 소득세 또는 법인세로 납부하여야 한다.

③ 중소기업 또는 중견기업이 2023년 6월 30일 당시 고용하고 있는 「기간제 및 단시간근로자 보호 등에 관한 법률」에 따른 기간제근로자 및 단시간근로자(이하 이 조에서 "기간제근로자 및 단시간근로자"라 한다), 「파견근로자 보호 등에 관한 법률」에 따른 파견근로자, 「하도급거래 공정화에 관한 법률」에 따른 수급사업자에게 고용된 기간제근로자 및 단시간근로자를 2024년 1월 1일부터 2024년 12월 31일까지 기간의 정함이 없는 근로계약을 체결한 근로자로 전환하거나 「파견근로자 보호 등에 관한 법률」에 따라 사용사업주가 직접 고용하거나 「하도급거래 공정화에 관한 법률」 제2조제2항제2호에 따른 원사업자가 기간의 정함이 없는 근로계약을 체결하여 직접 고용하는 경우(이하 이 조에서 "정규직 근로자로의 전환"이라 한다)에는 정규직 근로자로의 전환에 해당하는 인원[해당 기업의 최대주주 또는 최대출자자(개인사업자의 경우에는 대표자를 말한다)나 그와 대통령령으로 정하는 특수관계에 있는 사람은 제외한다]에 1,300만원(중견기업의 경우에는 900만원)을 곱한 금액을

해당 과세연도의 소득세(사업소득에 대한 소득세만 해당한다) 또는 법인세에서 공제한다. 다만, 해당 과세연도에 해당 중소기업 또는 중견기업의 상시근로자 수가 직전 과세연도의 상시근로자 수보다 감소한 경우에는 공제하지 아니한다. 〈개정 2023. 12. 31.〉

④ 중소기업 또는 중견기업이 다음 각 호의 요건을 모두 충족하는 사람(이하 이 조에서 "육아휴직 복귀자"라 한다)을 2025년 12월 31일까지 복직시키는 경우에는 육아휴직 복귀자 인원에 1,300만원(중견기업의 경우에는 900만원)을 곱한 금액을 복직한 날이 속하는 과세연도의 소득세(사업소득에 대한 소득세만 해당한다) 또는 법인세에서 공제한다. 다만, 해당 과세연도에 해당 중소기업 또는 중견기업의 상시근로자 수가 직전 과세연도의 상시근로자 수보다 감소한 경우에는 공제하지 아니한다.

1. 해당 기업에서 1년 이상 근무하였을 것(대통령령으로 정하는 바에 따라 해당 기업이 육아휴직 복귀자의 근로소득세를 원천징수하였던 사실이 확인되는 경우로 한정한다)
2. 「남녀고용평등과 일·가정 양립 지원에 관한 법률」 제19조제1항에 따라 육아휴직한 경우로서 육아휴직 기간이 연속하여 6개월 이상일 것
3. 해당 기업의 최대주주 또는 최대출자자(개인사업자의 경우에는 대표자를 말한다)나 그와 대통령령으로 정하는 특수관계에 있는 사람이 아닐 것

⑤ 제4항은 육아휴직 복귀자의 자녀 1명당 한 차례에 한정하여 적용한다.

⑥ 제3항 또는 제4항에 따라 소득세 또는 법인세를 공제받은 자가 각각 정규직 근로자로의 전환일 또는 육아휴직 복직일부터 2년이 지나기 전에 해당 근로자와의 근로관계를 종료하는 경우에는 근로관계가 종료한 날이 속하는 과세연도의 과세표준신고를 할 때 공제받은 세액에 상당하는 금액(제3항 또는 제4항에 따른 공제금액 중 제144조에 따라 공제받지 못하고 이월된 금액이 있는 경우에는 그 금액을 차감한 후의 금액을 말한다)을 소득세 또는 법인세로 납부하여야 한다.

⑦ 제1항, 제3항 또는 제4항을 적용받으려는 내국인은 대통령령으로 정하는 바에 따라 세액공제신청을 하여야 한다.

⑧ 제1항부터 제4항까지의 규정을 적용할 때 청년등상시근로자 및 전체 상시근로자 수의 계산 방법과 그 밖에 필요한 사항은 대통령령으로 정한다.

[본조신설 2022. 12. 31.]

영 제26조의 8 【통합고용세액공제】

① 법 제29조의 8 제1항 각 호 외의 부분에서 "소비성서비스업 등 대통령령으로 정하는 업종"이란 제29조 제3항에 따른 소비성서비스업을 말한다. (2023. 2. 28. 신설)

② 법 제29조의 8 제1항 각 호 외의 부분에서 "대통령령으로 정하는 상시근로자"란 제23조 제10항에 따른 상시근로자(이하 이 조에서 "상시근로자"라 한다)를 말한다. (2023. 2. 28. 신설)

③ 법 제29조의 8 제1항 제1호에서 "청년 정규직 근로자, 장애인 근로자, 60세 이상인 근로자 또는 경력단절 여성 등 대통령령으로 정하는 상시근로자"란 상시근로자 중 다음 각 호의 어느 하나에 해당하는 사람(이하 이 조에서 "청년등상시근로자"라 한다)을 말한다. (2023. 2. 28. 신설)

1. 15세 이상 34세(제27조 제1항 제1호 각 목의 어느 하나에 해당하는 병역을 이행한 사람의 경우에는 6년을 한도로 병역을 이행한 기간을 현재 연령에서 빼고 계산한 연령을 말한다) 이하인 사람 중 다음 각 목에 해당하는 사람을 제외한 사람 (2023. 2. 28. 신설)

    가. 「기간제 및 단시간근로자 보호 등에 관한 법률」에 따른 기간제근로자 및 단시간근로자 (2023. 2. 28. 신설)

    나. 「파견근로자 보호 등에 관한 법률」에 따른 파견근로자 (2023. 2. 28. 신설)

    다. 「청소년 보호법」에 따른 청소년유해업소에 근무하는 같은 법에 따른 청소년 (2023. 2. 28. 신설)

2. 「장애인복지법」의 적용을 받는 장애인, 「국가유공자 등 예우 및 지원에 관한 법률」에 따른 상이자, 「5·18민주유공자예우 및 단체설립에 관한 법률」 제4조 제2호에 따른 5·18민주화운동부상자와 「고엽제후유의증 등 환자지원 및 단체설립에 관한 법률」에 따른 고엽제후유의증환자로서 장애등급 판정을 받은 사람 (2023. 2. 28. 신설)

3. 근로계약 체결일 현재 연령이 60세 이상인 사람 (2023. 2. 28. 신설)

4. 법 제29조의 3 제1항에 따른 경력단절 여성 (2023. 2. 28. 신설)

④ 법 제29조의 8 제2항 후단에 따라 납부해야 할 소득세액 또는 법인세액은 다음 각 호의 구분에 따라 계산한 금액으로 하며, 이를 해당 과세연도의 과세표준을 신고할 때 소득세 또는 법인세로 납부해야 한다. (2023. 2. 28. 신설)

1. 법 제29조의 8 제1항에 따라 최초로 공제받은 과세연도의 종료일부터 1년이 되는 날이 속하는 과세연도의 종료일까지의 기간 중 최초로 공제받은 과세연도보다 전체 상시근로자 수 또는 청년등상시근로자 수가 감소하는 경우: 다음 각 목의 구분에 따라 계산한 금액(해당 과세연도의 직전 1년 이내의 과세연도에 법 제29조의 8 제1항에 따라 공제받은 세액을 한도로 한다) (2023. 2. 28. 신설)

    가. 전체 상시근로자 수가 감소하는 경우: 다음의 구분에 따라 계산한 금액 (2023. 2. 28. 신설)

    1) 청년등상시근로자의 감소 인원 수가 전체 상시근로자의 감소 인원 수 이상인 경우: 다음 계산식에 따라 계산한 금액 (2023. 2. 28. 신설)

    [최초로 공제받은 과세연도 대비 청년등상시근로자의 감소 인원 수(최초로 공제받은 과세연도의 청년등상시근로자의 증가 인원 수를 한도로 한다) - 전체 상시근로자의 감소 인원 수] × (법 제29조의 8 제1항 제1호의 금액 - 같은 항 제2호의 금액) + (전체 상시근로자의 감소 인원 수 × 법 제29조의 8 제1항 제1호의 금액

    2) 그 밖의 경우: 다음 계산식에 따라 계산한 금액 (2023. 2. 28. 신설)

    [최초로 공제받은 과세연도 대비 청년등상시근로자의 감소 인원 수(전체 상시근로자의 감소 인원 수를 한도로 한다) × 법 제29조의 8 제1항 제1호의 금액] + [최초로 공제받은 과세연도 대비 청년등상시근로자를 제외한 상시근로자의 감소 인원 수(전체 상시근로자의 감소 인원 수를 한도로 한다) × 법 제29조의 8 제1항 제2호의 금액]

    나. 전체 상시근로자 수는 감소하지 않으면서 청년등상시근로자 수가 감소한 경우: 다음 계산식에 따라 계산한 금액 (2023. 2. 28. 신설)

최초로 공제받은 과세연도 대비 청년등상시근로자의 감소 인원 수(최초로 공제받은 과세연도의 청년등상시근로자의 증가 인원 수를 한도로 한다) × (법 제29조의 8 제1항 제1호의 금액 - 같은 항 제2호의 금액)

2. 제1호에 따른 기간의 다음 날부터 법 제29조의 8 제1항에 따라 최초로 공제받은 과세연도의 종료일부터 2년이 되는 날이 속하는 과세연도의 종료일까지의 기간 중 최초로 공제받은 과세연도보다 전체 상시근로자 수 또는 청년등상시근로자 수가 감소하는 경우: 다음 각 목의 구분에 따라 계산한 금액(제1호에 따라 계산한 금액이 있는 경우 그 금액을 제외하며, 해당 과세연도의 직전 2년 이내의 과세연도에 법 제29조의 8 제1항에 따라 공제받은 세액의 합계액을 한도로 한다) (2023. 2. 28. 신설)

   가. 전체 상시근로자 수가 감소하는 경우: 다음의 구분에 따라 계산한 금액 (2023. 2. 28. 신설)

      1) 청년등상시근로자의 감소 인원 수가 전체 상시근로자의 감소 인원 수 이상인 경우: 다음 계산식에 따라 계산한 금액 (2023. 2. 28. 신설)

      [최초로 공제받은 과세연도 대비 청년등상시근로자의 감소 인원 수(최초로 공제받은 과세연도의 청년등상시근로자의 증가 인원 수를 한도로 한다) - 전체 상시근로자의 감소 인원 수] × (법 제29조의 8 제1항 제1호의 금액 - 같은 항 제2호의 금액) × 직전 2년 이내의 과세연도에 공제받은 횟수 + (전체 상시근로자의 감소 인원 수 × 법 제29조의 8 제1항 제1호의 금액 × 직전 2년 이내의 과세연도에 공제받은 횟수)

      2) 그 밖의 경우: 최초로 공제받은 과세연도 대비 청년등상시근로자 및 청년등상시근로자를 제외한 상시근로자의 감소 인원 수(전체 상시근로자의 감소 인원 수를 한도로 한다)에 대해 직전 2년 이내의 과세연도에 공제받은 세액의 합계액 (2023. 2. 28. 신설)

   나. 전체 상시근로자 수는 감소하지 않으면서 청년등상시근로자 수가 감소한 경우: 다음 계산식에 따라 계산한 금액 (2023. 2. 28. 신설)

   최초로 공제받은 과세연도 대비 청년등상시근로자의 감소 인원 수(최초로 공제받은 과세연도의 청년등상시근로자의 증가 인원 수를 한도로 한다) × (법 제29조의 8 제1항 제1호의 금액 - 같은 항 제2호의 금액) × 직전 2년 이내의 과세연도에 공제받은 횟수

⑤ 제4항을 적용할 때 최초로 공제받은 과세연도에 제3항 제1호에 따른 청년등상시근로자에 해당한 자는 최초로 공제받은 과세연도 이후의 과세연도에도 청년등상시근로자로 보아 청년등상시근로자 수를 계산한다. (2023. 2. 28. 신설)

⑥ 법 제29조의 8 제1항부터 제4항까지의 규정을 적용할 때 상시근로자 수 및 청년등상시근로자 수는 다음 각 호의 구분에 따른 계산식에 따라 계산한 수(100분의 1 미만의 부분은 없는 것으로 한다)로 한다. (2023. 2. 28. 신설)

1. 상시근로자 수: (2023. 2. 28. 신설)

$$\frac{\text{해당 과세연도의 매월 말 현재 상시근로자 수의 합}}{\text{해당 과세연도의 개월 수}}$$

2. 청년등상시근로자 수: (2023. 2. 28. 신설)

$$\frac{\text{해당 과세연도의 매월 말 현재 청년등상시근로자 수의 합}}{\text{해당 과세연도의 개월 수}}$$

⑦ 제6항에 따른 상시근로자 수와 청년등상시근로자 수의 계산에 관하여는 제23조 제11항 후단을 준용하며, 법 제29조의 8 제3항 및 제4항을 적용할 때 「근로기준법」 제74조에 따른 출산전후휴가를 사용 중인 상시근로자를 대체하는 상시근로자가 있는 경우 해당 출산전후휴가를 사용 중인 상시근로자는 제6항에 따른 상시근로자 수와 청년등상시근로자 수에서 제외한다. (2024. 2. 29. 개정)

⑧ 제6항을 적용할 때 해당 과세연도에 창업 등을 한 내국인의 경우에는 제23조 제13항을 준용한다. 이 경우 "상시근로자 수"는 "상시근로자 수 또는 청년등상시근로자 수"로 본다. (2023. 2. 28. 신설)

⑨ 법 제29조의 8 제3항 본문 및 같은 조 제4항 제3호에서 "대통령령으로 정하는 특수관계"란 각각 「국세기본법 시행령」 제1조의 2 제1항에 따른 친족관계를 말한다. (2023. 2. 28. 신설)

⑩ 법 제29조의 8 제4항 제1호에 따라 기업의 육아휴직 복귀자에 대한 근로소득세 원천징수의 사실 여부는 「소득세법 시행령」 제196조 제1항에 따른 근로소득원천징수부를 통하여 확인한다. (2023. 2. 28. 신설)

⑪ 법 제29조의 8 제1항, 제3항 및 제4항에 따라 세액공제를 받으려는 자는 과세표준신고를 할 때 기획재정부령으로 정하는 세액공제신청서 및 공제세액계산서를 납세지 관할 세무서장에게 제출해야 한다. (2023. 2. 28. 신설)

□ **개정연혁**

[2023년] 통합고용세액공제 신설 ① 통합고용세액공제 신설
가. 개정취지: 기업의 고용 확대 지원
나. 개정내용

종전	개정
▨ 고용지원 관련 세액공제 제도 ❶ 고용증대 세액공제(§29의7) : 고용증가인원 × 1인당 세액공제액	▨ "통합고용세액공제"로 통합·단순화 ○ (적용대상) 모든 기업* * (제외) 소비성 서비스업 ○ (기본공제) : 고용증가인원 × 1인당 세액 공제액

❶ 고용증대 세액공제(종전)

구 분	공제액 (단위 : 만원)			
	중소(3년 지원)		중견(3년 지원)	대기업(2년 지원)
	수도권	지방		
상시 근로자	700	770	450	-
청년 정규직, 장애인, 60세 이상 등	1,100	1,200	800	400

* 청년 연령범위(시행령) : 15~29세

❷ 사회보험료 세액공제(§30의4) : 고용증가인원 × 사용자분 사회보험료 × 공제율

구 분	중소 (공제율)
상시근로자 (2년 지원)	50%**
청년*, 경력단절여성 (2년 지원)	100%

* 청년 연령범위(시행령) : 15~29세
** 전기통신업, 인쇄물 출판업 등의 서비스업종을 영위하는 기업은 75%

❸ 경력단절여성 세액공제(§29의3①) : 경력단절여성 채용자 인건비 × 공제율

구 분	공제율	
	중소	중견
경력단절여성 (2년 지원)	30%	15%

❹ 정규직 전환 세액공제(§30의2) : 정규직 전환 인원 × 공제액
* 전체 상시근로자 수 미감소 시

구 분	공제액(단위 : 만원)	
	중소	중견
정규직 전환자 (1년 지원)	1,000	700

❺ 육아휴직 복귀자 세액공제(§29의3②) : 육아휴직 복귀자 인건비 × 공제율
* 전체 상시근로자 수 미감소 시

구 분	공제율	
	중소	중견
육아휴직 복귀자(1년 지원)	30%	15%

개정 (기본공제)

구 분	공제액 (단위 : 만원)			
	중소(3년 지원)		중견(3년 지원)	대기업(2년 지원)
	수도권	지방		
상시 근로자	850	950	450	-
청년 정규직, 장애인, 60세 이상, 경력단절여성 등	1,450	1,550	800	400

- 우대공제 대상인 청년 연령범위* 확대, 경력단절여성을 우대공제 대상에 추가
* 청년 연령범위(시행령) : 15~34세
** 일부 서비스업종 우대는 폐지
- 공제 후 2년 이내 상시근로자 수가 감소하는 경우 공제금액 상당액을 추징

○ (추가공제) : 정규직 전환·육아휴직 복귀자 인원 × 공제액
* 전체 상시근로자 수 미감소 시

구 분	공제액 (단위 : 만원)	
	중소	중견
정규직 전환자(1년 지원)	1,300	900
육아휴직 복귀자(1년 지원)		

- 전환일·복귀일로부터 2년 이내 해당 근로자와의 근로관계 종료 시 공제금액 상당액 추징

다. 적용시기 및 적용례: 2023.1.1. 이후 개시하는 과세연도 분부터 적용

[2023년] 통합고용세액공제 신설 ② 통합고용세액공제 제도 세부사항 규정

가. 개정취지: 기업의 고용 확대 지원

나. 개정내용

종전	개정
〈신 설〉 〈신 설〉	■ 적용제외 업종* * 고용증대세액공제 요건과 동일 ○ 「조세특례제한법 시행령」 제29조 제3항에 따른 소비성 서비스업(유흥주점업, 호텔·여관업 등) ■ 상시근로자의 범위* * 고용증대세액공제 요건과 동일 ○ 「근로기준법」에 따라 근로계약을 체결한 내국인 근로자* * 다음의 근로자는 제외 ① 근로계약기간이 1년 미만인 근로자 ② 단시간근로자(1개월간 60시간 이상 근로자는 제외) ③ 임원, 최대주주, 최대출자자 및 그 배우자, 직계존비속 등 ■ 우대공제 대상인 청년등 상시근로자의 범위 ○ 청년(15~34세) 정규직* * 상시근로자 중 기간제 및 단시간근로자, 파견근로자 등 제외 ○ 장애인, 상이자, 5·18민주화운동부상자, 고엽제후유의증환자로서 장애등급 판정을 받은 자 ○ 근로계약 체결일 현재 연령이 60세 이상인 근로자 ○ 「조세특례제한법」 제29조의3제1항에 따른 경력단절 여성 ■ 상시근로자 및 청년등 상시근로자의 수 계산방법* * 고용증대세액공제의 계산방법과 동일 ○ 해당 과세연도 매월 말 상시근로자(청년등 상시근로자) 수의 합 ÷ 해당 과세연도의 개월 수 ■ 기본공제 추징세액 계산방법* * 고용증대세액공제의 추징세액 계산방법과 동일 ① 1년 이내 감소하는 경우 ⅰ) 전체 상시근로자('청년등' + '그 외') 감소시 - 청년등 감소인원(ⓐ) ≥ 전체 상시근로자 감소인원(ⓑ) ('그 외' 증가인원(ⓐ-ⓑ)이 '청년등' 감소인원(ⓐ)에 비해 적어 '전체' 감소(ⓑ) 등) : (ⓐ-ⓑ) × (우대공제액(청년등) - 일반공제액(그 외)) + ⓑ × 우대공제액 - 그 밖의 경우 : 청년등 감소인원×우대공제액+ 그 외 감소인원 × 일반공제액 ⅱ) 전체 상시근로자 유지·증가 & 청년등 감소 : 청년등 감소인원 × (우대공제액 - 일반공제액) ② 1~2년 기간 중 감소하는 경우 - ①과 같은 방법으로 추징, 2년간 공제받은 금액 추징 - ①에 따른 旣추징세액은 차감

중소기업 세액공제·감면 실무

종전	개정
	▨ 세액공제 적용 제외대상* 특수관계인의 범위** * 법률에서 해당 기업의 최대주주 또는 최대출자자(개인사업자의 경우에는 대표자)를 제외 중 ** 기존 정규직전환 및 육아휴직 복귀자 세액공제 범위와 동일 ○ 해당 기업의 최대주주 또는 최대출자자와 「국세기본법」에 따른 친족 관계인 사람 ▨ 원천징수 사실 확인 방법* * 기존 육아휴직 복귀자 세액공제와 동일 ○ 근로소득원천징수부를 통하여 근로소득세를 원천징수한 사실이 확인 되는 경우 ▨ 세액공제 신청방법* * 고용증대세액공제 신청방법과 동일 ○ 과세표준 신고시 세액공제신청서(기획재정부령으로 규정 예정)를 납세지 관할 세무서장에게 제출

다.적용시기 및 적용례: 2023.1.1. 이후 개시하는 과세연도 분부터 적용

[2024년] 정규직 근로자 전환기업 세액공제 적용기한 연장
가.개정취지: 정규직 전환 지원

나.개정내용

종전	개정
▨ 정규직 전환 세액공제 ○ (대상) 중소·중견기업 ○ (요건) ❶과 ❷를 모두 충족 ❶ 2022.6.30. 현재 비정규직 근로자를 2023.12.31.까지 정규직으로 전환 ❷ 전년대비 상시근로자 수 유지 ○ (공제금액) 정규직 전환인원당 중소 1,300만원, 중견 900만원 ○ (사후관리) 정규직 전환 후 2년 내 근로관계 종료 시 공제세액 추징 ○ (적용기한) 2023.12.31.	▨ 적용기한 연장 ○ (좌 동) ○ (요건) ❶과 ❷를 모두 충족 ❶ 2023.6.30. 현재 비정규직 근로자를 2024.12.31.까지 정규직으로 전환 ❷ (좌 동) ○ (좌 동) ○ 2024.12.31.

다.적용시기 및 적용례

□ 해석사례

▷ "해당기업에서 1년 이상 근무"에는 육아휴직 기간도 포함되는 것인지 여부
　사전법규소득2024-223(2024.06.20)
「조세특례제한법」제29조의8제4항제1호에 따른 "해당기업에서 1년 이상 근무" 기간에는 육아휴직에 따라 근로소득세 원천징수 사실이 확인되지 않는 기간은 포함되지 않는 것임

▷ 2022 과세연도에 대해 고용증대세액공제를 적용한 중소기업이 2023년 이후 과세연도에 대한 세액공제 방법
　서면법인2023-1263(2023.06.08)
중소기업이 2022년에 고용증대세액공제를 받은 경우 2024년까지 조세특례제한법§29의7에 따라 고용증대세액공제를 적용하며, 2023년에 2022년보다 상시근로자 수가 증가하는 경우 고용증대세액공제와 통합고용세액공제 중 선택하여 세액공제 적용하는 것임

21. 고용지원 – 정규직 근로자로의 전환에 따른 세액공제

법 제30조의 2 【정규직 근로자로의 전환에 따른 세액공제】

2023. 1. 1. 전에 개시한 과세연도에 정규직 근로자로의 전환을 한 경우에 대한 세액공제에 관하여는 법 30조의 2의 개정규정에도 불구하고 종전의 규정에 따름. (법 부칙(2022. 12. 31.) 33조)

(삭제, 2022. 12. 31.)

① 중소기업 또는 중견기업이 2021년 6월 30일 당시 고용하고 있는 「기간제 및 단시간근로자 보호 등에 관한 법률」에 따른 기간제근로자 및 단시간근로자(이하 이 조에서 "기간제근로자 및 단시간근로자"라 한다), 「파견근로자 보호 등에 관한 법률」에 따른 파견근로자, 「하도급거래 공정화에 관한 법률」에 따른 수급사업자에게 고용된 기간제근로자 및 단시간근로자를 2022년 12월 31일까지 기간의 정함이 없는 근로계약을 체결한 근로자로 전환하거나 「파견근로자보호 등에 관한 법률」에 따라 사용사업주가 직접 고용하거나 「하도급거래 공정화에 관한 법률」 제2조 제2항 제2호에 따른 원사업자가 기간의 정함이 없는 근로계약을 체결하여 직접 고용하는 경우(이하 이 조에서 "정규직 근로자로의 전환"이라 한다)에는 정규직 근로자로의 전환에 해당하는 인원에 1천만원(중견기업의 경우에는 700만원)을 곱한 금액을 해당 과세연도의 소득세(사업소득에 대한 소득세만 해당한다) 또는 법인세에서 공제한다. 다만, 해당 과세연도에 해당 중소기업 또는 중견기업의 대통령령으로 정하는 상시근로자(이하 이 조에서 "상시근로자"라 한다) 수가 직전 과세연도의 상시근로자 수보다 감소한 경우에는 공제하지 아니한다. (2021. 12. 28. 개정)

② 제1항을 적용할 때 대통령령으로 정하는 특수관계인은 정규직 근로자로의 전환에 해당하는 인원에서 제외한다. (2021. 12. 28. 신설)

③ 제1항에 따라 소득세 또는 법인세를 공제받은 자가 정규직 근로자로의 전환을 한 날부터 2년이 지나기 전에 해당 정규직 근로자와의 근로관계를 종료하는 경우에는 근로관계가 종료한 날이 속하는 과세연도의 과세표준신고를 할 때 공제받은 세액에 상당하는 금액을 소득세 또는 법인세로 납부하여야 한다. (2021. 12. 28. 항번개정)

④ 제1항을 적용받으려는 내국인은 해당 과세연도의 과세표준신고와 함께 기획재정부령으로 정하는 세액공제신청서를 제출하여야 한다. (2021. 12. 28. 항번개정)

영 제27조의 2 【정규직 근로자로의 전환에 따른 세액공제】

(삭제, 2023. 2. 28.)

① 법 제30조의 2 제1항 단서에서 "대통령령으로 정하는 상시근로자"란 제23조 제10항에 따른 상시근로자를 말한다. (2022. 2. 15. 신설)

② 법 제30조의 2 제2항에서 "대통령령으로 정하는 특수관계인"이란 해당 기업의 최대주주 또는 최대출자자(개인사업자의 경우에는 대표자를 말한다)나 그와 「국세기본법 시행령」 제1조의 2 제1항에 따른 친족관계에 있는 사람을 말한다. (2022. 2. 15. 신설)

22. 고용지원 - 고용유지중소기업에 대한 세액공제

법 제30조의 3 【고용유지중소기업 등에 대한 과세특례】
① 「중소기업기본법」 제2조에 따른 중소기업으로서 다음 각 호의 요건을 모두 충족하는 기업(이하 이 조에서 "고용유지중소기업"이라 한다)은 제2항의 계산식에 따라 계산한 금액을 2026년 12월 31일이 속하는 과세연도까지 각 과세연도의 소득세(사업소득에 대한 소득세만 해당한다) 또는 법인세에서 공제한다. (2023. 12. 31. 개정)
1. 해당 과세연도의 대통령령으로 정하는 바에 따라 계산한 상시근로자(해당 과세연도 중에 근로관계가 성립한 상시근로자는 제외한다) 1인당 시간당 임금이 직전 과세연도에 비하여 감소하지 아니한 경우 (2014. 1. 1. 개정)
2. 해당 과세연도의 상시근로자 수가 직전 과세연도의 상시근로자수와 비교하여 대통령령으로 정하는 일정비율 이상 감소하지 아니한 경우 (2009. 3. 25. 신설)
3. 해당 과세연도의 대통령령으로 정하는 바에 따라 계산한 상시근로자(해당 과세연도 중에 근로관계가 성립한 상시근로자는 제외한다) 1인당 연간 임금총액이 직전 과세연도에 비하여 감소한 경우 (2014. 1. 1. 개정)
② 제1항에 따라 공제하는 금액은 제1호의 금액과 제2호의 금액(해당 금액이 음수인 경우에는 영으로 본다)을 합하여 계산한 금액으로 한다. (2018. 12. 24. 개정)
1. (직전 과세연도 상시근로자 1인당 연간 임금총액 - 해당 과세연도 상시근로자 1인당 연간 임금총액) × 해당 과세연도 상시근로자 수 × 100분의 10 (2018. 12. 24. 개정)
2. (해당 과세연도 상시근로자 1인당 시간당 임금 - 직전 과세연도 상시근로자 1인당 시간당 임금 × 100분의 105) × 해당 과세연도 전체 상시근로자의 근로시간 합계 × 100분의 15 (2018. 12. 24. 개정)
③ 고용유지중소기업에 근로를 제공하는 상시근로자에 대하여 2026년 12월 31일이 속하는 과세연도까지 다음 계산식에 따라 계산한 금액을 해당 과세연도의 근로소득금액에서 공제할 수 있다. 이 경우 공제할 금액이 1천만원을 초과하는 경우에는 그 초과하는 금액은 없는 것으로 한다. (2023. 12. 31. 개정)
(직전 과세연도의 해당 근로자 연간 임금총액 - 해당 과세연도의 해당 근로자 연간 임금총액) × 100분의 50
④ 제1항부터 제3항까지의 규정을 적용할 때 상시근로자의 범위, 임금총액 및 그 밖에 필요한 사항은 대통령령으로 정한다. (2009. 5. 21. 개정)
⑤ 제1항부터 제4항까지의 규정은 다음 각 호의 어느 하나에 해당하는 지역(이하 "위기지역"이라 한다) 내 중견기업의 사업장에 대하여 위기지역으로 지정 또는 선포된 기간이 속하는 과세연도에도 적용한다. (2020. 12. 29. 개정)
1. 「고용정책 기본법」 제32조 제1항에 따라 지원할 수 있는 지역으로서 대통령령으로 정하는 지역 (2020. 12. 29. 신설)

2. 「고용정책 기본법」 제32조의 2 제2항에 따라 선포된 고용재난지역 (2020. 12. 29. 신설)
3. 「지역 산업위기 대응 및 지역경제 회복을 위한 특별법」 제10조 제1항에 따라 지정된 산업위기대응 특별지역 (2021. 12. 28. 개정)

영 제27조의 3 【고용유지중소기업 등에 대한 과세특례】

① 법 제30조의 3 제1항 제1호 및 제2항 제2호에 따른 직전 또는 해당 과세연도의 상시근로자(해당 과세연도 중에 근로관계가 성립한 상시근로자는 제외한다. 이하 이 항 및 제5항에서 같다) 1인당 시간당 임금은 제1호에 따른 임금총액을 제2호에 따른 근로시간 합계로 나눈 금액으로 한다. (2017. 2. 7. 개정)

1. 임금총액: 직전 또는 해당 과세연도에 상시근로자에게 지급한 통상임금과 정기상여금 등 고정급 성격의 금액을 합산한 금액 (2014. 2. 21. 개정)
2. 근로시간 합계: 직전 또는 해당 과세연도의 상시근로자의 근로계약상 근로시간(「근로기준법」 제2조 제1항 제9호에 따른 단시간근로자로서 1개월간의 소정근로시간이 60시간 이상인 경우에는 실제 근로시간)의 합계 (2019. 2. 12. 개정)

② 법 제30조의 3 제1항 제2호에서 "대통령령으로 정하는 일정비율"이란 100분의 0을 말한다. (2009. 4. 21. 신설)

③ 법 제30조의 3에 따른 고용유지중소기업에 대한 과세특례를 적용받으려는 기업은 소득세 또는 법인세 과세표준신고와 함께 기획재정부령으로 정하는 세액공제신청서에 사업주와 근로자대표간 합의를 증명하는 서류 등을 첨부하여 납세지 관할세무서장에게 제출하여야 한다. (2019. 2. 12. 개정)

④ 법 제30조의 3 제1항부터 제3항까지의 규정을 적용할 때 상시근로자는 「근로기준법」에 따라 근로계약을 체결한 근로자로 한다. 다만, 다음 각 호의 어느 하나에 해당하는 사람은 제외한다. (2012. 2. 2. 신설)

1. 근로계약기간이 1년 미만인 자. 다만, 법 제30조의 3 제3항을 적용할 때 근로계약의 연속된 갱신으로 인하여 그 근로계약의 총기간이 1년 이상인 근로자는 상시근로자로 본다. (2012. 2. 2. 신설)
2. 「법인세법 시행령」 제40조 제1항 각 호의 어느 하나에 해당하는 임원 (2019. 2. 12. 개정)
3. 해당 기업의 최대주주 또는 최대출자자(개인사업자의 경우에는 대표자를 말한다)와 그 배우자 (2012. 2. 2. 신설)
4. 제3호에 해당하는 자의 직계존속·비속과 그 배우자 (2012. 2. 2. 신설)
5. 「소득세법 시행령」 제196조에 따른 근로소득원천징수부에 의하여 근로소득세를 원천징수한 사실이 확인되지 아니하고, 다음 각 목의 어느 하나에 해당하는 보험료 등의 납부사실도 확인되지 아니하는 사람 (2012. 2. 2. 신설)

   가. 「국민연금법」 제3조 제1항 제11호 및 제12호에 따른 부담금 및 기여금 (2012. 2. 2. 신설)
   나. 「국민건강보험법」 제69조에 따른 직장가입자의 보험료 (2012. 8. 31. 개정 ; 국민건강보험법 시행령 부칙)

6. 「근로기준법」 제2조 제1항 제9호에 따른 단시간근로자. 다만, 1개월간의 소정근로시간이 60시간 이상인 근로자는 상시근로자로 본다. (2020. 6. 2. 개정)

⑤ 법 제30조의 3 제1항 제3호 및 같은 조 제2항의 규정을 적용할 때 직전 또는 해당 과세연도의 상시근로자 1인당 연간 임금총액은 제1호에 따른 임금총액을 제2호의 계산식에 따라 계산한 상시근로자 수로 나눈 금액으로 한다. (2012. 2. 2. 신설)

1. 임금총액: 직전 또는 해당 과세연도에 상시근로자에게 지급한 통상임금과 정기상여금 등 고정급 성격의 금액을 합산한 금액 (2012. 2. 2. 신설)
2. 상시근로자 수: (2012. 2. 2. 신설)

$$\frac{\text{직전 또는 해당 과세연도의 매월 말 현재 상시근로자 수의 합}}{\text{직전 또는 해당 과세연도의 개월 수}}$$

⑥ 직전 또는 해당 과세연도 중에 사망, 정년퇴직 및 이에 준하는 사유로 근로관계가 종료되어 상시근로자가 감소한 경우 그 감소인원은 직전 과세연도부터 근무하지 아니한 것으로 보아 제5항에 따른 상시근로자 수 및 상시근로자 1인당 연간 임금총액을 산정할 때 제외한다. (2012. 2. 2. 신설)

⑦ 직전 또는 해당 과세연도 중에 합병 또는 사업의 포괄양수 등에 의하여 종전의 사업부문에서 종사하던 상시근로자를 승계한 경우 그 승계인원은 직전 과세연도부터 승계한 기업에서 근무한 것으로 보아 제5항에 따른 상시근로자 수 및 상시근로자 1인당 연간 임금총액을 산정한다. (2012. 2. 2. 신설)

⑧ 직전 또는 해당 과세연도 중에 분할 또는 사업의 포괄양도 등에 의하여 상시근로자가 감소한 경우 그 감소인원은 직전 과세연도부터 분할 또는 사업을 포괄양도한 기업 등에서 근무하지 아니한 것으로 보아 제5항에 따른 상시근로자 수 및 상시근로자 1인당 연간 임금총액을 산정할 때 제외한다. (2012. 2. 2. 신설)

⑨ 법 제30조의 3 제2항 제2호에 따른 해당 과세연도 전체 상시근로자의 근로시간 합계는 제1항 제2호에 따른 해당 과세연도의 근로시간 합계로 한다. (2017. 2. 7. 신설)

⑩ 법 제30조의 3 제3항에 따른 연간 임금총액은 통상임금과 정기상여금 등 고정급 성격의 금액을 합산한 금액으로 한다. 이 경우 직전 또는 해당 과세연도 중 근로관계가 성립하거나 종료된 상시근로자의 연간 임금총액은 다음 각 호의 구분에 따라 산정한다. (2017. 2. 7. 항번개정)

1. 직전 과세연도 중에 근로관계가 성립한 상시근로자의 해당 과세연도의 연간 임금총액은 다음 계산식에 따라 계산한다. (2012. 2. 2. 신설)

$$\text{해당 과세연도의 통상임금과 고정급 성격의 금액의 합산액} \times \frac{\text{직전 과세연도의 총 근무일수}}{\text{해당 과세연도의 총 근무일수}}$$

2. 해당 과세연도 중에 근로관계가 종료된 상시근로자의 직전 과세연도의 연간 임금총액은 다음 계산

식에 따라 계산한다. (2012. 2. 2. 신설)

$$\text{직전 과세연도의 통상임금과 고정급 성격의 금액의 합산액} \times \frac{\text{해당 과세연도의 총 근무일수}}{\text{직전 과세연도의 총 근무일수}}$$

3. 제1호 및 제2호에도 불구하고 직전 또는 해당 과세연도 중에 기업의 합병 또는 분할 등에 의하여 근로관계가 승계된 상시근로자의 직전 또는 해당 과세연도의 연간 임금총액은 종전 근무지에서 지급받은 임금총액을 합산한 금액으로 한다. (2012. 2. 2. 신설)

⑪ 법 제30조의 3 제5항 제1호에서 "대통령령으로 정하는 지역"이란 「고용정책 기본법 시행령」 제29조에 따라 고용노동부장관이 지정·고시하는 지역을 말한다. (2021. 2. 17. 개정)

23. 고용지원 - 중소기업고용증가 인원에 대한 사회보험료 세액공제

법 제30조의 4 【중소기업 사회보험료 세액공제】 (2017. 12. 19. 제목개정)
① 중소기업이 2024년 12월 31일이 속하는 과세연도까지의 기간 중 해당 과세연도의 상시근로자 수가 직전 과세연도의 상시근로자 수보다 증가한 경우에는 다음 각 호에 따른 금액을 더한 금액을 해당 과세연도와 해당 과세연도의 종료일부터 1년이 되는 날이 속하는 과세연도까지의 소득세(사업소득에 대한 소득세만 해당한다) 또는 법인세에서 공제한다. (2021. 12. 28. 개정)
1. 청년 및 경력단절 여성(이하 이 조에서 "청년등"이라 한다) 상시근로자고용증가 인원에 대하여 사용자가 부담하는 사회보험료 상당액: 청년등 상시근로자 고용증가인원으로서 대통령으로 정하는 인원 × 청년등 상시근로자 고용증가인원에 대한 사용자의 사회보험료 부담금액으로서 대통령령으로 정하는 금액 × 100분의 100 (2016. 12. 20. 개정)
2. 청년등 외 상시근로자 고용증가 인원에 대하여 사용자가 부담하는 사회보험료 상당액: 청년등 외 상시근로자 고용증가인원으로서 대통령령으로 정하는 인원 × 청년등 외 상시근로자 고용증가인원에 대한 사용자의 사회보험료 부담금액으로서 대통령령으로 정하는 금액 × 100분의 50(대통령령으로 정하는 신성장 서비스업을 영위하는 중소기업의 경우 100분의 75) (2016. 12. 20. 개정)

영 제27조의 4 【중소기업 사회보험료 세액공제 적용 시 상시근로자의 범위 등】
① 법 제30조의 4 제1항에 따른 상시근로자는 「근로기준법」에 따라 근로계약을 체결한 내국인 근로자로 한다. 다만, 다음 각 호의 어느 하나에 해당하는 사람은 제외한다. (2012. 2. 2. 개정)
1. 근로계약기간이 1년 미만인 근로자(근로계약의 연속된 갱신으로 인하여 그 근로계약의 총 기간이 1년 이상인 근로자는 제외한다) (2012. 2. 2. 개정)
2. 「근로기준법」 제2조 제1항 제9호에 따른 단시간근로자. 다만, 1개월간의 소정근로시간이 60시간 이상인 근로자는 상시근로자로 본다. (2020. 6. 2. 개정)
3. 「법인세법 시행령」 제40조 제1항 각 호의 어느 하나에 해당하는 임원 (2019. 2. 12. 개정)
4. 해당 기업의 최대주주 또는 최대출자자(개인사업자의 경우에는 대표자를 말한다)와 그 배우자 (2012. 2. 2. 개정)
5. 제4호에 해당하는 자의 직계존비속(그 배우자를 포함한다) 및 「국세기본법 시행령」 제1조의 2 제1항에 따른 친족관계인 사람 (2012. 2. 2. 개정)
6. 「소득세법 시행령」 제196조에 따른 근로소득원천징수부에 의하여 근로소득세를 원천징수한 사실이 확인되지 아니하는 사람 (2012. 2. 2. 개정)
7. 법 제30조의 4 제4항에 따른 사회보험에 대하여 사용자가 부담하여야 하는 부담금 또는 보험료의 납부 사실이 확인되지 아니하는 근로자 (2018. 2. 13. 개정)
② 법 제30조의 4 제1항 제1호에 따른 청년 및 경력단절 여성(이하 이 조에서 "청년등"이라 한다) 상시근로자는 다음 각 호의 어느 하나에 해당하는 자로 하고, 같은 항 제2호에 따른 청년등 외 상시근로

자는 청년등 상시근로자가 아닌 상시근로자로 한다. (2017. 2. 7. 개정)

1. 청년 상시근로자: 15세 이상 29세 이하인 상시근로자[제27조 제1항 제1호 각 목의 어느 하나에 해당하는 병역을 이행한 경우에는 그 기간(6년을 한도로 한다)을 근로계약 체결일 현재 연령에서 빼고 계산한 연령이 29세 이하인 사람을 포함한다] (2017. 2. 7. 개정)
2. 경력단절 여성 상시근로자: 법 제29조의 3 제1항에 따른 경력단절 여성인 상시근로자 (2017. 2. 7. 개정)

③ 법 제30조의 4 제1항 제1호에서 "대통령령으로 정하는 인원"이란 해당 과세연도에 직전 과세연도 대비 증가한 청년등 상시근로자수(그 수가 음수인 경우 영으로 본다)를 말한다. 다만, 해당 과세연도에 직전 과세연도 대비 증가한 상시근로자 수를 한도로 한다. (2017. 2. 7. 개정)

④ 법 제30조의 4 제1항 제2호에서 "대통령령으로 정하는 인원"이란 해당 과세연도에 직전 과세연도 대비 증가한 상시근로자 수에서 제3항에 따라 계산한 수를 뺀 수(그 수가 음수인 경우 영으로 본다)를 말한다. (2012. 2. 2. 개정)

⑤ 법 제30조의 4 제1항 제2호에서 "대통령령으로 정하는 신성장 서비스업을 영위하는 중소기업"이란 다음 각 호의 어느 하나에 해당하는 사업을 주된 사업으로 영위하는 중소기업을 말한다. 이 경우 둘 이상의 서로 다른 사업을 영위하는 경우에는 사업별 사업수입금액이 큰 사업을 주된 사업으로 본다. (2017. 2. 7. 신설)

1. 컴퓨터 프로그래밍, 시스템 통합 및 관리업, 소프트웨어 개발 및 공급업, 정보서비스업 또는 전기통신업 (2017. 2. 7. 신설)
2. 창작 및 예술관련 서비스업(자영예술가는 제외한다), 영화·비디오물 및 방송프로그램 제작업, 오디오물 출판 및 원판 녹음업 또는 방송업 (2017. 2. 7. 신설)
3. 엔지니어링사업, 전문디자인업, 보안시스템 서비스업 또는 광고업 중 광고물 작성업 (2017. 2. 7. 신설)
4. 서적, 잡지 및 기타 인쇄물출판업, 연구개발업, 「학원의 설립·운영 및 과외교습에 관한 법률」에 따른 직업기술 분야를 교습하는 학원을 운영하는 사업 또는 「국민 평생 직업능력 개발법」에 따른 직업능력개발훈련시설을 운영하는 사업(직업능력개발훈련을 주된 사업으로 하는 경우로 한정한다) (2022. 2. 17. 개정 ; 근로자직업능력 개발법 시행령 부칙)
5. 「관광진흥법」에 따른 관광숙박업, 국제회의업, 유원시설업 또는 법 제6조 제3항 제20호에 따른 관광객이용시설업 (2017. 2. 7. 신설)
6. 제5조 제7항에 따른 물류산업 (2020. 2. 11. 개정)
7. 그 밖에 기획재정부령으로 정하는 신성장 서비스업 (2017. 2. 7. 신설)

⑥ 법 제30조의 4에 따른 세액공제를 적용하는 경우 상시근로자 수와 청년등 상시근로자 수는 제1호 각 목의 구분에 따른 계산식에 따라 계산한 수로 한다. 다만, 제1항 제2호 단서에 따른 근로자 1명은 0.5명으로 하여 계산하되, 제2호 각 목의 지원요건을 모두 충족하는 경우에는 0.75명으로 하여 계산하고 100분의 1 미만의 부분은 없는 것으로 한다. (2022. 2. 15. 개정)

1. 상시근로자 수와 청년등 상시근로자 수 계산식 (2017. 2. 7. 개정)

가. 상시근로자 수: (2020. 2. 11. 개정)

$$\frac{\text{해당 과세연도의 매월 말 현재 상시근로자 수의 합}}{\text{해당 과세연도의 개월 수}}$$

나. 청년등 상시근로자 수: (2020. 2. 11. 개정)

$$\frac{\text{해당 과세연도의 매월 말 현재 청년등 상시근로자 수의 합}}{\text{해당 과세연도의 개월 수}}$$

2. 지원요건 (2014. 2. 21. 개정)

　가. 해당 과세연도의 상시근로자 수(제1항 제2호 단서에 따른 근로자는 제외한다)가 직전 과세연도의 상시근로자 수(제1항 제2호 단서에 따른 근로자는 제외한다)보다 감소하지 아니하였을 것 (2014. 2. 21. 개정)

　나. 기간의 정함이 없는 근로계약을 체결하였을 것 (2014. 2. 21. 개정)

　다. 상시근로자와 시간당 임금(「근로기준법」 제2조 제1항 제5호에 따른 임금, 정기상여금·명절상여금 등 정기적으로 지급되는 상여금과 경영성과에 따른 성과금을 포함한다), 그 밖에 근로조건과 복리후생 등에 관한 사항에서 「기간제 및 단시간근로자 보호 등에 관한 법률」 제2조 제3항에 따른 차별적 처우가 없을 것 (2014. 2. 21. 개정)

　라. 시간당 임금이 「최저임금법」 제5조에 따른 최저임금액의 100분의 120 이상일 것 (2016. 2. 5. 개정)

⑦ 제3항 및 제4항에 따라 청년등 상시근로자 또는 상시근로자 증가인원을 계산할 때 해당 과세연도에 창업 등을 한 기업의 경우에는 다음 각 호의 구분에 따른 수를 직전 또는 해당 과세연도의 청년등 상시근로자 수 또는 상시근로자 수로 본다. (2017. 2. 7. 개정)

1. 창업(법 제6조 제10항 제1호부터 제3호까지의 규정에 해당하는 경우는 제외한다)한 경우의 직전 과세연도의 상시근로자 수: 0 (2019. 2. 12. 개정)

2. 법 제6조 제10항 제1호(합병·분할·현물출자 또는 사업의 양수 등을 통하여 종전의 사업을 승계하는 경우는 제외한다)부터 제3호까지의 어느 하나에 해당하는 경우의 직전 과세연도의 상시근로자 수: 종전 사업, 법인전환 전의 사업 또는 폐업 전의 사업의 직전 과세연도 청년등 상시근로자 수 또는 상시근로자 수 (2019. 2. 12. 개정)

3. 다음 각 목의 어느 하나에 해당하는 경우의 직전 또는 해당 과세연도의 상시근로자 수: 직전 과세연도의 상시근로자 수는 승계시킨 기업의 경우에는 직전 과세연도 청년등 상시근로자 수 또는 상시근로자 수에 승계시킨 청년등 상시근로자 수 또는 상시근로자 수를 뺀 수로 하고, 승계한 기업의 경우에는 직전 과세연도 청년등 상시근로자 수 또는 상시근로자 수에 승계한 청년등 상시근로자 수 또는 상시근로자 수를 더한 수로 하며, 해당 과세연도의 상시근로자 수는 해당 과세연도 개시일에 상시근로자를 승계시키거나 승계한 것으로 보아 계산한 청년등 상시근로자 수 또는 상시근로자 수로 한다. (2017. 2. 7. 개정)

가. 해당 과세연도에 합병·분할·현물출자 또는 사업의 양수 등에 의하여 종전의 사업부문에서 종사하던 청년등 상시근로자 또는 상시근로자를 승계하는 경우 (2017. 2. 7. 개정)

나. 제11조 제1항에 따른 특수관계인으로부터 청년등 상시근로자 또는 상시근로자를 승계하는 경우 (2017. 2. 7. 개정)

⑧ 법 제30조의 4 제1항 제1호에서 "대통령령으로 정하는 금액"이란 다음의 계산식에 따라 계산한 금액(해당 과세연도에 청년등 상시근로자를 대상으로 법 제30조의 4 제4항 각 호의 어느 하나에 해당하는 사회보험에 사용자가 부담하는 사회보험료 상당액에 대하여 국가 및 「공공기관의 운영에 관한 법률」 제4조에 따른 공공기관이 지급했거나 지급하기로 한 보조금 및 감면액의 합계액은 제외한다)을 말한다. (2020. 2. 11. 개정)

$$\frac{\text{해당 과세연도에 청년등 상시근로자에게 지급하는 「소득세법」 제20조제1항에 따른 총급여액}}{\text{해당 과세연도의 청년등 상시근로자 수}} \times \text{사회보험료율}$$

⑨ 법 제30조의 4 제1항 제2호에서 "대통령령으로 정하는 금액"이란 다음의 계산식에 따라 계산한 금액(해당 과세연도에 청년등 외 상시근로자를 대상으로 법 제30조의 4 제4항 각 호의 어느 하나에 해당하는 사회보험에 사용자가 부담하는 사회보험료 상당액에 대하여 국가 및 「공공기관의 운영에 관한 법률」 제4조에 따른 공공기관이 지급했거나 지급하기로 한 보조금 및 감면액의 합계액은 제외한다)을 말한다. (2020. 2. 11. 개정)

$$\frac{\text{해당 과세연도에 청년등 외 상시근로자에게 지급하는 「소득세법」 제20조제1항에 따른 총급여액}}{\text{해당 과세연도의 상시근로자 수 - 해당 과세연도의 청년등 상시근로자 수}} \times \text{사회보험료율}$$

⑩ 제8항 및 제9항을 적용할 때 사회보험료율은 해당 과세연도 종료일 현재 적용되는 다음 각 호의 수를 더한 수로 한다. (2017. 2. 7. 개정)

1. 「국민건강보험법 시행령」 제44조 제1항에 따른 보험료율의 2분의 1 (2012. 8. 31. 개정; 국민건강보험법 시행령 부칙)
2. 「노인장기요양보험법 시행령」 제4조에 따른 장기요양보험료율의 2분의 1 (2012. 2. 2. 개정)
3. 「국민연금법」 제88조에 따른 보험료율 (2012. 2. 2. 개정)
4. 「고용보험 및 산업재해보상보험의 보험료 징수 등에 관한 법률」 제13조 제4항 각 호에 따른 수를 합한 수 (2012. 2. 2. 개정)
5. 「고용보험 및 산업재해보상보험의 보험료 징수 등에 관한 법률」 제14조 제3항에 따른 산재보험료율 (2012. 2. 2. 개정)

규칙 제14조의 4 [중소기업 사회보험료 세액공제 적용 시 신성장 서비스업의 범위 등]
① 영 제27조의 4 제5항 제7호에서 "기획재정부령으로 정하는 신성장 서비스업"이란 제4조의 3 각 호의 어느 하나에 해당하는 사업을 말한다. (2018. 3. 21. 신설)

개정연혁

[2022년] 고용유지 중소기업 세액공제 적용기한 연장
가. 개정취지: 근로시간 단축 및 일자리 나누기를 통한 일자리 유지 지원
나. 개정내용

종전	개정
▨ 고용유지 기업 세액공제 ○ (대상) 중소기업, 위기지역* 중견기업 * 고용위기지역, 고용재난지역, 산업위기대응특별지역 ○ (요건) 근로시간 단축*을 통해 고용유지 * 시간당 임금이 감소하지 않으면서 1인당 임금총액은 감소 ○ (공제금액) ㉠+㉡ ㉠ 임금감소액 × 10% ㉡ 임금보전액* × 15% * 시간당 임금이 105%를 초과하여 상승한 경우 그 증가분 ○ (적용기한) 2021.12.31.	▨ 적용기한 2년 연장 ○ (좌 동) ○ 2023.12.31.

다. 적용시기 및 적용례

[2024년] 고용유지 중소 · 중견기업 세액공제 적용기한 연장

가. 개정취지: 근로시간 단축 및 일자리 나누기 유도

나. 개정내용

종전	개정
▨ 고용유지 세액공제 ○ (대상) 중소기업, 위기지역* 중견기업 * 고용위기지역, 고용재난지역, 산업위기대응특별지역 ○ (요건) 근로시간 단축*을 통해 고용유지 * 시간당 임금이 감소하지 않으면서 1인당 임금총액은 감소 ○ (공제금액) ㉠ + ㉡ ㉠ 임금감소액 × 10% ㉡ 임금보전액* × 15% * 시간당 임금이 105%를 초과하여 상승한 경우 그 증가분 ※ 해당 기업의 상시근로자에 대해서도 임금감소분의 50% 소득공제 (1,000만원 한도) ○ (적용기한) 2023.12.31.	▨ 적용기한 연장 ○ (좌 동) ○ 2026.12.31.

다. 적용시기 및 적용례

24. 고용지원 – 중소기업 사회보험 신규가입에 대한 사회보험료 세액공제

법 제30조의 4 【중소기업 사회보험료 세액공제】

② 제1항에 따라 소득세 또는 법인세를 공제받은 중소기업이 최초로 공제를 받은 과세연도의 종료일부터 1년이 되는 날이 속하는 과세연도의 종료일까지의 기간 중 전체 상시근로자의 수가 최초로 공제를 받은 과세연도에 비하여 감소한 경우에는 감소한 과세연도에 대하여 같은 항을 적용하지 아니하고, 청년등상시근로자의 수가 최초로 공제를 받은 과세연도에 비하여 감소한 경우에는 감소한 과세연도에 대하여 같은 항 제1호를 적용하지 아니한다. 이 경우 대통령령으로 정하는 바에 따라 공제받은 세액에 상당하는 금액을 소득세 또는 법인세로 납부하여야 한다. (2021. 12. 28. 개정)

③ 중소기업 중 대통령령으로 정하는 기업이 2020년 1월 1일 현재 고용 중인 대통령령으로 정하는 근로자 중 2020년 12월 31일까지 사회보험에 신규 가입하는 근로자에 대하여 신규 가입을 한 날부터 2년이 되는 날이 속하는 달까지 사용자가 부담하는 사회보험료 상당액(대통령령으로 정하는 국가 등의 지원금은 제외한다)으로서 대통령령으로 정하는 금액의 100분의 50에 상당하는 금액을 해당 과세연도의 소득세(사업소득에 대한 소득세만 해당한다) 또는 법인세에서 공제한다. (2019. 12. 31. 개정)

④ 제1항 및 제3항에 따른 사회보험이란 다음 각 호의 것을 말한다. (2017. 12. 19. 개정)
1. 「국민연금법」에 따른 국민연금 (2011. 12. 31. 개정)
2. 「고용보험법」에 따른 고용보험 (2011. 12. 31. 개정)
3. 「산업재해보상보험법」에 따른 산업재해보상보험 (2011. 12. 31. 개정)
4. 「국민건강보험법」에 따른 국민건강보험 (2011. 12. 31. 개정)
5. 「노인장기요양보험법」에 따른 장기요양보험 (2011. 12. 31. 개정)

⑤ 제1항부터 제3항까지의 규정을 적용받으려는 중소기업은 해당 과세연도의 과세표준신고를 할 때 기획재정부령으로 정하는 세액공제신청서 및 공제세액계산서를 제출하여야 한다. (2017. 12. 19. 개정)

⑥ 제1항부터 제3항까지의 규정을 적용할 때 상시근로자, 청년등 상시근로자의 범위, 사회보험 신규가입 및 제29조의 3에 따른 세액공제를 적용받은 경우 청년등 상시근로자 고용증가인원의 계산방법과 그 밖에 필요한 사항은 대통령령으로 정한다. (2017. 12. 19. 개정)

영 제27조의 4 【중소기업 사회보험료 세액공제 적용 시 상시근로자의 범위 등】

⑪ 법 제30조의 4 제2항 후단에 따라 납부해야 할 소득세액 또는 법인세액은 다음 각 호의 구분에 따라 계산한 금액(해당 과세연도의 직전 과세연도에 법 제30조의 4 제1항에 따라 공제받은 세액을 한도로 한다)으로 하며, 이를 해당 과세연도의 과세표준을 신고할 때 소득세 또는 법인세로 납부해야 한다. (2022. 2. 15. 신설)

1. 상시근로자 수가 감소한 경우: 다음 각 목의 구분에 따라 계산한 금액 (2022. 2. 15. 신설)

가. 감소한 청년등 상시근로자의 수가 감소한 상시근로자 수 이상인 경우: 다음의 계산식에 따라 계산한 금액 (2022. 2. 15. 신설)

> A − B + C
>
> A: 최초로 공제받은 과세연도(이하 이 조에서 "최초공제연도"라 한다)에 비해 감소한 청년등 상시근로자 수(최초공제연도에 청년등 상시근로자가 증가한 수를 한도로 한다)에서 최초공제연도에 비해 감소한 상시근로자 수를 뺀 인원수(이하 이 계산식에서 "차감인원수"라 한다)에 대하여 법 제30조의 4 제1항 제1호의 계산식을 준용하여 계산한 금액
> B: 차감인원수에 대하여 법 제30조의 4 제1항 제2호의 계산식을 준용하여 계산한 금액
> C: 최초공제연도에 비해 감소한 상시근로자 수에 대하여 법 제30조의 4 제1항 제1호의 계산식을 준용하여 계산한 금액

나. 그 밖의 경우: 다음의 계산식에 따라 계산한 금액 (2022. 2. 15. 신설)

> A + B
>
> A: 최초공제연도에 비해 감소한 청년등 상시근로자 수(최초공제연도에 청년등 상시근로자가 증가한 수를 한도로 한다)에 대하여 법 제30조의 4 제1항 제1호의 계산식을 준용하여 계산한 금액
> B: 최초공제연도에 비해 감소한 청년등 상시근로자 외의 상시근로자 수(최초공제연도에 비해 감소한 상시근로자 수를 한도로 한다)에 대하여 법 제30조의 4 제1항 제2호의 계산식을 준용하여 계산한 금액

2. 상시근로자 수는 감소하지 않으면서 청년등 상시근로자 수가 감소한 경우: 다음의 계산식에 따라 계산한 금액 (2022. 2. 15. 신설)

> A − B
>
> A: 최초공제연도에 비해 감소한 청년등 상시근로자 수(최초공제연도에 청년등 상시근로자가 증가한 수를 한도로 하며, 이하 이 계산식에서 "청년감소인원수"라 한다)에 대하여 법 제30조의 4 제1항 제1호의 계산식을 준용하여 계산한 금액
> B: 청년감소인원수에 대하여 법 제30조의 4 제1항 제2호의 계산식을 준용하여 계산한 금액

⑫ 제11항을 적용할 때 최초공제연도에 청년등 상시근로자에 해당한 사람은 이후 과세연도에도 청년등 상시근로자로 보아 청년등 상시근로자 수를 계산한다. (2022. 2. 15. 신설)

⑬ 법 제30조의 4 제3항에서 "중소기업 중 대통령령으로 정하는 기업"이란 다음 각 호의 요건을 모두 갖춘 중소기업을 말한다. (2022. 2. 15. 항번개정)

1. 해당 과세연도의 상시근로자 수가 10명 미만일 것 (2018. 2. 13. 신설)
2. 해당 과세연도의 소득세 또는 법인세 과세표준이 5억원 이하일 것. 이 경우 소득세 과세표준은 사업소득에 대한 것에 한정하며, 그 계산방법은 기획재정부령으로 정한다. (2018. 2. 13. 신설)

⑭ 법 제30조의 4 제3항에서 "대통령령으로 정하는 근로자"란 「근로기준법」에 따라 근로계약을 체결한

내국인 근로자 중 시간당 임금이 「최저임금법」 제5조에 따른 최저임금액의 100분의 100 이상 100분의 120 이하인 근로자를 말한다. (2022. 2. 15. 항번개정)

⑮ 법 제30조의 4 제3항에서 "대통령령으로 정하는 국가 등의 지원금"이란 법 제30조의 4 제4항 각 호의 어느 하나에 해당하는 사회보험에 관하여 사용자가 부담하는 사회보험료 상당액에 대하여 국가 및 「공공기관의 운영에 관한 법률」 제4조에 따른 공공기관이 지급하였거나 지급하기로 한 보조금 및 감면액의 합계액을 말한다. (2022. 2. 15. 항번개정)

⑯ 법 제30조의 4 제3항에서 "대통령령으로 정하는 금액"이란 사용자가 부담하는 사회보험료 상당액에서 제15항에 따른 금액을 제외한 금액을 말한다. (2022. 2. 15. 개정)

규칙 제14조의 4 【중소기업 사회보험료 세액공제 적용 시 신성장 서비스업의 범위 등】

② 영 제27조의 4 제13항 제2호에 따른 사업소득에 대한 소득세 과세표준의 계산은 다음의 계산식에 따른다. (2022. 3. 18. 개정)

해당 과세연도의 종합소득 과세표준 × (해당 과세연도의 사업소득금액 / 해당 과세연도의 종합소득금액)

□ **개정연혁**

[2020년] 사회보험 신규가입자에 대한 사회보험료 세액공제 적용기한 1년 연장

가. 개정취지: 영세 중소기업의 사회보험료 부담 완화
나. 개정내용

종전	개정
■ 사회보험 신규가입자에 대한 사회보험료 세액공제 ○ (대상) 상시근로자 10인 미만 + 과세표준 5억원 이하 중소기업 - 시간당 임금이 최저임금액의 100% ~ 120%인 근로자 ○ (요건) 2019.1.1. 현재 고용 중인 근로자가 사회보험 신규가입 ○ (공제액) 신규가입인원 × 사회보험료 × 50%(2년간) ○ (적용기한) 2019.12.31.	■ 적용기한 1년 연장 ○ 2020.12.31.

다. 적용시기 및 적용례

[2021년] 사회보험 신규가입자에 대한 사회보험료 세액공제 적용기한 종료

가. 개정취지: 정책목적 달성

나. 개정내용

종전	개정
■ 사회보험 신규가입자에 대한 사회보험료 세액공제 ○ (대상) 상시근로자 10인 미만 + 과세표준 5억 원 이하 중소기업 - 시간당 임금이 최저임금액의 100%~ 120%인 근로자 ○ (요건) 2020.1.1. 현재 고용 중인 근로자가 사회보험 신규가입 ○ (공제액) 신규가입 인원 × 사회보험료× 50%(2년간) ○ (적용기한) 2020.12.31.	■ 적용기한 종료

다. 적용시기 및 적용례

[2022년] 중소기업 사회보험료 세액공제 사후관리 신설 및 적용기한 연장

가. 개정취지: 민간 일자리 창출 지속 지원 및 제도 실효성 제고

나. 개정내용

종전	개정
■ 중소기업 사회보험료 세액공제 ○ (대상) 중소기업 ○ (요건) 상시근로자 수 증가 ○ (공제금액) 증가인원 사회보험료(사용자 부담분) × 공제율 | 구분 | 청년·경력단절여성 | 신성장서비스업 | 기타 | |---|---|---|---| | 공제율 | 100% | 75% | 50% | ○ (공제기간) 2년 ○ (사후관리) 공제기간 동안 상시근로자 감소 시 잔여기간 공제 배제 ○ (적용기한) 2021.12.31.	■ 사후관리 규정 신설 및 적용기한 3년 연장 ○ (좌 동) ○ 상시근로자 수 감소 시 공제세액 납부* 추가 * 고용증대세액공제 등 여타 고용지원세제와 동일하게 규정 ○ 2024.12.31.

다. 적용시기 및 적용례: 2022.1.1. 전에 개시한 과세연도의 상시근로자 수가 그 직전 과세연도의 상시근로자 수보다 증가한 경우 해당 과세연도의 세액공제에 관하여는 「조세특례제한법」 제30조의4 제1항 및 제2항의 개정규정에도 불구하고 종전의 규정에 따름

□ 해석사례

▷ 중소기업 사회보험료 세액공제 적용 대상 상시근로자에 해당하는지 여부
   사전법령해석법인2021-366(2021.03.30)
내국법인이 고용하고 있는 만 60세 이상의 근로자에 대한 국민연금 납부사실이 없더라도 다른 사회보험료 사용자 부담분 납부사실이 확인되는 경우 상시근로자 제외대상에 해당하지 않음

▷ 중소기업 사회보험료 세액공제 적용여부
   사전법령해석소득2020-215(2020.10.07)
중소기업 사회보험료 세액공제를 받은 중소기업이 공제를 받은 과세연도의 종료일부터 1년이 되는 날이 속하는 과세연도의 종료일까지 기간 중 전체 상시근로자의 수가 공제를 받은 과세연도의 전체 상시근로자수보다 감소하지 아니한 경우에는 공제를 받은 과세연도의 종료일부터 1년이 되는 날이 속하는 과세연도의 소득세에서도 공제하는 것임

▷ 외국인 근로자를 고용한 중소기업의 중소기업 사회보험료 세액공제 적용 여부
   사전법령해석소득2020-239(2020.06.24)
「조세특례제한법」제30조의4에 따른 중소기업 사회보험료 세액공제를 적용함에 있어 상시근로자는 「근로기준법」에 따라 근로계약을 체결한 내국인근로자로서, 외국인 근로자가 「소득세법」에 따른 거주자에 해당하는 경우 상시근로자에 포함되는 것임

25. 기타 - 상가임대료를 인하한 임대사업자에 대한 세액공제

법 제96조의 3 【상가임대료를 인하한 임대사업자에 대한 세액공제】

① 대통령령으로 정하는 부동산임대사업을 하는 자가 대통령령으로 정하는 상가건물에 대한 임대료를 임차인(대통령령으로 정하는 소상공인에 한정한다)으로부터 2020년 1월 1일부터 2025년 12월 31일까지(이하 이 조에서 "공제기간"이라 한다) 인하하여 지급받는 경우 대통령령으로 정하는 임대료 인하액의 100분의 70(대통령령으로 정하는 바에 따라 계산한 해당 과세연도의 기준소득금액이 1억원을 초과하는 경우에는 100분의 50)에 해당하는 금액을 소득세 또는 법인세에서 공제한다. (2024. 12. 31. 개정)

② 공제기간을 포함하는 계약기간 중 일정한 기간 내에 임대료 또는 보증금을 인상하는 등 대통령령으로 정하는 요건에 해당하는 경우에는 제1항에 따른 공제를 적용하지 아니하거나 이미 공제받은 세액을 추징한다. (2020. 12. 29. 개정)

③ 제1항에 따라 소득세 또는 법인세를 공제받으려는 자는 대통령령으로 정하는 바에 따라 해당 상가건물에 대한 임대료를 인하한 사실을 증명하는 서류 등을 갖추어 공제를 신청하여야 한다. (2020. 3. 23. 신설)

④ 제1항 및 제2항을 적용할 때 세액공제의 계산방법, 세액공제에 대한 사후관리 및 그 밖에 필요한 사항은 대통령령으로 정한다. (2020. 3. 23. 신설)

영 제96조의 3 【상가임대료를 인하한 임대사업자에 대한 세액공제】

① 법 제96조의 3 제1항에서 "대통령령으로 정하는 부동산임대사업을 하는 자"란 「소득세법」 제168조, 「법인세법」 제111조 또는 「부가가치세법」 제8조에 따라 상가건물에 대한 부동산임대업의 사업자등록을 한 자(이하 이 조에서 "상가임대인"이라 한다)를 말한다. (2020. 4. 14. 신설)

② 법 제96조의 3 제1항에서 "대통령령으로 정하는 상가건물"이란 「상가건물 임대차보호법」 제2조 제1항 본문에 따른 상가건물(이하 이 조에서 "임대상가건물"이라 한다)을 말한다. (2020. 4. 14. 신설)

③ 법 제96조의 3 제1항에서 "대통령령으로 정하는 소상공인"이란 다음 각 호의 어느 하나에 해당하는 자(이하 이 조에서 "임차소상공인"이라 한다)를 말한다. (2021. 11. 9. 개정)

1. 다음 각 목의 요건을 모두 갖춘 자 (2021. 11. 9. 개정)

　가. 「소상공인기본법」 제2조에 따른 소상공인 (2021. 11. 9. 개정)

　나. 임대상가건물을 2021년 6월 30일 이전부터 계속하여 임차하여 영업용 목적으로 사용하고 있는 자 (2021. 11. 9. 개정)

　다. 별표 14에 따른 업종을 영위하지 않는 자 (2021. 11. 9. 개정)

　라. 상가임대인과 「국세기본법」 제2조 제20호에 따른 특수관계인이 아닌 자 (2021. 11. 9. 개정)

　마. 「소득세법」 제168조, 「법인세법」 제111조 또는 「부가가치세법」 제8조에 따라 사업자등록을 한 자 (2021. 11. 9. 개정)

2. 임대상가건물 임대차계약이 종료되기 전에 폐업한 자로서 다음 각 목의 요건을 모두 갖춘 자 (2021. 11. 9. 개정)

   가. 폐업하기 전에 제1호에 해당했을 것 (2021. 11. 9. 개정)

   나. 2021년 1월 1일 이후에 임대차계약 기간이 남아 있을 것 (2021. 11. 9. 개정)

④ 법 제96조의 3 제1항에서 "대통령령으로 정하는 임대료 인하액"이란 제1호에 따른 금액에서 제2호에 따른 금액을 뺀 금액(이하 이 조에서 "임대료인하액"이라 한다)을 말한다. 이 경우 보증금을 임대료로 환산한 금액은 제외한다. (2020. 4. 14. 신설)

1. 임대료를 인하하기 직전의 임대상가건물 임대차계약에 따른 임대료를 기준으로 계산한 해당 과세연도[해당 과세연도 중 법 제96조의 3 제1항에 따른 공제기간(이하 이 조에서 "공제기간"이라 한다)에 해당하는 기간으로 한정한다. 이하 제2호에서 같다]의 임대료. 다만, 공제기간 중 임대상가건물의 임대차계약을 동일한 임차소상공인과 갱신하거나 재계약(이하 이 조에서 "갱신등"이라 한다)하고 갱신등의 임대차계약에 따른 임대료가 인하된 경우 갱신등에 따른 임대차계약이 적용되는 날부터 2024년 12월 31일까지는 갱신등에 따른 임대료를 기준으로 계산한 임대료를 말한다. (2024. 2. 29. 단서개정)

2. 임대상가건물의 임대료로 지급했거나 지급하기로 하여 해당 과세연도에 상가임대인의 수입금액으로 발생한 임대료 (2021. 2. 17. 개정)

⑤ 법 제96조의 3 제1항에 따른 해당 과세연도의 기준소득금액은 해당 과세기간의 종합소득과세표준에 합산되는 종합소득금액에 임대료 인하액을 더한 금액으로 한다. (2021. 5. 4. 신설)

⑥ 법 제96조의 3 제2항에서 "대통령령으로 정하는 요건에 해당하는 경우"란 임대료를 인하하기 직전의 임대차계약에 따른 임대료나 보증금보다 인상(임대차계약의 갱신등을 한 경우에는 갱신등에 따른 임대료나 보증금이 임대료를 인하하기 직전의 임대차계약에 따른 금액의 100분의 5를 초과한 것을 말한다)한 경우를 말한다. (2021. 5. 4. 항번개정)

⑦ 해당 과세연도 중 제6항에 따른 요건에 해당하는 경우에는 법 제96조의 3 제1항에 따른 공제를 적용하지 않으며, 해당 과세연도 종료일 이후 6개월 이내에 제6항에 따른 요건에 해당하게 된 경우에는 이미 공제받은 세액을 추징한다. (2021. 5. 4. 개정)

⑧ 법 제96조의 3 제1항에 따라 소득세 또는 법인세를 공제받으려는 자는 같은 조 제3항에 따라 해당 과세연도의 과세표준신고와 함께 기획재정부령으로 정하는 세액공제신청서에 다음 각 호의 서류를 첨부하여 납세지 관할 세무서장에게 제출해야 한다. (2021. 5. 4. 항번개정)

1. 임대료를 인하하기 직전에 체결한 임대차계약서 및 2020년 1월 1일 이후 임대차계약에 대한 갱신등을 한 경우 갱신등을 한 임대차계약서의 사본 (2020. 4. 14. 신설)

2. 확약서, 약정서 및 변경계약서 등 공제기간 동안 임대료 인하에 합의한 사실을 증명하는 서류 (2020. 4. 14. 신설)

3. 세금계산서, 금융거래내역 등 임대료의 지급 등을 확인할 수 있는 서류 (2020. 4. 14. 신설)

4. 임차소상공인이 제3항 제1호 가목 및 다목의 요건을 갖췄음을 「소상공인 보호 및 지원에 관한 법률」 제17조에 따른 소상공인시장진흥공단에서 확인하는 서류 (2021. 11. 9. 개정)

□ **개정연혁**

[2021년] 상가 임대료 인하액 세액공제율 인상 및 적용기한 연장

가. 개정취지: 코로나19에 따른 소상공인 부담 완화

나. 개정내용

종전	개정
■ 상가임대료 인하에 대한 세액공제 ○ (대상) 소상공인 임차인에 대해 상가건물 임대료를 인하한 부동산 임대사업자 ○ (세액공제율) 임대료 인하액의 50%를 소득·법인세에서 공제 ○ (적용기한) 2020.6.30.	■ 적용기한 연장 ○ 세액공제율 인상 및 적용기한 연장 ○ (세액공제율) 50% → 70% - 다만, 인하 전 임대료를 기준으로 계산한 기준소득금액*이 1억원을 초과하는 자는 50% 세액공제율 유지 * 해당 과세기간의 종합소득과세표준에 합산되는 종합소득금액 + 임대료인하액 ○ (적용기한) 2021.12.31.

다. 적용시기 및 적용례: 2021.1.1. 이후 임대료를 인하하는 분부터 적용

[2021년] 상가 임대료 인하액 세액공제에 대한 사후관리

가. 개정취지: 상가 임대료 인하액 세액공제 제도의 사후관리 보완

나. 개정내용

종전	개정
■ 세액공제 적용배제 ○ 2020.2.1.~12.31. 중 보증금·임대료를 기존 임대차계약에 따른 금액보다 인상한 경우 ※ 2020.1.1.이 속하는 사업연도가 2020.12.31. 전에 종료하는 법인이 보증금·임대료를 인상하여 2021.3.31.까지 수정신고한 경우 과세표준 확정신고기한 내 정상신고 한 것으로 간주 〈추 가〉	■ 세액공제 적용배제 ○ 해당 과세연도 중 보증금·임대료를 기존 임대차계약에 따른 금액보다 인상한 경우 (삭 제) ■ 이미 공제 받은 세액 추징 ○ 과세연도 종료일부터 6개월이 되는 날까지 보증금·임대료를 기존 임대차계약에 따른 금액보다 인상한 경우

다. 적용시기 및 적용례: 2020.7.1. 이후 임대료 인하분부터 적용

[2022년] 「착한 임대인」 세제지원 대상 확대, 적용기한 연장 등
가. 개정취지: 코로나19로 인해 경영여건이 어려운 소상공인 지원
나. 개정내용

종전	개정
▨ 상가임대료 인하 임대사업자의 임대료 인하액 세액공제 ○ (공제액) 임대료 인하액의 70%*(종합소득금액이 1억원 초과시 50%) * 2021.1.1. 이후 임대료 인하분부터 적용 ○ (임대인) 부동산임대사업자 ○ (임차인) - 「소상공인기본법」§2에 따른 소상공인으로서 다음 요건을 모두 갖춘 자 ❶ 2020.1.31. 이전부터 계속 임차하여 영업목적으로 사용 중 ❷ 사행성 업종·과세유흥장소 등을 경영하지 않는 자 ❸ 임대인과 특수관계인이 아닌 자 ❹ 사업자등록을 한 자 〈추 가〉 ○ (적용기한) 2020.12.31. ~ 2021.12.31. ▨ 세액공제 대상 임대료 인하액 계산방법 : ① - ② ① 임대료 인하 직전 종전의 임대차계약에 따라 계산된 임대료* * 2020.1.1.~2021.12.31. 중 계약을 갱신하고 갱신된 임대료가 갱신 전보다 인하된 경우, 갱신일 이후 2021.12.31.까지는 갱신된 임대료 ② 임대료 인하 이후 실제 임대인의 수입금액으로 발생한 임대료	▨ 적용대상 확대 및 적용기한 연장 ○ (좌 동) ○ 대상 임차인 범위 확대 - 임차 요건(❶) 합리화 ❶ 2021.6.30. 이전부터 계속 임차하여 영업목적으로 사용 중 ❷~❹ (좌 동) - 폐업한 임차소상공인* * 폐업 전 ❶~❹ 요건을 모두 갖춘 자로서 '21.1.1. 이후 임대차 계약기간이 남은 경우 ○ 2020.12.31. ~ 2022.12.31. ▨ 세액공제 적용기한 연장에 따른 계산방법 보완 ○ (좌 동) * 2020.1.1.~2022.12.31. 중 계약을 갱신하고 갱신된 임대료가 갱신 전보다 인하된 경우, 갱신일 이후 2022.12.31.까지는 갱신된 임대료 ○ (좌 동)

다. 적용시기 및 적용례: 2021.1.1. 이후 발생하는 소득분부터 적용

[2023년] 상가임대료 인하 세액공제 적용기한 연장

가. 개정취지: 소상공인의 임차료 부담 경감

나. 개정내용

종전	개정
▨ 상가임대료 인하 임대사업자의 임대료 인하액 세액공제 ○ (공제율) 임대료 인하액의 70%(종합소득금액이 1억원 초과시 50%) ○ (임대인) 「상가임대차법」상 부동산 임대사업자 ○ (임차인) 「소상공인기본법」상 소상공인, 임대차 계약기간이 남은 폐업소상공인 ○ (적용기한) 2022.12.31.	▨ 적용기한 연장 (좌 동) ○ 2023.12.31.

다. 적용시기 및 적용례

[2024년] 착한 임대인 세액공제 적용기한 연장

가. 개정취지: 소상공인의 임차료 부담 경감

나. 개정내용

종전	개정
▨ 상가임대료 인하 임대사업자의 임대료 인하액 세액공제 ○ (공제액) 임대료 인하액의 70% 　(종합소득금액 1억원 초과시 50%) ○ (임대인) 「상가임대차법」상 부동산임대업 사업자등록을 한 임대사업자 ○ (임차인*) 「소상공인기본법」상 소상공인, 임대차 계약 기간이 남은 폐업 소상공인 　* 단, '21.6월 이전부터 계속 임차한 경우에 한함 ○ (적용기한) 2023.12.31.	▨ 적용기한 연장 ○ (좌 동) ○ 2024.12.31.

다. 적용시기 및 적용례

□ **해석사례**

▷ 상가임대료 인하한 임대사업자의 세액공제 적용시 임대료 인상률 계산방법
　서면법규소득2023-2175(2024.04.12)

갱신에 따른 보증금이 임대료를 인하하기 직전의 임대차계약에 따른 금액의 100분의5를 초과하는 경우에는 같은 조 제2항에 따라 위 세액공제를 적용하지 않거나 이미 공제받은 세액을 추징하는 것임

▷ 사업포괄양수도로 임차인이 변경된 경우 상가임대료를 인하한 임대사업자의 세액공제를 적용할 수 있는지 여부
서면법규소득2023-1290(2024.01.29)

임대상가건물을 2021년 6월 30일 이전부터 계속하여 임차하여 영업용 목적으로 사용하고 있던 임차인이 2021년 6월 30일 후 해당 사업을 포괄양도한 경우로서 임대차계약관계도 위 포괄양도시점에 새로운 임차인이 승계한 경우에, 새로운 임차인은 「조세특례제한법 시행령」제96조의3제3항제1호나목의 요건을 갖춘 자에 해당하지 않는 것임

▷ 내국법인이 부동산임대업의 업종을 등록하기 전에 임대료를 인하하여 지급받는 경우, 상가임대인 해당 여부
서면법령해석법인2020-5930(2021.06.17)

다른 업종으로 사업자등록한 내국법인이 공제대상 과세연도 종료일까지 부동산임대업을 등록한 경우 상가임대인의 요건을 충족함

▷ 공제기간 중 1개월 상가임대료를 면제하는 경우, 상가임대료 면제액에 대한 세액공제 적용가능 여부
사전법령해석법인2021-375(2021.04.16)

임대인이 임차소상공인으로부터 공제기간 중 1개월분 임대료를 면제하는 경우로서 해당 과세연도 중 당초 임대차계약에 따른 임대료나 보증금보다 인상하지 않는 경우, 해당 임대료 면제액은 조특법§96의3①에 따라 세액공제를 적용함

▷ 상가임대료를 연체한 후 임대료 인하에 합의한 경우 상가임대료를 인하에 대한 세액공제 적용 여부
기획재정부소득-43(2021.01.21)

「조세특례제한법」 제96조의3제1항에 따른 공제기간 내에 발생한 상가임대료가 연체된 경우로서 연체된 상가임대료를 공제기간 내 사후적으로 인하하여 지급받는 경우에도 동법 제96조의3에서 규정한 여타의 요건을 충족하는 경우 동법 동조에 따른 세액공제를 적용받을 수 있는 것임

26. 기타 - 전자신고에 대한 세액공제(법인)

법 제104조의 8 【전자신고 등에 대한 세액공제】 (2020. 12. 29. 제목개정)

① 납세자가 직접 「국세기본법」 제5조의2에 따른 전자신고(이하 이 조에서 "전자신고"라 한다)의 방법으로 대통령령으로 정하는 소득세, 양도소득세 또는 법인세과세표준 신고를 하는 경우에는 해당 납부세액에서 대통령령으로 정하는 금액을 공제한다. 이 경우 납부할 세액이 음수인 경우에는 이를 없는 것으로 한다. 〈개정 2020. 12. 29.〉

② 납세자가 직접 전자신고의 방법으로 대통령령으로 정하는 부가가치세 신고를 하는 경우에는 해당 납부세액에서 대통령령으로 정하는 금액을 공제하거나 환급세액에 가산한다. 다만, 매출가액과 매입가액이 없는 「부가가치세법」 제2조제5호에 따른 일반과세자에 대하여는 본문을 적용하지 아니하며, 같은 조 제4호에 따른 간이과세자에 대하여는 공제세액이 납부세액에 같은 법 제63조제3항, 제64조 및 제65조에 따른 금액을 가감(加減)한 후의 금액을 초과할 때에는 그 초과하는 금액은 없는 것으로 본다. 〈개정 2013. 6. 7.〉

영 제104조의 5 【전자신고 등에 대한 세액공제】 (2021. 2. 17. 제목개정)

① 법 제104조의 8 제1항 전단에서 "대통령령으로 정하는 소득세, 양도소득세 또는 법인세 과세표준 신고"란 「소득세법」 제70조에 따른 종합소득 과세표준 확정신고, 같은 법 제105조에 따른 양도소득 과세표준 예정신고 및 「법인세법」 제60조에 따른 과세표준신고를 말한다. (2021. 2. 17. 개정)

② 법 제104조의 8 제1항 전단에서 "대통령령으로 정하는 금액"이란 2만원(「소득세법」 제73조에 따라 과세표준확정신고의 예외에 해당하는 자가 과세표준확정신고를 한 경우에는 추가로 납부하거나 환급받은 결정세액과 1만원 중 적은 금액)을 말한다. (2019. 2. 12. 개정)

③ 법 제104조의 8 제2항에서 "대통령령으로 정하는 부가가치세 신고"란 「부가가치세법」 제49조에 따른 확정신고 및 같은 법 제67조에 따른 신고를 말한다. (2013. 6. 28. 개정 ; 부가가치세법 시행령 부칙)

④ 법 제104조의 8 제2항에서 "대통령령으로 정하는 금액"이란 1만원을 말한다. (2010. 2. 18. 개정)

⑤ (삭제, 2020. 2. 11.)

27. 기타 - 전자신고에 대한 세액공제(세무법인 등)

법 제104조의 8【전자신고 등에 대한 세액공제】
③「세무사법」에 따른 세무사(「세무사법」에 따른 세무사등록부 또는 세무대리업무등록부에 등록한 공인회계사 및 변호사, 같은 법에 따른 세무법인 및 「공인회계사법」에 따른 회계법인을 포함한다. 이하 이 조에서 같다)가 납세자를 대리하여 전자신고의 방법으로 직전 과세연도 동안 소득세, 양도소득세 또는 법인세를 신고를 한 경우에는 해당 세무사의 소득세(사업소득에 대한 소득세만 해당한다) 또는 법인세의 납부세액에서 제1항에 따른 금액을 공제하고, 직전 과세기간 동안 부가가치세를 신고한 경우에는 해당 세무사의 부가가치세 납부세액에서 제2항에 따른 금액을 공제한다. 〈개정 2011. 12. 31., 2017. 12. 19., 2019. 12. 31., 2020. 6. 9., 2020. 12. 29., 2021. 11. 23.〉
④ 제3항에 따라 세무사가 공제받을 수 있는 연간 공제 한도액(해당 세무사가 소득세 또는 법인세의 납부세액에서 공제받을 금액 및 부가가치세에서 공제받을 금액을 합한 금액)은 3백만원(「세무사법」에 따른 세무법인 또는 「공인회계사법」에 따른 회계법인인 경우에는 750만원)으로 한다. 〈신설 2019. 12. 31.〉
⑤ 납세자가 「국세기본법」 제8조제1항에 따른 전자송달의 방법으로 납부고지서의 송달을 신청한 경우 신청한 달의 다음다음 달 이후 송달하는 분부터 다음 각 호의 어느 하나에 해당하는 국세의 납부세액에서 대통령령으로 정하는 금액을 공제한다. 〈신설 2020. 12. 29.〉
1. 「소득세법」 제65조제1항 전단에 따라 결정·징수하는 소득세
2. 「부가가치세법」 제48조제3항 본문 및 같은 법 제66조제1항 본문에 따라 결정·징수하는 부가가치세
3. 「국세기본법」 제22조제3항에 따라 과세표준과 세액이 정부가 결정하는 때 확정되는 국세(수시부과하여 징수하는 경우는 제외한다)
⑥ 제5항에 따른 세액공제 금액은 각 세법에 따라 부과하는 국세의 납부세액에서 「국세기본법」 제83조에 따른 금액을 차감한 금액을 한도로 한다. 〈신설 2020. 12. 29.〉
[전문개정 2010. 1. 1.]
[제목개정 2020. 12. 29.]

영 제104조의 5【전자신고 등에 대한 세액공제】
⑥ 법 제104조의 8 제1항 및 제3항의 규정에 의하여 전자신고세액공제를 받고자 하는 자는 전자신고를 하는 때(법 제104조의 8 제3항의 규정에 의하여 세무사가 세액공제를 받고자 하는 경우에는 세무사 본인의 과세표준신고를 하는 때를 말한다)에 기획재정부령이 정하는 세액공제신청서를 관할세무서장에게 제출하여야 한다. (2008. 2. 29. 직제개정 ; 기획재정부와 그 소속기관 직제 부칙)
⑦ 법 제104조의 8 제5항 각 호 외의 부분에서 "대통령령으로 정하는 금액"이란 납부고지서 1건당 1천원을 말한다. (2021. 2. 17. 신설)

□ **개정연혁**

[2020년] 전자신고 세액공제의 세무대리인 공제한도 상향입법

가.개정취지: 특례 주요내용 법률에 직접 규정

나.개정내용

종전	개정
▨ 전자신고 세액공제 ○ 공제대상 및 금액 - 소득세·법인세 : 건당 2만원 - 부가가치세 : 건당 1만원 ○ 세무대리인 공제 한도* * 시행령 §104의5⑤ 	구분	'19~'20년	'21년 이후
---	---	---
세무대리인	300만원	200만원
세무대리법인	750만원	500만원		▨ 세무대리인 공제한도 상향입법 ○ (좌 동) ○ (세무대리인 공제 한도)세무사 등 300만원, 세무법인 등 750만원

다.적용시기 및 적용례: 2020.1.1. 이후 세무사 본인의 과세표준을 신고하는 분부터 적용

[2021년] 전자고지 신청 납세자에 대한 세액공제 신설

가.개정취지: 전자정부 구현 및 우편비용 절감

나.개정내용

종전	개정
	▨ 전자고지 신청* 납세자에 대한 세액공제 * 전자송달 방법으로 납부고지서 송달을 신청 ○ (대상) 중간예납하는 소득세, 예정고지·예정부과하는 부가가치세, 과세표준과 세액을 정부가 결정하는 국세 (수시부과하는 경우는 제외) ○ (공제금액) 납부고지서 1건당 1,000원

다.적용시기 및 적용례: 2021.7.1. 이후 최초로 전자송달하는 분부터 적용

[2021년] 전자신고 세액공제 대상 확대

가. 개정취지: 양도소득세 전자신고 활성화 지원

나. 개정내용

종전	개정
■ 전자신고 세액공제 ○ 세액공제 대상 - 소득세 · 법인세 : 건당 2만 원 - 부가가치세 : 건당 1만 원 〈추 가〉 ○ 연간 공제한도 - 세무대리인 : 연간 300만 원 - 세무법인 : 연간 750만 원	■ 세액공제 대상 확대 ○ 양도소득세 추가 - (좌 동) - 양도소득세(예정신고) : 건당 2만 원 ○ (좌 동)

다. 적용시기 및 적용례: 2021.1.1. 이후 전자신고하는 분부터 적용

□ **해석사례**

▷ **전자신고 세액공제 한도 적용 방법**
 서면법인2023-1065(2023.06.19.)

당해 과세연도분에 발생한 「조세특례제한법」 제104조의8 제1항 및 제2항에 따른 금액에 제3항에서 정한 한도액을 적용하는 것임

28. 기타 - 기업의 운동경비부 설치·운영에 대한 세액공제

법 제104조의 22 【기업의 운동경기부 등 설치·운영에 대한 과세특례】

① 내국법인이 대통령령으로 정하는 종목의 운동경기부(이하 이 조에서 "운동경기부"라 한다)를 설치하는 경우 설치한 날이 속하는 사업연도와 그 다음 사업연도의 개시일부터 2년 이내에 끝나는 사업연도까지 해당 운동경기부의 운영에 드는 비용 중 대통령령으로 정하는 비용의 100분의 10에 상당하는 금액을 법인세에서 공제한다. (2014. 1. 1. 개정)

② 내국법인이 대통령령으로 정하는 장애인운동경기부(이하 이 조에서 "장애인운동경기부"라 한다)를 설치하는 경우 설치한 날이 속하는 사업연도와 그 다음 사업연도의 개시일부터 4년 이내에 끝나는 사업연도까지 해당 장애인운동경기부의 운영에 드는 비용 중 대통령령으로 정하는 비용의 100분의 20에 상당하는 금액을 법인세에서 공제한다. (2014. 1. 1. 신설)

③ 내국법인이 「이스포츠(전자스포츠) 진흥에 관한 법률」에 따른 이스포츠 중 대통령령으로 정하는 종목의 경기부(이하 이 조에서 "이스포츠경기부"라 한다)를 설치하는 경우 설치한 날이 속하는 사업연도와 그 다음 사업연도의 개시일부터 2년 이내에 끝나는 사업연도까지 해당 이스포츠경기부의 운영에 드는 비용 중 대통령령으로 정하는 비용의 100분의 10에 상당하는 금액을 법인세에서 공제한다. (2021. 12. 28. 신설)

④ 제1항부터 제3항까지의 규정을 적용받으려는 내국법인은 대통령령으로 정하는 바에 따라 신청을 하여야 한다. (2021. 12. 28. 개정)

⑤ 제1항부터 제3항까지의 규정을 적용받은 내국법인이 운동경기부, 장애인운동경기부 또는 이스포츠경기부를 설치한 날부터 3년(장애인운동경기부의 경우 5년) 이내에 해당 운동경기부, 장애인운동경기부 또는 이스포츠경기부를 해체하거나 대통령령으로 정하는 선수단 구성 등에 관한 요건을 갖추지 못한 경우에는 해당 사업연도의 과세표준신고를 할 때 제1항부터 제3항까지의 규정에 따라 공제받은 세액에 대통령령으로 정하는 바에 따라 계산한 이자상당액을 더한 금액을 법인세로 납부하여야 한다. (2021. 12. 28. 개정)

영 제104조의 20 【기업의 운동경기부 설치·운영에 대한 과세특례】

① 법 제104조의 22 제1항에서 "대통령령으로 정하는 종목의 운동경기부"란 「국민체육진흥법」 제33조에 따라 설립된 대한체육회(이하 "대한체육회"라 한다)에 가맹된 경기단체 종목 중 기획재정부령으로 정하는 종목의 운동경기부로서 다음 각 호의 요건을 모두 갖춘 운동경기부를 말한다. (2022. 2. 15. 개정)

1. 대한체육회 또는 「국민체육진흥법」 제34조에 따른 대한장애인체육회(이하 "대한장애인체육회"라 한다)에 가맹된 경기단체에 등록되어 있는 선수로 구성되어 설치(재설치를 포함한다)·운영되는 운동경기부일 것 (2022. 2. 15. 개정)

2. 경기종목별 선수의 수는 해당 종목의 경기 정원 이상일 것 (2010. 12. 30. 신설)

3. 경기종목별로 경기지도자가 1명 이상일 것 (2010. 12. 30. 신설)

② 법 제104조의 22 제2항에서 "대통령령으로 정하는 장애인운동경기부"란 대한장애인체육회에 가맹된 경기단체가 있는 종목의 운동경기부로서 제1항 각 호의 요건을 모두 갖춘 운동경기부를 말한다. (2014. 2. 21. 신설)

③ 법 제104조의 22 제3항에서 "대통령령으로 정하는 종목의 경기부"란 「이스포츠(전자스포츠) 진흥에 관한 법률」 제12조에 따라 선정된 종목 중 기획재정부령으로 정하는 종목의 이스포츠경기부로서 다음 각 호의 요건을 모두 갖춘 이스포츠경기부를 말한다. (2022. 2. 15. 신설)

1. 「이스포츠(전자스포츠) 진흥에 관한 법률」에 따른 이스포츠 선수로 구성되어 설치(재설치를 포함한다)·운영되는 경기부일 것 (2022. 2. 15. 신설)
2. 이스포츠 종목별로 경기지도자가 1명 이상일 것 (2022. 2. 15. 신설)

④ 법 제104조의 22 제1항부터 제3항까지의 규정에서 "대통령령으로 정하는 비용"이란 각각 다음 각 호에 해당하는 비용을 말한다. (2022. 2. 15. 개정)

1. 제1항부터 제3항까지의 규정에 따른 운동경기부 또는 이스포츠경기부(이하 이 항에서 "경기부"라 한다)에 소속된 선수, 감독 및 코치와 경기부의 운영 업무를 직접적으로 지원하는 사람에 대한 인건비 (2022. 2. 15. 개정)
2. 대회참가비, 훈련장비구입비 등 경기부를 운영하기 위하여 드는 비용으로서 기획재정부령으로 정하는 비용 (2022. 2. 15. 개정)

⑤ 법 제104조의 22 제1항부터 제3항까지의 규정을 적용받으려는 내국법인은 과세표준신고와 함께 기획재정부령으로 정하는 세액공제신청서를 납세지 관할 세무서장에게 제출하여야 한다. (2022. 2. 15. 개정)

⑥ 법 제104조의 22 제5항에서 "대통령령으로 정하는 선수단 구성 등에 관한 요건"이란 제1항 각 호 또는 제3항 각 호의 요건을 말한다. (2022. 2. 15. 개정)

⑦ 법 제104조의 22 제4항에서 "대통령령으로 정하는 바에 따라 계산한 이자상당액"이란 법 제104조의 22 제1항 또는 제2항에 따라 공제받은 세액에 제1호의 기간과 제2호의 율을 곱하여 계산한 금액을 말한다. (2022. 2. 15. 항번개정)

1. 공제받은 과세연도 종료일의 다음 날부터 납부사유가 발생한 날이 속하는 과세연도의 종료일까지의 기간 (2010. 12. 30. 신설)
2. 제11조의 2 제9항 제2호에 따른 율 (2022. 2. 15. 개정)

규칙 제47조 [기업의 운동경기부 등 설치·운영에 대한 과세특례] (2022. 3. 18. 제목개정)

① 영 제104조의 20 제1항 각 호 외의 부분 및 같은 조 제3항 각 호 외의 부분에서 "기획재정부령으로 정하는 종목"이란 각각 별표 9 제1호 및 제2호에 따른 종목을 말한다. (2022. 3. 18. 신설)

② 영 제104조의 20 제4항 제2호에서 "기획재정부령으로 정하는 비용"이란 다음 각 호의 어느 하나에 해당하는 비용을 말한다. (2022. 3. 18. 개정)

1. 선수의 선발 심사 등 운동경기부 또는 이스포츠경기부의 창단을 준비하는 과정에서 드는 비용 (2022. 3. 18. 개정)
2. 경기장 및 훈련장 사용료 (2011. 4. 7. 신설)
3. 식비 (2011. 4. 7. 신설)
4. 전지훈련비 (2011. 4. 7. 신설)
5. 훈련시설 보수비 (2011. 4. 7. 신설)
6. 경기용품, 훈련장비, 운동경기복, 약품의 구입비 및 수선비 (2011. 4. 7. 신설)
7. 경기대회 참가비 및 참가를 위한 이동경비 (2011. 4. 7. 신설)
8. 경기대회 참가를 위한 현지 숙식비 (2011. 4. 7. 신설)
9. 선수숙소 및 선수 이동차량에 대한 임차료 (2011. 4. 7. 신설)
10. 그 밖에 운동경기부 또는 이스포츠경기부 운영에 직접 드는 경비 (2022. 3. 18. 개정)

□ **개정연혁**

[2022년] 기업의 운동경기부 과세특례 대상 확대

가. 개정취지: 스포츠 경쟁력 확보를 위한 지원 확대 및 제도 보완

나. 개정내용

종전	개정
■ 운동경기부 설치 시 3년간 운영비용* 10%** 세액공제 * 선수·감독·코치 등 인건비 + 대회참가비 등 비용 ** 장애인 운동경기부는 5년간 20% ○ (지원대상) 올림픽 및 아시안게임에 정식 종목으로 지정된 40여개 종목의 운동경기부 * 프로 종목은 제외 〈신 설〉	■ 운동경기부 지원대상 확대 ○ (지원대상) 대한체육회 가맹 종목 중 기획재정부령으로 정하는 종목의 운동경기부 * (좌 동) ■ 이스포츠경기부 창단기업에 대해서도 3년간 운영비용 10% 세액공제 ○ (지원대상) 「이스포츠진흥에 관한 법률」 제12조에 따라 선정된 종목 중 기획재정부령으로 정하는 종목의 이스포츠경기부

다. 적용시기 및 적용례: 2022.1.1. 이후 이스포츠경기부를 설치·운영하는 경우부터 적용

□ **해석사례**

▷ **기존 운동부를 인수한 경우 과세특례 적용여부**

　기획재정부법인-275(2012.04.06)

내국법인이 다른 법인이 운영하던 기존의 선수단을 인수하여 운동경기부를 창단하는 경우, 기업의 운동경기부 설치·운영에 대한 과세특례 적용대상이 됨

29. 기타 – 석유제품 전자상거래에 대한 세액공제

법 제104조의 25 【석유제품 전자상거래에 대한 세액공제】
① 「석유 및 석유대체연료 사업법」에 따른 석유판매업자 중 대통령령으로 정하는 자가 대통령령으로 정하는 전자결제망을 이용하여 같은 법에 따른 석유제품을 2025년 12월 31일까지 공급받는 경우 공급가액(「부가가치세법」 제29조에 따른 공급가액을 말한다)의 1천분의 3에 상당하는 금액을 공급받은 날(「부가가치세법」 제15조에 따른 재화의 공급시기를 말한다)이 속하는 과세연도의 소득세(사업소득에 대한 소득세만 해당한다) 또는 법인세에서 공제한다. 다만, 공제받는 금액이 해당 과세연도의 소득세 또는 법인세의 100분의 10을 초과하는 경우에는 그 초과하는 금액은 없는 것으로 한다. (2022. 12. 31. 개정)
1. (삭제, 2019. 12. 31.)
2. (삭제, 2019. 12. 31.)
② 제1항을 적용받으려는 내국인은 대통령령으로 정하는 바에 따라 세액공제신청을 하여야 한다. (2011. 12. 31. 신설)

영 제104조의 22 【석유제품 전자상거래에 대한 세액공제】
① 법 제104조의 25 제1항 본문에서 "대통령령으로 정하는 전자결제망"이란 법률 제11845호 자본시장과 금융투자업에 관한 법률 일부개정법률 부칙 제15조에 따른 한국거래소에서 운영하는 석유제품 전자결제망을 말한다. (2020. 2. 11. 개정)
② 법 제104조의 25 제1항 본문에서 "석유판매업자 중 대통령령으로 정하는 자"란 다음 각 호의 어느 하나에 해당하는 자를 말한다. (2020. 2. 11. 개정)
1. 「석유 및 석유대체연료 사업법 시행령」 제2조 제1호에 따른 일반대리점(제1항에 따른 석유제품 전자결제망을 통하여 일반대리점으로부터 석유제품을 공급받는 경우는 제외한다) (2020. 2. 11. 개정)
2. 「석유 및 석유대체연료 사업법 시행령」 제2조 제3호에 따른 주유소 (2020. 2. 11. 개정)
3. 「석유 및 석유대체연료 사업법 시행령」 제2조 제4호에 따른 일반판매소 (2020. 2. 11. 개정)
③ 법 제104조의 25에 따라 소득세 또는 법인세를 공제받으려는 자는 과세표준신고와 함께 기획재정부령으로 정하는 세액공제신청서를 납세지 관할 세무서장에게 제출하여야 한다. (2017. 2. 7. 항번 개정)

▫ **개정연혁**

[2023년] 석유제품 전자상거래 세액공제 공제율 상향 및 적용기한 연장

가. 개정취지: 석유시장 투명성 제고 및 경쟁촉진

나. 개정내용

종전	개정
▨ 석유제품 전자상거래 세액공제 ○ (적용대상) 석유제품을 KRX 석유시장을 통해 공급받은 석유판매업자* * 일반대리점, 주유소, 일반판매소 ○ (공제금액) 석유제품 공급가액의 0.2% ○ (공제한도) 해당 과세연도의 소득세·법인세의 10% 한도 ○ (적용기한) 2022.12.31.	▨ 공제율 상향 및 적용기한 연장 ○ (좌 동) ○ (공제율 인상) 0.2% → 0.3% ○ (좌 동) ○ (적용기한) 2025.12.31.

다. 적용시기 및 적용례: 2023.1.1. 이후 석유제품을 공급받은 분부터 적용

30. 기타 – 우수 선화주기업 인증받은 국제 물류주선업자에 대한 세액공제

법 제104조의 30 【우수 선화주기업 인증을 받은 화주 기업에 대한 세액공제】
① 「해운법」 제47조의 2에 따라 우수 선화주기업 인증을 받은 화주 기업(「물류정책기본법」 제43조 제1항에 따라 국제물류주선업자로 등록한 기업으로 한정한다) 중 대통령령으로 정하는 기업(이하 이 조에서 "화주기업"이라 한다)이 다음 각 호의 요건을 모두 충족하는 경우에는 2025년 12월 31일까지 「해운법」 제25조 제1항에 따른 외항정기화물운송사업자(이하 이 조에서 "외항정기화물운송사업자"라 한다)에게 수출입을 위하여 지출한 운송비용의 100분의 1에 상당하는 금액에 직전 과세연도에 비하여 증가한 운송비용의 100분의 3에 상당하는 금액을 더한 금액을 해당 지출일이 속하는 과세연도의 소득세(사업소득에 대한 소득세만 해당한다) 또는 법인세에서 공제한다. 다만, 공제받는 금액이 해당 과세연도의 소득세 또는 법인세의 100분의 10을 초과하는 경우에는 100분의 10을 한도로 한다. (2022. 12. 31. 개정)
1. 화주기업이 해당 과세연도에 외항정기화물운송사업자에게 지출한 해상운송비용이 전체 해상운송비용의 100분의 40 이상일 것 (2019. 12. 31. 신설)
2. 화주기업이 해당 과세연도에 지출한 해상운송비용 중 외항정기화물운송사업자에게 지출한 비용이 차지하는 비율이 직전 과세연도보다 증가할 것 (2019. 12. 31. 신설)
② 제1항을 적용받으려는 내국인은 대통령령으로 정하는 바에 따라 세액공제신청을 하여야 한다. (2019. 12. 31. 신설)
③ 제1항 및 제2항을 적용할 때 운송비용의 계산 등 그 밖에 필요한 사항은 대통령령으로 정한다. (2019. 12. 31. 신설)

영 제104조의 27 【우수 선화주기업 인증을 받은 화주 기업에 대한 세액공제】
① 법 제104조의 30 제1항 각 호 외의 부분 본문에서 "대통령령으로 정하는 기업"이란 직전 과세연도에 매출액이 있는 기업을 말한다. (2022. 2. 15. 개정)
② 법 제104조의 30 제1항에 따른 운송비용 및 해상운송비용은 「해운법」 제23조 제2호에 따른 외항 정기 화물운송사업을 영위하는 자에게 지출한 비용으로서 다음 각 호의 요건을 모두 충족하는 것으로 한다. (2020. 2. 11. 신설)
1. 「대외무역법 시행령」 제2조 제3호 및 제4호에 따른 수출·수입에 따른 물품의 이동을 위해 지출하는 비용일 것 (2020. 2. 11. 신설)
2. 외항 정기 화물운송사업을 영위하는 자와 체결한 운송계약을 증명하는 선하증권 및 그 밖의 서류에 기재된 구간의 운송을 위하여 지출한 비용일 것 (2020. 2. 11. 신설)
③ 법 제104조의 30 제2항에 따라 세액공제를 신청하려는 자는 과세표준 신고와 함께 기획재정부령으로 정하는 세액공제신청서 및 공제세액계산서를 납세지 관할 세무서장에게 제출해야 한다. (2020. 2. 11. 신설)

□ **개정연혁**

[2020년] 우수선화주 인증 포워더기업에 대한 세제지원 신설

가. 개정취지: 우수선화주 인증을 받은 국제물류주선업자가 외항정기 화물운송업자에 지출한 비용에 대한 지원

나. 개정내용

종전	개정
〈신 설〉	■ 우수선화주 인증*을 받은 국제물류주선업자(포워더)에 대한 세액공제 * 해운법 §47의2 우수선화주 인증 ○ (대상) 우수 선화주 인증 국제물류주선업자 중 전년도 매출액이 100억원 이상인 기업 ○ (요건) 다음 요건을 모두 충족 ① 외항정기화물 운송사업자(등록자)에 지출한 운송비용이 전체 해상운송비용의 40% 이상일 것 ② 전체 해상운송비용 중 외항정기화물운송사업자(등록자)에 지출한 비용의 비율이 직전과세연도보다 높을 것 ○ (세액공제) 외항정기화물운송사업자에게 지출한 운송비용*의 1%(직전연도 대비 증가분은 3% 추가) 세액공제 * 수출·수입을 위한 비용으로서 운송계약에 따라 외항정기화물 운송사업자에게 지출한 금액 - 공제한도 : 소득·법인세의 10% 범위

다. 적용시기 및 적용례: 2020.1.1. 이후 개시하는 과세연도 분부터 적용

[2023년] 우수 선화주에 대한 세액공제 적용기한 연장

가. 개정취지: 선주 - 화주 간 상생협력 체계 조성 지원

나. 개정내용

종전	개정
■ 우수 선화주 인증*을 받은 국제물류주선업자에 대한 세액공제 * 「해운법」 §47의2에 따른 우수 선화주 인증 ○ (요건) ❶, ❷ 요건을 모두 충족 ❶ 외항정기화물운송사업자에 지출한 운송비용이 전체 해상운송비용의 40% 이상 ❷ 외항정기화물운송사업자에 지출한 비용의 비율이 직전 과세연도보다 높을 것 ○ (공제금액) 외항정기화물운송사업자에 지출한 비용의 1% + 직전 과세연도에 비하여 증가한 운송비용의 3% ○ (적용기한) 2022.12.31.	■ 적용기한 연장 ○ (좌 동) ○ 2025.12.31.

다. 적용시기 및 적용례

31. 기타 – 용역제공자에 관한 과세자료의 제출에 대한 세액공제

법 제104조의 32【용역제공자에 관한 과세자료의 제출에 대한 세액공제】
① 「소득세법」 제173조 제1항에 따른 용역제공자에 관한 과세자료(이하 이 조에서 "과세자료"라 한다)를 제출하여야 할 자가 같은 항의 기한내에 「국세기본법」 제2조 제19호에 따른 국세정보통신망을 통하여 2026년 12월 31일까지 수입금액 또는 소득금액이 발생하는 용역에 관한 과세자료를 제출하는 경우 「소득세법」 제173조 제1항에 따른 용역제공자의 인원 수 등을 고려하여 대통령령으로 정하는 금액을 해당 용역에 대한 수입금액 또는 소득금액이 발생한 달이 속하는 과세연도에 대한 소득세(사업소득에 대한 소득세만 해당한다) 또는 법인세에서 공제한다. (2023. 12. 31. 개정)
② 제1항에 따른 세액공제의 적용, 신청방법, 그 밖에 필요한 사항은 대통령령으로 정한다. (2021. 8. 10. 신설)

영 제104조의 29【용역제공자에 관한 과세자료 제출에 대한 세액공제】
① 법 제104조의 32 제1항에서 "대통령령으로 정하는 금액"이란 「소득세법」 제173조 제1항에 따라 제출하는 각각의 과세자료에 기재된 용역제공자 인원 수(「소득세법 시행령」 제224조 제3항에 따른 용역제공자 인적사항 및 용역제공기간 등 기재해야 할 사항이 모두 기재된 인원 수로 한정한다)에 300원을 곱하여 계산한 금액의 합계액을 말한다. 이 경우 그 합계액이 1만원 미만인 경우에는 이를 1만원으로 하고, 200만원을 초과하는 경우에는 그 초과하는 금액은 없는 것으로 한다. (2023. 2. 28. 후단개정)
② 법 제104조의 32 제1항에 따라 세액공제를 받으려는 자는 과세표준신고를 할 때 기획재정부령으로 정하는 세액공제신청서 및 공제세액계산서를 납세지 관할 세무서장에게 제출해야 한다. (2021. 11. 9. 신설)

□ **개정연혁**

[2022년] 과세자료 제출 세액공제 신설

가. 개정취지: 과세자료 제출주기 단축(매년→매월) 등에 따른 사업자 부담 경감
나. 개정내용

종전	개정
〈신 설〉	■ 용역제공자에 관한 과세자료 제출 사업자에게 소득세·법인세 공제 신설 ○ (공제금액) 용역제공자* 1명당 300원 　* 용역제공자 인적사항, 용역제공기간 등 기재하여야 할 사항을 기재하여 제출한 인원으로 한정 ○ (공제한도) 사업자별 연간 200만원 ○ (적용기한) 2023.12.31.까지

다. 적용시기 및 적용례: 2021.11.11. 이후 수입금액 또는 소득금액이 발생하는 용역에 대한 과세자료를 제출하는 분부터 적용

[2024년] 용역제공자에 관한 과세자료 제출에 대한 세액공제 적용기한 연장

가. 개정취지: 사업자의 과세자료 제출 부담 완화
나. 개정내용

종전	개정
■ 용역제공자에 관한 과세자료 제출 세액 공제 ○ (대상) 과세자료를 국세정보통신망을 통해 제출하는 사업자 ○ (공제액) 제출인원 1명당 300원 ○ (공제한도) 연간 200만원 ○ (적용기한) 2023.12.31.	■ 적용기한 연장 ○ (좌 동) ○ 2026.12.31.

다. 적용시기 및 적용례

32. 기타 – 금사업자와 스크랩등 사업자의 수입금액증가 등 세액공제

법 제122조의 4 【금사업자와 스크랩등사업자의 수입금액의 증가 등에 대한 세액공제】
① 금사업자(제106조의 4 제1항 제3호의 제품을 공급하거나 공급받으려는 사업자 또는 수입하려는 사업자로 한정한다) 또는 스크랩등사업자가 과세표준신고를 할 때 신고한 사업장별 익금 및 손금(이하 이 항에서 "익금 및 손금"이라 한다)에 각각 제106조의 4 또는 제106조의 9에 따라 금거래계좌나 스크랩등거래계좌를 사용하여 결제하거나 결제받은 익금 및 손금(이하 이 항에서 "매입자납부 익금 및 손금"이라 한다)이 포함되어 있는 경우에는 2023년 12월 31일 이전에 끝나는 과세연도까지 다음 각 호의 어느 하나를 선택하여 그 금액을 해당 과세연도의 소득세 또는 법인세에서 공제받을 수 있다. 이 경우 공제세액은 해당 과세연도의 종합소득 산출세액 또는 법인세 산출세액에서 직전 과세연도의 종합소득 산출세액 또는 법인세 산출세액을 공제한 금액을 한도로 한다. (2021. 12. 28. 개정)
1. 과세표준신고를 할 때 신고한 사업장별 매입자납부 익금 및 손금을 합친 금액이 직전 과세연도의 매입자납부 익금 및 손금을 합친 금액을 초과하는 경우에는 그 초과금액(사업장별 익금 및 손금을 합친 금액의 증가분을 한도로 한다)의 100분의 50에 상당하는 금액이 익금 및 손금을 합친 금액에서 차지하는 비율을 종합소득세 산출세액 또는 법인세 산출세액에 곱하여 계산한 금액. 이 경우 직전 과세연도의 매입자납부 익금 및 손금을 합친 금액이 없는 경우에는 직전 과세연도의 익금 및 손금을 합친 금액을 직전 과세연도의 매입자납부 익금 및 손금을 합친 금액으로 한다. (2013. 5. 10. 신설)
2. 과세표준신고를 할 때 신고한 사업장별 매입자납부 익금 및 손금을 합친 금액의 100분의 5에 상당하는 금액이 익금 및 손금을 합친 금액에서 차지하는 비율을 종합소득세 산출세액 또는 법인세 산출세액에 곱하여 계산한 금액 (2013. 5. 10. 신설)
② 제1항을 적용할 때 공제세액의 계산 등에 관하여 필요한 사항은 대통령령으로 정한다. (2013. 5. 10. 신설)
③ 제1항을 적용받으려는 자는 대통령령으로 정하는 바에 따라 세액공제신청을 하여야 한다. (2013. 5. 10. 신설)

영 제117조의 4 【구리 스크랩등사업자의 수입금액의 증가 등에 대한 세액공제】
① 법 제122조의 4 제1항 제1호는 세액공제를 받으려는 과세연도의 직전 과세연도 종료일부터 소급하여 1년 이상 계속하여 해당 사업을 영위한 자에 한정하여 적용한다. (2013. 11. 29. 신설)
② 법 제122조의 4 제1항 제1호를 적용할 때 직전 과세연도의 매입자 납부특례 적용 개월수가 사업자의 과세연도보다 짧을 경우에는 직전 과세연도의 매입자납부 익금 및 손금을 합친 금액은 매입자납부 익금 및 손금을 합친 금액에 사업자의 과세연도 개월수를 곱한 금액을 납부특례 적용 개월수로 나눈 금액으로 한다. 이 경우 개월수는 역(歷)에 따라 계산하되 1개월 미만의 일수는 1개월로 한다. (2016. 2. 5. 신설)

③ 법 제122조의 4 제1항에 따른 매입자납부 익금 및 손금의 합계액이 변경되거나 해당 과세연도의 과세표준과 세액이 경정되어 세액공제액이 감소되는 경우에는 같은 항에 따라 소득세 또는 법인세에서 공제금액을 다시 계산한다. (2016. 2. 5. 항번개정)

④ 법 제122조의 4 제1항에 따른 세액공제를 받으려는 자는 종합소득 과세표준확정신고 또는 법인세 과세표준신고와 함께 기획재정부령으로 정하는 수입증가 등 세액공제신청서와 매입자납부 익금 및 손금명세서를 납세지 관할 세무서장에게 제출하여야 한다. (2016. 2. 5. 항번개정)

□ **개정연혁**

[2022년] 금·스크랩등 사업자 세액공제 적용기한 연장
가. 개정취지: 금·스크랩사업자 소득 양성화 유도
나. 개정내용

종전	개정
■ 금사업자와 스크랩등사업자의 수입금액 증가에 대한 세액공제 ○ (적용대상) 금거래계좌나 스크랩등거래계좌를 사용하는 금사업자 및 스크랩등* 사업자 　* 구리와 철의 웨이스트 및 스크랩 등 ○ (공제액) ⓐ, ⓑ 중 큰 금액 　ⓐ 산출세액×1/2×매입자 납부수익금·손금* 증가/전체 익금·손금 　ⓑ 산출세액 × 매입자 납부수익금·손금*의 5%/전체익금·손금 　* 매입자납부 익금·손금 : 금거래계좌 및 스크랩등거래계좌를 사용하여 결제 받은 익금·손금 ○ (적용기한) 2021.12.31.	■ 적용기한 2년 연장 ○ (좌 동) ○ 2023.12.31.

다. 적용시기 및 적용례

□ **해석사례**

▷ 스크랩 등 사업자의 수입금액 증가 등에 대한 세액공제
　서면법인2023-3666(2024.01.08)

조세특례제한법 제122조의4【금사업자와 스크랩등사업자의 수입금액의 증가 등에 대한 세액공제】를 적용함에 있어서 공제받을 세액은 스크랩등사업자의 법인세 산출세액에 같은 법 같은 조 제1항 1호 또는 2호의 공제율을 곱하여 계산하며, 공제율 계산 시 적용되는 익금과 손금은 법인세법 제14조에 따른 각 사업연도 소득금액 계산 시 포함되는 익금과 손금을 말하는 것임

33. 기타 - 성실신고 확인비용에 대한 세액공제

법 제126조의 6 【성실신고 확인비용에 대한 세액공제】

① 「소득세법」 제70조의 2 제1항에 따른 성실신고확인대상사업자 및 「법인세법」 제60조의 2 제1항에 따른 성실신고확인대상 내국법인(이하 이 조에서 "성실신고확인대상자"라 한다)이 성실신고확인서를 제출(둘 이상의 업종을 영위하는 「소득세법」 제70조의 2 제1항에 따른 성실신고확인대상사업자가 일부 업종에 대해서만 성실신고확인서를 제출한 경우를 포함한다)하는 경우에는 성실신고 확인에 직접 사용한 비용의 100분의 60에 해당하는 금액을 해당 과세연도의 소득세[사업소득(「소득세법」 제45조 제2항에 따른 부동산임대업에서 발생하는 소득을 포함한다)에 대한 소득세만 해당한다] 또는 법인세에서 공제한다. 다만, 공제세액의 한도는 120만원(「법인세법」 제60조의 2 제1항에 따른 성실신고확인대상 내국법인의 경우에는 150만원)의 범위에서 대통령령으로 정한다. (2017. 12. 19. 개정)

② 제1항을 적용받은 성실신고확인대상자가 해당 과세연도의 사업소득금액(법인인 경우에는 「법인세법」 제13조에 따른 과세표준을 말한다. 이하 이 조에서 "사업소득금액등"이라 한다)을 과소 신고한 경우로서 그 과소 신고한 사업소득금액등이 경정(수정신고로 인한 경우를 포함한다)된 사업소득금액등의 100분의 10 이상인 경우에는 제1항에 따라 공제받은 금액에 상당하는 세액을 전액 추징한다. (2017. 12. 19. 개정)

③ 제2항에 따라 사업소득금액등이 경정된 성실신고확인대상자에 대해서는 경정일이 속하는 과세연도의 다음 과세연도부터 3개 과세연도 동안 성실신고 확인비용에 대한 세액공제를 하지 아니한다. (2017. 12. 19. 개정)

④ 제1항을 적용받으려는 자는 대통령령으로 정하는 바에 따라 세액공제신청을 하여야 한다. (2011. 5. 19. 신설)

영 제121조의 6 【성실신고 확인비용에 대한 세액공제】

① 법 제126조의 6 제1항 단서에 따른 공제세액의 한도는 다음 각 호의 구분에 따른다. (2018. 2. 13. 개정)
1. 「소득세법」 제70조의 2 제1항에 따른 성실신고확인대상사업자의 경우: 120만원 (2018. 2. 13. 신설)
2. 「법인세법」 제60조의 2 제1항에 따른 성실신고확인대상 내국법인의 경우: 150만원 (2018. 2. 13. 신설)

② 법 제126조의 6 제1항을 적용 받으려는 자는 「소득세법」 제70조의 2 제1항 또는 「법인세법」 제60조의 2 제1항에 따른 성실신고확인서를 제출할 때 기획재정부령으로 정하는 성실신고 확인비용세액공제신청서를 납세지 관할 세무서장에게 제출하여야 한다. (2023. 2. 28. 개정)

□ 해석사례

▷ 성실신고 확인비용 세액공제 한도 적용 방법
  서면법인2023-1430(2023.06.19.)
해당 과세연도에 성실신고 확인에 직접 사용한 비용의 100분의 60에 해당하는 금액에 「조세특례제한법」 제126조의6 제1항 단서에서 정한 한도액을 적용

▷ 개인사업자가 소득세법상 성실신고확인대상자에 해당하는 경우 쟁점사업장의 공동사업자인 내국법인이 성실신고확인세액공제를 적용받을 수 있는지 여부
  서면법인2022-1519(2022.06.13)
「법인세법」 제60조의2 제1항에 따른 성실신고확인대상이 아닌 내국법인은 「조세특례제한법」 제126조의6에 따른 성실신고 확인비용에 대한 세액공제를 적용받을 수 없는 것임

PART 02 조세특례제한법에 따른 세액감면

34. 중소기업지원 – 창업중소기업 등에 대한 감면

법 제6조 【창업중소기업 등에 대한 세액감면】
① 대통령령으로 정하는 중소기업(이하 "중소기업"이라 한다) 중 2027년 12월 31일 이전에 제3항 각 호에 따른 업종으로 창업한 중소기업(이하 이 조에서 "창업중소기업"이라 한다)과 「중소기업창업 지원법」 제53조 제1항에 따라 창업보육센터사업자로 지정받은 내국인(이하 이 조에서 "창업보육센터사업자"라 한다)에 대해서는 해당 사업에서 최초로 소득이 발생한 과세연도(사업 개시일부터 5년이 되는 날이 속하는 과세연도까지 해당 사업에서 소득이 발생하지 아니하는 경우에는 5년이 되는 날이 속하는 과세연도를 말한다. 이하 제6항에서 같다)와 그 다음 과세연도의 개시일부터 4년 이내에 끝나는 과세연도까지 해당 사업에서 발생한 소득에 대한 소득세 또는 법인세에 다음 각 호의 구분에 따른 비율을 곱한 금액에 상당하는 세액을 감면한다. (2021. 12. 28. 개정 ; 중소기업창업 지원법 부칙)

1. 창업중소기업의 경우: 다음 각 목의 구분에 따른 비율 (2018. 5. 29. 신설)
   가. 2025년 12월 31일 이전에 창업한 기업(2024. 12. 31. 개정)
      1) 수도권과밀억제권역 외의 지역에서 창업한 대통령령으로 정하는 청년창업중소기업(이하 "청년창업중소기업"이라 한다)의 경우: 100분의 100
      2) 수도권과밀억제권역에서 창업한 청년창업중소기업 및 수도권과밀억제권역 외의 지역에서 창업한 창업중소기업의 경우: 100분의 50 (2018. 5. 29. 신설)
   나. 2026년 1월 1일 이후에 창업한 기업(2024. 12. 31. 개정)
      1) 수도권 외의 지역 또는 수도권 내의 인구감소지역에서 창업한 청년창업중소기업의 경우: 100분의 100
      2) 수도권(수도권과밀억제권역과 인구감소지역은 제외한다)지역에서 창업한 청년창업중소기업의 경우: 100분의 75
      3) 수도권과밀억제권역에서 창업한 청년창업중소기업과 수도권 외의 지역 또는 수도권 내의 인구감소지역에서 창업한 경우: 100분의 50
      4) 수도권(수도권과밀억제권역과 인구감소지역은 제외한다)지역에서 창업한 경우: 100분의 25 (2018. 5. 29. 신설)
2. 창업보육센터사업자의 경우: 100분의 50 (2018. 5. 29. 신설)

② 「벤처기업육성에 관한 특별법」 제2조 제1항에 따른 벤처기업(이하 "벤처기업"이라 한다) 중 대통령

령으로 정하는 기업으로서 창업 후 3년 이내에 같은 법 제25조에 따라 2027년 12월 31일까지 벤처기업으로 확인받은 기업(이하 "창업벤처중소기업"이라 한다)의 경우에는 그 확인받은 날 이후 최초로 소득이 발생한 과세연도(벤처기업으로 확인받은 날부터 5년이 되는 날이 속하는 과세연도까지 해당 사업에서 소득이 발생하지 아니하는 경우에는 5년이 되는 날이 속하는 과세연도)와 그 다음 과세연도의 개시일부터 4년 이내에 끝나는 과세연도까지 해당 사업에서 발생한 소득에 대한 소득세 또는 법인세의 100분의 50에 상당하는 세액을 감면한다. 다만, 제1항을 적용받는 경우는 제외하며, 감면기간 중 다음 각 호의 사유가 있는 경우에는 다음 각 호의 구분에 따른 날이 속하는 과세연도부터 감면을 적용하지 아니한다. (2024. 1. 9. 개정 ; 벤처기업육성에 관한 특별조치법 부칙)

1. 벤처기업의 확인이 취소된 경우: 취소일 (2016. 12. 20. 신설)
2. 「벤처기업육성에 관한 특별법」 제25조 제2항에 따른 벤처기업확인서의 유효기간이 만료된 경우(해당 과세연도 종료일 현재 벤처기업으로 재확인받은 경우는 제외한다): 유효기간 만료일 (2024. 1. 9. 개정 ; 벤처기업육성에 관한 특별조치법 부칙)

③ 창업중소기업과 창업벤처중소기업의 범위는 다음 각 호의 업종을 경영하는 중소기업으로 한다. (2019. 12. 31. 개정)

1. 광업 (2019. 12. 31. 개정)
2. 제조업(제조업과 유사한 사업으로서 대통령령으로 정하는 사업을 포함한다. 이하 같다) (2019. 12. 31. 개정)
3. 수도, 하수 및 폐기물 처리, 원료 재생업 (2019. 12. 31. 개정)
4. 건설업 (2019. 12. 31. 개정)
5. 통신판매업 (2019. 12. 31. 개정)
6. 대통령령으로 정하는 물류산업(이하 "물류산업"이라 한다) (2019. 12. 31. 개정)
7. 음식점업 (2019. 12. 31. 개정)
8. 정보통신업. 다만, 다음 각 목의 어느 하나에 해당하는 업종은 제외한다. (2019. 12. 31. 개정)
   가. 비디오물 감상실 운영업 (2019. 12. 31. 개정)
   나. 뉴스제공업 (2019. 12. 31. 개정)
   다. 가상자산 매매 및 중개업 (2024. 12. 31. 개정)
9. 금융 및 보험업 중 대통령령으로 정하는 정보통신을 활용하여 금융서비스를 제공하는 업종 (2019. 12. 31. 개정)
10. 전문, 과학 및 기술 서비스업[대통령령으로 정하는 엔지니어링사업(이하 "엔지니어링사업"이라 한다)을 포함한다]. 다만, 다음 각 목의 어느 하나에 해당하는 업종은 제외한다. (2019. 12. 31. 개정)
    가. 변호사업 (2019. 12. 31. 개정)
    나. 변리사업 (2019. 12. 31. 개정)
    다. 법무사업 (2019. 12. 31. 개정)
    라. 공인회계사업 (2019. 12. 31. 개정)

마. 세무사업 (2019. 12. 31. 개정)

바. 수의업 (2019. 12. 31. 개정)

사. 「행정사법」 제14조에 따라 설치된 사무소를 운영하는 사업 (2019. 12. 31. 개정)

아. 「건축사법」 제23조에 따라 신고된 건축사사무소를 운영하는 사업 (2019. 12. 31. 개정)

11. 사업시설 관리, 사업 지원 및 임대 서비스업 중 다음 각 목의 어느 하나에 해당하는 업종 (2019. 12. 31. 개정)

    가. 사업시설 관리 및 조경 서비스업 (2019. 12. 31. 개정)

    나. 사업 지원 서비스업(고용 알선업 및 인력 공급업은 농업노동자 공급업을 포함한다) (2019. 12. 31. 개정)

12. 사회복지 서비스업 (2019. 12. 31. 개정)

13. 예술, 스포츠 및 여가관련 서비스업. 다만, 다음 각 목의 어느 하나에 해당하는 업종은 제외한다. (2019. 12. 31. 개정)

    가. 자영예술가 (2019. 12. 31. 개정)

    나. 오락장 운영업 (2019. 12. 31. 개정)

    다. 수상오락 서비스업 (2019. 12. 31. 개정)

    라. 사행시설 관리 및 운영업 (2019. 12. 31. 개정)

    마. 그 외 기타 오락관련 서비스업 (2019. 12. 31. 개정)

14. 협회 및 단체, 수리 및 기타 개인 서비스업 중 다음 각 목의 어느 하나에 해당하는 업종 (2019. 12. 31. 개정)

    가. 개인 및 소비용품 수리업 (2019. 12. 31. 개정)

    나. 이용 및 미용업 (2019. 12. 31. 개정)

15. 「학원의 설립·운영 및 과외교습에 관한 법률」에 따른 직업기술 분야를 교습하는 학원을 운영하는 사업 또는 「국민 평생 직업능력 개발법」에 따른 직업능력개발훈련시설을 운영하는 사업(직업능력개발훈련을 주된 사업으로 하는 경우로 한정한다) (2021. 8. 17. 개정 ; 근로자직업능력 개발법 부칙)

16. 「관광진흥법」에 따른 관광숙박업, 국제회의업, 테마파크업 및 대통령령으로 정하는 관광객 이용시설업 (2024. 2. 27. 개정 ; 관광진흥법 부칙)

17. 「노인복지법」에 따른 노인복지시설을 운영하는 사업 (2019. 12. 31. 개정)

18. 「전시산업발전법」에 따른 전시산업 (2019. 12. 31. 개정)

④ 창업일이 속하는 과세연도와 그 다음 3개 과세연도가 지나지 아니한 중소기업으로서 2027년 12월 31일까지 대통령령으로 정하는 에너지신기술중소기업(이하 "에너지신기술중소기업"이라 한다)에 해당하는 경우에는 그 해당하는 날 이후 최초로 해당 사업에서 소득이 발생한 과세연도(에너지신기술중소기업에 해당하는 날부터 5년이 되는 날이 속하는 과세연도까지 해당 사업에서 소득이 발생하지 아니하는 경우에는 5년이 되는 날이 속하는 과세연도)와 그 다음 과세연도의 개시일부터 4년 이내에 끝나는 과세연도까지 해당 사업에서 발생한 소득에 대한 소득세 또는 법인세의 100분의

50에 상당하는 세액을 감면한다. 다만, 제1항 및 제2항을 적용받는 경우는 제외하며, 감면기간 중 에너지신기술중소기업에 해당하지 않게 되는 경우에는 그 날이 속하는 과세연도부터 감면하지 아니한다. (2024. 12. 31. 개정)

⑤ 제1항, 제2항 및 제4항에도 불구하고 2024년 12월 31일 이전에 수도권과밀억제권역 외의 지역에서 창업한 창업중소기업(청년창업중소기업은 제외한다), 2024년 12월 31일까지 벤처기업으로 확인받은 창업벤처중소기업 및 2024년 12월 31일까지 에너지신기술중소기업에 해당하는 경우로서 대통령령으로 정하는 신성장 서비스업을 영위하는 기업의 경우에는 최초로 세액을 감면받는 과세연도와 그 다음 과세연도의 개시일부터 2년 이내에 끝나는 과세연도에는 소득세 또는 법인세의 100분의 75에 상당하는 세액을 감면하고, 그 다음 2년 이내에 끝나는 과세연도에는 소득세 또는 법인세의 100분의 50에 상당하는 세액을 감면한다. (2021. 12. 28. 개정)

⑥ 제1항 및 제5항에도 불구하고 2027년 12월 31일 이전에 창업한 창업중소기업(청년창업중소기업은 제외한다. 이하 이 항에서 같다)에 대해서는 최초로 소득이 발생한 과세연도와 그 다음 과세연도의 개시일부터 4년 이내에 끝나는 과세연도까지의 기간에 속하는 과세연도의 수입금액(과세기간이 1년 미만인 과세연도의 수입금액은 1년으로 환산한 총수입금액을 말한다)이 8천만원 이하인 경우 그 과세연도에 대한 소득세 또는 법인세에 다음 각 호의 구분에 따른 비율을 곱한 금액에 상당하는 세액을 감면한다. 다만, 제2항 또는 제4항을 적용받는 경우는 제외한다.(2024. 12. 31. 개정)

1. 2025년 12월 31일 이전에 창업한 경우: 다음 각 목의 구분에 따른 비율(2024. 12. 31. 개정)
   가. 수도권과밀억제권역 외의 지역에서 창업한 경우: 100분의 100(2024. 12. 31. 개정)
   나. 수도권과밀억제권역에서 창업한 경우: 100분의 50(2024. 12. 31. 개정)
2. 2026년 1월 1일 이후에 창업한 경우: 다음 각 목의 구분에 따른 비율(2024. 12. 31. 개정)
   가. 수도권 외의 지역 또는 수도권의 인구감소지역에서 창업한 경우: 100분의 100(2024. 12. 31. 개정)
   나. 수도권(수도권과밀억제권역과 인구감소지역은 제외한다)에서 창업한 경우: 100분의 75 (2024. 12. 31. 개정)
   다. 수도권과밀억제권역에서 창업한 경우: 100분의 50(2024. 12. 31. 개정)

⑦ 제1항, 제2항 및 제4항부터 제6항까지의 규정에 따라 감면을 적용받는 업종별로 대통령령으로 정하는 상시근로자 수(이하 이 조에서 "업종별최소고용인원"이라 한다) 이상을 고용하는 창업중소기업, 창업보육센터사업자, 창업벤처중소기업 및 에너지신기술중소기업의 같은 항에 따른 감면기간 중 해당 과세연도의 상시근로자 수가 직전 과세연도의 상시근로자 수(직전 과세연도의 상시근로자 수가 업종별최소고용인원에 미달하는 경우에는 업종별최소고용인원을 말한다)보다 큰 경우에는 제1호의 세액에 제2호의 율을 곱하여 산출한 금액을 같은 항에 따른 감면세액에 더하여 감면한다. 다만, 제1항 및 제6항에 따라 100분의 100에 상당하는 세액을 감면받는 과세연도에는 이 항에 따른 감면을 적용하지 아니한다. (2024. 12. 31. 개정)

1. 해당 사업에서 발생한 소득에 대한 소득세 또는 법인세 (2017. 12. 19. 신설)
2. 다음의 계산식에 따라 계산한 율. 다만, 100분의 50(제1항, 제5항 및 제6항에 따라 100분의 75에 상

당하는 세액을 감면받는 과세연도의 경우에는 100분의 25)을 한도로 하고, 100분의 1 미만인 부분은 없는 것으로 본다.

$$\frac{(해당\ 과세연도의\ 상시근로자\ 수\ -\ 직전\ 과세연도의\ 상시근로자\ 수)}{직전\ 과세연도의\ 상시근로자\ 수}$$

⑧ 제4항을 적용할 때 해당 사업에서 발생한 소득의 계산은 대통령령으로 정한다. (2018. 5. 29. 항번개정)

⑨ 제7항을 적용할 때 상시근로자의 범위, 상시근로자 수의 계산방법 및 그 밖에 필요한 사항은 대통령령으로 정한다. (2018. 5. 29. 개정)

⑩ 제1항부터 제9항까지의 규정을 적용할 때 다음 각 호의 어느 하나에 해당하는 경우는 창업으로 보지 아니한다. (2018. 5. 29. 개정)

1. 합병·분할·현물출자 또는 사업의 양수를 통하여 종전의 사업을 승계하거나 종전의 사업에 사용되던 자산을 인수 또는 매입하여 같은 종류의 사업을 하는 경우. 다만, 다음 각 목의 어느 하나에 해당하는 경우는 제외한다. (2017. 12. 19. 단서개정)

    가. 종전의 사업에 사용되던 자산을 인수하거나 매입하여 같은 종류의 사업을 하는 경우 그 자산가액의 합계가 사업 개시 당시 토지·건물 및 기계장치 등 대통령령으로 정하는 사업용자산의 총가액에서 차지하는 비율이 100분의 50 미만으로서 대통령령으로 정하는 비율 이하인 경우 (2017. 12. 19. 신설)

    나. 사업의 일부를 분리하여 해당 기업의 임직원이 사업을 개시하는 경우로서 대통령령으로 정하는 요건에 해당하는 경우 (2017. 12. 19. 신설)

2. 거주자가 하던 사업을 법인으로 전환하여 새로운 법인을 설립하는 경우 (2010. 1. 1. 개정)

3. 폐업 후 사업을 다시 개시하여 폐업 전의 사업과 같은 종류의 사업을 하는 경우 (2010. 1. 1. 개정)

4. 사업을 확장하거나 다른 업종을 추가하는 경우 등 새로운 사업을 최초로 개시하는 것으로 보기 곤란한 경우 (2010. 1. 1. 개정)

⑪ 제1항, 제2항 및 제4항부터 제7항까지의 규정에 따라 감면을 적용받은 기업이 「중소기업기본법」에 따른 중소기업이 아닌 기업과 합병하는 등 대통령령으로 정하는 사유에 따라 중소기업에 해당하지 아니하게 된 경우에는 해당 사유 발생일이 속하는 과세연도부터 감면하지 아니한다. (2018. 5. 29. 개정)

⑫ 제1항, 제2항 및 제4항부터 제7항까지의 규정을 적용받으려는 내국인은 대통령령으로 정하는 바에 따라 세액감면신청을 하여야 한다. (2018. 5. 29. 개정)

⑬ 각 과세연도에 제1항, 제2항 및 제4항부터 제7항까지에 따라 감면받는 세액의 합계액이 5억원을 초과하는 경우에는 그 초과하는 금액은 감면하지 아니한다. (2024. 12. 31. 신설)

영 제2조 【중소기업의 범위】

① 법 제6조 제1항 각 호 외의 부분에서 "대통령령으로 정하는 중소기업"이란 다음 각 호의 요건을 모

두 갖춘 기업(이하 "중소기업"이라 한다)을 말한다. 다만, 자산총액이 5천억원 이상인 경우에는 중소기업으로 보지 않는다. (2021. 2. 17. 개정)

1. 매출액이 업종별로 「중소기업기본법 시행령」 별표 1에 따른 규모 기준("평균매출액등"은 "매출액"으로 보며, 이하 이 조에서 "중소기업기준"이라 한다)이내일 것 (2015. 2. 3. 개정)
2. (삭제, 2000. 12. 29.)
3. 「독점규제 및 공정거래에 관한 법률」 제31조 제1항에 따른 공시대상기업집단에 속하는 회사 또는 같은 법 제33조에 따라 공시대상기업집단의 국내 계열회사로 편입·통지된 것으로 보는 회사에 해당하지 않으며, 실질적인 독립성이 「중소기업기본법 시행령」 제3조 제1항 제2호에 적합할 것. 이 경우 「중소기업기본법 시행령」 제3조 제1항 제2호 나목의 주식등의 간접소유 비율을 계산할 때 「자본시장과 금융투자업에 관한 법률」에 따른 집합투자기구를 통하여 간접소유한 경우는 제외하며, 「중소기업기본법 시행령」 제3조 제1항 제2호 다목을 적용할 때 "평균매출액등이 별표 1의 기준에 맞지 아니하는 기업"은 "매출액이 「조세특례제한법 시행령」 제2조 제1항 제1호에 따른 중소기업기준에 맞지 않는 기업"으로 본다. (2022. 2. 15. 개정)
4. 제29조 제3항에 따른 소비성서비스업을 주된 사업으로 영위하지 아니할 것 (2017. 2. 7. 신설)

② 제1항의 규정을 적용함에 있어서 중소기업이 그 규모의 확대 등으로 같은 항 각 호 외의 부분 단서에 해당되거나 같은 항 제1호 또는 제3호(「중소기업기본법 시행령」 제3조 제1항 제2호 다목의 규정으로 한정한다)의 요건을 갖추지 못하게 되어 중소기업에 해당하지 아니하게 된 때에는 최초로 그 사유가 발생한 날이 속하는 과세연도와 그 다음 5개 과세연도(최초로 그 사유가 발생한 날이 속하는 과세연도 종료일부터 5년이 되는 날이 속하는 과세연도 종료일 현재 「자본시장과 금융투자업에 관한 법률」에 따른 유가증권시장 및 코스닥시장 상장 중소기업의 경우에는 7개 과세연도)까지는 이를 중소기업으로 보고, 해당 기간(이하 이 조에서 "유예기간"이라 한다)이 경과한 후에는 과세연도별로 제1항의 규정에 따라 중소기업 해당여부를 판정한다. 다만, 중소기업이 다음 각 호의 어느 하나의 사유로 중소기업에 해당하지 아니하게 된 경우에는 유예기간을 적용하지 아니하고, 유예기간 중에 있는 기업에 대해서는 해당 사유가 발생한 날(제2호에 따른 유예기간 중에 있는 기업이 중소기업과 합병하는 경우에는 합병일로 한다)이 속하는 과세연도부터 유예기간을 적용하지 아니한다. (2017. 2. 7. 단서개정)

1. 「중소기업기본법」의 규정에 의한 중소기업외의 기업과 합병하는 경우 (2005. 2. 19. 개정)
2. 유예기간 중에 있는 기업과 합병하는 경우 (2010. 12. 30. 개정)
3. 제1항 제3호(「중소기업기본법 시행령」 제3조 제1항 제2호 다목의 규정은 제외한다)의 요건을 갖추지 못하게 되는 경우 (2015. 2. 3. 개정)
4. 창업일이 속하는 과세연도 종료일부터 2년 이내의 과세연도 종료일 현재 중소기업기준을 초과하는 경우 (2006. 2. 9. 개정)

③ 제1항의 규정을 적용함에 있어서 2 이상의 서로 다른 사업을 영위하는 경우에는 사업별 사업수입금액이 큰 사업을 주된 사업으로 본다. (2000. 12. 29. 개정)

④ 제1항 각 호 외의 부분 단서 및 같은 항 제1호 및 제3호 후단에 따른 매출액, 자산총액 및 발행주식의 간접소유비율의 계산과 「중소기업기본법 시행령」 제3조 제1항 제2호 나목에 따른 외국법인의 자산총액의 계산 및 같은 호 다목에 따른 관계기업에 속하는 기업인지의 판단에 관하여 필요한 사항은 기획재정부령으로 정한다. (2024. 2. 29. 개정)
⑤ 제1항을 적용할 때 기업이 「중소기업기본법 시행령」 제3조 제1항 제2호, 별표 1 및 별표 2의 개정으로 새로이 중소기업에 해당하게 되는 때에는 그 사유가 발생한 날이 속하는 과세연도부터 중소기업으로 보고, 중소기업에 해당하지 아니하게 되는 때에는 그 사유가 발생한 날이 속하는 과세연도와 그 다음 3개 과세연도까지 중소기업으로 본다. (2012. 2. 2. 개정)

영 제5조 【창업중소기업 등에 대한 세액감면】

① 법 제6조 제1항 제1호 가목에서 "대통령령으로 정하는 청년창업중소기업"이란 대표자[「소득세법」 제43조 제1항에 따른 공동사업장의 경우에는 같은 조 제2항에 따른 손익분배비율이 가장 큰 사업자(손익분배비율이 가장 큰 사업자가 둘 이상인 경우에는 그 모두를 말한다. 이하 이 조에서 같다)를 말한다. 이하 이 조에서 같다]가 다음 각 호의 구분에 따른 요건을 충족하는 기업(이하 이 조에서 "청년창업중소기업"이라 한다)을 말한다. (2019. 2. 12. 개정)
1. 개인사업자로 창업하는 경우: 창업 당시 15세 이상 34세 이하인 사람. 다만, 제27조 제1항 제1호 각 목의 어느 하나에 해당하는 병역을 이행한 경우에는 그 기간(6년을 한도로 한다)을 창업 당시 연령에서 빼고 계산한 연령이 34세 이하인 사람을 포함한다. (2018. 8. 28. 개정)
2. 법인으로 창업하는 경우: 다음 각 목의 요건을 모두 갖춘 사람 (2017. 2. 7. 신설)
   가. 제1호의 요건을 갖출 것 (2017. 2. 7. 신설)
   나. 「법인세법 시행령」 제43조 제7항에 따른 지배주주등으로서 해당 법인의 최대주주 또는 최대출자자일 것 (2017. 2. 7. 신설)
② 법 제6조 제1항 제1호 가목을 적용할 때 수도권과밀억제권역 외의 지역에서 창업한 청년창업중소기업의 대표자가 감면기간 중 제1항 제2호 나목의 요건을 충족하지 못하게 되거나 개인사업자로서 손익분배비율이 가장 큰 사업자가 아니게 된 경우에는 법 제6조 제1항 제1호 가목에 따른 감면을 적용하지 아니하고, 해당 사유가 발생한 날이 속하는 과세연도부터 남은 감면기간 동안 법 제6조 제1항 제1호 나목에 따른 감면을 적용한다. (2019. 2. 12. 개정)
③ 법 제6조 제1항 제1호 나목을 적용할 때 수도권과밀억제권역에서 창업한 청년창업중소기업의 대표자가 감면기간 중 제1항 제2호 나목의 요건을 충족하지 못하게 되거나 개인사업자로서 손익분배비율이 가장 큰 사업자가 아니게 된 경우에는 해당 사유가 발생한 날이 속하는 과세연도부터 남은 감면기간 동안 법 제6조 제1항에 따른 감면을 적용하지 아니한다. (2019. 2. 12. 개정)
④ 법 제6조 제2항에서 "대통령령으로 정하는 기업"이란 다음 각호의 1에 해당하는 기업을 말한다. (2010. 2. 18. 개정)
1. 「벤처기업육성에 관한 특별법」 제2조의 2의 요건을 갖춘 중소기업(같은 조 제1항 제2호 나목에 해

당하는 중소기업을 제외한다) (2024. 7. 2. 개정 ; 벤처기업육성에 관한 특별조치법 시행령 부칙)
2. 연구개발 및 인력개발을 위한 비용으로서 별표 6의 비용(이하 이 조에서 "연구개발비"라 한다)이 당해 과세연도의 수입금액의 100분의 5 이상인 중소기업 (2012. 2. 2. 개정)

⑤ 제4항 제2호의 규정은 「벤처기업육성에 관한 특별법」 제25조의 규정에 의한 벤처기업 해당여부의 확인을 받은 날이 속하는 과세연도부터 연구개발비가 동호의 규정에 의한 비율을 계속 유지하는 경우에 한하여 적용한다. (2024. 7. 2. 개정 ; 벤처기업육성에 관한 특별조치법 시행령 부칙)

⑥ 법 제6조 제3항 제2호에서 "대통령령으로 정하는 사업"이란 자기가 제품을 직접 제조하지 아니하고 제조업체에 의뢰하여 제품을 제조하는 사업으로서 기획재정부령으로 정하는 사업을 말한다. (2017. 2. 7. 신설)

⑦ 법 제6조 제3항 제6호에서 "대통령령으로 정하는 물류산업"이란 다음 각 호의 어느 하나에 해당하는 업종(이하 "물류산업" 이라 한다)을 말한다. (2020. 2. 11. 개정)

1. 육상·수상·항공 운송업 (2020. 2. 11. 개정)
2. 화물 취급업 (2020. 2. 11. 개정)
3. 보관 및 창고업 (2020. 2. 11. 개정)
4. 육상·수상·항공 운송지원 서비스업 (2020. 2. 11. 개정)
5. 화물운송 중개·대리 및 관련 서비스업 (2020. 2. 11. 개정)
6. 화물포장·검수 및 계량 서비스업 (2020. 2. 11. 개정)
7. 「선박의 입항 및 출항 등에 관한 법률」에 따른 예선업 (2020. 2. 11. 개정)
8. 「도선법」에 따른 도선업 (2020. 2. 11. 개정)
9. 기타 산업용 기계·장비 임대업 중 파렛트 임대업 (2020. 2. 11. 개정)

⑧ 법 제6조 제3항 제9호에서 "대통령령으로 정하는 정보통신을 활용하여 금융서비스를 제공하는 업종"이란 다음 각 호의 어느 하나에 해당하는 업무를 업으로 영위하는 업종을 말한다. (2020. 2. 11. 신설)

1. 「전자금융거래법」 제2조 제1호에 따른 전자금융업무 (2020. 2. 11. 신설)
2. 「자본시장과 금융투자업에 관한 법률」 제9조 제27항에 따른 온라인소액투자중개 (2020. 2. 11. 신설)
3. 「외국환거래법 시행령」 제15조의 2 제1항에 따른 소액해외송금업무 (2020. 2. 11. 신설)

⑨ 법 제6조 제3항 제10호 각 목 외의 부분에서 "대통령령으로 정하는 엔지니어링사업"이란 「엔지니어링산업 진흥법」에 따른 엔지니어링활동(「기술사법」의 적용을 받는 기술사의 엔지니어링활동을 포함한다. 이하 같다)을 제공하는 사업(이하 "엔지니어링사업"이라 한다)을 말한다. (2020. 2. 11. 개정)

⑩ 법 제6조 제3항 제16호에서 "대통령령으로 정하는 관광객이용시설업"이란 「관광진흥법 시행령」 제2조에 따른 전문휴양업, 종합휴양업, 자동차야영장업, 관광유람선업과 관광공연장업을 말한다. (2020. 2. 11. 개정)

⑪ 법 제6조 제4항에서 "대통령령으로 정하는 에너지신기술중소기업"이란 다음 각 호의 제품(이하 이 조에서 "고효율제품등"이라 한다)을 제조하는 중소기업을 말한다. (2020. 2. 11. 항번개정)

1. 「에너지이용 합리화법」 제15조에 따른 에너지소비효율 1등급 제품 및 같은 법 제22조에 따라 고효율에너지 기자재로 인증받은 제품 (2010. 2. 18. 신설)
2. 「신에너지 및 재생에너지 개발·이용·보급 촉진법」 제13조에 따라 신·재생에너지설비로 인증받은 제품 (2010. 2. 18. 신설)

⑫ 법 제6조 제5항에서 "대통령령으로 정하는 신성장 서비스업을 영위하는 기업"이란 다음 각 호의 어느 하나에 해당하는 사업(이하 이 조에서 "신성장서비스업종"이라 한다)을 주된 사업으로 영위하는 중소기업을 말한다. 이 경우 둘 이상의 서로 다른 사업을 영위하는 경우에는 사업별 사업수입금액이 큰 사업을 주된 사업으로 본다. (2020. 2. 11. 항번개정)

1. 컴퓨터 프로그래밍, 시스템 통합 및 관리업, 소프트웨어 개발 및 공급업, 정보서비스업(뉴스제공업은 제외한다) 또는 전기통신업 (2018. 2. 13. 신설)
2. 창작 및 예술관련 서비스업(자영예술가는 제외한다), 영화·비디오물 및 방송 프로그램 제작업, 오디오물 출판 및 원판 녹음업 또는 방송업 (2018. 2. 13. 신설)
3. 엔지니어링사업, 전문 디자인업, 보안 시스템 서비스업 또는 광고업 중 광고물 문안, 도안, 설계 등 작성업 (2018. 2. 13. 신설)
4. 서적, 잡지 및 기타 인쇄물 출판업, 연구개발업, 「학원의 설립·운영 및 과외교습에 관한 법률」에 따른 직업기술 분야를 교습하는 학원을 운영하는 사업 또는 「국민 평생 직업능력 개발법」에 따른 직업능력개발훈련시설을 운영하는 사업(직업능력개발훈련을 주된 사업으로 하는 경우로 한정한다) (2022. 2. 17. 개정 ; 근로자직업능력 개발법 시행령 부칙)
5. 제7항에 따른 물류산업 (2022. 2. 15. 개정)
6. 「관광진흥법」에 따른 관광숙박업, 국제회의업, 유원시설업 또는 제10항에 따른 관광객이용시설업 (2022. 2. 15. 개정)
7. 그 밖에 기획재정부령으로 정하는 신성장 서비스업 (2018. 2. 13. 신설)

⑬ 법 제6조 제5항을 적용할 때 감면기간 중 신성장서비스업종 이외의 업종으로 주된 사업이 변경되는 경우에는 같은 항에 따른 감면을 적용하지 아니하고, 해당 사유가 발생한 날이 속하는 과세연도부터 남은 감면기간 동안 같은 조 제1항, 제2항 또는 제4항에 따른 감면을 적용한다. (2020. 2. 11. 항번개정)

⑭ 법 제6조 제7항 각 호 외의 부분 본문에서 "업종별로 대통령령으로 정하는 상시근로자 수"란 다음 각 호의 구분에 따른 인원수를 말한다. (2020. 2. 11. 항번개정)

1. 광업·제조업·건설업 및 물류산업의 경우: 10명 (2018. 2. 13. 신설)
2. 그 밖의 업종의 경우: 5명 (2018. 2. 13. 신설)

⑮ 법 제6조 제8항에 따른 해당 사업에서 발생한 소득의 계산은 다음의 계산식에 따른다. (2020. 2. 11. 항번개정)

해당 과세연도의 제조업에서 발생한 소득 × (해당 과세연도의 고효율제품등의 매출액/해당 과세연도의 제조업에서 발생한 총매출액)

⑯ 제15항을 적용할 때 고효율제품등의 매출액은 제조업 분야의 다른 제품의 매출액과 구분경리해야 한다. (2020. 2. 11. 개정)

⑰ 법 제6조 제9항에 따른 상시근로자의 범위 및 상시근로자 수의 계산방법에 관하여는 제23조 제10항부터 제13항까지의 규정을 준용한다. (2019. 2. 12. 항번개정)

⑱ 법 제6조 제9항에 따른 상시근로자의 수를 계산할 때 해당 과세연도에 법인전환 또는 사업의 승계 등을 한 내국인의 경우에는 다음 각 호의 구분에 따른 수를 직전 또는 해당 과세연도의 상시근로자 수로 본다. (2020. 2. 11. 항번개정)

1. 법 제6조 제10항 제2호에 해당하는 경우의 직전 과세연도의 상시근로자 수: 법인전환 전의 사업의 직전 과세연도 상시근로자 수 (2018. 8. 28. 개정)

2. 다음 각 목의 어느 하나에 해당하는 경우의 직전 또는 해당 과세연도의 상시근로자 수: 직전 과세연도의 상시근로자 수는 승계시킨 기업의 경우에는 직전 과세연도 상시근로자 수에 승계시킨 상시근로자 수를 뺀 수로 하고, 승계한 기업의 경우에는 직전 과세연도 상시근로자 수에 승계한 상시근로자 수를 더한 수로 하며, 해당 과세연도의 상시근로자 수는 해당 과세연도 개시일에 상시근로자를 승계시키거나 승계한 것으로 보아 계산한 상시근로자 수로 한다. (2018. 2. 13. 신설)

  가. 해당 과세연도에 합병·분할·현물출자 또는 사업의 양수 등에 의하여 종전의 사업부문에서 종사하던 상시근로자를 승계하는 경우 (2018. 2. 13. 신설)

  나. 제11조 제1항에 따른 특수관계인으로부터 상시근로자를 승계하는 경우 (2018. 2. 13. 신설)

⑲ 법 제6조 제10항 제1호 가목에서 "토지·건물 및 기계장치 등 대통령령으로 정하는 사업용자산"이란 토지와 「법인세법 시행령」 제24조의 규정에 의한 감가상각자산을 말한다. (2020. 2. 11. 항번개정)

⑳ 법 제6조 제10항 제1호 가목에서 "대통령령으로 정하는 비율"이란 100분의 30을 말한다. (2020. 2. 11. 항번개정)

㉑ 법 제6조 제10항 제1호 나목에서 "대통령령으로 정하는 요건에 해당하는 경우"란 다음 각 호의 요건을 모두 갖춘 경우를 말한다. (2020. 2. 11. 항번개정)

1. 기업과 사업을 개시하는 해당 기업의 임직원 간에 사업 분리에 관한 계약을 체결할 것 (2018. 2. 13. 신설)

2. 사업을 개시하는 임직원이 새로 설립되는 기업의 대표자로서 「법인세법 시행령」 제43조 제7항에 따른 지배주주등에 해당하는 해당 법인의 최대주주 또는 최대출자자(개인사업자의 경우에는 대표자를 말한다)일 것 (2018. 2. 13. 신설)

㉒ 법 제6조 제10항 제1호 나목을 적용할 때 사업을 개시하는 자가 제21항 제2호의 요건을 충족하지 못하게 된 경우에는 해당 사유가 발생한 날이 속하는 과세연도부터 감면을 적용하지 않는다. (2020. 2. 11. 개정)

㉓ 법 제6조 제10항을 적용할 때 같은 종류의 사업의 분류는 「통계법」 제22조에 따라 통계청장이 작성·고시하는 표준분류(이하 "한국표준산업분류"라 한다)에 따른 세분류를 따른다. (2020. 2. 11. 항번개정)

㉔ 법 제6조 제11항에서 "대통령령으로 정하는 사유"란 제2조 제2항 각 호의 어느 하나에 해당하는 사유를 말한다. (2020. 2. 11. 항번개정)
㉕ 법 제6조 제1항·제5항·제6항 및 제7항을 적용할 때 수도권과밀억제권역 외의 지역에서 창업한 창업중소기업이 창업 이후 다음 각 호의 어느 하나에 해당하는 사유가 발생한 경우에는 해당 사유가 발생한 날이 속하는 과세연도부터 남은 감면기간 동안 해당 창업중소기업은 수도권과밀억제권역에서 창업한 창업중소기업으로 본다. (2020. 2. 11. 항번개정)
1. 창업중소기업이 사업장을 수도권과밀억제권역으로 이전한 경우 (2018. 8. 28. 신설)
2. 창업중소기업이 수도권과밀억제권역에 지점 또는 사업장을 설치(합병·분할·현물출자 또는 사업의 양수를 포함한다)한 경우 (2018. 8. 28. 신설)
㉖ 법 제6조 제1항, 제2항 및 제4항부터 제7항까지의 규정에 따라 소득세 또는 법인세를 감면받으려는 자는 과세표준신고와 함께 기획재정부령으로 정하는 세액감면신청서를 납세지 관할세무서장에게 제출하여야 한다. (2020. 2. 11. 항번개정)

규칙 제2조 【중소기업의 범위】

① (삭제, 2017. 3. 17.)
② (삭제, 2015. 3. 13.)
③ (삭제, 2015. 3. 13.)
④ 「조세특례제한법 시행령」(이하 "영"이라 한다) 제2조 제1항 제1호에 따른 매출액은 과세연도 종료일 현재 기업회계기준에 따라 작성한 해당 과세연도 손익계산서상의 매출액으로 한다. 다만, 창업·분할·합병의 경우 그 등기일의 다음 날(창업의 경우에는 창업일)이 속하는 과세연도의 매출액을 연간 매출액으로 환산한 금액을 말한다. (2020. 3. 13. 개정)
⑤ 영 제2조 제1항 각 호 외의 부분 단서에 따른 자산총액은 과세연도 종료일 현재 기업회계기준에 따라 작성한 재무상태표상의 자산총액으로 한다. (2015. 3. 13. 개정)
⑥ (삭제, 2015. 3. 13.)
⑦ 영 제2조 제4항에 따른 발행주식의 간접소유비율의 계산에 관하여는 「국제조세조정에 관한 법률 시행령」 제2조 제3항을 준용한다. (2021. 3. 16. 개정)
⑧ 영 제2조 제4항에 따른 「중소기업기본법 시행령」 제3조 제1항 제2호 다목에 따른 관계기업에 속하는 기업인지의 판단은 과세연도 종료일 현재를 기준으로 한다. (2014. 3. 14. 신설)
⑨ 영 제2조 제4항에 따른 「중소기업기본법 시행령」 제3조 제1항 제2호 나목에 따른 외국법인의 자산총액은 해당 과세연도 종료일 현재 기업회계기준에 따라 작성한 재무상태표상 외화로 표시된 자산총액을 해당 과세연도 종료일 현재의 매매기준율(기획재정부장관이 정하여 고시하는 외국환 거래에 관한 규정에 따른 매매기준율을 말한다)로 환산한 금액으로 한다. (2024. 3. 22. 신설)

규칙 제4조의 2 【제조업의 범위】

영 제5조 제6항에서 "기획재정부령으로 정하는 사업"이란 자기가 제품을 직접 제조하지 아니하고 제조업체(사업장이 국내 또는 「개성공업지구 지원에 관한 법률」 제2조 제1호에 따른 개성공업지구에 소재하는 업체에 한정한다)에 의뢰하여 제조하는 사업으로서 그 사업이 다음 각 호의 요건을 충족하는 경우를 말한다. (2017. 3. 17. 신설)
1. 생산할 제품을 직접 기획(고안 · 디자인 및 견본제작 등을 말한다)할 것 (2017. 3. 17. 신설)
2. 해당 제품을 자기명의로 제조할 것 (2017. 3. 17. 신설)
3. 해당 제품을 인수하여 자기책임하에 직접 판매할 것 (2017. 3. 17. 신설)

규칙 제4조의 3 【창업중소기업 등에 대한 세액감면 적용 시 신성장 서비스업의 범위】

영 제5조 제12항 제7호에서 "기획재정부령으로 정하는 신성장 서비스업"이란 다음 각 호의 어느 하나에 해당하는 사업을 말한다. (2018. 3. 21. 신설)
1. 「전시산업발전법」 제2조 제1호에 따른 전시산업 (2020. 3. 12. 개정)
2. 기타 과학기술 서비스업 (2024. 3. 22. 개정)
3. 시장조사 및 여론조사업 (2018. 3. 21. 신설)
4. 광고업 중 광고대행업, 옥외 및 전시 광고업 (2018. 3. 21. 신설)

□ **개정연혁**

[2020년] 창업중소기업 세액감면 적용대상 업종 확대

가. 개정취지: 과당경쟁 우려, 고소득 · 자산소득, 소비성 · 사행성 업종 등 부적합 업종을 제외한 서비스업에 대한 지원 확대

나. 개정내용

종전	개정
■ 창업중소기업 등에 대한 세액감면 ○ (적용대상) 창업중소기업, 벤처기업 등 ○ (감면율) 5년간 50~100% ○ (업종) - 제조업 〈추 가〉 - 물류산업 • 화물운송업 • 화물터미널 운영업 • 보관 및 창고업, 화물운송 중개 · 대리 및 관련 서비스업 등 〈추 가〉	■ 적용대상 서비스업 업종 확대 (좌 동) - (좌 동) - 정보통신을 활용하여 금융서비스를 제공하는 업종 ① 「전자금융거래법」 §2 1호에 따른 전자금융업, ② 「자본시장법」 §9○27에 따른 온라인소액투자 중개업 ③ 「외국환거래법 시행령」 §15의2에 따른 소액해외송금업 - 물류산업 • 화물운송업 → 육상·수상·항공운송업 • 화물터미널 운영업 → 육상·수상·항공 운송 지원 서비스업 • (좌 동) - 번역 및 통역서비스업, 경영 컨설팅업, 콜센터 및 텔레마케팅 서비스업 등

다. 적용시기 및 적용례: 2020.1.1. 이후 창업하는 경우부터 적용

[2022년] 창업 중소기업 세액감면 대상 확대 및 적용기한 연장

가. 개정취지: 창업 활성화 및 생계형 창업 지원

나. 개정내용

종전	개정
■ 창업 중소기업 세액감면 ○ (적용대상) 창업 중소기업, 벤처기업, 에너지기술중소기업 등 - (생계형 창업) 창업 중소기업 중 연간 수입금액 4,800만원 이하 ○ (감면율) 기업유형·지역 등에 따라 차등 적용 	구분	기본 감면 (수도권과밀억제권역 內)	기본 감면 (수도권과밀억제권역 外)	추가 감면
---	---	---	---
창업 중소기업	-	5년 50%*	상시근로자 증가율 × 50%
청년·생계형	5년 50%	5년 100%	
벤처기업	5년 50%*		
에너지기술 중소기업	5년 50%		
창업 보육센터	5년 50%*		| * 신성장 서비스업: 3년 75% 2년 50% ○ (적용기한) 2021.12.31.	■ 생계형 창업 기준 완화 및 적용기한 3년 연장 - 연간 수입금액 8,000만원 이하 ○ (좌 동) ○ 2024.12.31.

다. 적용시기 및 적용례: 2022.1.1. 이후 개시하는 과세연도 분부터 적용

□ 해석사례

▷ 창업중소기업 세액감면 적용시 종전과 같은 사업의 기준
　사전법규소득2024-571(2024.08.27)

사업의 양수를 통하여 종전의 사업을 승계하거나 종전의 사업에 사용되던 자산을 인수 또는 매입하여 "같은 종류의 사업"을 하는 경우는 「조세특례제한법」제6조제10항제1호에 창업으로 보지 아니하는 것이며, "같은 종류의 사업"인지 여부는 「통계법」제22조에 따라 통계청장이 작성·고시하는 표준분류에 따른 세분류를 기준으로 하는 것임

▷ 법인 설립 시 제조업을 목적사업으로 하고 실제 제조업을 주업으로 사업을 개시하여 영위하여 왔으나 도소매업으로 사업자등록을 한 경우 창업벤처중소기업 감면이 적용되는지 여부
　사전법규법인2024-325(2024.06.13)

설립당시부터 제조업을 실제영위한 경우 창업벤처중소기업에 대한 감면 가능함

▷ 청년창업중소기업 감면대상인 법인의 대표자 변경 시 청년창업중소기업 적용가능여부
　기획재정부조세특례-941(2023.09.08)

「조세특례제한법」 제6조제1항제1호가목에 따른 창업중소기업을 적용받던 중 대표자가 변경된 경우 대표자가 변경된 날이 속하는 사업연도부터 같은 법 제6조제1항제1호가목에 따른 감면을 적용하지 않는 것임

▷ 수도권과밀억제권역 외의 지역에서 창업한 청년창업중소기업이 창업이후 사업장을 수도권 과밀억제권역으로 이전한 후 수도권과밀억제권역 외의 지역으로 재이전 하는 경우 창업중소기업 세액감면의 적용방법
　서면법규소득2022-5507(2023.07.24)

수도권과밀억제권역 외의 지역에서 창업하여 사업장을 수도권과밀억제권역외의 지역으로 재이전 하는 경우 재이전일이 속하는 과세연도부터 남은 감면기간 동안 수도권과밀억제권역 외의 지역에서 창업한 청년창업중소기업으로 보아 쟁점세액감면을 적용받을 수 있는 것임

▷ 예식장업과 음식점업을 영위하는 법인의 창업중소기업 세액감면 적용 여부
　기획재정부조세특례-320(2022.05.04)

내국법인이 예식장업과 음식점업을 겸영하면서 조세특례제한법 제143조에 따라 명확히 구분경리하는 경우 음식점업에서 발생한 소득에 대하여는 조세특례제한법 제6조에서 규정하는 창업중소기업 세액감면을 적용받을 수 있는 것임

35. 중소기업지원 - 중소기업에 대한 특별세액감면

법 제7조 【중소기업에 대한 특별세액감면】

① 중소기업 중 다음 제1호의 감면 업종을 경영하는 기업에 대해서는 2025년 12월 31일 이전에 끝나는 과세연도까지 해당 사업장에서 발생한 소득에 대한 소득세 또는 법인세에 제2호의 감면 비율을 곱하여 계산한 세액상당액(제3호에 따라 계산한 금액을 한도로 한다)을 감면한다. 다만, 내국법인의 본점 또는 주사무소가 수도권에 있는 경우에는 모든 사업장이 수도권에 있는 것으로 보고 제2호에 따른 감면 비율을 적용한다. (2022. 12. 31. 개정)

1. 감면 업종 (2010. 1. 1. 개정)

   가. 작물재배업 (2010. 1. 1. 개정)

   나. 축산업 (2010. 1. 1. 개정)

   다. 어업 (2010. 1. 1. 개정)

   라. 광업 (2010. 1. 1. 개정)

   마. 제조업 (2010. 1. 1. 개정)

   바. 하수·폐기물 처리(재활용을 포함한다), 원료재생 및 환경복원업 (2010. 1. 1. 개정)

   사. 건설업 (2010. 1. 1. 개정)

   아. 도매 및 소매업 (2010. 1. 1. 개정)

   자. 운수업 중 여객운송업 (2010. 1. 1. 개정)

   차. 출판업 (2010. 1. 1. 개정)

   카. 영상·오디오 기록물 제작 및 배급업(비디오물 감상실 운영업은 제외한다) (2014. 12. 23. 개정)

   타. 방송업 (2010. 1. 1. 개정)

   파. 전기통신업 (2010. 1. 1. 개정)

   하. 컴퓨터프로그래밍, 시스템 통합 및 관리업 (2010. 1. 1. 개정)

   거. 정보서비스업(가상자산 매매 및 중개업은 제외한다) (2024. 12. 31. 개정)

   너. 연구개발업 (2010. 1. 1. 개정)

   더. 광고업 (2010. 1. 1. 개정)

   러. 기타 과학기술 서비스업 (2023. 12. 31. 개정)

   머. 포장 및 충전업 (2010. 1. 1. 개정)

   버. 전문디자인업 (2010. 1. 1. 개정)

   서. 창작 및 예술관련 서비스업(자영예술가는 제외한다) (2010. 1. 1. 개정)

   어. 대통령령으로 정하는 주문자상표부착방식에 따른 수탁생산업(受託生產業) (2010. 1. 1. 개정)

   저. 엔지니어링사업 (2010. 1. 1. 개정)

   처. 물류산업 (2010. 1. 1. 개정)

   커. 「학원의 설립·운영 및 과외교습에 관한 법률」에 따른 직업기술 분야를 교습하는 학원을 운영하는 사업 또는 「국민 평생 직업능력 개발법」에 따른 직업능력개발훈련시설을 운영하는 사업(직업능력개발훈련을 주된 사업으로 하는 경우에 한정한다) (2021. 8. 17. 개정 ; 근로자직업능력 개발법 부칙)

터. 대통령령으로 정하는 자동차정비공장을 운영하는 사업 (2010. 1. 1. 개정)

퍼. 「해운법」에 따른 선박관리업 (2010. 1. 1. 개정)

허. 「의료법」에 따른 의료기관을 운영하는 사업[의원·치과의원 및 한의원은 해당 과세연도의 수입금액(기업회계기준에 따라 계산한 매출액을 말한다)에서 「국민건강보험법」 제47조에 따라 지급받는 요양급여비용이 차지하는 비율이 100분의 80 이상으로서 해당 과세연도의 종합소득금액이 1억원 이하인 경우에 한정한다. 이하 이 조에서 "의료업"이라 한다] (2016. 12. 20. 개정)

고. 「관광진흥법」에 따른 관광사업(카지노, 관광유흥음식점 및 외국인전용유흥음식점업은 제외한다) (2010. 1. 1. 개정)

노. 「노인복지법」에 따른 노인복지시설을 운영하는 사업 (2010. 1. 1. 개정)

도. 「전시산업발전법」에 따른 전시산업 (2010. 1. 1. 개정)

로. 인력공급 및 고용알선업(농업노동자 공급업을 포함한다) (2010. 12. 27. 개정)

모. 콜센터 및 텔레마케팅 서비스업 (2010. 1. 1. 개정)

보. 「에너지이용 합리화법」 제25조에 따른 에너지절약전문기업이 하는 사업 (2010. 1. 1. 개정)

소. 「노인장기요양보험법」 제31조에 따른 장기요양기관 중 재가급여를 제공하는 장기요양기관을 운영하는 사업 (2018. 12. 11. 개정 ; 노인장기요양보험법 부칙)

오. 건물 및 산업설비 청소업 (2010. 12. 27. 신설)

조. 경비 및 경호 서비스업 (2010. 12. 27. 신설)

초. 시장조사 및 여론조사업 (2010. 12. 27. 신설)

코. 사회복지 서비스업 (2013. 1. 1. 신설)

토. 무형재산권 임대업(「지식재산 기본법」 제3조 제1호에 따른 지식재산을 임대하는 경우로 한정한다) (2014. 1. 1. 신설)

포. 「연구산업진흥법」 제2조 제1호 나목의 산업 (2021. 4. 20. 개정 ; 연구산업진흥법 부칙)

호. 개인 간병 및 유사 서비스업, 사회교육시설, 직원훈련기관, 기타 기술 및 직업훈련 학원, 도서관·사적지 및 유사 여가 관련 서비스업(독서실 운영업은 제외한다) (2017. 12. 19. 개정)

구. 「민간임대주택에 관한 특별법」에 따른 주택임대관리업 (2015. 12. 15. 개정)

누. 「신에너지 및 재생에너지 개발·이용·보급 촉진법」에 따른 신·재생에너지 발전사업 (2014. 12. 23. 신설)

두. 보안시스템 서비스업 (2015. 12. 15. 신설)

루. 임업 (2016. 12. 20. 신설)

무. 통관 대리 및 관련 서비스업 (2020. 12. 29. 신설)

부. 자동차 임대업(「여객자동차 운수사업법」 제31조 제1항에 따른 자동차대여사업자로서 같은 법

제28조에 따라 등록한 자동차 중 100분의 50 이상을 「환경친화적 자동차의 개발 및 보급 촉진에 관한 법률」 제2조 제3호에 따른 전기자동차 또는 같은 조 제6호에 따른 수소전기자동차로 보유한 경우로 한정한다) (2020. 12. 29. 신설)

2. 감면 비율. 다만, 제1호 무목에 따른 업종을 경영하는 사업장의 경우 나목, 다목 및 바목에도 불구하고 나목, 다목 및 바목의 감면 비율에 100분의 50을 곱한 비율로 한다. (2020. 12. 29. 단서신설)

 가. 대통령령으로 정하는 소기업(이하 이 조에서 "소기업"이라 한다)이 도매 및 소매업, 의료업(이하 이 조에서 "도매업등"이라 한다)을 경영하는 사업장: 100분의 10 (2010. 1. 1. 개정)

 나. 소기업이 수도권에서 제1호에 따른 감면 업종 중 도매업등을 제외한 업종을 경영하는 사업장: 100분의 20 (2010. 1. 1. 개정)

 다. 소기업이 수도권 외의 지역에서 제1호에 따른 감면 업종 중 도매업등을 제외한 업종을 경영하는 사업장: 100분의 30 (2010. 1. 1. 개정)

 라. 소기업을 제외한 중소기업(이하 이 조에서 "중기업"이라 한다)이 수도권 외의 지역에서 도매업등을 경영하는 사업장: 100분의 5 (2010. 1. 1. 개정)

 마. (삭제, 2022. 12. 31.)

 바. 중기업이 수도권 외의 지역에서 제1호에 따른 감면 업종 중 도매업등을 제외한 업종을 경영하는 사업장: 100분의 15 (2010. 1. 1. 개정)

3. 감면한도: 다음 각 목의 구분에 따른 금액 (2017. 12. 19. 신설)

 가. 해당 과세연도의 상시근로자 수가 직전 과세연도의 상시근로자 수보다 감소한 경우: 1억원에서 감소한 상시근로자 1명당 5백만원씩을 뺀 금액(해당 금액이 음수인 경우에는 영으로 한다) (2017. 12. 19. 신설)

 나. 그 밖의 경우: 1억원 (2017. 12. 19. 신설)

② 제1항을 적용할 때 다음 각 호의 요건을 모두 충족하는 중소기업의 경우에는 제1항 제2호의 규정에도 불구하고 제1항 제2호에 따른 감면 비율에 100분의 110을 곱한 감면 비율을 적용한다. (2016. 12. 20. 개정)

1. 해당 과세연도 개시일 현재 10년 이상 계속하여 해당 업종을 경영한 기업일 것 (2016. 12. 20. 개정)
2. 해당 과세연도의 종합소득금액이 1억원 이하일 것 (2016. 12. 20. 개정)
3. 「소득세법」 제59조의 4 제9항에 따른 성실사업자로서 제122조의 3 제1항 제2호 및 제4호의 요건을 모두 갖춘 자일 것 (2022. 12. 31. 개정)

③ 제1항 및 제2항에도 불구하고 「석유 및 석유대체연료 사업법」에 따른 석유판매업 중 대통령령으로 정하는 석유판매업을 영위하는 중소기업으로서 제1호 각 목의 감면 요건을 모두 갖춘 자에 대해서는 2023년 12월 31일까지 해당 석유판매업에서 발생하는 소득에 대한 소득세 또는 법인세에 제2호의 감면 비율을 곱하여 계산한 세액상당액(제1항 제3호 각 목의 금액을 한도로 한다)을 감면한다. (2022. 12. 31. 신설)

1. 감면 요건 (2022. 12. 31. 신설)

가. 2022년 1월 1일부터 2022년 12월 31일까지의 기간 중 「한국석유공사법」에 따른 한국석유공사와 석유제품(「석유 및 석유대체연료 사업법」에 따른 석유제품을 말한다. 이하 이 호에서 같다) 공급계약을 최초로 체결할 것 (2022. 12. 31. 신설)

나. 가목에 따른 석유제품 공급계약 기간 동안 매 분기별로 「한국석유공사법」에 따른 한국석유공사로부터의 석유제품 구매량이 같은 분기의 석유제품 판매량의 100분의 50 이상일 것 (2022. 12. 31. 신설)

다. 상표를 "알뜰주유소"로 하여 영업할 것 (2022. 12. 31. 신설)

2. 감면 비율 (2022. 12. 31. 신설)

가. 소기업이 경영하는 사업장: 100분의 20 (2022. 12. 31. 신설)

나. 중기업이 수도권 외의 지역에서 경영하는 사업장: 100분의 15 (2022. 12. 31. 신설)

다. 중기업이 수도권에서 경영하는 사업장: 100분의 10 (2022. 12. 31. 신설)

④ 제1항부터 제3항까지의 규정을 적용받으려는 내국인은 대통령령으로 정하는 바에 따라 감면신청을 하여야 한다. (2022. 12. 31. 개정)

⑤ 제1항 및 제3항을 적용할 때 상시근로자의 범위, 상시근로자 수의 계산방법과 그 밖에 필요한 사항은 대통령령으로 정한다. (2022. 12. 31. 개정)

영 제6조 【중소기업에 대한 특별세액감면】 (2000. 12. 29. 제목개정)

① 법 제7조 제1항 제1호 어목에서 "대통령령으로 정하는 주문자상표부착방식에 따른 수탁생산업"이란 위탁자로부터 주문자상표부착방식에 따른 제품생산을 위탁받아 이를 재위탁하여 제품을 생산·공급하는 사업을 말한다. (2009. 2. 4. 개정)

② 법 제7조 제1항 제1호 터목에서 "대통령령으로 정하는 자동차정비공장"이란 제54조 제1항에 따른 자동차정비공장을 말한다. (2009. 2. 4. 개정)

③ (삭제, 2009. 2. 4.)

④ (삭제, 2009. 2. 4.)

⑤ 법 제7조 제1항 제2호 가목에서 "대통령령으로 정하는 소기업"이란 중소기업 중 매출액이 업종별로 「중소기업기본법 시행령」 별표 3을 준용하여 산정한 규모 기준 이내인 기업을 말한다. 이 경우 "평균매출액등"은 "매출액"으로 본다. (2016. 2. 5. 개정)

⑥ 법 제7조 제3항 각 호 외의 부분에서 "대통령령으로 정하는 석유판매업"이란 「석유 및 석유대체연료 사업법 시행령」 제2조 제3호에 따른 주유소를 말한다. (2023. 2. 28. 개정)

⑦ 법 제7조 제5항에 따른 상시근로자의 범위 및 상시근로자 수의 계산방법에 관하여는 제23조 제10항부터 제13항까지의 규정을 준용한다. (2023. 2. 28. 개정)

⑧ 법 제7조에 따라 소득세 또는 법인세를 감면받고자 하는 자는 과세표준신고와 함께 기획재정부령으로 정하는 세액감면신청서를 납세지 관할세무서장에게 제출하여야 한다. (2013. 2. 15. 항번개정)

규칙 제5조【소기업의 매출액】(2017. 3. 17. 제목개정)
영 제6조 제5항에 따른 매출액은 제2조 제4항에 따른 매출액으로 한다. (2017. 3. 17. 개정)

개정연혁

[2021년] 중소기업 특별세액감면 대상업종 추가 및 적용기한 연장
가. 개정취지: 중소기업 세부담 경감 지원
나. 개정내용

종전	개정
■ 중소기업의 소득·법인세 5~30% 세액감면 | 구분 | 업종 | 감면율(%) 소기업 | 감면율(%) 중기업 | |---|---|---|---| | 수도권 | 도·소매업, 의료기관 운영업 | 10 | - | | | 제조업 등 나머지 44개 업종 | 20 | - | | | - 지식기반산업 | 20 | 10 | | 지방 | 도·소매업, 의료기관 운영업 | 10 | 5 | | | 제조업 등 나머지 44개 업종 | 30 | 15 | | 기타 | 전기차를 50% 이상 보유한 자동차 대여 사업자 | 30 | 30 | ○ (대상) 제조업 등 46개 업종 및 전기차 50%이상 보유 자동차 대여사업자 〈추 가〉 〈추 가〉	■ 세액감면 대상업종 추가 및 적용기한 2년 연장 ○ (대상) 제조업 등 48개 업종 - 통관 대리 및 관련 서비스업* * 감면율은 물류산업의 50% 수준으로 설정 - 전기차 50% 이상 보유한 자동차 임대업* * 현재 업종 외 별도로 규정된 사항을 업종에 반영

다. 적용시기 및 적용례: 2021.1.1. 이후 개시하는 과세연도 분부터 적용

[2023년] 중소기업특별세액감면 적용기한 연장 등

가. 개정취지: 중소기업 세부담 경감 지원 및 과세형평 제고

나. 개정내용

종전	개정
■ 중소기업 특별세액감면 ○ (업종) 제조업 등 48개 ○ (감면율) 5~30% 	본점 소재지	업종	감면율(%)	
		소기업	중기업
수도권	· 도(소)매업, 의료기관 운영업	10	-
	· 제조업 등 나머지 46개 업종	20	-
지방	· 도(소)매업, 의료기관 운영업	10	5
	· 제조업 등 나머지 46개 업종	30	15 | * 지식기반산업(전기통신업, 인쇄물 출판업 등)을 영위하는 수도권 중기업은 10% 감면 〈신 설〉 ○ (적용기한) 2022.12.31.	■ 적용기한 연장 및 일부 업종 감면율 변경 ○ (좌 동) ○ (좌 동) * 지식기반산업 특례 폐지 ** 알뜰주유소 특례 신설(2022년 중 일반주유소가 알뜰주유소로 전환 시 2023년까지 발생하는 소득에 대해 감면율 +10%p) ○ 2025.12.31.

다. 적용시기 및 적용례

□ 해석사례

▷ **청구인이 중소기업특별세액 감면 업종인 건설업을 영위한 것으로 볼 수 있는지 여부**
   조심2023서10780(2024.06.07)

쟁점건물에 대한 건축공사 대부분을 도급 종합건설자가 책임 시공한 것으로 나타나는 이상, 비록 청구인이 나머지 일부 공사에 대하여 책임을 지고 실질적으로 공사를 하였다고 하더라도, 그와 같은 사정만으로는 쟁점건물을 직접 신축하거나 전체 공사에 대한 총괄적인 책임을 지면서 관리하였다고 볼 수 없으므로 청구주장을 받아들이기 어렵다고 판단됨

▷ **청구인들이 영위한 사업이 「조특법」제7조 중소기업에 대한 특별세액감면 적용대상인지 여부**
   조심2023서8001(2023.11.03)

청구인들은 건설업면허가 없을 뿐만 아니라 전문 인력을 고용한 사실도 확인되지 아니하므로, 청구인들이 제출한 자료만으로는 쟁점주택의 건설공사를 총괄적인 책임 하에 건설한 인적·물적시설이나 능력을 갖추었다고 보기 어려운 점 등에 비추어, 위 청구주장은 받아들이기 어려운 것으로 판단됨

▷ **청구법인이 경영컨설팅업을 영위한다고 보아 과세한 처분의 당부**
  조심2022서7057(2023.03.15)
청구법인은 외국법인의 국내시장 진출을 위한 정보제공 목적으로 용역을 수행한 것으로 보이고, 청구법인의 대표이사가 외국법인의 국내 연락사무소에 고용되어 업무를 수행한 점 등 비추어 청구법인은 경영컨설팅업을 영위한 것으로 봄이 타당하므로 이 건 처분은 잘못이 없음

▷ **승강기 설치 및 수리ㆍ유지보수업이 중소기업에 대한 특별세액감면 대상인지**
  사전법규법인2022-355(2022.03.31)
「조세특례제한법」 제7조 중소기업에 대한 특별세액감면 적용을 위한 업종 분류는 같은 법에 특별한 규정이 있는 경우를 제외하고는 「통계법」 제22조의 규정에 의하여 통계청장이 고시하는 한국표준산업분류에 의하는 것임

▷ **태양광 발전설비 대여사업이 「중소기업 특별세액감면」 대상이 되는 신ㆍ재생에너지 발전사업에 해당하는지 여부**
  기준법령해석법인2020-195(2020.10.26)
태양광 발전설비를 소비자에게 대여하고 유지ㆍ보수대가로 대여료를 징수하는 한편, 생산인증서(REP) 판매수입으로 투자비를 회수하는 사업은 중소기업특별세액감면이 적용되는 신ㆍ재생에너지촉진법에 따른 신ㆍ재생에너지 발전사업에 해당하지 않음

36. 연구개발 – 기술이전소득에 대한 세액감면

법 제12조【기술이전 및 기술취득 등에 대한 과세특례】
① 중소기업 및 중견기업이 대통령령으로 정하는 자체 연구·개발한 특허권, 실용신안권, 기술비법 또는 기술(이하 이 조에서 "특허권등"이라 한다)을 2026년 12월 31일까지 내국인에게 이전(대통령령으로 정하는 특수관계인에게 이전한 경우는 제외한다)함으로써 발생하는 소득에 대해서는 해당 소득에 대한 소득세 또는 법인세의 100분의 50에 상당하는 세액을 감면한다. (2023. 12. 31. 개정)

영 제11조【기술비법의 범위 등】
① 법 제12조 제1항, 같은 조 제2항 전단 및 같은 조 제3항에서 "대통령령으로 정하는 특수관계인"이란 「법인세법 시행령」 제2조 제5항 및 「소득세법 시행령」 제98조 제1항에 따른 특수관계인을 말한다. 이 경우 「법인세법 시행령」 제2조 제5항 제2호의 소액주주등을 판정할 때 「법인세법 시행령」 제50조 제2항 중 "100분의 1"은 "100분의 30"으로 본다. (2019. 2. 12. 개정)
② (삭제, 2021. 2. 17.)
③ 법 제12조 제1항에서 "대통령령으로 정하는 자체 연구·개발한 특허권, 실용신안권, 기술비법 또는 기술"은 다음 각 호의 어느 하나에 해당하는 것을 말한다. (2017. 2. 7. 개정)
1. 「특허법」 및 「실용신안법」에 따라 해당 기업이 국내에서 자체 연구·개발하여 최초로 설정등록받은 특허권 및 실용신안권 (2017. 2. 7. 개정)
2. 해당 기업이 국내에서 자체 연구·개발한 과학기술분야에 속하는 기술비법(공업소유권, 「해외건설촉진법」에 따른 해외건설 엔지니어링활동 또는 「엔지니어링산업 진흥법」에 따른 엔지니어링활동과 관련된 기술비법은 제외한다)으로서 수입금액 기준 등 기획재정부령으로 정하는 요건을 충족하는 것 (2017. 2. 7. 개정)
3. 해당 기업이 국내에서 자체 연구·개발한 「기술의 이전 및 사업화 촉진에 관한 법률」 제2조 제1호에 따른 기술로서 수입금액 기준 등 기획재정부령으로 정하는 요건을 충족하는 것 (2017. 2. 7. 개정)

규칙 제8조의 7【기술비법의 범위 등】
영 제11조 제3항 제2호 및 제3호에서 "수입금액 기준 등 기획재정부령으로 정하는 요건을 충족하는 것"이란 다음 각 호의 요건을 모두 충족하는 경우를 말한다. (2017. 3. 17. 신설)
1. 해당 기업이나 해당 기업이 「중소기업기본법 시행령」 제2조 제3호에 따른 관계기업에 속하는 경우 해당 관계기업의 직전 5개 과세연도의 매출액(매출액은 영 제2조 제4항에 따른 계산방법으로 산출하며, 과세연도가 1년 미만인 과세연도의 매출액은 1년으로 환산한 매출액을 말한다. 이하 이 조에서 같다)의 평균금액이 500억원 이하일 것 (2017. 3. 17. 신설)
2. 해당 기업이 영 제11조 제3항 각 호에 해당하는 것을 거래하여 얻은 직전 5개 과세연도의 매출액의 평균금액이 70억원 이하일 것 (2017. 3. 17. 신설)

3. (삭제, 2022. 3. 18.)

개정연혁

[2022년] 지식재산(IP) 시장 수요·공급 생태계 조성 지원 ① 기술 이전·대여소득 세액감면 적용대상 확대 및 적용기한 연장

가. 개정취지: 특허권 등 기술의 사업화 유도

나. 개정내용

종전	개정
■ 기술이전소득 세액감면 (적용대상) 중소·중견기업 ○ (감면율) 특허권등 기술이전 소득의 50% 세액감면 ○ (적용기한) 2021.12.31. ■ 기술대여소득 세액감면 ○ (적용대상) 중소기업 ○ (감면율) 특허권등 기술대여 소득의 25% 세액감면 ○ (적용기한) 2021.12.31	■ 적용기한 2년 연장 (좌 동) ○ 2023.12.31. ■ 적용대상 확대 및 적용기한 2년 연장 ○ 중견기업 추가 ○ (좌 동) ○ 2023.12.31.

다. 적용시기 및 적용례: 2022.1.1. 이후 개시하는 과세연도 분부터 적용

[2024년] 기술 이전·대여소득 과세특례 적용기한 연장

가. 개정취지: 기술거래 활성화를 통한 R&D 촉진 및 기술사업화 유도

나. 개정내용

종전	개정
■ 기술 이전·대여소득 세액감면 ○ (대상) 중소·중견기업 ○ (내용) 특허권등 기술 이전 소득의 50%, 대여 소득의 25% 세액감면 ○ (적용기한) 2023.12.31.	■ 적용기한 연장 ○ (좌 동) ○ 2026.12.31.

다. 적용시기 및 적용례

37. 연구개발 – 기술대여소득에 대한 세액감면

법 제12조 【기술이전 및 기술취득 등에 대한 과세특례】

③ 중소기업 및 중견기업이 대통령령으로 정하는 자체 연구·개발한 특허권등을 2026년 12월 31일까지 대여(대통령령으로 정하는 특수관계인에게 대여한 경우는 제외한다)함으로써 발생하는 소득에 대해서는 해당 소득에 대한 소득세 또는 법인세의 100분의 25에 상당하는 세액을 감면한다. (2023. 12. 31. 개정)

④ 제1항 또는 제3항을 적용할 때 해당 과세연도 및 직전 4개 과세연도에 특허권등에서 발생한 손실이 있는 경우에는 특허권등을 이전 또는 대여함으로써 발생하는 소득을 계산할 때 그 소득에서 해당 손실금액을 뺀다. (2017. 12. 19. 개정)

⑤ 제1항부터 제3항까지의 규정을 적용받으려는 내국인은 대통령령으로 정하는 바에 따라 세액감면 또는 세액공제 신청을 하여야 한다. (2017. 12. 19. 항번개정)

영 제11조 【기술비법의 범위 등】

④ 법 제12조 제2항 각 호 외의 부분 전단에서 "대통령령으로 정하는 특허권등"이란 제3항 각 호의 어느 하나에 해당하는 것을 말한다. (2017. 2. 7. 개정)

⑤ 법 제12조 제3항에서 "대통령령으로 정하는 자체 연구·개발한 특허권등"이란 제3항 제1호에 따른 특허권 및 실용신안권과 같은 항 제2호에 따른 기술비법을 말한다. (2017. 2. 7. 개정)

⑥ 법 제12조 제1항부터 제3항까지의 규정을 적용받으려는 자는 과세표준신고와 함께 기획재정부령으로 정하는 세액감면신청서 또는 세액공제신청서를 납세지 관할 세무서장에게 제출하여야 한다. (2015. 2. 3. 개정)

□ **개정연혁**

[2022년] 지식재산(IP) 시장 수요·공급 생태계 조성 지원 ① 기술 이전·대여소득 세액감면 적용대상 확대 및 적용기한 연장

가. 개정취지: 특허권 등 기술의 사업화 유도

나. 개정내용

종전	개정
■ 기술이전소득 세액감면 ○ (적용대상) 중소·중견기업 ○ (감면율) 특허권등 기술이전 소득의 50% 세액감면 ○ (적용기한) 2021.12.31. ■ 기술대여소득 세액감면 ○ (적용대상) 중소기업 ○ (감면율) 특허권등 기술대여 소득의 25% 세액감면 ○ (적용기한) 2021.12.31	■ 적용기한 2년 연장 (좌 동) ○ 2023.12.31. ■ 적용대상 확대 및 적용기한 2년 연장 ○ 중견기업 추가 ○ (좌 동) ○ 2023.12.31.

다. 적용시기 및 적용례: 2022.1.1. 이후 개시하는 과세연도 분부터 적용

[2024년] 기술 이전·대여소득 과세특례 적용기한 연장

가. 개정취지: 기술거래 활성화를 통한 R&D 촉진 및 기술사업화 유도

나. 개정내용

종전	개정
■ 기술 이전·대여소득 세액감면 ○ (대상) 중소·중견기업 ○ (내용) 특허권등 기술 이전 소득의 50%, 대여 소득의 25% 세액감면 ○ (적용기한) 2023.12.31.	■ 적용기한 연장 ○ (좌 동) ○ 2026.12.31.

다. 적용시기 및 적용례

38. 중소기업지원 – 연구개발특구에 입주하는 첨단기술기업 등에 대한 감면

법 제12조의 2 【연구개발특구에 입주하는 첨단기술기업 등에 대한 법인세 등의 감면】

① 「연구개발특구의 육성에 관한 특별법」 제2조 제1호에 따른 연구개발특구에 입주한 기업으로서 다음 각 호의 어느 하나에 해당하는 기업이 해당 구역의 사업장(이하 이 조에서 "감면대상사업장"이라 한다)에서 생물산업 · 정보통신산업 등 대통령령으로 정하는 사업(이하 이 조에서 "감면대상사업"이라 한다)을 하는 경우에는 제2항부터 제8항까지의 규정에 따라 소득세 또는 법인세를 감면한다. (2021. 12. 28. 개정)

1. 「연구개발특구의 육성에 관한 특별법」 제9조 제1항에 따라 2025년 12월 31일까지 지정을 받은 첨단기술기업 (2023. 12. 31. 개정)
2. 「연구개발특구의 육성에 관한 특별법」 제9조의 3 제2항에 따라 2025년 12월 31일까지 등록한 연구소기업 (2023. 12. 31. 개정)

② 제1항에 따른 요건을 갖춘 기업의 감면대상사업에서 발생한 소득에 대해서는 해당 감면대상사업에서 최초로 소득이 발생한 과세연도(지정을 받은 날 또는 등록한 날부터 5년이 되는 날이 속하는 과세연도까지 해당 감면대상사업에서 소득이 발생하지 아니한 경우에는 5년이 되는 날이 속하는 과세연도)의 개시일부터 3년 이내에 끝나는 과세연도의 경우에는 소득세 또는 법인세의 100분의 100에 상당하는 세액을 감면하고, 그 다음 2년 이내에 끝나는 과세연도의 경우에는 소득세 또는 법인세의 100분의 50에 상당하는 세액을 감면한다. 다만, 제1항 제1호 또는 제2호에 따른 지정 또는 등록이 취소되는 경우 등 대통령령으로 정하는 사유가 발생한 경우에는 해당 사유가 발생한 날이 속하는 과세연도부터 감면을 적용하지 아니한다. (2022. 12. 31. 단서신설)

③ 제2항이 적용되는 감면기간 동안 감면받는 소득세 또는 법인세의 총합계액은 제1호와 제2호의 금액을 합한 금액을 한도(이하 이 조에서 "감면한도"라 한다)로 한다. (2018. 12. 24. 개정)

1. 대통령령으로 정하는 투자누계액의 100분의 50 (2010. 12. 27. 신설)
2. 해당 과세연도의 감면대상사업장의 상시근로자 수 × 1천5백만원[청년 상시근로자와 대통령령으로 정하는 서비스업(이하 이 조에서 "서비스업"이라 한다)을 하는 감면대상사업장의 상시근로자의 경우에는 2천만원] (2018. 12. 24. 개정)
3. (삭제, 2018. 12. 24.)

④ 제2항에 따라 각 과세연도에 감면받을 소득세 또는 법인세에 대하여 감면한도를 적용할 때에는 제3항 제1호의 금액을 먼저 적용한 후 같은 항 제2호의 금액을 적용한다. (2010. 12. 27. 신설)

⑤ 제3항 제2호를 적용받아 소득세 또는 법인세를 감면받은 기업이 감면받은 과세연도 종료일부터 2년이 되는 날이 속하는 과세연도 종료일까지의 기간 중 각 과세연도의 감면대상사업장의 상시근로자 수가 감면받은 과세연도의 상시근로자 수보다 감소한 경우에는 대통령령으로 정하는 바에 따라 감면받은 세액에 상당하는 금액을 소득세 또는 법인세로 납부하여야 한다. (2018. 12. 24. 개정)

⑥ 제3항 및 제5항을 적용할 때 상시근로자 및 청년 상시근로자의 범위, 상시근로자 수의 계산방법, 그

밖에 필요한 사항은 대통령령으로 정한다. (2018. 12. 24. 개정)
⑦ 제2항에 따라 소득세 또는 법인세를 감면받은 기업이 다음 각 호의 어느 하나에 해당하는 경우에는 그 사유가 발생한 과세연도의 과세표준신고를 할 때 대통령령으로 정하는 바에 따라 계산한 세액을 소득세 또는 법인세로 납부하여야 한다. (2021. 12. 28. 신설)
1. 감면대상사업장의 사업을 폐업하거나 법인이 해산한 경우. 다만, 법인의 합병·분할 또는 분할합병으로 인한 경우는 제외한다. (2021. 12. 28. 신설)
2. 감면대상사업장을 「연구개발특구의 육성에 관한 특별법」 제2조 제1호에 따른 연구개발특구 외의 지역으로 이전한 경우 (2021. 12. 28. 신설)
⑧ 제7항에 따라 소득세 또는 법인세를 납부하는 경우에는 대통령령으로 정하는 바에 따라 계산한 이자상당가산액을 소득세 또는 법인세에 가산하여 납부하여야 하며, 해당 세액은 「소득세법」 제76조 또는 「법인세법」 제64조에 따라 납부하여야 할 세액으로 본다. (2021. 12. 28. 신설)
⑨ 제2항을 적용받으려는 자는 대통령령으로 정하는 바에 따라 감면신청을 하여야 한다. (2021. 12. 28. 항번개정)
⑩ 제3항 제2호에 따라 서비스업에 대한 한도를 적용받는 기업은 제143조를 준용하여 서비스업과 그 밖의 사업을 각각 구분하여 경리하여야 한다. (2021. 12. 28. 항번개정)

영 제11조의 2 【연구개발특구에 입주하는 첨단기술기업 등에 대한 법인세 등의 감면】 ① 법 제12조의 2 제1항에서 "생물산업·정보통신산업 등 대통령령으로 정하는 사업"이란 다음 각 호의 산업을 영위하는 사업을 말한다. (2010. 2. 18. 개정)
1. 「생명공학육성법」 제2조 제1호에 따른 생명공학과 관련된 산업(종자 및 묘목생산업, 수산물부화 및 수산종자생산업을 포함한다) (2020. 11. 20. 개정 ; 생명공학육성법 시행령 부칙)
2. 「정보통신산업 진흥법」 제2조 제2호에 따른 정보통신산업(2009. 8. 18. 개정 ; 정보통신산업 진흥법 시행령 부칙)
3. 「정보통신망 이용촉진 및 정보보호 등에 관한 법률」 제2조 제1항 제2호에 따른 정보통신서비스를 제공하는 산업 (2012. 2. 2. 신설)
4. 「산업발전법」 제5조 제1항에 따라 산업통상자원부장관이 고시한 첨단기술 및 첨단제품과 관련된 산업 (2013. 3. 23. 직제개정 ; 기획재정부와 그 소속기관 직제 부칙)
② 법 제12조의 2 제2항 단서에서 "지정 또는 등록이 취소되는 경우 등 대통령령으로 정하는 사유가 발생한 경우"란 다음 각 호의 경우를 말한다. (2023. 2. 28. 신설)
1. 「연구개발특구의 육성에 관한 특별법」 제9조의 2 제1항에 따라 첨단기술기업의 지정이 취소된 경우 (2023. 2. 28. 신설)
2. 「연구개발특구의 육성에 관한 특별법」 제9조의 4 제1항에 따라 연구소기업의 등록이 취소된 경우 (2023. 2. 28. 신설)
3. 「연구개발특구의 육성에 관한 특별법 시행령」 제12조의 4 제3항에 따른 첨단기술기업 지정의 유효

기간이 만료된 경우. 다만, 유효기간 만료일이 속하는 과세연도 종료일 현재 첨단기술기업으로 재지정된 경우는 제외한다. (2023. 2. 28. 신설)

③ 법 제12조의 2 제3항 제1호에서 "대통령령으로 정하는 투자누계액"이란 법 제12조의 2 제2항에 따라 법인세 또는 소득세를 감면받는 해당 과세연도까지의 기획재정부령으로 정하는 사업용자산에 대한 투자 합계액을 말한다. (2023. 2. 28. 항번개정)

④ 법 제12조의 2 제3항 제2호에서 "대통령령으로 정하는 서비스업"이란 제23조 제4항에 따른 서비스업을 말한다. (2023. 2. 28. 항번개정)

⑤ 법 제12조의 2 제5항에 따라 납부해야 할 소득세액 또는 법인세액은 다음의 계산식에 따라 계산한 금액(그 수가 음수이면 영으로 보고, 감면받은 과세연도 종료일 이후 2개 과세연도 연속으로 상시근로자 수가 감소한 경우에는 두 번째 과세연도에는 첫 번째 과세연도에 납부한 금액을 뺀 금액을 말한다)으로 하며, 이를 상시근로자 수가 감소한 과세연도의 과세표준을 신고할 때 소득세 또는 법인세로 납부해야 한다. (2023. 2. 28. 개정)

해당 기업의 상시근로자 수가 감소한 과세연도의 직전 2년 이내의 과세연도에 법 제12조의 2 제3항 제2호를 적용하여 감면받은 세액의 합계액 − [상시근로자 수가 감소한 과세연도의 감면대상사업장의 상시근로자 수 × 1천5백만원(청년 상시근로자와 법 제12조의 2 제3항 제2호의 서비스업의 경우에는 2천만원으로 한다)]

⑥ 법 제12조의 2 제3항 및 제5항을 적용할 때 상시근로자 및 청년 상시근로자의 범위는 다음 각 호의 구분에 따른다. (2023. 2. 28. 개정)
1. 상시근로자의 범위: 제23조 제10항에 따른 상시근로자 (2023. 2. 28. 개정)
2. 청년 상시근로자의 범위: 제26조의 8 제3항 제1호에 해당하는 사람 (2023. 2. 28. 개정)

⑦ 법 제12조의 2 제3항 및 제5항을 적용할 때 상시근로자 수 및 청년 상시근로자 수는 다음 각 호의 구분에 따른 계산식에 따라 계산한 수(100분의 1 미만의 부분은 없는 것으로 한다)로 한다. 이 경우 상시근로자 수 및 청년 상시근로자 수의 계산에 관하여는 제23조 제11항 각 호 외의 부분 후단을 준용한다. (2023. 2. 28. 개정)
1. 상시근로자의 수: (2019. 2. 12. 신설)

$$\frac{\text{해당 과세연도의 매월 말 현재 상시근로자 수의 합}}{\text{해당 과세연도의 개월 수}}$$

2. 청년 상시근로자 수: (2023. 2. 28. 개정)

$$\frac{\text{해당 과세연도의 매월 말 현재 청년 상시근로자 수의 합}}{\text{해당 과세연도의 개월 수}}$$

⑧ 법 제12조의 2 제7항 각 호 외의 부분에서 "대통령령으로 정하는 바에 따라 계산한 세액"이란 다음

각 호의 구분에 따른 세액을 말한다. (2022. 2. 15. 신설)
1. 법 제12조의 2 제7항 제1호에 해당하는 경우: 폐업일 또는 법인해산일부터 소급하여 3년 이내에 감면된 세액 (2022. 2. 15. 신설)
2. 법 제12조의 2 제7항 제2호에 해당하는 경우: 이전일부터 소급하여 5년 이내에 감면된 세액 (2022. 2. 15. 신설)
⑨ 법 제12조의 2 제8항에서 "대통령령으로 정하는 바에 따라 계산한 이자상당가산액"이란 제8항 각 호의 구분에 따른 세액에 상당하는 금액에 제1호에 따른 기간과 제2호에 따른 율을 곱하여 계산한 금액을 말한다. (2022. 2. 15. 신설)
1. 감면을 받은 과세연도의 종료일 다음 날부터 법 제12조의 2 제7항 각 호의 어느 하나에 해당하는 사유가 발생한 날이 속하는 과세연도의 종료일까지의 기간 (2022. 2. 15. 신설)
2. 1일 10만분의 22 (2022. 2. 15. 신설)
⑩ 법 제12조의 2 제9항에 따라 법인세 또는 소득세를 감면받으려는 자는 과세표준신고를 할 때 기획재정부령으로 정하는 세액감면신청서를 납세지 관할세무서장에게 제출해야 한다. (2022. 2. 15. 개정)

규칙 제8조의 3【연구개발특구 등에의 입주기업 등에 대한 법인세 등의 감면 적용 시 사업용자산의 범위】
영 제11조의 2 제3항, 제61조 제3항, 제99조의 8 제2항, 제116조의 14 제2항, 제116조의 15 제4항, 제116조의 21 제4항, 제116조의 25 제2항, 제116조의 26 제3항, 제116조의 27 제3항 및 제116조의 36 제3항에서 "기획재정부령으로 정하는 사업용자산"이란 다음 각 호의 어느 하나에 해당하는 자산을 말한다. (2024. 3. 22. 개정)
1. 해당 특구 등에 소재하거나 해당 특구 등에서 해당 사업에 주로 사용하는 사업용 유형자산 (2020. 3. 13. 개정)
2. 해당 특구 등에 소재하거나 해당 특구 등에서 해당 사업에 주로 사용하기 위해 건설 중인 자산 (2020. 3. 13. 개정)
3. 「법인세법 시행규칙」 별표 3에 따른 무형자산 (2019. 3. 20. 개정)

□ **개정연혁**

[2022년] 지역특구 세액감면 적용기한 연장 및 제도개선 ① 지역특구 세액감면 제도 적용기한 연장
가. 개정취지: 지역균형발전 지속 지원
나. 개정내용

종전	개정
▨ 지역특구 세액감면 제도 ○ (감면내용) 특구 내 입주기업 등에 대해 일정기간 동안 소득세 또는 법인세를 감면 ○ (감면적용 특구) 위기지역 특구 등 13개 | 특구명	감면율
위기지역	5년100% + 2년50%
농공단지	5년50%
중소기업특별지원지역	
연구개발특구	3년 100%+2년 50% (사업시행자는 3년 50%+2년 25%)
제주첨단과학기술단지 제주투자진흥지구 기업도시 지역개발사업구역 여수해양박람회특구	
아시아문화중심도시	
금융중심지	
첨단의료복합단지	
국가식품클러스터	| 〈신 설〉	▨ 적용기한 2년 연장 ○ (좌 동) ○ 2023.12.31.

다. 적용시기 및 적용례

[2022년] 지역특구 세액감면 적용기한 연장 및 제도개선 ② 세액감면 적용 후 특구 밖으로 이전하는 기업에 대한 사후관리 규정 신설

가. 개정취지: 투자유치 효과 제고

나. 개정내용

종전	개정
■ 특구 입주기업에 대한 소득세·법인세 감면 ○ (감면내용) 특구 내 입주기업 등에 대해 일정기간 동안 소득세 또는 법인세 감면 ○ (대상 특구) 위기지역 특구 등 9개 | 특구명 | 감면율 | |---|---| | 위기지역 | 5년100% + 2년50% | | 농공단지 | 5년50% | | 중소기업특별지원지역 | | | 연구개발특구 | 3년100% + 2년50% | | 제주첨단과학기술단지 | | | 아시아문화중심도시 | | | 금융중심지 | | | 첨단의료복합단지 | | | 국가식품클러스터 | | 〈신 설〉	■ 사후관리 규정 신설 (좌 동) ○ 세액감면 사후관리 규정 신설 - 감면적용 이후 감면대상 사업장 등을 폐업·해산하거나 해당 특구 外 지역으로 이전하는 경우 감면받은 세액* 납부 * 납부사유 발생시점에서 소급(폐업·해산 3년, 이전 5년)

다. 적용시기 및 적용례: 2022.1.1. 이후 개시하는 과세연도의 소득세 또는 법인세에 대한 감면 분부터 적용

[2023년] 연구개발특구 입주기업 세액감면 종료시점 명확화

가. 개정취지: 연구개발특구 입주기업 세액감면 실효성 제고

나. 개정내용

종전	개정
■ 연구개발특구 입주기업 세액감면 ○ (감면요건) ❶ 연구개발특구에 입주 ❷ 2023.12.31.까지 첨단기술기업으로 지정 또는 연구소기업으로 등록 ❸ 감면대상사업*을 할 것 * 생물산업, 정보통신산업 등 ○ (감면율 및 감면기간) - 3년간 100% + 2년간 50% 〈신 설〉	■ 감면 종료사유 명확화 ○ (좌 동) ○ 다음 취소사유 발생일이 속하는 과세연도부터 감면 종료 - 첨단기술 기업 지정 또는 연구소기업등록의 취소일 - 첨단기술기업 지정 유효기간(2년) 만료일(재지정된 경우 제외)

다. 적용시기 및 적용례

[2024년] 지역특구 세액감면 적용기한 연장
가. 개정취지: 지역 균형발전 지속 지원
나. 개정내용

종전	개정
▨ 지역특구 세액감면 제도 ○ (감면대상) 특구 내 창업기업 등에 대해 일정기간 동안 소득·법인세 감면 ○ (감면적용 특구) 위기지역 등 13개 특구 ○ (적용기한) 2023.12.31.	▨ 적용기한 연장 ○ (좌 동) ○ 2025.12.31.

다. 적용시기 및 적용례

□ **해석사례**

▷ **과세기간 중 감면요건 유효기간 만료시 조세특례제한법 감면대상 여부**
　부산지법2023구합20103(2023.09.14)
해당 과세연도의 종료일까지 첨단기술기업의 지정이 유지되어야 하고, 그 이전에 첨단기술기업 지정의 유효기간이 만료된 경우에는 원칙적으로 쟁점 조항에 따른 법인세 감면이 적용될 수 없다고 봄이 타당

▷ **"최초로 소득이 발생한 과세연도"에서 "소득"에 감면사업 외에서 발생한 소득이 포함되는지 여부**
　사전법규법인2023-130(2023.05.17)
'최초로 소득이 발생한 과세연도'란 감면대상소득이 최초로 발생한 날이 속하는 과세연도를 말하는 것임

▷ **연구개발특구 외 지역에서 생산한 경우 세액감면 적용 가능 여부**
　서면법인2020-898(2020.08.12)
특구 내 사업장의 감면대상사업에서 발생한 소득에 대해서만 특구입주기업의 세액감면 적용이 가능한 것으로, 특구 외의 사업장에서 발생한 소득에 대해서는 상기의 감면규정을 적용할 수 없는 것임

▷ **강소연구개발특구로 지정된 지역의 세액감면 적용시기의 범위 여부**
　서면법인2019-3733(2020.08.12)
「조세특례제한법」 제12조의2 제2항을 적용함에 있어 사업장 소재지가 연구개발특구로 지정된 경우, 특구 지정일 이후의 해당 사업장에서 발생한 소득에 대해 감면대상소득으로 적용할 것이며, 감면기간은 같은법 제12조의2 제1항의 요건을 모두 갖춘 기업의 감면대상소득이 최초로 발생한 날이 속하는 과세연도의 개시일부터 적용하는 것임

39. 국제거래 – 국제금융거래에 따른 이자소득 등에 대한 법인세 면제

법 제21조【국제금융거래에 따른 이자소득 등에 대한 법인세 등의 면제】
① 다음 각 호의 어느 하나의 소득을 받는 자(거주자, 내국법인 및 외국법인의 국내사업장은 제외한다)에 대해서는 소득세 또는 법인세를 면제한다. (2011. 12. 31. 개정)
1. 국가·지방자치단체 또는 내국법인이 국외에서 발행하는 외화표시채권의 이자 및 수수료 (2011. 12. 31. 개정)
2. 「외국환거래법」에 따른 외국환업무취급기관이 같은 법에 따른 외국환업무를 하기 위하여 외국금융기관으로부터 차입하여 외화로 상환하여야 할 외화채무에 대하여 지급하는 이자 및 수수료 (2014. 12. 23. 개정)
3. 대통령령으로 정하는 금융회사 등이 「외국환거래법」에서 정하는 바에 따라 국외에서 발행하거나 매각하는 외화표시어음과 외화예금증서의 이자 및 수수료 (2011. 12. 31. 개정)
② (삭제, 2002. 12. 11.)
③ 국가·지방자치단체 또는 내국법인이 발행한 대통령령으로 정하는 유가증권을 비거주자 또는 외국법인이 국외에서 양도함으로써 발생하는 소득에 대해서는 소득세 또는 법인세를 면제한다. (2010. 1. 1. 개정)

영 제18조【국제금융거래에 따른 이자소득 등에 대한 법인세 등의 면제】
① (삭제, 2008. 2. 22.)
② 법 제21조 제1항 제3호에서 "대통령령으로 정하는 금융회사 등"이란 다음 각 호의 어느 하나에 해당하는 금융회사 등을 말한다. (2012. 2. 2. 개정)
1. 「은행법」에 의하여 은행업의 인가를 받은 은행 (2010. 11. 15. 개정 ; 은행법 시행령 부칙)
2. 「한국산업은행법」에 의하여 설립된 한국산업은행 (2005. 2. 19. 개정)
3. 「한국수출입은행법」에 의하여 설립된 한국수출입은행 (2005. 2. 19. 개정)
4. 「중소기업은행법」에 의하여 설립된 중소기업은행 (2005. 2. 19. 개정)
5. (삭제, 2000. 1. 10.)
6. 「농업협동조합법」에 따른 농협은행 (2012. 2. 2. 개정)
7. 「수산업협동조합법」에 따라 설립된 수협은행 (2017. 2. 7. 개정)
8. (삭제, 2014. 12. 30. ; 한국산업은행법 시행령 부칙)
9. 「자본시장 및 금융투자업에 관한 법률」에 따른 종합금융회사 (2009. 2. 4. 개정)
③ (삭제, 2002. 12. 30.)
④ 법 제21조 제3항에서 "대통령령으로 정하는 유가증권"이란 다음 각 호의 어느 하나에 해당하는 것을 말한다. (2010. 2. 18. 개정)
1. 국외에서 발행한 유가증권 중 외국통화로 표시된 것 또는 외국에서 지급받을 수 있는 것으로서 기

획재정부령이 정하는 것. 다만, 주식·출자증권 또는 그 밖의 유가증권(이하 이 항에서 "과세대상 주식 등"이라 한다)을 기초로 발행된 예탁증서를 양도하는 경우로서 예탁증서를 발행하기 전 과세대상 주식 등의 소유자가 예탁증서를 발행한 후에도 계속하여 해당 예탁증서를 양도하기 전까지 소유한 경우는 제외한다. (2008. 2. 29. 직제개정 ; 기획재정부와 그 소속기관 직제 부칙)
2. 기획재정부령이 정하는 외국의 유가증권시장에 상장 또는 등록된 내국법인의 주식 또는 출자지분으로서 해당 유가증권시장에서 양도되는 것. 다만, 해당 외국의 유가증권시장에서 취득하지 아니한 과세대상 주식 등으로서 해당 외국의 유가증권시장에서 최초로 양도하는 경우는 제외하되, 외국의 유가증권시장의 상장규정상 주식분산요건을 충족하기 위해 모집·매출되는 과세대상 주식 등을 취득하여 양도하는 경우에는 그러하지 아니하다. (2013. 2. 15. 개정)

규칙 제11조 【외화증권의 범위】
① 영 제18조 제4항 제1호에서 "기획재정부령이 정하는 것"이란 외국환거래에 관하여 기획재정부장관이 정하는 기준에 따라 발행된 외화증권을 말한다. (2010. 4. 20. 개정)
② 영 제18조 제4항 제2호에서 "기획재정부령이 정하는 외국의 유가증권시장"이란 「자본시장과 금융투자업에 관한 법률」에 따른 유가증권시장 또는 코스닥시장과 기능이 유사한 외국의 유가증권시장을 말한다. (2009. 4. 7. 개정)

개정연혁

[2022년] 국가전략기술 R&D · 시설투자 세제지원 강화 ⑤ 국가전략기술 · 신성장 사업화시설 세액공제 적용방법 및 사후관리

가. 개정취지: 국가전략기술 · 신성장 사업화시설 투자 지원 강화

나. 개정내용

종전	개정
〈신 설〉	■ 국가전략기술(또는 신성장) 사업화시설이 일반제품도 일부 생산(병행생산)하는 경우 세액공제 적용방법 ○ 국가전략기술(신성장) 사업화시설 세액공제 적용 가능 명확화 ■ 국가전략기술 · 신성장 시설(병행생산 시) 사후관리* 특례 * 「조세특례제한법」 제24조제3항, 통합투자세액공제 사후관리) 투자완료일부터 일정기간 내(건물 · 구축물 5년, 그 외 2년) 다른 목적 전용시 공제세액 납부 ○ (사후관리 기간) 투자완료일부터 투자완료일이 속한 과세연도의 다음 3개 과세연도 종료일까지 ○ (사후관리 기준) 사후관리 기간* 동안의 누적 생산량이 다음 기준을 충족하지 못하는 경우 전용(轉用)한 것으로 간주 * 2022.4.1. 이전 투자한 경우에는 2022.4.1.부터 투자완료일이 속한 과세연도의 다음 3개 과세연도 종료일까지 ⅰ) 국가전략기술사업화시설의 경우 : 해당시설이 국가전략기술을 사용하여 생산한 제품 생산량/해당 시설이 생산한 모든 제품의 총 생산량 〉 50/100 ⅱ) 신성장 사업화시설의 경우 : 해당시설이 국가전략기술 또는 신성장 · 원천기술을 사용하여 생산한 제품 생산량/해당 시설이 생산한 모든 제품의 총 생산량 〉 50/100 - (전용시 납부세액) 공제세액 상당액(차액*) + 이자상당액 납부 * (예) 국가전략기술 사업화시설 공제세액 - 일반시설 공제세액 ○ (자료제출) 생산량* 관련 자료 작성 · 보관 및 제출(사후관리 마지막 과세연도 법인세 신고시) 의무 * 측정대상, 측정기간, 작성방법 등은 기획재정부령으로 규정

다. 적용시기 및 적용례 : 2021.7.1. 이후 새로 투자한 국가전략기술사업화 시설 또는 신성장 사업화 시설부터 적용

□ 해석사례

▷ 국외에서 발행한 외화표시채권의 채무자가 변경되는 경우에서의 조세특례제한법 제21조제1항 제1호 적용 여부
  사전법규국조2024-254(2024.04.30)
「조세특례제한법」 제21조제1항제1호에 따라 외국법인 등에 대해 법인세 등의 면제가 적용된 이후 채무인수계약에 의해 이자를 지급하는 내국법인이 다른 내국법인으로 변경된 경우, 해당 외국법인 등은 위 규정에 따라 계속하여 법인세 등을 면제받음

40. 지역균형 - 공장의 수도권 밖 이전에 대한 세액감면

법 제63조【수도권 밖으로 공장을 이전하는 기업에 대한 세액감면 등】(2020. 12. 29. 제목개정)
① 제1호 각 목의 요건을 모두 갖춘 내국인(이하 이 조에서 "공장이전기업"이라 한다)이 공장을 이전하여 2025년 12월 31일(공장을 신축하는 경우로서 공장의 부지를 2025년 12월 31일까지 보유하고 2025년 12월 31일이 속하는 과세연도의 과세표준 신고를 할 때 이전계획서를 제출하는 경우에는 2028년 12월 31일)까지 사업을 개시하는 경우에는 이전 후의 공장에서 발생하는 소득(공장이전기업이 이전 후 합병·분할·현물출자 또는 사업의 양수를 통하여 사업을 승계하는 경우 승계한 사업장에서 발생한 소득은 제외한다)에 대하여 제2호의 구분에 따라 소득세 또는 법인세를 감면한다. (2024. 12. 31. 단서삭제)

1. 세액감면 요건 (2020. 12. 29. 개정)
   가. 수도권과밀억제권역에 3년(중소기업은 2년) 이상 계속하여 공장시설을 갖추고 사업을 한 기업일 것. 다만, 공장시설을 이전하기 위하여 조업을 중단한 날이 속하는 과세연도 개시일부터 소급하여 10년 이내에 이 조에 따른 감면을 적용받은 기업은 제외한다.(2024. 12. 31. 단서신설)
   나. 공장시설의 전부를 수도권 밖(중소기업은 수도권 밖 또는 수도권의 인구감소지역)으로 대통령령으로 정하는 바에 따라 이전할 것(2024. 12. 31. 개정)
   다. 다음의 어느 하나에 해당하는 경우 다음의 구분에 따른 요건을 갖출 것(2020.12.29 개정)
      1) 중소기업이 공장시설을 수도권의 인구감소지역으로 이전하는 경우로서 본점이나 주사무소(이하 이 조 및 제63조의2에서 "본사"라 한다)가 수도권과밀억제권역에 있는 경우: 해당 본사도 공장시설과 함께 이전할 것(2024. 12. 31. 개정)
      2) 중소기업이 아닌 기업이 광역시로 이전하는 경우: 「산업입지 및 개발에 관한 법률」 제2조 제8호에 따른 산업단지로 이전할 것
2. 감면기간 및 감면세액 (2020. 12. 29. 개정)
   가. 공장 이전일 이후 해당 공장에서 최초로 소득이 발생한 과세연도(공장 이전일부터 5년이 되는 날이 속하는 과세연도까지 소득이 발생하지 아니한 경우에는 이전일부터 5년이 되는 날이 속하는 과세연도)의 개시일부터 다음의 구분에 따른 기간 이내에 끝나는 과세연도: 소득세 또는 법인세의 100분의 100에 상당하는 세액 (2022. 12. 31. 개정)

1. 공장을 신축하는 경우로서 법 63조 1항에 따라 이전계획서를 제출한 경우
2. 공장 이전을 위하여 기존 공장의 부지나 공장용 건축물을 양도(양도 계약을 체결한 경우를 포함함)하거나 공장을 철거 또는 폐쇄한 경우
3. 공장 이전을 위하여 신규 공장의 부지나 공장용 건축물을 매입(매입 계약을 체결한 경우를 포함함)한 경우
4. 공장을 신축하기 위하여 건축허가를 받은 경우
5. 1호부터 4호까지의 행위에 준하는 행위를 한 경우로서 실질적으로 이전에 착수한 것으로 볼 수 있

는 경우
   1) 수도권 등 대통령령으로 정하는 지역으로 이전하는 경우: 5년 (2022. 12. 31. 신설)
   2) 수도권 밖에 소재하는 광역시 등 대통령령으로 정하는 지역으로 이전하는 경우 (2022. 12. 31. 신설)
      가) 위기지역, 「지방자치분권 및 지역균형발전에 관한 특별법」에 따른 성장촉진지역 또는 인구감소지역(이하 이 조 및 제63조의 2에서 "성장촉진지역등"이라 한다)으로 이전하는 경우: 7년 (2023. 6. 9. 개정 ; 지방자치분권 및 지역균형발전에 관한 특별법 부칙)
      나) 가)에 따른 지역 외의 지역으로 이전하는 경우: 5년 (2022. 12. 31. 신설)
   3) 1) 또는 2)에 따른 지역 외의 지역으로 이전하는 경우 (2022. 12. 31. 신설)
      가) 성장촉진지역등으로 이전하는 경우: 10년 (2022. 12. 31. 신설)
      나) 가)에 따른 지역 외의 지역으로 이전하는 경우: 7년 (2022. 12. 31. 신설)
나. 가목에 따른 과세연도의 다음 2년[가목 2) 가) 또는 같은 목 3) 나)에 해당하는 경우에는 3년] 이내에 끝나는 과세연도: 소득세 또는 법인세의 100분의 50에 상당하는 세액 (2022. 12. 31. 신설)

1. 공장을 신축하는 경우로서 법 63조 1항에 따라 이전계획서를 제출한 경우
2. 공장 이전을 위하여 기존 공장의 부지나 공장용 건축물을 양도(양도 계약을 체결한 경우를 포함함)하거나 공장을 철거 또는 폐쇄한 경우
3. 공장 이전을 위하여 신규 공장의 부지나 공장용 건축물을 매입(매입 계약을 체결한 경우를 포함함)한 경우
4. 공장을 신축하기 위하여 건축허가를 받은 경우
5. 1호부터 4호까지의 행위에 준하는 행위를 한 경우로서 실질적으로 이전에 착수한 것으로 볼 수 있는 경우

② 제1항에 따라 감면을 적용받은 공장이전기업이 다음 각 호의 어느 하나에 해당하는 경우에는 그 사유가 발생한 과세연도의 과세표준신고를 할 때 대통령령으로 정하는 바에 따라 계산한 세액을 소득세 및 법인세로 납부하여야 한다. (2020. 12. 29. 개정)

1. 공장을 이전하여 사업을 개시한 날부터 3년 이내에 그 사업을 폐업하거나 법인이 해산한 경우. 다만, 합병·분할 또는 분할합병으로 인한 경우에는 그러하지 아니하다. (2020. 12. 29. 개정)
2. 대통령령으로 정하는 바에 따라 공장을 수도권 밖(중소기업은 수도권 밖 또는 수도권의 인구감소지역)으로 이전하여 사업을 개시하지 아니한 경우(2024. 12. 31. 개정)
3. 수도권(중소기업은 수도권 중 인구감소지역을 제외한 지역)에 제1항에 따라 이전한 공장에서 생산하는 제품과 같은 제품을 생산하는 공장(중소기업이 수도권의 인구감소지역으로 이전한 경우에는 공장 또는 본사)을 설치한 경우(2024. 12. 31. 개정)

③ 제1항에 따라 감면받은 소득세액 또는 법인세액을 제2항에 따라 납부하는 경우에는 대통령령으로 정하는 바에 따라 계산한 이자상당가산액을 소득세 또는 법인세에 가산하여 납부하여야 하며, 해당 세액은 「소득세법」 제76조 또는 「법인세법」 제64조에 따라 납부하여야 할 세액으로 본다. (2020.

12. 29. 개정)
④ 공장이전기업 중 법인(이하 이 조에서 "공장이전법인"이라 한다)이 공장을 수도권 밖으로 이전한 경우에는 수도권과밀억제권역에 있는 공장을 양도함으로써 발생한 양도차익에 대한 법인세에 관하여는 제60조 제2항·제4항 및 제6항을 준용한다. (2020. 12. 29. 개정)
⑤ 공장을 수도권 밖으로 이전한 공장이전법인이 소유(합병·분할 또는 분할합병으로 소유권이 이전된 경우를 포함한다)하는 이전 전 공장용 건축물의 부속토지로서 공장 이전일 현재「지방세법」제106조 제1항 제3호 가목이 적용되는 토지는 공장을 전부 이전한 날부터 5년간「지방세법」제106조 제1항 제3호 가목을 적용하는 토지로 본다. 다만, 공장을 이전하여 사업을 개시한 후 그 사업을 폐업한 이후에는 그러하지 아니하다. (2020. 12. 29. 개정)
⑥ 제5항에 따라 이전한 날부터 5년간 이전 전 공장용 건축물의 부속토지에 대하여「지방세법」제106조 제1항 제3호 가목을 적용받은 공장이전법인이 제2항 제1호부터 제3호까지의 규정 중 어느 하나에 해당하는 경우에는 대통령령으로 정하는 바에 따라 재산세액 및 종합부동산세액과 이자상당가산액을 추징한다. (2020. 12. 29. 개정)
⑦ 제1항, 제4항 또는 제5항을 적용받으려는 공장이전기업은 대통령령으로 정하는 분류를 기준으로 이전 전의 공장에서 공장시설을 이전하기 위하여 조업을 중단한 날부터 소급하여 2년(중소기업은 1년) 이상 계속 영위하던 업종과 이전 후의 공장에서 영위하는 업종이 같아야 한다.(2024. 12. 31. 개정)
⑧ 제1항에 따라 감면을 적용받은 중소기업이 수도권 안으로 이전한 경우로서「중소기업기본법」에 따른 중소기업이 아닌 기업과 합병하는 등 대통령령으로 정하는 사유에 따라 중소기업에 해당하지 아니하게 된 경우에는 해당 사유 발생일이 속하는 과세연도부터 감면하지 아니한다. (2020. 12. 29. 개정)
⑨ 제1항부터 제8항까지의 규정을 적용할 때 기간 계산의 방법, 세액감면신청, 그 밖에 필요한 사항은 대통령령으로 정한다. (2020. 12. 29. 개정)

영 제60조【수도권 밖으로 공장을 이전하는 기업에 대한 세액감면 등】(2021. 2. 17. 제목개정)
① 법 제63조 제1항 각 호 외의 부분 단서에서 "대통령령으로 정하는 부동산업, 건설업, 소비성서비스업, 무점포판매업 및 해운중개업"이란 다음 각 호의 사업을 말한다. 다만,「혁신도시 조성 및 발전에 관한 특별법」제2조 제2호의 이전공공기관이 경영하는 다음 각 호의 어느 하나에 해당하는 사업은 제외한다. (2021. 2. 17. 개정)
1. 부동산임대업 (2021. 2. 17. 개정)
2. 부동산중개업 (2021. 2. 17. 개정)
3.「소득세법 시행령」제122조 제1항에 따른 부동산매매업 (2021. 2. 17. 개정)
4. 건설업[한국표준산업분류에 따른 주거용 건물 개발 및 공급업(구입한 주거용 건물을 재판매하는 경우는 제외한다)을 포함한다] (2021. 2. 17. 개정)

5. 소비성서비스업 (2021. 2. 17. 개정)
6. 「유통산업발전법」 제2조 제9호에 따른 무점포판매에 해당하는 사업 (2021. 2. 17. 개정)
7. 「해운법」 제2조 제5호에 따른 해운중개업 (2021. 2. 17. 개정)

② 법 제63조 제1항 제1호 가목에 따른 세액감면 요건이란 수도권과밀억제권역 안에 소재하는 공장시설을 수도권 밖(중소기업의 경우 수도권과밀억제권역 밖을 말한다. 이하 이 조에서 같다)으로 이전하기 위하여 조업을 중단한 날부터 소급하여 3년(중소기업의 경우 2년) 이상 계속 조업(「대기환경보전법」, 「물환경보전법」 또는 「소음 · 진동관리법」에 따라 배출시설이나 오염물질배출방지시설의 개선 · 이전 또는 조업정지명령을 받아 조업을 중단한 기간은 이를 조업한 것으로 본다)한 실적이 있을 것을 말한다. (2021. 2. 17. 개정)

③ 법 제63조 제1항 제1호 나목에서 "공장시설의 전부를 수도권 밖으로 대통령령으로 정하는 바에 따라 이전할 것"이란 다음 각 호의 어느 하나의 요건을 갖춘 것을 말한다. 이 경우 법 제63조 제4항을 적용할 때에는 수도권과밀억제권역 안의 공장을 양도하는 경우로 한정한다. (2021. 2. 17. 개정)

1. 수도권 밖으로 공장을 이전하여 사업을 개시한 날부터 2년 이내에 수도권과밀억제권역 안의 공장을 양도하거나 수도권과밀억제권역 안에 남아 있는 공장시설의 전부를 철거 또는 폐쇄하여 해당 공장시설에 의한 조업이 불가능한 상태일 것 (2021. 2. 17. 개정)
2. 수도권과밀억제권역 안의 공장을 양도 또는 폐쇄한 날(공장의 대지 또는 건물을 임차하여 자기공장시설을 갖추고 있는 경우에는 공장이전을 위하여 조업을 중단한 날을 말한다. 이하 이 호에서 같다)부터 2년 이내에 수도권 밖에서 사업을 개시할 것. 다만, 공장을 신축하여 이전하는 경우에는 수도권과밀억제권역 안의 공장을 양도 또는 폐쇄한 날부터 3년 이내에 사업을 개시해야 한다. (2021. 2. 17. 개정)

④ 법 제63조 제1항 제2호 가목 1)에서 "수도권 등 대통령령으로 정하는 지역"이란 다음 각 호의 지역을 말한다. 다만, 제2호의 지역은 해당 지역으로 이전하는 기업이 중소기업인 경우로 한정한다. (2023. 2. 28. 개정)

1. 당진시, 아산시, 원주시, 음성군, 진천군, 천안시, 춘천시, 충주시, 홍천군(내면은 제외한다) 및 횡성군의 관할구역 (2023. 2. 28. 개정)
2. 「수도권정비계획법」 제6조 제1항 제2호 및 제3호에 따른 성장관리권역 및 자연보전권역 (2023. 2. 28. 개정)

⑤ 법 제63조 제1항 제2호 가목 2)에서 "수도권 밖에 소재하는 광역시 등 대통령령으로 정하는 지역"이란 다음 각 호의 지역을 말한다. (2023. 2. 28. 신설)

1. 수도권 밖에 소재하는 광역시의 관할구역 (2023. 2. 28. 신설)
2. 구미시, 김해시, 전주시, 제주시, 진주시, 창원시, 청주시 및 포항시의 관할구역 (2023. 2. 28. 신설)

⑥ 법 제63조 제2항에 따라 납부해야 하는 세액은 다음 각 호의 구분에 따라 계산한다. (2023. 2. 28. 항번개정)

1. 법 제63조 제2항 제1호에 해당하는 경우: 폐업일 또는 법인해산일부터 소급하여 3년 이내에 감면된

세액 (2021. 2. 17. 개정)

2. 법 제63조 제2항 제2호에 해당하는 경우: 제3항 각 호의 요건을 갖추지 못하게 된 날부터 소급하여 5년 이내에 감면된 세액 (2021. 2. 17. 개정)

3. 법 제63조 제2항 제3호에 해당하는 경우: 공장설치일[중소기업이 법 제63조 제1항 제1호 다목 1)에 따라 본점이나 주사무소를 이전한 경우에는 본점 또는 주사무소 설치일을 포함한다]부터 소급하여 5년 이내에 감면된 세액. 이 경우 이전한 공장이 둘 이상이고 해당 공장에서 서로 다른 제품을 생산하는 경우에는 수도권(중소기업의 경우 수도권과밀억제권역) 안의 공장에서 생산하는 제품과 동일한 제품을 생산하는 공장의 이전으로 인하여 감면받은 분에 한정한다. (2021. 2. 17. 개정)

⑦ 법 제63조 제2항 제2호에서 "대통령령으로 정하는 바에 따라 공장을 수도권(중소기업은 수도권과밀억제권역) 밖으로 이전하여 사업을 개시하지 아니한 경우"란 제3항 각 호의 요건을 갖추지 않은 경우를 말한다. (2023. 2. 28. 항번개정)

⑧ 법 제63조 제3항에서 "대통령령으로 정하는 바에 따라 계산한 이자상당가산액"이란 법 제63조 제2항에 따라 납부해야 할 세액에 상당하는 금액에 제1호에 따른 기간과 제2호에 따른 율을 곱하여 계산한 금액으로 한다. (2023. 2. 28. 항번개정)

1. 감면을 받은 과세연도의 종료일 다음 날부터 법 제63조 제2항에 해당하는 사유가 발생한 날이 속하는 과세연도의 종료일까지의 기간 (2021. 2. 17. 개정)

2. 제11조의 2 제9항 제2호에 따른 율 (2022. 2. 15. 개정)

⑨ 법 제63조 제1항을 적용받으려는 자는 과세표준신고와 함께 기획재정부령으로 정하는 세액감면신청서 및 감면세액계산서를 납세지 관할 세무서장에게 제출해야 한다. (2023. 2. 28. 항번개정)

⑩ 법 제63조 제6항에 따라 추징해야 하는 재산세액은 다음 각 호의 기간에 법 제63조 제5항을 적용받아 납부한 재산세액과「지방세법」제106조 제1항 제1호 또는 제2호를 적용할 경우 납부할 재산세액의 차액으로 하고, 법 제63조 제6항에 따라 추징해야 하는 종합부동산세액은 다음 각 호의 기간에「지방세법」제106조 제1항 제1호 또는 제2호를 적용할 경우 납부할 종합부동산세액으로 한다. (2023. 2. 28. 항번개정)

1. 법 제63조 제2항 제1호에 해당하는 경우: 폐업일 또는 법인해산일부터 소급하여 3년 이내 (2021. 2. 17. 개정)

2. 법 제63조 제2항 제2호에 해당하는 경우: 제3항 각 호의 요건을 갖추지 못한 날부터 소급하여 5년 이내 (2021. 2. 17. 개정)

3. 법 제63조 제2항 제3호에 해당하는 경우: 공장설치일부터 소급하여 5년 이내 (2021. 2. 17. 개정)

⑪ 법 제63조 제6항에 따른 이자상당가산액은 제10항에 따른 재산세액의 차액과 종합부동산세액에 제1호의 기간과 제2호의 율을 곱하여 계산한 금액으로 한다. (2023. 2. 28. 개정)

1. 법 제63조 제5항을 적용받은 과세연도의 납부기한의 다음 날부터 법 제63조 제6항에 따라 추징할 세액의 고지일까지의 기간 (2021. 2. 17. 개정)

2. 제11조의 2 제9항 제2호에 따른 율 (2022. 2. 15. 개정)

⑫ 법 제63조 제7항에서 "대통령령으로 정하는 분류"란 한국표준산업분류상의 세분류를 말한다. (2023. 2. 28. 항번개정)
⑬ 법 제63조 제8항에서 "「중소기업기본법」에 따른 중소기업이 아닌 기업과 합병하는 등 대통령령으로 정하는 사유"란 제2조 제2항 각 호의 사유를 말한다. (2023. 2. 28. 항번개정)

□ **개정연혁**

[2021년] 지방이전 기업에 대한 세액감면 적용기한 연장 등
가. 개정취지: 국가균형발전 지속지원 및 사후관리 등 제도 합리화
나. 개정내용

종전	개정
▨ 지방이전 기업에 대한 세액감면 ○ 감면대상 - (조세특례제한법 제63조) 공장을 수도권과밀억제권역 밖으로 이전한 중소기업 - (조세특례제한법 제63조의2) 공장 또는 본사를 수도권 밖으로 이전한 법인 ○ 감면내용 - 소득세·법인세 7년간 100%, 3년간 50% 감면 ※ 수도권内, 지방광역시, 중규모 도시로 이전시 5년간 100%, 2년간 50% ○ 사후관리 및 추징세액 규정 - (조세특례제한법 제63조) 감면기간 내 추징사유* 발생시 감면세액 전액 추징 * 3년 내 폐업·해산, 이전 후 사업 미개시, 과밀억제권역 內 본사 또는 공장 재설치 - (조세특례제한법 제63조의2) 추징요건 발생시점에서 소급하여 5년간 감면세액 추징(폐업·해산의 경우 3년간) ○ (적용기한) 2020.12.31.	▨ 적용기한 연장 및 제도 합리화 ○ 감면대상 정비 - (조세특례제한법 제63조) 공장을 수도권 밖(중소기업은 수도권과밀억제권역 밖)으로 이전한 기업 - (조세특례제한법 제63조의2) 본사를 수도권 밖으로 이전한 법인 ○ (좌 동) ○ 추징세액 규정 일치 - (조세특례제한법 제63조) 추징요건 발생시점에서 소급하여 5년간 감면세액 추징(폐업·해산의 경우 3년간) - (좌 동) ○ 2022.12.31.

다. 적용시기 및 적용례: 2021.1.1. 이후 공장 또는 본사를 지방으로 이전하는 경우부터 적용

[2023년] 지방이전기업 세액감면 감면 확대

가. 개정취지: 국가균형발전 및 지역경제 활성화

나. 개정내용

종전	개정
■ 수도권 밖으로 공장·본사 이전하는 기업에 대한 소득·법인세 감면 ○ (대상) 수도권과밀억제권역내에서 3년 이상 가동 후 이전한 공장·법인 ○ (감면기간 및 감면율) ❶ 수도권 등(과밀억제권역 밖*) 대통령령으로 정하는 도시로 이전시: 5년 100% + 2년 50% * 중소기업 공장 이전에 한하여 적용 - (적용지역) 수도권 성장관리·자연보전권역, 지방 광역시, 구미·김해·아산·원주·익산·전주·제주·진주·창원·천안·청주·춘천·충주·포항·당진·음성·진천·홍천(내면 제외)·횡성(총 19개 시·군지역) ❷ 기타 그 외 지역으로 이전시: 7년 100% + 3년 50% 〈추 가〉 ○ (적용기한) 2022.12.31.	■ 감면혜택 확대 및 적용기한 연장 ○ (좌 동) ○ 위기지역 등으로 이전시 감면기간 확대 ❶ (좌 동) - 익산시 제외 ❷ 낙후도가 높은 지역, 위기지역 등* 으로 이전시: 10년 100% + 2년 50% * 「국가균형발전특별법」에 따른 성장촉진지역, 인구감소지역 및 고용·산업위기지역(다만, 수도권, 지방광역시 지방중 규모도시, 수도권연접도시 등 제외) ❸ 1) ❶·❸외 기타지역, 2) 지방광역시 등에 소재하는 위기지역 등으로 이전시: 7년 100% + 3년 50% ○ 2025.12.31.

다. 적용시기 및 적용례: 2023.1.1. 전 공장·본사를 이전한 경우 종전규정 적용

□ 해석사례

▷ 임대인의 공장시설 미철거시 지방이전 세액감면 적용여부
　서면법규법인2023-1671(2024.06.27.)

「조세특례제한법 시행령」 제60조제3항제1호에서 철거·폐쇄 대상이 되는 공장시설이란 영업을 목적으로 물품의 제조, 가공, 수선 등의 목적에 사용할 수 있도록 한 공장의 생산시설과 설비를 의미하는 것이며 일부 자산을 임차한 경우도 감면 대상에 포함되지만, 해당 자산을 포함하여 전부 이전하는 경우에 감면 요건을 충족하는 것임

▷ 공장 이전 전 2년 미만을 영위한 업종에서 「공장 이전 후 발생한 소득」의 감면대상 여부
　서면법규법인2022-3372(2023.12.15)

하나의 업종을 영위한 기간은 2년 이상이나 나머지 업종을 영위한 기간이 2년 미만이더라도, 수도권과밀억제권역에서 해당 공장시설을 갖추고 계속하여 사업을 영위한 기간이 2년 이상인 경우에는 감면대상 법인에 해당하는 것임

▷ **수도권 밖으로 공장을 이전하는 기업에 대한 세액 감면 여부**
  서면법인2021-102(2021.03.05)

수도권과밀억제권역 안에 소재하는 공장시설을 수도권 밖으로 이전하기 위하여 조업을 중단한 날부터 소급하여 2년 이상 계속 조업한 실적이 있는 중소기업이 선이전 후양도 방식으로 공장시설을 수도권 밖으로 이전하는 경우 공장이전일 이후 해당 공장에서 최초로 소득이 발생하는 과세연도부터 같은 법 제63조에 따른 감면이 적용되는 것임

▷ **이전계획서만 제출시 감면 적용 대상 여부 및 재이전시 감면 유지 여부**
  서면법인2020-3497(2020.10.27)

건물을 완공하여 이전하기 전 이전계획서만 제출한 경우에는 감면 대상이 아니며, 「조세특례제한법」 제63조 규정에 따라 수도권 과밀억제권역 밖 이전 중소기업에 대한 세액감면을 적용 받던 중 수도권 과밀억제권역 밖 지역으로 재이전시 당초 세액감면 적용대상 과세기간에 발생한 법인세에 대하여는 세액감면을 적용함

41. 지역균형 - 본사의 수도권 밖 이전에 대한 세액감면

법 제63조의 2【수도권 밖으로 본사를 이전하는 법인에 대한 세액감면 등】
① 제1호 각 목의 요건을 모두 갖추어 본사를 이전하여 2025년 12월 31일(본사를 신축하는 경우로서 본사의 부지를 2025년 12월 31일까지 보유하고 2025년 12월 31일이 속하는 과세연도의 과세표준신고를 할 때 이전계획서를 제출하는 경우에는 2028년 12월 31일)까지 사업을 개시하는 법인(이하 이 조에서 "본사이전법인"이라 한다)은 제2호에 따른 감면대상소득(이전 후 합병·분할·현물출자 또는 사업의 양수를 통하여 사업을 승계하는 경우 승계한 사업장에서 발생한 소득은 제외한다)에 대하여 제3호의 구분에 따라 법인세를 감면한다. 다만, 대통령령으로 정하는 부동산업, 건설업, 소비성서비스업, 무점포판매업 및 해운중개업을 경영하는 법인인 경우에는 그러하지 아니하다. (2022. 12. 31. 개정)
1. 세액감면 요건 (2020. 12. 29. 개정)
   가. 수도권과밀억제권역에 3년 이상 계속하여 본사를 둔 법인일 것. 다만, 본사의 이전등기일이 속하는 과세연도 개시일부터 소급하여 10년 이내에 이 조에 따라 감면받은 법인은 제외한다.(2024. 12. 31. 단서신설)
   나. 본사를 수도권 밖으로 대통령령으로 정하는 바에 따라 이전할 것 (2020. 12. 29. 개정)
   다. 수도권 밖으로 이전한 본사(이하 이 조에서 "이전본사"라 한다)에 대한 투자금액 및 이전본사의 근무인원이 지역경제에 미치는 영향 등을 고려하여 대통령령으로 정하는 기준을 충족할 것 (2021. 12. 28. 신설)
2. 감면대상소득: 가목의 금액에 나목의 비율과 다목의 비율을 곱하여 산출한 금액에 상당하는 금액 (2020. 12. 29. 개정)
   가. 해당 과세연도의 과세표준에서 토지·건물 및 부동산을 취득할 수 있는 권리의 양도차익 및 대통령령으로 정하는 소득을 뺀 금액 (2020. 12. 29. 개정)
   나. 해당 과세연도의 이전본사의 근무인원이 법인전체 근무인원에서 차지하는 비율 (2021. 12. 28. 개정)
   다. 해당 과세연도의 전체 매출액에서 대통령령으로 정하는 위탁가공무역에서 발생하는 매출액을 뺀 금액이 해당 과세연도의 전체 매출액에서 차지하는 비율 (2020. 12. 29. 개정)
3. 감면기간 및 감면세액 (2020. 12. 29. 개정)
   가. 본사 이전일 이후 본사이전법인에서 최초로 소득이 발생한 과세연도(본사 이전일부터 5년이 되는 날이 속하는 과세연도까지 소득이 발생하지 아니한 경우에는 이전일부터 5년이 되는 날이 속하는 과세연도)의 개시일부터 다음의 구분에 따른 기간 이내에 끝나는 과세연도: 감면대상소득에 대한 법인세의 100분의 100에 상당하는 세액 (2022. 12. 31. 개정)
1) 본사를 신축하는 경우로서 제63조의2제1항에 따라 이전계획서를 제출한 경우
2) 본사 이전을 위하여 기존 본사의 부지나 본사용 건축물을 양도(양도 계약을 체결한 경우를 포함한

다)하거나 본사를 철거·폐쇄 또는 본사 외의 용도로 전환한 경우
3. 본사 이전을 위하여 신규 본사의 부지나 본사용 건축물을 매입(매입 계약을 체결한 경우를 포함한다)한 경우
4. 본사를 신축하기 위하여 건축허가를 받은 경우
5. 제1호부터 제4호까지의 행위에 준하는 행위를 한 경우로서 실질적으로 이전에 착수한 것으로 볼 수 있는 경우

    1) 제63조 제1항 제2호 가목 1)에 따른 지역으로서 수도권 밖의 지역으로 이전하는 경우: 5년 (2022. 12. 31. 신설)

    2) 제63조 제1항 제2호 가목 2)에 따른 지역으로 이전하는 경우 (2022. 12. 31. 신설)

        가) 성장촉진지역등으로 이전하는 경우: 7년 (2022. 12. 31. 신설)

        나) 가)에 따른 지역 외의 지역으로 이전하는 경우: 5년 (2022. 12. 31. 신설)

    3) 1) 또는 2)에 따른 지역 외의 지역으로서 수도권 밖의 지역으로 이전하는 경우 (2022. 12. 31. 신설)

        가) 성장촉진지역등으로 이전하는 경우: 10년 (2022. 12. 31. 신설)

        나) 가)에 따른 지역 외의 지역으로 이전하는 경우: 7년 (2022. 12. 31. 신설)

나. 가목에 따른 과세연도의 다음 2년[가목 2) 가) 또는 같은 목 3) 나)에 해당하는 경우에는 3년] 이내에 끝나는 과세연도: 감면대상소득에 대한 법인세의 100분의 50에 상당하는 세액 (2022. 12. 31. 개정)

1. 본사를 신축하는 경우로서 제63조의2제1항에 따라 이전계획서를 제출한 경우
2. 본사 이전을 위하여 기존 본사의 부지나 본사용 건축물을 양도(양도 계약을 체결한 경우를 포함한다)하거나 본사를 철거·폐쇄 또는 본사 외의 용도로 전환한 경우
3. 본사 이전을 위하여 신규 본사의 부지나 본사용 건축물을 매입(매입 계약을 체결한 경우를 포함한다)한 경우
4. 본사를 신축하기 위하여 건축허가를 받은 경우
5. 제1호부터 제4호까지의 행위에 준하는 행위를 한 경우로서 실질적으로 이전에 착수한 것으로 볼 수 있는 경우

② 제1항에 따라 감면을 적용받는 본사이전법인이 다음 각 호의 어느 하나에 해당하는 경우에는 그 사유가 발생한 과세연도의 과세표준신고를 할 때 대통령령으로 정하는 바에 따라 계산한 세액을 법인세로 납부하여야 한다. (2020. 12. 29. 개정)

1. 본사를 이전하여 사업을 개시한 날부터 3년 이내에 그 사업을 폐업하거나 법인이 해산한 경우. 다만, 합병·분할 또는 분할합병으로 인한 경우에는 그러하지 아니하다. (2020. 12. 29. 개정)
2. 대통령령으로 정하는 바에 따라 본사를 수도권 밖으로 이전하여 사업을 개시하지 아니한 경우 (2020. 12. 29. 개정)
3. 수도권에 본사를 설치하거나 대통령령으로 정하는 기준 이상의 사무소를 둔 경우 (2020. 12. 29. 개정)

4. 제1항에 따른 감면기간에 대통령령으로 정하는 임원 중 이전본사의 근무 임원 수가 수도권 안의 사무소에서 근무하는 임원과 이전본사 근무 임원의 합계 인원에서 차지하는 비율이 100분의 50에 미달하게 된 경우 (2020. 12. 29. 개정)

③ 제1항에 따라 감면받은 법인세액을 제2항에 따라 납부하는 경우에는 제63조 제3항의 이자 상당 가산액에 관한 규정을 준용한다. (2020. 12. 29. 개정)

④ 본사이전법인이 수도권과밀억제권역에 있는 본사를 양도함으로써 발생한 양도차익에 대한 법인세에 관하여는 제61조 제3항·제5항 및 제6항을 준용한다. (2020. 12. 29. 개정)

⑤ 제1항 및 제4항을 적용받으려는 본사이전법인은 대통령령으로 정하는 분류를 기준으로 이전 전의 본사에서 본사의 이전등기일부터 소급하여 2년 이상 영위하던 업종과 이전 후의 본사에서 영위하는 업종이 같아야 한다.(2024. 12. 31. 개정)

⑥ 공장과 본사를 함께 이전하는 경우에는 제1항과 제63조 제1항에도 불구하고 제1항에 따른 감면대상 소득과 제63조 제1항에 따라 이전한 공장에서 발생하는 소득을 합하여 산출한 금액에 상당하는 소득을 감면대상소득으로 한다. 다만, 해당 과세연도의 소득금액을 한도로 한다. (2020. 12. 29. 개정)

⑦ 제1항부터 제6항까지의 규정을 적용할 때 투자금액·근무인원·기간의 계산방법, 세액감면신청 및 그 밖에 필요한 사항은 대통령령으로 정한다. (2021. 12. 28. 개정)

영 제60조의 2 【수도권 밖으로 본사를 이전하는 법인에 대한 세액감면 등】

① 법 제63조의 2 제1항 각 호 외의 부분 단서에서 "대통령령으로 정하는 부동산업, 건설업, 소비성서비스업, 무점포판매업 및 해운중개업"이란 제60조 제1항에 따른 사업을 말한다. (2021. 2. 17. 개정)

② 법 제63조의 2 제1항 제1호 가목에 따른 세액감면 요건이란 본점 또는 주사무소(이하 이 조에서 "본사"라 한다)의 이전등기일부터 소급하여 3년 이상 계속하여 수도권과밀억제권역 안에 본사를 두고 사업을 경영한 실적이 있을 것을 말한다. (2021. 2. 17. 개정)

③ 법 제63조의 2 제1항 제1호 나목에서 "본사를 수도권 밖으로 대통령령으로 정하는 바에 따라 이전할 것"이란 다음 각 호의 어느 하나의 요건을 갖춘 것을 말한다. 이 경우 법 제63조의 2 제4항을 적용할 때에는 수도권과밀억제권역 안의 본사를 양도하는 경우로 한정한다. (2021. 2. 17. 개정)

1. 수도권 밖으로 본사를 이전하여 사업을 개시한 날부터 2년 이내에 수도권과밀억제권역 안의 본사를 양도하거나 본사 외의 용도(제12항에서 정하는 기준 미만의 사무소로 사용하는 경우를 포함한다. 이하 이 조에서 같다)로 전환할 것 (2021. 2. 17. 개정)

2. 수도권과밀억제권역 안의 본사를 양도하거나 본사 외의 용도로 전환한 날부터 2년 이내에 수도권 밖에서 사업을 개시할 것. 다만, 본사를 신축하여 이전하는 경우에는 수도권과밀억제권역 안의 본사를 양도하거나 본사 외의 용도로 전환한 날부터 3년 이내에 사업을 개시해야 한다. (2021. 2. 17. 개정)

④ 법 제63조의 2 제1항 제1호 다목에서 "대통령령으로 정하는 기준"이란 다음 각 호와 같다. (2022. 2. 15. 신설)

1. 투자금액: 기획재정부령으로 정하는 사업용자산에 대한 누적 투자액으로서 기획재정부령으로 정하는 바에 따라 계산한 금액이 10억원 이상일 것 (2022. 2. 15. 신설)
2. 근무인원: 해당 과세연도에 수도권 밖으로 이전한 본사(이하 이 조에서 "이전본사"라 한다)의 근무인원이 20명 이상일 것 (2022. 2. 15. 신설)

⑤ 법 제63조의 2 제1항 제2호 가목에서 "대통령령으로 정하는 소득"이란 제1호의 금액에서 제2호의 금액을 뺀 금액을 말한다. 이 경우 그 차액이 음수일 경우에는 0원으로 본다. (2022. 2. 15. 항번개정)

1. 고정자산처분익, 유가증권처분익, 수입이자, 수입배당금 및 자산수증익을 합한 금액. 다만, 금융 및 보험업을 경영하는 법인(「금융지주회사법」에 따른 금융지주회사는 제외한다)의 경우에는 기업회계기준에 따라 영업수익에 해당하는 유가증권처분익, 수입이자 및 수입배당금은 제외한다. (2021. 2. 17. 개정)
2. 고정자산처분손, 유가증권처분손 및 지급이자를 합한 금액. 다만, 금융 및 보험업을 경영하는 법인(「금융지주회사법」에 따른 금융지주회사는 제외한다)의 경우에는 기업회계기준에 따라 영업비용에 해당하는 유가증권처분손 및 지급이자는 제외한다. (2021. 2. 17. 개정)

⑥ 해당 과세연도에 이전본사의 근무인원 및 법인 전체 근무인원은 다음 각 호에서 정하는 바에 따라 계산한 인원으로 한다. (2022. 2. 15. 개정)

1. 이전본사의 근무인원: 가목에서 나목을 뺀 인원 (2021. 2. 17. 개정)
   가. 이전본사에서 본사업무에 종사하는 상시 근무인원의 연평균 인원(매월 말 현재의 인원을 합하고 이를 해당 개월 수로 나누어 계산한 인원을 말한다. 이하 이 조에서 같다). 다만, 이전일부터 소급하여 2년이 되는 날이 속하는 과세연도 이후 수도권 외의 지역에서 본사업무에 종사하는 근무인원이 이전본사로 이전한 경우는 제외한다. (2021. 2. 17. 개정)
   나. 이전일부터 소급하여 3년이 되는 날이 속하는 과세연도에 이전본사에서 본사업무에 종사하던 상시 근무인원의 연평균 인원 (2021. 2. 17. 개정)
2. 법인 전체 근무인원: 법인 전체의 상시 근무인원의 연평균 인원 (2021. 2. 17. 개정)

⑦ 제6항을 적용할 때 상시 근무인원은 「근로기준법」 제2조 제1항 제2호에 따른 사용자 중 상시 근무하는 자 및 같은 법에 따라 근로계약을 체결한 내국인 근로자로 한다. 다만, 다음 각 호의 어느 하나에 해당하는 사람은 제외한다. (2022. 2. 15. 개정)

1. 근로계약기간이 1년 미만인 근로자(근로계약의 연속된 갱신으로 인하여 그 근로계약의 총 기간이 1년 이상인 근로자는 제외한다) (2021. 2. 17. 개정)
2. 「근로기준법」 제2조 제1항 제9호에 따른 단시간근로자. 다만, 1개월간의 소정근로시간이 60시간 이상인 근로자는 상시근로자로 본다. (2021. 2. 17. 개정)
3. 「법인세법 시행령」 제40조 제1항 각 호의 어느 하나에 해당하는 임원 중 상시 근무하지 않는 자 (2021. 2. 17. 개정)
4. 「소득세법 시행령」 제196조에 따른 근로소득원천징수부에 따라 근로소득세를 원천징수한 사실이 확인되지 않고, 다음 각 목의 어느 하나에 해당하는 금액의 납부사실도 확인되지 않는 자 (2021. 2.

17. 개정)

가. 「국민연금법」 제3조 제1항 제11호 및 제12호에 따른 부담금 및 기여금 (2021. 2. 17. 개정)

나. 「국민건강보험법」 제69조에 따른 직장가입자의 보험료 (2021. 2. 17. 개정)

⑧ 법 제63조의 2 제1항 제2호 다목에서 "대통령령으로 정하는 위탁가공무역"이란 가공임(加工賃)을 지급하는 조건으로 외국에서 가공(제조, 조립, 재생 및 개조를 포함한다. 이하 이 조에서 같다)할 원료의 전부 또는 일부를 거래 상대방에게 수출하거나 외국에서 조달하여 가공한 후 가공물품 등을 수입하거나 외국으로 인도하는 것을 말한다. (2022. 2. 15. 항번개정)

⑨ 법 제63조의 2 제1항 제2호 다목에 따른 위탁가공무역에서 발생한 매출액은 다른 매출액과 구분하여 경리해야 한다. (2022. 2. 15. 항번개정)

⑩ (삭제, 2023. 2. 28.)

⑪ 법 제63조의 2 제2항에 따라 납부해야 하는 세액은 다음 각 호의 구분에 따라 계산한다. (2022. 2. 15. 항번개정)

1. 법 제63조의 2 제2항 제1호에 해당하는 경우: 폐업일 또는 법인해산일부터 소급하여 3년 이내에 감면된 세액 (2021. 2. 17. 개정)

2. 법 제63조의 2 제2항 제2호에 해당하는 경우: 제3항 각 호의 요건을 갖추지 못하게 된 날부터 소급하여 5년 이내에 감면된 세액 (2021. 2. 17. 개정)

3. 법 제63조의 2 제2항 제3호에 해당하는 경우: 본사설치일 또는 제12항에서 정하는 기준 이상의 사무소를 둔 날부터 소급하여 5년 이내에 감면된 세액 (2021. 2. 17. 개정)

4. 법 제63조의 2 제2항 제4호에 해당하는 경우: 같은 호에서 정하는 비율에 미달하게 되는 날부터 소급하여 5년 이내에 감면된 세액 (2021. 2. 17. 개정)

⑫ 법 제63조의 2 제2항 제2호에서 "대통령령으로 정하는 바에 따라 본사를 수도권 밖으로 이전하여 사업을 개시하지 아니한 경우"란 제3항 각 호의 요건을 갖추지 않은 경우를 말한다. (2022. 2. 15. 항번개정)

⑬ 법 제63조의 2 제2항 제3호에서 "대통령령으로 정하는 기준 이상"이란 본사를 수도권 밖으로 이전한 날부터 3년이 되는 날이 속하는 과세연도가 지난 후 본사업무에 종사하는 총 상시 근무인원의 연평균 인원 중 수도권 안의 사무소에서 본사업무에 종사하는 상시 근무인원의 연평균 인원의 비율이 100분의 50 이상인 경우를 말한다. (2022. 2. 15. 항번개정)

⑭ 법 제63조의 2 제2항 제4호에서 "대통령령으로 정하는 임원"이란 「법인세법 시행령」 제40조 제1항 각 호의 자를 말한다. 다만, 상시 근무하지 않는 임원은 제외한다. (2022. 2. 15. 항번개정)

⑮ 다음 각 호의 어느 하나에 해당하는 경우에는 해당 과세연도부터 법 제63조의 2 제1항에 따라 법인세를 감면받을 수 없다. (2022. 2. 15. 개정)

1. 제4항 제2호의 요건을 충족하지 못한 경우 (2022. 2. 15. 신설)

2. 법 제63조의 2 제2항 제4호에 해당하는 경우 (2022. 2. 15. 신설)

⑯ 법 제63조의 2 제1항에 따라 법인세의 감면을 받으려는 법인은 과세표준신고와 함께 기획재정부

령으로 정하는 세액감면신청서 및 감면세액계산서를 납세지 관할 세무서장에게 제출해야 한다. (2022. 2. 15. 항번개정)
⑰ 법 제63조의 2 제5항에서 "대통령령으로 정하는 분류"란 한국표준산업분류상의 세분류를 말한다. (2022. 2. 15. 항번개정)

규칙 제24조【수도권 밖으로 본사를 이전하는 법인에 대한 세액감면 적용 시 사업용자산의 범위 등】
① 영 제60조의 2 제4항 제1호에서 "기획재정부령으로 정하는 사업용자산"이란 다음 각 호의 자산을 말한다. (2022. 3. 18. 신설)
1. 수도권 밖으로 이전한 본점 또는 주사무소(이하 이 조에서 "이전본사"라 한다)에 소재하거나 이전본사에서 주로 사용하는 사업용 유형자산 (2022. 3. 18. 신설)
2. 이전본사에 소재하거나 이전본사에서 주로 사용하기 위해 건설 중인 자산 (2022. 3. 18. 신설)
② 영 제60조의 2 제4항 제1호에서 "기획재정부령으로 정하는 바에 따라 계산한 금액"이란 제1호의 금액에서 제2호의 금액을 뺀 금액을 말한다. (2022. 3. 18. 신설)
1. 이전본사의 이전등기일부터 소급하여 2년이 되는 날이 속하는 과세연도부터 법 제63조의 2 제1항에 따라 법인세를 감면받는 과세연도까지 제1항 각 호의 자산에 투자한 금액의 합계액 (2022. 3. 18. 신설)
2. 제1호에 따른 기간 중 투자한 제1항 각 호의 자산을 처분한 경우(임대한 경우를 포함하며, 영 제137조 제1항 각 호의 어느 하나에 해당하는 경우는 제외한다) 해당 자산의 취득 당시 가액 (2022. 3. 18. 신설)

개정연혁

[2021년] 지방이전 기업에 대한 세액감면 적용기한 연장 등
가. 개정취지: 국가균형발전 지속지원 및 사후관리 등 제도 합리화
나. 개정내용

종전	개정
■ 지방이전 기업에 대한 세액감면 ○ 감면대상 - (조세특례제한법 제63조) 공장을 수도권과밀억제권역 밖으로 이전한 중소기업 - (조세특례제한법 제63조의2) 공장 또는 본사를 수도권 밖으로 이전한 법인 ○ 감면내용 - 소득세·법인세 7년간 100%, 3년간 50% 감면 ※ 수도권內, 지방광역시, 중규모 도시로 이전시 5년간 100%, 2년간 50% ○ 사후관리 및 추징세액 규정 - (조세특례제한법 제63조) 감면기간 내 추징사유* 발생시 감면세액 전액 추징 * 3년 내 폐업·해산, 이전 후 사업 미개시, 과밀억제권역 內 본사 또는 공장 재설치 - (조세특례제한법 제63조의2) 추징요건 발생시점에서 소급하여 5년간 감면세액 추징(폐업·해산의 경우 3년간) ○ (적용기한) 2020.12.31.	■ 적용기한 연장 및 제도 합리화 ○ 감면대상 정비 - (조세특례제한법 제63조) 공장을 수도권 밖(중소기업은 수도권과밀억제권역 밖)으로 이전한 기업 - (조세특례제한법 제63조의2) 본사를 수도권 밖으로 이전한 법인 ○ (좌 동) ○ 추징세액 규정 일치 - (조세특례제한법 제63조) 추징요건 발생시점에서 소급하여 5년간 감면세액 추징(폐업·해산의 경우 3년간) - (좌 동) ○ 2022.12.31.

다. 적용시기 및 적용례: 2021.1.1.이후 공장 또는 본사를 지방으로 이전하는 경우부터 적용

[2022년] 본사 지방이전 세액감면 요건 정비

가. 개정취지: 지역경제 활성화 효과 제고

나. 개정내용

종전	개정
■ 수도권 밖으로 본사를 이전하는 법인에 대한 세액감면 요건 ○ 다음 요건을 모두 충족하는 본사 지방이전 법인 - ❶ 수도권과밀억제권역 내 본사를 3년 이상 운영 - ❷ 수도권 밖에서 사업개시 전·후 2년 이내에 수도권과밀억제권역 내 본사 양도(본사 외의 용도로 전환 포함) 〈추 가〉	■ 투자·근무인원 요건 규정 ○ 최소 투자금액 및 근무인원 기준 요건 규정 (좌 동) - ❸ 이전본사 투자금액 10억원 + 근무인원 20명 기준 충족 • 투자금액 및 근무인원 판단 기준 | 구분 | 판단기준 | |---|---| | 투자금액 | 시행규칙으로 정하는 사업용자산에 대한 투자 합계액 | | 근무 인원 | 본사업무에 종사하는 상시 근무인원 |

다. 적용시기 및 적용례

○ 2022.1.1. 전에 본사를 수도권 밖으로 이전한 법인 및 수도권과밀억제권역 안의 본사를 양도하거나 본사 외의 용도로 전환한 법인에 대해서는 「조세특례제한법」 제63조의2 제1항 제1호 다목의 개정규정에도 불구하고 종전의 「조세특례제한법」 제63조의2 제1항 제1호에 따름

○ 본사를 신축하는 경우로서 본사의 부지를 2021.12.31.까지 보유하고 2021.12.31.이 속하는 과세연도의 과세표준신고를 할 때 이전계획서를 제출하는 법인에 대해서는 「조세특례제한법」 제63조의2 제1항 제1호 다목의 개정규정에도 불구하고 종전의 「조세특례제한법」 제63조의2 제1항 제1호에 따름

□ 해석사례

▷ 수도권 밖 본사 이전 세액감면 적용시, 연구전담요원이 이전본사 근무인원의 범위에 포함되는지 여부
　서면법인2022-4718(2023.07.25)

「조세특례제한법」 제63조의2의 수도권 밖으로 본사를 이전하는 법인에 대한 세액감면 적용 시, 연구개발전담부서의 연구전담요원은 같은 조 제1항 제1호(세액감면요건) 다목과 제2호(감면대상소득) 나목의 이전본사의 근무인원에 포함하지 아니하는 것임

▷ 본사를 지방으로 이전한 후 제조업을 추가한 경우, 「조세특례제한법」 제63조의2에 따른 '수도권 외 지역이전법인에 대한 특별세액감면' 적용시 제조업 종사인원이 '이전본사 근무인원'에 포함되는지 여부
　조심2021중5038(2022.09.20)

청구법인은 본사를 지방으로 이전하면서 주업종을 제조업으로 변경하기 위하여 공장을 신설한 것으로

보이고, 지방으로 이전하기 전의 본사업무와 지방이전 후 신설한 공장의 업무를 실질적인 본사업무로 하여 사업을 영위한 것으로 보이는 점 등에 비추어, 쟁점인원을 '이전본사 근무인원'에 포함하는 것이 타당함

▷ **본사를 지방으로 이전한 후 업종이 추가된 경우 감면 적용 여부**
　서면법인2020-298(2020.03.09)

수도권과밀권역에 본사를 두고 3년 이상 도소매업을 영위하던 법인이 본사를 지방으로 이전한 후 제조업을 추가 영위하는 경우, 이전 후 추가한 제조업에서 발생하는 소득은 「조세특례제한법」 (2015.12.15. 법률 13560호로 일부 개정된 것) 제63조의2【법인의 공장 및 본사를 수도권 밖으로 이전하는 경우 법인세 등 감면】에 따라 2016.1.1.이후 개시하는 사업연도부터 감면대상소득에 해당하지 아니하는 것입니다.

※ 조세특례제한법 제63조의2【법인의 공장 및 본사를 수도권 밖으로 이전하는 경우 법인세 등 감면】 (법률 제13560호, 2015.12.15.)
⑩ 제1항·제2항·제5항 또는 제6항을 적용받으려는 지방이전법인은 대통령령으로 정하는 분류를 기준으로 이전 전의 공장 또는 본사에서 영위하던 업종과 이전 후의 공장 또는 본사에서 영위하는 업종이 각각 같아야 한다.

▷ **적격인적분할 후 수도권 밖으로 이전하는 분할신설법인의 사업영위기간 계산방법**
　사전법령해석법인2020-260(2020.05.19)

적격인적분할에 의해 설립된 분할신설법인이 본사를 수도권 밖으로 이전하는 경우 사업영위기간은 분할 전 분할법인의 사업기간을 포함하여 계산하는 것임

42. 지역균형 - 농공단지 입주기업 등에 대한 세액감면

법 제64조 【농공단지 입주기업 등에 대한 세액감면】

① 다음 각 호의 어느 하나에 해당하는 자에 대해서는 제2항부터 제7항까지의 규정에 따라 해당 사업(이하 이 조에서 "감면대상사업"이라 한다)에서 발생한 소득에 대한 소득세 또는 법인세를 감면한다. (2021. 12. 28. 개정)

1. 2025년 12월 31일까지 「산업입지 및 개발에 관한 법률」에 따른 농공단지 중 대통령령으로 정하는 농공단지에 입주하여 농어촌소득원개발사업을 하는 내국인 (2023. 12. 31. 개정)
2. 2025년 12월 31일까지 「지역중소기업 육성 및 혁신촉진 등에 관한 법률」 제23조에 따른 중소기업특별지원지역으로서 대통령령으로 정하는 지역에 입주하여 사업을 하는 중소기업 (2023. 12. 31. 개정)

② 제1항에 따른 요건을 갖춘 자의 감면대상사업에서 발생한 소득에 대해서는 해당 감면대상사업에서 최초로 소득이 발생한 과세연도(사업개시일부터 5년이 되는 날이 속하는 과세연도까지 해당 감면대상사업에서 소득이 발생하지 아니한 경우에는 5년이 되는 날이 속하는 과세연도)의 개시일부터 5년 이내에 끝나는 과세연도까지 소득세 또는 법인세의 100분의 50에 상당하는 세액을 감면한다. (2018. 12. 24. 신설)

③ 제2항이 적용되는 감면기간 동안 감면받는 소득세 또는 법인세의 총합계액은 제1호와 제2호의 금액을 합한 금액을 한도(이하 이 조에서 "감면한도"라 한다)로 한다. (2018. 12. 24. 신설)

1. 대통령령으로 정하는 투자누계액의 100분의 50 (2018. 12. 24. 신설)
2. 해당 과세연도에 제1항의 적용대상이 되는 사업장(이하 이 조에서 "감면대상사업장"이라 한다)의 상시근로자 수 × 1천5백만원[청년 상시근로자와 대통령령으로 정하는 서비스업(이하 이 조에서 "서비스업"이라 한다)을 하는 감면대상사업장의 상시근로자의 경우에는 2천만원] (2018. 12. 24. 신설)

④ 제2항에 따라 각 과세연도에 감면받을 소득세 또는 법인세에 대하여 감면한도를 적용할 때에는 제3항 제1호의 금액을 먼저 적용한 후 같은 항 제2호의 금액을 적용한다. (2018. 12. 24. 신설)

⑤ 제3항 제2호를 적용받아 소득세 또는 법인세를 감면받은 자가 감면받은 과세연도 종료일부터 2년이 되는 날이 속하는 과세연도 종료일까지의 기간 중 각 과세연도의 감면대상사업장의 상시근로자 수가 감면받은 과세연도의 상시근로자 수보다 감소한 경우에는 대통령령으로 정하는 바에 따라 감면받은 세액에 상당하는 금액을 소득세 또는 법인세로 납부하여야 한다. (2018. 12. 24. 신설)

⑥ 제3항 및 제5항을 적용할 때 상시근로자 및 청년 상시근로자의 범위, 상시근로자 수의 계산방법, 그 밖에 필요한 사항은 대통령령으로 정한다. (2018. 12. 24. 신설)

⑦ 제2항에 따라 소득세 또는 법인세를 감면받은 자가 다음 각 호의 어느 하나에 해당하는 경우에는 그 사유가 발생한 과세연도의 과세표준신고를 할 때 대통령령으로 정하는 바에 따라 계산한 세액을 소득세 또는 법인세로 납부하여야 한다. 이 경우 제12조의 2 제8항의 이자상당가산액 등에 관한 규정을 준용한다. (2021. 12. 28. 신설)

1. 감면대상사업장의 사업을 폐업하거나 법인이 해산한 경우. 다만, 법인의 합병·분할 또는 분할합병

으로 인한 경우는 제외한다. (2021. 12. 28. 신설)
2. 감면대상사업장을 다음 각 목의 어느 하나에 해당하는 곳 외의 지역으로 이전한 경우 (2021. 12. 28. 신설)

   가. 제1항 제1호에 해당하여 소득세 또는 법인세를 감면받은 자인 경우: 같은 호에서 정하는 농공단지 (2021. 12. 28. 신설)

   나. 제1항 제2호에 해당하여 소득세 또는 법인세를 감면받은 자인 경우: 같은 호에서 정하는 중소기업특별지원지역 (2021. 12. 28. 신설)

⑧ 제2항을 적용받으려는 자는 대통령령으로 정하는 바에 따라 세액감면신청을 하여야 한다. (2021. 12. 28. 항번개정)

⑨ 제3항 제2호에 따라 서비스업에 대한 한도를 적용받는 자는 제143조를 준용하여 서비스업과 그 밖의 사업을 각각 구분하여 경리하여야 한다. (2021. 12. 28. 항번개정)

영 제61조 【농공단지 입주기업 등에 대한 세액감면】

① 법 제64조 제1항 제1호에서 "대통령령으로 정하는 농공단지"란 수도권 과밀억제권역 외의 지역으로서 농공단지지정일 현재 인구 20만 미만인 시(특별자치시와 「제주특별자치도의 설치 및 국제자유도시 조성을 위한 특별법」 제10조 제2항에 따른 행정시를 포함한다. 이하 제2항에서 같다) · 군 · 구(자치구인 구를 말한다. 이하 제2항에서 같다)에 소재하는 농공단지를 말한다. (2023. 2. 28. 개정)

② 법 제64조 제1항 제2호에서 "대통령령으로 정하는 지역"이란 수도권과밀억제권역 외의 지역으로서 중소기업특별지원지역의 지정일 현재 인구 20만 미만인 시 · 군 · 구에 소재하는 중소기업특별지원지역으로서 기획재정부령으로 정하는 지역을 말한다. (2023. 2. 28. 개정)

③ 법 제64조 제3항 제1호에서 "대통령령으로 정하는 투자누계액"이란 법 제64조 제2항에 따라 소득세 또는 법인세를 감면받는 해당 과세연도까지의 기획재정부령으로 정하는 사업용자산에 대한 투자 합계액을 말한다. (2019. 2. 12. 신설)

④ 법 제64조 제3항 제2호에서 "대통령령으로 정하는 서비스업"이란 제23조 제4항에 따른 서비스업을 말한다. (2019. 2. 12. 신설)

⑤ 법 제64조 제5항에 따라 납부해야 할 소득세액 또는 법인세액은 다음의 계산식에 따라 계산한 금액(그 수가 음수이면 영으로 보고, 감면받은 과세연도 종료일 이후 2개 과세연도 연속으로 상시근로자 수가 감소한 경우에는 두 번째 과세연도에는 첫 번째 과세연도에 납부한 금액을 뺀 금액을 말한다)으로 하며, 이를 상시근로자 수가 감소한 과세연도의 과세표준을 신고할 때 소득세 또는 법인세로 납부해야 한다. (2023. 2. 28. 개정)

해당 기업의 상시근로자 수가 감소한 과세연도의 직전 2년 이내의 과세연도에 법 제64조 제3항 제2호를 적용하여 감면받은 세액의 합계액 - [상시근로자 수가 감소한 과세연도의 감면대상사업장의 상시근로자 수 × 1천5백만원(청년 상시근로자와 법 제64조 제3항 제2호의 서비스업의 경우에는 2천만원으로 한다)]

⑥ 법 제64조 제3항 및 제5항을 적용할 때 상시근로자 및 청년 상시근로자의 범위, 상시근로자 수 및 청년 상시근로자 수의 계산방법에 관하여는 제11조의 2 제6항 및 제7항을 준용한다. (2023. 2. 28. 개정)

⑦ 법 제64조 제7항에서 "대통령령으로 정하는 바에 따라 계산한 세액"이란 다음 각 호의 구분에 따른 세액을 말한다. (2022. 2. 15. 신설)

1. 법 제64조 제7항 제1호에 해당하는 경우: 폐업일 또는 법인 해산일부터 소급하여 3년 이내에 감면된 세액 (2022. 2. 15. 신설)
2. 법 제64조 제7항 제2호에 해당하는 경우: 이전일부터 소급하여 5년 이내에 감면된 세액 (2022. 2. 15. 신설)

⑧ 법 제64조 제1항의 규정을 적용받고자 하는 자는 과세표준신고와 함께 기획재정부령이 정하는 세액감면신청서를 납세지 관할세무서장에게 제출하여야 한다. (2022. 2. 15. 항번개정)

규칙 제25조 【지방중소기업특별지원지역의 범위】

영 제61조 제2항에서 "기획재정부령으로 정하는 지역"이란 「지역중소기업 육성 및 혁신촉진 등에 관한 법률」 제23조에 따른 중소기업특별지원지역 중 다음 각 호의 어느 하나에 해당하는 지역을 말한다. (2022. 3. 18. 개정)

1. 나주일반산업단지 (2022. 3. 18. 개정)
2. 김제지평선일반산업단지 (2022. 3. 18. 개정)
3. 장흥바이오식품일반산업단지 (2022. 3. 18. 개정)
4. 북평국가산업단지 (2022. 3. 18. 개정)
5. 북평일반산업단지 (2022. 3. 18. 개정)
6. 나주혁신일반산업단지 (2022. 3. 18. 개정)
7. 강진산업단지 (2020. 3. 13. 개정)
8. 정읍첨단과학산업단지 (2022. 3. 18. 개정)
9. 담양일반산업단지 (2022. 3. 18. 개정)
10. 대마전기자동차산업단지 (2022. 3. 18. 개정)
11. 동함평일반산업단지 (2022. 3. 18. 개정)
12. 세풍일반산업단지(1단계) (2022. 3. 18. 개정)
13. 보령 주포제2농공단지 (2022. 3. 18. 신설)

개정연혁

[2022년] 지역특구 세액감면 적용기한 연장 및 제도개선 ① 지역특구 세액감면 제도 적용기한 연장

가. 개정취지: 지역균형발전 지속 지원

나. 개정내용

종전	개정
▨ 지역특구 세액감면 제도 ○ (감면내용) 특구 내 입주기업 등에 대해 일정기간 동안 소득세 또는 법인세를 감면 ○ (감면적용 특구) 위기지역 특구 등 13개 {특구명 / 감면율} 위기지역 / 5년100% + 2년50% 농공단지 / 5년50% 중소기업특별지원지역 / 5년50% 연구개발특구, 제주첨단과학기술단지, 제주투자진흥지구, 기업도시, 지역개발사업구역, 여수해양박람회특구, 아시아문화중심도시, 금융중심지, 첨단의료복합단지, 국가식품클러스터 / 3년 100% +2년 50% ○ (적용기한) 2021.12.31.	▨ 적용기한 2년 연장 ○ (좌 동) ○ 2023.12.31.

다. 적용시기 및 적용례

[2022년] 지역특구 세액감면 적용기한 연장 및 제도개선 ② 세액감면 적용 후 특구 밖으로 이전하는 기업에 대한 사후관리 규정 신설

가. 개정취지: 투자유치 효과 제고

나. 개정내용

종전	개정
■ 특구 입주기업에 대한 소득세·법인세 감면 ○ (감면내용) 특구 내 입주기업 등에 대해 일정기간 동안 소득세 또는 법인세 감면 ○ (대상 특구) 위기지역 특구 등 9개 | 특구명 | 감면율 | |---|---| | 위기지역 | 5년100% + 2년50% | | 농공단지 | 5년50% | | 중소기업특별지원지역 | | | 연구개발특구 제주첨단과학기술단지 아시아문화중심도시 금융중심지 첨단의료복합단지 국가식품클러스터 | 3년 100% +2년 50% | 〈신 설〉	■ 사후관리 규정 신설 (좌 동) ○ 세액감면 사후관리 규정 신설 - 감면적용 이후 감면대상 사업장 등을 폐업·해산하거나 해당 특구 外 지역으로 이전하는 경우 감면받은 세액* 납부 * 납부사유 발생시점에서 소급(폐업·해산 3년, 이전 5년)

다. 적용시기 및 적용례: 2022.1.1. 이후 개시하는 과세연도의 소득세 또는 법인세에 대한 감면 분부터 적용

43. 지역균형 – 영농조합법인 감면

법 제66조 【영농조합법인 등에 대한 법인세의 면제 등】

① 「농어업경영체 육성 및 지원에 관한 법률」 제4조에 따라 농어업경영정보를 등록한 영농조합법인(이하 "영농조합법인"이라 한다)에 대해서는 2026년 12월 31일 이전에 끝나는 과세연도까지 곡물 및 기타 식량작물재배업에서 발생하는 소득(이하 "식량작물재배업소득"이라 한다) 전액과 식량작물재배업소득 외의 소득 중 대통령령으로 정하는 범위의 금액에 대하여 법인세를 면제한다. (2023. 12. 31. 개정)

② 영농조합법인의 조합원이 영농조합법인으로부터 2026년 12월 31일까지 받는 배당소득 중 식량작물재배업소득에서 발생한 배당소득 전액과 식량작물재배업소득 외의 소득에서 발생한 배당소득 중 대통령령으로 정하는 범위의 금액에 대해서는 소득세를 면제한다. 이 경우 식량작물재배업소득에서 발생한 배당소득과 식량작물재배업소득 외의 소득에서 발생한 배당소득의 계산은 대통령령으로 정하는 바에 따른다. (2023. 12. 31. 개정)

③ 영농조합법인이 조합원에게 지급하는 배당소득 중 제2항에 따라 소득세가 면제되는 금액을 제외한 배당소득으로서 2026년 12월 31일까지 받는 소득에 대한 소득세의 원천징수세율은 「소득세법」 제129조에도 불구하고 100분의 5로 하고, 그 배당소득은 「소득세법」 제14조 제2항에 따른 종합소득과세표준에 합산하지 아니한다. (2023. 12. 31. 개정)

④ 대통령령으로 정하는 농업인이 2026년 12월 31일 이전에 농지 또는 「초지법」 제5조에 따른 초지조성허가를 받은 초지(이하 "초지"라 한다)를 영농조합법인에 현물출자함으로써 발생하는 소득(현물출자와 관련하여 영농조합법인이 인수한 채무가액에 상당하는 대통령령으로 정하는 소득은 제외한다)에 대해서는 양도소득세의 100분의 100에 상당하는 세액을 감면한다. 다만, 해당 농지 또는 초지가 「국토의 계획 및 이용에 관한 법률」에 따른 주거지역·상업지역 및 공업지역(이하 이 조부터 제69조까지, 제69조의 2부터 제69조의 4까지 및 제70조에서 "주거지역등"이라 한다)에 편입되거나 「도시개발법」 또는 그 밖의 법률에 따라 환지처분(換地處分) 전에 농지 또는 초지 외의 토지로 환지예정지 지정을 받은 경우에는 주거지역등에 편입되거나, 환지예정지 지정을 받은 날까지 발생한 소득으로서 대통령령으로 정하는 소득에 대해서만 양도소득세의 100분의 100에 상당하는 세액을 감면한다. (2023. 12. 31. 개정)

⑤ 제4항에 따라 양도소득세를 감면받은 자가 그 출자지분을 출자일부터 3년 이내에 다른 사람에게 양도하는 경우에는 그 양도일이 속하는 과세연도의 과세표준신고를 할 때 대통령령으로 정하는 바에 따라 계산한 세액을 양도소득세로 납부하여야 한다. 다만, 대통령령으로 정하는 경우에는 그러하지 아니하다. (2014. 12. 23. 개정)

⑥ 제4항에 따라 감면받은 양도소득세를 제5항 본문에 따라 납부하는 경우에는 대통령령으로 정하는 바에 따라 계산한 이자 상당액을 가산한다. (2014. 12. 23. 개정)

⑦ 대통령령으로 정하는 농업인이 2026년 12월 31일 이전에 영농조합법인에 「농업·농촌 및 식품산업

기본법」 제3조 제1호에 따른 농작물재배업·축산업 및 임업에 직접 사용되는 부동산(제4항에 따른 농지 및 초지는 제외한다)을 현물출자하는 경우에는 이월과세를 적용받을 수 있다. (2023. 12. 31. 개정)

⑧ 제1항·제2항·제4항 및 제7항을 적용받으려는 자는 대통령령으로 정하는 바에 따라 신청을 하여야 한다. (2010. 1. 1. 개정)

⑨ 제7항을 적용받은 농업인이 현물출자로 취득한 주식 또는 출자지분의 100분의 50 이상을 출자일부터 3년 이내에 처분하는 경우에는 처분일이 속하는 달의 말일부터 2개월 이내에 제7항에 따른 이월과세액(해당 영농조합법인이 이미 납부한 세액을 제외한 금액을 말한다)을 대통령령으로 정하는 바에 따라 양도소득세로 납부하여야 한다. (2014. 12. 23. 개정)

⑩ 제7항에 따른 이월과세액을 제9항에 따라 납부하는 경우 주식 또는 출자지분의 100분의 50 이상을 처분하는 경우의 판단기준 등에 관하여 필요한 사항은 대통령령으로 정하며, 대통령령으로 정하는 바에 따라 계산한 이자상당액을 가산한다. (2014. 1. 1. 신설)

영 제63조 【영농조합법인 등에 대한 법인세의 면제 등】

① 법 제66조 제1항에서 "대통령령으로 정하는 범위의 금액"이란 「농어업경영체 육성 및 지원에 관한 법률 시행령」 제20조의 5 제1항 각 호의 사업에서 발생한 소득으로서 다음 각 호의 어느 하나에 해당하는 소득금액을 말한다. (2022. 5. 9. 개정 ; 농어업경영체 육성 및 지원에 관한 법률 시행령 부칙)

1. 곡물 및 기타 식량작물재배업(이하 이 조 및 제65조에서 "식량작물재배업"이라 한다) 외의 작물재배업에서 발생하는 소득금액으로서 각 사업연도별로 다음의 계산식에 따라 계산한 금액 이하의 금액 (2014. 2. 21. 개정)

식량작물재배업 외의 작물재배업에서 발생하는 소득금액 × 6억원 × 조합원 수 × (사업연도 월수 ÷ 12) ÷ 식량작물재배업 외의 작물재배업에서 발생하는 수입금액

2. 작물재배업에서 발생하는 소득을 제외한 소득금액으로서 각 사업연도별로 다음의 계산식에 따라 계산한 금액 이하의 금액 (2014. 2. 21. 개정)

1천 200만원 × 조합원 수 × (사업연도 월수 ÷ 12)

② 법 제66조 제2항 전단에서 "대통령령으로 정하는 범위의 금액"이란 제1항 제1호에 따라 법인세가 면제되는 소득에서 발생한 배당소득의 경우에는 그 배당소득 전액을 말하고, 영농조합법인의 전체 소득에서 식량작물재배업에서 발생하는 소득과 제1항 제1호에 따라 법인세가 면제되는 소득을 제외한 소득에서 발생한 배당소득의 경우에는 그 배당소득 중 과세연도별로 1천 200만원이하의 금액을 말한다. (2014. 2. 21. 개정)

③ 법 제66조 제2항 후단에 따른 배당소득은 각 배당 시마다 다음 각 호의 구분에 따른 계산식에 따라 계산한 금액으로 한다. 이 경우 각 소득금액은 배당확정일이 속하는 사업연도의 직전 사업연도에 해당하는 분으로 하며, 각 소득금액이 음수(陰數)인 경우에는 영으로 본다. (2014. 2. 21. 개정)

1. 식량작물재배업소득에서 발생한 배당소득: (2014. 2. 21. 개정)

영농조합법인으로부터 지급받은 배당소득 × (식량작물재배업에서 발생하는 소득금액 ÷ 총 소득금액)

2. 제1항 제1호에 따라 법인세가 면제되는 소득에서 발생한 배당소득: (2014. 2. 21. 개정)

영농조합법인으로부터 지급받은 배당소득 × (제1항 제1호에 따라 법인세가 면제되는 소득금액 ÷ 총 소득금액)

3. 전체소득에서 식량작물재배업소득과 제1항 제1호에 따라 법인세가 면제되는 소득을 제외한 소득에서 발생한 배당소득: (2014. 2. 21. 개정)

[영농조합법인으로부터 지급받은 배당소득 × 1 - (식량작물재배업에서 발생하는 소득금액 + 제1항 제1호에 따라 법인세가 면제되는 소득금액) ÷ 총 소득금액]

④ 법 제66조 제4항 본문 및 제68조 제2항 본문에서 "대통령령으로 정하는 농업인"이란 각각 「농업・농촌 및 식품산업 기본법」 제3조 제2호에 따른 농업인으로서 현물출자하는 농지・초지 또는 부동산(이하 이 조에서 "농지등"이라 한다)이 소재하는 시(특별자치시와 「제주특별자치도 설치 및 국제자유도시 조성을 위한 특별법」 제10조 제2항에 따른 행정시를 포함한다. 이하 이 조에서 같다)・군・구(자치구인 구를 말한다. 이하 이 조에서 같다), 그와 연접한 시・군・구 또는 해당 농지등으로부터 직선거리 30킬로미터 이내에 거주하면서 4년 이상 직접 경작한 자를 말하며, 법 제66조 제7항 및 제68조 제3항에서 "대통령령으로 정하는 농업인"이란 각각 「농업・농촌 및 식품산업 기본법」 제3조 제2호에 따른 농업인으로서 현물출자하는 농지등이 소재하는 시・군・구, 그와 연접한 시・군・구 또는 해당 농지등으로부터 직선거리 30킬로미터 이내에 거주하면서 4년 이상 직접 경작한 자를 말한다. (2017. 2. 7. 개정)

⑤ 법 제66조 제4항 및 제68조 제2항에 따라 현물출자함으로써 발생한 소득에 대하여 양도소득세가 감면되는 농지는 전・답으로서 지적공부상의 지목에 관계없이 실제로 경작에 사용되는 토지와 그 경작에 직접 필요한 농막・퇴비사・양수장・지소・농로・수로 등에 사용되는 토지로 한다. 다만, 제66조 제4항 각 호의 어느 하나에 해당하는 농지를 제외한다. (2017. 2. 7. 개정)

⑥ 법 제66조 제5항에 따른 양도소득세의 납부는 농지를 현물출자하기 전에 자경하였던 기간과 현물출자후 출자지분 양도시까지의 기간을 합한 기간이 8년 미만인 경우에 한정하되, 납부하여야 하는 세액은 해당 농지에 대한 감면세액에 총출자지분에서 3년 이내에 양도한 출자지분이 차지하는 비율을 곱하여 계산한다. 이 경우 상속받은 농지의 경작기간을 계산할 때 상속인이 상속받은 농지를 1년 이상 계속하여 경작하는 경우(제4항의 현물출자하는 농지등이 소재하는 시・군・구, 그와 연접한 시・군・구 또는 해당 농지등으로부터 직선거리 30킬로미터 이내에 거주하면서 경작하는 경우를 말한다) 다음 각 호의 기간은 상속인이 이를 경작한 기간으로 본다. (2016. 2. 5. 개정)

1. 피상속인이 취득하여 경작한 기간(직전 피상속인의 경작 기간으로 한정한다) (2015. 2. 3. 신설)
2. 피상속인이 배우자로부터 상속받아 경작한 사실이 있는 경우에는 피상속인의 배우자가 취득하여 경작한 기간 (2015. 2. 3. 신설)

⑦ 법 제66조 제1항에 따라 법인세를 면제받으려는 영농조합법인은 과세표준신고와 함께 기획재정부

령으로 정하는 세액면제신청서 및 면제세액계산서와「농어업경영체 육성 및 지원에 관한 법률」제4조에 따른 농어업경영체 등록(변경등록) 확인서(이하 "농어업경영체 등록확인서"라 한다)를 납세지 관할세무서장에게 제출하여야 한다. 다만, 납부할 법인세가 없는 경우에는 그러하지 아니한다. (2014. 2. 21. 개정)

⑧ 법 제66조 제2항에 따라 배당소득에 대한 소득세를 면제받으려는 자는 해당 배당소득을 지급받는 때에 기획재정부령이 정하는 세액면제신청서를 영농조합법인에 제출하여야 한다. 이 경우 영농조합법인은 배당금을 지급한 날이 속하는 달의 다음달 말일까지 조합원이 제출한 세액면제신청서와 해당 영농조합법인의 농어업경영체 등록확인서를 원천징수 관할세무서장에게 제출하여야 한다. (2014. 2. 21. 개정)

⑨ 법 제66조 제6항 및 제10항에서 "대통령령으로 정하는 바에 따라 계산한 이자상당액"이란 각각 법 제66조 제5항 또는 제9항에 따라 납부하여야 할 세액에 상당하는 금액에 제1호의 기간과 제2호의 율을 곱하여 계산한 금액으로 한다. (2014. 2. 21. 개정)

1. 당초 현물출자한 농지등에 대한 양도소득세 예정신고 납부기한의 다음 날부터 법 제66조 제5항 또는 제9항에 따른 세액의 납부일까지의 기간 (2014. 2. 21. 개정)
2. 제11조의 2 제9항 제2호에 따른 율 (2022. 2. 15. 개정)

⑩ 법 제66조 제8항에 따라 양도소득세를 감면받거나 이월과세를 적용받고자 하는 자는 과세표준신고와 함께 기획재정부령이 정하는 세액감면신청서 또는 이월과세적용신청서에 해당 영농조합법인의 농어업경영체 등록확인서와 현물출자계약서 사본을 첨부하여 납세지 관할세무서장에게 제출하여야 한다. 이 경우 이월과세적용신청서는 영농조합법인과 함께 제출하여야 한다. (2016. 2. 5. 개정)

1. (삭제, 2010. 11. 2. ; 행정정보의 공동이용 및 문서감축을 위한 경제교육지원법 시행령 등 일부개정령)
2. (삭제, 2010. 11. 2. ; 행정정보의 공동이용 및 문서감축을 위한 경제교육지원법 시행령 등 일부개정령)

⑪ 제10항에 따른 세액감면신청서 또는 이월과세적용신청서를 제출받은 납세지 관할세무서장은「전자정부법」제36조 제1항에 따른 행정정보의 공동이용을 통하여 해당 농지의 토지 등기부등본을 확인하여야 한다. (2016. 2. 5. 개정)

⑫ 법 제66조 제9항을 적용할 때 현물출자로 취득한 주식 또는 출자지분의 100분의 50 이상을 처분하는 경우의 판단기준에 관하여는 제28조 제10항을 준용한다. (2014. 2. 21. 신설)

⑬ 법 제66조 제9항에 따른 양도소득세는 해당 부동산을 현물출자하기 전에 직접 사용하였던 기간과 현물출자 후 주식 또는 출자지분의 처분일까지의 기간을 합한 기간이 8년 미만인 경우에 납부한다. 이 경우 상속받은 부동산의 사용기간을 계산할 때 피상속인이 사용한 기간은 상속인이 사용한 기간으로 본다. (2014. 2. 21. 신설)

⑭ 제4항 및 제6항에 따른 경작기간을 계산할 때 다음 각 호의 과세기간은 해당 거주자 또는 피상속인(피상속인의 경우 그 배우자를 포함한다. 이하 이 항에서 같다)이 경작한 기간에서 제외한다. (2024. 2. 29. 개정)

1. 해당 거주자 또는 피상속인의「소득세법」제19조 제2항에 따른 사업소득금액(농업·임업에서 발생

하는 소득, 같은 법 제45조 제2항에 따른 부동산임대업에서 발생하는 소득 및 같은 법 시행령 제9조에 따른 농가부업소득은 제외한다. 이하 이 항에서 "사업소득금액"이라 한다)과 같은 법 제20조 제2항에 따른 총급여액의 합계액이 3천700만원 이상인 과세기간. 이 경우 사업소득금액이 음수인 경우에는 해당 금액을 0으로 본다. (2024. 2. 29. 개정)

2. 해당 거주자 또는 피상속인의「소득세법」제24조 제1항에 따른 사업소득 총수입금액(농업·임업에서 발생하는 소득, 같은 법 제45조 제2항에 따른 부동산임대업에서 발생하는 소득 및 같은 법 시행령 제9조에 따른 농가부업소득은 제외한다)이 같은 법 시행령 제208조 제5항 제2호 각 목의 금액 이상인 과세기간 (2024. 2. 29. 개정)

⑮ 법 제66조 제4항 본문에서 "대통령령으로 정하는 소득"이란 다음의 계산식에 따른 금액을 말한다. (2020. 2. 11. 신설)

⑯ 법 제66조 제4항 단서에서 "대통령령으로 정하는 소득"이란「소득세법」제95조 제1항에 따른 양도소득금액(이하 이 항에서 "양도소득금액"이라 한다) 중 다음의 계산식에 따라 계산한 금액을 말한다.

$$\text{「소득세법」제95조제1항에 따른 양도소득금액} \times \frac{\text{현물출자한 자산에 담보된 채무}}{\text{양도가액}}$$

이 경우「공익사업을 위한 토지 등의 취득 및 보상에 관한 법률」및 그 밖의 법률에 따라 협의매수되거나 수용되는 경우에는 보상가액 산정의 기초가 되는 기준시가를 양도 당시의 기준시가로 보며, 새로운 기준시가가 고시되기 전에 취득하거나 양도한 경우 또는「국토의 계획 및 이용에 관한 법률」에 따른 주거지역·상업지역 및 공업지역(이하 이 조부터 제66조까지, 제66조의2, 제66조의3 및 제67조에서 "주거지역등"이라 한다)에 편입되거나 환지예정지 지정을 받은 날이 도래하는 경우에는 직전의 기준시가를 적용한다. (2020. 2. 11. 항번개정)

$$\text{양도소득금액} \times \left(\frac{\text{주거지역등에 편입되거나 환지예정지 지정을 받은 날의 기준시가} - \text{취득 당시 기준시가}}{\text{양도 당시 기준시가} - \text{취득 당시 기준시가}} \right)$$

□ **개정연혁**

[2020년] 영농·영어조합법인, 농업·어업회사법인에 농지 등 현물출자 시 양도소득세 감면액 명확화

가. 개정취지 : 현물출자하는 자산에 담보된 채무가 있는 경우 법인이 인수하는 채무상당액은 감면대상에서 제외 명확화

나. 개정내용

종전	개정
■ 농지·초지 등을 현물출자 시 양도소득세 감면 ○ (대상) - 농업인이 영농조합·농업회사법인에 농지·초지를 현물출자 - 어업인이 영어조합·어업회사법인에 토지 등을 현물출자 ○ (감면율) 현물출자소득에 대한 양도소득세 100% 감면	■ 감면액의 범위 명확화 (좌 동) ○ 현물출자한 자산에 담보된 채무 중 법인이 인수하는 채무가액에 상당하는 소득을 제외한 소득에 대한 양도소득세 100% 감면 - 감면대상에서 배제되는 소득 계산방식 규정 감면대상 배제소득 = 양도소득금액 × 해당 채무/양도가액

다. 적용시기 및 적용례

[2022년] 영농·영어조합법인·농업회사법인에 대한 법인세 등 감면 적용기한 연장

가. 개정취지: 도시농어촌간 소득격차 개선 및 농어민 소득지원

나. 개정내용

종전	개정
■ 영농·영어조합법인·농업회사법인에 대한 법인세 등 감면 과세특례 ○ 법인세 감면 ○ 배당소득세 면제·저율 분리과세 ○ 부동산 현물출자 시 양도소득세 감면 등 ○ (적용기한) 2021.12.31.	■ 적용기한 연장 (좌 동) ○ (적용기한) 2021.12.31.

다. 적용시기 및 적용례

[2024년] 영농조합법인 등의 농어업경영체 등록 요건 규정 및 과세특례 적용기한 연장

가. 개정취지: 조세특례 적용대상 합리화

나. 개정내용

종전	개정
■ 영농·영어조합법인, 농업회사법인에 대한 법인세 면제 등 ○ (대상) 「농어업경영체 육성 및 지원에 관한 법률」에 따른 영농·영어조합법인, 농업회사법인 ○ (과세특례) - (법인세) 소득 종류별*로 전액 또는 한도 내 면제 * (식량작물재배업) 전액 면제(식량작물 외 작물 재배업, 어로어업, 그 외 사업소득) 일정 한도 내 - (배당소득세) 조합원·출자자 배당소득에 대한 소득세 면제 및 분리과세 - (양도소득세) 농어업인이 각 법인에 현물출자시 세액감면 또는 이월과세 ○ (적용기한) 2023.12.31.	■ 농어업경영체 등록 요건 규정 및 과세 특례 적용기한 연장 ○ 「농어업경영체 육성 및 지원에 관한 법률」에 따라 농어업경영정보를 등록한 영농·영어조합법인, 농업회사법인 ○ (좌 동) ○ 2026.12.31.

다. 적용시기 및 적용례

(법인세·배당소득세) 2024.1.1. 이후 개시하는 과세연도 분부터 적용

(양도소득세) 2024.1.1. 이후 현물출자하는 분부터 적용

□ **해석사례**

▷ **농업경영체등록을 하지 아니한 청구법인에게 조특법상 감면의 적용을 배제한 처분의 당부**
  조심-2022-부-6236

조특법 시행령 제63조 제7항에서 영농조합법인이 법인세 면제를 받기 위해서는 농어업경영체법에 따른 농업경영체등록확인서를 제출하도록 명확히 규정하고 있고, 이는 조특법 제66조 제1항의 위임에 따른 것이므로 농업경영체등록확인서의 제출을 요구하는 것이 조특법의 위임의 한계를 벗어난 것이라고 보기 어려운 점 등에 비추어 이 건 처분은 잘못이 없음

▷ **영농조합법인의 고정자산처분이익이 법인세 면제대상 소득인지 여부**
  서면-2021-법인-7077

「농어업경영체 육성 및 지원에 관한 법률」에 따른 영농조합법인이 작물재배업(부추)에 사용하던 부추 보관 창고를 양도하여 처분이익이 발생한 경우 해당 처분이익은 「조세특례제한법」제66조제1항에 따른 법인세 면제 대상 소득에 해당하지 않는 것임.

▷ 5인 이상의 농업인을 조합원으로 하여 설립되지 않아 조세특례제한법 제66조 제4항의 '영농조합법인'에 해당하지 아니함
   의정부지법2020구합10543(2020.11.19)
5인 이상의 농업인을 조합원으로 하여 설립되지 않아 적법한 영농조합법인이라고 볼 수 없어, 조세특례제한법 제66조 제4항의 '영농조합법인'에 해당하지 아니함

▷ 영농조합법인에 대한 감면소득의 범위
   서면법인2019-672(2020.04.10)
조합원들이 직접 기른 한우를 판매하는 한우직매장에서 발생하는 소득은 작물재배업 외의 소득에 해당하나, 조합원들이 직접 기른 한우를 요리하여 판매하는 음식점에서 발생하는 소득은 작물재배업 외의 소득에 해당하지 않음

44. 지역균형 - 영어조합법인 감면

법 제67조 【영어조합법인 등에 대한 법인세의 면제 등】

① 「농어업경영체 육성 및 지원에 관한 법률」 제4조에 따라 농어업경영정보를 등록한 영어조합법인[이하 "영어조합법인"(營漁組合法人)이라 한다]에 대해서는 2026년 12월 31일 이전에 끝나는 과세연도까지 각 사업연도의 소득 중 대통령령으로 정하는 범위의 금액에 대하여 법인세를 면제한다. (2023. 12. 31. 개정)

② 영어조합법인의 조합원이 영어조합법인으로부터 2026년 12월 31일까지 받는 배당소득 중 대통령령으로 정하는 범위의 금액에 대해서는 소득세를 면제한다. (2023. 12. 31. 개정)

③ 영어조합법인이 조합원에게 지급하는 배당소득 중 제2항에 따라 소득세가 면제되는 금액을 제외한 배당소득으로서 2026년 12월 31일까지 받는 소득에 대한 소득세의 원천징수세율은 「소득세법」 제129조에도 불구하고 100분의 5로 하고, 그 배당소득은 「소득세법」 제14조 제2항에 따른 종합소득과세표준에 합산하지 아니한다. (2023. 12. 31. 개정)

④ 대통령령으로 정하는 어업인이 2026년 12월 31일 이전에 대통령령으로 정하는 어업용 토지 등(이하 이 조 및 제71조에서 "어업용 토지등"이라 한다)을 영어조합법인과 「농어업경영체 육성 및 지원에 관한 법률」 제4조에 따라 농어업경영정보를 등록한 어업회사법인(이하 "어업회사법인"이라 한다)에 현물출자함으로써 발생하는 소득(현물출자와 관련하여 영어조합법인과 어업회사법인이 인수한 채무가액에 상당하는 대통령령으로 정하는 소득은 제외한다)에 대해서는 양도소득세의 100분의 100에 상당하는 세액을 감면한다. 다만, 해당 어업용 토지등이 주거지역등에 편입되거나 「도시개발법」 또는 그 밖의 법률에 따라 환지처분 전에 어업용 토지등 외의 토지로 환지예정지 지정을 받은 경우에는 주거지역등에 편입되거나, 환지예정지 지정을 받은 날까지 발생한 소득으로서 대통령령으로 정하는 소득에 대해서만 양도소득세의 100분의 100에 상당하는 세액을 감면한다. (2023. 12. 31. 개정)

⑤ 제4항에 따라 양도소득세를 감면받은 자가 그 출자지분을 출자일부터 3년 이내에 다른 사람에게 양도하는 경우에는 그 양도일이 속하는 과세연도의 과세표준신고를 할 때 대통령령으로 정하는 바에 따라 계산한 세액을 양도소득세로 납부하여야 한다. 다만, 대통령령으로 정하는 경우에는 그러하지 아니하다. (2014. 12. 23. 개정)

⑥ 제1항·제2항 및 제4항에 따른 면제 또는 감면 신청과 제5항 본문에 따른 세액의 납부에 관하여는 제66조 제6항 및 제8항을 준용한다. (2014. 12. 23. 개정)

영 제64조 【영어조합법인 등에 대한 법인세의 면제 등】

① 법 제67조 제1항에 따라 법인세가 면제되는 소득금액은 「농어업경영체 육성 및 지원에 관한 법률 시행령」 제20조의 5 제2항 각 호의 사업에서 발생한 소득으로서 각 사업연도별로 다음 각 호의 어느 하나에 해당하는 소득금액을 말한다. (2022. 5. 9. 개정 ; 농어업경영체 육성 및 지원에 관한 법

률 시행령 부칙)
1. 한국표준산업분류에 따른 연근해어업, 내수면어업 또는 양식어업에서 발생하는 소득금액(이하 이 조에서 "어업소득"이라 한다)으로서 각 사업연도별로 다음의 계산식에 따라 계산한 금액 이하의 금액 (2024. 2. 29. 개정)

    3천만원 × 조합원 수 × (사업연도 월수 ÷ 12)

2. 어업소득을 제외한 소득금액으로서 각 사업연도별로 다음의 계산식에 따라 계산한 금액 이하의 금액 (2024. 2. 29. 개정)

    1천200만원 × 조합원 수 × (사업연도 월수 ÷ 12)

② 법 제67조 제2항의 규정에 의하여 소득세가 면제되는 배당소득은 과세연도별로 1천200만원 이하의 금액으로 한다. (1998. 12. 31. 개정)

③ 법 제67조 제4항에서 "대통령령으로 정하는 어업인"이란 「수산업법」에 따른 어업인 또는 「수산종자산업육성법」에 따른 수산종자생산업자(바다, 바닷가, 수산종자생산업을 목적으로 인공적으로 조성된 육상의 해수면을 이용하는 수산종자생산업자로 한정한다)로서 현물출자하는 어업용 토지 또는 건물(이하 "토지등"이라 한다)이 소재하는 시(특별자치시와 「제주특별자치도 설치 및 국제자유도시 조성을 위한 특별법」 제10조 제2항에 따른 행정시를 포함한다. 이하 이 조에서 같다)·군·구(자치구인 구를 말한다. 이하 이 조에서 같다), 그와 연접한 시·군·구 또는 해당 어업용 토지등으로부터 직선거리 30킬로미터 이내에 거주하면서 해당 어업용 토지를 어업에 4년 이상 직접 사용한 자를 말한다. (2016. 6. 21. 개정 ; 수산종자산업육성법 시행령 부칙)

④ 법 제67조 제4항에서 "대통령령으로 정하는 어업용 토지등"이란 「양식산업발전법」 제43조 제1항 제1호에 따른 육상해수양식업 및 「수산종자산업육성법」 제21조 제1항에 따른 수산종자생산업(바다, 바닷가, 수산종자생산업을 목적으로 인공적으로 조성된 육상의 해수면을 이용하는 수산종자생산업으로 한정한다)에 직접 사용되는 토지 및 건물을 말한다. (2020. 8. 26. 개정 ; 양식산업발전법 시행령 부칙)

⑤ 법 제67조 제5항에 따른 양도소득세는 해당 어업용 토지등을 현물출자하기 전에 어업에 직접 사용하였던 기간과 현물출자 후 출자지분 양도시까지의 기간을 합한 기간이 8년 미만인 경우에 납부하여야 한다. 이 경우 상속받은 어업용 토지등을 어업에 직접 사용한 기간을 계산할 때 상속인이 상속받은 어업용 토지등을 1년 이상 계속하여 직접 어업에 사용하는 경우(현물출자하는 어업용 토지등이 소재하는 시·군·구, 그와 연접한 시·군·구 또는 해당 어업용 토지등으로부터 직선거리 30킬로미터 이내에 거주하면서 어업에 직접 사용하는 경우를 말한다)에 한정하여 다음 각 호의 기간은 상속인이 이를 어업에 직접 사용한 기간으로 본다. (2016. 2. 5. 신설)

1. 피상속인이 취득하여 직접 어업에 사용한 기간(직전 피상속인이 어업에 직접 사용한 기간으로 한정한다) (2016. 2. 5. 신설)

2. 피상속인이 배우자로부터 상속받아 어업에 직접 사용한 사실이 있는 경우에는 피상속인의 배우자가 취득하여 어업에 직접 사용한 기간 (2016. 2. 5. 신설)

⑥ 법 제67조 제5항에 따라 납부하여야 하는 세액은 해당 어업용 토지 등에 대한 감면세액에 현물출자로 취득한 총출자지분 중 3년 이내에 양도한 출자지분이 차지하는 비율을 곱하여 계산한다. (2016. 2. 5. 개정)

⑦ 법 제67조 제5항 단서에서 "대통령령으로 정하는 경우"란 「해외이주법」에 의한 해외이주에 의하여 세대전원이 출국하는 경우를 말한다. (2016. 2. 5. 항번개정)

⑧ 법 제67조 제1항에 따라 법인세를 면제받으려는 영어조합법인은 과세표준신고와 함께 기획재정부령이 정하는 세액면제신청서와 면제세액계산서 및 농어업경영체 등록확인서를 납세지 관할 세무서장에게 제출하여야 한다. 다만, 납부할 법인세가 없는 경우에는 그러하지 아니하다. (2016. 2. 5. 항번개정)

⑨ 법 제67조 제2항에 따라 배당소득에 대한 소득세를 면제받으려는 자는 해당 배당소득을 지급받는 때에 기획재정부령으로 정하는 세액면제신청서를 영어조합법인에 제출하여야 한다. 이 경우 영어조합법인은 배당금을 지급한 날이 속하는 달의 다음달 말일까지 조합원이 제출한 세액면제신청서와 해당 영어조합법인의 농어업경영체 등록확인서를 원천징수 관할세무서장에게 제출하여야 한다. (2016. 2. 5. 항번개정)

⑩ 법 제67조 제6항에 따라 양도소득세의 감면신청을 하려는 자는 해당 어업용 토지등을 양도한 날이 속하는 과세연도의 과세표준신고와 함께 기획재정부령으로 정하는 세액감면신청서에 해당 어업법인의 농어업경영체 등록확인서와 현물출자계약서 사본 1부를 첨부하여 납세지 관할세무서장에게 제출(국세정보통신망에 의한 제출을 포함한다)하여야 한다. 이 경우 납세지 관할세무서장은 「전자정부법」 제36조 제1항에 따른 행정정보의 공동이용을 통하여 해당 어업용 토지등의 등기사항증명서를 확인하여야 한다. (2018. 2. 13. 후단개정)

⑪ 제3항 및 제5항에 따른 어업에 직접 사용한 기간의 계산에 관하여는 제63조 제14항을 준용한다. 이 경우 같은 항 제1호 및 제2호에서 "농업·임업에서 발생하는 소득"은 각각 "어업에서 발생하는 소득"으로 본다. (2024. 2. 29. 개정)

⑫ 법 제67조 제4항 본문에서 "대통령령으로 정하는 소득"이란 다음의 계산식에 따른 금액을 말한다. (2020. 2. 11. 신설)

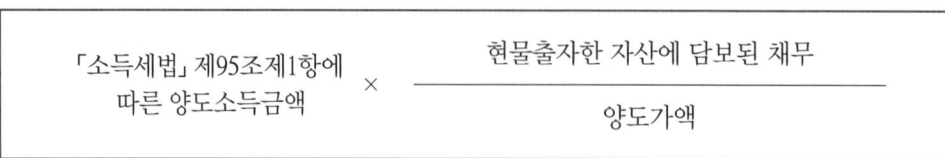

⑬ 법 제67조 제4항 단서에서 "대통령령으로 정하는 소득"이란 「소득세법」 제95조 제1항에 따른 양도소득금액(이하 이 항에서 "양도소득금액"이라 한다) 중 다음의 계산식에 따라 계산한 금액을 말한다. 이 경우 「공익사업을 위한 토지 등의 취득 및 보상에 관한 법률」 및 그 밖의 법률에 따라 협의매수되거나 수용되는 경우에는 보상가액 산정의 기초가 되는 기준시가를 양도 당시의 기준시가로 보며, 새로운 기준시가가 고시되기 전에 취득하거나 양도한 경우 또는 주거지역등에 편입되거나 환지예정지 지정을

받은 날이 도래하는 경우에는 직전의 기준시가를 적용한다. (2020. 2. 11. 항번개정)

$$양도소득금액 \times \left(\frac{주거지역등에 편입되거나 환지예정지 지정을 받은 날의 기준시가 - 취득 당시 기준시가}{양도 당시 기준시가 - 취득 당시 기준시가} \right)$$

□ 개정연혁

[2020년] 영농·영어조합법인, 농업·어업회사법인에 농지 등 현물출자 시 양도소득세 감면액 명확화

가. 개정취지 : 현물출자하는 자산에 담보된 채무가 있는 경우 법인이 인수하는 채무상당액은 감면대상에서 제외 명확화

나. 개정내용

종전	개정
▨ 농지·초지 등을 현물출자 시 양도소득세 감면 ○ (대상) - 농업인이 영농조합·농업회사법인에 농지·초지를 현물출자 - 어업인이 영어조합·어업회사법인에 토지 등을 현물출자 ○ (감면율) 현물출자소득에 대한 양도소득세 100% 감면	▨ 감면액의 범위 명확화 (좌 동) ○ 현물출자한 자산에 담보된 채무 중 법인이 인수하는 채무가액에 상당하는 소득을 제외한 소득에 대한 양도소득세 100% 감면 - 감면대상에서 배제되는 소득 계산방식 규정 감면대상 배제소득 = 양도소득금액 × 해당 채무/양도가액

다. 적용시기 및 적용례

[2022년] 영농·영어조합법인·농업회사법인에 대한 법인세 등 감면 적용기한 연장

가. 개정취지 : 도시농어촌간 소득격차 개선 및 농어민 소득지원

나. 개정내용

종전	개정
▨ 영농·영어조합법인·농업회사법인에 대한 법인세 등 감면 과세특례 ○ 법인세 감면 ○ 배당소득세 면제·저율 분리과세 ○ 부동산 현물출자 시 양도소득세 감면 등 ○ (적용기한) 2021.12.31.	▨ 적용기한 연장 (좌 동) ○ (적용기한) 2021.12.31.

다. 적용시기 및 적용례

[2024년] 영농조합법인 등의 농어업경영체 등록 요건 규정 및 과세특례 적용기한 연장

가. 개정취지 : 조세특례 적용대상 합리화

나. 개정내용

종전	개정
■ 영농·영어조합법인, 농업회사법인에 대한 법인세 면제 등 ○ (대상) 「농어업경영체 육성 및 지원에 관한 법률」에 따른 영농·영어조합법인, 농업회사법인 ○ (과세특례) - (법인세) 소득 종류별*로 전액 또는 한도 내 면제 * (식량작물재배업) 전액 면제(식량작물 외 작물 재배업, 어로어업, 그 외 사업소득) 일정 한도 내 - (배당소득세) 조합원·출자자 배당소득에 대한 소득세 면제 및 분리과세 - (양도소득세) 농어업인이 각 법인에 현물출자시 세액감면 또는 이월과세 ○ (적용기한) 2023.12.31.	■ 농어업경영체 등록 요건 규정 및 과세 특례 적용기한 연장 ○ 「농어업경영체 육성 및 지원에 관한 법률」에 따라 농어업경영정보를 등록한 영농·영어조합법인, 농업회사법인 ○ (좌 동) ○ 2026.12.31.

다. 적용시기 및 적용례

　(법인세·배당소득세) 2024.1.1. 이후 개시하는 과세연도 분부터 적용

　(양도소득세) 2024.1.1. 이후 현물출자하는 분부터 적용

[2024년] 농지대토에 대한 양도세 감면 대상 명확화

가. 개정취지 : 양도세 감면 특례의 적용 대상 명확화

나. 개정내용

종전	개정
■ 농지대토에 대한 양도소득세 세액감면 ○ (대상) 4년 이상 종전 농지 소재지에 거주한 자 ○ (요건) ❶ & ❷ & ❸ ❶ 직접 경작한 토지 ❷ 경작상 필요에 의해 대토 ❸ 종전·신규농지 경작기간을 합산한 기간이 8년 이상 ○ (감면율) 100%	■ 대상 명확화 ○ 4년 이상 종전 농지 소재지에 거주한 자로서 농지 양도일 현재 거주하고 있는 자 ○ (좌 동)

다. 적용시기 및 적용례

▫ **해석사례**

▷ **영어조합법인에 대한 법인세가 면제되는 소득에 해당하는지 여부**
  서면법인2021-2878(2021.11.11)

조합원이 아닌 어업인 또는 어업경영체 등록이 되어 있는 어업법인으로부터 구매한 산지 수산물을 유통하는 사업에서 발생한 소득은 「조세특례제한법 시행령」 제64조제1항제2호가 적용되는 소득에 해당

45. 지역균형 - 농업회사법인 감면

법 제68조 【농업회사법인에 대한 법인세의 면제 등】

① 「농어업경영체 육성 및 지원에 관한 법률」 제4조에 따라 농어업경영정보를 등록한 농업회사법인(이하 "농업회사법인"이라 한다)에 대해서는 2026년 12월 31일 이전에 끝나는 과세연도까지 식량작물재배업소득 전액과 식량작물재배업소득 외의 작물재배업에서 발생하는 소득 중 대통령령으로 정하는 범위의 금액에 대하여 법인세를 면제하고, 작물재배업에서 발생하는 소득 외의 소득 중 대통령령으로 정하는 소득에 대해서는 최초로 해당 소득이 발생한 과세연도(사업개시일부터 5년이 되는 날이 속하는 과세연도까지 해당 소득이 발생하지 아니하는 경우에는 5년이 되는 날이 속하는 과세연도를 말한다)와 그 다음 과세연도의 개시일부터 4년 이내에 끝나는 과세연도까지 해당 소득에 대한 법인세의 100분의 50에 상당하는 세액을 감면한다. (2023. 12. 31. 개정)

② 대통령령으로 정하는 농업인이 2026년 12월 31일 이전에 농지 또는 초지를 농업회사법인(「농지법」에 따른 농업법인의 요건을 갖춘 경우만 해당한다)에 현물출자함으로써 발생하는 소득(현물출자와 관련하여 농업회사법인이 인수한 채무가액에 상당하는 대통령령으로 정하는 소득은 제외한다)에 대해서는 양도소득세의 100분의 100에 상당하는 세액을 감면한다. 다만, 해당 농지 또는 초지가 주거지역등에 편입되거나 「도시개발법」 또는 그 밖의 법률에 따라 환지처분 전에 농지 또는 초지 외의 토지로 환지예정지 지정을 받은 경우에는 주거지역등에 편입되거나, 환지예정지 지정을 받은 날까지 발생한 소득으로서 대통령령으로 정하는 소득에 대해서만 양도소득세의 100분의 100에 상당하는 세액을 감면한다. (2023. 12. 31. 개정)

③ 대통령령으로 정하는 농업인이 2026년 12월 31일 이전에 농업회사법인에 「농업·농촌 및 식품산업기본법」 제3조 제1호에 따른 농작물재배업·축산업 및 임업에 직접 사용되는 부동산(제2항에 따른 농지 및 초지는 제외한다)을 현물출자하는 경우에는 이월과세를 적용받을 수 있다. 이 경우 제66조 제9항 및 제10항을 준용한다. (2023. 12. 31. 개정)

④ 농업회사법인에 출자한 거주자가 2026년 12월 31일까지 받는 배당소득 중 식량작물재배업소득에서 발생한 배당소득 전액에 대해서는 소득세를 면제하고, 식량작물재배업소득 외의 소득 중 대통령령으로 정하는 소득에서 발생한 배당소득은 「소득세법」 제14조 제2항에 따른 종합소득과세표준에 합산하지 아니한다. 이 경우 식량작물재배업소득에서 발생한 배당소득과 식량작물재배업소득 외의 소득 중 대통령령으로 정하는 소득에서 발생한 배당소득의 계산은 대통령령으로 정하는 바에 따른다. (2023. 12. 31. 개정)

⑤ 제1항·제3항 및 제4항을 적용받으려는 자는 대통령령으로 정하는 바에 따라 신청을 하여야 한다. (2010. 1. 1. 개정)

⑥ 제2항 본문 및 단서에 따른 양도소득세의 감면에 관하여는 제66조 제5항, 제6항 및 제8항을 준용한다. (2016. 12. 20. 신설)

영 제65조 【농업회사법인에 대한 세액 감면 등】

① 법 제68조 제1항에서 "대통령령으로 정하는 범위"란 다음의 계산식에 따라 계산한 금액 이하를 말한다. (2014. 2. 21. 신설)

식량작물재배업 외의 작물재배업에서 발생하는 소득금액 × 50억원 × (사업연도 개월 수 ÷ 12) ÷ 식량작물재배업 외의 작물재배업에서 발생하는 수입금액

② 법 제68조 제1항에서 "대통령령으로 정하는 소득"이란 다음 각 호의 소득(농업인이 아닌 자가 지배하는 기획재정부령으로 정하는 농업회사법인의 경우에는 기획재정부령으로 정하는 업종에서 발생하는 소득은 제외한다)을 말한다. (2019. 2. 12. 개정)

1. 「농업·농촌 및 식품산업 기본법 시행령」 제2조에 따른 축산업, 임업에서 발생한 소득 (2015. 12. 22. 개정 ; 수산업·어촌 발전 기본법 시행령 부칙)
2. 「농어업경영체 육성 및 지원에 관한 법률」에 따른 농업회사법인(이하 이 조에서 "농업회사법인"이라 한다)의 같은 법 시행령 제20조의 5 제1항 제6호 가목부터 마목까지의 사업에서 발생한 소득 (2022. 5. 9. 개정 ; 농어업경영체 육성 및 지원에 관한 법률 시행령 부칙)
3. 「농어업경영체 육성 및 지원에 관한 법률」 제19조 제1항에 따른 농산물 유통·가공·판매 및 농작업 대행에서 발생한 소득. 다만, 수입 농산물의 유통 및 판매에서 발생하는 소득은 제외한다. (2024. 2. 29. 단서신설)

③ 법 제68조 제4항 전단에서 "대통령령으로 정하는 소득"이란 제2항 각 호의 소득(이하 이 조에서 "부대사업등 소득"이라 한다) 및 식량작물재배업 외의 작물재배업에서 발생하는 소득을 말한다. (2020. 2. 11. 개정)

④ 법 제68조 제4항 후단에 따른 배당소득은 각 배당시마다 다음 각 호의 계산식에 따라 계산한 금액으로 한다. 이 경우 각 소득금액은 배당확정일이 속하는 사업연도의 직전 사업연도에 해당하는 분으로 하며, 각 소득금액이 음수인 경우 영으로 본다. (2014. 2. 21. 개정)

1. 식량작물재배업소득에서 발생한 배당소득: (2014. 2. 21. 개정)

농업회사법인으로부터 지급받은 배당소득 × 식량작물재배업에서 발생하는 소득금액 ÷ 총 소득금액

2. 부대사업등 소득 및 식량작물재배업 외의 작물재배업에서 발생하는 소득에서 발생한 배당소득: (2014. 2. 21. 개정)

농업회사법인으로부터 지급받은 배당소득 × (부대사업등 소득금액 + 식량작물재배업 외의 작물재배업에서 발생하는 소득금액) ÷ 총 소득금액

⑤ 법 제68조 제1항 또는 제3항에 따라 법인세를 감면받거나 이월과세를 적용받으려는 자는 과세표준 신고와 함께 기획재정부령으로 정하는 세액감면신청서, 면제세액계산서 또는 이월과세적용신청서와 농어업경영체 등록확인서를 납세지 관할세무서장에게 제출하여야 한다. 이 경우 이월과세적용신청서는 농업회사법인과 함께 제출하여야 한다. (2014. 2. 21. 개정)

⑥ 법 제68조 제4항에 따라 배당소득에 대한 소득세를 면제받으려는 자는 해당 배당소득을 지급받는 때에 기획재정부령으로 정하는 세액면제신청서를 농업회사법인에 제출하여야 한다. 이 경우 농업

회사법인은 배당금을 지급한 날이 속하는 달의 다음달 말일까지 조합원이 제출한 세액면제신청서와 해당 농업회사법인의 농어업경영체 등록확인서를 원천징수 관할세무서장에게 제출하여야 한다. (2014. 2. 21. 개정)

⑦ 법 제68조 제2항 본문에서 "대통령령으로 정하는 소득"이란 다음의 계산식에 따른 금액을 말한다. (2020. 2. 11. 신설)

$$\text{「소득세법」 제95조제1항에 따른 양도소득금액} \times \frac{\text{현물출자한 자산에 담보된 채무}}{\text{양도가액}}$$

⑧ 법 제68조 제2항 단서에서 "대통령령으로 정하는 소득"이란 「소득세법」 제95조 제1항에 따른 양도소득금액(이하 이 항에서 "양도소득금액"이라 한다) 중 다음의 계산식에 따라 계산한 금액을 말한다. 이 경우 「공익사업을 위한 토지 등의 취득 및 보상에 관한 법률」 및 그 밖의 법률에 따라 협의매수되거나 수용되는 경우에는 보상가액 산정의 기초가 되는 기준시가를 양도 당시의 기준시가로 보며, 새로운 기준시가가 고시되기 전에 취득하거나 양도한 경우 또는 주거지역등에 편입되거나 환지예정지 지정을 받은 날이 도래하는 경우에는 직전의 기준시가를 적용한다. (2020. 2. 11. 항번개정)

$$\text{양도소득금액} \times \left(\frac{\text{주거지역등에 편입되거나 환지예정지 지정을 받은 날의 기준시가} - \text{취득 당시 기준시가}}{\text{양도 당시 기준시가} - \text{취득 당시 기준시가}} \right)$$

제63조【영농조합법인 등에 대한 법인세의 면제 등】

① 법 제66조 제1항에서 "대통령령으로 정하는 범위의 금액"이란 「농어업경영체 육성 및 지원에 관한 법률 시행령」 제20조의 5 제1항 각 호의 사업에서 발생한 소득으로서 다음 각 호의 어느 하나에 해당하는 소득금액을 말한다. (2022. 5. 9. 개정 ; 농어업경영체 육성 및 지원에 관한 법률 시행령 부칙)

1. 곡물 및 기타 식량작물재배업(이하 이 조 및 제65조에서 "식량작물재배업"이라 한다) 외의 작물재배업에서 발생하는 소득금액으로서 각 사업연도별로 다음의 계산식에 따라 계산한 금액 이하의 금액 (2014. 2. 21. 개정)

식량작물재배업 외의 작물재배업에서 발생하는 소득금액 × 6억원 × 조합원 수 × (사업연도 월수 ÷ 12) ÷ 식량작물재배업 외의 작물재배업에서 발생하는 수입금액

2. 작물재배업에서 발생하는 소득을 제외한 소득금액으로서 각 사업연도별로 다음의 계산식에 따라 계산한 금액 이하의 금액 (2014. 2. 21. 개정)

1천 200만원 × 조합원 수 × (사업연도 월수 ÷ 12)

② 법 제66조 제2항 전단에서 "대통령령으로 정하는 범위의 금액"이란 제1항 제1호에 따라 법인세가

면제되는 소득에서 발생한 배당소득의 경우에는 그 배당소득 전액을 말하고, 영농조합법인의 전체 소득에서 식량작물재배업에서 발생하는 소득과 제1항 제1호에 따라 법인세가 면제되는 소득을 제외한 소득에서 발생한 배당소득의 경우에는 그 배당소득 중 과세연도별로 1천 200만원이하의 금액을 말한다. (2014. 2. 21. 개정)

③ 법 제66조 제2항 후단에 따른 배당소득은 각 배당 시마다 다음 각 호의 구분에 따른 계산식에 따라 계산한 금액으로 한다. 이 경우 각 소득금액은 배당확정일이 속하는 사업연도의 직전 사업연도에 해당하는 분으로 하며, 각 소득금액이 음수(陰數)인 경우에는 영으로 본다. (2014. 2. 21. 개정)

1. 식량작물재배업소득에서 발생한 배당소득: (2014. 2. 21. 개정)

    영농조합법인으로부터 지급받은 배당소득 × (식량작물재배업에서 발생하는 소득금액 ÷ 총 소득금액)

2. 제1항 제1호에 따라 법인세가 면제되는 소득에서 발생한 배당소득: (2014. 2. 21. 개정)

    영농조합법인으로부터 지급받은 배당소득 × (제1항 제1호에 따라 법인세가 면제되는 소득금액 ÷ 총 소득금액)

3. 전체소득에서 식량작물재배업소득과 제1항 제1호에 따라 법인세가 면제되는 소득을 제외한 소득에서 발생한 배당소득: (2014. 2. 21. 개정)

    [영농조합법인으로부터 지급받은 배당소득 × 1 - (식량작물재배업에서 발생하는 소득금액 + 제1항 제1호에 따라 법인세가 면제되는 소득금액) ÷ 총 소득금액]

④ 법 제66조 제4항 본문 및 제68조 제2항 본문에서 "대통령령으로 정하는 농업인"이란 각각 「농업·농촌 및 식품산업 기본법」 제3조 제2호에 따른 농업인으로서 현물출자하는 농지·초지 또는 부동산(이하 이 조에서 "농지등"이라 한다)이 소재하는 시(특별자치시와 「제주특별자치도 설치 및 국제자유도시 조성을 위한 특별법」 제10조 제2항에 따른 행정시를 포함한다. 이하 이 조에서 같다)·군·구(자치구인 구를 말한다. 이하 이 조에서 같다), 그와 연접한 시·군·구 또는 해당 농지등으로부터 직선거리 30킬로미터 이내에 거주하면서 4년 이상 직접 경작한 자를 말하며, 법 제66조 제7항 및 제68조 제3항에서 "대통령령으로 정하는 농업인"이란 각각 「농업·농촌 및 식품산업 기본법」 제3조 제2호에 따른 농업인으로서 현물출자하는 농지등이 소재하는 시·군·구, 그와 연접한 시·군·구 또는 해당 농지등으로부터 직선거리 30킬로미터 이내에 거주하면서 4년 이상 직접 경작한 자를 말한다. (2017. 2. 7. 개정)

⑤ 법 제66조 제4항 및 제68조 제2항에 따라 현물출자함으로써 발생한 소득에 대하여 양도소득세가 감면되는 농지는 전·답으로서 지적공부상의 지목에 관계없이 실제로 경작에 사용되는 토지와 그 경작에 직접 필요한 농막·퇴비사·양수장·지소·농로·수로 등에 사용되는 토지로 한다. 다만, 제66조 제4항 각 호의 어느 하나에 해당하는 농지를 제외한다. (2017. 2. 7. 개정)

⑥ 법 제66조 제5항에 따른 양도소득세의 납부는 농지를 현물출자하기 전에 자경하였던 기간과 현물출자후 출자지분 양도시까지의 기간을 합한 기간이 8년 미만인 경우에 한정하되, 납부하여야 하는 세액은 해당 농지에 대한 감면세액에 총출자지분에서 3년 이내에 양도한 출자지분이 차지하는 비

율을 곱하여 계산한다. 이 경우 상속받은 농지의 경작기간을 계산할 때 상속인이 상속받은 농지를 1년 이상 계속하여 경작하는 경우(제4항의 현물출자하는 농지등이 소재하는 시·군·구, 그와 연접한 시·군·구 또는 해당 농지등으로부터 직선거리 30킬로미터 이내에 거주하면서 경작하는 경우를 말한다) 다음 각 호의 기간은 상속인이 이를 경작한 기간으로 본다. (2016. 2. 5. 개정)

1. 피상속인이 취득하여 경작한 기간(직전 피상속인의 경작 기간으로 한정한다) (2015. 2. 3. 신설)
2. 피상속인이 배우자로부터 상속받아 경작한 사실이 있는 경우에는 피상속인의 배우자가 취득하여 경작한 기간 (2015. 2. 3. 신설)

⑦ 법 제66조 제1항에 따라 법인세를 면제받으려는 영농조합법인은 과세표준신고와 함께 기획재정부령으로 정하는 세액면제신청서 및 면제세액계산서와 「농어업경영체 육성 및 지원에 관한 법률」 제4조에 따른 농어업경영체 등록(변경등록) 확인서(이하 "농어업경영체 등록확인서"라 한다)를 납세지 관할세무서장에게 제출하여야 한다. 다만, 납부할 법인세가 없는 경우에는 그러하지 아니한다. (2014. 2. 21. 개정)

⑧ 법 제66조 제2항에 따라 배당소득에 대한 소득세를 면제받으려는 자는 해당 배당소득을 지급받는 때에 기획재정부령이 정하는 세액면제신청서를 영농조합법인에 제출하여야 한다. 이 경우 영농조합법인은 배당금을 지급한 날이 속하는 달의 다음달 말일까지 조합원이 제출한 세액면제신청서와 해당 영농조합법인의 농어업경영체 등록확인서를 원천징수 관할세무서장에게 제출하여야 한다. (2014. 2. 21. 개정)

⑨ 법 제66조 제6항 및 제10항에서 "대통령령으로 정하는 바에 따라 계산한 이자상당액"이란 각각 법 제66조 제5항 또는 제9항에 따라 납부하여야 할 세액에 상당하는 금액에 제1호의 기간과 제2호의 율을 곱하여 계산한 금액으로 한다. (2014. 2. 21. 개정)

1. 당초 현물출자한 농지등에 대한 양도소득세 예정신고 납부기한의 다음 날부터 법 제66조 제5항 또는 제9항에 따른 세액의 납부일까지의 기간 (2014. 2. 21. 개정)
2. 제11조의 2 제9항 제2호에 따른 율 (2022. 2. 15. 개정)

⑩ 법 제66조 제8항에 따라 양도소득세를 감면받거나 이월과세를 적용받고자 하는 자는 과세표준신고와 함께 기획재정부령이 정하는 세액감면신청서 또는 이월과세적용신청서에 해당 영농조합법인의 농어업경영체 등록확인서와 현물출자계약서 사본을 첨부하여 납세지 관할세무서장에게 제출하여야 한다. 이 경우 이월과세적용신청서는 영농조합법인과 함께 제출하여야 한다. (2016. 2. 5. 개정)

1. (삭제, 2010. 11. 2. ; 행정정보의 공동이용 및 문서감축을 위한 경제교육지원법 시행령 등 일부개정령)
2. (삭제, 2010. 11. 2. ; 행정정보의 공동이용 및 문서감축을 위한 경제교육지원법 시행령 등 일부개정령)

⑪ 제10항에 따른 세액감면신청서 또는 이월과세적용신청서를 제출받은 납세지 관할세무서장은 「전자정부법」 제36조 제1항에 따른 행정정보의 공동이용을 통하여 해당 농지의 토지 등기부등본을 확인하여야 한다. (2016. 2. 5. 개정)

⑫ 법 제66조 제9항을 적용할 때 현물출자로 취득한 주식 또는 출자지분의 100분의 50 이상을 처분하는 경우의 판단기준에 관하여는 제28조 제10항을 준용한다. (2014. 2. 21. 신설)

⑬ 법 제66조 제9항에 따른 양도소득세는 해당 부동산을 현물출자하기 전에 직접 사용하였던 기간과 현물출자 후 주식 또는 출자지분의 처분일까지의 기간을 합한 기간이 8년 미만인 경우에 납부한다. 이 경우 상속받은 부동산의 사용기간을 계산할 때 피상속인이 사용한 기간은 상속인이 사용한 기간으로 본다. (2014. 2. 21. 신설)

⑭ 제4항 및 제6항에 따른 경작기간을 계산할 때 다음 각 호의 과세기간은 해당 거주자 또는 피상속인(피상속인의 경우 그 배우자를 포함한다. 이하 이 항에서 같다)이 경작한 기간에서 제외한다. (2024. 2. 29. 개정)

1. 해당 거주자 또는 피상속인의 「소득세법」 제19조 제2항에 따른 사업소득금액(농업·임업에서 발생하는 소득, 같은 법 제45조 제2항에 따른 부동산임대업에서 발생하는 소득 및 같은 법 시행령 제9조에 따른 농가부업소득은 제외한다. 이하 이 항에서 "사업소득금액"이라 한다)과 같은 법 제20조 제2항에 따른 총급여액의 합계액이 3천700만원 이상인 과세기간. 이 경우 사업소득금액이 음수인 경우에는 해당 금액을 0으로 본다. (2024. 2. 29. 개정)

2. 해당 거주자 또는 피상속인의 「소득세법」 제24조 제1항에 따른 사업소득 총수입금액(농업·임업에서 발생하는 소득, 같은 법 제45조 제2항에 따른 부동산임대업에서 발생하는 소득 및 같은 법 시행령 제9조에 따른 농가부업소득은 제외한다)이 같은 법 시행령 제208조 제5항 제2호 각 목의 금액 이상인 과세기간 (2024. 2. 29. 개정)

⑮ 법 제66조 제4항 본문에서 "대통령령으로 정하는 소득"이란 다음의 계산식에 따른 금액을 말한다. (2020. 2. 11. 신설)

$$\text{「소득세법」 제95조제1항에 따른 양도소득금액} \times \frac{\text{현물출자한 자산에 담보된 채무}}{\text{양도가액}}$$

⑯ 법 제66조 제4항 단서에서 "대통령령으로 정하는 소득"이란 「소득세법」 제95조 제1항에 따른 양도소득금액(이하 이 항에서 "양도소득금액"이라 한다) 중 다음의 계산식에 따라 계산한 금액을 말한다. 이 경우 「공익사업을 위한 토지 등의 취득 및 보상에 관한 법률」 및 그 밖의 법률에 따라 협의매수되거나 수용되는 경우에는 보상가액 산정의 기초가 되는 기준시가를 양도 당시의 기준시가로 보며, 새로운 기준시가가 고시되기 전에 취득하거나 양도한 경우 또는 「국토의 계획 및 이용에 관한 법률」에 따른 주거지역·상업지역 및 공업지역(이하 이 조부터 제66조까지, 제66조의 2, 제66조의 3 및 제67조에서 "주거지역등"이라 한다)에 편입되거나 환지예정지 지정을 받은 날이 도래하는 경우에는 직전의 기준시가를 적용한다. (2020. 2. 11. 항번개정)

$$양도소득금액 \times \left(\frac{주거지역등에 편입되거나 환지예정지 지정을 받은 날의 기준시가 - 취득 당시 기준시가}{양도 당시 기준시가 - 취득 당시 기준시가} \right)$$

규칙 제26조 【농업회사법인 법인세 감면 배제 소득 등】

① 영 제65조 제2항에서 "기획재정부령으로 정하는 농업회사법인"이란 출자총액이 80억원을 초과하고 출자총액 중 「농어업경영체 육성 및 지원에 관한 법률」 제2조 제1호에 따른 농업인 및 「농업·농촌 및 식품산업 기본법」 제3조 제4호에 따른 농업 관련 생산자단체의 출자지분 합계의 비중이 100분의 50 미만인 농업회사법인을 말한다. (2019. 3. 20. 신설)

② 영 제65조 제2항에서 "기획재정부령으로 정하는 업종"이란 도·소매업 및 서비스업(작물재배 관련 서비스업은 제외한다)을 말한다. (2019. 3. 20. 신설)

□ **개정연혁**

[2020년] 영농·영어조합법인, 농업·어업회사법인에 농지 등 현물출자 시 양도소득세 감면액 명확화

가. 개정취지: 현물출자하는 자산에 담보된 채무가 있는 경우 법인이 인수하는 채무상당액은 감면대상에서 제외 명확화

나. 개정내용

종전	개정
▪ 농지·초지 등을 현물출자 시 양도소득세 감면 ○ (대상) - 농업인이 영농조합·농업회사법인에 농지·초지를 현물출자 - 어업인이 영어조합·어업회사법인에 토지 등을 현물출자 ○ (감면율) 현물출자소득에 대한 양도소득세 100% 감면	▪ 감면액의 범위 명확화 (좌 동) ○ 현물출자한 자산에 담보된 채무 중 법인이 인수하는 채무가액에 상당하는 소득을 제외한 소득에 대한 양도소득세 100% 감면 - 감면대상에서 배제되는 소득 계산방식 규정 　감면대상 배제소득 = 양도소득금액 × 해당 채무/양도가액

다. 적용시기 및 적용례

[2022년] 영농ㆍ영어조합법인ㆍ농업회사법인에 대한 법인세 등 감면 적용기한 연장

가. 개정취지: 도시농어촌간 소득격차 개선 및 농어민 소득지원

나. 개정내용

종전	개정
■ 영농ㆍ영어조합법인ㆍ농업회사법인에 대한 법인세 등 감면 과세특례 ○ 법인세 감면 ○ 배당소득세 면제ㆍ저율 분리과세 ○ 부동산 현물출자 시 양도소득세 감면 등 ○ (적용기한) 2021.12.31.	■ 적용기한 연장 (좌 동) ○ (적용기한) 2021.12.31.

다. 적용시기 및 적용례

[2024년] 영농조합법인 등의 농어업경영체 등록 요건 규정 및 과세특례 적용기한 연장

가. 개정취지 : 조세특례 적용대상 합리화

나. 개정내용

종전	개정
■ 영농ㆍ영어조합법인, 농업회사법인에 대한 법인세 면제 등 ○ (대상) 「농어업경영체 육성 및 지원에 관한 법률」에 따른 영농ㆍ영어조합법인, 농업회사법인 ○ (과세특례) - (법인세) 소득 종류별*로 전액 또는 한도 내 면제 * (식량작물재배업) 전액 면제(식량작물 외 작물 재배업, 어로어업, 그 외 사업소득) 일정 한도 내 - (배당소득세) 조합원ㆍ출자자 배당소득에 대한 소득세 면제 및 분리과세 - (양도소득세) 농어업인이 각 법인에 현물출자시 세액감면 또는 이월과세 ○ (적용기한) 2023.12.31.	■ 농어업경영체 등록 요건 규정 및 과세 특례 적용기한 연장 ○ 「농어업경영체 육성 및 지원에 관한 법률」에 따라 농어업경영정보를 등록한 영농ㆍ영어조합법인, 농업회사법인 ○ (좌 동) ○ 2026.12.31.

다. 적용시기 및 적용례

(법인세ㆍ배당소득세) 2024.1.1. 이후 개시하는 과세연도 분부터 적용

(양도소득세) 2024.1.1. 이후 현물출자하는 분부터 적용

해석사례

▷ **농업회사법인이 감자빵을 제조·판매한 경우「조세특례제한법」제68조 및 같은 법 시행령 제65조 제2항 제3호의 세액감면대상인 농작물의 가공에 해당하는지 여부**
조심2024중783(2024.08.20)

감자빵 제조는 감자의 화학적 변화를 수반한 가공으로서 이는 일반 법인의 제조·가공과 더 유사한 제조·가공으로 보이는바, 이에 대한 소득은 작물재배업 외 소득에 포함되는 농산물의 가공에서 발생한 소득으로 보기 어려우므로 처분청이 감자빵 제조·판매소득을 농업회사법인에 대한 세액감면대상 소득에 해당하지 아니한다고 보아 세액감면을 부인하여 과세한 처분은 달리 잘못이 없음.

▷ **농민이 아닌 사업자로부터 매입한 농작물의 판매소득이 농업회사법인의 감면대상 소득에 해당하는지 여부**
서면법규법인2022-5220(2023.09.12)

농업회사법인이 농민이 아닌 사업자로부터 매입한 농산물의 유통·가공·판매에서 발생한 소득은 조세특례제한법 시행령 제65조제2항제3호의 소득에 해당하며, 조세특례제한법 제68조제1항에 따라 법인세의 감면이 적용되는 것임

▷ **작물재배업에서 발생하는 소득 외의 소득에 해당하는지 여부**
서면법인2022-1041(2022.12.06)

감면대상소득의 범위에는 축산업자들로부터 위탁을 받아 가축 분뇨처리 대행을 통해 발생하는 소득은 포함되지 않은 것이나,「비료관리법」에 따른 비료를 생산하거나 판매하여 발생한 소득은 포함되는 것임

▷ **농약·비료 살포용역에서 발생한 소득이 법인세 감면소득에 해당하는지**
서면법인2018-3216(2020.09.11)

농업회사법인이 무인항공을 이용하여 농업인에게 제공하는 농약·비료 살포용역에서 발생한 소득은 「조세특례제한법」제68조 제1항 및 같은 법 시행령 제65조 제2항에 따른 감면소득에 해당하는 것임

46. 공익사업 - 사회적기업 및 장애인 표준사업장에 대한 감면

법 제85조의 6 【사회적기업 및 장애인 표준사업장에 대한 법인세 등의 감면】

① 「사회적기업 육성법」 제2조 제1호에 따라 2025년 12월 31일까지 사회적기업으로 인증받은 내국인은 해당 사업에서 최초로 소득이 발생한 과세연도(인증을 받은 날부터 5년이 되는 날이 속하는 과세연도까지 해당 사업에서 소득이 발생하지 아니한 경우에는 5년이 되는 날이 속하는 과세연도)와 그 다음 과세연도의 개시일부터 2년 이내에 끝나는 과세연도까지 해당 사업에서 발생한 소득에 대한 법인세 또는 소득세의 100분의 100에 상당하는 세액을 감면하고, 그 다음 2년 이내에 끝나는 과세연도에는 소득세 또는 법인세의 100분의 50에 상당하는 세액을 감면한다. (2022. 12. 31. 개정)

② 「장애인고용촉진 및 직업재활법」 제22조의 4 제1항에 따라 2025년 12월 31일까지 장애인 표준사업장으로 인증받은 내국인은 해당 사업에서 최초로 소득이 발생한 과세연도(인증을 받은 날부터 5년이 되는 날이 속하는 과세연도까지 해당 사업에서 소득이 발생하지 아니한 경우에는 5년이 되는 날이 속하는 과세연도)와 그 다음 과세연도의 개시일부터 2년 이내에 끝나는 과세연도까지 해당 사업에서 발생한 소득에 대한 법인세 또는 소득세의 100분의 100에 상당하는 세액을 감면하고, 그 다음 2년 이내에 끝나는 과세연도에는 소득세 또는 법인세의 100분의 50에 상당하는 세액을 감면한다. (2022. 12. 31. 개정)

③ 제1항 및 제2항이 적용되는 감면기간 동안 해당 과세연도에 감면받는 소득세 또는 법인세는 다음 각 호의 구분에 따른 금액을 한도로 한다. (2019. 12. 31. 신설)

1. 제1항에 따른 사회적기업으로 인증받은 내국인의 경우: 1억원 + 「사회적기업 육성법」 제2조 제2호에 따른 취약계층에 해당하는 상시근로자 수 × 2천만원 (2019. 12. 31. 신설)

2. 제2항에 따른 장애인 표준사업장으로 인증받은 내국인의 경우: 1억원 + 「장애인고용촉진 및 직업재활법」 제2조 제1호에 따른 장애인에 해당하는 상시근로자 수 × 2천만원 (2019. 12. 31. 신설)

④ 제1항을 적용할 때 세액감면기간 중 다음 각 호의 어느 하나에 해당하여 「사회적기업 육성법」 제18조에 따라 사회적기업의 인증이 취소되었을 때에는 해당 과세연도부터 제1항에 따른 법인세 또는 소득세를 감면받을 수 없다. (2019. 12. 31. 항번개정)

1. 거짓이나 그 밖의 부정한 방법으로 인증을 받은 경우 (2010. 1. 1. 개정)
2. 「사회적기업 육성법」 제8조의 인증요건을 갖추지 못하게 된 경우 (2010. 1. 1. 개정)

⑤ 제2항을 적용할 때 세액감면기간 중 해당 장애인 표준사업장이 다음 각 호의 어느 하나에 해당하는 경우에는 해당 과세연도부터 제2항에 따른 법인세 또는 소득세를 감면받을 수 없다. (2019. 12. 31. 항번개정)

1. 「장애인고용촉진 및 직업재활법」 제21조 또는 제22조에 따른 융자 또는 지원을 거짓이나 그 밖의 부정한 방법으로 받은 경우 (2010. 12. 27. 신설)
2. 사업주가 「장애인고용촉진 및 직업재활법」 제21조 또는 제22조에 따라 받은 융자금 또는 지원금을 같은 규정에 따른 용도에 사용하지 아니한 경우 (2010. 12. 27. 신설)

3. 「장애인고용촉진 및 직업재활법」 제22조의 4 제2항에 따라 인증이 취소된 경우 (2019. 12. 31. 개정)

⑥ 제1항 및 제2항에 따라 세액을 감면받은 내국인이 제4항 제1호 또는 제5항 제1호에 해당하는 경우에는 그 사유가 발생한 과세연도의 과세표준신고를 할 때 감면받은 세액에 제63조 제3항의 이자상당가산액에 관한 규정을 준용하여 계산한 금액을 가산하여 법인세 또는 소득세로 납부하여야 한다. (2020. 12. 29. 개정)

⑦ 제3항을 적용할 때 상시근로자의 범위, 상시근로자 수의 계산방법, 그 밖에 필요한 사항은 대통령령으로 정한다. (2019. 12. 31. 신설)

⑧ 제1항 및 제2항을 적용받으려는 자는 대통령령으로 정하는 바에 따라 감면신청을 하여야 한다. (2019. 12. 31. 항번개정)

영 제79조의 7 【사회적기업에 대한 법인세 등의 감면】

① 법 제85조의 6 제3항을 적용할 때 상시근로자의 범위는 제23조 제10항을 준용하며, 상시근로자 수는 다음의 계산식에 따라 계산한 수(100분의 1 미만의 부분은 없는 것으로 한다)로 한다. (2020. 2. 11. 신설)

$$\frac{\text{해당 과세연도의 매월 말 현재 상시근로자 수의 합}}{\text{해당 과세연도의 개월 수}}$$

② 법 제85조의 6 제1항 및 제2항에 따라 법인세 또는 소득세를 감면받으려는 자는 과세표준신고와 함께 기획재정부령으로 정하는 세액감면신청서를 납세지 관할 세무서장에게 제출하여야 한다. (2020. 2. 11. 항번개정)

□ **개정연혁**

[2020년] 사회적기업 등 세액감면 제도 고용친화적 재설계
가.개정취지 : 사회적기업등의 취약계층 고용을 유도하기 위해 취약계층 고용과 연계된 감면한도 신설
나.개정내용

종전	개정
■ 사회적기업 및 장애인 표준 사업장에 대한 감면 ○ (대상) 사회적기업으로 인증받은 기업 및 장애인 표준사업장 ○ (지원내용) 소득세·법인세 3년간 100%, 2년간 50% 감면 〈신 설〉 〈신 설〉 〈신 설〉 ○ 2022.12.31.	■ 한도신설 및 적용기한 연장 (좌 동) ○ (감면한도) 1억원 + 취약계층* 상시근로자 수 × 2,000만원 * 사회적기업 : 저소득층, 고령자, 장애인 등 　장애인 표준사업장 : 장애인 ○ 상시근로자의 범위* * 현행 고용증대세제 상시근로자의 범위와 동일 - 「근로기준법」에 따라 근로계약을 체결한 내국인근로자 • 다만, 아래의 경우에 해당하는 근로자는 제외 • 근로계약기간이 1년 미만인 근로자 • 「근로기준법」에 따른 단시간 근로자 • 임원 및 최대주주와 그의 직계존비속 등 • 근로소득세 원천징수 및 국민연금 등의 보험료 납부가 확인되지 않은 자 ○ 상시근로자 수 계산방법* * 현행 고용증대세제 상시근로자 수 계산방법과 동일 　해당 과세연도의 매월말 현재상시근로자 수의 합/해당 과세연도의 개월 수 ○ 2022.12.31.

다.적용시기 및 적용례 : 2020.1.1. 이후 개시하는 과세연도 분부터 적용

[2023년] 사회적기업·장애인표준사업장 세액감면 연장

가. 개정취지 : 취약계층 일자리 창출 지원

나. 개정내용

종전	개정
▨ 사회적기업 및 장애인 표준사업장에 대한 소득·법인세 감면 ○ (대상) ❶ 사회적기업 ❷ 장애인 표준사업장 ○ (감면율) 3년 100% + 2년 50% ○ (감면한도) 1억원 + 취약계층·장애인 상시근로자 × 2천만원 ○ (적용기한) 2022.12.31.	▨ 적용기한 연장 ○ (좌 동) ○ 2025.12.31.

다. 적용시기 및 적용례

□ **해석사례**

▷ **사회적기업 등이 국가 등으로부터 받은 지원금이 감면대상소득에 해당하는지 여부**
  기획재정부조세특례-86(2024.01.29)

장애인 표준사업장 및 사회적기업이 「장애인고용촉진법 및 직업재활법」, 「사회적기업 육성법」에 따라 국가 등으로부터 받은 지원금은 「조세특례제한법」 제85조의6에서 규정하는 감면대상소득에 해당하는 것임

▷ **조특법상 장애인 표준사업장 소득세 감면시 '해당 사업에서 최초로 소득이 발생한 과세연도'의 의미**
  사전법령해석소득2020-168(2020.10.13)

장애인 표준사업장으로 인증받은 내국인은 그 인증을 받은 날이 속하는 사업연도 이후 해당 사업에서 최초로 발생한 과세연도부터 장애인 표준사업장에 대한 소득세 감면을 적용하는 것임

47. 기타 – 소형주택 임대사업자에 대한 세액감면

법 제96조 【소형주택 임대사업자에 대한 세액감면】

① 대통령령으로 정하는 내국인이 대통령령으로 정하는 임대주택(이하 이 조에서 "임대주택"이라 한다)을 1호 이상 임대하는 경우에는 2025년 12월 31일 이전에 끝나는 과세연도까지 해당 임대사업에서 발생한 소득에 대해서는 다음 각 호에 따른 세액을 감면한다. (2022. 12. 31. 개정)

1. 임대주택을 1호 임대하는 경우: 소득세 또는 법인세의 100분의 30[임대주택 중「민간임대주택에 관한 특별법」제2조 제4호에 따른 공공지원민간임대주택 또는 같은 법 제2조 제5호에 따른 장기일반민간임대주택(이하 이 조에서 "장기일반민간임대주택등"이라 한다)의 경우에는 100분의 75]에 상당하는 세액 (2019. 12. 31. 신설)

2. 임대주택을 2호 이상 임대하는 경우: 소득세 또는 법인세의 100분의 20(장기일반민간임대주택등의 경우에는 100분의 50)에 상당하는 세액 (2019. 12. 31. 신설)

② 제1항에 따라 소득세 또는 법인세를 감면받은 내국인이 대통령령으로 정하는 바에 따라 1호 이상의 임대주택을 4년(장기일반민간임대주택등의 경우에는 10년) 이상 임대하지 아니하는 경우 그 사유가 발생한 날이 속하는 과세연도의 과세표준신고를 할 때 감면받은 세액을 소득세 또는 법인세로 납부하여야 한다. 다만,「민간임대주택에 관한 특별법」제6조 제1항 제11호에 해당하여 등록이 말소되는 경우 등 대통령령으로 정하는 경우에는 그러하지 아니하다. (2020. 12. 29. 개정)

③ 제1항에 따라 감면받은 소득세액 또는 법인세액을 제2항에 따라 납부하는 경우에는 제63조 제3항의 이자 상당 가산액에 관한 규정을 준용한다. 다만, 대통령령으로 정하는 부득이한 사유가 있는 경우에는 그러하지 아니하다. (2020. 12. 29. 개정)

④ 제1항에 따라 소득세 또는 법인세를 감면받으려는 자는 대통령령으로 정하는 바에 따라 세액의 감면을 신청하여야 한다. (2014. 1. 1. 신설)

⑤ 제1항부터 제4항까지의 규정을 적용할 때 임대주택의 수, 세액감면의 신청, 감면받은 소득세액 또는 법인세액을 납부하는 경우의 이자상당액 계산방법 등 그 밖에 필요한 사항은 대통령령으로 정한다. (2014. 12. 23. 개정)

영 제96조 【소형주택 임대사업자에 대한 세액감면】

① 법 제96조 제1항에서 "대통령령으로 정하는 내국인"이란 다음 각 호의 요건을 모두 충족하는 내국인을 말한다. (2014. 2. 21. 신설)

1.「소득세법」제168조 또는「법인세법」제111조에 따른 사업자등록을 하였을 것 (2014. 2. 21. 신설)

2.「민간임대주택에 관한 특별법」제5조에 따른 임대사업자등록을 하였거나「공공주택 특별법」제4조에 따른 공공주택사업자로 지정되었을 것 (2015. 12. 28. 개정 ; 임대주택법 시행령 부칙)

② 법 제96조 제1항에서 "대통령령으로 정하는 임대주택"이란 다음 각 호의 요건을 모두 갖춘 임대주택(이하 이 조에서 "임대주택"이라 한다)을 말한다. (2020. 10. 7. 개정)

1. 제1항에 따른 내국인이 임대주택으로 등록한 주택으로서 다음 각 목의 어느 하나에 해당하는 주택일 것 (2020. 10. 7. 신설)
    가. 「민간임대주택에 관한 특별법」 제2조 제4호에 따른 공공지원민간임대주택. 다만, 종전의 「민간임대주택에 관한 특별법」(법률 제17482호 민간임대주택에 관한 특별법 일부개정법률로 개정되기 전의 것을 말한다. 이하 이 조에서 같다) 제2조 제6호에 따른 단기민간임대주택으로서 2020년 7월 11일 이후 같은 법 제5조 제3항에 따라 공공지원민간임대주택으로 변경 신고한 주택은 제외한다. (2020. 10. 7. 신설)
    나. 「민간임대주택에 관한 특별법」 제2조 제5호에 따른 장기일반민간임대주택(법률 제17482호 민간임대주택에 관한 특별법 일부개정법률 부칙 제5조 제1항에 따라 장기일반민간임대주택으로 보는 아파트를 임대하는 민간매입임대주택을 포함한다). 다만 다음의 어느 하나에 해당하는 주택은 제외한다. (2020. 10. 7. 신설)
        1) 2020년 7월 11일 이후 종전의 「민간임대주택에 관한 특별법」 제5조 제1항에 따라 등록 신청(같은 조 제3항에 따라 임대할 주택을 추가하기 위해 등록한 사항을 변경 신고한 경우를 포함한다. 이하 이 호에서 같다)한 장기일반민간임대주택 중 아파트를 임대하는 민간매입임대주택 (2020. 10. 7. 신설)
        2) 종전의 「민간임대주택에 관한 특별법」 제2조 제6호에 따른 단기민간임대주택으로서 2020년 7월 11일 이후 같은 법 제5조 제3항에 따라 장기일반민간임대주택으로 변경 신고한 주택 (2020. 10. 7. 신설)
    다. 종전의 「민간임대주택에 관한 특별법」 제2조 제6호에 따른 단기민간임대주택. 다만, 2020년 7월 11일 이후 같은 법 제5조 제1항에 따라 등록 신청한 단기민간임대주택은 제외한다. (2020. 10. 7. 신설)
    라. 「공공주택 특별법」 제2조 제1호의 2 및 제1호의 3에 따른 공공건설임대주택 또는 공공매입임대주택 (2020. 10. 7. 신설)
2. 「주택법」 제2조 제6호에 따른 국민주택규모(해당 주택이 다가구주택일 경우에는 가구당 전용면적을 기준으로 한다)의 주택(주거에 사용하는 오피스텔과 주택 및 오피스텔에 딸린 토지를 포함하며, 그 딸린 토지가 건물이 정착된 면적에 지역별로 다음 각 목에서 정하는 배율을 곱하여 산정한 면적을 초과하는 경우 해당 주택 및 오피스텔은 제외한다)일 것 (2020. 10. 7. 호번개정)
    가. 「국토의 계획 및 이용에 관한 법률」 제6조 제1호에 따른 도시지역의 토지: 5배 (2014. 2. 21. 신설)
    나. 그 밖의 토지: 10배 (2014. 2. 21. 신설)
3. 주택 및 이에 부수되는 토지의 기준시가의 합계액이 해당 주택의 임대개시일(임대 개시 후 제1항 제1호 및 제2호의 요건을 충족하는 경우 그 요건을 모두 충족한 날을 말한다. 이하 이 조에서 같다) 당시 6억원을 초과하지 않을 것 (2020. 10. 7. 호번개정)
4. 임대보증금 또는 임대료(이하 이 호에서 "임대료등"이라 한다)의 증가율이 100분의 5를 초과하지 않을 것. 이 경우 임대료등 증액 청구는 임대차계약 또는 약정한 임대료등의 증액이 있은 후 1년 이

내에는 하지 못하고, 임대사업자가 임대료등의 증액을 청구하면서 임대보증금과 월임대료를 상호 간에 전환하는 경우에는 「민간임대주택에 관한 특별법」 제44조 제4항 및 「공공주택 특별법 시행령」 제44조 제3항에 따라 정한 기준을 준용한다. (2020. 10. 7. 호번개정)

③ 법 제96조 제1항 및 제2항에 따른 1호 이상의 임대주택을 4년[「민간임대주택에 관한 특별법」 제2조 제4호에 따른 공공지원민간임대주택 또는 같은 조 제5호에 따른 장기일반민간임대주택(이하 이 조에서 "장기일반민간임대주택등"이라 한다)의 경우에는 10년] 이상 임대하는지 여부는 다음 각 호에 따른다. (2021. 2. 17. 개정)

1. 해당 과세연도의 매월말 현재 실제 임대하는 임대주택이 1호 이상인 개월 수가 해당 과세연도 개월 수(1호 이상의 임대주택의 임대개시일이 속하는 과세연도의 경우에는 1호 이상의 임대주택의 임대개시일이 속하는 월부터 과세연도 종료일이 속하는 월까지의 개월 수)의 12분의 9 이상인 경우에는 1호 이상의 임대주택을 임대하고 있는 것으로 본다. 다만, 법 제96조 제2항 단서에 해당하는 경우에는 등록이 말소되는 날이 속하는 해당 과세연도에 1호 이상의 임대주택을 임대하고 있는 것으로 본다. (2021. 2. 17. 단서신설)

2. 1호 이상의 임대주택의 임대개시일부터 4년(장기일반민간임대주택등의 경우에는 10년)이 되는 날이 속하는 달의 말일까지의 기간 중 매월 말 현재 실제 임대하는 임대주택이 1호 이상인 개월 수가 43개월(장기일반민간임대주택등의 경우에는 108개월) 이상인 경우에는 1호 이상의 임대주택을 4년(장기일반민간임대주택등의 경우에는 10년) 이상 임대하고 있는 것으로 본다. (2021. 2. 17. 개정)

3. 제1호 및 제2호를 적용할 때 기존 임차인의 퇴거일부터 다음 임차인의 입주일까지의 기간으로서 3개월 이내의 기간은 임대한 기간으로 본다. (2014. 2. 21. 신설)

4. 제1호 및 제2호를 적용할 때 상속, 합병, 분할, 물적분할, 현물출자로 인하여 피상속인, 피합병법인, 분할법인, 출자법인(이하 이 호에서 "피상속인등"이라 한다)이 임대하던 임대주택을 상속인, 합병법인, 분할신설법인, 피출자법인(이하 이 호에서 "상속인등"이라 한다)이 취득하여 임대하는 경우에는 피상속인등의 임대기간은 상속인등의 임대기간으로 본다. (2014. 2. 21. 신설)

5. 제1호 및 제2호를 적용할 때 「공익사업을 위한 토지 등의 취득 및 보상에 관한 법률」 또는 그 밖의 법률에 따른 수용(협의 매수를 포함한다)으로 임대주택을 처분하거나 임대를 할 수 없는 경우에는 해당 임대주택을 계속 임대하는 것으로 본다. (2014. 2. 21. 신설)

6. 제1호 및 제2호를 적용할 때 「도시 및 주거환경정비법」에 따른 재개발사업·재건축사업, 「빈집 및 소규모주택 정비에 관한 특례법」에 따른 소규모주택정비사업 또는 「주택법」에 따른 리모델링의 사유로 임대주택을 처분하거나 임대를 할 수 없는 경우에는 해당 주택의 관리처분계획 인가일(소규모주택정비사업의 경우에는 사업시행계획 인가일, 리모델링의 경우에는 허가일 또는 사업계획승인일을 말한다) 전 6개월부터 준공일 후 6개월까지의 기간은 임대한 기간으로 본다. 이 경우 임대기간 계산에 관하여는 「종합부동산세법 시행령」 제3조 제7항 제7호 및 제7호의 2를 준용한다. (2021. 2. 17. 개정)

④ 법 제96조 제1항 각 호에서 임대사업자가 임대하는 임대주택의 수를 계산할 때에는 해당 과세연도

종료일 현재 임대주택 수를 기준으로 한다. (2021. 2. 17. 항번개정)

⑤ 법 제96조 제2항 단서에서 "「민간임대주택에 관한 특별법」 제6조 제1항 제11호에 해당하여 등록이 말소되는 경우 등 대통령령으로 정하는 경우"란 다음 각 호의 경우를 말한다. (2021. 2. 17. 신설)

1. 「민간임대주택에 관한 특별법」 제6조 제1항 제11호 또는 같은 조 제5항에 따라 임대사업자 등록이 말소된 경우 (2021. 2. 17. 신설)
2. 「도시 및 주거환경정비법」에 따른 재개발사업 · 재건축사업, 「빈집 및 소규모주택 정비에 관한 특례법」에 따른 소규모주택정비사업으로 당초의 임대주택이 멸실되어 새로 취득하거나 「주택법」에 따른 리모델링으로 새로 취득한 주택이 아파트(당초의 임대주택이 단기민간임대주택인 경우에는 모든 주택을 말한다)인 경우. 다만, 새로 취득한 주택의 준공일부터 6개월이 되는 날이 2020년 7월 10일 이전인 경우는 제외한다. (2021. 2. 17. 신설)

⑥ 법 제96조 제2항에 따라 소득세 또는 법인세를 감면받은 내국인이 1호 이상의 임대주택을 4년(장기일반민간임대주택등의 경우에는 10년) 이상 임대하지 아니한 경우에는 그 사유가 발생한 날이 속하는 과세연도의 과세표준신고를 할 때 감면받은 세액 전액(장기일반민간임대주택등을 4년 이상 10년 미만 임대한 경우에는 해당 감면받은 세액의 100분의 60에 상당하는 금액)에 법 제96조 제3항에 따라 계산한 이자 상당 가산액을 가산한 금액을 소득세 또는 법인세로 납부하여야 한다. (2021. 2. 17. 개정)

⑦ 법 제96조 제3항 단서에서 "대통령령으로 정하는 부득이한 사유가 있는 경우"란 다음 각 호의 어느 하나에 해당하는 경우를 말한다. (2020. 2. 11. 항번개정)

1. 파산, 강제집행에 따라 임대주택을 처분하거나 임대를 할 수 없는 경우 (2014. 2. 21. 신설)
2. 법령상 의무를 이행하기 위하여 임대주택을 처분하거나 임대를 할 수 없는 경우 (2014. 2. 21. 신설)
3. 「채무자 회생 및 파산에 관한 법률」에 따른 회생절차에 따라 법원의 허가를 받아 임대주택을 처분한 경우 (2014. 2. 21. 신설)

⑧ 법 제96조 제4항에 따라 세액의 감면신청을 하려는 자는 해당 과세연도의 과세표준신고와 함께 기획재정부령으로 정하는 세액감면신청서에 다음 각 호의 서류를 첨부하여 납세지 관할 세무서장에게 제출하여야 한다. (2020. 2. 11. 항번개정)

1. 「민간임대주택에 관한 특별법 시행령」 제4조 제6항에 따른 임대사업자 등록증 또는 「공공주택 특별법」 제4조에 따른 공공주택사업자로의 지정을 증명하는 자료 (2023. 9. 26. 개정 ; 민간임대주택에 관한 특별법 시행령 부칙)
2. 「민간임대주택에 관한 특별법 시행령」 제36조 제4항에 따른 임대 조건 신고증명서 (2016. 2. 5. 신설)
3. 「민간임대주택에 관한 특별법」 제47조 또는 「공공주택 특별법」 제49조의 2에 따른 표준임대차계약서 사본 (2019. 2. 12. 개정)
4. 그 밖에 기획재정부령으로 정하는 서류 (2015. 2. 3. 호번개정)

규칙 제43조의 3【소형주택 임대사업자 세액감면 제출서류】
영 제96조 제8항 제4호에서 "기획재정부령으로 정하는 서류"란「민간임대주택에 관한 특별법 시행규칙」제19조 제8항에 따른 별지 제23호의 2 서식을 말한다. (2020. 3. 13. 개정)

□ 개정연혁

[2020년] 임대주택을 2호 이상 임대하는 경우 소형주택 임대사업자 세액감면율 축소
가. 개정취지: 임대주택에 대한 세제지원 합리화
나. 개정내용

종전	개정
▣ 소형주택 임대사업자 세액 감면율 ○ 임대기간에 따라 4년/8년 이상 30%/75%	▣ 임대주택 2호 이상 임대사업자에 한해 세액감면율 축소 ○ 임대주택 2호 이상 임대 시 2021년부터 20%/50%

다. 적용시기 및 적용례: 2021.1.1. 이후 임대사업에서 발생하는 소득분부터 적용

[2021년] 소형주택 임대사업자 세액감면 의무임대기간 연장 및 감면세액추징에 대한 예외규정 신설
가. 개정취지:「민간임대주택에 관한 특별법」개정에 따른 소형주택 임대사업자 세액감면 제도 합리화
나. 개정내용

종전	개정
▣ 소형주택 임대사업자 세액감면 ○ 감면대상소득 - 등록임대주택 중 소형주택(85㎡ · 6억원 이하)의 임대소득 ○ 감면율 - 30% (공공지원민간임대주택 또는 장기일반민간임대주택 75%) - (2021년부터) 2호 이상 임대시 20% (공공지원민간임대주택 또는 장기일반 민간임대주택 50%) ○ 의무임대기간 -「공공주택 특별법」상 임대주택 등 : 4년 - 공공지원민간임대주택 또는 장기일반민간임대주택 : 8년 ○ 추징규정 - 의무임대기간 미충족시 감면세액 및 이자상당가산액 추징	▣ 의무임대기간 연장 등 ○ (좌 동) ○ 의무임대기간 연장 - (좌 동) - 공공지원민간임대주택 또는 장기일반민간임대주택 : 10년 ○ 추징 예외규정 신설 -「민간임대주택에 관한 특별법」상 자진 · 자동 등록말소 시 추징 배제 - 재개발, 재건축, 리모델링으로 단기민간임대주택의 등록이 말소되는 경우 등

다. 적용시기 및 적용례
  (의무임대기간) 2020.8.18. 이후 등록을 신청하는 경우부터 적용
  (추징예외규정) 2021.2.17. 이후 과세표준을 신고하는 분부터 적용

[2021년] 소형주택 임대사업자 세액감면 의무임대기간 연장 및 감면세액 추징에 대한 예외규정 신설

가. 개정취지: 「민간임대주택에 관한 특별법」 개정에 따른 소형주택 임대사업자 세액감면 제도 합리화

나. 개정내용

종전	개정
■ 소형주택 임대사업자 세액감면 ○ 감면대상 소득 - 등록임대주택 중 소형주택(85㎡·6억원 이하)의 임대소득 ○ 감면율 - 30%(공공지원민간임대주택 또는 장기일반민간임대주택 75%) - (2021년부터)2호 이상 임대시 20% (공공지원민간임대주택 또는 장기 일반민간임대주택 50%) ○ 의무임대기간 - 「공공주택 특별법」 상 임대주택 등 : 4년 - 공공지원민간임대주택 또는 장기 일반민간임대주택 : 8년 ○ 추징규정 - 의무임대기간 미충족시 감면세액 및 이자상당가산액 추징	■ 의무임대기간 연장 등 (좌 동) ○ 의무임대기간 연장 - (좌 동) - 공공지원민간임대주택 또는 장기일반민간 임대주택 : 10년 ○ 추징 예외규정 신설 - 「민간임대주택에 관한 특별법」 상 자진·자동 등록 말소시 추징배제 - 재개발, 재건축, 리모델링으로 단기 민간임대주택의 등록이 말소되는 경우 등

다. 적용시기 및 적용례

(의무임대기간) 2020.8.18. 이후 등록을 신청하는 경우부터 적용

(추징예외규정) 2021.2.17. 이후 과세표준을 신고하는 분부터 적용

[2023년] 소형주택 임대사업자 세액감면 연장

가. 개정취지: 소형임대주택의 안정적 공급 지원

나. 개정내용

종전	개정
■ 소형주택 임대사업자 세액감면 ○ (대상) 등록임대사업자의 소형주택(85㎡, 6억원 이하) 임대소득 * 단, 임대료 연 증가율 5% 이내 ○ (감면율) - 1호 임대시 임대기간에 따라 4년 이상 30%, 10년 이상 75% - 2호 임대시 임대기간에 따라 4년 이상 20%, 10년 이상 50% ○ (적용기한) 2022.12.31.	■ 적용기한 연장 ○ (좌 동) ○ 2025.12.31.

다. 적용시기 및 적용례

□ 해석사례

▷ **감면된 법인세를 납부하여야 하는지**
　서면법령해석법인2020-2950(2021.01.04)
소형주택 임대사업자인 내국법인이 장기일반민간임대 주택등 일부를 다른 임대사업자에게 양도하는 경우에도 1호 이상의 장기일반민간임대주택등을 임대개시일부터 8년 이상 임대하는 경우에는 감면받은 세액을 법인세로 납부하지 않는 것임

▷ **소형주택 임대사업자 세액감면요건 기준**
　서면법인2019-1326(2020.07.09)
다가구주택의 경우 주택과 그 부수토지의 기준시가 요건 판단 기준은 개별 호수를 기준으로 6억원 초과여부를 판단하는 것임

48. 기타 – 상가건물 장기임대사업자에 대한 세액감면

법 제96조의 2 【상가건물 장기 임대사업자에 대한 세액감면】
① 해당 과세연도의 부동산임대업에서 발생하는 수입금액(과세기간이 1년 미만인 과세연도의 수입금액은 1년으로 환산한 총수입금액을 말한다)이 7천5백만원 이하인 내국인이 2021년 12월 31일 이전에 끝나는 과세연도까지 다음 각 호의 요건을 모두 충족하는 임대사업(이하 이 조에서 "상가건물임대사업"이라 한다)을 하는 경우에는 해당 과세연도의 상가건물임대사업에서 발생한 소득에 대한 소득세 또는 법인세의 100분의 5에 상당하는 세액을 감면한다. (2018. 10. 16. 신설)
1. 「상가건물 임대차보호법」 제2조 제1항에 따른 상가건물을 「소득세법」 제168조 및 「부가가치세법」 제8조에 따라 사업자등록을 한 개인사업자(이하 이 조에서 "임차인"이라 한다)에게 대통령령으로 정하는 바에 따라 영업용 사용을 목적으로 임대할 것 (2018. 10. 16. 신설)
2. 해당 과세연도 개시일 현재 동일한 임차인에게 계속하여 임대한 기간이 5년을 초과할 것 (2018. 10. 16. 신설)
3. 동일한 임차인에 대한 해당 과세연도 종료일 이전 2년간의 연평균 임대료 인상률이 「상가건물임대차보호법」 제11조 제1항에 따른 차임 또는 보증금의 증액 청구기준 이내에서 대통령령으로 정하는 비율 이내일 것 (2018. 10. 16. 신설)
② 제1항에 따라 소득세 또는 법인세를 감면받으려는 자는 대통령령으로 정하는 바에 따라 세액의 감면을 신청하여야 한다. (2018. 10. 16. 신설)
③ 제1항을 적용할 때 임대한 기간 및 연평균 임대료 인상률의 계산방법, 세액감면의 신청, 그 밖에 필요한 사항은 대통령령으로 정한다. (2018. 10. 16. 신설)

영 제96조의 2 【상가건물 장기 임대사업자에 대한 세액감면】
① 법 제96조의 2 제1항 제1호에 따른 영업용 사용 목적의 임대는 「상가건물 임대차보호법」 제2조 제1항에 따른 상가건물을 「소득세법」 제168조 또는 「부가가치세법」 제8조에 따라 사업자등록을 한 개인사업자에게 자기의 계산과 책임 하에 계속적·반복적으로 행하는 활동을 위해 임대한 것으로 한다. (2019. 2. 12. 신설)
② 법 제96조의 2 제1항 제2호에 따른 해당 과세연도 개시일 현재 동일한 임차인에게 계속하여 임대한 기간이 5년을 초과했는지 여부는 월력에 따라 계산하되, 1개월 미만인 경우에는 1개월로 본다. (2019. 2. 12. 신설)
③ 법 제96조의 2 제1항 제3호에서 "대통령령으로 정하는 비율"이란 3퍼센트를 말한다. (2019. 2. 12. 신설)
④ 법 제96조의 2 제1항 제3호의 연평균 임대료 인상률은 다음 계산식에 따라 계산한 율로 한다. (2019. 2. 12. 신설)
⑤ 법 제96조의 2 제2항에 따라 세액의 감면신청을 하려는 자는 해당 과세연도의 과세표준신고와 함께

기획재정부령으로 정하는 세액감면신청서에 다음 각 호의 서류를 첨부하여 납세지 관할 세무서장에게 제출해야 한다. (2019. 2. 12. 신설)

1. 임대차계약서 사본 (2019. 2. 12. 신설)
2. 그 밖에 기획재정부령으로 정하는 서류 (2019. 2. 12. 신설)

$$\text{연평균 임대료 인상률} \times \frac{(\text{해당 과세연도 종료일부터 직전 2년간의 매월말 임대료의 합계액}) \times 1/2}{(\text{해당 과세연도 종료일부터 직전 2년이 되는 월말 임대료}) \times 12}$$

□ **개정연혁**

[2022년] 상가건물 장기 임대사업자 세액감면 일몰종료

가. 개정취지: 세제지원 실효성 미미

나. 개정내용

종전	개정
▨ 상가건물 장기 임대사업자 세액감면 ○ (대상) 부동산임대수입이 75백만원 이하 임대인 ○ (요건) 결제 수단·대상에 따라 차등 - 「상가임대차법」상 상가건물을 영업목적으로 임대 - 동일 개인사업자에게 5년을 초과하여 임대 - 2년간 연평균 임대료 인상률이 3% 이내 ○ (감면) 5년 초과 임대 시 임대소득에 대한 소득·법인세의 5% 감면 ○ (적용기한) 2021.12.31.	▨ 적용기한 종료

다. 적용시기 및 적용례

49. 기타 – 위기지역 내 창업기업 세액감면

법 제99조의 9 【위기지역 창업기업에 대한 법인세 등의 감면】

① 위기지역에 2025년 12월 31일까지 제6조 제3항 각 호에 따른 업종(이하 이 조에서 "감면대상사업"이라 한다)으로 창업하거나 사업장을 신설(기존 사업장을 이전하는 경우는 제외하며, 위기지역으로 지정 또는 선포된 기간에 창업하거나 사업장을 신설하는 경우로 한정한다)하는 기업에 대해서는 제2항부터 제8항까지의 규정에 따라 법인세 또는 소득세를 감면한다. (2023. 12. 31. 개정)

② 제1항에 따른 기업은 감면대상사업에서 발생한 소득에 대하여 감면대상사업에서 최초로 소득이 발생한 과세연도(사업개시일부터 5년이 되는 날이 속하는 과세연도까지 그 사업에서 소득이 발생하지 아니한 경우에는 5년이 되는 날이 속하는 과세연도를 말한다)의 개시일부터 5년 이내에 끝나는 과세연도까지는 소득세 또는 법인세의 100분에 100에 상당하는 세액을 감면하고, 그 다음 2년 이내에 끝나는 과세연도까지는 소득세 또는 법인세의 100분의 50에 상당하는 세액을 감면한다. (2019. 12. 31. 개정)

③ 중소기업 외의 기업이 제2항이 적용되는 감면기간 동안 감면받는 소득세 또는 법인세의 총합계액은 제1호와 제2호의 금액을 합한 금액을 한도(이하 이 조에서 "감면한도"라 한다)로 한다. (2018. 12. 24. 신설)

1. 대통령령으로 정하는 투자누계액의 100분의 50 (2018. 12. 24. 신설)
2. 해당 과세연도에 제1항의 적용대상이 되는 사업장(이하 이 조에서 "감면대상사업장"이라 한다)의 상시근로자 수 × 1천5백만원[청년 상시근로자와 대통령령으로 정하는 서비스업(이하 이 조에서 "서비스업"이라 한다)을 하는 감면대상사업장의 상시근로자의 경우에는 2천만원] (2018. 12. 24. 신설)

④ 제2항에 따라 각 과세연도에 감면받을 소득세 또는 법인세에 대하여 감면한도를 적용할 때에는 제3항 제1호의 금액을 먼저 적용한 후 같은 항 제2호의 금액을 적용한다. (2018. 12. 24. 신설)

⑤ 제3항 제2호를 적용받아 소득세 또는 법인세를 감면받은 기업이 감면받은 과세연도 종료일부터 2년이 되는 날이 속하는 과세연도 종료일까지의 기간 중 각 과세연도의 감면대상사업장의 상시근로자 수가 감면받은 과세연도의 상시근로자 수보다 감소한 경우에는 대통령령으로 정하는 바에 따라 감면받은 세액에 상당하는 금액을 소득세 또는 법인세로 납부하여야 한다. (2018. 12. 24. 신설)

⑥ 제3항 및 제5항을 적용할 때 상시근로자 및 청년 상시근로자의 범위, 상시근로자의 수의 계산방법, 그 밖에 필요한 사항은 대통령령으로 정한다. (2018. 12. 24. 신설)

⑦ 제1항의 규정을 적용할 때 창업의 범위에 관하여는 제6조 제10항을 준용한다. (2018. 12. 24. 신설)

⑧ 제2항에 따라 소득세 또는 법인세를 감면받은 기업이 다음 각 호의 어느 하나에 해당하는 경우에는 그 사유가 발생한 과세연도의 과세표준신고를 할 때 대통령령으로 정하는 바에 따라 계산한 세액을 소득세 또는 법인세로 납부하여야 한다. 이 경우 제12조의 2 제8항의 이자상당가산액 등에 관한 규정을 준용한다. (2021. 12. 28. 신설)

1. 감면대상사업장의 사업을 폐업하거나 법인이 해산한 경우. 다만, 법인의 합병 · 분할 또는 분할합병

으로 인한 경우는 제외한다. (2021. 12. 28. 신설)
2. 감면대상사업장을 위기지역 외의 지역으로 이전한 경우 (2021. 12. 28. 신설)
⑨ 제2항을 적용받으려는 자는 대통령령으로 정하는 바에 따라 감면신청을 하여야 한다. (2021. 12. 28. 항번개정)
⑩ 제3항 제2호에 따라 서비스업에 대한 한도를 적용받는 기업은 제143조를 준용하여 서비스업과 그 밖의 사업을 각각 구분하여 경리하여야 한다. (2021. 12. 28. 항번개정)

영 제99조의 8 【위기지역 창업기업에 대한 법인세 등의 감면】
① 법 제99조의 9 제2항에서 "감면대상사업에서 발생한 소득"이란 법 제99조의 9 제1항에 따른 감면대상사업을 경영하기 위하여 법 제30조의 3 제5항에 따른 위기지역에 투자한 사업장에서 발생한 소득을 말한다. (2021. 2. 17. 신설)
② 법 제99조의 9 제3항 제1호에서 "대통령령으로 정하는 투자누계액"이란 같은 조 제2항에 따라 소득세 또는 법인세를 감면받는 해당 과세연도까지의 기획재정부령으로 정하는 사업용자산에 대한 투자 합계액을 말한다. (2021. 2. 17. 항번개정)
③ 법 제99조의 9 제3항 제2호에서 "대통령령으로 정하는 서비스업"이란 제23조 제4항에 따른 서비스업을 말한다. (2021. 2. 17. 항번개정)
④ 법 제99조의 9 제5항에 따라 납부해야 할 소득세액 또는 법인세액은 다음의 계산식에 따라 계산한 금액(그 수가 음수이면 영으로 보고, 감면받은 과세연도 종료일 이후 2개 과세연도 연속으로 상시근로자 수가 감소한 경우에는 두 번째 과세연도에는 첫 번째 과세연도에 납부한 금액을 뺀 금액을 말한다)으로 하며, 이를 상시근로자 수가 감소한 과세연도의 과세표준을 신고할 때 소득세 또는 법인세로 납부해야 한다. (2023. 2. 28. 개정)
해당 기업의 상시근로자 수가 감소한 과세연도의 직전 2년 이내의 과세연도에 법 제99조의 9 제3항 제2호를 적용하여 감면받은 세액의 합계액 - [상시근로자 수가 감소한 과세연도의 감면대상사업장의 상시근로자 수 × 1천5백만원(청년 상시근로자와 법 제99조의 9 제3항 제2호의 서비스업의 경우에는 2천만원으로 한다)]
⑤ 법 제99조의 9 제3항 및 제5항을 적용할 때 상시근로자 및 청년 상시근로자의 범위, 상시근로자 수 및 청년 상시근로자 수의 계산방법에 관하여는 제11조의 2 제6항 및 제7항을 준용한다. (2023. 2. 28. 개정)
⑥ 법 제99조의 9 제8항 각 호 외의 부분 전단에서 "대통령령으로 정하는 바에 따라 계산한 세액"이란 다음 각 호의 구분에 따른 세액을 말한다. (2022. 2. 15. 신설)
1. 법 제99조의 9 제8항 제1호에 해당하는 경우: 폐업일 또는 법인해산일부터 소급하여 3년 이내에 감면된 세액 (2022. 2. 15. 신설)
2. 법 제99조의 9 제8항 제2호에 해당하는 경우: 이전일부터 소급하여 5년 이내에 감면된 세액 (2022. 2. 15. 신설)

⑦ 법 제99조의 9 제9항에 따라 소득세 또는 법인세 감면을 받으려는 자는 과세표준신고와 함께 기획재정부령으로 정하는 세액감면신청서를 납세지 관할 세무서장에게 제출해야 한다. (2022. 2. 15. 개정)

□ **개정연혁**

[2020년] 위기지역 창업기업 세제지원 확대
가. 개정취지: 창업활성화를 통해 어려움을 겪는 위기지역의 경제회복 지원 강화
나. 개정내용

종전	개정
▨ 고용 또는 산업위기지역* 내 창업기업 세액감면 * 고용위기지역 또는 산업위기대응 특별지역 (현재 9개) : 군산, 거제, 통영, 고성, 창원 (진해구), 울산(동구), 목포, 영암, 해남 ○ (대상) 위기지역 지정기간 내 창업(사업장 신설 포함) 기업 ○ (지원내용) 소득세·법인세 5년간 100% 감면 ○ (최저한세) 적용 제외 ○ (적용기한) 2021.12.31.	▨ 감면기간 확대 ○ (좌 동) ○ 5년간 100%, 2년간 50% 감면 ○ 100% 감면기간은 적용 제외, 50% 감면기간은 적용 ○ (좌 동)

다. 적용시기 및 적용례: 2020.1.1. 이후 개시하는 과세연도 분부터 적용

[2022년] 지역특구 세액감면 적용기한 연장 및 제도개선 ② 세액감면 적용 후 특구 밖으로 이전하는 기업에 대한 사후관리 규정 신설

가. 개정취지: 투자유치 효과 제고

나. 개정내용

종전	개정
▨ 특구 입주기업에 대한 소득세·법인세 감면 ○ (감면내용) 특구 내 입주기업 등에 대해 일정기간 동안 소득세 또는 법인세 감면 ○ (대상 특구) 위기지역 특구 등 9개 | 특구명 | 감면율 | |---|---| | 위기지역 | 5년100% + 2년50% | | 농공단지 | 5년50% | | 중소기업특별지원지역 | | | 연구개발특구 제주첨단과학기술단지 아시아문화중심도시 금융중심지 첨단의료복합단지 국가식품클러스터 | 3년 100% +2년 50% | 〈신 설〉	▨ 사후관리 규정 신설 (좌 동) ○ 세액감면 사후관리 규정 신설 - 감면적용 이후 감면대상 사업장 등을 폐업·해산하거나 해당 특구 外 지역으로 이전하는 경우 감면받은 세액* 납부 * 납부사유 발생시점에서 소급(폐업·해산 3년, 이전 5년)

다. 적용시기 및 적용례: 2022.1.1. 이후 개시하는 과세연도의 소득세 또는 법인세에 대한 감면 분부터 적용

[2022년] 지역특구 세액감면 적용기한 연장 및 제도개선 ① 지역특구 세액감면 제도 적용기한 연장

가. 개정취지: 지역균형발전 지속 지원

나. 개정내용

종전	개정
■ 지역특구 세액감면 제도 ○ (감면내용) 특구 내 입주기업 등에 대해 일정기간 동안 소득세 또는 법인세를 감면 ○ (감면적용 특구) 위기지역 특구 등 13개 {특구명 / 감면율 표} - 위기지역 : 5년100% + 2년50% - 농공단지, 중소기업특별지원지역 : 5년50% - 연구개발특구, 제주첨단과학기술단지, 제주투자진흥지구, 기업도시, 지역개발사업구역, 여수해양박람회특구, 아시아문화중심도시, 금융중심지, 첨단의료복합단지, 국가식품클러스터 : 3년 100%+2년 50% (사업시행자는 3년 50%+2년 25%) ○ (적용기한) 2021.12.31.	■ 적용기한 2년 연장 ○ (좌 동) ○ 2023.12.31.

[2024년] 지역특구 세액감면 적용기한 연장

가. 개정취지: 지역 균형발전 지속 지원

나. 개정내용

종전	개정
■ 지역특구 세액감면 제도 ○ (감면대상) 특구 내 창업기업 등에 대해 일정기간 동안 소득·법인세 감면 ○ (감면적용 특구) 위기지역 등 13개 특구 ○ ㄴ(적용기한) 2023.12.31.	■ 적용기한 연장 ○ (좌 동) ○ 2025.12.31.

다. 적용시기 및 적용례

☐ 해석사례

▷ 위기지역 창업기업 세액감면을 적용 여부
　기획재정부조세특례-373(2024.05.03)

기존 사업장을 폐업하고 위기지역 내 새로운 사업장을 설치한 기업이 「조세특례제한법」제99조의9제1항에 따른 위기지역 창업기업에 대한 법인세 등의 감면 대상인 '사업장을 신설(기존 사업장을 이전하는 경우는 제외)하는 기업'에 해당하는지 여부는 해당 사업장의 설치 경위, 거래현황, 인적구성의 동일성 등을 종합적으로 고려해 판단해야 할 사항임

▷ 위기지역 해제 시 위기지역 창업기업 감면 적용 여부
　서면법인2023-1345(2023.06.28)

위기지역에서 위기지역 지정기간 중에 감면대상 사업을 창업한 내국법인은 창업 이후에 해당 지역이 위기지역에서 해제된 경우 감면 잔존기간동안 감면 가능

▷ 위기지역 창업기업에 대한 법인세 등 감면 해당 여부
　서면법인2021-2869(2021.06.17)

「조세특례제한법」제30조의3 제5항 각 호에 따른 위기지역(이하 "위기지역"이라 한다)에 2021년 12월 31일까지 같은 법 제6조 제3항 각 호에 따른 업종(이하 "감면대상사업"이라 한다)으로 창업하거나 사업장을 신설(기존 사업장을 이전하는 경우는 제외하며, 위기지역으로 지정 또는 선포된 기간에 창업하거나 사업장을 신설하는 경우로 한정한다)하는 기업에 대해서는 같은 법 제99조의9에 따른 위기지역 창업기업에 대한 법인세 등의 감면이 적용되는 것이며, 이 경우 감면대상소득은 감면대상사업을 경영하기 위하여 위기지역에 투자한 사업장에서 발생한 소득을 말하는 것임

50. 기타 – 해외진출기업의 국내복귀에 대한 세액감면

법 제104조의 24 【해외진출기업의 국내복귀에 대한 세액감면】
① 대한민국 국민 등 대통령령으로 정하는 자가 다음 각 호의 어느 하나에 해당하는 경우로서 2027년 12월 31일까지 국내(수도권과밀억제권역은 제외한다. 이하 이 조 및 제118조의 2에서 같다)에서 창업하거나 사업장을 신설 또는 증설(증설한 부분에서 발생하는 소득을 구분경리하는 경우로 한정한다)하는 경우에는 제2항 또는 제3항에 따라 소득세 또는 법인세를 감면한다. (2024. 12. 31. 개정)
1. 국외에서 2년 이상 계속하여 경영하던 사업장을 대통령령으로 정하는 바에 따라 국내로 이전하는 경우 (2013. 1. 1. 개정)
2. 국외에서 2년 이상 계속하여 경영하던 사업장을 부분 축소 또는 유지하면서 대통령령으로 정하는 바에 따라 국내로 복귀하는 경우 (2020. 12. 29. 개정)
② 제1항 제1호의 경우에는 이전 후의 사업장에서 발생하는 소득(기존 사업장을 증설하는 경우에는 증설한 부분에서 발생하는 소득을 말한다)으로서 대통령령으로 정하는 소득에 대하여 이전일 이후 해당 사업장(기존 사업장을 증설하는 경우에는 증설한 부분을 말한다)에서 최초로 소득이 발생한 과세연도(이전일부터 5년이 되는 날이 속하는 과세연도까지 소득이 발생하지 아니한 경우에는 이전일부터 5년이 되는 날이 속하는 과세연도)와 그 다음 과세연도 개시일부터 6년 이내에 끝나는 과세연도에는 소득세 또는 법인세의 100분의 100에 상당하는 세액을 감면하고, 그 다음 3년 이내에 끝나는 과세연도에는 소득세 또는 법인세의 100분의 50에 상당하는 세액을 감면한다. (2023. 12. 31. 개정)
③ 제1항 제2호의 경우에는 복귀 후의 사업장에서 발생하는 소득(기존 사업장을 증설하는 경우에는 증설한 부분에서 발생하는 소득을 말한다)으로서 대통령령으로 정하는 소득에 대하여 복귀일 이후 해당 사업장(기존 사업장을 증설하는 경우에는 증설한 부분을 말한다)에서 최초로 소득이 발생한 과세연도(복귀일부터 5년이 되는 날이 속하는 과세연도까지 소득이 발생하지 아니한 경우에는 복귀일부터 5년이 되는 날이 속하는 과세연도)와 그 다음 과세연도 개시일부터 6년(수도권 내의 지역에서 창업하거나 사업장을 신설 또는 증설하는 경우에는 2년) 이내에 끝나는 과세연도에는 소득세 또는 법인세의 100분의 100에 상당하는 세액을 감면하고, 그 다음 3년(수도권 내의 지역에서 창업하거나 사업장을 신설 또는 증설하는 경우에는 2년) 이내에 끝나는 과세연도에는 소득세 또는 법인세의 100분의 50에 상당하는 세액을 감면한다. (2023. 12. 31. 개정)
④ 제1항에 따라 소득세 또는 법인세를 감면받은 내국인이 다음 각 호의 어느 하나에 해당하는 경우에는 그 사유가 발생한 과세연도의 과세표준신고를 할 때 대통령령으로 정하는 바에 따라 계산한 세액을 소득세 또는 법인세로 납부하여야 한다. (2013. 1. 1. 개정)
1. 사업장을 이전 또는 복귀하여 사업을 개시(기존 사업장의 증설을 포함한다. 이하 이 항에서 같다)한 날부터 3년 이내에 그 사업을 폐업 또는 증설한 부분을 폐쇄하거나 법인이 해산한 경우. 다만, 합병·분할 또는 분할합병으로 인한 경우는 제외한다. (2020. 3. 23. 개정)

2. 대통령령으로 정하는 바에 따라 국외에서 경영하던 사업장을 양도하거나 폐쇄하지 아니한 경우 (2020. 12. 29. 개정)
3. 국외에서 경영하던 사업장을 축소하여 제3항에 따라 감면을 받은 후 다시 확대하는 경우로서 대통령령으로 정하는 경우 (2020. 12. 29. 신설)
⑤ 제1항에 따라 감면받은 소득세액 또는 법인세액을 제4항에 따라 납부하는 경우 이자상당가산액에 관하여는 제63조 제3항을 준용한다. (2020. 12. 29. 개정)
⑥ 제1항을 적용받으려는 내국인은 다음 각 호의 어느 하나에 해당하여야 한다. (2023. 12. 31. 신설)
1. 한국표준산업분류에 따른 세분류를 기준으로 이전 또는 복귀 전의 사업장에서 영위하던 업종과 이전 또는 복귀 후의 사업장에서 영위하는 업종이 동일한 경우 (2023. 12. 31. 신설)
2. 「해외진출기업의 국내복귀 지원에 관한 법률」에 따른 국내복귀기업지원위원회에서 대통령령으로 정하는 바에 따라 업종 유사성을 확인받은 경우 (2023. 12. 31. 신설)
⑦ 제1항부터 제6항까지를 적용할 때 세액감면 신청, 증설의 범위, 구분경리, 그 밖에 필요한 사항은 대통령령으로 정한다. (2023. 12. 31. 개정)

영 제104조의 21 【해외진출기업의 국내복귀에 대한 세액감면】

① 법 제104조의 24 제1항에서 "대한민국 국민 등 대통령령으로 정하는 자"란 국외에서 2년 이상 계속하여 경영하던 사업장을 소유하거나 기획재정부령으로 정하는 바에 따라 실질적으로 지배하는 대한민국 국민(「재외동포의 출입국과 법적 지위에 관한 법률」 제5조에 따른 재외동포체류자격을 부여받은 재외동포를 포함한다) 또는 대한민국 법률에 따라 설립된 법인(「외국인투자 촉진법」 제2조 제6호에 따른 외국인투자기업을 포함한다)을 말하고, 법 제104조의 24 제1항 제1호에 따라 사업장을 이전하는 자는 다음 각 호의 어느 하나의 요건을 갖추어야 한다. (2013. 2. 15. 개정)
1. 수도권과밀억제권역 밖의 지역에 창업하거나 사업장을 신설 또는 증설하여 사업을 개시한 날부터 4년 이내에 국외에서 경영하던 사업장을 양도하거나 폐쇄할 것 (2020. 4. 14. 개정)
2. 국외에서 경영하던 사업장을 양도하거나 폐쇄한 날부터 3년 이내에 수도권과밀억제권역 밖의 지역에 창업하거나 사업장을 신설 또는 증설할 것 (2023. 2. 28. 개정)
② (삭제, 2024. 2. 29.)
③ 법 제104조의 24 제1항 제2호에 따라 국내로 복귀하는 자는 다음 각 호의 어느 하나의 요건을 갖추어야 한다. (2021. 2. 17. 개정)
1. 국내에 사업장이 없는 내국인으로서 수도권과밀억제권역 밖의 지역에 창업할 것 (2021. 2. 17. 개정)
2. 국외에서 경영하던 사업장을 축소하여 「해외진출기업의 국내복귀 지원에 관한 법률 시행령」 제6조 제2항 제2호에 따른 산업통상자원부장관의 고시에 따라 산업통상자원부장관의 축소 확인을 받은 경우로서 그 축소를 완료한 날이 속하는 과세연도의 그 다음 과세연도의 개시일부터 3년 이내에 수도권과밀억제권역 밖의 지역에 사업장을 신설 또는 증설할 것 (2023. 2. 28. 개정)
④ 법 제104조의 24 제1항 각 호에 따른 국외에는 「개성공업지구 지원에 관한 법률」 제2조 제1호에 따

른 개성공업지구를 포함한다. (2019. 2. 12. 항번개정)
⑤ 법 제104조의 24 제2항에서 "대통령령으로 정하는 소득"이란 다음 각 호의 계산식에 따라 계산한 소득을 말한다. 이 경우 계산식의 매출액은 법 제104조의 24 제6항 각 호에 따른 동일하거나 유사한 업종의 경영을 통해 발생하는 매출액을 말하며, 계산식에 따라 계산된 소득이 이전 후의 사업장에서 발생한 해당 과세연도의 소득(기존 사업장을 증설하는 경우에는 증설한 부분에서 발생한 소득을 말한다. 이하 이 항에서 같다)을 초과하는 경우에는 그 초과하는 금액은 없는 것으로 한다. (2024. 2. 29. 후단개정)

1. 제1항 제1호에 따라 사업장을 이전하는 경우 (2021. 2. 17. 개정)

$$\text{이전 후의 사업장에서 발생한 해당 과세연도의 소득} \times \frac{\text{국내로 이전하여 사업을 개시한 날이 속하는 과세연도에 국외에서 경영하던 사업장에서 발생한 매출액을 환율 등을 고려하여 기획재정부령으로 정하는 바에 따라 환산한 금액}}{\text{이전 후의 사업장에서 발생한 해당 과세연도의 매출액}}$$

2. 제1항 제2호에 따라 사업장을 이전하는 경우 (2021. 2. 17. 개정)

$$\text{이전 후의 사업장에서 발생한 해당 과세연도의 소득} \times \frac{\text{국외에서 경영하던 사업장에서 그 사업장이 양도 · 폐쇄한 날이 속하는 과세연도의 직전 과세연도에 발생한 매출액을 환율 등을 고려하여 기획재정부령으로 정하는 바에 따라 환산한 금액}}{\text{이전 후의 사업장에서 발생한 해당 과세연도의 매출액}}$$

⑥ 법 제104조의 24 제3항에서 "대통령령으로 정하는 소득"이란 다음 각 호의 계산식에 따라 계산한 소득을 말한다. 이 경우 계산식의 매출액은 법 제104조의 24 제6항 각 호에 따른 동일하거나 유사한 업종의 경영을 통해 발생하는 매출액으로 하며, 계산식에 따라 계산된 소득이 복귀 후의 사업장에서 발생한 해당 과세연도의 소득(기존 사업장을 증설하는 경우에는 증설한 부분에서 발생한 소득으로 한다. 이하 이 항에서 같다)을 초과하는 경우에는 그 초과하는 금액은 없는 것으로 한다. (2024. 2. 29. 후단개정)

1. 제3항 제1호에 따라 국내에 창업하는 경우 (2021. 2. 17. 신설)

$$\text{복귀 후의 사업장에서 발생한 해당 과세연도의 소득} \times \frac{\text{국내로 복귀하여 사업을 개시한 날이 속하는 과세연도에 국외에서 경영하던 사업장에서 발생한 매출액을 환율 등을 고려하여 기획재정부령으로 정하는 바에 따라 환산한 금액}}{\text{복귀 후의 사업장에서 발생한 해당 과세연도의 매출액}}$$

2. 제3항 제2호에 따라 국내에서 사업장을 신설 또는 증설하는 경우 (2021. 2. 17. 신설)

$$\text{복귀 후의 사업장에서 발생한 해당 과세연도의 소득} \times \frac{\text{국외에서 경영하던 사업장에서 축소한 생산량으로서 산업통상자원부장관이 확인한 생산량에 해당하는 금액을 환율 등을 고려하여 기획재정부령으로 정하는 바에 따라 환산한 금액}}{\text{복귀 후의 사업장에서 발생한 해당 과세연도의 매출액}}$$

⑦ 법 제104조의 24 제4항에 따라 납부해야 하는 세액은 다음 각 호의 구분에 따라 계산한다. (2021. 2. 17. 개정)

1. 법 제104조의 24 제4항 제1호에 해당하는 경우: 폐업일(증설한 부분의 폐쇄일) 또는 법인해산일부터 소급하여 3년 이내에 감면된 세액 (2021. 2. 17. 개정)

2. 법 제104조의 24 제4항 제2호에 해당하는 경우: 법 제104조의 24 제2항에 따라 감면받은 소득세 또는 법인세 전액 (2021. 2. 17. 개정)

3. 법 제104조의 24 제4항 제3호에 해당하는 경우: 국외에 사업장을 신설하거나 증설하여 사업을 개시한 날부터 소급하여 3년 이내에 감면된 세액 (2021. 2. 17. 개정)

⑧ 법 제104조의 24 제4항 제2호에서 "대통령령으로 정하는 바에 따라 국외에서 경영하던 사업장을 양도하거나 폐쇄하지 아니한 경우"란 제1항 각 호의 요건을 갖추지 않은 경우를 말한다. (2021. 2. 17. 개정)

⑨ 법 제104조의 24 제4항 제3호에서 "감면을 받은 후 다시 확대하는 경우로서 대통령령으로 정하는 경우"란 제3항 제2호의 요건을 갖추어 법 제104조의 24 제3항에 따른 감면을 받는 기간 중에 국외에 사업장을 신설하거나 국외에서 경영하던 사업장을 증설하는 경우를 말한다. (2021. 2. 17. 신설)

⑩ 법 제104조의 24 제6항 제2호에서 "대통령령으로 정하는 바에 따라 업종 유사성을 확인받은 경우"란 한국표준산업분류에 따른 대분류를 기준으로 이전 또는 복귀 전의 사업장에서 경영하던 업종과 이전 또는 복귀 후의 사업장에서 경영하는 업종이 동일한 경우로서 「해외진출기업의 국내복귀 지원에 관한 법률」 제6조에 따른 국내복귀기업지원위원회에서 사업장 간 업종 유사성을 확인받는 것을 말한다. 이 경우 유사성 판단 기준 및 절차 등에 관하여 필요한 사항은 산업통상자원부장관이 정하여 고시한다. (2024. 2. 29. 신설)

⑪ 법 제104조의 24 제7항에 따른 증설의 범위는 다음 각 호의 어느 하나에 해당하는 경우로 한다. (2024. 2. 29. 개정)

1. 사업용고정자산을 새로 설치함으로써 기획재정부령으로 정하는 바에 따라 해당 사업장의 연면적이 증가하는 경우 (2023. 2. 28. 개정)
2. 사업용고정자산을 새로 설치함으로써 사업용고정자산의 수량이 증가하는 경우. 다만, 사업장이 기획재정부령으로 정하는 공장인 경우에는 「해외진출기업의 국내복귀 지원에 관한 법률 시행령」 제6조 제2항 제2호에 따른 산업통상자원부장관의 고시에 따라 확인받은 유휴면적 내에 사업용고정자산을 새로 설치한 경우로 한정하고, 공장이 아닌 사업장의 경우에는 사업수행에 필요한 생산설비를 새로 설치한 경우로 한정한다. (2023. 2. 28. 개정)

⑫ 법 제104조의 24 제7항에 따른 구분경리는 법 제143조 제1항을 준용하여 증설한 부분에서 발생한 소득과 증설 전의 부분에서 발생한 소득을 각각 구분하여 경리하는 것으로 한다. (2024. 2. 29. 개정)

⑬ 법 제104조의 24 제1항부터 제3항까지의 규정을 적용받으려는 자는 과세표준신고와 함께 기획재정부령으로 정하는 세액감면신청서, 감면세액계산서 및 그 밖에 필요한 서류를 납세지 관할 세무서장에게 제출하여야 한다. (2024. 2. 29. 항번개정)

규칙 제47조의 2 【실질적 지배의 기준 등】 (2020. 4. 21. 제목개정)

① 영 제104조의 21 제1항 각 호 외의 부분에서 "기획재정부령으로 정하는 바에 따라 실질적으로 지배하는 대한민국 국민(「재외동포의 출입국과 법적 지위에 관한 법률」 제5조에 따른 재외동포체류자격을 부여받은 재외동포를 포함한다) 또는 대한민국 법률에 따라 설립된 법인(「외국인투자 촉진법」 제2조 제6호에 따른 외국인투자기업을 포함한다)"이란 「해외진출기업의 국내복귀 지원에 관한 법률 시행령」 제2조의 요건에 해당하는 기업을 말한다. (2020. 4. 21. 개정)

② 영 제104조의 21 제5항 제1호·제2호 및 같은 조 제6항 제1호·제2호의 계산식에서 "환율 등을 고려하여 기획재정부령으로 정하는 바에 따라 환산한 금액"이란 다음 각 호의 구분에 따라 계산한 금액을 말한다. (2021. 3. 16. 개정)

1. 영 제104조의 21 제5항 제1호에 해당하는 경우: 다음 계산식에 따라 계산한 금액 (2021. 3. 16. 개정)

> 환율 등을 고려하여 기획재정부령으로 정하는 바에 따라 환산한 금액 = A × B
>
> A: 국내로 이전하여 사업을 개시한 날이 속하는 과세연도에 국외에서 경영하던 사업장에서 발생한 현지화로 표시된 매출액을 같은 과세연도의 「법인세법 시행규칙」제44조의 2에 따른 평균환율(이하 이 항에서 "평균환율"이라 한다)을 적용하여 원화로 환산한 금액
> B: 국내로 이전하여 사업을 개시한 날이 속하는 과세연도의 생산자물가지수의 평균값(해당 과세연도의 매월에 「한국은행법」제86조에 따라 한국은행이 조사·발표하는 생산자물가지수의 합계액을 해당 과세연도의 개월 수로 나눈 것을 말하며, 이하 이 항에서 같다)으로 감면대상 소득이 귀속되는 과세연도의 생산자물가지수의 평균값을 나눈 비율(1보다 작은 경우에는 1로 한다)

2. 영 제104조의 21 제5항 제2호에 해당하는 경우: 다음 계산식에 따라 계산한 금액 (2020. 4. 21. 신설)

> 환율 등을 고려하여 기획재정부령으로 정하는 바에 따라 환산한 금액 = A × B
>
> A: 국외에서 경영하던 사업장에서 그 사업장이 양도·폐쇄한 날이 속하는 과세연도의 직전 과세연도(이하 이 호에서 "직전 과세연도"라 한다)에 발생한 현지화로 표시된 매출액을 같은 과세연도의 평균환율을 적용하여 원화로 환산한 금액
> B: 직전 과세연도의 생산자물가지수의 평균값으로 감면대상 소득이 귀속되는 과세연도의 생산자물가지수의 평균값을 나눈 비율(1보다 작은 경우에는 1로 한다)

3. 영 제104조의 21 제6항 제1호에 해당하는 경우: 다음 계산식에 따라 계산한 금액 (2021. 3. 16. 신설)

> 환율 등을 고려하여 기획재정부령으로 정하는 바에 따라 환산한 금액 = A × B
>
> A: 국내로 복귀하여 사업을 개시한 날이 속하는 과세연도에 국외에서 경영하던 사업장에서 발생한 현지화로 표시된 매출액을 같은 과세연도의 평균환율을 적용하여 원화로 환산한 금액
> B: 국내로 복귀하여 사업을 개시한 날이 속하는 과세연도의 생산자물가지수의 평균값으로 감면대상 소득이 귀속되는 과세연도의 생산자물가지수의 평균값을 나눈 비율(1보다 작은 경우에는 1로 한다)

4. 영 제104조의 21 제6항 제2호에 해당하는 경우: 다음 계산식에 따라 계산한 금액 (2021. 3. 16. 개정)

> 환율 등을 고려하여 기획재정부령으로 정하는 바에 따라 환산한 금액 = A × B
>
> A: 국외에서 경영하던 사업장에서 축소한 생산량으로서 산업통상자원부장관이 확인한 생산량에 대하여 현지화로 표시된 매출액을 국외에서 경영하던 사업장의 축소를 완료한 날이 속하는 과세연도의 평균환율을 적용하여 원화로 환산한 금액
> B: 국외에서 경영하던 사업장의 축소를 완료한 날이 속하는 과세연도의 생산자물가지수의 평균값으로 감면대상 소득이 귀속되는 과세연도의 생산자물가지수의 평균값을 나눈 비율(1보다 작은 경우에는 1로 한다)

③ 영 제104조의 21 제11항 제1호에서 "기획재정부령으로 정하는 바에 따라 해당 사업장의 연면적이 증가하는 경우"란 사업장 부지 안에 있는 건축물 각 층의 바닥면적(식당·휴게실·목욕실·세탁장·의료실·옥외체육시설 및 기숙사 등 종업원의 후생복지증진에 제공되는 시설과 대피소·무기고·탄약고 및 교육시설의 바닥면적은 제외한다)을 합산한 면적이 증가하는 경우를 말한다. (2024. 3. 22. 개정)

④ 영 제104조의 21 제11항 제2호 단서에서 "기획재정부령으로 정하는 공장"이란 「산업집적활성화 및 공장설립에 관한 법률」 제2조 제1호에 따른 공장을 말한다. (2024. 3. 22. 개정)

⑤ 영 제104조의 21 제13항에서 "그 밖에 필요한 서류"란 다음 각 호의 서류를 말한다. (2024. 3. 22. 개정)

1. 국외에서 2년 이상 계속하여 사업장을 경영했음을 증명할 수 있는 서류 (2020. 4. 21. 신설)
2. 영 제104조의 21 제1항 제1호 또는 제2호에 해당하는 경우 국외사업장을 양도했거나 폐쇄했음을 증명할 수 있는 서류(국내에서 사업을 개시한 날부터 4년이 지나지 않은 자로서 국외사업장을 양도하거나 폐쇄하지 않은 경우에는 제외한다) (2020. 4. 21. 신설)
3. 영 제104조의 21 제3항 제2호에 해당하는 경우 산업통상자원부장관이 확인한 국외에서 경영하던 사업장의 생산량 축소 확인서 사본 (2021. 3. 16. 개정)
4. 영 제104조의 21 제10항에 해당하는 경우 「해외진출기업의 국내복귀 지원에 관한 법률」 제6조에 따른 국내복귀기업지원위원회에서 사업장 간 업종 유사성을 확인받았음을 증명하는 서류 (2024. 3. 22. 신설)
5. 영 제104조의 21 제11항 제2호에 해당하는 경우로서 사업장이 제4항에 따른 공장인 경우 「해외진출기업의 국내복귀 지원에 관한 법률 시행령」 제6조 제2항 제2호에 따른 산업통상자원부장관의 고시에 따라 발급받은 유휴면적 현장조사 확인서 사본 (2024. 3. 22. 개정)

개정연혁

[2021년] 유턴기업 세제지원 확대 및 제도 합리화

가. 개정취지: 해외진출기업의 국내복귀 지원

나. 개정내용

종전	개정
▨ 해외진출기업(유턴기업)의 국내복귀* 시 소득세·법인세 감면 * 수도권과밀억제권역 밖으로 복귀 ○ 세액감면 적용대상 - 해외사업장을 폐쇄·축소·유지하고 국내에 창업한 경우 - 해외사업장을 폐쇄·축소(생산량 50% 이상 감축)하고 국내사업장 신·증설한 경우 ○ 세액감면 - 소득세·법인세 5년간 100%* +2년간 50% * 수도권 안으로 부분복귀(해외사업장 축소·유지) 시 3년간 100% ○ 감면대상 소득 - 국내사업장 신설 및 창업시 : 신설(창업)한 사업장에서 발생한 소득 - 국내사업장 증설시 : 증설한 부분소득 × 해외사업장의 매출액 감소액/증설한 부분의 매출액(최대1) ○ (적용기한) 2021.12.31.	▨ 감면요건 완화 및 해외생산량 감축에 비례한 세제지원 ○ 해외생산량 감축율 요건 삭제 - (좌 동) - 해외사업장을 폐쇄·축소하고 국내사업장 신·증설한 경우 ○ (좌 동) ○ 국내 창업 및 사업장 신설 통한 복귀시 감면대상 소득 설정 - 국내사업장 신설 및 창업시 : 신설(창업)사업장소득 × 해외사업장의 매출액 감소액*/신설(창업)한 사업장의 매출액(최대1) * 창업의 경우 창업 당시 해외사업장 매출액 - (좌 동) ○ (좌 동)

다. 적용시기 및 적용례: 2021.1.1. 이후 국내에서 창업하거나, 사업장 신·증설하는 경우부터 적용

[2022년] 해외진출기업의 국내복귀 시 세액감면 적용기한 연장 등

가. 개정취지: 해외진출기업 국내복귀 활성화

나. 개정내용

종전	개정
■ 해외진출기업 국내복귀 시 소득세·법인세 감면 ○ (감면요건) ❶ 또는 ❷ ❶ 국내 신·증설 후 4년 내 해외사업장 양도·폐쇄 ❷ 해외사업장 양도·폐쇄·축소 후 1년 내 국내 신·증설 ○ (감면내용) 소득세·법인세 5년간 100%* + 2년간 50% * 수도권 안으로 부분복귀 시에는 3년간 100% + 2년간 50% ○ (적용기한) 2021.12.31	■ 요건 완화 및 적용기한 3년 연장 ○ 국내복귀 기한요건 완화 ❶ (좌 동) ❷ 해외사업장 양도·폐쇄·축소 후 2년 내 국내 신·증설 ○ (좌 동) ○ 2024.12.31.

다. 적용시기 및 적용례: 2022.2.15. 이후 수도권과밀억제권역 밖의 지역에 창업하거나 사업장을 신설 또는 증설하는 경우부터 적용

[2024년] 해외진출 기업의 국내복귀(리쇼어링) 세제지원 강화

가. 개정취지: 해외진출기업 국내복귀 활성화

나. 개정내용

종전	개정
■ 해외진출기업 국내복귀 시 세액 감면 ○ (감면대상) 2년 이상 경영한 국외사업장을 국내로 이전·복귀하는 기업 ○ (감면내용) - 소득·법인세 감면 ❶ 완전복귀 또는 수도권 밖으로 부분복귀하는 경우 : 5년 100% + 2년 50% ❷ 수도권 안으로 부분복귀하는 경우 : 3년 100% + 2년 50% - 관세 감면 ❶ 완전복귀 : 5년 100% ❷ 부분복귀 : 5년 50% ※ (완전복귀) 국외사업장 양도·폐쇄 (부분복귀) 국외사업장 축소·유지 ○ (업종요건) 대통령령으로 위임 - 한국표준산업분류에 따른 세분류 동일 〈신 설〉 ○ (적용기한) 2024.12.31.	■ 감면 폭·기간확대 및 업종요건 완화 ○ (좌 동) ○ 소득·법인세 감면 확대 - 감면 폭 및 기간 확대 ❶ 7년간 100% + 3년간 50% ❷ (좌 동) - (좌 동) ○ 업종요건 상향입법 및 완화 ※ 법률로 상향입법 - (좌 동) - 한국표준산업분류에 따른 동일 대분류 내에서 유턴기업 관련 위원회*의 업종 유사성 확인을 받는 경우도 허용 * 「해외진출기업의 국내복귀 지원에 관한 법률」에 따른 국내복귀기업지원위원회 ■ 유사성 판단 기준, 세부절차는 산업부장관이 고시 ○ (좌 동)

다.적용시기 및 적용례: 2024.1.1. 이후 국내에서 창업하거나 사업장을 신설 또는 증설하는 분부터 적용

□ **해석사례**

▷ 해외진출기업의 국내 사업장 신설 또는 증설 여부 등
　기획재정부조세정책-1195(2023.05.23)

국외사업장을 국내로 이전·복귀하면서 기존의 국내사업장을 폐쇄하고 새로운 국내사업장을 개설한 경우, 신설된 사업장이 증설의 요건을 충족하는 경우 증설에 따른 세액감면을 받을 수 있는 것이며, 해외진출기업이 국내로 이전·복귀하면서 국내사업장을 신설한 후 해외 사업장 축소를 완료한 경우에도 해외진출기업의 국내복귀에 대한 세액감면을 적용받을 수 있는 것임

51. 기타 – 외국인투자에 대한 감면

법 제121조의 2 【외국인투자에 대한 조세 감면】 (2018. 12. 24. 제목개정)

① 다음 각 호의 어느 하나에 해당하는 사업을 하기 위한 외국인투자(「외국인투자촉진법」 제2조 제1항 제4호에 따른 외국인투자를 말한다. 이하 이 장에서 같다)로서 대통령령으로 정하는 기준에 해당하는 외국인투자에 대해서는 제2항, 제4항, 제5항 및 제12항에 따라 법인세, 소득세, 취득세 및 재산세(「지방세법」 제111조에 따라 부과된 세액을 말한다. 이하 같다)를 각각 감면한다. (2014. 12. 23. 개정)

1. 국내산업구조의 고도화와 국제경쟁력 강화에 긴요한 신성장동력산업에 속하는 사업으로서 대통령령으로 정하는 기술을 수반하는 사업 (2016. 12. 20. 개정)
2. 「외국인투자촉진법」 제18조 제1항 제2호에 따른 외국인투자지역에 입주하는 같은 법 제2조 제1항 제6호에 따른 외국인투자기업(이하 이 장에서 "외국인투자기업"이라 한다)이 경영하는 사업 및 제2호의 2, 제2호의 8, 제121조의 8 제1항 또는 제121조의 9 제1항 제1호의 사업 중 외국인투자기업이 경영하는 사업으로서 다음 각 목의 위원회의 심의·의결을 거치는 사업 (2016. 12. 20. 개정)
   가. 제2호의 2의 사업인 경우 「경제자유구역의 지정 및 운영에 관한 특별법」 제25조에 따른 경제자유구역위원회 (2010. 1. 1. 개정)
   나. 제2호의 8의 사업인 경우 「새만금사업 추진 및 지원에 관한 특별법」 제33조에 따른 새만금위원회 (2014. 1. 1. 개정)
   다. 제121조의 8 제1항의 사업인 경우 「제주특별자치도 설치 및 국제자유도시 조성을 위한 특별법」 제17조에 따른 제주특별자치도 지원위원회 (2015. 7. 24. 개정 ; 제주특별자치도 설치 및 국제자유도시 조성을 위한 특별법 부칙)
   라. 제121조의 9 제1항 제1호의 사업인 경우 「제주특별자치도 설치 및 국제자유도시 조성을 위한 특별법」 제144조에 따른 제주국제자유도시 종합계획 심의회 (2015. 7. 24. 개정 ; 제주특별자치도 설치 및 국제자유도시 조성을 위한 특별법 부칙)
2의 2. 「경제자유구역의 지정 및 운영에 관한 특별법」 제2조 제1호에 따른 경제자유구역에 입주하는 외국인투자기업이 경영하는 사업 (2010. 1. 1. 개정)
2의 3. 「경제자유구역의 지정 및 운영에 관한 특별법」 제8조의 3 제1항 및 제2항에 따른 개발사업시행자에 해당하는 외국인투자기업이 경영하는 사업 (2011. 4. 4. 개정 ; 경제자유구역의 지정 및 운영에 관한 특별법 부칙)
2의 4. 「제주특별자치도 설치 및 국제자유도시 조성을 위한 특별법」 제162조에 따라 지정되는 제주투자진흥지구의 개발사업시행자에 해당하는 외국인투자기업이 경영하는 사업 (2015. 7. 24. 개정 ; 제주특별자치도 설치 및 국제자유도시 조성을 위한 특별법 부칙)
2의 5. 「외국인투자촉진법」 제18조 제1항 제1호에 따른 외국인투자지역에 입주하는 외국인투자기업이 경영하는 사업 (2010. 1. 1. 개정)

2의 6. 「기업도시개발 특별법」 제2조 제2호에 따른 기업도시개발구역(이하 "기업도시개발구역"이라 한다)에 입주하는 외국인투자기업이 경영하는 사업 (2010. 1. 1. 개정)

2의 7. 「기업도시개발 특별법」 제10조 제1항에 따라 기업도시 개발사업의 시행자(이하 "기업도시개발사업시행자"라 한다)로 지정된 외국인투자기업이 경영하는 사업으로서 같은 법 제2조 제3호에 따른 기업도시개발사업 (2010. 1. 1. 개정)

2의 8. 「새만금사업 추진 및 지원에 관한 특별법」 제2조에 따라 지정되는 새만금사업지역(이하 이 장에서 "새만금사업지역"이라 한다)에 입주하는 외국인투자기업이 경영하는 사업 (2014. 1. 1. 신설)

2의 9. 「새만금사업 추진 및 지원에 관한 특별법」 제8조 제1항에 따른 사업시행자에 해당하는 외국인투자기업이 경영하는 사업 (2014. 1. 1. 신설)

3. 그 밖에 외국인투자유치를 위하여 조세감면이 불가피한 사업으로서 대통령령으로 정하는 사업 (2010. 1. 1. 개정)

② 2018년 12월 31일까지 제6항에 따른 조세감면신청을 한 외국인투자기업에 대해서는 제1항에 따라 감면대상이 되는 사업을 함으로써 발생한 소득(제1항 제1호에 따른 감면대상 사업의 경우 대통령령으로 정하는 소득)에 대하여 다음 각 호의 구분에 따른 세액을 감면한다. 이 경우 감면대상이 되는 세액을 산정할 때 외국인투자기업이 감면기간 중에 내국법인(감면기간 중인 외국인투자기업은 제외한다)과 합병하여 해당 합병법인의 외국인투자비율(외국인투자기업이 발행한 주식의 종류 등을 고려하여 대통령령으로 정하는 바에 따라 계산한 외국인투자비율을 말한다. 이하 이 장에서 같다)이 감소한 경우에는 합병 전 외국인투자기업의 외국인투자비율을 적용한다. (2018. 12. 24. 개정)

1. 제1항 제1호 및 제2호에 따라 감면대상이 되는 사업을 함으로써 발생한 소득: 다음 각 목의 구분에 따른 세액 (2016. 12. 20. 개정)

  가. 해당 사업을 개시한 후 그 사업에서 최초로 소득이 발생한 과세연도(사업개시일부터 5년이 되는 날이 속하는 과세연도까지 그 사업에서 소득이 발생하지 아니한 경우에는 5년이 되는 날이 속하는 과세연도를 말한다)의 개시일부터 5년 이내에 끝나는 과세연도까지: 해당 사업소득에 대한 법인세 또는 소득세 상당금액(총산출세액에 제1항 각 호의 사업을 함으로써 발생한 소득이 총과세표준에서 차지하는 비율을 곱한 금액을 말한다)에 외국인투자비율을 곱한 세액(이하 이 항, 제12항 제1호·제2호 및 제121조의 4 제4항에서 "감면대상세액"이라 한다)의 전액 (2016. 12. 20. 개정)

  나. 가목의 기간 이후 2년 이내에 끝나는 과세연도까지: 감면대상세액의 100분의 50에 상당하는 세액 (2016. 12. 20. 개정)

2. 제1항 제2호의 2부터 제2호의 9까지 및 제3호에 따라 감면대상이 되는 사업을 함으로써 발생한 소득: 다음 각 목의 구분에 따른 세액 (2016. 12. 20. 개정)

  가. 해당 사업을 개시한 후 그 사업에서 최초로 소득이 발생한 과세연도(사업개시일부터 5년이 되는 날이 속하는 과세연도까지 그 사업에서 소득이 발생하지 아니한 경우에는 5년이 되는 날이

속하는 과세연도를 말한다)의 개시일부터 3년 이내에 끝나는 과세연도까지: 감면대상세액의 전액 (2016. 12. 20. 개정)

나. 가목의 기간 이후 2년 이내에 끝나는 과세연도까지: 감면대상세액의 100분의 50에 상당하는 세액 (2016. 12. 20. 개정)

③ (삭제, 2014. 1. 1.)

④ 2019년 12월 31일까지 제6항에 따른 조세감면신청을 한 외국인투자기업에 대해서는 해당 외국인투자기업이 신고한 사업을 하기 위하여 취득·보유하는 재산에 대한 취득세 및 재산세에 대해서는 다음 각 호와 같이 그 세액을 감면하거나 일정금액을 과세표준에서 공제한다. 다만, 지방자치단체가 「지방세특례제한법」 제4조에 따른 조례로 정하는 바에 따라 감면기간 또는 공제기간을 15년까지 연장하거나 연장한 기간에 감면비율 또는 공제비율을 높인 경우에는 제1호 및 제2호에도 불구하고 그 기간 및 비율에 따른다. (2019. 12. 31. 개정)

1. 취득세 및 재산세는 사업개시일부터 5년 동안은 해당 재산에 대한 산출세액에 외국인투자비율을 곱한 금액(이하 이 항, 제5항, 제12항 제3호 및 제4호에서 "감면대상세액"이라 한다)의 전액을, 그 다음 2년 동안은 감면대상세액의 100분의 50에 상당하는 세액을 감면. 다만, 제1항 제2호의 2부터 제2호의 9까지 및 제3호에 따른 감면대상이 되는 사업을 하기 위하여 취득·보유하는 재산에 대한 취득세 및 재산세는 사업개시일부터 3년 동안은 감면대상세액의 전액을, 그 다음 2년 동안은 감면대상세액의 100분의 50에 상당하는 세액을 각각 감면한다. (2014. 12. 23. 단서개정)

2. 토지에 대한 재산세는 사업개시일부터 5년 동안은 해당 재산의 과세표준에 외국인투자비율을 곱한 금액(이하 이 항, 제5항, 제12항 제3호 및 제4호에서 "공제대상금액"이라 한다)의 전액을, 그 다음 2년 동안은 공제대상금액의 100분의 50에 상당하는 금액을 과세표준에서 공제. 다만, 제1항 제2호의 2부터 제2호의 9까지 및 제3호에 따른 감면대상이 되는 사업을 하기 위하여 취득·보유하는 토지에 대한 재산세는 사업개시일부터 3년 동안은 공제대상금액의 전액을, 그 다음 2년 동안은 공제대상금액의 100분의 50에 상당하는 금액을 과세표준에서 각각 공제한다. (2014. 12. 23. 단서개정)

⑤ 2019년 12월 31일까지 제6항에 따른 조세감면신청을 한 외국인투자기업에 대해서는 해당 외국인투자기업이 사업개시일 전에 제1항 각 호의 사업에 사용할 목적으로 취득·보유하는 재산이 있는 경우에는 제4항에도 불구하고 그 재산에 대한 취득세 및 재산세에 대하여 다음 각 호와 같이 그 세액을 감면하거나 일정금액을 그 과세표준에서 공제한다. 다만, 지방자치단체가 「지방세특례제한법」 제4조에 따른 조례로 정하는 바에 따라 감면기간 또는 공제기간을 15년까지 연장하거나 연장한 기간의 범위에서 감면비율 또는 공제비율을 높인 경우에는 제2호 및 제3호에도 불구하고 그 기간 및 비율에 따른다. (2019. 12. 31. 개정)

1. 제8항에 따라 조세감면결정을 받은 날 이후에 취득하는 재산에 대한 취득세는 감면대상세액의 전액을 감면 (2010. 12. 27. 개정)

2. 재산세는 해당 재산을 취득한 날부터 5년 동안은 감면대상세액의 전액을, 그 다음 2년 동안은 감면대상세액의 100분의 50에 상당하는 세액을 감면. 다만, 제1항 제2호의 2부터 제2호의 9까지 및 제3

호에 따른 감면대상이 되는 사업을 하기 위하여 취득·보유하는 재산에 대한 재산세는 그 재산을 취득한 날부터 3년 동안은 감면대상세액의 전액을, 그 다음 2년 동안은 감면대상세액의 100분의 50에 상당하는 세액을 각각 감면한다. (2014. 12. 23. 단서개정)

3. 토지에 대한 재산세는 해당 재산을 취득한 날부터 5년 동안은 공제대상금액의 전액을, 그 다음 2년 동안은 공제대상금액의 100분의 50에 상당하는 금액을 과세표준에서 공제. 다만, 제1항 제2호의 2부터 제2호의 9까지 및 제3호에 따른 감면대상이 되는 사업을 하기 위하여 취득·보유하는 토지에 대한 재산세는 해당 재산을 취득한 날부터 3년 동안은 공제대상금액의 전액을, 그 다음 2년 동안은 공제대상금액의 100분의 50에 상당하는 금액을 과세표준에서 각각 공제한다. (2014. 12. 23. 단서개정)

⑥ 외국인투자기업이 제2항, 제4항, 제5항, 제12항 및 「지방세특례제한법」 제78조의 3에 따른 감면을 받으려면 그 외국인투자기업의 사업개시일이 속하는 과세연도의 종료일까지 기획재정부장관에게 감면신청을 하여야 한다. 다만, 제8항에 따라 조세감면결정을 받은 사업내용을 변경한 경우 그 변경된 사업에 대한 감면을 받으려면 해당 변경사유가 발생한 날부터 2년이 되는 날까지 기획재정부장관에게 조세감면내용 변경신청을 하여야 하며, 이에 따른 조세감면내용 변경결정이 있는 경우 그 변경결정의 내용은 당초 감면기간의 남은 기간에 대해서만 적용된다. (2019. 12. 31. 개정)

⑦ 외국인(「외국인투자촉진법」 제2조 제1항 제1호에 따른 외국인을 말한다) 또는 외국인투자기업은 「외국인투자 촉진법」 제2조 제1항 제4호 가목 1)에 따른 외국인투자를 하기 위하여 같은 법 제5조 제1항에 따라 신고를 하기 전에 하려는 사업이 제1항 및 「지방세특례제한법」 제78조의 3에 따른 감면대상에 해당하는지 확인하여 줄 것을 기획재정부장관에게 신청할 수 있다. (2019. 12. 31. 개정)

⑧ 기획재정부장관은 제6항에 따른 조세감면신청 또는 조세감면내용 변경신청을 받거나 제7항에 따른 사전확인신청을 받으면 관계 중앙관서의 장(제4항, 제5항, 제12항 제3호 및 제4호에 따른 취득세 및 재산세의 감면의 경우에는 해당 사업장을 관할하는 지방자치단체의 장을 말하고, 「지방세특례제한법」 제78조의 3에 따른 취득세 및 재산세의 감면의 경우에는 행정안전부장관 및 해당 사업장을 관할하는 지방자치단체의 장을 말한다)과 협의하여 그 감면·감면내용변경·감면대상 해당여부를 결정하고 이를 신청인에게 알려야 한다. 다만, 제1항 제1호에 따른 감면에 대해서는 대통령령으로 정하는 바에 따라 그 감면·감면내용변경·감면대상 해당 여부를 결정할 수 있다. (2019. 12. 31. 개정)

⑨ 「외국인투자촉진법」 제2조 제1항 제8호 사목 또는 같은 법 제2조 제1항 제4호 가목 2), 제5조 제2항 제1호 및 제6조에 따른 외국인투자에 대해서는 제2항부터 제5항까지 및 제12항을 적용하지 아니한다. (2016. 1. 27. 개정 ; 외국인투자 촉진법 부칙)

⑩ 외국인투자기업이 제6항에 따른 감면신청기한이 지난 후 감면신청을 하여 제8항에 따라 감면결정을 받은 경우에는 그 감면신청일이 속하는 과세연도와 그 후의 남은 감면기간에 대해서만 제1항부터 제5항까지 및 제12항을 적용한다. 이 경우 외국인투자기업이 제8항에 따라 감면결정을 받기 이전에 이미 납부한 세액이 있을 때에는 그 세액은 환급하지 아니한다. (2014. 1. 1. 개정)

⑪ 이 조부터 제121조의 4까지의 규정을 적용할 때 다음 각 호의 어느 하나에 해당하는 외국인투자의

경우 대통령령으로 정하는 바에 따라 계산한 주식 또는 출자지분(이하 이 장에서 "주식등"이라 한다)의 소유비율(소유비율이 100분의 5 미만인 경우에는 100분의 5로 본다) 상당액, 대여금 상당액 또는 외국인투자금액에 대해서는 조세감면대상으로 보지 아니한다. (2015. 12. 15. 개정)

1. 외국법인 또는 외국기업(이하 이 항에서 "외국법인등"이라 한다)이 외국인투자를 하는 경우로서 다음 각 목의 어느 하나에 해당하는 경우 (2015. 12. 15. 개정)

   가. 대한민국 국민(외국에 영주하고 있는 사람으로서 거주지국의 영주권을 취득하거나 영주권을 갈음하는 체류허가를 받은 사람은 제외한다) 또는 대한민국 법인(이하 이 항에서 "대한민국국민등"이라 한다)이 해당 외국법인등의 의결권 있는 주식등의 100분의 5 이상을 직접 또는 간접으로 소유하고 있는 경우 (2015. 12. 15. 개정)

   나. 대한민국국민등이 단독으로 또는 다른 주주와의 합의·계약 등에 따라 해당 외국법인등의 대표이사 또는 이사의 과반수를 선임한 주주에 해당하는 경우 (2015. 12. 15. 개정)

2. 다음 각 목의 어느 하나에 해당하는 자가 「외국인투자 촉진법」 제2조 제1항 제5호에 따른 외국투자가(이하 이 장에서 "외국투자가"라 한다)에게 대여한 금액이 있는 경우 (2015. 12. 15. 개정)

   가. 외국인투자기업 (2015. 12. 15. 개정)

   나. 외국인투자기업의 의결권 있는 주식등을 100분의 5 이상 직접 또는 간접으로 소유하고 있는 대한민국국민등 (2015. 12. 15. 개정)

   다. 단독으로 또는 다른 주주와의 합의·계약 등에 따라 외국인투자기업의 대표이사 또는 이사의 과반수를 선임한 주주인 대한민국국민등 (2015. 12. 15. 개정)

3. 외국인이 「국제조세조정에 관한 법률」 제2조 제1항 제7호에 따른 조세조약 또는 투자보장협정을 체결하지 아니한 국가 또는 지역 중 대통령령으로 정하는 국가 또는 지역을 통하여 외국인투자를 하는 경우 (2020. 12. 29. 개정)

⑫ 제1항 제1호에서 규정하는 사업에 대한 외국인투자 중 사업의 양수 등 대통령령으로 정하는 방식에 해당하는 외국인투자에 대해서는 제2항부터 제5항까지의 규정에 따른 감면기간·공제기간 및 감면비율·공제비율에도 불구하고 다음 각 호에서 정하는 바에 따라 법인세, 소득세, 취득세 및 재산세를 각각 감면한다. 다만, 제3호 및 제4호를 적용할 때 지방자치단체가 「지방세특례제한법」 제4조에 따른 조례로 정하는 바에 따라 감면기간 또는 공제기간을 10년까지 연장하거나 연장한 기간의 범위에서 감면비율 또는 공제비율을 높인 경우에는 제3호 및 제4호에도 불구하고 그 기간 및 비율에 따른다. (2010. 12. 27. 개정)

1. 2018년 12월 31일까지 제6항에 따른 조세감면신청을 한 외국인투자기업에 대한 법인세 및 소득세는 제1항 제1호에 따라 감면대상이 되는 사업을 함으로써 발생한 소득에 대해서만 감면하되, 그 사업을 개시한 후 그 사업에서 최초로 소득이 발생한 과세연도(사업개시일부터 5년이 되는 날이 속하는 과세연도까지 그 사업에서 소득이 발생하지 아니한 경우에는 5년이 되는 날이 속하는 과세연도)의 개시일부터 3년 이내에 끝나는 과세연도에는 감면대상세액의 100분의 50을, 그 다음 2년 이내에 끝나는 과세연도에는 감면대상세액의 100분의 30에 상당하는 세액을 각각 감면한다. (2018. 12. 24.

개정)

2. (삭제, 2014. 1. 1.)

3. 2019년 12월 31일까지 제6항에 따른 조세감면신청을 한 외국인투자기업이 제1항 제1호의 사업을 하기 위하여 취득·보유하는 재산에 대한 취득세 및 재산세는 다음 각 목의 구분에 따라 그 세액을 감면하거나 과세표준에서 공제한다. (2019. 12. 31. 개정)

　가. 취득세 및 재산세는 사업개시일부터 3년 동안은 감면대상세액의 100분의 50을, 그 다음 2년 동안은 감면대상세액의 100분의 30에 상당하는 세액을 각각 감면한다. (2010. 12. 27. 개정)

　나. 토지에 대한 재산세는 사업개시일부터 3년 동안은 공제대상금액의 100분의 50을, 그 다음 2년 동안은 공제대상금액의 100분의 30에 상당하는 금액을 과세표준에서 각각 공제한다. (2010. 1. 1. 개정)

4. 2019년 12월 31일까지 제6항에 따른 조세감면신청을 한 외국인투자기업이 사업개시일 전에 제1항 제1호의 사업에 사용할 목적으로 취득·보유하는 재산이 있는 경우의 취득세 및 재산세는 다음 각 목의 구분에 따라 그 세액을 감면하거나 과세표준에서 공제한다. (2019. 12. 31. 개정)

　가. 제8항에 따라 조세감면결정을 받은 날 이후에 취득하는 재산에 대한 취득세는 감면대상세액의 100분의 50을 감면한다. (2010. 12. 27. 개정)

　나. 재산세는 해당 재산을 취득한 날부터 3년 동안은 감면대상세액의 100분의 50을, 그 다음 2년 동안은 감면대상세액의 100분의 30에 상당하는 세액을 각각 감면한다. (2010. 1. 1. 개정)

　다. 토지에 대한 재산세는 해당 재산을 취득한 날부터 3년 동안은 공제대상금액의 100분의 50을, 그 다음 2년 동안은 공제대상금액의 100분의 30에 상당하는 금액을 과세표준에서 각각 공제한다. (2010. 1. 1. 개정)

⑬ 외국인투자신고 후 최초의 조세감면결정 통지일부터 3년이 지나는 날까지 최초의 출자(증자를 포함한다. 이하 이 항에서 같다)를 하지 아니하는 경우에는 제8항에 따른 조세감면결정의 효력이 상실되며, 외국인투자신고 후 최초의 조세감면결정 통지일부터 3년 이내에 최초의 출자를 한 경우로서 최초의 조세감면결정 통지일부터 5년이 되는 날까지 사업을 개시하지 아니한 경우에는 최초의 조세감면결정 통지일부터 5년이 되는 날을 그 사업을 개시한 날로 보아 제2항, 제4항, 제5항, 제12항 및 제18항을 적용한다. (2015. 12. 15. 개정)

⑭ 제2항 및 제12항 제1호가 적용되는 감면기간 동안 감면받는 소득세 또는 법인세의 총합계액이 다음 각 호의 금액을 합한 금액을 초과하는 경우에는 그 합한 금액을 한도(이하 이 조에서 "감면한도"라 한다)로 하여 세액을 감면한다. (2010. 12. 27. 신설)

1. 투자금액을 기준으로 한 한도로서 다음 각 목의 구분에 따른 금액 (2010. 12. 27. 신설)

　가. 제1항 제1호 및 제2호의 경우: 대통령령으로 정하는 외국인투자누계액(이하 이 항에서 "외국인투자누계액"이라 한다)의 100분의 50 (2015. 12. 15. 개정)

　나. 제1항 제2호의 2부터 제2호의 9까지, 제3호 및 제12항 제1호의 경우: 외국인투자누계액의 100분의 40 (2015. 12. 15. 개정)

2. 고용을 기준으로 한 다음 각 목의 금액을 합한 금액. 다만, 제1항 제1호 및 제2호의 경우에는 외국인투자누계액의 100분의 50에 상당하는 금액을 한도로 하고, 제1항 제2호의 2부터 제2호의 9까지, 제3호 및 제12항 제1호의 경우에는 외국인투자누계액의 100분의 40에 상당하는 금액을 한도로 한다. (2017. 12. 19. 단서개정)

    가. 해당 과세연도의 해당 외국인투자기업의 상시근로자 중 산업수요맞춤형고등학교등의 졸업생 수 × 2천만원 (2014. 12. 23. 개정)

    나. 해당 과세연도의 해당 외국인투자기업의 가목 외의 상시근로자 중 청년근로자, 장애인근로자, 60세 이상인 근로자 수 × 1천500만원 (2014. 12. 23. 개정)

    다. (해당 과세연도의 상시근로자 수 - 가목에 따른 졸업생 수 - 나목에 따른 청년근로자, 장애인근로자, 60세 이상인 근로자 수) × 1천만원 (2014. 12. 23. 개정)

⑮ 제2항 및 제12항 제1호에 따라 각 과세연도에 감면받을 소득세 또는 법인세에 대하여 감면한도를 적용할 때에는 제14항 제1호의 금액을 먼저 적용한 후 같은 항 제2호의 금액을 적용한다. (2010. 12. 27. 신설)

⑯ 제14항 제2호를 적용받아 소득세 또는 법인세를 감면받은 외국인투자기업이 감면받은 과세연도 종료일부터 2년이 되는 날이 속하는 과세연도 종료일까지의 기간 중 각 과세연도의 상시근로자 수가 감면받은 과세연도의 상시근로자 수보다 감소한 경우에는 대통령령으로 정하는 바에 따라 감면받은 세액에 상당하는 금액을 소득세 또는 법인세로 납부하여야 한다. (2010. 12. 27. 신설)

⑰ 제14항 및 제16항을 적용할 때 상시근로자의 범위, 상시근로자 수의 계산방법, 그 밖에 필요한 사항은 대통령령으로 정한다. (2010. 12. 27. 신설)

⑱ 외국인투자기업이 동일한 사업장에서 제1항 각 호의 사업 중 제1항 제1호의 사업과 제1항 제1호 외의 사업을 제143조를 준용하여 각각 구분하여 경리하는 경우에는 각각의 사업에 대하여 제2항에 따른 감면을 적용한다. 다만, 각각의 사업에 대한 감면기간은 해당 사업장에서 최초로 감면 대상 소득이 발생한 과세연도(사업개시일부터 5년이 되는 날이 속하는 과세연도까지 소득이 발생하지 아니한 경우에는 5년이 되는 날이 속하는 과세연도)의 개시일부터 기산한다. (2014. 12. 23. 신설)

영 제116조의 2 【조세감면의 기준 등】

① 법 제121조의 2 제1항 제1호에 따라 법인세·소득세·취득세 및 재산세를 감면하는 외국인투자자는 다음 각 호의 요건을 모두 갖추어야 한다. (2017. 2. 7. 개정)

1. 제2항의 기술을 수반하는 사업을 영위하기 위하여 공장시설(한국표준산업분류에 따른 제조업 외의 사업의 경우에는 사업장을 말한다. 이하 이 장에서 같다)을 설치 또는 운영할 것 (2017. 2. 7. 개정)

2. 외국인투자금액이 신성장동력산업의 특성 등을 고려하여 기획재정부령으로 정하는 금액 이상일 것 (2017. 2. 7. 개정)

② 법 제121조의 2 제1항 제1호에서 "대통령령으로 정하는 기술"이란 별표 7에 따른 신성장·원천기술 및 이와 직접 관련된 소재, 생산공정 등에 관한 기술로서 기획재정부령으로 정하는 기술(이하 이

장에서 "신성장동력산업기술"이라 한다)을 말한다. (2020. 2. 11. 개정)

③ 법 제121조의 2 제1항 제2호에 따라 법인세·소득세·취득세 및 재산세를 감면하는 외국인투자자는 「외국인투자촉진법」제18조 제1항 제2호에 따른 외국인투자지역 안에서 새로이 시설을 설치하는 것으로서 다음 각 호의 어느 하나에 해당하는 것으로 한다. (2015. 2. 3. 개정)

1. 외국인투자금액이 미화 3천만불 이상으로서 다음 각 목의 어느 하나에 해당하는 사업을 영위하기 위한 시설을 새로 설치하는 경우 (2013. 2. 15. 개정)

   가. 제조업 (2013. 2. 15. 신설)

   나. 컴퓨터프로그래밍, 시스템통합 및 관리업 (2013. 2. 15. 신설)

   다. 자료처리·호스팅(서버 대여, 운영 등의 서비스를 말한다) 및 관련 서비스업 (2021. 1. 5. 개정 ; 어려운 법령용어 정비를 위한 473개 법령의 일부개정에 관한 대통령령)

2. 외국인투자금액이 미화 2천만불 이상으로서 다음 각 목의 어느 하나에 해당하는 사업을 영위하기 위한 시설을 새로이 설치하는 경우 (2008. 2. 22. 개정)

   가. 「관광진흥법 시행령」제2조 제1항 제2호 가목부터 다목까지의 규정에 따른 관광호텔업, 수상관광호텔업 및 한국전통호텔업 (2008. 2. 22. 개정)

   나. 「관광진흥법 시행령」제2조 제1항 제3호 가목 및 나목에 따른 전문휴양업, 종합휴양업 및 같은 항 제5호 가목에 따른 종합유원시설업 (2008. 2. 22. 개정)

   다. 「국제회의산업육성에 관한 법률」제2조 제3호의 규정에 의한 국제회의시설 (2005. 2. 19. 개정)

   라. 「관광진흥법」제3조 제1항 제2호 나목에 따른 휴양콘도미니엄업 (2010. 2. 18. 신설)

   마. 「청소년활동진흥법」제10조 제1호에 따른 청소년수련시설 (2010. 2. 18. 신설)

3. 외국인투자금액이 미화 1천만불 이상으로서 다음 각목의 1에 해당하는 사업을 영위하기 위한 시설을 새로이 설치하는 경우 (2003. 12. 30. 개정)

   가. 「물류시설의 개발 및 운영에 관한 법률」제2조 제4호에 따른 복합물류터미널사업 (2009. 2. 4. 개정)

   나. 「유통산업발전법」제2조 제15호의 규정에 의한 공동집배송센터를 조성하여 운영하는 사업 (2005. 2. 19. 개정)

   다. 「항만법」제2조 제5호의 규정에 의한 항만시설을 운영하는 사업과 동조 제7호의 규정에 의한 항만배후단지에서 영위하는 물류산업 (2009. 12. 14. 개정 ; 항만법 시행령 부칙)

   라. 「공항시설법」제2조 제7호에 따른 공항시설을 운영하는 사업 및 같은 조 제4호에 따른 공항구역 내에서 영위하는 물류산업 (2017. 3. 29. 개정 ; 공항시설법 시행령 부칙)

   마. 「사회기반시설에 대한 민간투자법」제2조 제5호의 규정에 의한 민간투자사업 중 동법 제2조 제3호의 규정에 의한 귀속시설을 조성하는 사업 (2005. 3. 8. 개정 ; 사회간접자본시설에 대한 민간투자법 시행령 부칙)

4. 법 제121조의 2 제1항 제1호에 따른 사업(이하 이 호에서 "사업"이라 한다)을 위한 연구개발활동을 수행하기 위하여 연구시설을 새로이 설치하거나 증설하는 경우로서 다음 각목의 요건을 갖춘 경우

(2017. 2. 7. 개정)
    가. 외국인투자금액이 미합중국 화폐 2백만불 이상일 것 (2008. 2. 22. 개정)
    나. 사업과 관련된 분야의 석사 이상의 학위를 가진 자로서 3년 이상 연구경력을 가진 연구전담인력의 상시 고용규모가 10인 이상일 것 (2003. 12. 30. 개정)
5. 「외국인투자촉진법」 제18조 제1항 제2호의 규정에 의한 동일한 외국인투자지역에 입주하는 2 이상의 외국인투자기업이 영위하는 사업으로서 다음 각목의 요건을 갖춘 경우 (2005. 2. 19. 개정)
    가. 외국인투자금액의 합계액이 미화 3천만불 이상일 것 (2003. 12. 30. 신설)
    나. 제1호 내지 제4호에서 규정하는 사업을 영위하기 위한 시설을 새로이 설치하는 경우일 것 (2003. 12. 30. 신설)

④ 법률 제5982호 정부조직법 중 개정법률 부칙 제5조 제3항의 규정에 의하여 외국인투자지역으로 보는 종전의 수출자유지역은 「외국인투자촉진법」 제18조 제1항 제2호의 규정에 의한 외국인투자지역으로 하며, 이 지역에서 공장시설을 설치하는 경우에는 제3항의 규정에 불구하고 법 제121조의 2 내지 법 제121조의 7의 규정을 적용한다. (2005. 2. 19. 개정)

⑤ 법 제121조의 2 제1항 제2호의 2 또는 같은 항 제2호의 8에 따라 법인세·소득세·취득세 및 재산세를 감면하는 외국인투자자는 「경제자유구역의 지정 및 운영에 관한 특별법」 제2조 제1호에 따른 경제자유구역 또는 「새만금사업 추진 및 지원에 관한 특별법」 제2조에 따라 지정되는 새만금사업지역(이하 이 장에서 "새만금사업지역"이라 한다) 안에서 새로 시설을 설치하는 것으로서 다음 각 호의 어느 하나에 해당하는 것으로 한다. (2015. 2. 3. 개정)

1. 외국인투자금액이 미화 1천만불 이상으로서 제조업을 영위하기 위하여 새로 공장시설을 설치하는 경우 (2014. 9. 11. 개정)
2. 외국인투자금액이 미화 1천만불 이상으로서 제3항 제2호 각 목의 어느 하나에 해당하는 사업을 영위하기 위한 시설을 새로 설치하는 경우 (2014. 9. 11. 개정)
3. 외국인투자금액이 미화 5백만불 이상으로서 제3항 제3호 가목부터 라목까지의 어느 하나에 해당하는 사업을 영위하기 위한 시설을 새로 설치하는 경우 (2014. 9. 11. 개정)
4. 외국인투자금액이 미화 5백만불 이상으로서 「경제자유구역의 지정 및 운영에 관한 특별법」 제23조 제1항 또는 「새만금사업 추진 및 지원에 관한 특별법」 제62조 제1항에 따라 새로 의료기관을 개설하는 경우 (2014. 9. 11. 개정)
5. 법 제121조의 2 제1항 제1호에 따른 사업(이하 이 호에서 "사업"이라 한다)을 위한 연구개발 활동을 수행하기 위하여 연구시설을 새로 설치하거나 증설하는 경우로서 다음 각 목의 요건을 모두 갖춘 경우 (2017. 2. 7. 개정)
    가. 외국인투자금액이 미합중국 화폐 1백만불 이상일 것 (2008. 2. 22. 신설)
    나. 사업과 관련된 분야의 석사 이상의 학위가 있는 자로서 3년 이상 연구경력이 있는 자를 상시 10인 이상 고용할 것 (2008. 2. 22. 신설)
6. 외국인투자금액이 미화 1천만불 이상으로서 다음 각 목의 어느 하나에 해당하는 사업을 영위하기

위하여 시설을 새로 설치하는 경우 (2012. 2. 2. 신설)

　가. 엔지니어링사업 (2012. 2. 2. 신설)

　나. 전기통신업 (2012. 2. 2. 신설)

　다. 컴퓨터프로그래밍 · 시스템 통합 및 관리업 (2012. 2. 2. 신설)

　라. 정보서비스업 (2012. 2. 2. 신설)

　마. 기타 과학기술 서비스업 (2024. 2. 29. 개정)

　바. 영화 · 비디오물 및 방송프로그램 제작업, 영화 · 비디오물 및 방송프로그램 제작 관련 서비스업, 녹음시설 운영업, 음악 및 기타 오디오물 출판업 (2012. 2. 2. 신설)

　사. 게임 소프트웨어 개발 및 공급업 (2012. 2. 2. 신설)

　아. 공연시설 운영업, 공연단체, 기타 창작 및 예술 관련 서비스업 (2012. 2. 2. 신설)

⑥ 법 제121조의 2 제1항 제2호의 3 또는 같은 항 제2호의 9에 따라 법인세 · 소득세 · 취득세 및 재산세를 감면하는 외국인투자는 「경제자유구역의 지정 및 운영에 관한 특별법」 제6조에 따른 경제자유구역개발계획에 따라 경제자유구역을 개발하거나 「새만금사업 추진 및 지원에 관한 특별법」 제6조에 따른 기본계획에 따라 새만금사업지역을 개발하기 위하여 기획 · 금융 · 설계 · 건축 · 마켓팅 · 임대 · 분양 등을 일괄적으로 수행하는 개발사업으로서 다음 각 호의 어느 하나에 해당하는 것으로 한다. (2015. 2. 3. 개정)

1. 외국인투자금액이 미화 3천만불 이상인 경우 (2003. 12. 30. 신설)
2. 외국인투자비율이 100분의 50 이상으로서 해당 경제자유구역 또는 새만금사업지역의 총개발사업비가 미화 5억불 이상인 경우 (2014. 9. 11. 개정)

⑦ 법 제121조의 2 제1항 제2호의 4의 규정에 의하여 법인세 · 소득세 · 취득세 및 재산세를 감면하는 외국인투자는 「제주특별자치도 설치 및 국제자유도시 조성을 위한 특별법」 제162조에 따른 제주투자진흥지구를 개발하기 위하여 기획 · 금융 · 설계 · 건축 · 마켓팅 · 임대 · 분양 등을 일괄적으로 수행하는 개발사업으로서 다음 각호의 1에 해당하는 것으로 한다. (2016. 1. 22. 개정 ; 제주특별자치도 설치 및 국제자유도시 조성을 위한 특별법 시행령 부칙)

1. 외국인투자금액이 미화 1천만불 이상인 경우 (2003. 12. 30. 신설)
2. 외국인투자비율이 100분의 50 이상으로서 당해 제주투자진흥지구의 총개발사업비가 미화 1억불 이상인 경우 (2003. 12. 30. 신설)

⑧ 제6항의 경제자유구역개발사업시행자, 새만금사업지역개발사업시행자, 제7항의 제주투자진흥지구개발사업시행자 또는 제18항의 기업도시개발사업시행자가 각각 법 제121조의 2 제2항에 따른 감면 대상이 되는 사업을 영위함으로써 발생한 소득은 제1호의 금액에 제3호의 금액 중 제2호의 금액이 차지하는 비율을 곱하여 산출한 금액으로 한다. (2014. 2. 21. 개정)

1. 해당 과세연도에 경제자유구역 · 새만금사업지역 · 제주투자진흥지구 또는 기업도시개발구역의 개발사업을 영위함으로써 발생한 총소득 (2014. 2. 21. 개정)
2. 해당 과세연도에 외국인(외국인투자기업을 포함한다)에게 경제자유구역 · 새만금사업지역 · 제주투

자진흥지구 또는 기업도시개발구역내의 시설물(개발사업으로 새로 설치한 시설물을 말하며, 해당 시설물과 함께 거래되는 기획재정부령으로 정하는 부수토지를 포함한다. 이하 이 항에서 같다)을 양도함으로써 받은 수입금액과 임대함으로써 받은 임대료수입액의 합계액 (2014. 2. 21. 개정)

3. 해당 과세연도에 경제자유구역ㆍ새만금사업지역ㆍ제주투자진흥지구 또는 기업도시개발구역내의 시설물을 양도함으로써 받은 수입금액과 임대함으로써 받은 임대료수입액의 합계액 (2014. 2. 21. 개정)

⑨ 법 제121조의 2 제1항 제3호에서 "대통령령으로 정하는 사업"이란 다음 각호의 1에 해당하는 사업을 말한다. (2010. 2. 18. 개정)

1. 「자유무역지역의 지정 및 운영에 관한 법률」 제10조 제1항 제2호에 따른 입주기업체의 사업(제조업으로 한정한다) (2012. 2. 2. 개정)

2. 「자유무역지역의 지정 및 운영에 관한 법률」 제10조 제1항 제5호에 따른 입주기업체의 사업 (2012. 2. 2. 개정)

⑩ 법 제121조의 2 제1항 제3호의 규정에 의하여 법인세ㆍ소득세ㆍ취득세 및 재산세를 감면하는 외국인투자는 다음 각호의 기준에 해당하는 공장시설을 새로이 설치하는 경우로 한다. (2010. 12. 30. 개정)

1. 제9항 제1호의 규정에 의한 사업 : 외국인투자금액이 미화 1천만불 이상일 것 (2004. 6. 22. 개정 ; 자유무역지역의 지정 및 운영에 관한 법률시행령 부칙)

2. 제9항 제2호의 규정에 의한 사업 : 외국인투자금액이 미화 5백만불 이상일 것 (2004. 6. 22. 개정 ; 자유무역지역의 지정 및 운영에 관한 법률시행령 부칙)

⑪ 법 제121조의 2 제11항을 적용할 때 조세감면대상으로 보지 아니하는 주식등 소유비율 상당액 또는 대여금 상당액은 다음 각 호에 따라 계산한 금액을 말한다. (2013. 2. 15. 개정)

1. 법 제121조의 2 제11항 제1호에 해당하는 경우 외국법인등의 외국인투자금액에 해당 외국법인등의 주식등을 대한민국국민등이 직접 또는 간접으로 소유하는 비율(그 비율이 100분의 5 미만인 경우에는 100분의 5로 한다)을 곱하여 계산한 금액. 이 경우 주식등의 직접 또는 간접 소유비율은 법 제121조의 2부터 제121조의 4까지에 따라 조세감면 또는 조세면제의 대상이 되는 해당 조세의 납세의무 성립일을 기준으로 산출한다. (2016. 2. 5. 개정)

2. 법 제121조의 2 제11항 제2호에 해당하는 경우 외국인투자금액 중 같은 호 각 목의 어느 하나에 해당하는 자가 외국투자가에게 대여한 금액 상당액 (2016. 2. 5. 개정)

⑫ 제11항 제1호의 규정을 적용함에 있어서 주식등의 간접소유비율은 다음 각호의 구분에 따라 계산한다. (2013. 2. 15. 개정)

1. 대한민국국민 등이 외국법인 등의 주주 또는 출자자인 법인(이하 이 조에서 "주주법인"이라 한다)의 의결권있는 주식의 100분의 50 이상을 소유하고 있는 경우에는 주주법인이 소유하고 있는 당해 외국법인 등의 의결권있는 주식이 그 외국법인 등이 발행한 의결권있는 주식의 총수에서 차지하는 비율(이하 이 조에서 "주주법인의 주식소유비율"이라 한다)을 대한민국국민 등의 당해 외국법인 등

에 대한 간접소유비율로 한다. (2000. 12. 29. 신설)
2. 대한민국국민 등이 외국법인 등의 주주법인의 의결권있는 주식의 100분의 50 미만을 소유하고 있는 경우에는 그 소유비율에 주주법인의 주식소유비율을 곱한 비율을 대한민국국민 등의 당해 외국법인 등에 대한 간접소유비율로 한다. (2000. 12. 29. 신설)
3. 제1호 및 제2호를 적용함에 있어서 주주법인이 둘 이상인 경우에는 제1호 및 제2호의 규정에 의하여 각 주주법인별로 계산한 비율을 합계한 비율을 대한민국국민 등의 당해 외국법인 등에 대한 간접소유비율로 한다. (2000. 12. 29. 신설)
4. 제1호 내지 제3호의 계산방법은 외국법인 등의 주주법인과 대한민국국민 등 사이에 하나 이상의 법인이 개재되어 있고 이들 법인이 주식소유관계를 통하여 연결되어 있는 경우에 이를 준용한다. (2000. 12. 29. 신설)

⑬ 법 제121조의 2 제11항 제3호에서 "대통령령으로 정하는 국가 또는 지역"이란 별표 13에 따른 국가 또는 지역을 말한다. (2014. 2. 21. 개정)

⑭ 법 제121조의 2 제2항 각 호 외의 부분 후단에서 "대통령령으로 정하는 바에 따라 계산한 외국인투자비율"이란 「외국인투자 촉진법」 제5조 제3항에 따른 외국인투자비율을 말한다. 다만, 외국인투자가가 회사정리계획인가를 받은 내국법인의 채권금융기관이 회사정리계획에 따라 출자하여 새로이 설립한 내국법인(이하 이 항에서 "신설법인"이라 한다)에 대하여 2002년 12월 31일까지 외국인투자를 개시하여 동 기한까지 출자목적물의 납입을 완료하는 경우로서 당해 신설법인의 부채가 출자전환(2002년 12월 31일까지 출자전환되는 분에 한한다)됨으로써 우선주가 발행되는 때에는 다음 각 호의 비율 중 높은 비율을 그 신설법인의 외국인투자비율로 한다. (2017. 2. 7. 개정)
1. 우선주를 포함하여 「외국인투자 촉진법」 제5조 제3항에 따라 계산한 외국인투자비율 (2017. 2. 7. 개정)
2. 우선주를 제외하고 「외국인투자 촉진법」 제5조 제3항에 따라 계산한 외국인투자비율 (2017. 2. 7. 개정)

⑮ 법 제121조의 2 제12항 각 호 외의 부분 본문에서 "사업의 양수 등 대통령령으로 정하는 방식에 해당하는 외국인투자"란 그 사업에 관한 권리와 의무를 포괄적 또는 부분적으로 승계하는 것을 말한다. (2022. 2. 15. 개정)

⑯ 법 제121조의 2 제1항 제2호의 5의 규정에 의하여 법인세·소득세·취득세 및 재산세를 감면하는 외국인투자는 「외국인투자촉진법」 제18조 제1항 제1호의 규정에 의한 외국인투자지역 안에서 새로이 시설을 설치하는 것으로서 다음 각호의 어느 하나에 해당하는 것으로 한다. (2010. 12. 30. 개정)
1. 외국인투자금액이 미화 1천만불 이상으로서 제조업을 영위하기 위하여 새로이 공장시설을 설치하는 경우 (2005. 2. 19. 신설)
2. 외국인투자금액이 미화 5백만불 이상으로서 제3항 제3호 가목 내지 다목의 어느 하나에 해당하는 사업을 영위하기 위한 시설을 새로이 설치하는 경우 (2005. 2. 19. 신설)

⑰ 법 제121조의 2 제1항 제2호의 6에 따라 법인세·소득세·취득세 및 재산세를 감면하는 외국인투

자는 투자금액이 미화 1천만불 이상(제2호의 경우에는 미화 2백만불 이상이며, 제3호의 경우에는 미화 5백만불 이상을 말한다)으로서 「기업도시개발특별법」제2조 제2호에 따른 기업도시개발구역(이 조에서 "기업도시개발구역"이라 한다) 안에서 다음 각 호의 어느 하나에 해당하는 사업을 영위하기 위하여 시설을 새로이 설치하는 경우를 말하며, 법 제121조의 2 제2항에 따른 감면대상이 되는 사업을 영위함으로써 발생한 소득은 기업도시개발구역 안에 설치된 시설로부터 직접 발생한 소득에 한한다. (2012. 2. 2. 개정)

1. 제조업 (2009. 2. 4. 개정)
2. 연구개발업 (2012. 2. 2. 개정)
3. 제3항 제3호 가목부터 다목까지에 해당하는 사업 (2012. 2. 2. 개정)
4. 제5항 제6호 각 목의 어느 하나에 해당하는 사업 (2012. 2. 2. 개정)
5. 제116조의 15 제1항 제1호 가목부터 마목까지 및 같은 항 제2호 나목부터 마목까지에 해당하는 사업 (2018. 2. 13. 개정)
6. (삭제, 2012. 2. 2.)
7. (삭제, 2012. 2. 2.)
8. (삭제, 2012. 2. 2.)
9. (삭제, 2012. 2. 2.)
10. (삭제, 2012. 2. 2.)

⑱ 법 제121조의 2 제1항 제2호의 7의 규정에 의하여 법인세·소득세·취득세 및 재산세를 감면하는 외국인투자는 「기업도시개발특별법」 제11조의 규정에 의한 기업도시개발계획에 따라 기업도시개발구역을 개발하기 위한 개발사업으로서 다음 각호의 어느 하나에 해당하는 것을 말한다. (2010. 12. 30. 개정)

1. 외국인투자금액이 미화 3천만불 이상인 경우 (2005. 2. 19. 신설)
2. 외국인투자비율이 100분의 50 이상으로서 당해 기업도시개발구역의 총개발사업비가 미화 5억불 이상인 경우 (2005. 2. 19. 신설)

⑲ 법 제121조의 2 제1항 제2호 가목 또는 같은 항 제2호 나목에 따라 법인세·소득세·취득세 및 재산세를 감면하는 외국인투자는 「경제자유구역의 지정 및 운영에 관한 특별법」 제2조 제1호에 따른 경제자유구역 또는 새만금사업지역 안에서 새로 시설을 설치하는 것으로서 제3항 제1호, 2호, 제3호 가목부터 라목까지 및 제4호 중 어느 하나에 해당하는 것으로 한다. (2015. 2. 3. 개정)

⑳ 법 제121조의 2 제1항 제2호 다목에 따라 법인세·소득세·취득세 및 재산세를 감면하는 외국인투자자는 「제주특별자치도 설치 및 국제자유도시 조성을 위한 특별법」 제161조에 따라 지정된 제주첨단과학기술단지 안에서 새로 시설을 설치하는 것으로서 제3항 제1호, 2호, 제3호 가목부터 라목까지 및 제4호 중 어느 하나에 해당하면서 제116조의 14 제1항 각 호의 어느 하나에 해당하는 것으로 한다. (2016. 1. 22. 개정 ; 제주특별자치도 설치 및 국제자유도시 조성을 위한 특별법 시행령 부칙)

㉑ 법 제121조의 2 제1항 제2호 라목에 따라 법인세·소득세·취득세 및 재산세를 감면하는 외국인투

자는 「제주특별자치도 설치 및 국제자유도시 조성을 위한 특별법」 제162조에 따라 지정되는 제주투자진흥지구 안에서 새로 시설을 설치하는 것으로서 제3항 제1호, 제2호, 제3호 가목부터 라목까지 및 제4호 중 어느 하나에 해당하면서 제116조의 15 제1항 각 호의 어느 하나에 해당하는 것으로 한다. (2016. 1. 22. 개정 ; 제주특별자치도 설치 및 국제자유도시 조성을 위한 특별법 시행령 부칙)

㉒ 법 제121조의 2 제14항 제1호 가목에서 "대통령령으로 정하는 외국인투자누계액"이란 「외국인투자촉진법」 제2조 제1항 제4호에 따른 외국인투자(법 제121조의 2 제9항·제11항 및 「외국인투자촉진법」 제2조 제1항 제4호 나목에 따른 외국인투자는 제외한다)로서 법 제121조의 2 제8항에 따른 감면결정을 받아 법 제121조의 2 제2항 및 제12항 제1호에 따른 감면기간 중 해당 과세연도 종료일까지 해당 외국인투자기업에 납입된 자본금(기업회계기준에 따른 주식발행초과금 및 감자차익을 가산하고 주식할인발행차금 및 감자차손을 차감한 금액을 말한다. 이하 "외국인투자누계액"이라 한다)을 말한다. (2012. 2. 2. 개정)

㉓ 법 제121조의 2 제16항에 따라 납부하여야 할 소득세액 또는 법인세액은 다음의 계산식에 따라 계산한 금액(그 수가 음수이면 영으로 보고, 감면받은 과세연도 종료일 이후 2개 과세연도 연속으로 상시근로자 수가 감소한 경우에는 두 번째 과세연도에는 첫 번째 과세연도에 납부한 금액을 뺀 금액을 말한다)으로 하며, 이를 상시근로자 수가 감소된 과세연도의 과세표준을 신고할 때 소득세 또는 법인세로 납부하여야 한다. (2010. 12. 30. 신설)

해당 기업의 상시근로자 수가 감소된 과세연도의 직전 2년 이내의 과세연도에 법 제121조의 2 제14항 제2호에 따라 감면받은 세액의 합계액 - (상시근로자 수가 감소된 과세연도의 해당 외국인투자기업의 상시근로자 수 × 1천만원)

㉔ 법 제121조의 2 제17항에 따른 상시근로자의 범위 및 상시근로자 수의 계산방법에 관하여는 제23조 제5항, 제7항, 제8항 및 제10항부터 제12항까지의 규정을 준용한다. (2015. 2. 3. 개정)

㉕ 법 제121조의 2 제2항 각 호 외의 부분 전단에서 "대통령령으로 정하는 소득"이란 법 제121조의 2 제1항 제1호에 따른 사업을 함으로써 발생한 소득(이하 이 항에서 "감면대상소득"이라 한다)을 말한다. 다만, 법 제121조의 2 제2항 및 같은 조 제12항 제1호에 따른 감면기간 중 감면대상소득이 감면대상소득과 감면대상 사업과 직접 관련된 사업을 함으로써 발생한 소득의 합의 100분의 80 이상인 경우에는 해당 과세연도의 감면대상소득과 감면대상 사업과 직접 관련된 사업을 함으로써 발생한 소득의 합을 감면대상소득으로 본다. (2017. 2. 7. 신설)

영 제116조의 3 【법인세 등의 감면결정】

① 기획재정부장관은 법 제121조의 2 제6항의 규정에 의한 조세감면신청 또는 조세감면내용의 변경신청이 있는 때에는 당해 신청이 제116조의 2의 규정에 의한 조세감면기준에 해당되는지의 여부 등을 검토하여 20일 이내에 감면여부 또는 감면내용의 변경여부를 결정하고 이를 신청인에게 통지하여야 한다. (2008. 2. 29. 직제개정 ; 기획재정부와 그 소속기관 직제 부칙)

② 제1항에 불구하고 기획재정부장관이 법 제121조의 2 제1항 제1호의 사업에 대하여 법 제121조의 2

제6항에 따른 신청을 받아 비감면대상사업으로 결정하려는 때에는 해당 신청일부터 20일 이내에 기획재정부령이 정하는 바에 따라 결정예고통지를 하여야 한다. (2008. 2. 29. 직제개정 ; 기획재정부와 그 소속기관 직제 부칙)

③ 제2항에 따른 결정예고통지를 받은 자는 기획재정부장관에게 그 통지를 받은 날부터 20일 이내에 통지내용에 대한 적정성 여부에 대한 심사를 소명자료를 첨부하여 서면으로 요청할 수 있다. (2008. 2. 29. 직제개정 ; 기획재정부와 그 소속기관 직제 부칙)

④ 기획재정부장관은 제3항에 따른 요청을 받은 날부터 20일 이내에 감면여부 또는 감면내용의 변경여부를 결정하고 그 결과를 신청인에게 통지하여야 한다. (2008. 2. 29. 직제개정 ; 기획재정부와 그 소속기관 직제 부칙)

⑤ 기획재정부장관은 제1항·제2항 또는 제4항의 규정에 의하여 감면여부 또는 감면내용의 변경여부를 결정하는 경우 부득이하게 장기간이 소요된다고 인정되는 때에는 20일의 범위내에서 그 처리기간을 연장할 수 있다. 이 경우에는 그 사유 및 처리기간을 신청인에게 통지하여야 한다. (2008. 2. 29. 직제개정 ; 기획재정부와 그 소속기관 직제 부칙)

⑥ 기획재정부장관은 제1항 또는 제4항에 따라 조세감면 또는 조세감면내용의 변경을 결정한 때에는 그 사실을 행정안전부장관·국세청장·관세청장 및 해당 공장시설을 관할하는 지방자치단체의 장에게 통보해야 한다. (2020. 2. 11. 개정)

⑦ 제1항 내지 제6항의 규정은 법 제121조의 2 제7항의 규정에 의한 조세감면대상 해당여부의 사전확인신청에 관하여 이를 준용한다. (2007. 2. 28. 개정)

영 제116조의 4 【사업개시의 신고 등】

① 사업개시일(『부가가치세법』 제8조 제1항에 따른 사업개시일을 말한다. 이하 이 장에서 같다)이전에 법 제121조의 2 제8항의 규정에 의한 조세감면결정을 받은 외국인투자기업은 사업개시일부터 20일 이내에 그 사업장을 관할하는 세무서장에게 사업개시의 신고를 하여야 한다. (2013. 6. 28. 개정 ; 부가가치세법 시행령 부칙)

② 제1항의 규정에 의한 신고를 받은 세무서장은 당해 외국인투자기업의 사업개시일의 적정여부를 확인하여야 한다. (1999. 5. 24. 신설)

③ 사업개시일 이전에 조세감면결정을 받고 제1항의 규정에 의한 신고를 하지 아니한 외국인투자기업 또는 사업개시일후에 조세감면결정을 받은 외국인투자기업의 사업개시일은 그 사업장을 관할하는 세무서장이 이를 조사·확인한다. (1999. 5. 24. 신설)

④ 세무서장은 제2항 및 제3항의 규정에 의하여 외국인투자기업의 사업개시일을 확인한 때에는 지체없이 이를 당해 외국인투자기업 및 그 사업장을 관할하는 지방자치단체의 장에게 통보하여야 한다. (1999. 5. 24. 신설)

⑤ 법 제121조의 2 제1항 제1호에 따라 조세감면결정을 받은 외국인투자기업은 감면받은 과세연도의 과세표준을 신고할 때 그 사업장을 관할하는 세무서장에게 기획재정부령으로 정하는 투자명세서

를 제출하여야 한다. (2014. 2. 21. 신설)

규칙 제51조 【외국인투자에 대한 조세감면의 기준 등】
① 영 제116조의 2 제1항 제2호에서 "기획재정부령으로 정하는 금액"이란 미합중국 화폐 2백만달러를 말한다. (2017. 3. 17. 신설)
② 영 제116조의 2 제2항에서 "기획재정부령으로 정하는 기술"이란 별표 14에 따른 기술을 말한다. (2017. 3. 17. 신설)

규칙 제51조의 2 【부수토지의 범위 등】 (2017. 3. 17. 조번개정)
영 제116조의 2 제8항 제2호에서 "해당 시설물과 함께 거래되는 기획재정부령으로 정하는 부수토지"란 해당 시설물의 부수토지로서 시설물이 정착된 면적에 다음 각호의 지역별 배율을 곱하여 산정한 면적 이내의 토지를 말한다. (2019. 3. 20. 개정)
1. 도시지역내의 토지 : 5배 (2004. 3. 6. 개정)
2. 도시지역외의 토지 : 10배 (2004. 3. 6. 개정)
[제51조에서 조번 개정, 2017. 3. 17.]

규칙 제51조의 3 【조세감면신청 등】
① 법 제121조의 2 제6항의 규정에 의하여 조세감면신청 또는 조세감면내용변경신청을 하고자 하는 자는 조세감면신청서 또는 조세감면내용변경신청서 3부에 조세감면신청사유 또는 조세감면내용변경신청 사유를 구체적으로 증명하거나 설명하는 서류를 첨부하여 기획재정부장관(영 제116조의 13 제1항에 따라 기획재정부장관이 위탁한 기관의 장을 포함한다)에게 제출하여야 한다. (2013. 2. 23. 개정)
② 법 제121조의 2 제7항의 규정에 의하여 조세감면대상 해당 여부에 대한 사전확인신청을 하고자 하는 자는 조세감면대상 해당 여부 사전확인신청서 3부에 조세감면대상 해당 여부를 증명할 수 있는 서류를 첨부하여 기획재정부장관(영 제116조의 13 제1항에 따라 기획재정부장관이 위탁한 기관의 장을 포함한다)에게 제출하여야 한다. (2013. 2. 23. 개정)

규칙 제51조의 4 【사업개시의 신고】
영 제116조의 4 제1항의 규정에 의하여 사업개시의 신고를 하고자 하는 자는 사업개시일신고서를 그 사업장을 관할하는 세무서장에게 제출하여야 한다. (1999. 5. 24. 신설)

개정연혁

[2020년] 외투기업 지방세 감면 지특법 이관 등
가. 개정취지: 지방세 감면 관련규정을 지방세특례제한법으로 이관
나. 개정내용

종전	개정
▨ 외국인투자에 대한 조세특례 ※ '18년 개정 시 법인세 감면제도 폐지 ○ 외국인투자 신고 후 5년 내 수입하는 자본재에 대한 관세* 면제 * 개별형 외투지역 · 신성장동력산업 등의 경우 부가가치세 · 개별소비세 포함 ○ 외투기업이 구입 · 보유하는 재산에 대한 취득세 · 재산세 면제(최장15년) ○ 감면결정 시 관계 중앙관서*의 장과 협의하여 결정 * 산업통상자원부, 경제자유구역청, 지방자치단체 등	▨ 지방세 감면규정 이관 및 행안부 협의절차 추가 ○ (좌 동) ○ 조특법상 취득세 · 재산세 면제는 '19년말 신청분까지 적용 ※ 향후 면제는 지방세특례제한법으로 이관 · 유지 ○ 협의대상 추가 : 행안부 장관

다. 적용시기 및 적용례: 2020.1.1. 이후 조세감면을 신청하는 분부터 적용

해석사례

▷ **외국인투자금액을 직접 시설투자에 사용하지 않았어도 조세감면대상임**
   대법2023두35272(2023.06.29)
외국인투자금을 직접 시설설치비용으로 사용하지 않았다고 하더라도 이 사건 감면조항에서 정한 조세감면기준을 충족하지 못한다고 볼 수 없음

▷ **외국인투자기업이 사업개시일 전에 취득 · 보유한 재산에 대하여는 취득일부터 5년 동안 재산세를 감면한다고 규정하고 있는 바, 재산 취득일 이전에 조세감면결정을 받아야 하는지 여부**
   대법2023두60803(2024.03.14)
외국인투자기업이 사업개시일 전에 취득 · 보유한 재산에 대한 재산세 감면을 적용받기 위해서는 재산 취득일 이전에 조세감면결정을 받아야 함

▷ **외국인투자에 대한 조세감면 요건 충족 여부**
   적부2022-104(2023.03.02)
공장시설에는 건물 외에 기계장치도 포함되는 것이므로 외국인투자금액이 도입되어야 하는 시점을 공장건물의 완공시점을 기준으로 판단하는 것은 부당하며, 외국인투자금이 유입되어 기존에 투입된 공

장시설 설치자금에 충당되는 경우도 공장시설 설치에 사용된 것임

▷ **외국투자가가 받는 배당금은 감면기간분 이익으로서 원천징수대상이 아닌지, 감면종료 후 발생한 이익으로서 원천징수대상인지 여부**
조심2022광6256(2022.12.13)

처분청이 이 건 감면기간이 지난 후에 발생한 쟁점결손금으로 인해 이 건 감면기간의 배당가능이익이 소멸하였다고 보아, 쟁점배당금을 배당소득세 감면대상에서 제외하여 청구법인에게 법인세(원천징수분)를 부과한 이 건 처분은 잘못이 있다고 판단됨

52. 기타 – 외국인투자기업의 증자의 조세감면

법 제121조의 4【증자의 조세감면】

① 외국인투자기업이 증자하는 경우에 그 증자분에 대한 조세감면에 대해서는 제121조의 2 및 제121조의 3을 준용한다. 다만, 대통령령으로 정하는 기준에 해당하는 조세감면신청에 대해서는 제121조의 2 제8항에 따른 주무부장관 또는 지방자치단체의 장과의 협의를 생략할 수 있다. (2010. 1. 1. 개정)

② 다음 각 호의 주식등에 대해서는 그 발생근거가 되는 주식등에 대한 감면의 예에 따라 그 감면기간의 남은 기간과 남은 기간의 감면비율에 따라 감면한다. (2011. 12. 31. 개정)

1. 「외국인투자촉진법」 제5조 제2항 제2호에 따라 준비금·재평가적립금과 그 밖에 다른 법령에 따른 적립금이 자본으로 전입됨으로써 외국투자가가 취득한 주식등 (2016. 1. 27. 개정 ; 외국인투자 촉진법 부칙)

2. 「외국인투자촉진법」 제5조 제2항 제5호에 따라 외국투자가가 취득한 주식등으로부터 생긴 과실(주식등으로 한정한다)을 출자하여 취득한 주식등 (2016. 1. 27. 개정 ; 외국인투자 촉진법 부칙)

③ 제1항을 적용할 때 사업개시일은 자본증가에 관한 변경등기를 한 날로 한다. (2010. 1. 1. 개정)

④ 제1항에 따라 외국인투자기업에 대한 감면대상세액을 계산하는 경우 제121조의 2에 따른 감면기간이 종료된 사업의 사업용 고정자산을 제1항에 따른 증자분에 대한 조세감면을 받는 사업(이하 이 항에서 "증자분사업"이라 한다)에 계속 사용하는 경우 등 대통령령으로 정하는 사유가 있는 경우에는 다음 계산식에 따라 계산한 금액을 증자분사업에 대한 감면대상세액으로 한다. (2011. 12. 31. 신설)

$$\text{감면대상 세액} \times \frac{\text{자본증가에 관한 변경등기를 한 날 이후 새로 취득·설치되는 사업용 고정자산의 가액}}{\text{증자분사업의 사업용 고정자산의 총가액}}$$

⑤ 제1항에도 불구하고 외국인투자신고 후 최초의 조세감면결정 통지일부터 3년이 되는 날 이전에 외국인투자기업이 조세감면결정 시 확인된 외국인투자신고금액의 범위에서 증자하는 경우에는 제121조의 2 제6항에 따른 감면신청을 하지 아니하는 경우에도 그 증자분에 대하여 제121조의 2 제8항에 따른 감면결정을 받은 것으로 본다. (2011. 12. 31. 항번개정)

⑥ 제1항에 따라 증자분에 대한 조세감면에 대하여 제121조의 2를 준용할 때 상시근로자의 범위, 상시근로자 수의 계산방법, 그 밖에 필요한 사항은 대통령령으로 정한다. (2011. 12. 31. 항번개정)

영 제116조의 6【증자의 조세감면】

① 기획재정부장관이 법 제121조의 4 제1항의 규정에 의하여 증자분에 대한 조세감면여부를 결정함에

있어서 당해 외국인투자기업이 유상감자(주식 또는 출자지분의 유상소각, 자본감소액의 반환 등에 의하여 실질적으로 자산이 감소되는 경우를 말한다)를 한 후 5년 이내에 증자하여 조세감면신청을 하는 경우에는 그 감자전보다 순증가하는 부분에 대한 외국인투자비율에 한하여 감면결정을 하여야 한다. (2008. 2. 29. 직제개정 ; 기획재정부와 그 소속기관 직제 부칙)

② 법 제121조의 4 제1항 단서에서 "대통령령으로 정하는 기준"이란 법 제121조의 2의 규정에 의하여 조세감면을 받고 있는 사업을 위하여 증액투자하는 것을 말한다. (2010. 2. 18. 개정)

③ 법 제121조의 4 제1항에 따라 증자분에 대한 조세감면결정을 받은 외국인투자기업이 해당 증자 후 7년 내에 유상감자를 하는 경우에 감면세액 계산에 관하여는 해당 유상감자를 하기 직전의 증자분(「외국인투자 촉진법」 제5조 제2항 제2호에 따른 준비금·재평가적립금 및 그 밖의 다른 법령에 따른 적립금의 자본전입으로 인하여 주식이 발행되는 형태의 증자를 제외한다)부터 역순으로 감자한 것으로 본다. (2017. 2. 7. 개정)

④ 법 제121조의 4 제4항에서 "대통령령으로 정하는 사유"란 다음 각 호의 요건을 모두 충족하는 경우를 말한다. (2012. 2. 2. 신설)

1. 외국인투자기업이 증자 전에 법 제121조의 2 제1항 각 호에 따른 사업(이하 이 조에서 "증자전감면사업"이라 한다)에 대한 감면을 받고 그 감면기간이 종료된 경우로서 법 제121조의 4 제1항에 따라 증자를 통하여 법 제121조의 2 제1항 각 호에 따른 사업(이하 이 조에서 "증자분감면사업"이라 한다)에 대한 감면결정을 받았을 것 (2014. 2. 21. 개정)

2. 법 제121조의 2에 따른 감면기간이 종료된 증자전감면사업의 사업용 고정자산을 증자분감면사업에 계속 사용하는 경우로서 자본증가에 관한 변경등기를 한 날 현재 증자분감면사업에 계속 사용되는 감면기간이 종료된 증자전감면사업의 사업용 고정자산의 가액이 증자분감면사업의 사업용 고정자산의 총가액에서 차지하는 비율이 100분의 30 이상일 것 (2014. 2. 21. 개정)

⑤ 법 제121조의 4 제1항에 따라 증자분에 대하여 조세감면을 적용하는 경우 제116조의 2 제14항의 외국인투자비율을 계산할 때 법 제143조에 따라 해당 증자분 감면대상 사업을 그 밖의 사업과 구분경리하여 해당 증자분 감면대상 사업을 기준으로 외국인투자비율을 계산한다. (2014. 2. 21. 개정)

⑥ 법 제121조의 4 제1항에 따라 증자분에 대하여 조세감면을 적용할 때 제116조의 2 제22항에 따른 외국인투자누계액은 당초 감면대상 사업에 대한 외국인투자누계액과 해당 증자분 감면대상사업에 대한 외국인투자누계액으로 각각 구분하여 계산한다. 다만, 감면결정을 받았으나 감면기간이 종료되어 0퍼센트의 감면율이 적용되는 외국인투자누계액은 제외한다. (2014. 2. 21. 개정)

1. (삭제, 2014. 2. 21.)

2. (삭제, 2014. 2. 21.)

⑦ 법 제121조의 4 제1항에 따라 증자분에 대하여 조세감면을 적용하는 경우 제116조의 2 제24항에 따른 상시근로자 수는 당초 감면대상 사업장의 상시근로자 수와 해당 증자분 감면대상 사업장의 상시근로자 수로 각각 구분하여 계산한다. 다만, 감면결정을 받았으나 감면기간이 종료되어 0퍼센트의 감면율이 적용되는 사업장의 상시근로자 수는 제외한다. (2014. 2. 21. 개정)

1. (삭제, 2014. 2. 21.)
2. (삭제, 2014. 2. 21.)

규칙 제51조의 6 【증자의 조세감면 시 공통익금과 공통손금의 안분 기준】
영 제116조의 6 제5항 및 제6항을 적용할 때 외국인투자기업의 증자분 감면대상 사업이 당초 감면대상 사업과 동일한 사업으로서 동일한 사업장 내에서 같은 공정으로 구성된 경우 등 공통익금과 공통손금을 법 제143조에 따라 구분경리하기 어려운 경우에는 증자 시 새로 취득·설치한 사업용고정자산 가액의 비율 및 증자 시 해당 자본금의 비율 등을 고려하여 국세청장이 정하여 고시하는 기준에 따라 공통익금과 공통손금을 안분계산한다. (2015. 3. 13. 신설)

□ **해석사례**

▷ 외국인투자법인이 증자를 통하여 조달한 자금으로 공장용 건축물을 신축한 경우 증자분이 아닌 전체 자본금을 기준으로 외국인투자비율을 산정한 것이 적법한지 여부
조심2019지2310(2021.03.22)

외국인 투자비율을 산정함에 있어서「외국인투자촉진법」제5조 제1항에서는 외국인투자비율은 외국인투자기업의 주식 등에 대한 외국투자가 소유 주식 등의 비율을 말한다고 규정하고 있을 뿐이고, 이러한 규정을 증자분의 경우 별도로 증자분만을 기준으로 외국인 투자비율을 산정하는 근거로 삼기에는 어렵다 할 것이며, 감면승인을 받지 못한 기존자본금을 포함한 총자본금을 감안하지 않고 청구법인의 주장처럼 감면승인을 받은 증자금에 대하여만 외국인투자비율을 적용하여 감면세액을 산출하게 된다면 외국인투자에 대한 감면승인을 받지 못한(내국인 투자포함) 지분도 추가로 감면이 된다는 것인데 이는 증자분 감면사업을 위하여 취득한 부동산 등에 대한 외국인투자자의 소유가 실제와 달라지는 결과가 되어 취득세 과세대상인 부동산 등을 외국인투자 지분만큼만 감면이 되어야 한다는 외국인투자기업 감면규정의 취지에 어긋난다 하겠으며, 외국인 투자비율을 산정함에 있어서 증자금액만을 기준으로 외국인투자비율을 산정하는 경우 매 증자시마다 증자분을 기준으로 외국인투자비율을 산정하여 계속 감면혜택을 부여하는 것은 증자금액에 비하여 과다한 감면혜택을 부여하는 결과를 초래하게 되어 불합리한 점이 있으므로, 증자분만을 기준으로 외국인투자비율을 산정하여야 한다는 청구주장은 인정하기 어렵다고 판단됨.

53. 기타 – 제주도첨단과학기술단지 입주기업 감면

법 제121조의 8 【제주첨단과학기술단지 입주기업에 대한 법인세 등의 감면】

① 「제주특별자치도 설치 및 국제자유도시 조성을 위한 특별법」 제161조에 따라 지정된 제주첨단과학기술단지(이하 이 장에서 "제주첨단과학기술단지"라 한다)에 2025년 12월 31일까지 입주한 기업이 생물산업, 정보통신산업 등 대통령령으로 정하는 사업(이하 이 조에서 "감면대상사업"이라 한다)을 하는 경우 감면대상사업에서 발생한 소득에 대하여 사업개시일 이후 그 사업에서 최초로 소득이 발생한 과세연도(사업개시일부터 5년이 되는 날이 속하는 과세연도까지 해당 사업에서 소득이 발생하지 아니한 경우에는 5년이 되는 날이 속하는 과세연도)의 개시일부터 3년 이내에 끝나는 과세연도에는 법인세 또는 소득세의 100분의 100에 상당하는 세액을 감면하고, 그 다음 2년 이내에 끝나는 과세연도에는 법인세 또는 소득세의 100분의 50에 상당하는 세액을 감면한다. (2023. 12. 31. 개정)

② 제1항이 적용되는 감면기간 동안 감면받는 소득세 또는 법인세의 총합계액은 제1호와 제2호의 금액을 합한 금액을 한도(이하 이 조에서 "감면한도"라 한다)로 한다. (2018. 12. 24. 개정)

1. 대통령령으로 정하는 투자누계액의 100분의 50 (2010. 12. 27. 신설)
2. 해당 과세연도의 제주첨단과학기술단지 사업장(이하 이 조에서 "감면대상사업장"이라 한다)의 상시근로자 수 × 1천5백만원[청년 상시근로자와 대통령령으로 정하는 서비스업(이하 이 조에서 "서비스업"이라 한다)을 하는 감면대상사업장의 상시근로자의 경우에는 2천만원] (2018. 12. 24. 개정)
3. (삭제, 2018. 12. 24.)

③ 제1항에 따라 각 과세연도에 감면받을 소득세 또는 법인세에 대하여 감면한도를 적용할 때에는 제2항 제1호의 금액을 먼저 적용한 후 같은 항 제2호의 금액을 적용한다. (2010. 12. 27. 신설)

④ 제2항 제2호를 적용받아 소득세 또는 법인세를 감면받은 기업이 감면받은 과세연도 종료일부터 2년이 되는 날이 속하는 과세연도 종료일까지의 기간 중 각 과세연도의 감면대상사업장의 상시근로자 수가 감면받은 과세연도의 상시근로자 수보다 감소한 경우에는 대통령령으로 정하는 바에 따라 감면받은 세액에 상당하는 금액을 소득세 또는 법인세로 납부하여야 한다. (2018. 12. 24. 개정)

⑤ 제2항 및 제4항을 적용할 때 상시근로자 및 청년 상시근로자의 범위, 상시근로자 수의 계산방법, 그 밖에 필요한 사항은 대통령령으로 정한다. (2018. 12. 24. 개정)

⑥ 제1항에 따라 소득세 또는 법인세를 감면받은 기업이 다음 각 호의 어느 하나에 해당하는 경우에는 그 사유가 발생한 과세연도의 과세표준신고를 할 때 대통령령으로 정하는 바에 따라 계산한 세액을 소득세 또는 법인세로 납부하여야 한다. 이 경우 제12조의 2 제8항의 이자상당가산액 등에 관한 규정을 준용한다. (2021. 12. 28. 신설)

1. 감면대상사업장의 사업을 폐업하거나 법인이 해산한 경우. 다만, 법인의 합병·분할 또는 분할합병으로 인한 경우는 제외한다. (2021. 12. 28. 신설)
2. 감면대상사업장을 제주첨단과학기술단지 외의 지역으로 이전한 경우 (2021. 12. 28. 신설)

⑦ 제1항을 적용받으려는 자는 대통령령으로 정하는 바에 따라 그 감면신청을 하여야 한다. (2021. 12. 28. 항번개정)
⑧ 제2항 제2호에 따라 서비스업에 대한 한도를 적용받는 기업은 제143조를 준용하여 서비스업과 그 밖의 사업을 각각 구분하여 경리하여야 한다. (2021. 12. 28. 항번개정)

영 제116조의 14 【제주첨단과학기술단지 입주기업에 대한 법인세 등의 감면】
① 법 제121조의 8 제1항에서 "생물산업·정보통신산업 등 대통령령으로 정하는 사업"이란 다음 각호의 산업을 영위하는 사업을 말한다. (2010. 2. 18. 개정)
1. 「생명공학육성법」 제2조 제1호에 따른 생명공학과 관련된 산업(종자 및 묘목생산업, 수산물부화 및 수산종자생산업을 포함한다) (2020. 11. 20. 개정 ; 생명공학육성법 시행령 부칙)
2. 「정보통신산업 진흥법」 제2조 제2호에 따른 정보통신산업(2009. 8. 18. 개정 ; 정보통신산업 진흥법 시행령 부칙)
3. 「정보통신망 이용촉진 및 정보보호 등에 관한 법률」 제2조 제1항 제2호에 따른 정보통신서비스를 제공하는 산업 (2012. 2. 2. 신설)
4. 「산업발전법」 제5조 제1항의 규정에 의하여 산업통상자원부장관이 고시한 첨단기술 및 첨단제품과 관련된 산업 (2013. 3. 23. 직제개정 ; 기획재정부와 그 소속기관 직제 부칙)
② 법 제121조의 8 제2항 제1호에서 "대통령령으로 정하는 투자누계액"이란 법 제121조의 8 제1항에 따라 법인세 또는 소득세를 감면받는 해당 과세연도까지의 기획재정부령으로 정하는 사업용자산에 대한 투자 합계액을 말한다. (2010. 12. 30. 신설)
③ 법 제121조의 8 제4항에 따라 납부해야 할 소득세액 또는 법인세액은 다음의 계산식에 따라 계산한 금액(그 수가 음수이면 영으로 보고, 감면받은 과세연도 종료일 이후 2개 과세연도 연속으로 상시근로자 수가 감소한 경우에는 두 번째 과세연도에는 첫 번째 과세연도에 납부한 금액을 뺀 금액을 말한다)으로 하며, 이를 상시근로자 수가 감소한 과세연도의 과세표준을 신고할 때 소득세 또는 법인세로 납부해야 한다. (2023. 2. 28. 개정)
해당 기업의 상시근로자 수가 감소한 과세연도의 직전 2년 이내의 과세연도에 법 제121조의 8 제2항 제2호를 적용하여 감면받은 세액의 합계액 - [상시근로자 수가 감소한 과세연도의 감면대상사업장의 상시근로자 수 × 1천5백만원(청년 상시근로자와 법 제121조의 8 제2항 제2호의 서비스업의 경우에는 2천만원으로 한다)]
④ 법 제121조의 8 제2항 및 제4항을 적용할 때 상시근로자 및 청년 상시근로자의 범위, 상시근로자 수 및 청년 상시근로자 수의 계산방법에 관하여는 제11조의 2 제6항 및 제7항을 준용한다. (2023. 2. 28. 개정)
⑤ 법 제121조의 8 제1항의 규정에 의하여 법인세 또는 소득세를 감면받고자 하는 자는 과세표준신고와 함께 기획재정부령이 정하는 세액감면신청서를 납세지 관할세무서장에게 제출하여야 한다. (2010. 12. 30. 항번개정)

⑥ 법 제121조의 8 제2항 제2호에서 "대통령령으로 정하는 서비스업"이란 제23조 제4항에 따른 서비스업을 말한다. (2019. 2. 12. 개정)

⑦ 법 제121조의 8 제6항 각 호 외의 부분 전단에서 "대통령령으로 정하는 바에 따라 계산한 세액"이란 다음 각 호의 구분에 따른 세액을 말한다. (2022. 2. 15. 신설)

1. 법 제121조의 8 제6항 제1호에 해당하는 경우: 폐업일 또는 법인해산일부터 소급하여 3년 이내에 감면된 세액 (2022. 2. 15. 신설)
2. 법 제121조의 8 제6항 제2호에 해당하는 경우: 이전일부터 소급하여 5년 이내에 감면된 세액 (2022. 2. 15. 신설)

규칙 제8조의 3 【연구개발특구 등에의 입주기업 등에 대한 법인세 등의 감면 적용 시 사업용자산의 범위】

영 제11조의 2 제3항, 제61조 제3항, 제99조의 8 제2항, 제116조의 14 제2항, 제116조의 15 제4항, 제116조의 21 제4항, 제116조의 25 제2항, 제116조의 26 제3항, 제116조의 27 제3항 및 제116조의 36 제3항에서 "기획재정부령으로 정하는 사업용자산"이란 다음 각 호의 어느 하나에 해당하는 자산을 말한다. (2024. 3. 22. 개정)

1. 해당 특구 등에 소재하거나 해당 특구 등에서 해당 사업에 주로 사용하는 사업용 유형자산 (2020. 3. 13. 개정)
2. 해당 특구 등에 소재하거나 해당 특구 등에서 해당 사업에 주로 사용하기 위해 건설 중인 자산 (2020. 3. 13. 개정)
3. 「법인세법 시행규칙」 별표 3에 따른 무형자산 (2019. 3. 20. 개정)

개정연혁

[2022년] 지역특구 세액감면 적용기한 연장 및 제도개선 ① 지역특구 세액감면 제도 적용기한 연장

가. 개정취지: 지역균형발전 지속 지원

나. 개정내용

종전	개정
▨ 지역특구 세액감면 제도 ○ (감면내용) 특구 내 입주기업 등에 대해 일정기간 동안 소득세 또는 법인세를 감면 ○ (감면적용 특구) 위기지역 특구 등 13개 | 특구명	감면율
위기지역	5년100% + 2년50%
농공단지	5년50%
중소기업특별지원지역	
연구개발특구 제주첨단과학기술단지 제주투자진흥지구 기업도시 지역개발사업구역 여수해양박람회특구 아시아문화중심도시 금융중심지 첨단의료복합단지 국가식품클러스터	3년 100%+2년 50% (사업시행자는 3년 50%+2년 25%) | ○ (적용기한) 2021.12.31.	▨ 적용기한 2년 연장 ○ (좌 동) ○ 2023.12.31.

[2022년] 지역특구 세액감면 적용기한 연장 및 제도개선 ② 세액감면 적용 후 특구 밖으로 이전하는 기업에 대한 사후관리 규정 신설

가. 개정취지: 투자유치 효과 제고

나. 개정내용

종전	개정
▨ 특구 입주기업에 대한 소득세 · 법인세 감면 ○ (감면내용) 특구 내 입주기업 등에 대해 일정기간 동안 소득세 또는 법인세 감면 ○ (대상 특구) 위기지역 특구 등 9개 　|　특구명　|　감면율　| 　|---|---| 　|　위기지역　|　5년100% + 2년50%　| 　|　농공단지　|　5년50%　| 　|　중소기업특별지원지역　|　| 　|　연구개발특구 　제주첨단과학기술단지 　아시아문화중심도시 　금융중심지 　첨단의료복합단지 　국가식품클러스터　|　3년 100% +2년 50%　| 〈신 설〉	▨ 사후관리 규정 신설 (좌 동) ○ 세액감면 사후관리 규정 신설 - 감면적용 이후 감면대상 사업장 등을 폐업·해산하거나 해당 특구 外 지역으로 이전하는 경우 감면받은 세액* 납부 * 납부사유 발생시점에서 소급(폐업·해산 3년, 이전 5년)

다. 적용시기 및 적용례: 2022.1.1. 이후 개시하는 과세연도의 소득세 또는 법인세에 대한 감면 분부터 적용

[2024년] 지역특구 세액감면 적용기한 연장

가. 개정취지: 지역 균형발전 지속 지원

나. 개정내용

종전	개정
▨ 지역특구 세액감면 제도 ○ (감면대상) 특구 내 창업기업 등에 대해 일정기간 동안 소득·법인세 감면 ○ (감면적용 특구) 위기지역 등 13개 특구 ○ (적용기한) 2023.12.31.	▨ 적용기한 연장 ○ (좌 동) ○ 2025.12.31.

다. 적용시기 및 적용례

□ 해석사례

▷ 제주첨단과학기술단지 입주기업 법인세 감면 적용방법
　기획재정부조세특례-182(2023.02.23)
제추첨단과학기술단지 입주기업 법인세 감면 시 해당 사업에 주로 사용하는 사업용 유형자산의 기술단지 외 투자금액도 투자누계액에 포함

▷ 제주첨단과학기술단지 외 투자금액의 감면대상 투자누계액 해당 여부
　대법2021두43873(2021.10.14)
제주첨단단지 밖에서 취득한 사업용 유형자산도 제주첨단단지에 소재하는 사업장에서 발생하는 소득에 기여할 수 있어 조세특례제한법 시행규칙 제8조의3 제1호의 '해당 사업에 주로 사용하는 사업용 유형자산'에 해당함

54. 기타 – 제주투자진흥지구 등 입주기업 감면

법 제121조의 9 【제주투자진흥지구 또는 제주자유무역지역 입주기업에 대한 법인세 등의 감면】

① 다음 각 호의 어느 하나에 해당하는 사업(이하 이 조, 제121조의 11 및 제121조의 12에서 "감면대상사업"이라 한다)을 하기 위한 투자로서 대통령령으로 정하는 기준에 해당하는 투자의 경우에 대해서는 제2항 및 제4항부터 제7항까지의 규정에 따라 법인세 또는 소득세를 감면한다. (2015. 12. 15. 개정)

1. 「제주특별자치도 설치 및 국제자유도시 조성을 위한 특별법」 제162조에 따라 지정되는 제주투자진흥지구(이하 이 장에서 "제주투자진흥지구"라 한다)에 2025년 12월 31일까지 입주하는 기업이 해당 구역의 사업장에서 하는 사업 (2023. 12. 31. 개정)
2. 「자유무역지역의 지정 및 운영에 관한 법률」 제4조에 따라 제주특별자치도에 지정되는 자유무역지역(이하 이 장에서 "제주자유무역지역"이라 한다)에 2021년 12월 31일까지 입주하는 기업이 해당 구역의 사업장에서 하는 사업 (2018. 12. 24. 개정)
3. 제주투자진흥지구의 개발사업시행자가 제주투자진흥지구를 개발하기 위하여 기획, 금융, 설계, 건축, 마케팅, 임대, 분양 등을 일괄적으로 수행하는 개발사업 (2010. 1. 1. 개정)

② 제1항 각 호의 어느 하나에 해당하는 감면대상사업에서 발생한 소득에 대해서는 사업개시일 이후 그 감면대상사업에서 최초로 소득이 발생한 과세연도(사업개시일부터 5년이 되는 날이 속하는 과세연도까지 그 사업에서 소득이 발생하지 아니한 경우에는 5년이 되는 날이 속하는 과세연도)의 개시일부터 3년 이내에 끝나는 과세연도에는 제1항 제1호 및 제2호의 경우 법인세 또는 소득세의 100분의 100에 상당하는 세액을, 제1항제3호의 경우 법인세 또는 소득세의 100분의 50에 상당하는 세액을 각각 감면하고, 그 다음 2년 이내에 끝나는 과세연도에는 제1항 제1호 및 제2호의 경우 법인세 또는 소득세의 100분의 50에 상당하는 세액을, 제1항제3호의 경우 법인세 또는 소득세의 100분의 25에 상당하는 세액을 각각 감면한다. (2020. 6. 9. 개정 ; 법률용어 정비를 위한 기획재정위원회 소관 33개 법률 일부개정을 위한 법률)

③ (삭제, 2015. 12. 15.)

④ 제2항이 적용되는 감면기간 동안 감면받는 소득세 또는 법인세의 총합계액은 제1호와 제2호의 금액을 합한 금액을 한도(이하 이 조에서 "감면한도"라 한다)로 한다. (2018. 12. 24. 개정)

1. 대통령령으로 정하는 투자누계액의 100분의 50 (2010. 12. 27. 신설)
2. 해당 과세연도의 제1항 각 호의 어느 하나에 해당하는 사업장(이하 이 조에서 "감면대상사업장"이라 한다)의 상시근로자 수 × 1천5백만원[청년 상시근로자와 대통령령으로 정하는 서비스업(이하 이 조에서 "서비스업"이라 한다)을 하는 감면대상사업장의 상시근로자의 경우에는 2천만원] (2018. 12. 24. 개정)
3. (삭제, 2018. 12. 24.)

⑤ 제2항에 따라 각 과세연도에 감면받을 소득세 또는 법인세에 대하여 감면한도를 적용할 때에는 제4

항 제1호의 금액을 먼저 적용한 후 같은 항 제2호의 금액을 적용한다. (2010. 12. 27. 신설)
⑥ 제4항 제2호를 적용받아 소득세 또는 법인세를 감면받은 기업이 감면받은 과세연도 종료일부터 2년이 되는 날이 속하는 과세연도 종료일까지의 기간 중 각 과세연도의 감면대상사업장의 상시근로자 수가 감면받은 과세연도의 상시근로자 수보다 감소한 경우에는 대통령령으로 정하는 바에 따라 감면받은 세액에 상당하는 금액을 소득세 또는 법인세로 납부하여야 한다. (2018. 12. 24. 개정)
⑦ 제4항 및 제6항을 적용할 때 상시근로자 및 청년 상시근로자의 범위, 상시근로자 수의 계산방법, 그 밖에 필요한 사항은 대통령령으로 정한다. (2018. 12. 24. 개정)
⑧ 제2항을 적용받으려는 자는 대통령령으로 정하는 바에 따라 그 감면신청을 하여야 한다. (2015. 12. 15. 개정)
⑨ 제4항 제2호에 따라 서비스업에 대한 한도를 적용받는 기업은 제143조를 준용하여 서비스업과 그 밖의 사업을 각각 구분하여 경리하여야 한다. (2018. 12. 24. 개정)

영 제116조의 15 【제주투자진흥지구 또는 제주자유무역지역 입주기업에 대한 법인세 등의 감면】
① 법 제121조의 9 제1항 제1호에 따라 법인세 및 소득세를 감면하는 투자는 다음 각 호의 어느 하나에 해당하는 투자를 말한다. (2016. 1. 22. 개정 ; 제주특별자치도 설치 및 국제자유도시 조성을 위한 특별법 시행령 부칙)
1. 투자금액이 미합중국화폐 2천만달러 이상으로서 다음 각 목의 어느 하나에 해당하는 사업을 경영하기 위한 시설을 새로 설치하는 경우 (2016. 1. 22. 개정 ; 제주특별자치도 설치 및 국제자유도시 조성을 위한 특별법 시행령 부칙)
   가. 「관광진흥법 시행령」 제2조 제1항 제2호에 따른 관광호텔업·수상관광호텔업·한국전통호텔업. 다만, 「관광진흥법」 제3조 제1항 제5호에 따른 카지노업 및 「관세법」 제196조에 따른 보세판매장을 경영하는 사업은 제외한다. (2021. 2. 17. 개정)
   나. 「관광진흥법 시행령」 제2조 제1항 제3호에 따른 전문휴양업·종합휴양업·관광유람선업·관광공연장업. 다만, 전문휴양업과 종합휴양업 중 「관광진흥법」 제3조 제1항 제2호 나목에 따른 휴양 콘도미니엄업 및 「체육시설의 설치·이용에 관한 법률」 제10조 제1항 제1호에 따른 골프장업은 제외한다. (2021. 2. 17. 단서개정)
   다. 「관광진흥법 시행령」 제2조 제1항 제4호에 따른 국제회의시설업 (2016. 1. 22. 개정 ; 제주특별자치도 설치 및 국제자유도시 조성을 위한 특별법 시행령 부칙)
   라. 「관광진흥법 시행령」 제2조 제1항 제5호에 따른 종합유원시설 (2016. 1. 22. 개정 ; 제주특별자치도 설치 및 국제자유도시 조성을 위한 특별법 시행령 부칙)
   마. 「관광진흥법 시행령」 제2조 제1항 제6호에 따른 관광식당업 (2016. 1. 22. 개정 ; 제주특별자치도 설치 및 국제자유도시 조성을 위한 특별법 시행령 부칙)
   바. 「마리나항만의 조성 및 관리 등에 관한 법률」 제2조 제5호에 따른 마리나업 (2021. 2. 17. 신설)
2. 투자금액이 미합중국화폐 500만달러 이상으로서 다음 각 목의 어느 하나에 해당하는 사업을 경영

하기 위한 시설을 새로 설치하는 경우 (2016. 1. 22. 개정 ; 제주특별자치도 설치 및 국제자유도시 조성을 위한 특별법 시행령 부칙)

가. 「문화산업진흥 기본법」 제2조 제1호에 따른 문화산업 (2016. 1. 22. 개정 ; 제주특별자치도 설치 및 국제자유도시 조성을 위한 특별법 시행령 부칙)

나. 「노인복지법」 제31조에 따른 노인복지시설을 운영하는 사업 (2016. 1. 22. 개정 ; 제주특별자치도 설치 및 국제자유도시 조성을 위한 특별법 시행령 부칙)

다. 「청소년활동 진흥법」 제10조 제1호에 따른 청소년수련시설을 운영하는 사업 (2016. 1. 22. 개정 ; 제주특별자치도 설치 및 국제자유도시 조성을 위한 특별법 시행령 부칙)

라. 「궤도운송법」 제2조 제7호에 따른 궤도사업 (2016. 1. 22. 개정 ; 제주특별자치도 설치 및 국제자유도시 조성을 위한 특별법 시행령 부칙)

마. 「신에너지 및 재생에너지 개발·이용·보급 촉진법」 제2조 제1호 및 제2호에 따른 신에너지·재생에너지를 이용하여 전기를 생산하는 사업 (2016. 1. 22. 개정 ; 제주특별자치도 설치 및 국제자유도시 조성을 위한 특별법 시행령 부칙)

바. 「제주특별자치도 설치 및 국제자유도시 조성을 위한 특별법」 제216조에 따른 자율학교, 같은 법 제217조에 따른 국제고등학교, 같은 법 제220조에 따른 외국교육기관 및 같은 법 제223조에 따른 국제학교 (2016. 1. 22. 개정 ; 제주특별자치도 설치 및 국제자유도시 조성을 위한 특별법 시행령 부칙)

사. 「제주특별자치도 설치 및 국제자유도시 조성을 위한 특별법」 제307조에 따른 외국의료기관과 「의료법」 제33조에 따라 개설된 의료기관(의원, 치과의원, 한의원 및 조산원은 제외한다) (2016. 1. 22. 개정 ; 제주특별자치도 설치 및 국제자유도시 조성을 위한 특별법 시행령 부칙)

아. 「건축법 시행령」별표 1 제10호 나목에 따른 교육원(연수원, 그 밖에 이와 비슷한 것을 포함한다) (2016. 1. 22. 개정 ; 제주특별자치도 설치 및 국제자유도시 조성을 위한 특별법 시행령 부칙)

자. 「산업발전법」 제5조에 따른 첨단기술을 활용한 산업 (2022. 2. 15. 개정)

차. 「보건의료기술 진흥법」 제2조 제1항 제1호에 따른 보건의료기술에 관한 연구개발사업과 기술정보 제공, 컨설팅, 시험·분석 등을 통한 보건의료기술에 관한 연구개발을 지원하는 연구개발서비스업 (2016. 1. 22. 개정 ; 제주특별자치도 설치 및 국제자유도시 조성을 위한 특별법 시행령 부칙)

카. 「산업집적활성화 및 공장설립에 관한 법률」에 따른 공장에서 경영하는 식료품 제조업과 음료 제조업 (2024. 2. 29. 개정)

타. 「화장품법」에 따른 화장품제조업 (2022. 2. 15. 신설)

파. 다음의 어느 하나에 해당하는 사업에 관한 연구개발업 (2022. 2. 15. 신설)

 1) 「산업발전법」 제5조에 따른 첨단기술을 활용한 산업 (2022. 2. 15. 신설)

 2) 「화장품법」에 따른 화장품제조업 (2022. 2. 15. 신설)

 3) 식료품 제조업 (2022. 2. 15. 신설)

   4) 음료 제조업 (2022. 2. 15. 신설)

② 법 제121조의 9 제1항 제2호에 따라 법인세 및 소득세를 감면하는 투자는 다음 각 호의 어느 하나에 해당하는 것으로 한다. (2016. 2. 5. 개정)

1. 총사업비가 미합중국 화폐 1천만불 이상이고 해당 입주기업의 신규의 상시근로자 수가 100명 이상으로서 「자유무역지역의 지정 및 운영에 관한 법률」 제10조 제1항 제1호에 해당하는 사업을 영위하기 위한 시설을 새로이 설치하는 경우 (2019. 2. 12. 개정)

2. 총사업비가 미화 5백만불 이상으로서 「자유무역지역의 지정 및 운영에 관한 법률」 제10조 제1항 제5호에 해당하는 사업을 영위하기 위한 시설을 새로이 설치하는 경우 (2016. 2. 5. 개정)

③ 법 제121조의 9 제1항 제3호에 따라 법인세 및 소득세를 감면하는 투자는 총개발사업비가 1천억원 이상인 경우를 말한다. (2016. 1. 22. 개정 ; 제주특별자치도 설치 및 국제자유도시 조성을 위한 특별법 시행령 부칙)

④ 법 제121조의 9 제4항 제1호에서 "대통령령으로 정하는 투자누계액"이란 법 제121조의 9 제2항에 따라 법인세 또는 소득세를 감면받는 해당 과세연도까지의 기획재정부령으로 정하는 사업용자산에 대한 투자 합계액을 말한다. (2010. 12. 30. 신설)

⑤ 법 제121조의 9 제4항 제2호에서 "대통령령으로 정하는 서비스업"이란 제23조 제4항에 따른 서비스업을 말한다. (2022. 2. 15. 항번개정)

⑥ 법 제121조의 9 제6항에 따라 납부해야 할 소득세액 또는 법인세액은 다음의 계산식에 따라 계산한 금액(그 수가 음수이면 영으로 보고, 감면받은 과세연도 종료일 이후 2개 과세연도 연속으로 상시근로자 수가 감소한 경우에는 두 번째 과세연도에는 첫 번째 과세연도에 납부한 금액을 뺀 금액을 말한다)으로 하며, 이를 상시근로자 수가 감소한 과세연도의 과세표준을 신고할 때 소득세 또는 법인세로 납부해야 한다. (2023. 2. 28. 개정)

해당 기업의 상시근로자 수가 감소한 과세연도의 직전 2년 이내의 과세연도에 법 제121조의 9 제4항 제2호를 적용하여 감면받은 세액의 합계액 - [상시근로자 수가 감소한 과세연도의 감면대상사업장의 상시근로자 수 × 1천5백만원(청년 상시근로자와 법 제121조의 9 제4항 제2호의 서비스업의 경우에는 2천만원으로 한다)]

⑦ 법 제121조의 9 제4항 및 제6항을 적용할 때 상시근로자 및 청년 상시근로자의 범위, 상시근로자 수 및 청년 상시근로자 수의 계산방법에 관하여는 제11조의 2 제6항 및 제7항을 준용한다. (2023. 2. 28. 개정)

⑧ 법 제121조의 9 제2항의 규정에 의하여 법인세 또는 소득세를 감면받고자 하는 자는 과세표준신고와 함께 기획재정부령이 정하는 세액감면신청서를 납세지 관할세무서장에게 제출하여야 한다. (2022. 2. 15. 항번개정)

규칙 제8조의 3 【연구개발특구 등에의 입주기업 등에 대한 법인세 등의 감면 적용 시 사업용자산의 범위】
영 제11조의 2 제3항, 제61조 제3항, 제99조의 8 제2항, 제116조의 14 제2항, 제116조의 15 제4항, 제

116조의 21 제4항, 제116조의 25 제2항, 제116조의 26 제3항, 제116조의 27 제3항 및 제116조의 36 제3항에서 "기획재정부령으로 정하는 사업용자산"이란 다음 각 호의 어느 하나에 해당하는 자산을 말한다. (2024. 3. 22. 개정)

1. 해당 특구 등에 소재하거나 해당 특구 등에서 해당 사업에 주로 사용하는 사업용 유형자산 (2020. 3. 13. 개정)
2. 해당 특구 등에 소재하거나 해당 특구 등에서 해당 사업에 주로 사용하기 위해 건설 중인 자산 (2020. 3. 13. 개정)
3. 「법인세법 시행규칙」 별표 3에 따른 무형자산 (2019. 3. 20. 개정)

▫ 개정연혁

[2022년] 지역특구 세액감면 적용기한 연장 및 제도개선 ④ 제주자유무역지역 입주기업에 대한 세액감면 적용기한 종료

가. 개정취지: 실효성이 미흡한 비과세·감면 정비
나. 개정내용

종전	개정
▨ 제주자유무역지역 세액감면 ○ (감면대상) 제주자유무역지역 특구 입주기업 ○ (감면내용) 소득세·법인세를 3년간 100% + 2년간 50% 감면 ○ (적용기한) 2021.12.31.	▨ 적용기한 종료

다. 적용시기 및 적용례

[2024년] 지역특구 세액감면 적용기한 연장

가. 개정취지: 지역 균형발전 지속 지원
나. 개정내용

종전	개정
▨ 지역특구 세액감면 제도 ○ (감면대상) 특구 내 창업기업 등에 대해 일정기간 동안 소득·법인세 감면 ○ (감면적용 특구) 위기지역 등 13개 특구 ○ (적용기한) 2023.12.31.	▨ 적용기한 연장 ○ (좌 동) ○ 2025.12.31.

다. 적용시기 및 적용례

55. 기타 - 기업도시개발구역 등의 창업기업 등 감면

법 제121조의 17 【기업도시개발구역 등의 창업기업 등에 대한 법인세 등의 감면】
① 다음 각 호의 어느 하나에 해당하는 사업(이하 이 장에서 "감면대상사업"이라 한다)을 하기 위한 투자로서 업종, 투자금액 및 고용인원이 대통령령으로 정하는 기준에 해당하는 경우에는 제2항부터 제8항까지의 규정에 따라 법인세 또는 소득세를 감면한다. (2018. 12. 24. 개정)
1. 기업도시개발구역에 2025년 12월 31일까지 창업하거나 사업장을 신설(기존 사업장을 이전하는 경우는 제외한다)하는 기업이 그 구역의 사업장에서 하는 사업 (2023. 12. 31. 개정)
2. 기업도시개발사업 시행자가 하는 사업으로서 「기업도시개발 특별법」 제2조 제3호에 따른 기업도시개발사업 (2010. 1. 1. 개정)
3. 「지역 개발 및 지원에 관한 법률」 제11조에 따라 지정된 지역개발사업구역(같은 법 제7조 제1항 제1호에 해당하는 지역개발사업으로 한정한다) 또는 같은 법 제67조에 따른 지역활성화지역에 2025년 12월 31일까지 창업하거나 사업장을 신설(기존 사업장을 이전하는 경우는 제외한다)하는 기업(법률 제12737호 「지역 개발 및 지원에 관한 법률」 부칙 제4조에 따라 의제된 지역개발사업구역 중 「폐광지역 개발 지원에 관한 특별법」에 따라 지정된 폐광지역진흥지구에 개발사업시행자로 선정되어 입주하는 경우에는 「관광진흥법」에 따른 관광숙박업 및 종합휴양업과 축산업을 경영하는 내국인을 포함한다)이 그 구역 또는 지역 안의 사업장에서 하는 사업과 「지역 개발 및 지원에 관한 법률」 제2조 제5호에 따른 낙후지역 중 「주한미군 공여구역주변지역 등 지원 특별법」 제8조에 따른 종합계획 및 제9조에 따른 사업계획에 따른 대통령령으로 정하는 구역 안에서 2025년 12월 31일까지 창업하거나 사업장을 신설(기존 사업장을 이전하는 경우는 제외한다)하는 기업이 그 구역 안의 사업장에서 하는 사업 (2023. 12. 31. 개정)
4. 「지역 개발 및 지원에 관한 법률」 제11조(같은 법 제7조 제1항 제1호에 해당하는 지역개발사업으로 한정한다)에 따른 지역개발사업구역과 같은 법 제67조에 따른 지역활성화지역에서 같은 법 제19조에 따라 지정된 사업시행자가 하는 지역개발사업과 「지역 개발 및 지원에 관한 법률」 제2조 제5호에 따른 낙후지역 내에서 「주한미군 공여구역주변지역 등 지원 특별법」 제10조 제1항에 따른 사업시행자가 하는 같은 조 제2항에 따른 사업 (2020. 12. 29. 개정)
5. 「여수세계박람회 기념 및 사후활용에 관한 특별법」 제15조 제1항에 따라 지정·고시된 해양박람회 특구에 2025년 12월 31일까지 창업하거나 사업장을 신설(기존 사업장을 이전하는 경우는 제외한다)하는 기업이 그 구역 안의 사업장에서 하는 사업 (2023. 12. 31. 개정)
6. 「여수세계박람회 기념 및 사후활용에 관한 특별법」 제18조 제1항에 따른 사업시행자가 박람회 사후활용에 관하여 시행하는 사업 (2015. 12. 15. 개정)
7. 「새만금사업 추진 및 지원에 관한 특별법」 제8조 제1항에 따라 지정된 사업시행자가 하는 새만금사업 (2016. 12. 20. 신설)
8. 「새만금사업 추진 및 지원에 관한 특별법」 제11조의 5에 따라 지정되는 새만금투자진흥지구에 2025

년 12월 31일까지 창업하거나 사업장을 신설(기존 사업장을 이전하는 경우는 제외한다)하는 기업이 해당 구역 안의 사업장에서 하는 사업 (2022. 12. 31. 신설)

9. 「평화경제특별구역의 지정 및 운영에 관한 법률」 제8조에 따라 지정되는 평화경제특구에 2025년 12월 31일까지 창업하거나 사업장을 신설(기존 사업장을 이전하는 경우는 제외한다)하는 기업이 해당 구역 안의 사업장에서 하는 사업 (2023. 12. 31. 신설)

10. 「평화경제특별구역의 지정 및 운영에 관한 법률」 제15조에 따라 지정되는 개발사업시행자가 시행하는 평화경제특구개발사업 (2023. 12. 31. 신설)

② 제1항에 해당하는 기업의 감면대상사업에서 발생한 소득에 대해서는 사업개시일 이후 그 감면대상사업에서 최초로 소득이 발생한 과세연도(사업개시일부터 5년이 되는 날이 속하는 과세연도까지 그 사업에서 소득이 발생하지 아니한 경우에는 5년이 되는 날이 속하는 과세연도)의 개시일부터 3년 이내에 끝나는 과세연도에는 제1항 제1호 · 제3호 · 제5호 · 제8호 및 제9호의 경우 법인세 또는 소득세의 100분의 100에 상당하는 세액을, 제1항 제2호 · 제4호 · 제6호 · 제7호 및 제10호의 경우 법인세 또는 소득세의 100분의 50에 상당하는 세액을 각각 감면하고, 그 다음 2년 이내에 끝나는 과세연도에는 제1항 제1호 · 제3호 · 제5호 · 제8호 및 제9호의 경우 법인세 또는 소득세의 100분의 50에 상당하는 세액을, 제1항 제2호 · 제4호 · 제6호 · 제7호 및 제10호의 경우 법인세 또는 소득세의 100분의 25에 상당하는 세액을 각각 감면한다. (2023. 12. 31. 개정)

③ (삭제, 2015. 12. 15.)

④ 제2항이 적용되는 감면기간 동안 감면받는 소득세 또는 법인세의 총합계액은 제1호와 제2호의 금액을 합한 금액을 한도(이하 이 조에서 "감면한도"라 한다)로 한다. (2018. 12. 24. 개정)

1. 대통령령으로 정하는 투자누계액의 100분의 50 (2010. 12. 27. 신설)
2. 해당 과세연도의 제1항 각 호의 어느 하나에 해당하는 사업을 하는 사업장(이하 이 조에서 "감면대상사업장"이라 한다)의 상시근로자 수 × 1천5백만원[청년 상시근로자와 대통령령으로 정하는 서비스업(이하 이 조에서 "서비스업"이라 한다)을 하는 감면대상사업장의 상시근로자의 경우에는 2천만원] (2018. 12. 24. 개정)
3. (삭제, 2018. 12. 24.)

⑤ 제2항에 따라 각 과세연도에 감면받을 소득세 또는 법인세에 대하여 감면한도를 적용할 때에는 제4항 제1호의 금액을 먼저 적용한 후 같은 항 제2호의 금액을 적용한다. (2010. 12. 27. 신설)

⑥ 제4항 제2호를 적용받아 소득세 또는 법인세를 감면받은 기업이 감면받은 과세연도 종료일부터 2년이 되는 날이 속하는 과세연도 종료일까지의 기간 중 각 과세연도의 감면대상사업장의 상시근로자 수가 감면받은 과세연도의 상시근로자 수보다 감소한 경우에는 대통령령으로 정하는 바에 따라 감면받은 세액에 상당하는 금액을 소득세 또는 법인세로 납부하여야 한다. (2018. 12. 24. 개정)

⑦ 제4항 및 제6항을 적용할 때 상시근로자 및 청년 상시근로자의 범위, 상시근로자 수의 계산방법, 그 밖에 필요한 사항은 대통령령으로 정한다. (2018. 12. 24. 개정)

⑧ 제1항을 적용할 때 창업의 범위에 관하여는 제6조 제10항을 준용한다. (2018. 12. 24. 개정)

⑨ 제2항을 적용받으려는 자는 대통령령으로 정하는 바에 따라 감면신청을 하여야 한다. (2015. 12. 15. 개정)
⑩ 제4항 제2호에 따라 서비스업에 대한 한도를 적용받는 기업은 제143조를 준용하여 서비스업과 그 밖의 사업을 각각 구분하여 경리하여야 한다. (2018. 12. 24. 개정)

영 제116조의 21 【기업도시개발구역 등의 창업기업 등에 대한 법인세 등의 감면】

① 법 제121조의 17 제1항 제1호·제3호·제5호·제8호 및 제9호에 따라 법인세 또는 소득세를 감면하는 투자는 제1호의 투자금액 기준 및 상시근로자 수 기준을 충족하는 경우로서 제2호 각 목의 지역 안에서 제116조의 2 제17항 각 호의 사업을 영위하기 위하여 시설을 새로 설치하는 경우를 말한다. (2024. 2. 29. 개정)

1. 투자금액 기준 및 상시근로자 수 기준 (2023. 2. 28. 개정)
   가. 제116조의 2 제17항 제1호, 제4호 및 제5호에 해당하는 사업: 투자금액이 20억원 이상이고, 상시근로자 수가 30명 이상일 것 (2023. 2. 28. 개정)
   나. 제116조의 2 제17항 제2호에 해당하는 사업: 투자금액이 5억원 이상이고, 상시근로자 수가 10명 이상일 것 (2023. 2. 28. 개정)
   다. 제116조의 2 제17항 제3호에 해당하는 사업: 투자금액이 10억원 이상이고, 상시근로자 수가 15명 이상일 것 (2023. 2. 28. 개정)

2. 투자 지역 (2023. 2. 28. 개정)
   가. 「기업도시개발특별법」 제2조 제2호에 따른 기업도시개발구역(이하 이 조에서 "기업도시개발구역"이라 한다) (2023. 2. 28. 개정)
   나. 「지역 개발 및 지원에 관한 법률」 제11조에 따라 지정된 지역개발사업구역(같은 법 제7조 제1항 제1호에 해당하는 지역개발사업으로 한정한다. 이하 이 조에서 "지역개발사업구역"이라 한다) 또는 같은 법 제67조에 따른 지역활성화지역(이하 이 조에서 "지역활성화지역"이라 한다) (2023. 2. 28. 개정)
   다. 「지역 개발 및 지원에 관한 법률」 제2조 제5호에 따른 낙후지역 내의 지역으로서 「주한미군 공여구역주변지역 등 지원 특별법」 제11조 제5항·제8항 및 같은 법 시행령 제12조에 따라 사업승인 고시된 범위(이하 이 조에서 "공여구역주변지역등사업범위"라 한다) (2023. 2. 28. 개정)
   라. 「여수세계박람회 기념 및 사후활용에 관한 특별법」 제15조 제1항에 따라 지정·고시된 해양박람회특구(이하 이 조에서 "해양박람회특구"라 한다) (2023. 2. 28. 개정)
   마. 「새만금사업 추진 및 지원에 관한 특별법」 제11조의 5에 따라 지정된 새만금투자진흥지구(이하 이 조에서 "새만금투자진흥지구"라 한다) (2023. 2. 28. 개정)
   바. 「평화경제특별구역의 지정 및 운영에 관한 법률」 제8조에 따라 지정된 평화경제특구(이하 "평화경제특구"라 한다) (2024. 2. 29. 신설)

② 법 제121조의 17 제1항 제2호·제4호·제6호·제7호 및 제10호에 따라 법인세 또는 소득세를 감면

하는 투자는 「기업도시개발 특별법」 제11조에 따른 기업도시개발계획에 따라 기업도시개발구역을 개발하거나 다음 각 호의 어느 하나에 해당하는 사업으로서 총개발사업비가 500억원 이상인 경우를 말한다. (2024. 2. 29. 개정)

1. 「지역 개발 및 지원에 관한 법률」 제19조에 따라 지정된 사업시행자가 지역개발사업구역 또는 지역활성화지역을 개발하기 위한 지역개발사업 (2019. 2. 12. 신설)
2. 「지역 개발 및 지원에 관한 법률」 제2조 제5호에 따른 낙후지역 내에서 「주한미군 공여구역주변지역 등 지원 특별법」 제10조 제1항에 따른 사업시행자가 같은 조 제2항에 따라 시행하는 사업 (2021. 2. 17. 개정)
3. 「여수세계박람회 기념 및 사후활용에 관한 특별법」 제18조 제1항에 따른 사업시행자가 해양박람회특구를 개발하기 위한 개발사업 (2019. 2. 12. 신설)
4. 「새만금사업 추진 및 지원에 관한 특별법」 제8조 제1항에 따라 지정된 사업시행자가 하는 새만금사업 (2019. 2. 12. 신설)
5. 「평화경제특별구역의 지정 및 운영에 관한 법률」 제15조에 따라 지정된 개발사업시행자가 시행하는 평화경제특구개발사업 (2024. 2. 29. 신설)

③ 법 제121조의 17 제1항 제1호·제3호·제5호·제8호 및 제9호에 해당하는 기업도시개발구역, 지역개발사업구역, 지역활성화지역, 공여구역주변지역등사업범위, 해양박람회특구, 새만금투자진흥지구 및 평화경제특구에 창업하거나 사업장을 신설하는 기업이 그 구역에 있는 사업장에서 경영하는 사업의 감면대상소득은 제1항에 따른 감면대상사업을 경영하기 위하여 그 구역에 투자한 시설에서 직접 발생한 소득을 말한다. (2024. 2. 29. 개정)

④ 법 제121조의 17 제4항 제1호에서 "대통령령으로 정하는 투자누계액"이란 법 제121조의 17 제2항에 따라 법인세 또는 소득세를 감면받는 해당 과세연도까지의 기획재정부령으로 정하는 사업용자산에 대한 투자 합계액을 말한다. (2010. 12. 30. 신설)

⑤ 법 제121조의 17 제6항에 따라 납부해야 할 소득세액 또는 법인세액은 다음의 계산식에 따라 계산한 금액(그 수가 음수이면 영으로 보고, 감면받은 과세연도 종료일 이후 2개 과세연도 연속으로 상시근로자 수가 감소한 경우에는 두 번째 과세연도에는 첫 번째 과세연도에 납부한 금액을 뺀 금액을 말한다)으로 하며, 이를 상시근로자 수가 감소한 과세연도의 과세표준을 신고할 때 소득세 또는 법인세로 납부해야 한다. (2023. 2. 28. 개정)

해당 기업의 상시근로자 수가 감소한 과세연도의 직전 2년 이내의 과세연도에 법 제121조의 17 제4항 제2호를 적용하여 감면받은 세액의 합계액 - [상시근로자 수가 감소한 과세연도의 감면대상사업장의 상시근로자 수 × 1천5백만원(청년 상시근로자와 법 제121조의 17 제4항 제2호의 서비스업의 경우에는 2천만원으로 한다)]

⑥ 법 제121조의 17 제4항 및 제6항을 적용할 때 상시근로자 및 청년 상시근로자의 범위, 상시근로자 수 및 청년 상시근로자 수의 계산방법에 관하여는 제11조의 2 제6항 및 제7항을 준용한다. (2023. 2. 28. 개정)

⑦ 법 제121조의 17 제2항의 규정에 의하여 법인세 또는 소득세를 감면받고자 하는 자는 과세표준신고와 함께 기획재정부령이 정하는 세액감면신청서를 납세지 관할세무서장에게 제출하여야 한다. (2010. 12. 30. 항번개정)

⑧ 법 제121조의 17 제4항 제2호에서 "대통령령으로 정하는 서비스업"이란 제23조 제4항에 따른 서비스업을 말한다. (2019. 2. 12. 개정)

⑨ 법 제121조의 17 제1항 제3호에서 "대통령령으로 정하는 구역"이란 공여구역주변지역등사업범위를 말한다. (2019. 2. 12. 신설)

⑩ 제1항을 적용받는 기업이 같은 항 각 호의 고용인원 기준을 충족하지 못한 과세연도에 대해서는 같은 항의 감면을 적용하지 않는다. (2019. 2. 12. 신설)

규칙 제8조의 3 【연구개발특구 등에의 입주기업 등에 대한 법인세 등의 감면 적용 시 사업용자산의 범위】
영 제11조의 2 제3항, 제61조 제3항, 제99조의 8 제2항, 제116조의 14 제2항, 제116조의 15 제4항, 제116조의 21 제4항, 제116조의 25 제2항, 제116조의 26 제3항, 제116조의 27 제3항 및 제116조의 36 제3항에서 "기획재정부령으로 정하는 사업용자산"이란 다음 각 호의 어느 하나에 해당하는 자산을 말한다. (2024. 3. 22. 개정)

1. 해당 특구 등에 소재하거나 해당 특구 등에서 해당 사업에 주로 사용하는 사업용 유형자산 (2020. 3. 13. 개정)
2. 해당 특구 등에 소재하거나 해당 특구 등에서 해당 사업에 주로 사용하기 위해 건설 중인 자산 (2020. 3. 13. 개정)
3. 「법인세법 시행규칙」 별표 3에 따른 무형자산 (2019. 3. 20. 개정)

▫ **개정연혁**

[2022년] 지역특구 세액감면 적용기한 연장 및 제도개선 ① 지역특구 세액감면 제도 적용기한 연장
가. 개정취지: 지역균형발전 지속 지원
나. 개정내용

종전	개정
▨ 지역특구 세액감면 제도 ○ (감면내용) 특구 내 입주기업 등에 대해 일정기간 동안 소득세 또는 법인세를 감면 ○ (감면적용 특구) 위기지역 특구 등 13개 | 특구명 | 감면율 | |---|---| | 위기지역 | 5년100% + 2년50% | | 농공단지 | 5년50% | | 중소기업특별지원지역 | | | 연구개발특구 제주첨단과학기술단지 제주투자진흥지구 기업도시 지역개발사업구역 여수해양박람회특구 아시아문화중심도시 금융중심지 첨단의료복합단지 국가식품클러스터 | 3년 100%+2년 50% (사업시행자는 3년 50%+2년 25%) | ○ (적용기한) 2021.12.31.	▨ 적용기한 2년 연장 ○ (좌 동) ○ 2023.12.31.

다. 적용시기 및 적용례

[2023년] 새만금투자진흥지구 창업기업 등 세액감면 신설

가. 개정취지: 국가균형발전을 위해 새만금지역 투자 유인 제고

나. 개정내용

종전	개정
▨ 지역특구 세액감면 제도 ○ (감면내용) 특구 내 창업 또는 사업장 신설 기업 등에 대해 일정 기간 소득·법인세를 감면 ○ (감면적용 특구) - 기업도시, 지역개발사업구역 등 〈추 가〉 ○ (투자·고용요건) - (연구개발업) 투자금액 5억원, 상시근로자 10명 이상 - (물류·유통업) 투자금액 10억원, 상시근로자 15명 이상 - (제조업 등) 투자금액 20억원, 상시근로자 30명 이상 ○ (감면율) 3년 100% + 2년 50% (사업시행자는 3년 50% + 2년 25%) ○ (적용기한) 2023.12.31. 〈추 가〉	▨ 새만금투자진흥지구 창업기업 세액감면 신설 ○ (좌 동) ○ (좌 동) - 새만금투자진흥지구 ○ (좌 동) ○ (좌 동) ○ (좌 동) ○ (좌 동) - 새만금투자진흥지구의 경우 2025.12.31.

다. 적용시기 및 적용례: 2023.1.1. 이후 새만금투자진흥지구에 창업 또는 사업장을 신설하는 기업부터 적용

[2024년] 지역특구 세액감면 적용기한 연장

가. 개정취지: 지역 균형발전 지속 지원

나. 개정내용

종전	개정
▨ 지역특구 세액감면 제도 ○ (감면대상) 특구 내 창업기업 등에 대해 일정기간 동안 소득·법인세 감면 ○ (감면적용 특구) 위기지역 등 13개 특구 ○ (적용기한) 2023.12.31.	▨ 적용기한 연장 ○ (좌 동) ○ 2025.12.31.

다. 적용시기 및 적용례

[2024년] 평화경제특구 창업기업 등 세액감면 신설 및 세부사항 규정

가. 개정취지: 국가균형발전을 위해 평화경제특구 투자 유인 제고

나. 개정내용

종전	개정
▩ 지역특구 세액감면 제도 ○ (감면내용) 특구 내 창업 또는 사업장 신설 기업 등에 대해 일정 기간 소득·법인세를 감면 ○ (감면적용 특구) - 기업도시, 지역개발사업구역 등 〈추 가〉 ○ (감면율) 3년 100% + 2년 50% 　(사업시행자는 3년 50% + 2년 25%) ○ (적용기한) '25.12.31. ▩ 기업도시개발구역 등 창업기업 등에 대한 세액감면 ○ (적용지역) ❶ 기업도시개발구역 ❷ 지역개발사업구역 등 ❸ 여수해양박람회특구 ❹ 새만금투자진흥지구 〈추 가〉 ○ (창업기업 투자·고용요건) - (연구개발업) 투자금액 5억원, 상시근로자 10명 이상 - (물류·유통업) 투자금액 10억원, 상시근로자 15명 이상 - (제조업 등) 투자금액 20억원, 상시근로자 30명 이상 ○ (개발사업 투자요건) 총개발사업비 500억원 이상	▩ 평화경제특구 창업기업 세액감면 신설 ○ (좌 동) ○ (좌 동) - 평화경제특구 ○ (좌 동) ○ (좌 동) ▩ 적용지역 확대 ○ (적용지역) ○ (좌 동) ❺ 평화경제특구 ○ (좌 동)

다. 적용시기 및 적용례: 2024.1.1. 이후 평화경제특구에 창업 또는 사업장을 신설하는 기업부터 적용

□ **해석사례**

▷ **청구법인이 「조세특례제한법」 제121조의17에 따른 기업도시개발구역 등의 창업기업 등에 대한 법인세 감면 요건을 충족하였는지 여부**

조심2022부7818(2023.09.11)

쟁점규정은 투자금액이 100억원 이상으로서 「지역 개발 및 지원에 관한 법률」에 따라 지정된 지역활성화 지역 안의 사업장에서 제조업 등을 영위하기 위하여 시설을 새로이 설치하는 경우에 적용되므로 청구법인이 지역활성화지역으로 지정된 날 이후 신설된 사업장에서 시설을 새로이 설치하기 위하여 투자한 금액이 100억원 이상이어야만 그 적용이 가능한 것으로 해석되며, 지역활성화지역 지정 이전에 지출된 투자금액은 감면요건 판단 시 제외되는 것이 쟁점규정의 입법취지상 타당한 것으로 보이는 점

등에 비추어 쟁점규정 적용 시 투자완료시점을 기준으로 투자 요건을 판단하여야 한다는 청구주장을 받아들이기 어려움

▷ **기업도시개발구역 등 창업감면 적용 시 사업개시일의 의미**
　서면법인2023-566(2023.05.17)

기업도시개발구역 등의 창업기업 등에 대한 법인세 감면 적용 시 사업개시일은 제조업을 영위하는 경우 제조장별로 재화의 제조를 시작하는 날임

56. 기타 – 아시아문화중심도시 투자진흥기구 입주기업 감면

법 제121조의 20 【아시아문화중심도시 투자진흥지구 입주기업 등에 대한 법인세 등의 감면 등】

① 「아시아문화중심도시 조성에 관한 특별법」 제16조에 따른 투자진흥지구에 2025년 12월 31일까지 입주하는 기업이 그 지구에서 사업을 하기 위한 투자로서 업종 및 투자금액이 대통령령으로 정하는 기준에 해당하는 투자에 대해서는 제2항 및 제4항부터 제10항까지의 규정에 따라 법인세 또는 소득세를 감면한다. (2023. 12. 31. 개정)

② 제1항에 따른 기업의 감면대상사업에서 발생한 소득에 대해서는 사업개시일 이후 해당 감면대상사업에서 최초로 소득이 발생한 과세연도(사업개시일부터 5년이 되는 날이 속하는 과세연도까지 해당 사업에서 소득이 발생하지 아니한 때에는 5년이 되는 날이 속하는 과세연도)의 개시일부터 3년 이내에 끝나는 과세연도의 법인세 또는 소득세의 100분의 100에 상당하는 세액을, 그 다음 2년 이내에 끝나는 과세연도의 법인세 또는 소득세의 100분의 50에 상당하는 세액을 감면한다. (2010. 1. 1. 개정)

③ (삭제, 2015. 12. 15.)

④ 제2항이 적용되는 감면기간 동안 감면받는 소득세 또는 법인세의 총합계액은 제1호와 제2호의 금액을 합한 금액을 한도(이하 이 조에서 "감면한도"라 한다)로 한다. (2018. 12. 24. 개정)

1. 대통령령으로 정하는 투자누계액의 100분의 50 (2010. 12. 27. 신설)
2. 해당 과세연도의 제1항에 따른 투자진흥지구의 사업장(이하 이 조에서 "감면대상사업장"이라 한다)의 상시근로자 수 × 1천5백만원[청년 상시근로자와 대통령령으로 정하는 서비스업(이하 이 조에서 "서비스업"이라 한다)을 하는 감면대상사업장의 상시근로자의 경우에는 2천만원] (2018. 12. 24. 개정)
3. (삭제, 2018. 12. 24.)

⑤ 제2항에 따라 각 과세연도에 감면받을 소득세 또는 법인세에 대하여 감면한도를 적용할 때에는 제4항 제1호의 금액을 먼저 적용한 후 같은 항 제2호의 금액을 적용한다. (2010. 12. 27. 신설)

⑥ 제4항 제2호를 적용받아 소득세 또는 법인세를 감면받은 기업이 감면받은 과세연도 종료일부터 2년이 되는 날이 속하는 과세연도 종료일까지의 기간 중 각 과세연도의 감면대상사업장의 상시근로자 수가 감면받은 과세연도의 상시근로자 수보다 감소한 경우에는 대통령령으로 정하는 바에 따라 감면받은 세액에 상당하는 금액을 소득세 또는 법인세로 납부하여야 한다.(2018. 12. 24. 개정)

⑦ 제4항 및 제6항을 적용할 때 상시근로자 및 청년 상시근로자의 범위, 상시근로자 수의 계산방법, 그 밖에 필요한 사항은 대통령령으로 정한다. (2018. 12. 24. 개정)

⑧ 세무서장은 해당 감면대상사업에서 최초로 소득이 발생한 과세연도(사업개시일부터 3년이 되는 날이 속하는 과세연도까지 해당 사업에서 소득이 발생하지 아니한 경우에는 3년이 되는 날이 속하는 과세연도) 종료일 이후 2년 이내에 제1항에 따른 조세감면기준에 해당하는 투자가 이루어지지 아니한 경우에는 대통령령으로 정하는 바에 따라 제1항부터 제7항까지의 규정에 따라 감면된 법인세

또는 소득세를 추징한다. (2010. 12. 27. 신설)

⑨ 제8항에 해당하는 경우에는 해당 과세연도와 남은 감면기간 동안 제2항을 적용하지 아니한다. (2010. 12. 27. 신설)

⑩ 제2항에 따라 소득세 또는 법인세를 감면받은 기업이 다음 각 호의 어느 하나에 해당하는 경우에는 그 사유가 발생한 과세연도의 과세표준신고를 할 때 대통령령으로 정하는 바에 따라 계산한 세액을 소득세 또는 법인세로 납부하여야 한다. 이 경우 제12조의 2 제8항의 이자상당가산액 등에 관한 규정을 준용한다. (2021. 12. 28. 신설)

1. 감면대상사업장의 사업을 폐업하거나 법인이 해산한 경우. 다만, 법인의 합병·분할 또는 분할합병으로 인한 경우는 제외한다. (2021. 12. 28. 신설)
2. 감면대상사업장을 「아시아문화중심도시 조성에 관한 특별법」 제16조에 따른 투자진흥지구 외의 지역으로 이전한 경우 (2021. 12. 28. 신설)

⑪ 제2항에 따라 법인세 또는 소득세를 감면받으려는 자는 대통령령으로 정하는 바에 따라 그 감면신청을 하여야 한다. (2015. 12. 15. 개정)

⑫ 제4항 제2호에 따라 서비스업에 대한 한도를 적용받는 기업은 제143조를 준용하여 서비스업과 그 밖의 사업을 각각 구분하여 경리하여야 한다. (2018. 12. 24. 개정)

영 제116조의 25 【아시아문화중심도시 투자진흥지구 안 입주기업 등에 대한 법인세 등의 감면】

① 법 제121조의 20 제1항에 따라 법인세 및 소득세를 감면하는 투자는 다음 각 호의 어느 하나에 해당하는 투자로 한다. (2017. 2. 7. 개정)

1. 투자금액이 5억원 이상으로서 다음 각 목의 어느 하나에 해당하는 사업을 영위하기 위한 시설을 새로 설치하는 경우 (2017. 2. 7. 개정)

    가. 출판업 (2017. 2. 7. 개정)

    나. 영상·오디오 기록물 제작 및 배급업(비디오물 감상실 운영업은 제외한다) (2017. 2. 7. 개정)

    다. 방송업 (2017. 2. 7. 개정)

    라. 컴퓨터 프로그래밍, 시스템통합 및 관리업 (2017. 2. 7. 개정)

    마. 정보서비스업(뉴스제공업은 제외한다) (2017. 2. 7. 개정)

    바. 광고업 (2017. 2. 7. 개정)

    사. 전문디자인업 (2017. 2. 7. 개정)

    아. 전시, 컨벤션 및 행사대행업 (2017. 2. 7. 개정)

    자. 창작 및 예술관련 서비스업(자영예술가는 제외한다) (2017. 2. 7. 개정)

2. 투자금액이 30억원 이상으로서 다음 각 목의 어느 하나에 해당하는 사업을 영위하기 위한 시설을 새로 설치하는 경우 (2017. 2. 7. 개정)

    가. 「관광진흥법」 제3조 제1항에 따른 관광숙박업, 관광객 이용시설업(「체육시설의 설치·이용에 관한 법률」 제10조 제1항 제1호에 따른 골프장을 설치하여 관광객에게 이용하게 하는 경우는 제

외한다), 국제회의업, 유원시설업, 관광 편의시설업을 운영하는 사업 (2017. 2. 7. 개정)

나. 「청소년활동 진흥법」 제10조 제1호에 따른 청소년수련시설을 운영하는 사업 (2017. 2. 7. 개정)

다. 「건축법 시행령」 별표 1 제10호 나목에 따른 교육원(연수원, 그 밖에 이와 유사한 것을 포함한다)을 운영하는 사업 (2017. 2. 7. 개정)

② 법 제121조의 20 제4항 제1호에서 "대통령령으로 정하는 투자누계액"이란 법 제121조의 20 제2항에 따라 법인세 또는 소득세를 감면받는 해당 과세연도까지의 기획재정부령으로 정하는 사업용자산에 대한 투자 합계액을 말한다. (2010. 12. 30. 신설)

③ 법 제121조의 20 제4항 제2호에서 "대통령령으로 정하는 서비스업"이란 제23조 제4항에 따른 서비스업을 말한다. (2022. 2. 15. 항번개정)

④ 법 제121조의 20 제6항에 따라 납부해야 할 소득세액 또는 법인세액은 다음의 계산식에 따라 계산한 금액(그 수가 음수이면 영으로 보고, 감면받은 과세연도 종료일 이후 2개 과세연도 연속으로 상시근로자 수가 감소한 경우에는 두 번째 과세연도에는 첫 번째 과세연도에 납부한 금액을 뺀 금액을 말한다)으로 하며, 이를 상시근로자 수가 감소한 과세연도의 과세표준을 신고할 때 소득세 또는 법인세로 납부해야 한다. (2023. 2. 28. 개정)

해당 기업의 상시근로자 수가 감소한 과세연도의 직전 2년 이내의 과세연도에 법 제121조의 20 제4항 제2호를 적용하여 감면받은 세액의 합계액 - [상시근로자 수가 감소한 과세연도의 감면대상사업장의 상시근로자 수 × 1천5백만원(청년 상시근로자와 법 제121조의 20 제4항 제2호의 서비스업의 경우에는 2천만원으로 한다)]

⑤ 법 제121조의 20 제4항 및 제6항을 적용할 때 상시근로자 및 청년 상시근로자의 범위, 상시근로자 수 및 청년 상시근로자 수의 계산방법에 관하여는 제11조의 2 제6항 및 제7항을 준용한다. (2023. 2. 28. 개정)

⑥ 법 제121조의 20 제8항에 따라 추징하는 법인세액 또는 소득세액은 감면받은 세액 전액으로 한다. (2022. 2. 15. 항번개정)

⑦ 법 제121조의 20 제10항 각 호 외의 부분 전단에서 "대통령령으로 정하는 바에 따라 계산한 세액"이란 다음 각 호의 구분에 따른 세액을 말한다. (2022. 2. 15. 신설)

1. 법 제121조의 20 제10항 제1호에 해당하는 경우: 폐업일 또는 법인해산일부터 소급하여 3년 이내에 감면된 세액 (2022. 2. 15. 신설)

2. 법 제121조의 20 제10항 제2호에 해당하는 경우: 이전일부터 소급하여 5년 이내에 감면된 세액 (2022. 2. 15. 신설)

⑧ 법 제121조의 20 제11항에 따라 법인세 또는 소득세 감면신청을 하려는 자는 과세표준신고와 함께 기획재정부령으로 정하는 세액감면신청서를 납세지 관할세무서장에게 제출하여야 한다. (2022. 2. 15. 항번개정)

규칙 제8조의 3 【연구개발특구 등에의 입주기업 등에 대한 법인세 등의 감면 적용 시 사업용자산의 범위】
영 제11조의 2 제3항, 제61조 제3항, 제99조의 8 제2항, 제116조의 14 제2항, 제116조의 15 제4항, 제116조의 21 제4항, 제116조의 25 제2항, 제116조의 26 제3항, 제116조의 27 제3항 및 제116조의 36 제3항에서 "기획재정부령으로 정하는 사업용자산"이란 다음 각 호의 어느 하나에 해당하는 자산을 말한다. (2024. 3. 22. 개정)

1. 해당 특구 등에 소재하거나 해당 특구 등에서 해당 사업에 주로 사용하는 사업용 유형자산 (2020. 3. 13. 개정)
2. 해당 특구 등에 소재하거나 해당 특구 등에서 해당 사업에 주로 사용하기 위해 건설 중인 자산 (2020. 3. 13. 개정)
3. 「법인세법 시행규칙」 별표 3에 따른 무형자산 (2019. 3. 20. 개정)

개정연혁

[2022년] 지역특구 세액감면 적용기한 연장 및 제도개선 ① 지역특구 세액감면 제도 적용기한 연장
가. 개정취지: 지역균형발전 지속 지원
나. 개정내용

종전	개정
▤ 지역특구 세액감면 제도 ○ (감면내용) 특구 내 입주기업 등에 대해 일정기간 동안 소득세 또는 법인세를 감면 ○ (감면적용 특구) 위기지역 특구 등 13개 | 특구명 | 감면율 | |---|---| | 위기지역 | 5년100% + 2년50% | | 농공단지 | 5년50% | | 중소기업특별지원지역 | | | 연구개발특구 제주첨단과학기술단지 제주투자진흥지구 기업도시 지역개발사업구역 여수해양박람회특구 아시아문화중심도시 금융중심지 첨단의료복합단지 국가식품클러스터 | 3년 100%+2년 50% (사업시행자는 3년 50%+2년 25%) | ○ (적용기한) 2021.12.31.	▤ 적용기한 2년 연장 ○ (좌 동) ○ 2023.12.31.

[2022년] 지역특구 세액감면 적용기한 연장 및 제도개선 ② 세액감면 적용 후 특구 밖으로 이전하는 기업에 대한 사후관리 규정 신설

가. 개정취지: 투자유치 효과 제고

나. 개정내용

종전	개정
■ 특구 입주기업에 대한 소득세·법인세 감면 ○ (감면내용) 특구 내 입주기업 등에 대해 일정기간 동안 소득세 또는 법인세 감면 ○ (대상 특구) 위기지역 특구 등 9개 | 특구명 | 감면율 | |---|---| | 위기지역 | 5년100% + 2년50% | | 농공단지 | 5년50% | | 중소기업특별지원지역 | | | 연구개발특구 제주첨단과학기술단지 아시아문화중심도시 금융중심지 첨단의료복합단지 국가식품클러스터 | 3년 100% +2년 50% | 〈신 설〉	■ 사후관리 규정 신설 (좌 동) ○ 세액감면 사후관리 규정 신설 - 감면적용 이후 감면대상 사업장 등을 폐업·해산하거나 해당 특구 外 지역으로 이전하는 경우 감면받은 세액* 납부 * 납부사유 발생시점에서 소급(폐업·해산 3년, 이전 5년)

다. 적용시기 및 적용례: 2022.1.1. 이후 개시하는 과세연도의 소득세 또는 법인세에 대한 감면 분부터 적용

[2024년] 지역특구 세액감면 적용기한 연장

가. 개정취지: 지역 균형발전 지속 지원

나. 개정내용

종전	개정
■ 지역특구 세액감면 제도 ○ (감면대상) 특구 내 창업기업 등에 대해 일정기간 동안 소득·법인세 감면 ○ (감면적용 특구) 위기지역 등 13개 특구 ○ (적용기한) 2023.12.31.	■ 적용기한 연장 ○ (좌 동) ○ 2025.12.31.

다. 적용시기 및 적용례

57. 기타 – 금융중심지 창업기업에 대한 감면

법 제121조의 21 【금융중심지 창업기업 등에 대한 법인세 등의 감면 등】
① 「금융을 한도(이하 이 조에서 "감면한도"라 한다)로 한다. (2018. 12. 24. 개정)
1. 대통령령으로 정하는 투자누계액의 100분의 50 (2010. 12. 27. 신설)
2. 해당 과세연도의 감면대상사업장의 상시근로자 수 × 1천5백만원[청년 상시근로자와 대통령령으로 정하는 서비스업(이하 이 조에서 "서비스업"이라 한다)을 하는 감면대상사업장의 상시근로자의 경우에는 2천만원] (2018. 12. 24. 개정)
3. (삭제, 2018. 12. 24.)
⑤ 제2항에 따라 각 과세연도에 감면받을 소득세 또는 법인세에 대하여 감면한도를 적용할 때에는 제4항 제1호의 금액을 먼저 적용한 후 같은 항 제2호의 금액을 적용한다. (2010. 12. 27. 신설)
⑥ 제4항 제2호를 적용받아 소득세 또는 법인세를 감면받은 기업이 감면받은 과세연도 종료일부터 2년이 되는 날이 속하는 과세연도 종료일까지의 기간 중 각 과세연도의 감면대상사업장의 상시근로자 수가 감면받은 과세연도의 상시근로자 수보다 감소한 경우에는 대통령령으로 정하는 바에 따라 감면받은 세액에 상당하는 금액을 소득세 또는 법인세로 납부하여야 한다. (2018. 12. 24. 개정)
⑦ 제4항 및 제6항을 적용할 때 상시근로자 및 청년 상시근로자의 범위, 상시근로자 수의 계산방법, 그 밖에 필요한 사항은 대통령령으로 정한다. (2018. 12. 24. 개정)
⑧ 세무서장은 해당 감면대상사업에서 최초로 소득이 발생한 과세연도(사업개시일부터 3년이 되는 날이 속하는 과세연도까지 해당 사업에서 소득이 발생하지 아니한 경우에는 3년이 되는 날이 속하는 과세연도) 종료일 이후 2년 이내에 제1항에 따른 조세감면기준에 해당하는 투자가 이루어지지 아니한 경우에는 대통령령으로 정하는 바에 따라 제1항, 제2항 및 제4항부터 제7항까지의 규정에 따라 감면된 법인세 또는 소득세를 추징한다. (2015. 12. 15. 개정)
⑨ 제8항에 해당하는 경우에는 해당 과세연도와 남은 감면기간 동안 제2항을 적용하지 아니한다. (2010. 12. 27. 신설)
⑩ 제2항에 따라 소득세 또는 법인세를 감면받은 기업이 다음 각 호의 어느 하나에 해당하는 경우에는 그 사유가 발생한 과세연도의 과세표준신고를 할 때 대통령령으로 정하는 바에 따라 계산한 세액을 소득세 또는 법인세로 납부하여야 한다. 이 경우 제12조의 2 제8항의 이자상당가산액 등에 관한 규정을 준용한다. (2021. 12. 28. 신설)
1. 감면대상사업장의 사업을 폐업하거나 법인이 해산한 경우. 다만, 법인의 합병·분할 또는 분할합병으로 인한 경우는 제외한다. (2021. 12. 28. 신설)
2. 감면대상사업장을 「금융중심지의 조성과 발전에 관한 법률」 제5조 제5항에 따라 지정된 금융중심지(수도권과밀억제권역 안의 금융중심지는 제외한다) 외의 지역으로 이전한 경우 (2021. 12. 28. 신설)
⑪ 제2항에 따라 법인세 또는 소득세를 감면받으려는 자는 대통령령으로 정하는 바에 따라 그 감면신청을 하여야 한다. (2015. 12. 15. 개정)

⑫ 제4항 제2호에 따라 서비스업에 대한 한도를 적용받는 기업은 제143조를 준용하여 서비스업과 그 밖의 사업을 각각 구분하여 경리하여야 한다. (2018. 12. 24. 개정)

영 제116조의 26 【금융중심지 창업기업 등에 대한 법인세 등의 감면】

① 법 제121조의 21 제1항에 따른 "대통령령으로 정하는 기준"이란 해당 기업의 투자금액이 20억원 이상이고 해당 구역의 사업장에서 근무하는 상시근로자 수가 10명 이상인 경우를 말한다. (2019. 2. 12. 개정)

② 법 제121조의 21 제2항에 따른 금융중심지 구역 안 사업장의 감면대상사업에서 발생한 소득이란 법 제121조의 21 제1항에 따른 감면대상사업을 경영하기 위하여 그 구역에 투자한 사업장에서 직접 발생한 소득을 말한다. (2010. 12. 30. 신설)

③ 법 제121조의 21 제4항 제1호에서 "대통령령으로 정하는 투자누계액"이란 법 제121조의 21 제2항에 따라 법인세 또는 소득세를 감면받는 해당 과세연도까지의 기획재정부령으로 정하는 사업용자산에 대한 투자 합계액을 말한다. (2010. 12. 30. 신설)

④ 법 제121조의 21 제4항 제2호에서 "대통령령으로 정하는 서비스업"이란 제23조 제4항에 따른 서비스업을 말한다. (2022. 2. 15. 항번개정)

⑤ 법 제121조의 21 제6항에 따라 납부해야 할 소득세액 또는 법인세액은 다음의 계산식에 따라 계산한 금액(그 수가 음수이면 영으로 보고, 감면받은 과세연도 종료일 이후 2개 과세연도 연속으로 상시근로자 수가 감소한 경우에는 두 번째 과세연도에는 첫 번째 과세연도에 납부한 금액을 뺀 금액을 말한다)으로 하며, 이를 상시근로자 수가 감소한 과세연도의 과세표준을 신고할 때 소득세 또는 법인세로 납부해야 한다. (2023. 2. 28. 개정)

해당 기업의 상시근로자 수가 감소한 과세연도의 직전 2년 이내의 과세연도에 법 제121조의 21 제4항 제2호를 적용하여 감면받은 세액의 합계액 - [상시근로자 수가 감소한 과세연도의 감면대상사업장의 상시근로자 수 × 1천5백만원(청년 상시근로자와 법 제121조의 21 제4항 제2호의 서비스업의 경우에는 2천만원으로 한다)]

⑥ 법 제121조의 21 제4항 및 제6항을 적용할 때 상시근로자 및 청년 상시근로자의 범위, 상시근로자 수 및 청년 상시근로자 수의 계산방법에 관하여는 제11조의 2 제6항 및 제7항을 준용한다. (2023. 2. 28. 개정)

⑦ 법 제121조의 21 제8항에 따라 추징하는 법인세액 또는 소득세액은 감면받은 세액 전액으로 한다. (2022. 2. 15. 항번개정)

⑧ 금융위원회, 국토교통부장관 및 지방자치단체의 장은 법 제121조의 21 제8항에 따른 추징사유가 발생한 사실을 알았을 때에는 이를 지체 없이 관할 세무서장에게 통보하여야 한다. (2022. 2. 15. 항번개정)

⑨ 세무서장은 금융중심지 창업기업 등의 폐업일 또는 폐쇄일을 확인하였을 때에는 해당 기업의 사업장을 관할하는 지방자치단체의 장에게 이를 지체 없이 통보하여야 한다. (2022. 2. 15. 항번개정)

⑩ 법 제121조의 21 제10항 각 호 외의 부분 전단에서 "대통령령으로 정하는 바에 따라 계산한 세액"이

란 다음 각 호의 구분에 따른 세액을 말한다. (2022. 2. 15. 신설)

1. 법 제121조의 21 제10항 제1호에 해당하는 경우: 폐업일 또는 법인해산일부터 소급하여 3년 이내에 감면된 세액 (2022. 2. 15. 신설)
2. 법 제121조의 21 제10항 제2호에 해당하는 경우: 이전일부터 소급하여 5년 이내에 감면된 세액 (2022. 2. 15. 신설)
⑪ 법 제121조의 21 제11항에 따라 법인세 또는 소득세 감면신청을 하려는 자는 과세표준신고와 함께 기획재정부령으로 정하는 세액감면신청서를 납세지 관할 세무서장에게 제출하여야 한다. (2022. 2. 15. 개정)

규칙 제51조의 8 【금융중심지 창업기업 등에 대한 법인세 등의 감면 적용 시 상시고용인원 및 사업용 자산의 범위】
(삭제, 2019. 3. 20.)

□ 개정연혁

[2022년] 지역특구 세액감면 적용기한 연장 및 제도개선 ① 지역특구 세액감면 제도 적용기한 연장
가. 개정취지: 지역균형발전 지속 지원

종전	개정
■ 지역특구 세액감면 제도 ○ (감면내용) 특구 내 입주기업 등에 대해 일정기간 동안 소득세 또는 법인세를 감면 ○ (감면적용 특구) 위기지역 특구 등 13개 | 특구명 | 감면율 | |---|---| | 위기지역 | 5년100% + 2년50% | | 농공단지 중소기업특별지원지역 | 5년50% | | 연구개발특구 제주첨단과학기술단지 제주투자진흥지구 기업도시 지역개발사업구역 여수해양박람회특구 아시아문화중심도시 금융중심지 첨단의료복합단지 국가식품클러스터 | 3년 100%+2년 50% (사업시행자는 3년 50%+2년 25%) | ○ (적용기한) 2021.12.31.	■ 적용기한 2년 연장 ○ (좌 동) ○ 2023.12.31.

나. 개정내용

[2022년] 지역특구 세액감면 적용기한 연장 및 제도개선 ② 세액감면 적용 후 특구 밖으로 이전하는 기업에 대한 사후관리 규정 신설

가. 개정취지: 투자유치 효과 제고

나. 개정내용

종전	개정
■ 특구 입주기업에 대한 소득세·법인세 감면 ○ (감면내용) 특구 내 입주기업 등에 대해 일정기간 동안 소득세 또는 법인세 감면 ○ (대상 특구) 위기지역 특구 등 9개 | 특구명 | 감면율 | |---|---| | 위기지역 | 5년100% + 2년50% | | 농공단지 | 5년50% | | 중소기업특별지원지역 | | | 연구개발특구 제주첨단과학기술단지 아시아문화중심도시 금융중심지 첨단의료복합단지 국가식품클러스터 | 3년 100% +2년 50% | 〈신 설〉	■ 사후관리 규정 신설 (좌 동) ○ 세액감면 사후관리 규정 신설 - 감면적용 이후 감면대상 사업장 등을 폐업·해산하거나 해당 특구 外 지역으로 이전하는 경우 감면받은 세액* 납부 * 납부사유 발생시점에서 소급(폐업·해산 3년, 이전 5년)

다. 적용시기 및 적용례: 2022.1.1. 이후 개시하는 과세연도의 소득세 또는 법인세에 대한 감면 분부터 적용

[2024년] 지역특구 세액감면 적용기한 연장

가. 개정취지: 지역 균형발전 지속 지원

나. 개정내용

종전	개정
■ 지역특구 세액감면 제도 ○ (감면대상) 특구 내 창업기업 등에 대해 일정기간 동안 소득·법인세 감면 ○ (감면적용 특구) 위기지역 등 13개 특구 ○ (적용기한) 2023.12.31.	■ 적용기한 연장 ○ (좌 동) ○ 2025.12.31.

다. 적용시기 및 적용례

58, 59. 기타 – 첨단의료복합단지 입주기업에 대한 감면
국가식품클러스터 입주기업에 대한 감면

법 제121조의 22 【첨단의료복합단지 및 국가식품클러스터 입주기업에 대한 법인세 등의 감면】

① 다음 각 호의 어느 하나에 해당하는 사업(이하 이 장에서 "감면대상사업"이라 한다)을 하는 경우에는 제2항부터 제7항까지의 규정에 따라 소득세 또는 법인세를 감면한다. (2021. 12. 28. 개정)

1. 「첨단의료복합단지 육성에 관한 특별법」 제6조에 따라 지정된 첨단의료복합단지에 2025년 12월 31일까지 입주한 기업이 첨단의료복합단지에 위치한 사업장에서 하는 보건의료기술사업 등 대통령령으로 정하는 사업 (2023. 12. 31. 개정)

2. 「식품산업진흥법」 제12조에 따른 국가식품클러스터에 2025년 12월 31일까지 입주한 기업이 국가식품클러스터에 위치한 사업장에서 하는 식품산업 등 대통령령으로 정하는 사업 (2023. 12. 31. 개정)

② 제1항에 따른 감면대상사업을 하는 사업장(이하 이 장에서 "감면대상사업장"이라 한다)의 감면대상사업에서 발생한 소득에 대하여는 사업개시일 이후 해당 감면대상사업에서 최초로 소득이 발생한 과세연도(사업개시일부터 5년이 되는 날이 속하는 과세연도까지 해당 사업에서 소득이 발생하지 아니한 때에는 5년이 되는 날이 속하는 과세연도)의 개시일부터 3년 이내에 끝나는 과세연도의 소득세 또는 법인세의 100분의 100에 상당하는 세액을 감면하고, 그 다음 2년 이내에 끝나는 과세연도의 소득세 또는 법인세의 100분의 50에 상당하는 세액을 감면한다. (2019. 12. 31. 개정)

③ 제2항이 적용되는 감면기간 동안 감면받는 소득세 또는 법인세의 총합계액은 제1호와 제2호의 금액을 합한 금액을 한도(이하 이 조에서 "감면한도"라 한다)로 한다. (2018. 12. 24. 개정)

1. 대통령령으로 정하는 투자누계액의 100분의 50 (2011. 12. 31. 신설)

2. 해당 과세연도의 감면대상사업장의 상시근로자 수 × 1천5백만원[청년 상시근로자와 대통령령으로 정하는 서비스업(이하 이 조에서 "서비스업"이라 한다)을 하는 감면대상사업장의 상시근로자의 경우에는 2천만원] (2018. 12. 24. 개정)

3. (삭제, 2018. 12. 24.)

④ 제2항에 따라 각 과세연도에 감면받을 소득세 또는 법인세에 대하여 감면한도를 적용할 때에는 제3항 제1호의 금액을 먼저 적용한 후 같은 항 제2호의 금액을 적용한다. (2011. 12. 31. 신설)

⑤ 제3항 제2호를 적용받아 소득세 또는 법인세를 감면받은 기업이 감면받은 과세연도 종료일부터 3년이 되는 날이 속하는 과세연도 종료일까지의 기간 중 각 과세연도의 감면대상사업장의 상시근로자 수가 감면받은 과세연도의 상시근로자 수보다 감소한 경우에는 대통령령으로 정하는 바에 따라 감면받은 세액에 상당하는 금액을 소득세 또는 법인세로 납부하여야 한다. (2018. 12. 24. 개정)

⑥ 제3항 및 제5항을 적용할 때 상시근로자 및 청년 상시근로자의 범위, 상시근로자 수의 계산방법, 그 밖에 필요한 사항은 대통령령으로 정한다. (2018. 12. 24. 개정)

⑦ 제2항에 따라 소득세 또는 법인세를 감면받은 기업이 다음 각 호의 어느 하나에 해당하는 경우에는 그 사유가 발생한 과세연도의 과세표준신고를 할 때 대통령령으로 정하는 바에 따라 계산한 세액

을 소득세 또는 법인세로 납부하여야 한다. 이 경우 제12조의 2 제8항의 이자상당가산액 등에 관한 규정을 준용한다. (2021. 12. 28. 신설)

1. 감면대상사업장의 사업을 폐업하거나 법인이 해산한 경우. 다만, 법인의 합병·분할 또는 분할합병으로 인한 경우는 제외한다. (2021. 12. 28. 신설)
2. 감면대상사업장을 다음 각 목의 어느 하나에 해당하는 곳 외의 지역으로 이전한 경우 (2021. 12. 28. 신설)

    가. 제1항 제1호에 해당하여 소득세 또는 법인세를 감면받은 기업인 경우: 「첨단의료복합단지 육성에 관한 특별법」 제6조에 따라 지정된 첨단의료복합단지 (2021. 12. 28. 신설)

    나. 제1항 제2호에 해당하여 소득세 또는 법인세를 감면받은 기업인 경우: 「식품산업진흥법」 제12조에 따른 국가식품클러스터 (2021. 12. 28. 신설)

⑧ 제2항에 따라 소득세 또는 법인세를 감면받고자 하는 자는 대통령령으로 정하는 바에 따라 감면신청을 하여야 한다. (2021. 12. 28. 항번개정)

⑨ 제3항 제2호에 따라 서비스업에 대한 한도를 적용받는 기업은 제143조를 준용하여 서비스업과 그 밖의 사업을 각각 구분하여 경리하여야 한다. (2021. 12. 28. 항번개정)

영 제116조의 27 【첨단의료복합단지 및 국가식품클러스터 입주기업에 대한 법인세 등의 감면】

① 법 제121조의 22 제1항 제1호에서 "대통령령으로 정하는 사업"이란 「보건의료기술 진흥법」 제2조 제1항 제1호에 따른 보건의료기술과 관련된 사업을 말한다. (2020. 2. 11. 개정)

② 법 제121조의 22 제1항 제2호에서 "대통령령으로 정하는 사업"이란 「농업·농촌·식품산업 기본법」 제3조 제8호에 따른 식품산업과 그에 관련된 사업을 말한다. (2020. 2. 11. 신설)

③ 법 제121조의 22 제3항 제1호에서 "대통령령으로 정하는 투자누계액"이란 법 제121조의 22 제2항에 따라 소득세 또는 법인세를 감면받는 해당 과세연도까지의 기획재정부령으로 정하는 사업용자산에 대한 투자합계액을 말한다. (2020. 2. 11. 항번개정)

④ 법 제121조의 22 제3항 제2호에서 "대통령령으로 정하는 서비스업"이란 제23조 제4항에 따른 서비스업을 말한다. (2022. 2. 15. 항번개정)

⑤ 법 제121조의 22 제5항에 따라 납부해야 할 소득세액 또는 법인세액은 다음 계산식에 따라 계산한 금액[그 수가 음수(陰數)인 경우에는 영으로 보고, 감면받은 과세연도 종료일 이후 3개 과세연도 연속으로 상시근로자 수가 감소한 경우에는 세 번째 과세연도에는 첫 번째 과세연도와 두 번째 과세연도에 납부한 금액의 합을 뺀 금액을 말하고, 2개 과세연도 연속으로 상시근로자 수가 감소한 경우에는 두 번째 과세연도에는 첫 번째 과세연도에 납부한 금액을 뺀 금액을 말한다]으로 하며, 이를 상시근로자 수가 감소한 과세연도의 과세표준을 신고할 때 소득세 또는 법인세로 납부해야 한다. (2023. 2. 28. 개정)

해당 기업의 상시근로자 수가 감소한 과세연도의 직전 3년 동안의 과세연도에 법 제121조의 22 제3항 제2호를 적용하여 감면받은 세액의 합계액 − [상시근로자 수가 감소한 과세연도의 감면대상사업장의 상시근로자 수 × 1천5백만원(청년 상시근로자와 법 제121조의 22 제3항 제2호의 서비스업의 경우에는 2천만원으로 한다)]

⑥ 법 제121조의 22 제3항 및 제5항을 적용할 때 상시근로자 및 청년 상시근로자의 범위, 상시근로자 수 및 청년 상시근로자 수의 계산방법에 관하여는 제11조의 2 제6항 및 제7항을 준용한다. (2023. 2. 28. 개정)

⑦ 법 제121조의 22 제7항 각 호 외의 부분 전단에서 "대통령령으로 정하는 바에 따라 계산한 세액"이란 다음 각 호의 구분에 따른 세액을 말한다. (2022. 2. 15. 신설)

1. 법 제121조의 22 제7항 제1호에 해당하는 경우: 폐업일 또는 법인해산일부터 소급하여 3년 이내에 감면된 세액 (2022. 2. 15. 신설)
2. 법 제121조의 22 제7항 제2호에 해당하는 경우: 이전일부터 소급하여 5년 이내에 감면된 세액 (2022. 2. 15. 신설)

⑧ 법 제121조의 22 제8항에 따라 소득세 또는 법인세를 감면받으려는 자는 과세표준신고와 함께 기획재정부령으로 정하는 세액감면신청서를 납세지 관할 세무서장에게 제출하여야 한다. (2022. 2. 15. 개정)

규칙 제8조의 3 【연구개발특구 등에의 입주기업 등에 대한 법인세 등의 감면 적용 시 사업용자산의 범위】

영 제11조의 2 제3항, 제61조 제3항, 제99조의 8 제2항, 제116조의 14 제2항, 제116조의 15 제4항, 제116조의 21 제4항, 제116조의 25 제2항, 제116조의 26 제3항, 제116조의 27 제3항 및 제116조의 36 제3항에서 "기획재정부령으로 정하는 사업용자산"이란 다음 각 호의 어느 하나에 해당하는 자산을 말한다. (2024. 3. 22. 개정)

1. 해당 특구 등에 소재하거나 해당 특구 등에서 해당 사업에 주로 사용하는 사업용 유형자산 (2020. 3. 13. 개정)
2. 해당 특구 등에 소재하거나 해당 특구 등에서 해당 사업에 주로 사용하기 위해 건설 중인 자산 (2020. 3. 13. 개정)
3. 「법인세법 시행규칙」 별표 3에 따른 무형자산 (2019. 3. 20. 개정)

□ **개정연혁**

[2020년] 국가식품클러스터 입주기업에 대한 법인세 등 감면 신설

가. 개정취지: 식품산업 경쟁력 강화

나. 개정내용

종전	개정
〈신 설〉	▨ 국가식품클러스터 입주기업에 대한 법인세 등 감면 ○ (대상) 국가식품클러스터 내 입주기업 ○ (지원내용) 소득세·법인세 3년간 100%, 2년간 50% 감면 ○ 감면대상사업의 범위 - 「식품산업진흥법」에 따른 식품산업* 관련 사업 * 식품을 생산, 가공, 제조, 조리, 포장, 보관, 수송 또는 판매하는 산업 ○ (감면한도) 투자누계액의 50% + 상시근로자 수 × 1,500만원* * 청년 및 서비스업 상시근로자는 2,000만원 ○ (적용기한) 2021.12.31

다. 적용시기 및 적용례: 2020.1.1. 이후 과세표준을 신고하는 분부터 적용

[2020년] 첨단의료복합단지 입주기업 세액감면 적용기한 연장

가. 개정취지: 지역 일자리 창출 및 투자활성화 등을 통한 균형발전 지속 지원

나. 개정내용

종전	개정
▨ 첨단의료복합단지 입주기업에 대한 감면 ○ (대상) 첨단의료복합단지(대구, 오송) 내 입주기업 ○ (지원내용) 소득세·법인세 3년간 100%, 2년간 50% 감면 ○ (적용기한) 2019.12.31.	▨ 적용기한 연장 (좌 동) ○ 2021.12.31.

다. 적용시기 및 적용례: 2020.1.1. 이후 개시하는 과세연도 분부터 적용

[2024년] 지역특구 세액감면 적용기한 연장
가. 개정취지: 지역 균형발전 지속 지원
나. 개정내용

종전	개정
▨ 지역특구 세액감면 제도 ○ (감면대상) 특구 내 창업기업 등에 대해 일정기간 동안 소득·법인세 감면 ○ (감면적용 특구) 위기지역 등 13개 특구 ○ (적용기한) 2023.12.31.	▨ 적용기한 연장 ○ (좌 동) ○ 2025.12.31.

다. 적용시기 및 적용례

PART 03 조세특례제한법에 따른 조세특례제한 등

60. 중복지원의 배제

법 제127조 【중복지원의 배제】

① 내국인이 이 법에 따라 투자한 자산 또는 출자로 취득한 지분에 대하여 제8조의 3 제3항, 제24조, 제26조 및 제104조의 15 제1항을 적용받는 경우 다음 각 호의 금액을 투자금액, 출자금액 또는 취득금액에서 차감한다. (2023. 12. 31. 개정)

1. 내국인이 자산에 대한 투자 또는 출자지분의 취득을 목적으로 다음 각 목의 어느 하나에 해당되는 국가 등(이하 이 조에서 "국가등"이라 한다)으로부터 출연금 등의 자산을 지급받아 투자 또는 출자에 지출하는 경우: 출연금 등의 자산을 투자 또는 출자에 지출한 금액에 상당하는 금액 (2023. 12. 31. 개정)

   가. 국가 (2014. 1. 1. 신설)

   나. 지방자치단체 (2014. 1. 1. 신설)

   다. 「공공기관의 운영에 관한 법률」에 따른 공공기관 (2014. 1. 1. 신설)

   라. 「지방공기업법」에 따른 지방공기업 (2014. 1. 1. 신설)

2. 내국인이 자산에 대한 투자 또는 출자지분의 취득을 목적으로 「금융실명거래 및 비밀보장에 관한 법률」 제2조 제1호 각 목의 어느 하나에 해당하는 금융회사등(이하 이 조에서 "금융회사등"이라 한다)으로부터 융자를 받아 투자 또는 출자에 지출하고 금융회사등에 지급하여야 할 이자비용의 전부 또는 일부를 국가등이 내국인을 대신하여 지급하는 경우: 대통령령으로 정하는 바에 따라 계산한 국가등이 지급하는 이자비용에 상당하는 금액 (2023. 12. 31. 개정)

3. 내국인이 자산에 대한 투자 또는 출자지분의 취득을 목적으로 국가등으로부터 융자를 받아 투자 또는 출자에 지출하는 경우: 대통령령으로 정하는 바에 따라 계산한 국가등이 지원하는 이자지원금에 상당하는 금액 (2023. 12. 31. 개정)

4. 내국인이 「법인세법」 제37조 제1항 각 호의 어느 하나에 해당하는 사업에 필요한 자산에 대한 투자를 목적으로 해당 자산의 수요자 또는 편익을 받는 자로부터 같은 항에 따른 공사부담금을 제공받아 투자에 지출하는 경우: 공사부담금을 투자에 지출한 금액에 상당하는 금액 (2021. 12. 28. 신설)

② 내국인이 이 법에 따라 투자한 자산에 대하여 제8조의 3 제3항, 제24조 및 제26조가 동시에 적용되는 경우와 동일한 과세연도에 제19조 제1항과 제29조의 4, 제26조와 제29조의 5, 제26조와 제30조의 4가 동시에 적용되는 경우에는 각각 그 중 하나만을 선택하여 적용받을 수 있다. (2020. 12. 29. 개정)

③ 내국인에 대하여 동일한 과세연도에 제8조의 3 제3항, 제24조, 제26조, 제29조의 5, 제29조의 7, 제29조의 8 제1항, 제30조의 4, 제104조의 14 및 제104조의 15를 적용할 때 제121조의 2 또는 제121조의 4에 따라 소득세 또는 법인세를 감면하는 경우에는 해당 규정에 따라 공제할 세액에 해당 기업의 총주식 또는 총지분에 대한 내국인투자자의 소유주식 또는 지분의 비율을 곱하여 계산한 금액을 공제한다. (2022. 12. 31. 개정)

④ 내국인이 동일한 과세연도에 제6조, 제7조, 제12조의 2, 제31조 제4항·제5항, 제32조 제4항, 제62조 제4항, 제63조 제1항, 제63조의 2 제1항, 제64조, 제66조부터 제68조까지, 제85조의 6 제1항·제2항, 제99조의 9 제2항, 제99조의 11 제1항, 제104조의 24 제1항, 제121조의 8, 제121조의 9 제2항, 제121조의 17 제2항, 제121조의 20 제2항, 제121조의 21 제2항, 제121조의 22 제2항 및 제121조의 33 제2항에 따라 소득세 또는 법인세가 감면되는 경우와 제8조의 3, 제13조의 2, 제24조, 제25조의 6, 제26조, 제30조의 4(제7조와 동시에 적용되는 경우는 제외한다), 제104조의 14, 제104조의 15, 제104조의 22, 제104조의 25, 제122조의 4 제1항 및 제126조의 7 제8항에 따라 소득세 또는 법인세가 공제되는 경우를 동시에 적용받을 수 있는 경우에는 그 중 하나만을 선택하여 적용받을 수 있다. 다만, 제6조에 따라 소득세 또는 법인세를 감면받는 경우에는 제29조의 7 또는 제29조의8을 동시에 적용하지 아니한다. (2024. 12. 31. 단서개정)

⑤ 내국인의 동일한 사업장에 대하여 동일한 과세연도에 제6조, 제7조, 제12조의 2, 제31조 제4항·제5항, 제32조 제4항, 제62조 제4항, 제63조 제1항, 제63조의 2 제1항, 제64조, 제85조의 6 제1항·제2항, 제99조의 9 제2항, 제99조의 11 제1항, 제104조의 24 제1항, 제121조의 8, 제121조의 9 제2항, 제121조의 17 제2항, 제121조의 20 제2항, 제121조의 21 제2항, 제121조의 22 제2항, 제121조의 33 제2항과 제121조의 2 또는 제121조의 4에 따른 소득세 또는 법인세의 감면규정 중 둘 이상의 규정이 적용될 수 있는 경우에는 그 중 하나만을 선택하여 적용받을 수 있다. (2023. 12. 31. 개정)

⑥ 내국인의 동일한 사업장에 대하여 동일한 과세연도에 제121조의 2 및 제121조의 4에 따른 취득세 및 재산세의 감면규정이 모두 적용될 수 있는 경우에는 그 중 하나만을 선택하여 적용받을 수 있다. (2015. 12. 15. 개정)

⑦ 거주자가 토지등을 양도하여 둘 이상의 양도소득세의 감면규정을 동시에 적용받는 경우에는 그 거주자가 선택하는 하나의 감면규정만을 적용한다. 다만, 토지등의 일부에 대하여 특정의 감면규정을 적용받는 경우에는 남은 부분에 대하여 다른 감면규정을 적용받을 수 있다. (2010. 1. 1. 개정)

⑧ 거주자가 토지등을 양도하여 제77조 및 제85조의 7이 동시에 적용되는 경우에는 그 중 하나만을 선택하여 적용받을 수 있다. (2010. 1. 1. 개정)

⑨ 거주자가 주택을 양도하여 제98조의 2와 제98조의 3이 동시에 적용되는 경우에는 그 중 하나만을 선택하여 적용받을 수 있다. (2010. 1. 1. 개정)

⑩ 제3항과 제4항을 적용할 때 제143조에 따라 세액감면을 적용받는 사업과 그 밖의 사업을 구분경리하는 경우로서 그 밖의 사업에 공제규정이 적용되는 경우에는 해당 세액감면과 공제는 중복지원에 해당하지 아니한다. (2013. 1. 1. 신설)

⑪ 제29조의 8 제1항은 제29조의 7 또는 제30조의 4에 따른 공제를 받지 아니한 경우에만 적용한다. (2022. 12. 31. 개정)

영 제123조 【투자세액공제 등의 배제】

① 법 제127조 제1항 제2호에서 "대통령령으로 정하는 바에 따라 계산한 국가등이 지급하는 이자비용에 상당하는 금액"이란 법 제127조 제1항 제1호 각 목의 어느 하나에 해당하는 국가등이 지급했거나 지급하기로 약정한 이자비용의 합계액을 말한다. (2021. 2. 17. 개정)

② 법 제127조 제1항 제3호에서 "대통령령으로 정하는 바에 따라 계산한 국가등이 지원하는 이자지원금에 상당하는 금액"이란 다음 계산식에 따라 계산한 금액[해당 금액이 음수(陰數)인 경우에는 영으로 본다]을 말한다. (2014. 2. 21. 신설)

▫ **개정연혁**

[2022년] 공사부담금 투자세액공제 배제
가. 개정취지: 공사부담금 과세이연 혜택과 중복지원 배제
나. 개정내용

종전	개정
▨ 투자세액공제 중복지원 배제 ○ 국가 등으로부터 출연금 등을 지급받아 투자한 금액 ○ 국가 등으로부터 융자를 받아 투자하는 경우 이자지원금에 상당하는 금액 등 〈추 가〉	▨ 공사부담금에 대한 투자세액공제 적용 배제 ○ (좌 동) ○ 공사부담금*을 제공받아 투자한 금액 * 특정시설에 대한 투자를 목적으로 해당 시설의 수요자 또는 편익을 받는 자로부터 제공받는 금액

다. 적용시기 및 적용례: 2022.1.1. 이후 투자하는 경우부터 적용

[2024년] 해외자원개발투자 세액공제 도입 및 세부사항 규정

가. 개정취지: 해외자원개발 활성화

나. 개정내용

종전	개정
⟨신 설⟩ ■ 국가 등의 보조금 등을 통한 세제지원 배제 ○ (대상 세제지원) - 통합투자세액공제 - 상생협력 시설투자 세액공제 ⟨추 가⟩ ⟨신 설⟩	■ 해외자원개발투자 세액공제 ○ (공제대상) ❶ 광업권·조광권 취득 투자 ❷ 광업권·조광권 취득을 위한 외국 법인에 대한 출자 ❸ 내국인의 외국자회사에 대한 해외 직접투자 ○ (공제율) 투자 또는 출자액의 3% ○ (적용기한) '26.12.31. ■ 배제 대상 세제지원 추가 ○ 배제 대상 추가 - (좌 동) - 해외자원개발투자 세액공제 ■ 세액공제 대상 출자 또는 투자범위 ○ (출자) 출자비율 10% 이상 또는 임직원 파견을 동반하는 경우로서 ❶, ❷ 모두 충족한 외국법인에 출자 - ❶ 광업권 또는 조광권 소유, ❷ 광구 개발·운영 목적 설립 ○ (투자) 외국자회사*에 대한 다음의 투자 * 내국인이 발행주식총수 등의 100%를 직접 출자한 외국 법인에 한정 - 내국인*의 외국자회사 증자에 참여 하는 투자 - 내국인*의 상환기간 5년 이상 금전 대여 투자 - 다른 해외자원개발사업자가 내국인*과 공동으로 상환기간 5년 이상으로 금전을 대여하는 투자 * 외국자회사의 발행주식총수 등의 100%를 보유한 내국인 ■ 추징세액 범위 : ❶ + ❷ ❶ (세액공제액 상당액) - 투자자산 또는 출자지분 이전·회수한 경우 : 세액공재액 X 이전·회수된 투자자산 또는 출자지분 / 총 투자자산 또는 출자지분 - 광업권 또는 조광권을 취득하지 못한 경우 : 세액공제액 전액 ❷ (이자상당가산액) 추징대상 일수1) × 이자율2) * 1) 세액공제 신청일 다음날부터 추징사유 발생일 과세연도 과세표준 신고일 2) 1일 10만분의 22

다. 적용시기 및 적용례: 2024.1.1. 이후 투자 또는 출자하는 분부터 적용

□ **해석사례**

▷ **본사지방이전 세액감면과 이 사건 각 세액공제(연구 및 인력개발을 위한 설비투자에 대한 세액공제, 고용창출투자세액공제, 근로자 복지 증진을 위한 시설 투자에 대한 세액공제) 중복적용 가능 여부**
　광주고법2022누10619(2022.10.06)
구 조세특례제한법 제127조 제10항에 따라 세액감면과 세액공제가 동시 적용이 가능한지 여부를 판단하는 최종적인 기준은 구분경리 그 자체가 아니라 동일한 소득 내지 세액에 대하여 중복 하여 감면과 공제가 이루어지는지 여부라고 봄이 타당함. 이에 원고의 항소는 기각하기로 판결함.

▷ **통합투자세액공제 적용 시 중복지원 배제 규정 적용 여부**
　기획재정부조세특례-495(2022.07.12)
「조세특례제한법」제24조(2020.12.29. 법률 제17759호로 개정된 것)에 따라 통합투자세액공제를 받는 경우 같은 법 제127조 제1항을 적용하는 것임

61. 추계과세 시 등의 감면배제

법 제128조 【추계과세 시 등의 감면배제】

① 「소득세법」 제80조제3항 단서 또는 「법인세법」 제66조제3항 단서에 따라 추계(推計)를 하는 경우에는 제7조의2, 제7조의4, 제8조의3제3항, 제10조, 제12조제2항, 제12조의3, 제12조의4, 제13조의2, 제13조의3, 제19조제1항, 제24조, 제25조의6, 제26조, 제29조의2부터 제29조의5까지, 제29조의7, 제29조의8, 제30조의3, 제30조의4, 제96조의3(「소득세법」 제160조에 따른 간편장부대상자는 제외한다), 제99조의12, 제104조의14, 제104조의15, 제104조의25, 제104조의30, 제122조의4제1항 및 제126조의7제8항을 적용하지 아니한다. 다만, 추계를 하는 경우에도 거주자에 대해서는 제24조 및 제26조를 적용(투자에 관한 증거서류를 제출하는 경우로 한정한다)한다. (2022. 12. 31. 개정)

② 「소득세법」 제80조제1항 또는 「법인세법」 제66조제1항에 따라 결정을 하는 경우와 「국세기본법」 제45조의3에 따라 기한 후 신고를 하는 경우에는 제6조, 제7조, 제12조제1항·제3항, 제12조의2, 제31조제4항·제5항, 제32조제4항, 제62조제4항, 제63조제1항, 제63조의2제1항, 제64조, 제66조부터 제68조까지, 제85조의6제1항·제2항, 제96조, 제96조의2, 제96조의3, 제99조의9제2항, 제99조의11제1항, 제99조의12, 제102조, 제104조의24제1항, 제121조의8, 제121조의9제2항, 제121조의17제2항, 제121조의20제2항, 제121조의21제2항, 제121조의22제2항, 제121조의33제2항을 적용하지 아니한다. (2023. 12. 31. 개정)

③ 「소득세법」 제80조제2항 또는 「법인세법」 제66조제2항에 따라 경정(제4항 각 호의 어느 하나에 해당되어 경정하는 경우는 제외한다)을 하는 경우와 과세표준 수정신고서를 제출한 과세표준과 세액을 경정할 것을 미리 알고 제출한 경우에는 대통령령으로 정하는 과소신고금액(過少申告金額)에 대하여 제6조, 제7조, 제12조제1항·제3항, 제12조의2, 제31조제4항·제5항, 제32조제4항, 제62조제4항, 제63조제1항, 제63조의2제1항, 제64조, 제66조부터 제68조까지, 제85조의6제1항·제2항, 제96조, 제96조의2, 제96조의3, 제99조의9제2항, 제99조의11제1항, 제99조의12, 제102조, 제104조의24제1항, 제121조의8, 제121조의9제2항, 제121조의17제2항, 제121조의20제2항, 제121조의21제2항, 제121조의22제2항, 제121조의33제2항을 적용하지 아니한다. (2023. 12. 31. 개정)

④ 사업자가 다음 각 호의 어느 하나에 해당하는 경우에는 해당 과세기간의 해당 사업장에 대하여 제6조, 제7조, 제12조제1항·제3항, 제12조의2, 제31조제4항·제5항, 제32조제4항, 제62조제4항, 제63조제1항, 제63조의2제1항, 제64조, 제66조부터 제68조까지, 제85조의6제1항·제2항, 제96조, 제96조의2, 제96조의3, 제99조의9제2항, 제99조의11제1항, 제99조의12, 제102조, 제104조의24제1항, 제121조의8, 제121조의9제2항, 제121조의17제2항, 제121조의20제2항, 제121조의21제2항, 제121조의22제2항, 제121조의33제2항을 적용하지 아니한다. 다만, 사업자가 제1호 또는 제2호의 의무 불이행에 대하여 정당한 사유가 있는 경우에는 그러하지 아니하다. (2023. 12. 31. 개정)

1. 「소득세법」 제160조의 5 제3항에 따라 사업용계좌를 신고하여야 할 사업자가 이를 이행하지 아니한 경우 (2010. 12. 27. 개정)

2. 「소득세법」 제162조의 3 제1항 또는 「법인세법」 제117조의 2 제1항에 따라 현금영수증가맹점으로 가입하여야 할 사업자가 이를 이행하지 아니한 경우 (2010. 1. 1. 개정)
3. 「소득세법」 제162조의 2 제2항 및 「법인세법」 제117조에 따른 신용카드가맹점으로 가입한 사업자 또는 「소득세법」 제162조의 3 제1항 또는 「법인세법」 제117조의 2에 따라 현금영수증가맹점으로 가입한 사업자가 다음 각 목의 어느 하나에 해당하는 경우로서 그 횟수·금액 등을 고려하여 대통령령으로 정하는 때에 해당하는 경우 (2010. 1. 1. 개정)
   가. 신용카드에 의한 거래를 거부하거나 신용카드매출전표를 사실과 다르게 발급한 경우 (2010. 1. 1. 개정)
   나. 현금영수증의 발급요청을 거부하거나 사실과 다르게 발급한 경우 (2010. 1. 1. 개정)

영 제122조 【과소신고소득금액의 범위】
① 법 제128조 제3항에서 "대통령령으로 정하는 과소신고금액"이란 법인의 경우에는 「국세기본법」 제47조의 3 제2항 제1호에 따른 부정과소신고과세표준을 말하며, 개인의 경우에는 이를 준용하여 계산한 금액을 말한다. (2013. 2. 15. 개정)
② 법 제128조 제4항 제3호 각 목 외의 부분에서 "대통령령으로 정하는 때에 해당하는 경우"란 신용카드가맹점 또는 현금영수증가맹점으로 가입한 사업자 중 신용카드에 의한 거래 또는 현금영수증의 발급을 거부하거나 신용카드매출전표 또는 현금영수증을 사실과 다르게 발급한 것을 이유로 「소득세법」 제162조의 2 제4항 후단·제162조의 3 제6항 후단·「법인세법」 제117조 제4항 후단 및 제117조의 2 제5항에 따라 관할세무서장으로부터 신고금액을 통보받은 사업자로서 다음 각 호의 어느 하나에 해당하는 경우를 말한다. (2019. 2. 12. 개정)
1. 해당 과세연도(신용카드에 의한 거래 또는 현금영수증의 발급을 거부하거나 신용카드매출전표 또는 현금영수증을 사실과 다르게 발급한 날이 속하는 해당 과세연도를 말한다. 이하 이 항에서 같다)에 신고금액을 3회 이상 통보받은 경우로서 그 금액의 합계액이 100만원 이상인 경우 (2009. 2. 4. 개정)
2. 해당 과세연도에 신고금액을 5회 이상 통보받은 경우 (2007. 2. 28. 신설)

□ 해석사례

▷ 복식부기의무자의 일부 사업장 추계 신고 시 중소기업특별세액 감면 가능 여부
　기준법무소득2023-133(2023.09.26)
복식부기의무자의 종합소득 과세표준 추계 신고한 해당 사업장에 한하여 세액감면이 배제되는 것임

62. 수도권과밀억제권역의 투자에 대한 조세감면 배제

법 제130조 【수도권과밀억제권역의 투자에 대한 조세감면 배제】 (2010. 1. 1. 제목개정)

① 1989년 12월 31일 이전부터 수도권과밀억제권역에서 계속하여 사업을 경영하고 있는 내국인과 1990년 1월 1일 이후 수도권과밀억제권역에서 새로 사업장을 설치하여 사업을 개시하거나 종전의 사업장(1989년 12월 31일 이전에 설치한 사업장을 포함한다. 이하 이 조에서 같다)을 이전하여 설치하는 중소기업(이하 이 항에서 "1990년이후중소기업등"이라 한다)이 수도권과밀억제권역에 있는 해당 사업장에서 사용하기 위하여 취득하는 사업용 고정자산으로서 대통령령으로 정하는 증설투자에 해당하는 것에 대해서는 제24조를 적용하지 아니한다. 다만, 대통령령으로 정하는 산업단지 또는 공업지역에서 증설투자를 하는 경우 및 대통령령으로 정하는 사업용 고정자산을 취득하는 경우에는 그러하지 아니하다. (2020. 12. 29. 개정)

② 중소기업이 아닌 자가 1990년 1월 1일 이후 수도권과밀억제권역에서 새로 사업장을 설치하여 사업을 개시하거나 종전의 사업장을 이전하여 설치하는 경우 수도권과밀억제권역에 있는 해당 사업장에서 사용하기 위하여 취득하는 사업용 고정자산에 대해서는 제24조를 적용하지 아니한다. 다만, 대통령령으로 정하는 사업용 고정자산을 취득하는 경우에는 그러하지 아니하다. (2020. 12. 29. 개정)

영 제124조 【수도권과밀억제권역 안의 투자에 대한 조세감면배제 등】 (2021. 2. 17. 제목개정)

① 법 제130조 제1항 본문에서 "대통령령이 정하는 증설투자"라 함은 다음 각 호의 구분에 따른 투자를 말한다. (2020. 4. 14. 개정)

1. 기획재정부령으로 정하는 공장인 사업장의 경우 : 사업용고정자산을 새로 설치함으로써 기획재정부령으로 정하는 바에 따라 해당 공장의 연면적이 증가되는 투자 (2020. 4. 14. 개정)
2. 제1호의 공장 외의 사업장인 경우 : 사업용고정자산을 새로 설치함으로써 기획재정부령으로 정하는 바에 따라 사업용고정자산의 수량 또는 해당 사업장의 연면적이 증가되는 투자 (2020. 4. 14. 개정)

② 법 제130조 제1항 단서에서 "대통령령으로 정하는 산업단지 또는 공업지역"이란 수도권과밀억제권역안에 소재하는 다음 각호의 1에 해당하는 산업단지 또는 공업지역을 말한다. (2010. 2. 18. 개정)

1. 「산업입지 및 개발에 관한 법률」에 의한 산업단지 (2005. 2. 19. 개정)
2. 「국토의 계획 및 이용에 관한 법률」 제36조 제1항 제1호의 규정에 의한 공업지역 및 동법 제51조 제3항의 지구단위계획구역 중 산업시설의 입지로 이용되는 구역 (2012. 4. 10. 개정 ; 국토의 계획 및 이용에 관한 법률 시행령 부칙)

③ 법 제130조 제1항 단서 및 제2항 단서에서 "대통령령으로 정하는 사업용 고정자산"이란 각각 다음 각 호의 자산을 말한다. (2021. 2. 17. 개정)

1. 디지털방송을 위한 프로그램의 제작ㆍ편집ㆍ송신 등에 사용하기 위하여 취득하는 방송장비 (2021. 2. 17. 개정)
2. 「전기통신사업 회계정리 및 보고에 관한 규정」 제8조에 따른 전기통신설비 중 같은 조 제1호부터

제3호까지 및 제5호에 따른 교환설비, 전송설비, 선로설비 및 정보처리설비 (2021. 2. 17. 개정)
3. 제21조 제3항 제1호에 해당하는 자산 (2021. 2. 17. 개정)
4. 그 밖에 기획재정부령으로 정하는 사업용 고정자산 (2021. 2. 17. 개정)
④ (삭제, 2021. 2. 17.)

규칙 제53조 【증설투자기준 공장의 범위 등】 (2020. 4. 21. 제목개정)

① 영 제124조 제1항 제1호에서 "기획재정부령으로 정하는 공장"이란 「산업집적활성화 및 공장설립에 관한 법률」제2조 제1호에 따른 공장을 말하며, 같은 호에서 "해당 공장의 연면적"이란 공장 부지면적 또는 공장부지 안에 있는 건축물 각 층의 바닥면적을 말한다. 다만, 식당·휴게실·목욕실·세탁장·의료실·옥외체육시설 및 기숙사 등 종업원의 후생복지증진에 제공되는 시설의 면적과 대피소·무기고·탄약고 및 교육시설의 면적은 당해 공장의 연면적에 포함하지 않는다. (2020. 4. 21. 개정)

② 영 제124조 제1항 제2호에서 사업용고정자산의 수량이 증가하는 경우란 기계장치 등 사업용고정자산을 추가로 설치하는 경우를 말하며, 같은 호에서 해당 사업장의 연면적이란 사업장 부지면적 또는 사업장 부지 안에 있는 건축물 각 층의 바닥면적을 말한다. 다만, 식당·휴게실·목욕실·세탁장·의료실·옥외체육시설 및 기숙사 등 종업원의 후생복지증진에 제공되는 시설의 면적과 대피소·무기고·탄약고 및 교육시설의 면적은 해당 사업장의 연면적에 포함하지 않는다. (2020. 4. 21. 신설)

규칙 제54조 【수도권과밀억제권역 안의 투자에 대한 조세감면 대상 사업용 고정자산의 범위】

영 제124조 제3항 제4호에서 "그 밖에 기획재정부령으로 정하는 사업용 고정자산"이란 다음 각 호의 어느 하나에 해당하는 사업용 고정자산을 말한다. (2021. 3. 16. 신설)
1. 제13조의 10 제3항 및 제4항 중 어느 하나에 해당하는 시설 (2021. 3. 16. 신설)
2. 별표 11에 따른 의약품 품질관리 개선시설 (2021. 3. 16. 신설)

□ 해석사례

▷ 중소기업이 수도권과밀억제권역에서 수도권과밀억제권역 밖으로 공장 이전시 감면 등 적용 여부
   서면법인2023-1523(2023.09.26)
「조세특례제한법」제63조 수도권 밖으로 공장을 이전하는 기업에 대한 세액감면을 적용함에 있어서 성남일반산업단지는「수도권정비계획법」제6조에 따라 수도권과밀억제권역에 포함됨

▷ 수도권과밀억제권역내 투자에 대한 조세감면 배제 여부
   기획재정부조세정책-1130(2023.05.15)
수도권과밀억제권역에서 중소기업이었던 내국인이 이후 규모의 확대 등으로 중소기업에 해당하지 않게 된 경우에는 사업용 고정자산 취득일이 속하는 과세연도의 종료일을 기준으로 중소기업 여부를 판단함

▷ 사업용고정자산을 반환하면서 동일한 종류의 새로운 자산으로 대체취득하는 경우, 조특법§24①에 따른 세액공제 적용여부
   사전법규소득2021-1763(2022.06.08)
기존 사업용고정자산을 신형으로 교체하는 방식의 투자로서 해당 사업용고정자산의 수량이 그대로 유지되고 사업장의 연면적이 증가되지 않는 투자의 경우에는 증설투자에 해당하지 않는 것임

63. 최저한세액에 미달하는 세액에 대한 감면 등의 배제

법 제132조 【최저한세액에 미달하는 세액에 대한 감면 등의 배제】

① 내국법인(제72조 제1항을 적용받는 조합법인 등은 제외한다)의 각 사업연도의 소득과 「법인세법」 제91조 제1항을 적용받는 외국법인의 각 사업연도의 국내원천소득에 대한 법인세(「법인세법」 제55조의 2에 따른 토지등 양도소득에 대한 법인세와 같은 법 제96조에 따른 법인세에 추가하여 납부하는 세액, 제100조의 32에 따른 투자·상생협력 촉진을 위한 과세특례를 적용하여 계산한 법인세, 가산세 및 대통령령으로 정하는 추징세액은 제외하며, 대통령령으로 정하는 세액공제 등을 하지 아니한 법인세를 말한다)를 계산할 때 다음 각 호의 어느 하나에 규정된 감면 등을 적용받은 후의 세액이 제2호에 따른 손금산입 및 소득공제 등을 하지 아니한 경우의 과세표준(이하 이 조에서 "과세표준"이라 한다)에 100분의 17[과세표준이 100억원 초과 1천억원 이하 부분은 100분의 12, 과세표준이 100억원 이하 부분은 100분의 10, 중소기업의 경우에는 100분의 7(중소기업이 대통령령으로 정하는 바에 따라 최초로 중소기업에 해당하지 아니하게 된 경우에는 그 최초로 중소기업에 해당하지 아니하게 된 과세연도의 개시일부터 3년 이내에 끝나는 과세연도에는 100분의 8, 그 다음 2년 이내에 끝나는 과세연도에는 100분의 9로 한다)]을 곱하여 계산한 세액(이하 "법인세 최저한세액"이라 한다)에 미달하는 경우 그 미달하는 세액에 상당하는 부분에 대해서는 감면 등을 하지 아니한다. (2019. 12. 31. 개정)

1. (삭제, 2019. 12. 31.)
2. 제8조, 제8조의 2, 제10조의 2, 제13조, 제14조, 제28조, 제28조의 2, 제28조의 3, 제55조의 2 제4항, 제60조 제2항, 제61조 제3항, 제62조 제1항, 제63조 제4항 및 제63조의 2 제4항에 따른 소득공제금액, 손금산입금액, 익금불산입금액 및 비과세금액 (2020. 12. 29. 개정)
3. 제7조의 2, 제7조의 4, 제8조의 3, 제10조(중소기업이 아닌 자만 해당한다. 이하 이 조에서 같다), 제12조 제2항, 제12조의 3, 제12조의 4, 제13조의 2, 제13조의 3, 제19조 제1항, 제24조, 제25조의 6, 제25조의 7, 제26조, 제29조의 2부터 제29조의 5까지, 제29조의 7, 제29조의 8, 제30조의 3, 제30조의 4, 제31조 제6항, 제32조 제4항, 제99조의12, 제104조의 8, 제104조의 14, 제104조의 15, 제104조의 22, 제104조의 25, 제104조의 30, 제122조의 4 제1항 및 제126조의 7 제8항에 따른 세액공제금액 (2023. 12. 31. 개정)
4. 제6조, 제7조, 제12조 제1항·제3항, 제12조의 2, 제21조, 제31조 제4항·제5항, 제32조 제4항, 제62조 제4항, 제63조, 제64조, 제68조, 제96조, 제96조의 2, 제99조의 9, 제102조, 제121조의 8, 제121조의 9, 제121조의 17, 제121조의 20부터 제121조의 22까지, 제121조의 33에 따른 법인세의 면제 및 감면. 다만, 다음 각 목의 경우는 제외한다. (2023. 12. 31. 개정)
   가. 제6조 제1항 또는 제6항, 제12조의 2, 제99조의 9, 제121조의 8, 제121조의 9, 제121조의 17, 제121조의 20부터 제121조의 22까지, 제121조의 33에 따라 법인세의 100분의 100에 상당하는 세액을 감면받는 과세연도의 경우 (2023. 12. 31. 개정)

나. 제6조 제7항에 따라 추가로 감면받는 부분의 경우 (2019. 12. 31. 개정)

다. 제63조에 따라 수도권 밖으로 이전하는 경우 (2019. 12. 31. 개정)

라. 제68조에 따라 작물재배업에서 발생하는 소득의 경우 (2019. 12. 31. 개정)

② 거주자의 사업소득(제16조를 적용받는 경우에만 해당 부동산임대업에서 발생하는 소득을 포함한다. 이하 이 항에서 같다)과 비거주자의 국내사업장에서 발생한 사업소득에 대한 소득세(가산세와 대통령령으로 정하는 추징세액은 제외하며 사업소득에 대한 대통령령으로 정하는 세액공제 등을 하지 아니한 소득세를 말한다)를 계산할 때 다음 각 호의 어느 하나에 해당하는 감면 등을 적용받은 후의 세액이 제2호에 따른 손금산입 및 소득공제 등을 하지 아니한 경우의 사업소득에 대한 산출세액에 100분의 45(산출세액이 3천만원 이하인 부분은 100분의 35)를 곱하여 계산한 세액(이하 "소득세 최저한세액"이라 한다)에 미달하는 경우 그 미달하는 세액에 상당하는 부분에 대해서는 감면 등을 하지 아니한다. (2019. 12. 31. 개정)

1. (삭제, 2019. 12. 31.)

2. 제8조, 제10조의 2, 제16조, 제28조, 제28조의 2, 제28조의 3, 제86조의 3 및 제132조의 2에 따른 손금산입금액 및 소득공제금액 (2018. 12. 24. 개정)

3. 제7조의 2, 제7조의 4, 제8조의 3 제3항, 제10조, 제12조 제2항, 제19조 제1항, 제24조, 제25조의 6, 제26조, 제29조의 2부터 제29조의 5까지, 제29조의 7, 제29조의 8, 제30조의 3, 제30조의 4, 제31조 제6항, 제32조 제4항, 제99조의 12, 제104조의 8, 제104조의 14, 제104조의 15, 제104조의 25, 제104조의 30, 제122조의 3, 제122조의 4 제1항, 제126조의 3 제2항 및 제126조의 7 제8항에 따른 세액공제금액 (2022. 12. 31. 개정)

4. 제6조, 제7조, 제12조 제1항·제3항, 제12조의 2, 제21조, 제31조 제4항·제5항, 제32조 제4항, 제63조, 제64조, 제96조, 제96조의 2, 제99조의 9, 제102조, 제121조의 8, 제121조의 9, 제121조의 17, 제121조의 20부터 제121조의 22까지, 제121조의 33에 따른 소득세의 면제 및 감면. 다만, 다음 각 목의 경우는 제외한다. (2023. 12. 31. 개정)

가. 제6조 제1항 또는 제6항, 제12조의 2, 제99조의 9, 제121조의 8, 제121조의 9, 제121조의 17, 제121조의 20부터 제121조의 22까지, 제121조의 33에 따라 소득세의 100분의 100에 상당하는 세액을 감면받는 과세연도의 경우 (2023. 12. 31. 개정)

나. 제6조 제7항에 따라 추가로 감면받는 부분의 경우 (2019. 12. 31. 개정)

다. 제63조에 따라 수도권 밖으로 이전하는 경우 (2019. 12. 31. 개정)

③ 이 법을 적용할 때 제1항 각 호 및 제2항 각 호에 열거된 감면 등과 그 밖의 감면 등이 동시에 적용되는 경우 그 적용순위는 제1항 각 호 및 제2항 각 호에 열거된 감면 등을 먼저 적용한다. (2010. 1. 1. 개정)

④ 제1항 및 제2항에 따른 최저한세의 적용에 필요한 사항은 대통령령으로 정한다. (2010. 1. 1. 개정)

영 제126조 【최저한세액에 미달하는 세액에 대한 감면 등의 배제】 (2010. 2. 18. 제목개정)

① 법 제132조 제1항 각 호 외의 부분 및 같은 조 제2항 각 호 외의 부분에서 "대통령령으로 정하는 추징세액"이란 각각 다음 각 호의 것을 말한다. (2016. 2. 5. 개정)

1. 법에 의하여 각종 준비금 등을 익금산입하는 경우와 감면세액을 추징하는 경우(소득세 또는 법인세에 가산하여 자진납부하거나 부과징수하는 경우를 포함한다)에 있어서의 이자상당가산액 (2002. 12. 30. 개정)

2. 법 또는 「법인세법」에 의하여 소득세 또는 법인세의 감면세액을 추징하는 경우 당해 사업연도에 소득세 또는 법인세에 가산하여 자진납부하거나 부과징수하는 세액 (2005. 2. 19. 개정)

② 법 제132조 제1항 각 호 외의 부분에서 "대통령령으로 정하는 세액공제등"이란 법인세 감면 중 같은 항 제3호 및 제4호에 열거되지 아니한 세액공제·세액면제 및 감면을 말하며, 같은 항 각 호 외의 부분에서 "대통령령으로 정하는 바에 따라 최초로 중소기업에 해당하지 아니하게 된 경우"란 제2조 제2항 각 호 외의 부분 본문 및 같은 조 제5항에 따라 중소기업에 해당하지 아니하게 된 사유가 발생한 날이 속하는 과세연도와 그 다음 3개 과세연도가 경과한 경우를 말한다. (2010. 12. 30. 개정)

③ (삭제, 2012. 2. 2.)

④ 법 제132조 제2항 각 호 외의 부분에서 "대통령령으로 정하는 세액공제등"이란 소득세의 감면 중 동조 동항 제3호 및 제4호에 열거되지 아니한 세액공제·세액면제 및 감면을 말한다. (2009. 2. 4. 개정)

⑤ 납세의무자가 신고(「국세기본법」에 의한 수정신고 및 경정 등의 청구를 포함한다)한 소득세액 또는 법인세액이 법 제132조에 따라 계산한 세액에 미달하여 소득세 또는 법인세를 경정하는 경우에는 다음 각 호의 순서(같은 호 안에서는 법 제132조 제1항 및 제2항 각 호에 열거된 조문순서를 따른다)에 따라 다음 각 호의 감면을 배제하여 세액을 계산한다. (2014. 2. 21. 개정)

1. (삭제, 2014. 2. 21.)

2. (삭제, 2020. 2. 11.)

2의 2. 법 제132조 제1항 제2호 및 같은 조 제2항 제2호에 따른 손금산입 및 익금불산입 (2014. 2. 21. 개정)

3. 법 제132조 제1항 제3호 및 동조 제2항 제3호의 규정에 의한 세액공제. 이 경우 동일 조문에 의한 감면세액 중 이월된 공제세액이 있는 경우에는 나중에 발생한 것부터 적용배제한다. (1998. 12. 31. 개정)

4. 법 제132조 제1항 제4호 및 동조 제2항 제4호의 규정에 의한 법인세 또는 소득세의 면제 및 감면 (1998. 12. 31. 개정)

5. 법 제132조 제1항 제2호 및 동조 제2항 제2호의 규정에 의한 소득공제 및 비과세 (1998. 12. 31. 개정)

규칙 제55조 【사업소득에 대한 세액공제금액의 계산】

영 제126조 제4항의 규정에 의한 사업소득에 대한 세액공제액은 다음의 산식에 의하여 계산한다.

(2004. 3. 6. 개정)
1. 「소득세법」제57조의 규정에 의한 외국납부세액공제 (2005. 3. 11. 개정)
   가. 「소득세법 시행령」제117조 제1항 제1호에 해당하는 경우 (2005. 3. 11. 개정)
   (외국납부세액 또는 외국납부의제세액)×(과세대상국외원천소득 중 사업소득/과세대상국외원천소득)
   나. 「소득세법 시행령」제117조 제1항 제2호에 해당하는 경우 (2005. 3. 11. 개정)
   (외국납부세액 또는 외국납부의제세액)×(국외에서 발생한 과세대상 수입금액 중 사업소득에 해당되는 수입금액/국외에서 발생한 과세대상 수입금액)
2. 「소득세법」제58조의 규정에 의한 재해손실세액공제 (2005. 3. 11. 개정)
   가. 「소득세법」제58조 제1항 제1호에 해당하는 경우 (2005. 3. 11. 개정)
   종합소득에 대한 미납부세액(가산금포함)×재해상실비율×(당해 미납부세액이 있는 과세연도의 사업소득/당해 미납부세액이 있는 과세연도의 종합소득)
   나. 「소득세법」제58조 제1항 제2호에 해당하는 경우 (2005. 3. 11. 개정)
   [종합소득세 산출세액 − (재해손실세액공제액외의 종합소득에 대한 세액공제액 + 종합소득에 대한 세액감면액) + 종합소득에 대한 가산세액]×재해발생률×(재해발생 과세연도의 사업소득금액/재해발생 과세연도의 종합소득금액)

□ **개정연혁**

[2020년] 지역특구에 대한 최저한세 정비
가. 개정취지: 지역특구 제도 간 일관성을 확보하고 최저한세 및 100% 감면제도를 합리적으로 운용
나. 개정내용

종전	개정
■ 3년 100%, 2년 50% 감면지역특구에 대한 최저한세 적용 현황 ○ (최저한세 적용 제외) - 제주첨단과학기술단지 입주기업 세액감면 - 제주투자진흥지구·자유무역지역 입주기업 세액감면 - 기업도시개발구역 등 창업기업 세액감면 - 아시아문화중심도시 입주기업 세액감면 - 금융중심지 창업기업 세액감면 ○ (최저한세 적용) - 연구개발특구 입주 첨단기술기업 세액감면 - 첨단의료복합단지 입주기업 세액감면 ※ 감면율에 관계없이 지역특구 제도별로 최저한세 적용 상이	■ 지역특구에 대한 최저한세 적용 정비 ○ 지역특구에 대해 동일원칙 적용 - (최저한세 적용 제외) ■ 100% 감면기간 - (최저한세 적용) ■ 그 외(50%) 감면기간

다. 적용시기 및 적용례: 2020.1.1. 이후 개시하는 과세연도 분부터 적용

□ **해석사례**

▷ 최저한세가 적용되는 공제·감면과 최저한세가 적용되지 않는 공제·감면 순서 등
  서면법인2020-4041(2021.03.08)

「조세특례제한법」제132조 제1항에 따른 최저한세가 적용되는 공제·감면과 최저한세가 적용되지 않는 공제·감면을 동시에 적용하는 경우에는 같은 조 제3항에 따라 최저한세가 적용되는 공제·감면을 먼저 적용하는 것임

PART 04 조세특례제한법 보칙

64. 구분경리

법 제143조【구분경리】

① 내국인은 이 법에 따라 세액감면을 적용받는 사업(감면비율이 2개 이상인 경우 각각의 사업을 말하며, 이하 이 조에서 "감면대상사업"이라 한다)과 그 밖의 사업을 겸영하는 경우에는 대통령령으로 정하는 바에 따라 구분하여 경리하여야 한다. (2010. 1. 1. 개정)

② 소비성서비스업과 그 밖의 사업을 함께 하는 내국인은 대통령령으로 정하는 바에 따라 자산·부채 및 손익을 각각의 사업별로 구분하여 경리하여야 한다. (2010. 1. 1. 개정)

③ 감면대상사업의 소득금액을 계산할 때 제1항 및 제2항에 따라 구분하여 경리한 사업 중 결손금이 발생한 경우에는 해당 결손금의 합계액에서 소득금액이 발생한 사업의 소득금액에 비례하여 안분 계산한 금액을 공제한 금액으로 한다. (2010. 1. 1. 개정)

영 제136조【구분경리】

① 법 제143조의 규정에 의한 구분경리에 관하여는 「법인세법」 제113조의 규정을 준용한다. (2005. 2. 19. 개정)

② 법 제143조의 규정에 의한 감면사업의 사업별 소득금액은 「소득세법」 제19조의 규정을 준용하여 계산한다. (2005. 2. 19. 개정)

65. 세액공제액의 이월공제

법 제144조 【세액공제액의 이월공제】

① 제7조의 2, 제7조의 4, 제8조의 3, 제10조, 제12조 제2항, 제12조의 3, 제12조의 4, 제13조의 2, 제13조의 3, 제19조 제1항, 제24조, 제25조의 6, 제25조의 7, 제26조, 제29조의 2부터 제29조의 5까지, 제29조의 7, 제29조의 8, 제30조의 3, 제30조의 4, 제96조의 3, 제99조의12, 제100조의33, 제104조의 5, 제104조의 8, 제104조의 14, 제104조의 15, 제104조의 22, 제104조의 25, 제104조의 30, 제104조의 32, 제122조의 4 제1항, 제126조의 6, 제126조의 7 제8항 및 법률 제5584호 조세감면규제법개정법률 부칙 제12조 제2항(종전 제37조의 개정규정만 해당한다)에 따라 공제할 세액 중 해당 과세연도에 납부할 세액이 없거나 제132조에 따른 법인세 최저한세액 및 소득세 최저한세액에 미달하여 공제받지 못한 부분에 상당하는 금액은 해당 과세연도의 다음 과세연도 개시일부터 10년 이내에 끝나는 각 과세연도에 이월하여 그 이월된 각 과세연도의 소득세[사업소득(제96조의 3 및 제126조의 6을 적용하는 경우에는 「소득세법」 제45조 제2항에 따른 부동산임대업에서 발생하는 소득을 포함한다)에 대한 소득세만 해당한다] 또는 법인세에서 공제한다. (2023. 12. 31. 개정)

1. (삭제, 2020. 12. 29)
2. (삭제, 2020. 12. 29)
3. (삭제, 2020. 12. 29)

② 각 과세연도의 소득세 또는 법인세에서 공제할 금액으로서 제7조의 2, 제7조의 4, 제8조의 3, 제10조, 제12조 제2항, 제12조의 3, 제12조의 4, 제13조의 2, 제13조의 3, 제19조 제1항, 제24조, 제25조의 6, 제25조의 7, 제26조, 제29조의 2부터 제29조의 5까지, 제29조의 7, 제29조의 8, 제30조의 3, 제30조의 4, 제96조의 3, 제99조의12, 제100조의33, 제104조의 5, 제104조의 8, 제104조의 14, 제104조의 15, 제104조의 22, 제104조의 25, 제104조의 30, 제104조의 32, 제122조의 4 제1항, 제126조의 6, 제126조의 7 제8항 및 법률 제5584호 조세감면규제법개정법률 부칙 제12조 제2항(종전 제37조의 개정규정만 해당한다)에 따라 공제할 금액과 제1항에 따라 이월된 미공제 금액이 중복되는 경우에는 제1항에 따라 이월된 미공제 금액을 먼저 공제하고 그 이월된 미공제 금액 간에 중복되는 경우에는 먼저 발생한 것부터 차례대로 공제한다. (2023. 12. 31. 개정)

③ 제1항에도 불구하고 제26조 제1항 제2호 각 목 외의 부분 단서에 따라 해당 투자가 이루어진 과세연도에 공제받지 못한 금액과 제26조 제6항에 따라 소득세 또는 법인세로 납부한 금액은 다음 각 호의 순서대로 계산한 금액을 더한 금액을 한도로 하여 해당 투자가 이루어진 과세연도의 다음 과세연도 개시일부터 5년 이내에 끝나는 각 과세연도에 이월하여 그 이월된 각 과세연도의 소득세(사업소득에 대한 소득세만 해당한다) 또는 법인세에서 공제한다. 이 경우 이월공제받는 과세연도의 상시근로자 수는 제3호 각 목에 따른 상시근로자 수 중 큰 수를 초과하여야 한다. (2011. 12. 31. 신설)

1. 이월공제받는 과세연도에 최초로 근로계약을 체결한 상시근로자 중 산업수요맞춤형고등학교등의 졸업생 수 × 2천만원(중소기업의 경우는 2천500만원) (2016. 12. 20. 개정)

2. 이월공제받는 과세연도에 최초로 근로계약을 체결한 제1호 외의 상시근로자 중 청년근로자, 장애인근로자, 60세 이상인 근로자 수 × 1천500만원(중소기업의 경우는 2천만원) (2016. 12. 20. 개정)
3. (이월공제받는 과세연도의 상시근로자 수 - 제1호에 따른 졸업생 수 - 제2호에 따른 청년근로자, 장애인근로자, 60세 이상인 근로자 수 - 다음 각 목의 수 중 큰 수) × 1천만원(중소기업의 경우는 1천500만원) (2016. 12. 20. 개정)
   가. 이월공제받는 과세연도의 직전 과세연도의 상시근로자 수 (2011. 12. 31. 신설)
   나. 이월공제받는 금액의 해당 투자가 이루어진 과세연도의 직전 과세연도의 상시근로자 수 (2011. 12. 31. 신설)
   다. 제26조 제6항에 따라 상시근로자 수가 감소하여 소득세 또는 법인세를 납부한 경우 그 상시근로자 수가 감소한 과세연도(2개 과세연도 연속으로 상시근로자 수가 감소한 경우에는 두 번째 과세연도)의 상시근로자 수 (2011. 12. 31. 신설)
④ (삭제, 2020. 12. 29)

영 제136조의 2 【세액공제액의 이월공제】

① 법 제144조 제3항 제1호에 따른 산업수요맞춤형고등학교등의 졸업생 수는 근로계약 체결일 현재 산업수요맞춤형고등학교등을 졸업한 날부터 2년 이상 경과하지 아니한 상시근로자 수(이월공제받는 과세연도의 상시근로자 수에서 법 제144조 제3항 제3호 각 목의 수 중 큰 수를 뺀 수를 한도로 한다)로 한다. (2012. 2. 2. 개정)

② 법 제144조 제3항 제2호에 따른 청년근로자 수는 제23조 제8항 제1호에 해당하는 상시근로자 수(이월공제받는 과세연도의 상시근로자 수에서 법 제144조 제3항 제3호 각 목의 수 중 큰 수 및 제1항에 따른 산업수요맞춤형고등학교등의 졸업생 수를 뺀 수를 한도로 한다)로 한다. (2015. 2. 3. 개정)

③ 법 제144조 제3항 제2호에 따른 장애인근로자 수는 제23조 제8항 제2호에 해당하는 상시근로자 수(이월공제받는 과세연도의 상시근로자 수에서 법 제144조 제3항 제3호 각 목의 수 중 큰 수, 제1항에 따른 산업수요맞춤형고등학교등의 졸업생 수 및 제2항에 따른 청년근로자 수를 뺀 수를 한도로 한다)로 한다. (2015. 2. 3. 개정)

④ 법 제144조 제3항 제2호에 따른 60세 이상인 근로자 수는 제23조 제8항 제3호에 해당하는 상시근로자 수(이월공제받는 과세연도의 상시근로자 수에서 법 제144조 제3항 제3호 각 목의 수 중 큰 수, 제1항에 따른 산업수요맞춤형고등학교등의 졸업생 수, 제2항에 따른 청년근로자 수와 제3항에 따른 장애인근로자 수를 뺀 수를 한도로 한다)로 한다. (2015. 2. 3. 개정)

⑤ 제1항부터 제4항까지의 규정에 따른 상시근로자의 범위 및 상시근로자 수의 계산방법은 제23조 제10항부터 제13항까지의 규정을 준용한다. (2015. 2. 3. 개정)

□ 개정연혁

[2020년] 신성장·원천기술 R&D 비용 세액공제 이월기간 확대
가. 개정취지: 수익창출까지 장기간이 소요될 가능성이 높은 고위험·고비용 신기술에 대한 R&D 지원
나. 개정내용

종전	개정
■ 세액공제액의 이월공제 ○ (대상) 납부세액이 없거나 최저한세가 적용되어 공제받지 못한 공제세액 ○ (이월공제기간) 5년 - 창업초기 중소기업(설립일로부터 5년 이내)의 경우 ○ 중소기업 투자세액공제 : 7년 ○ 연구·인력개발비 세액공제 : 10년 〈추 가〉	■ 신성장동력·원천기술 R&D비용 이월공제기간 연장 (좌 동) - 신성장동력·원천기술 R&D비용 세액공제 : 10년

다. 적용시기 및 적용례: 2020.1.1. 이후 발생하는 비용 분부터 적용

[2021년] 「조세특례제한법」상 세액공제의 이월공제기간 확대
가. 개정취지: 세액공제의 실효성 제고
나. 개정내용

종전	개정
■ 세액공제액의 이월공제 ○ (대상) 납부세액이 없거나, 최저한세가 적용되어 공제받지 못한 세액공제액 ○ (이월공제기간) 5년 - 창업 초기 중소기업(설립일로부터 5년 이내)의 경우 ■ 중소기업 투자세액공제 : 7년 ■ R&D비용 세액공제 : 10년 - 신성장·원천기술 R&D비용 세액공제 : 10년	■ 조세특례제한법상 모든 세액공제의 이월공제기간을 10년으로 확대 ○ (좌 동) ○ 10년

다. 적용시기 및 적용례: 2021.1.1. 이후 과세표준 신고시 이월공제기간이 경과하지 않은 분부터 적용

□ 해석사례

▷ **적격합병 시 중소기업으로부터 승계받은 이월세액의 공제 가능 여부**
   서면법인2023-252(2023.03.29)
중소기업인 법인과 적격합병을 한 중견기업인 내국법인은 승계받은 세액공제 요건을 모두 갖춘 경우 이월된 미공제액을 승계받은 사업부문에 대하여 공제할 수 있는 것임

66. 감면세액의 추징

법 제146조 【감면세액의 추징】
제8조의 3 제3항, 제24조, 제26조 및 법률 제5584호 조세감면규제법개정법률 부칙 제12조 제2항(종전 제37조의 개정규정만 해당한다)에 따라 소득세 또는 법인세를 공제받은 자가 같은 조에 따라 투자완료일부터 2년(대통령령으로 정하는 건물과 구축물의 경우에는 5년)이 지나기 전에 해당 자산을 처분한 경우[임대(임대업을 영위하는 내국인이 임대목적으로 취득한 자산을 임대하는 경우를 포함한다)하는 경우를 포함하며, 대통령령으로 정하는 경우는 제외한다]에는 처분한 날이 속하는 과세연도의 과세표준신고를 할 때 해당 자산에 대한 세액공제액 상당액에 대통령령으로 정하는 바에 따라 계산한 이자상당 가산액을 가산하여 소득세 또는 법인세로 납부하여야 하며, 해당 세액은 「소득세법」 제76조 또는 「법인세법」 제64조에 따라 납부하여야 할 세액으로 본다. (2020. 12. 29. 개정)

영 제137조 【감면세액의 추징】
① 법 제146조에서 "대통령령으로 정하는 경우"란 다음 각 호의 어느 하나에 해당하는 경우를 말한다. (2010. 2. 18. 개정)
1. 현물출자, 합병, 분할, 분할합병, 「법인세법」 제50조의 적용을 받는 교환, 통합, 사업전환 또는 사업의 승계로 인하여 당해 자산의 소유권이 이전되는 경우 (2005. 2. 19. 개정)
2. 내용연수가 경과된 자산을 처분하는 경우 (2002. 12. 30. 개정)
3. 국가·지방자치단체 또는 「법인세법 시행령」 제39조 제1항 제1호 나목에 따른 학교 등에 기부하고 그 자산을 사용하는 경우 (2019. 2. 12. 개정)
② 법 제146조의 규정에 의한 이자상당가산액은 공제받은 세액에 제1호의 기간 및 제2호의 율을 곱하여 계산한 금액으로 한다. (2002. 12. 30. 개정)
1. 공제받은 과세연도의 과세표준신고일의 다음날부터 법 제146조의 사유가 발생한 날이 속하는 과세연도의 과세표준신고일까지의 기간 (2002. 12. 30. 개정)
2. 제11조의 2 제9항 제2호에 따른 율 (2022. 2. 15. 개정)
③ 법 제146조에서 "대통령령으로 정하는 건물과 구축물"이란 제21조 제3항 각 호의 어느 하나에 해당하는 자산으로서 기획재정부령으로 정하는 건물 또는 구축물을 말한다. (2021. 2. 17. 개정)

규칙 제59조의 3 【감면세액 추징대상 건축물 또는 구축물의 범위】
영 제137조 제3항에서 "기획재정부령으로 정하는 건물 또는 구축물"이란 제12조의 3 각 호의 어느 하나에 해당하는 시설을 말한다. (2021. 3. 16. 신설)

PART 05 부록

■ **조세특례제한법 시행령 [별표 1] 〈신설 2023. 2. 28.〉**

무상 기증 시 세액공제를 적용받는 시설·장비(제7조의2제13항 관련)

구분	시설·장비
1. 전공정 시설·장비	가. 웨이퍼 제작 공정에 사용되는 시설·장비 나. 산화 공정에 사용되는 시설·장비 다. 포토 공정에 사용되는 시설·장비 라. 식각 공정에 사용되는 시설·장비 마. 이온주입 공정에 사용되는 시설·장비 바. 증착 공정에 사용되는 시설·장비 사. 화학기계적 연마 공정에 사용되는 시설·장비 아. 금속배선, 패키징과 테스트 공정에 사용되는 시설·장비 자. 계측 공정에 사용되는 시설·장비 차. 웨이퍼 표면의 불순물을 제거하는 공정에 사용되는 시설·장비
2. 후공정 시설·장비	가. 후면연삭(Back Grinding) 공정에 사용되는 시설·장비 나. 절단(Wafer Dicing) 및 접착(Attach) 공정에 사용되는 시설·장비 다. 와이어본딩(Wire Bonding) 공정에 사용되는 시설·장비 라. 몰딩(Molding) 공정에 사용되는 시설·장비 마. 패키징 및 테스트 공정에 사용되는 시설·장비 바. 계측 공정에 사용되는 시설·장비

■ 조세특례제한법 시행규칙 [별표 5] 〈개정 2021. 3. 16.〉

유통산업합리화시설(제12조제3항제4호 관련)

구분	적용범위
1. 저온보관고	농수산물과 그 가공품을 위한 저온보관고
2. 운반용 화물자동차	적재정량 1톤 이상의 상품운반화물자동차로 냉장·냉동·보냉이나 인양장비가 된 것
3. 무인반송차	컴퓨터시스템에 의하여 물품을 필요로 하는 위치까지 자동으로 반송하는 기능을 갖춘 무인 반송시스템
4. 창고시설 등	물품의 보관·저장 및 반출을 위한 창고로서 「건축법 시행령」 별표 1 제18호가목의 창고(상품의 보관·저장 및 반출이 자동적으로 이루어질 수 있도록 시스템화된 창고시설을 포함한다) 및 물품의 보관·저장 및 반입·반출을 위한 탱크시설(지상 또는 지하에 고정설치된 것에 한정하고, 탱크시설에 필수적으로 부수되는 배관시설 등을 포함한다)
5. 선반(랙)	파렛트화물을 보관·저장하는 선반(랙)
6. 파렛트트럭	파렛트화물을 창고내·외에서 운반하는 전동식 파렛트트럭
7. 컨테이너와 컨테이너 하역·운반장비	물품수송에 직접 사용되는 컨테이너, 지게차, 부두 위에 설치되어 컨테이너 선박으로부터 컨테이너를 하역하거나 부두에 있는 컨테이너를 선박에 선적하는 컨테이너크레인(Container crane)과 하버크레인(Habor crane), 장치장에 운반되어진 컨테이너를 적재 또는 반출하는 데 사용되는 트랜스퍼크레인(Transfer crane), 부두와 장치장 사이에서 야드샤시(Yard chassis)를 견인하여 컨테이너를 운반하는 야드트랙터(Yard tractor) 및 유압식 지브크레인이 설치된 형상으로 크레인 끝에 스프레이더를 장착한 컨테이너핸들러로 컨테이너를 하역하는 리치스태커(Reach Stacker)
8. 초대형 화물 하역장비	모듈 트레일러(Module Trailer), 트랜스포터(Transporter)

■ 조세특례제한법 시행규칙 [별표 6] 〈개정 2024. 3. 22.〉

신성장ㆍ원천기술을 사업화하는 시설(제12조의2제1항 관련)

구분	영 별표 7의 기술		사업화 시설
	분야	신성장ㆍ원천기술	
1. 미래형 자동차	가. 삭제 〈2023. 6. 7.〉		
	나. 전기 구동차	1) 삭제 〈2023. 6. 7.〉	
		2) 삭제 〈2023. 6. 7.〉	
		3) 전기차 초고속ㆍ고효율 무선충전 기술	전기구동방식 자동차와 관련하여 감전위험이 없는 비접촉 무선 전력전송 방식(자기유도, 자기공명, 전자기파)으로 배터리를 충전하기 위한 전력 전송효율 90% 이상의 초고속 고효율 무선충전시스템 및 무선충전 핵심모듈(급전 인버터, 집전 픽업구조, 레귤레이터)을 제작하는 시설
		4) 초고효율 하이브리드 시스템 기술	하이브리드자동차(HEV)의 연비 향상, 배출가스 감축 등을 위해 엔진 열효율(공급된 연료에너지에 대해 출력되는 유효일의 비를 말한다)을 45% 이상으로 구현하기 위한 하이브리드 구동시스템을 설계ㆍ제조하는 시설
2. 지능정보	가. 인공지능	인지컴퓨팅 기술	인공지능 알고리즘(algorithm) 처리가 용이하도록 초고성능 연산 플랫폼(Platform)을 제공하는 컴퓨터 하드웨어를 제조하는 시설
	마. 착용형 스마트 기기	1) 신체 부착형 전자회로의 유연기판 제작기술 및 유연회로 인쇄기술	스마트 착용형기기(wearable device)에 사용되는 신체 부착형 전자회로의 유연기판을 제작하는 시설
		2) 유연한 양ㆍ음극 소재 및 전극 설계ㆍ제조기술	20퍼센트 이상의 변형 시에도 기계적ㆍ전기화학적 신뢰성 확보가 가능하며 100㎛ 후박급의 착용형기기(wearable device)에 전원용으로 사용되는 유연한(flexible) 양ㆍ음극 소재 및 해당 전극을 제조하는 시설
		3) 섬유기반 유연전원 (fabric based flexible battery) 제조 기술	유연 성능이 4.5g·㎠/㎝이상으로 변형에 대한 형태 안정성이 우수한 유연전원(fabric based flexible battery)으로서, 에너지 밀도가 100Wh/kg 이상으로 고효율ㆍ고수명의 성능을 가진 섬유기반 유연전원을 제조하는 시설
		4) 전투기능 통합형 작전용 첨단디지털 의류기술	군사 및 경찰 작전 등의 특수 임무를 수행하는 데 필요한 극한기능과 신호전송기능 및 신체보호기능을 갖춘 총체적 디지털 기능 전투복을 제조하는 시설
	바. IT 융합	1) 지능형 전자항해 기술	IMO(International Maritime Organization, 국제해사기구)의 e-Navigation 구현을 목적으로 장소에 구애받지 않고 4S(ship to ship, ship to shore, shore to ship, shore to shore) 통신을 구현하는 통신단말장치를 제작하는 시설

		2) 지능형 기계 및 자율협업 기술		생산설비의 품질(상태)정보 및 공정조건을 실시간으로 분석하여 최적의 작업상태를 제공할 수 있는 진단·처방정보를 바탕으로 생산설비를 원격으로 제어하는 개방형 제어기(controller), M2M(Machine to Machine, Machine to Man, 기계 간의 통신 및 인간이 작동하는 기계와의 통신) 디바이스(device) 및 개방형 컨트롤러 디바이스를 탑재하여 자동으로 상태감시·진단·제어기능을 하는 지능형 기계를 제조하는 시설
	아. 양자컴퓨터	양자컴퓨터 제작 및 활용 기술		양자 정보를 처리할 수 있는 메모리(큐비트, Qubit)를 구현하고, 큐비트간 연산처리가 가능한 장치를 제조하는 시설
	자. 스마트물류	지능형 콜드체인 모니터링 기술		화물의 운송 과정에서 온도, 습도, 충격 등의 상태 데이터를 정보수집 장치를 통해 수집 및 저장하고, 이를 국제표준 ISO 27017에 따라 보안성이 검증된 클라우드 서버로 전송하여 단위 화물 정보와 연동하고 이를 소프트웨어 상에서 모니터링하는 장치를 제조하는 시설
5. 차세대 전자정보 디바이스	가. 지능형 반도체·센서	1) SoC 파운드리 제조, 후공정 및 장비 제작 기술		SoC(System on Chip) 반도체 파운드리(Foundry) 장비를 제작하는 시설 및 파운드리 분야의 7nm 이하급 제조 시설
		2) 차세대 메모리반도체 제조기술과 소재·장비 및 장비부품의 설계·제조 기술		기존 메모리반도체인 D램(DRAM)과 낸드 플래시메모리(Nand Flash Memory)의 장점을 조합한 STT-MRAM(Spin Transfer Torque-Magnetic Random Access Memory), PRAM(Phase-change Random Access Memory), ReRAM(Resistive Random Access Memory) 등 차세대 메모리반도체 제조 시설 및 이와 관련된 소재·장비 및 장비부품을 제조하는 시설
		3) 지능형 마이크로센서 기술		물리적·화학적인 아날로그(analogue) 정보를 얻는 감지부와 논리·판단·통신기능을 갖춘 지능화된 신호처리 집적회로가 결합된 소자로서 나노기술, MEMS[Micro Electro Mechanical System, 기계부품·센서(sensor)·액츄에이터(actuator) 및 전자회로를 하나의 기판 위에 집적화)] 기술, 바이오 기술, 0.8㎛이하 CMOS 이미지센서 기술 또는 SoC(System on Chip) 기술이 결합된 초소형 고성능 센서를 제조하는 시설
		4) 차량용 반도체 설계·제조기술		자동차 기능안전성 국제표준 ISO26262, 자동차용 반도체 신뢰성 시험규격 AEC-Q100을 만족하는 MCU(Micro Controller Unit), ECU(Electronic Control Unit), 파워IC, SOC, 하이브리드/전기차 및 자율주행용 IC 반도체를 제조하는 시설
		5) 에너지효율향상 반도체 설계·제조 기술		실리콘 기반의 MOSFET(MOS Field-Effect Transistor)에 비해 저저항·고효율 특성을 지니며 차세대 응용 분야(전기차, 하이브리드카, 태양광, 풍력발전 등 신재생에너지, 스마트그리드 등) 인버터 등에 탑재되는 SJ(Super Junction) MOSFET, IGBT(Insulated Gate Bipolar Transistor), SiC(Silicon Carbide) MOSFET을 제조하는 시설
		6) 에너지효율향상 전력 반도체 BCDMOS 설계·제조 기술		실리콘 기반의 저저항·고효율 특성을 지니며 차세대 응용 분야(5G, 전기차, 하이브리드카, 태양광, 풍력발전 등 신재생에너지, 스마트그리드 등)에 탑재되는 아날로그, 디지털 로직, 파워소자를 원칩화한 초소형·초절전 전력반도체 0.13㎛ 이하 BCDMOS(Bipolar / Complementary/Double-diffused metal-oxide-semiconductor) 설계 및 제조를 위한 시설

		7) 웨이퍼레벨 칩 패키징 공정기술	LED 칩을 미세 패턴이 가공된 열전도성이 높은 웨이퍼 위에서 일련의 공정을 통해 패키징한 후 다이싱(dicing)하여 칩 패키지를 제조하는 시설
	나. 반도체 등 소재·부품	1) 포토레지스트 개발 및 제조기술	반도체 및 디스플레이용 회로형성에 필요한 리소그래피(lithography)용 수지로서 회로의 내열성, 전기적 특성, 현상(Developing) 특성을 좌우하는 Photoresist 및 관련 소재를 제조하는 시설 [ArF(불화아르곤) 광원용 및 EUV(극자외선) 광원용]
		2) 원자층증착법(ALD) 및 화학증착법(CVD)을 위한 고유전체(High-k dielectric)용 전구체 개발 기술	기존의 이산화규소(SiO_2)보다 우수한 유전특성을 갖는 박막제조를 위해 증착공정[ALD(Atomic Layer Deposition), CVD(Chemical Vapor Deposition)]에 사용되는 전구체(금속을 포함하고 있는 용액)를 제조하는 시설
		3) 고순도 불화수소 개발 및 제조기술	반도체 회로형성에 필요한 순도 99.999%(5N) 이상의 고순도 불화수소를 제조하는 시설
		4) 블랭크 마스크(Blank Mask) 개발 및 제조 기술	ArF(불화아르곤) 광원 및 EUV(극자외선) 광원을 이용하여 반도체 회로를 형성하는데 사용되는 블랭크마스크 원판 및 관련 소재(펠리클(Pelllicle), 합성 쿼츠, 스터러링용 타겟 등을 포함)를 제조하는 시설
		5) 반도체용 기판 개발 및 제조기술	14nm 이하급 D램(DRAM)과 170단 이상 낸드플래시 메모리 및 에피텍셜 반도체용 기판을 제조하는 시설
		6) 첨단 메모리반도체 장비 및 장비부품의 설계·제조 기술	14nm 이하급 D램(DRAM)과 170단 이상 낸드 플래시메모리 양산을 위한 장비·장비부품을 제조하는 시설
		7) 고기능성 인산 제조 기술	질화규소($SiNx$), 산화규소($SiOx$) 막질의 선택적인 식각이 가능한 고선택비(1,000이상) 인산계 식각액 제조시설
		8) 고순도 석영(쿼츠) 도가니 제조 기술	반도체 웨이퍼 제조용 용융 실리콘의 오염을 막기 위한 도가니 형태의 순도 99.999%(5N) 이상의 고순도 석영 용기(Quartz Crucible) 제조 시설
		9) 코트막형성재 개발 및 제조 기술	완성된 반도체 소자의 표면을 외부환경으로부터 보호하기 위해 사용하는 절연성을 가진 고감도(80mJ/㎠ 이하) 감광성 코팅 기술 또는 패키징 재배선(배선폭 7㎛ 이하) 형성 재료를 제조하는 시설
	다. 유기발광 다이오드 (OLED: Organic Light Emitting Diode) 등 고기능 디스플레이	1) 9인치 이상 능동형 유기발광 다이오드 (AMOLED) 패널·부품·소재·장비 제조 기술	저온폴리실리콘(LTPS) 또는 산화물(Oxide) TFT(전자이동도 8㎠/Vs 이상) 기판 상에 진공 증발 증착 또는 프린팅 방식으로 고화질(고해상도, 고색재현, 고균일, HRD)을 구현한 대화면(9인치 이상) AMOLED(Active Matrix Organic Light Emitting Diode) 패널을 제조하기 위한 시설(모듈조립 공정기술은 제외한다)과 AMOLED 패널을 제조하기 위한 부품·소재·장비를 제조하는 시설

		2) 대기압 플라즈마 식각 장비 기술		디스플레이를 제조할 목적으로 대기압에서 플라즈마(plasma)를 발생시켜 박막을 식각하는 장비를 제조하는 시설
		3) 플렉서블 디스플레이 패널·부품·소재·장비 제조 기술		플렉서블 디스플레이(유연성 또는 유연한 성질을 가지는 디스플레이로, 깨지지 않고 휘거나 말 수 있고 접을 수 있는 특성을 지닌 것을 말한다. 이하 같다)를 제조하는 시설 및 이를 제조하기 위해 공정별로 사용되는 부품·소재·장비를 제조하는 시설
		4) 차세대 차량용 디스플레이 패널·부품·소재·장비 제조기술		굴곡된 형상으로 제조 가능하고, 동작온도 -30℃~95℃, 시인성 black uniformity 60% 이상을 만족하는 다결정 저온 폴리실리콘(LTPS-LCD) 패널 및 이와 관련한 부품·소재 및 장비를 제조하는 시설
		5) 마이크로 LED 디스플레이 패널·부품·소재·장비 제조 기술		실리콘(Silicon) 또는 사파이어(Sapphire) 기판에 저결함 에피공정을 적용한 100㎛ 이하의 자발광 R/G/B 마이크로 LED 칩과 이를 이용한 픽셀·패널 및 이와 관련한 부품·소재 및 장비를 제조하는 시설
		6) VR·AR·MR용 디스플레이 패널·부품·소재·장비 제조 기술		가상현실, 증강현실, 혼합현실 기기에 사용되는 초고해상도(1,500ppi 이상) 디스플레이를 제조하기 위해 공정별로 사용되는 기술과 이와 관련한 부품·소재 및 장비를 제조하는 시설
		7) 친환경 QD (Quantum Dot) 나노 소재 적용 디스플레이 패널·부품·소재·장비 제조 기술		적은 소비전력으로 고색재현 및 화학적·열적 안정성 개선이 가능한 QD 나노 소재 적용 디스플레이를 제조하기 위해 공정별로 사용되는 기술을 적용한 시설과 이와 관련한 부품·소재 및 장비를 제조하는 시설
	라. 3D프린팅	3D프린팅 소재개발 및 장비제조기술		3차원 디지털 설계도에 따라 액체수지, 금속분말 등 다양한 형태의 재료를 적층하여 제품을 생산하는 데 사용되는 소재 및 장비를 제조하는 시설
	마. AR 디바이스	AR 디바이스 제조기술		실제의 이미지나 배경에 유의미한 상황 정보를 기반으로 한 영상·텍스트·소리 등의 가상정보를 나타내어 사용자의 경험이 증강되고 현실세계와 동기화할 수 있는 장비 및 관련 부품을 제조하는 시설
6. 차세대 방송통신	가. 5세대(5G: 5generation) 및 6세대(6G: 6generation) 이동통신	1) 5G 이동통신 기지국 장비 기술		가입자와 연결을 위해 이동통신사업자가 구축하는 5G 이동통신 광역 및 소형 셀(cell) 기지국 장비를 제조하는 시설
		2) 5G 이동통신 코어네트워크(Core Network, 기간망) 기술		트래픽(traffic) 전송·제어, 네트워크(network) 간 연결 등을 위해 5G 이동통신 기지국 장비와 연동되는 게이트웨이(gateway), 라우터(router), 스위치(switch) 등 장비를 제조하는 시설
		3) 5G 이동통신 단말 특화 부품 기술		5G 이동통신 단말을 구현하기 위해 새롭게 개발·적용될 통신모듈[베이스밴드(baseband, 기저대역) 모뎀, RF(Radio Frequency) 칩셋(chipset) 등]의 부품·소자를 제조하는 시설
	나. UHD (Ultra-High Definition)	지상파 UHD방송 송신기 성능 향상기술		냉각 기술(공냉, 수냉, 질소냉각 등 포함)의 개선, 회로 설계 방식 개선 등을 통한 고효율 지상파 UHD방송용 송신기를 제조하는 시설

7. 바이오·헬스	가. 바이오·화합물의약	1) 삭제 〈2023. 8. 29.〉	
		2) 방어 항원 스크리닝 및 제조기술	면역 기전을 이용하여 인체질환을 방어하기 위해 항원을 스크리닝하고 이 항원을 제조하여 각종 질환을 치료하거나(치료용 백신) 예방하기 위한 백신(예방용 백신)을 제조하는 시설
		3) 삭제 〈2023. 8. 29.〉	
		4) 혁신형 신약(화합물의약품) 후보물질 발굴 및 제조기술	혁신형 신약(화합물의약품)과 혁신형 신약의 원료를 개발·제조하는 시설
		5) 혁신형 개량신약(화합물의약품) 개발 및 제조 기술	혁신형 개량신약(화합물의약품)과 혁신형 개량 신약의 원료를 개발·제조하는 시설
		6) 삭제 〈2023. 8. 29.〉	
		7) 삭제 〈2023. 8. 29.〉	
	나. 의료기기·헬스케어	1) 기능 융합형 초음파 영상기술	조기 정밀 진단을 위한 영상기술 간 융합(X-ray - 초음파, 광음향 - 초음파) 및 정밀치료를 위한 초음파 영상유도 기반의 체외충격파 치료 기술 기반 기능 융합형 초음파 영상기기를 제조하는 시설
		2) 신체 내에서 생분해 되는 소재 개발 및 제조 기술	우수한 유연성과 고강도의 기계적 물성을 가지며, 시술에 따른 혈전증 및 재협착률을 최소화하는 생분해성 스텐트를 제조하는 시설
		3) 유전자 검사용 진단 기기 및 시약의 개발 및 제조 기술	질병의 진단이나 건강상태 평가를 목적으로 인체에서 채취한 검체로부터 DNA(deoxyribonucleic acid), RNA(Ribo Nucleic Acid), 염색체, 대사물질을 추출하여 분석하는 기기 및 시약을 제조하는 시설
		4) 암진단용 혈액 검사 기기 및 시약의 개발 및 제조 기술	채취한 혈액으로부터 종양 표지자의 농도를 측정하여 암 발생 유무를 판단하는 데 활용되는 검사기기 및 시약을 제조하는 시설
		5) 감염병 병원체 검사 용 진단기기 및 시약의 개발 및 제조 기술	인체에서 채취된 혈액, 소변, 객담, 분변 등의 검체를 이용해 국내에서 새롭게 발생하였거나 발생할 우려가 있는 감염병 또는 국내 유입이 우려되는 해외 유행 감염병의 병원체를 검사하는 데 활용되는 기기 및 시약을 제조하는 시설
		6) 신체기능 복원·보조 의료기기 기술	생체역학·바이오닉스 등 첨단 의공학 기술을 통해 영구 손상된 신체기능을 원래대로 복원하여 정상적인 일상생활을 가능하게 하는 장치를 제조하는 시설
	다. 바이오 농수산·식품	1) 비가열 및 고온·고압 가공처리 기술	초고압(1,000기압 이상), 고압전자기장, 전기저항가열, 방사선 조사와 같은 대체 열에너지를 사용하거나, 가압·진공·과열증기 및 증기직접주입법 등을 이용한 고온·고압 처리기술을 사용하여 미생물 수를 감소 또는 사멸시키는 가공처리 시설

			2) 식품용 기능성 물질 개발 및 제조 기술	동·식물 및 미생물 유래 기능성 물질을 가공 또는 대량 생산하는 시설
			3) 신품종 종자 개발기술 및 종자 가공처리 기술	종자의 품질을 높이기 위해 프라이밍(priming), 코팅(coating), 펠렛팅(pelleting) 등 종자를 가공 처리하는 시설
			4) 유용미생물의 스크리닝 기술 및 유용물질 대량생산공정 기술	세균이나 곰팡이를 선발·분리하여 효용성을 평가하거나 이들 미생물을 활용하여 균주개발, 최적활성 연구, 발효공정, 정제공정 등을 거쳐 유용물질을 대량으로 생산하는 시설
			5) 스마트팜 환경제어 기기 제작 기술	온실이나 축사의 온도, 습도, 이산화탄소, 악취 등을 감지하여 환경을 조절하는 센서와 이를 통해 작동하는 액츄에이터(actuator) 및 제어시스템을 제조하는 시설
			6) 단백질 분리·분획·정제 및 구조화기술	물리적·화학적 방법을 이용하여 농·식품자원으로부터 단백질을 전분, 지방 등과 분리하여 용도에 맞게 분획·정제하는 시설, 동물세포나 조직을 배양·분화하는 시설 및 단백질 또는 세포를 3D 프린터, 압출식 성형방식, 지지체 등을 통해 구조화하고 원료·소재와 제품을 대량으로 생산하는 시설
			7) 식품 냉·해동 안정화 기술	수분전이제어, 원물코팅, 라디오 주파수·저온스팀(Steam) 해동 등을 활용하여 냉동원료 및 제품의 품질을 균일하게 제어할 수 있는 식품 냉·해동 안정화 시설
		라. 바이오 화학	1) 바이오매스 유래 바이오플라스틱 생산 기술	재생가능한 유기자원을 이용하여 직접 또는 전환공정을 통해 당 또는 리그닌을 추출·정제하는 시설 및 바이오플라스틱을 생산하는 시설
			2) 바이오 화장품 소재(원료) 개발 및 제조 기술	세포활성 제어기술, 미생물 발효 및 생물전환기술, 활성성분 대량생산기술 등의 바이오 기술(bio technology)을 활용하여 화장품의 소재(원료)를 제조하는 시설
			3) 신규 또는 대량 생산이 가능한 바이오화학소재 개발 및 미생물 발굴 바이오 파운드리 기술	바이오플라스틱, 바이오화장품 소재, 바이오생리활성 소재 등을 생산하는 미생물 확보를 위한 유전자 편집 등의 합성생물학 기술과 이를 활용한 디자인, 제작, 시험, 학습 등의 순환 과정을 수행하는 바이오파운드리 시설
8. 에너지 신·환경		가. 에너지 저장 시스템 (ESS: Energy Storage System)	1) 비리튬계 이차전지 소재 등 설계 및 제조 기술	흐름전지(Flow Battery)에 사용되는 전극·멤브레인(Membrane)·전해질·저가 분리판·스택(Stack)을 제조하는 시설 및 나트륨(Sodium)계 이차전지에 사용되는 소재(양극·음극·전해질)·셀(Cell)·모듈(Module)을 제조하는 시설
			2) 전력관리시스템 설계 및 전력변환장치 설계 및 제조 기술	저장장치 전력과 전력계통 간의 특성을 맞춰주는 전력변환장치(PCS, Power Conversion System)를 제조하는 시설
			3) 배터리 재사용·재제조를 위한 선별 기술	초기용량 대비 80% 이하로 수명이 종료된 전기동력 자동차 배터리를 검사·분해·평가하는 시설
			4) 고성능 리튬이차전지 기술	265wh/kg 이상의 에너지밀도 또는 6C-rate 이상의 방전속도를 충족하고 안전성이 향상된 고성능 리튬이차전지에 사용되는 부품·소재·셀(cell) 및 모듈(module)을 제조하는 시설

		5) 전기동력 자동차의 에너지저장 시스템 기술	전기동력 자동차(xEV)의 주행거리 연장, 충전시간 단축 등을 위해 에너지 밀도를 160Wh/kg 이상으로 구현한 이차전지를 생산하는 시설
	나. 발전시스템	1) 대형가스터빈 부품 및 시스템 설계·제작·조립·시험 평가 기술	천연가스를 연소시킬 때 발생하는 고온 고압의 에너지로 발전기를 회전시켜 전기를 생산하는 용량 380MW 이상, 효율 43% 이상의 터빈 및 부품을 제조하는 시설
		2) 초임계 이산화탄소 터빈구동 시스템	열원을 활용하여 생성된 초임계상태의 이산화탄소(supercritical CO2)를 작동 유체로 터빈을 구동하는 고효율 터빈·압축기·열교환기 등 발전설비 및 시스템을 제조하는 시설
	다. 원자력	1) 원자로 냉각재 펌프 설계 기술	원자로에서 핵반응을 통해 발생되는 열을 제거하여 증기발생기로 보내기 위해 냉각재를 순환시키는 원자력발전소 핵심 기기인 원자로냉각재펌프를 제조하는 시설
		2) 내열 내식성 원자력 소재 기술	방사선, 고온 및 부식성 환경속에서 내부식성을 극대화시킬 수 있는 내열·내식성 소재(핵연료 피복관, 증기발생기 세관(340℃·150기압의 1차 냉각수 및 300℃·50기압의 2차 냉각수 노출 가능), 원자로 내부 구조물(중성자 조사 및 340℃·150기압의 1차 냉각수 노출 가능) 등을 생산하는 시설
		3) 방사선이용 대형 공정 시스템 검사기술	철강 배관의 손상 진단 및 미세 결함 검출을 위한 와전류 자동검사 장비, X선 발생장치와 이리듐(Ir)-192 감마선 조사장치에 적합한 이동용 방사선투시 장비를 제조하는 시설
		4) SMR(Small Modular Reactor) 제조 기술	탄력운전 대응 열적성능강화 핵연료집합체, 혁신형 제어봉 집합체, 무붕산 노심설계가 가능한 일체형 가연성 흡수봉 제조 시설, 증기발생기 전열관 제조 시설 및 원자로·증기발생기·가압기 등 주요 기기가 일체화된 원자로모듈을 제조하는 시설
		5) 친환경·저탄소 후행 핵주기 기술	원전 해체, 해체 원전 계통·기기·구조물 제염, 금속·콘크리트구조물 절단, 해체 폐기물 처리·감용, 방폐물 인수·처리 및 방폐물 운반·저장에 필요한 설비를 제조하는 시설
		6) 대형 원자력발전소 제조기술	원자로·내부구조물, 핵연료 취급·검사장비, 증기발생기·가압기, 원자로 냉각재펌프, 증기터빈·주발전기 및 보조기기를 제조하는 시설
		7) 혁신 제조공법 원전 분야 적용 기술	분말-열간등방압성형(PM-HIP) 기술, 전자빔 용접(EBW) 기술, 다이오드 레이저 클래딩(DLC) 기술 또는 원전기자재 적층제조 기술을 활용하여 원전 기자재를 제조하는 시설
	라. 오염방지·자원순환	1) 미세먼지 제거 및 고정밀 미세먼지·온실가스 동시 측정 기술	미세먼지 및 원인가스를 동시에 제거하고 세척 후 재사용이 가능한 세라믹필터 및 촉매 시설, 기액접촉층 및 습식 플라즈마(wet plasma)를 통한 무필터 정화 시설, 0.3㎛ 이하 고정밀 미세먼지를 수분과 구별하여 측정하는 시설 및 공정내부 미세먼지 온실가스 농도 동시 실시간 측정 시설

		2) 차세대 배기가스 규제 대응을 위한 운송·저장시스템 기술	운송·발전용 기관을 운전할 때 배출되는 배기가스 내의 질소산화물 및 배기배출물을 과급기 하류측에서 선택적촉매환원법(SCR, Selective Catalytic Reduction) 등을 사용하여 저감시키는 시스템·부품을 제조하는 시설
		3) 디젤 미립자 필터(DPF) 제조 기술	디젤이 제대로 연소하지 않아 생겨나는 탄화수소 찌꺼기 등 유해물질을 모아 필터로 걸러낸 뒤 550℃ 이상의 고온으로 다시 태워 오염물질을 줄이는 저감장치를 제조하는 시설
		4) 폐플라스틱 물리적 재활용 기술	폐플라스틱의 분리·선별, 세척, 파쇄·용융·배합 등 물리적 재활용 과정을 거쳐 재생원료 및 플라스틱 제품 등을 제조하는 시설
		5) 폐플라스틱 등의 화학적 재활용을 통한 산업원료화 기술	폐플라스틱·폐타이어·폐섬유의 해중합, 열분해 또는 가스화 공정을 거쳐 화학원료·고부가가치 탄소화합물 제품 등을 제조하는 시설
		6) 생분해성 플라스틱 생산기술	바이오화학 및 석유화학 원료를 사용하여 생분해성이 향상된 플라스틱 컴파운드[「환경기술 및 환경산업 지원법」 제17조에 따라 환경표지 인증을 받거나 수출을 목적으로 하는 생분해성수지제품 및 해당 제품의 원료로 사용되는 경우에 한한다]를 제조하고 물성을 증대하는 시설
		7) 폐기물 저감형 포장소재 생산 기술	복합소재의 단일화, 오염 저감 표면처리, 수(水)분리성 강화 등 포장재의 재활용도를 개선하는 포장재 생산 시설 및 소재 경량화, 석유계 용제 저감 등 포장재와 관련된 플라스틱·오염물질의 발생을 저감하는 포장재 생산 시설
9. 융복합소재	가. 고기능섬유	1) 탄소섬유복합재의 가공장비 및 검사장비 설계·제조기술	탄소섬유복합재 부품가공을 위한 복합 가공장비[관련되는 공구, 부품 고정을 위한 유연지그, 공정 모니터링 센서 모듈 및 컴퓨터 수치제어기(CNC, Computerized Numerical Controller) 등을 포함한다]를 제조하는 시설 및 탄소섬유복합재 가공 품질 검사를 위한 검사장비를 제조하는 시설
		2) 극한성능 섬유 제조 기술	고탄성·고강도 탄소섬유, 섬유용 CNT(Carbon Nano Tube, 탄소나노튜브) 또는 고탄성·고강도·고내열성(250℃ 이상)·고내한성(-153℃~-273℃) 아라미드(Aramid)·초고분자량폴리에틸렌(UHMWPE, Ultra-High Molecular Weight Polyethylene)·액정섬유를 제조하는 시설 및 이들의 복합화 설계를 통한 초경량, 고탄성, 고강도, 고내열(한)성 섬유복합체를 제조하는 시설
		3) 섬유기반 전기전자 소재·부품 및 제품 제조기술	전기 또는 광 신호의 생산, 저장 또는 전달이 가능한 전도성 섬유를 가공·변형하여 트랜지스터, 저항, 콘덴서, 안테나 등의 전자회로 소자를 직물 형태로 구현하기 위한 소재·부품 및 제품을 제조하는 시설
		4) 의료용 섬유 제조기술	생체적합성(생체재료가 생체조직이나 체액·혈액 등과 접촉 시 거부반응이 나타나지 않는 특성)과 생체기능성(생체재료가 체내에서 존재하는 동안 목표한 기능을 완전히 수행 가능한 특성)을 갖춘 의료용 섬유로서, 약물전달용 나노섬유, 바이러스·세균 감응섬유구조체, 혈액의 투석·정화용 섬유구조체, 손상조직을 대체 가능한 섬유구조체 또는 꼬이지 않고 계속되는 수축·팽창에 견딜 수 있는 인공혈관 섬유구조체를 제조하는 시설

		5) 친환경섬유 제조 기술	환경친화적 섬유 원료를 사용한 섬유로서 생분해성 섬유고분자, 열가소성 셀룰로오스 섬유 또는 바이오매스 나노섬유를 제조하는 시설
		6) PTFE (PolyTetraFluoro Ethylene) 멤브레인 기반 고성능 복합필터 제조기술	공기중의 0.3um 크기의 입자 99.97% 이상을 균일하게 포집할 수 있는 PTFE 멤브레인 기반의 고성능 복합필터 핵심 소재·부품을 제조·가공하는 시설
		7) 특수계면활성제 제조 기술	전자부품 제조 공정용으로 사용되는 저표면에너지(24~27 mN/m, 0.1% solution/PGMEA), 극미량의 금속함유량(100ppb 이하) 특성을 지닌 불소계 계면활성제 및 도료 및 포소화제의 기능향상을 위한 첨가제 등으로 사용되는 저표면에너지(15~18 mN/m, 0.1% 수용액), 극미량의 PFOA(Perfluorooctanoic Acid) 함유량(1ppm 미만) 특성을 지닌 불소계 계면활성제 제조 시설
		8) 극세 장섬유 부직포 및 복합필터 제조기술	유해물질을 여과·분리·차단하는 1㎛이하 극세 장섬유 부직포 및 HEPA(High Efficiency Particulate Air)급 이상의 고성능 정밀여과 복합필터를 제조하는 시설
	나. 초경량금속	1) 고강도 마그네슘 부품의 온간성형기술	미세조직 구성인자의 제어와 성형기법의 개선을 통해 저온(150℃ 이하)에서 성형 가능한 고품위·고강도 Mg(마그네슘) 부품을 제조하는 시설
		2) 차세대 조명용 고효율 경량 방열부품 생산 기반기술	알루미늄 등 경량소재를 이용하여 주조, 성형 및 표면처리를 통해 방열 부품을 제조하는 시설
	다. 하이퍼플라스틱	인성특성이 향상된 고강성 하이퍼플라스틱 (High Performance Plastics) 복합체 제조 및 가공 기술	고강성 하이퍼플라스틱의 인성특성을 개선하여 고충격성(60KJ/m²이상), 내화학성(온도 23℃의 염화칼슘 5% 용액에 600시간 담근 후 인장강도 유지율 90% 이상), 내마모성(50 rpm, 150N, 측정거리 3Km 조건으로 내마모 시험 후 마모량 1.0 mm3/Kgf·Km 이하) 중 하나 이상의 특성을 지닌 고강성·고인성 하이퍼플라스틱 복합체를 제조하는 시설
	라. 구리합금	1) 고강도 구리합금 설계·제조기술	인장강도 900Mpa 이상의 고강도 특성을 갖춘 주석함유 구리합금(Cu-Ni-Sn계)을 제조·가공하는 시설
		2) 구리 및 구리합금 박판 제조기술	자동차, 전기·전자 분야의 고성능·소형화에 적용 가능한 두께 0.1mm 이하의 구리 및 구리합금 박판을 제조·가공하는 시설
	마. 특수강	1) 고청정 스테인레스계 무계목강관·봉강 제조기술	망간 함유량 0.8% 이하 및 황 함유량 0.005% 이하로 제어된 고청정 스테인리스계 합금을 활용하여 용접이음매를 갖지 않는 강관 및 봉 형태의 철강재를 제조·가공하는 시설
		2) 고기능성 H형강 제품 제조기술	고강도(420Mpa급 이상), 고인성(-40℃ 이하에서 충격값 50 Joule 이상) 특성을 갖는 고기능성 H형강 제품을 제조·가공하는 시설
		3) 장수명 프리미엄급 금형소재 제조기술	기존 교체주기 5만회의 금형대비 30% 이상 수명이 향상된 합금설계, 고청정 특수강을 제조·가공하는 시설

	바. 기능성 탄성·접착소재	1) 고기능 불소계 실리콘 제조·가공 기술	내열성(온도 175℃에서 22시간 동안 영구압축줄음율 30% 이내), 내화학성(150℃, 240시간 내유체적변화율 10% 이하) 및 저온성(-66℃ 이하에서 기밀력 1800psi 이상)의 특성을 지닌 불소계 실리콘 고무 합성 및 분자량 제어 관련 제조시설
		2) 고기능 불소계 고무 제조·가공 기술	2원계 이상의 공중합체로서 불소함량이 50% 이상이며 내한성(어는점 -15℃ 이하), 내열성(200℃ 이상) 및 내화학성(온도 25℃ Fuel-C에서 체적변화율 4% 이내)을 갖춘 불소계 고무 제조·가공시설
		3) 고기능 부타디엔 고무 제조·가공 기술	고상 및 액상 기능성(Cis content 90% 이상, 무니점도(ML1+4, 100℃) 40 이상) 부타디엔류 고무 제조 기술과 고내마모성(내마모도 60㎣ 이하, 구름저항 5.5 이하) 부타디엔 고무 제조·가공 시설
		4) 고기능 비극성계 접착소재 제조기술	Haze 1% 이하의 광학특성과 연속사용온도 100℃의 열안정성을 갖는 실리콘계 점착·접착 소재 및 300℃ 이상의 고온 가공성형이 가능한 아크릴레이트 함량 5~35% 또는 관능기의 함량 1.2~8%의 에틸렌계 점착·접착 소재 제조 시설
		5) 고기능 에폭시 수지 접착소재 제조 기술	에폭시 수지를 주성분으로 하여 경량 수송기기 부품의 구조접착에 사용되는 전단강도 25MPa 이상, 저온 충격강도 20N/mm 이상, T-박리강도 250N/25mm 이상의 기계적 성능을 갖는 접착소재 제조기술과 전자부품의 접착에 사용되는 WVTR(Water Vapor Transmission Rate) 0g/㎡·24h 이하 및 20kV/mm 이상의 전기절연성을 갖는 비할로겐형 접착소재 제조시설
	사. 희소금속·핵심소재	1) 타이타늄 소재 제조 기술과 금속재료 부품화 기술	사염화타이타늄(TiCl4), 스폰지, 잉곳, 루타일 및 아나타제 이산화 타이타늄(TiO2) 등의 소재를 제조 및 부품화하는 시설
		2) 고순도 몰리브덴 금속·탄화물 분말 및 금속괴 제조 기술	순도 99.5% 이상의 몰리브덴 금속분말, 순도 99% 이상의 몰리브덴 탄화물 분말 및 순도 99.95% 이상의 몰리브덴 금속괴를 제조·가공하는 시설
		3) 중희토 저감 고기능 영구자석 생산 기술	결정립도 5μm 이하 소결체 제조 및 결정립 주변 나노단위 두께의 중희토 확산층 형성 등을 통해 기존 자석 대비 중희토 함유량을 50% 이상 절감하여 고기능 영구자석을 생산하는 시설
		4) 차세대 배기가스 규제 대응을 위한 핵심소재 생산 기술	포집된 이산화탄소를 활용하여 운송·발전·산업용 기관을 운전할 때 배출되는 배기가스내 질소산화물, 황산화물 등 배기배출물을 저감시키기 위해 필요한 핵심소재 제조시설
10. 로봇	가. 첨단제조 및 산업로봇	1) 고청정 환경 대응 반도체 생산 로봇 기술	청정환경에서 450mm 대형 웨이퍼, 일반 반도체를 핸들링하며 5Port 이상 대응 가능(수평 이송범위 2,100mm 이상 및 수직 이송범위 900mm 이상)한 청정환경용 반도체 로봇을 제조하는 시설
		2) 차세대 태양전지(Solar cell) 제조 로봇 기술	고진공/고청정 환경의 태양전지 생산 현장에서 대면적·고중량 기판을 핸들링할 수 있는 로봇을 제조하는 시설

		3) 실내외 자율 이동·작업수행 로봇	농업, 건설, 물류, 보안·감시 분야에서 광범위 거리측정센서, GPS 등을 활용하여 실내외 환경에서 경로를 계획하여 주행하고(미리 정해진 경로를 따라가는 방식은 제외), 자율적으로 작업을 수행하는 지능형 로봇 및 기계를 제조하는 시설
		4) 평판 디스플레이(FPD) 이송로봇 기술	일반 대기압 또는 진공 환경 하에서 고중량(400kg 이상)의 FPD(Flat Panel Display) 및 마스크를 이송하는 로봇을 제조하는 시설
		5) 협동기반 차세대 제조로봇 기술	사용자와 같은 공간에서 협업이 가능한 초소형(가반하중 1kg 미만) 및 중대형(가반하중 25kg 이상) 로봇을 제조하는 시설
	다. 의료 및 생활 로봇	1) 수술, 진단 및 재활 로봇기술	로봇기술을 이용한 진단 보조, 시술·수술보조와 이에 따른 환자의 조기 치유·재활이 목적인 의료로봇을 제작하는 시설
		2) 간병 및 케어 로봇 기술	간호사의 단순반복 업무 지원 및 환자의 정서케어 서비스 지원이 가능한 로봇을 제작하는 시설
		3) 안내, 통역, 매장 서비스, 홈서비스 등의 안내로봇 기술	공공접객 장소 내에서 다양한 멀티미디어 콘텐츠를 활용한 제품 및 서비스 등을 효과적으로 안내하고 홍보하는 로봇을 제작하는 시설
		4) 원격현실(Tele-presence) 로봇 기술	자율이동기능, 진단·지시용 매니퓰레이터 및 얼굴모션 동기화 등의 기술구현을 통한 원격진료·진료자문 및 교육 등이 가능한 Tele-presence 로봇을 제작하는 시설
		5) 생활도우미 응용 서비스 기술	가정 및 사회 환경 내에서 인간과 교감하며 정보의 취득, 일상생활 및 가사노동을 지원하는 지능형 로봇으로서 심부름, 가사작업 및 이동 보조형 로봇을 제작하는 시설
		6) 유치원, 초등학교에서 교사를 보조하는 교육로봇 기술	유치원이나 초등학교에서 교과과정에 적합한 교육 컨텐츠 및 로봇플랫폼을 활용하여 교사를 보조하여 학습하는 교육 로봇을 제작하는 시설
	라. 로봇 공통	1) 모터, 엔코더, 드라이버 일체형의 구동 기술	로봇용 관절구성에 필요한 모터, 엔코더, 감속기, 드라이버를 모두 하나의 몸체에 넣어서 만든 관절구동형 액츄에이터(Actuator)를 제작하는 시설
		2) 웨어러블 로봇 기술	인체에 착용하여 인체 동작의도를 인식하고 추종제어 알고리즘을 통해 착용자의 신체능력 증강 및 운동을 지원하는 착용형 로봇을 제작하는 시설
11. 항공·우주	가. 무인이동체	1) 무인기 전기구동 핵심부품 기술	전기동력을 기반으로 무인기의 조종, 이착륙, 추진 등을 담당하는 핵심부품을 제조하는 시설
		2) 물류 배송용 드론 제조기술	일정 중량(10kg) 이상 물품을 100% 신뢰성을 확보한 비가시권 비행으로 안전하게 운송 가능한 드론과 기능개선에 필요한 소재(열전도율 5kcal/m·h 대비 10% 이상 개선)·부품(세계 최고 CPU 속도대비 약 66% 이상 처리성능 개선)·장비(다지점 배달용 물품 적재함, 물품배송 드론용 도킹스테이션 등의 경량화)를 설계 및 제조하는 시설

		3) 드론용 하이브리드 추진 시스템 기술	전기배터리 무인기의 체공시간(120분 이상) 및 탑재량(12kg 이상) 증대를 위해 엔진 동력을 이용하여 전기모터를 동작시키는 하이브리드 추진시스템과 관련한 소재·부품 및 장비를 제조하는 시설
	나. 우주	위성탑재체 부분품 개발 기술	인공위성 탑재를 목적으로 하는 광학 탑재체, 영상레이더 탑재체, 통신·방송 탑재체, 우주과학 탑재체, 항법 탑재체 시스템 및 위성용 영상자료처리장치, 주파수 변조기 및 안테나 등을 제조하는 시설
12. 첨단 소재·부품·장비	가. 첨단 소재	1) 고기능성 알루미늄 도금강판 제조 기술	550℃에서 200시간 유지 가능한 내열성과 SST(Stainless Steel) 2400(KSD9502)시간 보증 가능한 내식성이 우수한 고성능 알루미늄 도금강판을 제조·가공하는 시설
		2) 고순도 산화알루미늄 제조기술	순도 99.9% 이상의 산화알루미늄 분말 제조를 위한 합성, 가공, 고순도화, 고밀도화 등의 제조시설
		3) 고기능성 인조흑연 제조기술	인조흑연 제조용 피치 및 코크스 제조 시설, 전극봉·등방블록·흑연분말 성형 및 2,800℃ 이상의 열처리를 통한 흑연화 제조 시설
	나. 첨단 부품	1) 고정밀 롤러베어링 및 볼베어링 설계·제조 기술	구름베어링의 일종으로 내외륜 사이에 다수의 볼 또는 롤러를 삽입하여 마찰을 감소시켜 고속운전을 돕거나 큰 하중에 견딜 수 있는 정밀도 P5급 이상의 기계부품 설계·제조 시설
		2) 고압 컨트롤 밸브 설계·제조 기술	유압펌프에서 발생한 330 Bar 이상 고압의 유체에너지를 작업자의 작업의도에 따라 각 유압 액추에이터, 선회 및 주행의 유압모터 등에 공급하며, B5 10,000시간 이상의 높은 내구 신뢰성을 가지는 메인 컨트롤 벨브 부품 설계·제조 시설
		3) 고정밀 볼스크류 설계·제조기술	회전운동을 직선운동으로 변환하는 정밀도 C3급 이상, 축 방향 공차 5μm 이내의 동력전달부품 설계·제조 시설
		4) 능동마그네틱 베어링 설계·제조기술	자력을 이용하여 회전축을 지지하고, 윤활제가 필요 없이 극저온(-250℃ 내외) 또는 고온(300℃ 이상), 진공에서 축의 회전 궤적을 능동적으로 제어할 수 있는 부품 설계·제조 시설
		5) 고성능 터보식 펌프 설계·제조기술	임펠러 및 블레이드가 회전함으로써 기계의 운동에너지를 유체·기체의 압력에너지로 전환하여 2,500L/s 이상의 배기속도 및 1.3×10^{-9} mbar 이상의 최고 진공도를 만드는 터보식 펌프의 설계·제조 시설
		6) 특수 렌즈 소재·부품·장비 제조기술	고배율[굴절률(nd) 2.0 이상], 야간 투시[원적외선(파장 8~12μm) 투과율 50% 이상], 자외선투과[자외광(193nm) 투과율 80% 이상] 등 특수용도로 사용되는 카메라 구성에 필요한 특수 광학소재의 소재·부품·장비 제조 시설
	다. 첨단 장비	1) 첨단 머시닝센터 설계·제조기술	자동공구교환장치(Automatic Tool Changer)를 장착하여, 밀링, 드릴링, 보링가공 등 여러 공정의 작업을 수행할 수 있는 가공정밀도 5μm 이내, 동시 제어 5축 이상, 최대 스핀들 속도 12,000rpm 이상의 절삭가공장비 및 부품의 설계·제조 기술(가공 회전수, 축 이동, 진동오차 제어 등 머시닝센터의 고정밀 작업을 제어하는 CNC(Computerized Numerical Controller) 모듈 관련 기술 포함) 제조 시설

		2) 열간 등방압 정수압 프레스 설계·제조 기술	기체 또는 액체를 압력매체로 활용하여 1,500℃이상에서 작동하면서 1분당 최고 50℃의 속도로 냉각이 가능하고, 금속 소재를 모든 방향에서 100MPa 이상의 정수압 또는 등방압 조건으로 가압하는 직경 1,000mm 이상의 프레스 장비 설계·제조 시설
		3) 연삭가공기 설계·제조 기술	사파이어, 다이아몬드 등 고정도의 광물입자를 결합제로 고정시킨 숫돌을 이용하여 평면·원통 등 단순한 형태가 아닌 복잡한 형태의 가공공정을 수행하는 장비 설계·제조 시설
		4) 첨단 터닝센터	원통형 부품의 가공을 위해 소재를 회전시키면서 절삭 공구가 상대 이동하는 가공정밀도 5㎛ 이내, 최대 스핀들 속도 3,000rpm 이상의 절삭가공장비 설계·제조 시설(ISO 7 등급 이하의 기어 제조를 위한 고속 스카이빙 가공장비 관련 시설 포함)
		5) 첨단 회전 성형기 설계·제조 기술	다축 정밀 동시제어시스템을 갖추고, 회전하는 주축과 롤러, 맨드릴을 이용하여 최대 성형롤 하중 60kN 이상, 최대 성형품 직경 500mm 이상, 성형 정밀도 ±0.5mm를 충족하는 성형 장비 설계·제조 시설
		6) 첨단 밸런싱머신 설계·제조기술	회전기계의 핵심부품인 회전부의 불균일한 질량분포를 측정한 후, 베어링으로 전달되는 힘이나 진동을 국제규격(ISO 21940-21) 규정 이내가 되도록 불균일 질량을 교정하는 장비 설계·제조 시설
		7) 첨단 레이저 가공장비 설계·제조기술	절단, 천공, 용접, 정밀가공 등을 위해 고출력 레이저 가공헤드로 공작물을 용융·증발시켜서 분리하는 5축 이상의 레이저 가공장비를 설계·제조하는 시설
		8) 방전가공기 장비·부품의 설계·제조 기술	공작물과 전극 사이에 불꽃 방전을 일으켜 티타늄, 초경합금 등 난삭재의 마이크로급 초정밀 가공을 수행하는 방전 가공 장비 및 핵심요소부품의 설계·제조 시설
13. 탄소중립	가. 탄소 포집·활용·저장 (CCUS)	1) 연소 후 이산화탄소 포집 기술	화력발전소, 철강·화학공정 및 선박 등에서 화석연료 연소 후 발생되는 배기가스 중 이산화탄소를 효과적으로 분리하기 위한 흡수제, 흡착제, 분리막 등 분리소재를 제조하는 시설과 이산화탄소를 포집·분리하는 공정시설, 분리된 이산화탄소를 압축·정제하는 시설
		2) 연소 전 이산화탄소 포집 기술	석탄가스화 후 생성된 이산화탄소와 수소 중 이산화탄소를 분리하기 위한 흡수제, 흡착제, 분리막 등 분리소재를 제조하는 시설과 이산화탄소를 포집·분리하는 공정시설, 분리된 이산화탄소를 압축·정제하는 시설
		3) 순산소 연소기술 및 저가 산소 대량 제조 기술	공기 연소 대신 산소를 직접 연소하거나 매체순환연소(Chemical Looping Combustion)을 통해 별도의 분리공정 없이 이산화탄소를 포집할 수 있는 순산소 연소시설
		4) 이산화탄소 지중 저장소 탐사기술	이산화탄소 포집 후 저장에 필요한 지하공간을 탐사하기 위한 물리탐사 및 시추시설

		5) 이산화탄소 수송, 저장 기술	대량발생원에서 포집된 이산화탄소를 이송하기 위한 압축·액화 시설, 수송 시설, 수송된 이산화탄소를 지하심부에 안정적으로 저장하기 위한 시추 및 주입 시설, 이산화탄소의 거동 및 누출을 모니터링 하는 시설
		6) 산업 부생가스(CO, CH4) 전환기술	제철소, 석유화학공단, 유기성 폐기물 등에서 발생하는 부생가스(CO, CH4)를 활용하여 화학·생물 전환기술을 통해 화학원료 또는 수송연료 등을 생산하는 시설
		7) 이산화탄소 활용 기술	이산화탄소를 광물화, 화학적·생물학적 변환을 통해 연료·화학물·건축소재 등을 재생산하는 시설
	나. 수소	1) 삭제 〈2023. 6. 7.〉	
		2) 부생수소 생산기술	철강제조공정, 석유화학공정, 가성소다 생산 공정 등에서 발생하는 부생가스를 분리 정제하여 수소를 생산하는 시설
		3) 삭제 〈2023. 6. 7.〉	
		4) 액화수소 제조를 위한 수소액화플랜트 핵심 부품 설계 및 제조기술	액화수소 제조를 위한 수소액화플랜트의 액화천연가스(LNG, Liquefied Natural Gas) 냉열 이용 예냉사이클, 수소액화공정에 필요한 부품(압축기·팽창기 등)을 설계 및 제조하는 시설
		5) 삭제 〈2024. 3. 22.〉	
		6) 삭제 〈2024. 3. 22.〉	
		7) 삭제 〈2023. 6. 7.〉	
		8) 삭제 〈2023. 6. 7.〉	
		9) 액화수소 운반선의 액화수소 저장·적하역 및 증발가스 처리기술	액화수소 운반선 내에 액화수소를 저장·적하역하기 위한 극저온 화물창을 제조하는 시설 및 증발가스 처리를 위한 장치를 제조하는 시설
		10) 암모니아 발전 기술	암모니아 연료를 단독으로 사용하거나 석탄 또는 천연가스와 혼합하여 전력을 생산하는 시설 및 연료전지, 가스터빈, 미분탄 보일러 및 유동층 보일러에 적용 가능한 발전 시스템을 설계·제작하는 시설
	다. 신재생 에너지	1) 고체산화물 연료전지 지지형셀·스택·시스템 기술	고체산화물 연료전지(SOFC)에서 중저온(650℃ 이하)에서 작동이 가능하고 출력효율이 높은 금속·연료극 지지형셀, 셀·분리판 등이 결합되어 전기와 열을 생산하는 스택, 스택을 결합하여 대량으로 발전이 가능한 시스템(발전효율 50% 이상인 4kW급 이상)을 제조하는 시설
		2) 삭제 〈2023. 6. 7.〉	
		3) 고체산화물 연료전지 소재 기술	650℃ 이하에서 작동하는 연료전지로 다양한 연료[수소, 액화석유가스(LPG, Liquefied Petroleum Gas), 액화천연가스(LNG, Liquefied Natural Gas) 등]의 사용이 가능하고 전도 세라믹(Conducting Ceramic)을 이용하며 복합발전시스템이 가능한 전력변환장치로서 발전용 연료전지로 사용하는 소재를 제조하는 시설

		4) 페보브스카이트, 페로브스카이트·결정질 실리콘 등 탠덤 태양전지 핵심소재 제조 및 대면적화 기술	고효율성 및 고내구성을 가진 대면적 웨이퍼, 광활성층, 전자·정공수송층, 투명전극, 금속전극, 금속리본, 봉지, 경량 전후면 외장 재료 등의 핵심소재를 제조하는 시설 및 페로브스카이트(Perovskite), 페로브스카이트/결정질 실리콘 등 탠덤 대면적·고효율 셀과 고내구성·고출력 태양광 모듈을 제조하는 시설(대면적 제조장비, 연속 공정기술 포함)
		5) 풍력에너지 생산 기술로서 회전동력을 증속시켜 발전기에 전달하는 부품 설계 및 제조 기술	블레이드(blade)로부터 전달되는 회전력을 전달받아 증속하여 발전기에 전달하는 장치를 구성하는 유성기어(planet carrier)·축(shaft)·베어링(bearing)·이음쇠(coupling)·브레이크(brake) 및 제어기(controller)를 제조하는 시설
		6) 풍력에너지 생산 기술로서 발전기 및 변환기 제조기술	동력 구동장치 증속기로부터 동력을 전달받아 회전자(rotor)와 고정자(stator)를 통해 전기를 발생시키는 발전기(generator)를 제조하는 시설 및 정속운전 유도발전기용 변환기, 가변속 운전 이중여자 유도발전기용 변환기 및 가변속 운전 동기발전기용 변환기를 제조하는 시설
		7) 풍력발전 블레이드 기술	8MW급 이상의 풍력발전 블레이드(Blade)를 설계 및 제조하는 시설
		8) 지열 에너지 회수 및 저장 기술	지열에너지 이용효율 및 경제성을 향상시키는 그라우팅(grouting) 재료를 제조하는 시설 및 지중 축열 장비를 제조하는 시설
		9) 바이오매스 유래 에너지 생산기술	자연에 존재하는 다양한 자원을 이용하여 직접연소 또는 전환공정을 통해 연료로 사용할 수 있는 고형연료, 알코올, 메탄, 디젤, 수소, 항공유 등을 생산하는 시설
		10) 폐기물 액화·가스화 기술	재생폐기물로부터 연료유 또는 가스를 생산하기 위한 열분해·가스화 시설
		11) 미활용 폐열 회수·활용을 통한 발전 기술	산업현장에서 사용되지 않고 버려지는 중저온(900℃ 이하) 미활용 폐열을 초임계 이산화탄소·유기냉매·열전소자 등을 통해 회수한 후 친환경 전기에너지 생산에 활용하는 발전설비를 제조하는 시설
		12) 해상풍력 발전단지 내·외부 전력망에 사용되는 해저케이블 시스템 기술	대용량 전력 전송을 위한 고밀도·장조장 특성을 갖는 해저케이블(HVAC 345kV 이상 또는 HVDC 500kV 이상)과 이를 변전소 등에 연결하는 내부전력망용 해저케이블(semi-wet 방식, 66kV 이상)을 제조하는 시설
		13) 고효율 n형 대면적 태양전지와 이를 집적한 모듈화 기술	효율 24% 이상의 n형 대면적(M10 이상) 결정질 실리콘 태양전지 및 고출력(출력밀도 210W/㎡ 이상) 태양광 모듈을 제조하는 시설
	라. 산업공정	1) 삭제 〈2024. 3. 22.〉	
		2) 함수소가스 활용 고로취입기술	제철소 발생 함수소가스 또는 수소가스를 고로 공정의 연료로 활용하여 철강을 제조하는 시설
		3) 복합취련전로 활용 스크랩 다량 사용기술	복합취련기술을 활용한 전로공정에서 스크랩 사용량을 높임으로써 이산화탄소 배출을 저감하는 시설

		4) 이산화탄소 반응경화 시멘트 생산기술	이산화탄소 반응경화 시멘트를 제조 및 양생하는 시설
		5) 산화칼슘 함유 비탄산염 산업부산물의 시멘트 원료화 기술	산화칼슘(CaO) 함유 비탄산염 원료 전처리 시설
		6) 이산화탄소 저감 시멘트 생산을 위한 연·원료 대체기술	석회석 등 탄산염 광물을 비탄산염 원료로 대체하고, 수소·바이오매스·LNG 등 친환경 열원과 가연성 순환연료를 사용하는 소성시설
		7) 시멘트 소성공정 유연탄 대체 기술	유연탄을 대체하기 위한 연료(가연성 폐기물, 바이오매스) 전처리 및 제조 시설, 고효율 연소를 위한 시설 및 연소 후 처리 시설
		8) 석유계 플라스틱 대체 바이오 케미칼 원료 생산기술	바이오 매스를 처리하여 활용 가능한 당, 지질, 글리세롤 등을 바이오 플라스틱의 원료인 케미칼 원료로 전환하여 생산하는 시설
		9) 전기가열 나프타 분해기술	전기저항/유도 가열 방식을 활용한 나프타 분해공정을 통해 에틸렌·프로필렌 등 석유화학 기초원료를 제조하는 시설
		10) 반도체·디스플레이 식각·증착공정의 대체소재 제조 및 적용기술	반도체·디스플레이 제조공정에서 사용하는 식각 및 증착용 온실가스를 온난화지수(GWP, Global Warming Potential)가 낮은 가스로 대체하기 위한 소재를 제조하는 시설
		11) 반도체 및 디스플레이 제조공정에서 배출되는 불소화합물 및 아산화질소 배출 저감기술	반도체·디스플레이 제조공정에서 배출되는 불소화합물 및 아산화질소 가스를 LNG, 전기 등을 활용하여 고온에서 분해하는 온실가스 배출저감 시설
		12) 해상(FSRU) 및 육상 LNG터미널에서의 LNG 냉열발전 결합형 재기화 기술	LNG 냉열의 회수 공정을 이용하여 재기화 송출 용량이 750 MMSCFD(Million Metric Standard Cubic Feet per Day) 이상이고, 소요전력의 20% 이상을 절감하고 온실가스의 20% 이상을 감소시킬 수 있는 냉열 발전이 결합된 재기화 시스템을 제작하는 시설
		13) 철강 가열공정 탄소 연료 대체기술	단조, 압연 공정에 사용되는 화석연료를 저탄소 연료(수소, 암모니아)로 전환하거나, 발생된 이산화탄소를 재순환시켜 에너지 효율을 향상시키는 설비를 제조하는 시설
	마. 에너지효율·수송	1) 지능형 배전계통 고도화 및 운용기술	배전계통을 보호·제어하기 위한 지능형 전력장치(IED, Intelligent Electric Device)를 제조하는 시설, IED가 탑재된 배전용 개폐기 및 차단기를 제조하는 시설 및 지능형 직류 배전 공급용 기기를 제조하는 시설
		2) 지능형 검침인프라 설계·제조 기술	양방향 통신 기반의 전자식 계량기를 활용하여 전기사용정보 등을 수집 후 통합관리하는 인프라로서 실시간으로 전력가격 및 사용정보를 소비자에게 전달하여 수요반응 등을 가능케 하고, 공급자에게는 더욱 정확한 수요예측 및 부하관리 등이 가능하게 하는 설비를 제조하는 시설

		3) 히트펌프 적용 온도 범위 확대 및 효율 향상 기술	친환경 냉매 개발, 열교환기 성능 향상, 사용 열원 확대를 통해 고온·저온의 열에너지 공급이 가능한 히트펌프 시스템을 제조하는 시설
		4) 친환경 굴착기 개발 기술	순수 전기(모터), 하이브리드(모터와 엔진), 바이오연료(엔진)로 구동할 수 있는 굴착기를 설계·제조하는 시설
		5) 암모니아 추진선박의 연료공급 및 후처리 기술	암모니아를 연료로 추진하는 선박에 적용되는 암모니아 연료 공급 시스템 및 연소 후 배기가스 후처리 시스템의 설계·제조·시험·평가를 위한 시설
		6) 극저온 액체 저장 및 이송용 극저온 냉동 기술	액화질소(끓는 점 -196℃), 액화수소(끓는 점 -253℃) 등 -196℃ 이하의 극저온 액체를 자체 증발로 인한 손실 없이 저장 및 이송하기 위해 사용하는 극저온 냉동 설비를 제조하는 시설
		7) 연료전지 및 배터리를 적용한 선박발전시스템	연료전지 및 배터리 하이브리드 전력시스템을 선박의 발전원으로 활용하는 선박 발전시스템을 제조하는 시설
		8) 고효율 산업용 전동기 설계·제조 기술	IEC 60034-30-1규격의 IE4급 이상의 고효율 산업용 전동기를 제조하는 시설
14. 방위산업	가. 방산장비	1) 추진체계 기술	유무인 항공기, 기동장비, 유도무기, 함정 등에 장착하는 터보제트엔진, 터보샤프트엔진, 터보프롭엔진, 터보팬엔진, 왕복엔진의 완제엔진, 부체계(엔진제어, 연료, 윤활, 기어박스 등), 구성품(팬, 압축기, 연소기, 터빈, 배기노즐 등), 소재(내열·경량합금, 복합재, 고온코팅 등) 등을 설계·제작·조립·인증·시험평가하는 시설
		2) 군사위성 체계 기술	군사용 위성체계 중 감시정찰 및 통신위성의 위성체계(전력체계, 자세제어체계, 위성탑재컴퓨터, 송수신체계, 구조체 등), 구성품(위성통신송수신 안테나, 광학장비, 영상레이더, 항법체계 등), 관련 소재, 지상장비, 발사체(고체연료) 등을 설계·제작·조립·인증·시험평가하는 시설
	나. 전투지원	유무인복합체계 기술	유무인복합체계에 필요한 환경인식기술, 위치추정기술, 자율임무 수행기술, 유무인협업기술, 무선통신기술, 네트워크 보안기술, 의사결정지원기술, 원격통제기술 등을 활용하여 유무인복합체계를 설계·제작·조립하는 시설

조세특례제한법 시행령 [별표 7] 〈개정 2024. 2. 29.〉

신성장 · 원천기술의 범위(제9조제2항 관련)

구분	분야	신성장 · 원천기술
1. 미래형자동차	가. 자율 주행차	1) 삭제〈2023. 6. 7.〉
		2) 삭제〈2023. 6. 7.〉
		3) 삭제〈2023. 6. 7.〉
		4) 자율주행 기록 및 사고원인 규명 기술: 자율주행 운행 기록과 사고시점 전후의 자동차 내외부 정보를 저장하고 분석하는 기술
		5) 탑승자 인지 및 인터페이스 기술: 탑승자의 안면인식 등을 통한 신체적 · 감정적 변화 감지 기술과 탑승자의 모션 · 음성 · 터치 등을 통해 운전 · 내부조작 등이 가능한 상호작용 기술
	나. 전기 구동차	1) 삭제〈2023. 6. 7.〉
		2) 삭제〈2023. 6. 7.〉
		3) 전기차 초고속 · 고효율 무선충전 기술: 전기동력 자동차와 관련하여 감전위험이 없는 비접촉 무선 전력전송 방식(자기유도, 자기공명, 전자기파)으로 배터리를 충전하기 위한 전력 전송효율 90% 이상의 초고속 고효율 무선충전시스템 및 무선충전 핵심모듈(급전 인버터, 집전 픽업구조, 레귤레이터) 기술
		4) 하이브리드자동차의 구동시스템 고효율화 기술: 하이브리드자동차(HEV)의 연비 향상, 배출가스 감축 등을 위해 엔진 열효율(공급된 연료에너지에 대해 출력되는 유효일의 비를 말한다)을 45% 이상으로 구현하기 위한 하이브리드 구동시스템 고효율화 기술
2. 지능정보	가. 인공지능	1) 학습 및 추론 기술: 다양한 기계학습 알고리즘(algorithm), 딥러닝(deep learning), 지식베이스(knowledge base) 구축, 지식추론 등 학습 알고리즘과 모델링(modeling) 조합을 통해 지능의 정확도와 속도를 향상시키는 소프트웨어 기술
		2) 언어이해 기술: 텍스트(text), 음성에서 언어를 인지 · 이해하고 사람처럼 응대할 수 있는 자연어 처리, 정보검색, 질의응답, 언어의미 이해, 형태소 · 구문 분석 등 언어 관련 소프트웨어 기술
		3) 시각이해 기술: 비디오(video), 이미지(image) 등에서 객체를 구분하고 움직임의 의미를 파악하기 위한 컴퓨터 비전(computer vision), 행동 인식, 내용기반 영상검색, 영상 이해, 영상 생성 등 사람의 시각지능을 모사한 소프트웨어 기술
		4) 상황이해 기술: 다양한 센서(sensor)를 통해 수집된 환경정보를 이해하거나, 대화 상대의 감정을 이해하고 주변상황과 연결한 자신의 상태를 이해하는 등 자신이 포함된 세계나 환경을 이해하여 적절한 행동을 결정짓는 소프트웨어 기술

		5) 인지컴퓨팅 기술: 저전력·고효율로 지능정보 학습을 수행할 수 있도록 컴퓨터 시스템 구조를 재설계하거나, 인공지능 알고리즘(algorithm) 처리가 용이하도록 초고성능 연산 플랫폼(Platform)을 제공하는 컴퓨터 하드웨어 및 소프트웨어 기술
	나. 사물인터넷(IoT: Internet of Things)	1) IoT 네트워크 기술: 사물간의 네트워크(network)를 구성하기 위한 대량의 네트워크(Massive IoT) 구성 기술, 저전력 초경량 네트워크 기술(LPWA: Low Power Wide Area) 및 네트워크 상황에 따른 품질 보장형 협업 네트워크와 사물인터넷 전용망 기술
		2) IoT 플랫폼 기술: 다양한 사물인터넷 기기에 대한 식별·통신·검색·접근 및 사물인터넷 기기를 통한 데이터 수집·저장·관리와 데이터에 대한 분석·가공을 지원하는 지능형 소프트웨어 플랫폼(Software Platform) 기술
		3) 사이버물리시스템 기술: 센서와 구동체[액츄에이터(Actuator)]를 갖는 기계적 장치와 이를 제어하는 정보통신 인프라(infra)를 결합하여 물리적 환경과 가상 환경을 연결하는 것으로 물리적 환경을 실시간으로 모니터링(monitoring)하여 대량의 데이터(data)를 수집·분석·처리하고 이를 바탕으로 물리적 기계장치 또는 컴퓨팅(computing) 장치를 자동으로 제어하는 임베디드(embedded) 기반 분산제어 시스템 기술
	다. 클라우드(Cloud)	1) SaaS(Software as a Service) 기술: 다양한 클라우드 환경에서 인터넷을 통한 소프트웨어 사용이 실행가능하도록 상호운용성을 확보하고, 다양한 사용자 요구를 소프트웨어 자체의 변경 없이 수용하는 맞춤형 서비스 기술 및 SaaS 응용을 연계하여 새로운 서비스를 제공하는 서비스 매쉬업(mashup) 기술
		2) PaaS(Platform as a Service) 기술: 개발자가 데이터베이스(database), 웹(web), 모바일(mobile), 데이터(data) 처리 등의 소프트웨어 개발 환경을 클라우드 상에서 손쉽게 활용하여 응용 서비스의 개발·배포 및 이전이 가능하도록 하는 기술 및 실행환경 제공 기술
		3) IaaS(Infrastructure as a Service) 기술: 가상머신(Virtual Machine) 혹은 컨테이너(container, 경량화된 가상화기술) 기반으로 자원을 가상화하고, 다중 클라우드 연동을 통해 자원을 확장하는 기술 및 다양한 클라우드 인프라 서비스의 중개를 위한 클라우드 서비스 브로커리지(Cloud Service Brokerage) 기술
	라. 빅데이터(Big Data)	1) 빅데이터 수집·정제·저장 및 처리기술: 여러 입력 소스(source)에서 발생하는 다양한 종류의 대규모 데이터(data)를 수집·정제하거나, 향후 분석을 위해 고속의 저장소에 저장하고 관리하는 기술
		2) 빅데이터 분석 및 예측 기술: 대규모 데이터(data)에 다양한 통계기법, 기계학습, 시뮬레이션(simulation) 기법 등을 활용하여 분석하고, 데이터에 내재한 의미를 추출하고 장단기 미래 동향을 예측하는 소프트웨어 기술
		3) 데이터 비식별화 기술: 개인의 사생활을 침해하지 않으면서 인공지능 학습 등에 활용할 수 있도록 대량의 비정형데이터(이미지·영상 등) 및 개인정보 데이터를 비식별화하는 기술
	마. 착용형 스마트기기	1) 신체 부착형 전자회로의 유연기판 제작기술 및 유연회로 인쇄기술: 스마트 착용형기기(wearable device)에 사용되는 신체 부착형 전자회로의 유연기판 제작기술 및 유연회로 인쇄기술

		2) 유연한 양·음극 소재 및 전극 설계·제조기술: 20퍼센트 이상의 변형 시에도 기계적·전기화학적 신뢰성 확보가 가능하며 100㎛ 후박급의 착용형기기(wearable device)에 전원용으로 사용되는 유연한(flexible) 양·음극 소재 설계·제조 기술 및 해당 전극의 조성(composition)·형상(forming)의 설계·제조 기술
		3) 섬유기반 유연전원(fabric based flexible battery) 제조 기술: 유연 성능이 4.5g · cm²/cm 이상으로 변형에 대한 형태 안정성이 우수한 유연전원(fabric based flexible battery)으로서, 에너지 밀도가 100Wh/kg 이상으로 고효율·고수명의 성능을 가진 섬유기반 유연전원을 제조하는 기술
		4) 전투기능 통합형 작전용 첨단디지털 의류기술: 군사 및 경찰 작전 등의 특수 임무를 수행하는 데 필요한 극한기능과 신호전송기능 및 신체보호기능을 갖춘 총체적 디지털 기능 전투복 제조 기술
		5) 생체정보 처리 및 인체내장형 컴퓨팅 기술: 생체신호 측정 및 전달 기술, 생체기능의 컴퓨터 시뮬레이션(모사) 기술, 내장형 심장 박동 기술, 인슐린 자동 분비 기술, 인공 눈/귀 등과 같이 신체의 내·외부에 장착되어 사용자의 생체정보 또는 기능을 인식·모사·처리하거나 신체의 기능을 보완·대체하는 기술
	바. IT 융합	1) 지능형 전자항해 기술: IMO(International Maritime Organization, 국제해사기구)의 e-Navigation 구현을 목적으로 장소에 구애받지 않고 4S(ship to ship, ship to shore, shore to ship, shore to shore) 통신을 구현하는 통신단말장치 제작기술과 그 통신단말장치를 기반으로 육상과의 실시간 디지털 통신을 통해 입항부터 출항까지의 항해 업무를 통합적으로 처리하고 증강현실 및 3차원 전자해도를 활용한 충돌·좌초 회피지원기능을 갖는 선박항해시스템 설계 및 구축기술
		2) 지능형 실시간 도시 시설물 관리시스템 기술: 도시 시설물(도로, 철도, 교량, 항만, 댐, 터널, 건축물, 전기·가스·수도 등의 공급설비, 통신시설 및 하수도시설 등)에 부착 또는 삽입하여 동 시설물들을 대상으로 통신기능 및 에너지 수확기능을 갖는 센서(sensor)를 활용하여 시설물의 운영상황 및 위험요인(물리적·기능적 결함여부 포함)을 실시간으로 계측·평가하여 유지·보수하는 지능형 도시 시설물 관리시스템 설계·구축 기술
		3) 지능형 기계 및 자율협업 기술: 생산설비에 붙박이 형태(built-in)로 장착한 다양한 센서(sensor)나 엔코더(Encoder)로부터 수집한 생산설비의 품질(상태)정보 및 공정조건을 실시간으로 분석하여 최적의 작업상태를 제공할 수 있는 진단·처방정보를 창출하는 내장형·외장형 소프트웨어 제작기술과, 동 정보를 바탕으로 생산설비를 원격으로 제어하는 개방형 제어기(controller), M2M(Machine to Machine, Machine to Man, 기계 간의 통신 및 인간이 작동하는 기계와의 통신) 디바이스(device) 제작기술 및 내장형·외장형 소프트웨어와 개방형 컨트롤러 디바이스를 탑재하여 자동으로 상태감시·진단·제어기능을 하는 지능형 기계 제작기술
	사. 블록체인	블록체인 기술: 모든 구성원이 분산형 네트워크(P2P Network)를 통해 정보 및 가치를 검증·저장·실행함으로써 특정인의 임의적인 조작이 어렵도록 설계된 분산 신뢰 인프라를 구현하기 위한 P2P 네트워킹기술, 합의기술, 스마트계약 검증기술, 분산저장기술, 플랫폼기술(확장성·성능 개선 등), 보안기술, IoT 기술, 적합성검증 기술

	아. 양자컴퓨터	양자컴퓨터 제작 및 활용 기술: 양자 정보를 처리할 수 있는 메모리(큐비트, Qubit)를 구현하고, 큐비트간 연산처리가 가능한 장치의 제작 기술 및 양자컴퓨터의 구동·원격사용과 양자컴퓨터를 이용한 계산 등 양자컴퓨터를 활용하기 위한 기술
	자. 스마트 물류	지능형 콜드체인 모니터링 기술: 화물의 운송 과정에서 온도, 습도, 충격 등의 상태 데이터를 정보수집 장치를 통해 수집 및 저장하고, 이를 국제표준 ISO 27017에 따라 보안성이 검증된 클라우드 서버로 전송하여 단위 화물 정보와 연동하고 이를 소프트웨어상에서 모니터링하는 기술
3. 차세대 소프트웨어 (SW) 및 보안	가. 기반 소프트웨어 (SW)	1) 융합서비스·제품의 소프트웨어 내재화 기술: 기존 서비스 및 제품에 지능화·자동화 등을 위한 지능형 소프트웨어 기술을 적용하여 신규 서비스를 창출하거나 새로운 기능을 추가하고, 신뢰성·고속성·실시간성·저전력 등을 통해 10% 이상 기능을 향상시키는 기술
		2) 이기종(異機種) 멀티코어 소프트웨어 기술: 중앙연산장치(CPU)에 보조연산장치·연산가속장치 등의 여러 컴퓨팅 장치를 결합하여 고효율·고성능(전력소모량 등 비용 효율성을 10배 이상 개선하거나, 연산속도를 10배 이상 개선한 것을 말한다)을 구현하는 소프트웨어 기술
		3) 분산병렬 소프트웨어 기술: 대규모 데이터 연산 처리를 위해 분산 컴퓨팅 환경에서 10,000개 이상의 노드(센서, 컴퓨터 등) 지원을 대규모로 분산하는 소프트웨어 기술 및 100개 이상의 병렬성에서 99.999%의 신뢰성을 보장하는 고신뢰 병렬 소프트웨어 기술
		4) 차세대 메모리 기반 시스템 소프트웨어 기술: 기존 메모리와 다른 대용량 비휘발성 메모리를 활용하여 컴퓨터·서버·휴대단말기 등의 컴퓨팅 속도를 20% 이상 개선하거나 메모리 용량을 4배 이상 증대시키는 시스템 소프트웨어 기술
		5) 컴퓨터 이용 설계 및 공학적 분석 소프트웨어 기술: 제품 생산에 있어 개념 설계 단계 이후 제작도면 작성과 작성된 도면의 제품 성능 및 품질 검토를 수행하는 소프트웨어 기술
	나. 융합보안	1) 사이버 위협 인텔리전스(Intelligence) 대응기술: 인적 자원으로 불가능한 대규모 사이버 공격의 분석 또는 대응을 위해 지능정보기술(인공지능, 빅데이터 등)을 활용한 사이버 위협 자동분석·대응 기술
		2) 휴먼바이오(human-bio)·영상 기반 안전·감시·보안기술: 인간의 신체적 특성(지문, 얼굴, 홍채, 정맥 등)과 행동적 특성(서명, 음성, 걸음걸이 등)을 이용한 신원확인 기술과 영상정보를 이용하여 특정 객체(사람·사물)나 이상상황(범죄·사고 등)을 자동으로 인지하는 기술
		3) 미래컴퓨팅 응용·보안기술: 양자컴퓨팅(quantum computing) 특성에 따른 고속의 데이터·통신 암호화 및 암호해독방지 기술
		4) 융합서비스·제품의 보안내재화 기술: 사이버 공격으로 인명이나 재산상의 손실을 끼칠 수 있는 정보통신기술(ICT) 융합서비스·제품(자율주행차, 인공심박기, 도어락 등)에 탑재될 수 있도록 저전력·경량화되면서도 외부 공격(탈취, 파괴, 위·변조 등)에 의해 정보가 유출·변경되는 것을 방지·대응하기 위한 기술

4. 콘텐츠	가. 실감형 콘텐츠	1) 가상현실(VR) 콘텐츠 기술: 사용자의 오감을 가상공간으로 확장·공유함으로써 환경적 제약에 의해 직접 경험하지 못하는 상황을 간접 체험할 수 있게 하는 가상현실(Virtual Reality) 콘텐츠 제작 기술	
		2) 증강현실(AR) 콘텐츠 기술: 디지털 콘텐츠를 현실 공간과 사물에 혼합시킴으로써 사용자에게 보다 많은 체험 서비스를 제공하게 하는 증강현실(Augmented Reality) 콘텐츠 제작 기술	
		3) 오감체험형 4D 콘텐츠 제작기술: 기존의 3D 입체영상 콘텐츠에 증강현실(Augmented Reality) 영상기술과 시각·후각·청각·미각·촉각 등의 오감체험을 통한 양방향성의 상호작용 기술이 융합된 4D 콘텐츠 제작기술	
		4) 디지털 홀로그램(Hologram) 콘텐츠 제작기술: 물체 형태에 대한 완벽한 3차원 정보를 조명광 파면(wavefront)의 간섭무늬 형태로 담고 있는 홀로그램 프린지(fringe) 패턴을 생성하고, 디지털화된 처리를 통해 3차원 영상으로 재현, 편집, 정합 또는 공간인식을 하는 기술	
	나. 문화콘텐츠	1) 게임 콘텐츠 제작기술: 게임엔진·게임저작도구·게임 UI(User Interface)·게임 운영환경 등의 개발 또는 기능 개선을 통해 게임 콘텐츠를 기획·제작하거나 서비스를 제공하는 기술, 실시간 데이터를 활용한 시·청각화 관련 기술, 유저와의 상호작용을 위한 데이터 처리 및 시나리오 구현 기술, 학습·의료 등 분야의 기능성 게임 모델 개발 등 게임 콘텐츠 응용 기술	
		2) 영화·방송 콘텐츠 제작기술: 영화·방송 콘텐츠의 기획·제작을 위한 사전시각화(pre-visualization) 및 그래픽 품질 개선 기술	
		3) 애니메이션 콘텐츠 제작기술: 애니메이션 콘텐츠의 기획·제작을 위한 대용량 디지털 데이터 처리 관리 기술, AI 머신러닝을 통한 애니메이션·에셋 자동생산 기술, 게임엔진을 활용한 실시간 제작기술, 버추얼 프로덕션(virtual production) 기술	
		4) 만화·웹툰 콘텐츠 제작기술: 만화·웹툰 콘텐츠의 기획·제작 및 서비스를 위한 디지털 만화 저작도구 개발 기술, 만화 멀티미디어 콘텐츠 제작 기술, 플랫폼 구축 및 서비스를 위한 저작권 보호 기술	
5. 차세대전자 정보 디바이스	가. 지능형 반도체·센서	1) 고속 컴퓨팅을 위한 SoC 설계·제조 기술: 인간형 인식, 판단, 논리를 수행할 수 있는 뉴럴넷(Neural Network)을 구현하는 초고속, 저전력 슈퍼프로세서 기술로서 지능형 자율주행 이동체(드론 등), 지능형 로봇, 게임로봇, 고속 정보 저장·처리 및 통신기기, 위성체 및 군사용 무기 체계, 보안 카메라, DVR (Digital Video Recoder)등의 화상처리용 지능형 보안시스템, 복합 교통관제 시스템 등의 제작을 위해 매니코어(Many Core)를 단일 반도체에 통합한 SoC(System on Chip) 설계 및 제조(7nm 이하) 기술	
		2) 초소형·초저전력 IoT·웨어러블 SoC 설계·제조 기술: IoT, 착용형 스마트 단말기기 및 웨어러블 센서(wearable sensor) 등을 위해 장기간 지속 사용이 가능하고, 초소형·초저전력으로 동작하며, IoT 네트워크에 지능형 서비스를 적용하기 위한 지능정보 및 데이터의 처리가 가능한 초저전력 SoC(System on Chip) 설계·제조 기술	
		3) SoC 파운드리 제조, 후공정 및 장비 설계·제조 기술: SoC(System on Chip) 반도체 개발·양산을 위한 핵심 기반기술로 파운드리(Foundry) 분야의 7nm 이하급 제조공정 및 공정 설계기술, 2D/2.5D/3D 패키징 등 파운드리(Foundry) 후공정 기술 및 파운드리 소재·장비 설계·제조 기술	

		4) 차세대 메모리반도체 제조기술과 소재·장비 및 장비부품의 설계·제조기술: 기존 메모리반도체인 D램(DRAM)과 낸드 플래시메모리(Nand Flash Memory)의 장점을 조합한 STT-MRAM(Spin Transfer Torque-Magnetic Random Access Memory), PRAM(Phase-change Random Access Memory), ReRAM(Resistive Random Access Memory) 등 차세대 메모리반도체 제조기술 및 관련 소재·장비 및 장비부품의 설계·제조기술
		5) 지능형 마이크로 센서 설계·제조·패키지 기술: 물리적·화학적인 아날로그(analogue) 정보를 얻는 감지부와 논리·판단·통신기능을 갖춘 지능화된 신호처리 집적회로가 결합된 소자로서 나노기술, MEMS[Micro Electro Mechanical System, 기계부품·센서(sensor)·액츄에이터(actuator) 및 전자회로를 하나의 기판 위에 집적화)] 기술, 바이오 기술, 0.8㎛이하 CMOS 이미지센서 기술 또는 SoC(System on Chip) 기술이 결합된 초소형 고성능 센서 설계·제조 및 패키지 기술
		6) 차량용 반도체 설계·제조기술: 자동차 기능안전성 국제표준 ISO26262, 자동차용 반도체 신뢰성 시험규격 ACE-Q100을 만족하는 MCU(Micro controller unit), ECU(Electronic control unit), 파워IC, SOC, 전기차, 하이브리드자동차 및 자율주행용 IC 반도체의 설계·제조 기술
		7) 에너지효율향상 반도체 설계·제조기술: 실리콘 기반의 MOSFET(MOS field-effect transistor)에 비해 저저항·고효율 특성을 지니며 차세대 응용 분야(전기차, 하이브리드자동차, 태양광, 풍력발전 등 신재생에너지, 스마트그리드 등) 인버터 등에 탑재되는 SJ(Super Junction) MOSFET, IGBT, SiC MOSFET의 설계·제조 기술
		8) 첨단 메모리반도체 설계·제조기술: 12nm 이하급 D램과 220단 이상 낸드 플래시메모리 설계·제조 기술
		9) 에너지효율향상 전력 반도체 BCDMOS(Bipolar /Complementary/Double-diffused metal-oxide-semiconductor) 설계·제조 기술: 실리콘 기반의 저저항·고효율 특성을 지니며 차세대 응용 분야(5G, 전기차, 하이브리드자동차, 태양광, 풍력발전 등 신재생에너지, 스마트그리드 등)에 탑재되는 아날로그, 디지털 로직, 파워소자를 원칩화한 초소형·초절전 전력반도체 0.13㎛ 이하 BCDMOS 설계·제조 기술
		10) 전자제품 무선충전 기술: 기존 유도방식 무선충전 대비 충전 자유도가 높은 고출력 공진방식 무선·급속 충전 기술 및 원거리 RF(Radio Frequency) 전력전송 기술
		11) 웨이퍼레벨 칩 패키징 공정기술: LED 칩을 미세 패턴이 가공된 열전도성이 높은 웨이퍼 위에서 일련의 공정을 통해 패키징한 후 다이싱(dicing)하여 칩 패키지를 제조하는 기술
	나. 반도체 등 소재·부품	1) 포토레지스트(Photoresist) 개발 및 제조기술: 반도체 및 디스플레이용 회로 형성에 필요한 리소그래피(lithography)용 수지로서 회로의 내열성, 전기적 특성, 현상(Developing) 특성을 좌우하는 Photoresist 및 관련 소재를 개발 및 제조하는 기술 [ArF(불화아르곤) 광원용 및 EUV(극자외선) 광원용]
		2) 원자층증착법(ALD, Atomic Layer Deposition) 및 화학증착법(CVD, Chemical Vapor Deposition)을 위한 고유전체(High-k dielectric)용 전구체 개발 기술: 기존의 이산화규소(SiO2)보다 우수한 유전특성을 갖는 high-k dielectric 박막 증착을 위한 ALD 및 CVD 공정에 사용되는 전구체를 개발하는 기술

		3) 고순도 불화수소 개발 및 제조기술: 반도체 회로형성에 필요한 순도 99.999%(5N) 이상의 고순도 불화수소를 개발 및 제조하는 기술
		4) 블랭크 마스크(Blank Mask) 개발 및 제조기술: ArF(불화아르곤) 광원 및 EUV(극자외선) 광원을 이용하여 반도체 회로를 형성하는 데 사용되는 블랭크마스크 원판 및 관련 소재[펠리클(Pelllicle), 합성 쿼츠, 스터링용 타겟 등을 포함]을 개발 및 제조하는 기술
		5) 반도체용 기판 개발 및 제조기술: 14nm 이하급 D램과 170단 이상 낸드플래시메모리 및 에피텍셜 반도체용 기판을 개발 및 제조하는 기술
		6) 첨단 메모리반도체 장비 및 장비부품의 설계ㆍ제조 기술: 14nm 이하급 D램(DRAM)과 170단 이상 낸드 플래시메모리(Nand Flash Memory) 양산을 위한 장비ㆍ장비부품의 설계ㆍ제조 기술
		7) 플렉서블 디스플레이 패널, 차세대 차량용 디스플레이 패널용 DDI 칩(Display Driver IC) 설계 및 제조 기술: 화면에 문자나 영상 이미지 등이 표시되도록 디스플레이 패널에 구동 신호 및 데이터를 전기신호로 제공하는 반도체를 설계 및 제조하는 기술
		8) 고기능성 인산 제조 기술: SiN_x, SiO_x 막질의 선택적인 식각이 가능한 고선택비(1,000이상) 인산계 식각액 제조기술
		9) 고순도 석영(쿼츠) 도가니 제조 기술: 반도체 웨이퍼 제조용 용융 실리콘의 오염을 막기 위한 도가니 형태의 순도 99.999%(5N) 이상의 고순도 석영 용기 제조 기술
		10) 코트막형성재 개발 및 제조 기술: 완성된 반도체 소자의 표면을 외부환경으로부터 보호하기 위해 사용하는 절연성을 가진 고감도(80mJ/㎠ 이하) 감광성 코팅 기술 또는 패키징 재배선(배선폭 7㎛ 이하) 형성 재료 제조 기술
	다. 유기발광 다이오드 (OLED: Organic Light Emitting Diode) 등 고기능 디스플레이	1) 9인치 이상 능동형 유기발광 다이오드(AMOLED: Active Matrix Organic Light Emitting Diode) 패널 기능개선 및 부품ㆍ소재ㆍ장비 제조 기술: 저온폴리실리콘(LTPS, Low Temperature Poly Silicon) 또는 산화물(Oxide) TFT(Thin Film Transistor, 전자이동도 8㎠/Vs 이상) 기판 상에 진공 증발 증착 또는 프린팅 방식으로 고화질(고해상도, 고색재현, 고균일, HRD)을 구현한 대화면(9인치 이상) AMOLED 패널을 제조하기 위해 공정별로 사용되는 기술(모듈조립공정기술은 제외한다)과 AMOLED 패널을 제조하기 위한 부품ㆍ소재ㆍ장비 제조 기술
		2) 대기압 플라즈마 식각 장비 기술: 디스플레이를 제조할 목적으로 대기압에서 플라즈마(plasma)를 발생시켜 박막을 식각하는 장비 제작기술
		3) 플렉서블 디스플레이 패널ㆍ부품ㆍ소재ㆍ장비 제조 기술: 플렉서블 디스플레이(유연성 또는 유연한 성질을 가지는 디스플레이로, 깨지지 않고 휘거나 말 수 있고 접을 수 있는 특성을 지닌 것을 말한다. 이하 같다)를 제조하기 위해 공정별[유연필름 제조, 이형과 접합, TFT(Thin Film Transistor) 제조, 화소형성, 봉지, 모듈 공정 등]로 사용되는 기술과 이와 관련한 부품ㆍ소재 및 장비 제조 기술

			4) 차세대 차량용 디스플레이 패널·부품·소재·장비 제조 기술: 굴곡된 형상으로 제조 가능하고, 동작온도 -30℃~95℃, 시인성 black uniformity 60% 이상을 만족하는 다결정 저온 폴리실리콘(LTPS-LCD) 패널 제조기술(모듈조립공정기술은 제외한다)과 이와 관련한 부품·소재 및 장비 제조 기술
			5) 마이크로 LED 디스플레이 패널·부품·소재·장비 제조 기술: 실리콘(Silicon) 또는 사파이어(Sapphire) 기판에 저결함 에피공정을 적용하여 100㎛ 이하의 자발광 R/G/B 마이크로 LED 칩을 제조하는 기술과 이를 이용한 픽셀·패널 제조 기술 및 이와 관련한 부품·소재 및 장비 제조 기술
			6) VR·AR·MR용 디스플레이 패널·부품·소재·장비 제조 기술: 가상현실, 증강현실, 혼합현실 기기에 사용되는 초고해상도(1,500 ppi이상) 디스플레이를 제조하기 위해 공정별로 사용되는 기술과 이와 관련한 부품·소재 및 장비 제조기술
			7) 친환경 QD(Quantum Dot) 나노 소재 적용 디스플레이 패널·부품·소재·장비 제조 기술: 적은 소비전력으로 고색재현 및 화학적·열적 안정성 개선이 가능한 QD 나노 소재 적용 디스플레이를 제조하기 위해 공정별로 사용되는 기술과 이와 관련한 부품·소재 및 장비 제조 기술
	라. 3D프린팅		3D프린팅 소재·장비 개발 및 제조기술: 3차원 디지털 설계도에 따라 액체수지, 금속분말 등 다양한 형태의 재료를 적층하여 제품을 생산하는 데 사용되는 소재·장비를 개발 및 제조하는 기술
	마. AR 디바이스		AR 디바이스 제조기술: 실제의 이미지나 배경에 유의미한 상황 정보를 기반으로 한 영상·텍스트·소리 등의 가상정보를 나타내어 사용자의 경험이 증강되고 현실세계와 동기화할 수 있는 장비 및 관련 부품의 개발 및 제조기술
6. 차세대 방송통신	가. 5세대(5G: 5generation) 및 6세대 (6G: 6generation)이동통신		1) 5G 이동통신 기지국 장비 기술: 가입자와 연결을 위해 이동통신사업자가 구축하는 5G 이동통신 광역 및 소형 셀(cell) 기지국 장비에 적용되는 기술
			2) 5G 이동통신 코어네트워크(Core Network, 기간망) 기술: 트래픽(traffic) 전송·제어, 네트워크(network) 간 연결 등을 위해 5G 이동통신 기지국 장비와 연동되는 게이트웨이(gateway), 라우터(router), 스위치(switch) 등에 적용되는 기술
			3) 5G 이동통신 단말 특화 부품 기술: 5G 이동통신 단말을 구현하기 위해 새롭게 개발·적용될 통신모듈[베이스밴드(baseband, 기저대역) 모뎀, RF(radio frequency) 칩셋(chipset) 등]의 부품·소자에 적용되는 기술
			4) 6G 이동통신 기술: 초저지연(μsec급) 기술을 기반으로 초고속(Tera bps급) 통신 지원을 위해 Tera-Hz 대역 활용을 가능하게 하는 신소자 RF·안테나 및 모뎀 및 부품·소자에 적용되는 기술
			5) 차세대 근거리 무선통신 기술: IEEE(Institute of Electrical & Electronics Engineers, 국제전기전자기술자협회) 802.11ac 규격보다 높은 주파수 효율과 전송속도를 제공하는 근거리 무선통신(무선랜: wireless LAN) 기술
	나. UHD (Ultra-High Definition)		1) 지상파 UHD방송 송신기 성능 향상기술: 냉각 기술(공냉, 수냉, 질소냉각 등 포함)의 개선, 회로 설계 방식 개선 등을 통한 고효율 지상파 UHD방송용 송신기 설계·제조 기술

			2) UHD 방송 통합 다중화기 기술: 신규 전송 프로토콜[ROUTE, MMT(MPEG Media Transport) 등 포함]과 기존 전송 프로토콜[MPEG-2 TS(Transport System)]로 생성된 신호를 입력받아, 국내외 UHD 방송 표준에 따른 전송 프로토콜로 출력하는 통합형 다중화기 기술
			3) 신규 방송서비스 제공을 위한 시그널링 시스템 기술: 다양한 신규 방송서비스 제공을 위해 UHD방송 표준에 따른 시그널링(signaling) 시스템[시그널 인코더(signal encoder), 서비스가이드 인코더(service guide encoder), 시그널/서비스가이드 서버(signal/service guide server), 서비스 메타데이터(metadata) 관리서버, 통합 모니터링(monitoring) 시스템, 앱 시그널링 인코더(app signaling encoder), 콘텐츠 푸시 서버(push server, 자동제공서버) 등을 포함한다] 기술
7. 바이오·헬스	가. 바이오·화합물의약		1) 삭제 〈2023. 8. 29.〉
			2) 방어 항원 스크리닝 및 제조기술: 면역 기전을 이용하여 인체질환을 방어하기 위해 항원을 스크리닝하고 이 항원을 제조하여 각종 질환을 치료하거나(치료용 백신) 예방하기 위한 백신(예방용 백신) 제조 기술
			3) 삭제 〈2023. 8. 29.〉
			4) 혁신형 신약(화합물의약품) 후보물질 발굴 및 제조기술: 인체내 질병의 원인이 되는 표적 수용체(Receptor) 또는 효소(Enzyme) 등의 반응 기전(Mechanism)을 규명하고 분자설계를 통해 표적체(Target)와 선택적으로 작용할 수 있는 구조의 화합물 후보물질 라이브러리(Library)를 확보하며, 고속탐색법(HTS, High Throughput Screening) 기술을 이용하여 후보물질 라이브러리로부터 후보물질을 도출한 후 유기합성기술을 통해 안전성 및 유효성이 최적화된 신약 후보물질로 개발하는 기술 및 혁신형 신약을 제조하거나 혁신형 신약의 원료를 개발·제조하는 기술
			5) 혁신형 개량신약(화합물의약품) 개발 및 제조 기술: DDS(Drug Delivery System, 약물전달시스템), 염변경, 이성체 제조, 복합제 제조 및 바이오·나노기술과의 융합 등의 기술을 통해 기존 신약보다 안전성, 유효성, 유용성(복약순응도, 편리성 등), 효능 등을 현저히 개선시킨 개량 신약을 개발·제조하는 기술 및 혁신형 개량신약의 원료를 개발·제조하는 기술
			6) 임상약리시험 평가기술(임상1상 시험): 혁신형 신약(화합물의약품) 후보물질의 초기 안정성, 내약성, 약동학적, 약력학적 평가 및 약물대사와 상호작용 평가, 초기 잠재적 치료효과 추정을 위한 임상약리시험 평가기술
			7) 치료적 탐색 임상평가기술(임상2상 시험): 혁신형 신약(화합물의약품) 후보물질의 용량 및 투여기간 추정 등 치료적 유용성 탐색을 위한 평가기술
			8) 치료적 확증 임상평가기술(임상3상 시험): 바이오시밀러[R&D비용이 매출액의 2% 이상이고, 국가전략기술과 신성장·원천기술 R&D비용(바이오시밀러 임상비용 포함)이 전체 R&D비용의 10% 이상인 기업의 임상시험으로 한정하되, 국가전략기술 R&D비용(바이오시밀러 임상비용 포함)이 전체 R&D비용의 10% 이상인 기업의 임상시험은 제외한다], 혁신형 신약(화합물의약품) 후보물질의 안전성, 유효성 등 치료적 확증을 위한 평가기술
			9) 삭제 〈2023. 8. 29.〉
			10) 삭제 〈2023. 8. 29.〉

	나. 의료기기·헬스케어	1) 기능 융합형 초음파 영상기술: 조기 정밀 진단을 위한 영상기술 간 융합(X-ray – 초음파, 광음향 – 초음파) 및 정밀치료를 위한 초음파 영상유도 기반의 체외충격파 치료 기술
		2) 신체 내에서 생분해되는 소재 개발 및 제조 기술: 우수한 유연성과 고강도의 기계적 물성을 가지며, 시술에 따른 혈전증 및 재협착률을 최소화하는 생분해성 스텐트 제조 기술
		3) 유전자 검사용 진단기기 및 시약의 개발 및 제조 기술: 질병의 진단이나 건강상태 평가를 목적으로 인체에서 채취한 검체로부터 DNA(deoxyribonucleic acid), RNA(ribo nucleic acid), 염색체, 대사물질을 추출하여 분석하는 기기 및 시약의 개발 및 제조 기술
		4) 암진단용 혈액 검사기기 및 시약의 개발 및 제조 기술: 채취한 혈액으로부터 종양 표지자의 농도를 측정하여 암발생 유무를 판단하는 데 활용되는 검사기기 및 시약의 개발 및 제조 기술
		5) 감염병 병원체 검사용 진단기기 및 시약의 개발 및 제조 기술: 인체에서 채취된 혈액, 소변, 객담, 분변 등의 검체를 이용하여 국내에서 새롭게 발생했거나 발생할 우려가 있는 감염병 또는 국내 유입이 우려되는 해외 유행 감염병의 병원체를 검사하는 데 활용되는 기기 및 시약의 개발 및 제조 기술
		6) 정밀의료 등 맞춤형 건강관리 및 질병 예방·진단·치료 서비스를 위한 플랫폼 기술: 서로 다른 형태의 개인건강정보(진료기록, 일상건강정보, 유전자 분석 데이터, 공공데이터 등)를 저장·관리하기 위한 정보 변환기술과, 수집된 정보의 분석을 통해 질병 발병도 등 건강을 예측하고 이에 따른 맞춤형 건강관리 및 질병 예방·진단·치료를 제공하는 기술
		7) 신체기능 복원·보조 의료기기 기술: 생체역학·바이오닉스 등 첨단 의공학 기술을 통해 영구 손상된 신체기능을 원래대로 복원하여 정상적인 일상생활을 가능하게 하는 기술
	다. 바이오 농수산·식품	1) 비가열 및 고온·고압 전처리 기술: 초고압(1,000기압 이상), 고압전자기장[PET(Pulsed Electric Field) 1kV 이상], 전기저항가열(Ohmic Heating), 방사선 조사(irradiation)와 같은 대체 열에너지를 사용하거나, 가압·진공·과열증기(SHS, Superheated steam) 및 증기직접주입법(DSI, Direct steam injection) 등을 이용한 고온·고압 처리기술을 사용하여 미생물 수를 감소시키거나 사멸시키는 처리기술
		2) 식품용 기능성 물질 개발 및 제조 기술: 동·식물 및 미생물 유래 기능 물질의 탐색·분석·동정(identification)과 식품용도로 사용하기 위한 안전성·기능성 평가 및 원료 가공 또는 대량생산 기술
		3) 신품종 종자개발기술 및 종자가공처리 기술: 유전자원을 활용하여 부본과 모본의 교배를 통하거나 전통적인 육종기술에 유전공학 기술을 접목하여 생산성, 품질, 기능성 등이 개선된 신품종 종자를 개발하는 기술과 종자의 품질을 높이기 위한 프라이밍(priming), 코팅(coating), 펠렛팅(pelleting) 등 종자 가공처리 기술
		4) 유용미생물의 스크리닝 기술 및 유용물질 대량생산공정 기술: 세균이나 곰팡이를 선발·분리하여 효용성을 평가하거나 이들 미생물을 활용한 균주개발, 최적활성 연구, 발효공정, 정제공정 등을 거쳐 유용물질을 대량으로 생산하는 기술

		5) 스마트팜 환경제어 기기 제작 기술: 온실이나 축사의 온도, 습도, 이산화탄소, 악취 등을 감지하여 환경을 조절하는 센서와 이를 통해 작동하는 액츄에이터(actuator) 및 제어시스템을 설계·제조하는 기술
		6) 단백질 분리·분획·정제 및 구조화 기술: 물리적·화학적 방법을 이용하여 농·식품자원으로부터 단백질을 전분, 지방 등과 분리하여 용도에 맞게 분획·정제하는 기술, 동물세포나 조직을 배양·분화하는 기술 및 단백질 또는 세포를 3D 프린터, 압출식 성형방식, 지지체 등을 통해 구조화하고 이를 대량으로 생산하는 기술
		7) 식품 냉·해동 안정화 기술: 수분전이제어, 원물코팅, 라디오 주파수·저온 Steam 해동 등을 활용하여 냉동원료 및 제품의 품질을 균일하게 제어할 수 있는 식품 냉·해동 안정화 기술
	라. 바이오 화학	1) 바이오매스 유래 바이오플라스틱 생산 기술: 재생가능한 유기자원을 이용하여 직접 또는 전환공정을 통해 당 또는 리그닌 등 유효성분을 추출·정제하는 기술 및 바이오플라스틱을 생산하는 기술
		2) 바이오 화장품 소재(원료) 개발 및 제조기술: 세포활성 제어기술, 미생물 발효 및 생물전환기술, 활성성분 대량생산기술 등의 바이오 기술(bio technology)을 활용하여 화장품의 소재(원료)를 개발 및 제조하는 기술
		3) 신규 또는 대량 생산이 가능한 바이오화학 소재 개발 및 미생물 발굴 바이오 파운드리 기술 : 바이오플라스틱, 바이오화장품 소재, 바이오생리활성 소재 등을 생산하는 미생물 확보를 위한 유전자 편집 등의 합성생물학 기술과 이를 활용한 디자인, 제작, 시험, 학습 등의 순환 과정의 바이오파운드리 기술
8. 에너지·환경	가. 에너지 저장 시스템 (ESS: Energy Storage System)	1) 비리튬계 이차전지 소재 등 설계 및 제조기술: 흐름전지(Flow Battery)에 사용되는 전극·멤브레인(Membrane)·전해질·저가 분리판·스택(Stack) 설계 및 제조 기술과 나트륨(Sodium)계 이차전지에 사용되는 소재(양극·음극·전해질)·셀(Cell)·모듈 설계 및 제조 기술
		2) 전력관리시스템 설계 및 전력변환장치 설계 및 제조 기술: 전력을 제어하기 위한 전력관리시스템(PMS, Power Management System) 설계 기술과 저장장치 전력과 전력계통 간의 특성을 맞춰주는 전력변환장치(PCS, Power Conversion System) 설계 및 제조 기술
		3) 에너지관리시스템 기술: 주파수조정, 신재생연계, 수요반응 등의 응용분야별 제어 소프트웨어 기술을 핵심으로 하는 에너지관리시스템(EMS, Energy Management System) 기술
		4) 배터리 재사용·재제조를 위한 선별 기술: 초기용량 대비 80% 이하로 수명이 종료된 전기자동차 배터리의 성능·안전성 평가를 통해 잔존가치를 유지한 배터리를 선별하는 기술
		5) 고성능 리튬이차전지 기술: 265wh/kg 이상의 에너지밀도 또는 6C-rate 이상의 방전속도를 충족하는 고성능 리튬이차전지에 사용되는 부품·소재·셀(cell) 및 모듈(module) 제조 및 안전성 향상 기술
		6) 전기동력 자동차의 에너지저장 시스템 기술: 전기동력 자동차(xEV)의 주행거리 연장, 충전시간 단축 등을 위해 차량용 이차전지 팩의 에너지 밀도를 160Wh/kg 이상으로 구현하기 위한 기술

	나. 발전 시스템	1) 대형가스터빈 부품 및 시스템 설계·제작·조립·시험 평가기술: 천연가스를 연소시킬 때 발생하는 고온 고압의 에너지로 발전기를 회전시켜 전기를 생산하는 용량 380MW 이상, 효율 43% 이상의 터빈·부품 설계·제작·조립·시험 평가 기술
		2) 초임계 이산화탄소 터빈구동 시스템 설계·제조기술: 열원을 활용하여 생성된 초임계상태의 이산화탄소(supercritical CO2)를 작동 유체로 터빈을 구동하는 고효율 터빈·압축기·열교환기 등 발전설비 및 시스템 개발 기술
		3) 증기터빈 부품 및 시스템 설계·제작·조립·시험 평가기술: 610℃ 이상 및 270 bar 이상의 고온·고압의 에너지로 발전기를 3,600 RPM 이상으로 회전시켜 전력을 생산하는 터빈·부품설계·제작·조립·시험 평가기술
	다. 원자력	1) 원자로 냉각재 펌프(RCP, Reactor Coolant Pump) 설계 기술: 원자로에서 핵반응을 통해 발생되는 열을 제거하여 증기발생기로 보내기 위해 냉각재를 순환시키는 원자력발전소 핵심 기기인 원자로냉각재펌프의 상세설계기술, 원형 제작기술, 성능 시험기술, 신뢰성 평가기술 등 제반 핵심 설계·제작 기술
		2) 내열 내식성 원자력 소재 기술: 방사선, 고온 및 부식성 환경 속에서 내부식성을 극대화시킬 수 있는 내열·내식성 소재(핵연료 피복관, 증기발생기 세관(340℃·150기압의 1차 냉각수 및 300℃·50기압의 2차 냉각수 노출 가능), 원자로 내부 구조물(중성자 조사 및 340℃·150기압의 1차 냉각수 노출 가능) 등)을 개발하는 기술
		3) 방사선이용 대형 공정 시스템 검사기술: 철강 배관의 손상 진단 및 미세결함 검출을 위한 와전류 자동 검사시스템 기술, X선 발생장치와 이리듐(Ir)-192 감마선 조사장치에 적합한 이동용 방사선투시 기술
		4) 신형원전(Advanced Power Reactor) 표준설계 기술: 노심 및 핵연료 설계 기술, 핵증기공급계통(NSSS, Nuclear Steam Supply System) 설계기술, 주기기 설계기술, 보조기기 및 플랜트종합(BOP, Balance of Plant) 설계기술, 원전제어계통(MMIS, Man-Machine Interface System) 설계기술, 안전성분석기술 등 APR+(Advanced Power Reactor Plus) 및 SMART(System-integrated Modular Advanced Reactor)의 표준설계기술 및 표준설계인가 획득 기술
		5) 가압경수형원전(Pressurized Water Reactor) 원전설계 핵심코드 개발 기술: 원자력발전소 독자개발 및 수출에 필수적인 핵심원천기술인 고유 노심설계코드(원자로 노심의 핵연료 배치 및 장전량을 결정하고 노심의 물리적 특성을 분석하는 데 사용되는 핵설계코드, 열수력설계코드, 핵연료설계코드 등의 전산프로그램)와 고유 안전해석코드(원전에서 발생 가능한 모든 사고를 분석하고 원전의 안전성을 확인하는 데 사용되는 계통안전해석코드, 격납건물해석코드, 중대사고해석코드 등의 전산프로그램) 개발기술
		6) 친환경·저탄소 후행 핵주기 기술: 해체 엔지니어링, 해체 원전 계통·기기·구조물 제염기술, 금속·콘크리트구조물 절단기술, 해체 폐기물 처리·감용기술, 해체현장 방사능 측정 및 부지복원 기술, 준위별 방폐물 관리비용 평가기술, 처분부지 조사기술, 처분시설 설계·시공 기술, 처분시설 다중방벽 장기성능 평가 기술, 피폭선량 평가 기술(처분시설 안전성 평가 기술), 처분시스템 모니터링 기술, 방폐물 인수·처리 기술, 방폐물 운반·저장 기술 및 방폐물 처분시설 운영·관리 기술

			7) 가동원전 계측제어설비 디지털 업그레이드 기술: 가동원전 계측제어 설비의 안전성 및 신뢰성 강화를 위해 최신기술기준과 운전경험을 반영한 공통유형고장대응 안전 계통·제어기기 개발, 단일고장에 의한 발전소 정지 유발 요소제거, 심층방어 및 다양성 적용, 사이버보안 및 보안성 환경 적용, 가동원전 시뮬레이터를 이용한 설계 및 검증설비 구축, 노후화된 발전소의 신호선 및 케이블 식별 등 계측제어설비 디지털 업그레이드 기술
			8) SMR(Small Modular Reactor) 설계 및 검증 기술: SMR 노심 설계 및 해석기술, 계통 핵심기기 설계기술, 유체계통 설계기술, MMIS(Man-Machine Interface System)용 계측제어계통 표준설계 기술, 주요기기 배치 및 구조 설계 기술, BOP(Balance Of Plant) 계통 설계 기술, 확률론적 안전성 분석(PSA; Probabilistic Safety Assessment) 기술, 중대사고 분석 및 대처 기술, SMR 노심 검증기술, 열수력 검증기술, 계통기기 검증기술, 모듈 통합 검증기술, 열수력 통합 해석기술, 필수 계통 안전 해석기술
			9) SMR(Small Modular Reactor) 제조 기술: 탄력운전 대응 열적성능강화 핵연료집합체 개발·제조기술, 혁신형 제어봉집합체 개발·제조 기술, 무붕산 노심설계가 가능한 일체형 가연성흡수봉 설계·제조기술, 증기발생기 전열관 3D 벤딩 및 검사 기술, 원자로·증기발생기·가압기 등 주요기기가 일체화된 원자로모듈을 제조하는 기술
			10) 대형 원자력발전소 제조기술: 대형 원자력발전소를 구성하는 원자로·내부구조물, 핵연료 취급·검사장비, 증기발생기·가압기, 원자로 냉각재펌프, 증기터빈·주발전기 및 보조기기를 제조하는 기술
			11) 혁신 제조공법 원전 분야 적용 기술: 분말-열간등방압성형(PM-HIP) 기술, 전자빔 용접(EBW) 기술, 다이오드 레이저 클래딩(DLC) 기술 및 원전기자재 적층제조 기술
	라. 오염방지·자원순환		1) 미세먼지 제거 및 고정밀 미세먼지·온실가스 동시 측정 기술: 미세먼지 및 원인가스를 동시에 제거하고 세척 후 재사용이 가능한 세라믹필터 및 촉매 기술, 기액접촉층 및 습식 플라즈마(wet plasma)를 통한 무필터 정화기술, 0.3㎛ 이하 고정밀 미세먼지를 수분과 구별하여 측정하는 기술 및 공정내부 미세먼지 온실가스 농도 동시 실시간 측정 기술
			2) 차세대 배기가스 규제 대응을 위한 운송·저장시스템 기술: 운송·발전용 기관을 운전할 때 배출되는 배기가스내의 질소산화물 및 배기배출물을 과급기 하류측에서 선택적촉매환원법(SCR) 등을 사용하여 저감시키는 시스템·부품의 설계·제작·시험·평가 기술
			3) 디젤 미립자 필터(DPF) 제조 기술: 디젤이 제대로 연소하지 않아 생겨나는 탄화수소 찌꺼기 등 유해물질을 모아 필터로 걸러낸 뒤 550℃ 이상의 고온으로 다시 태워 오염물질을 줄이는 저감장치의 제조 기술
			4) 폐플라스틱 등의 물리적 재활용 기술: 폐플라스틱·폐타이어·폐섬유의 선별·세척, 파쇄·용융·배합 등 물리적 가공 과정을 거쳐 플라스틱 제품 등을 제조하는 기술
			5) 폐플라스틱 등의 화학적 재활용을 통한 산업원료화 기술: 폐플라스틱·폐타이어·폐섬유의 해중합, 열분해 또는 가스화 공정을 거쳐 화학원료·고부가가치 탄소화합물 제품 등을 제조하는 기술

		6) 생분해성 플라스틱 생산기술 : 생분해성 플라스틱 생산기술 : 바이오화학 및 석유화학 원료를 사용하여 생분해성이 향상된 플라스틱 컴파운드(「환경기술 및 환경산업 지원법」 제17조에 따라 환경표지 인증을 받거나 수출을 목적으로 하는 생분해성수지제품 및 해당 제품의 원료로 사용되는 경우로 한정한다)를 제조하고 물성을 증대하는 기술
		7) 폐기물 저감형 포장소재 생산 기술 : 복합소재의 단일화, 오염 저감 표면처리, 수(水)분리성 강화 등 포장재의 재활용도를 개선하는 기술 및 소재 경량화, 석유계 용제 저감 등 포장재와 관련된 플라스틱·오염물질의 발생을 저감하는 기술
		8) 폐수 재이용 기술: 반도체 제조공정에서 발생되는 폐수를 공업용수 수질로 재생산하여 제조공정에 사용하는 수처리 시스템 개발 기술
		9) 폐섬유의 화학 및 생물학적 재활용 기술을 활용한 자원순환 섬유소재 제조기술: 혼합재질 폐섬유의 화학 및 생물학적 해중합, 정제·분리·원료(모노머) 회수 및 재중합 및 방사기술
9. 융복합소재	가. 고기능섬유	1) 탄소섬유복합재의 가공장비 및 검사장비 설계·제조기술: 탄소섬유복합재 부품가공을 위한 복합 가공장비[관련되는 공구, 부품 고정을 위한 유연지그, 공정 모니터링 센서모듈 및 컴퓨터 수치제어기(CNC, Computerized Numerical Controller) 등을 포함한다] 설계·제조기술 및 탄소섬유복합재 가공 품질 검사를 위한 검사장비 설계·제조기술
		2) 극한성능 섬유 제조 기술: 고탄성·고강도 탄소섬유 또는 섬유용 CNT(Carbon Nano Tube, 탄소나노튜브)의 제조 기술과 고탄성·고강도·고내열성(250℃ 이상)·고내한성(-153℃~-273℃) 아라미드(Aramid)·초고분자량폴리에틸렌(UHMWPE)·액정섬유의 제조 기술 및 이들의 복합화 설계를 통한 초경량·고탄성·고강도·고내열(한)성 섬유복합체 제조기술
		3) 섬유기반 전기전자 소재·부품 및 제품 제조 기술: 전기 또는 광 신호의 생산, 저장 또는 전달이 가능한 전도성 섬유를 가공·변형하여 트랜지스터, 저항, 콘덴서, 안테나 등의 전자회로 소자를 직물 형태로 구현하는 기술
		4) 의료용 섬유 제조 기술: 생체적합성(생체재료가 생체조직이나 체액·혈액 등과 접촉시 거부반응이 나타나지 않는 특성)과 생체기능성(생체재료가 체내에서 존재하는 동안 목표한 기능을 완전히 수행 가능한 특성)을 갖춘 의료용 섬유 제조기술로서, 약물전달용 나노섬유 소재, 바이러스·세균 감응섬유구조체, 혈액의 투석·정화용 섬유구조체, 손상조직을 대체 가능한 섬유구조체 또는 꼬이지 않고 계속되는 수축·팽창에 견딜 수 있는 인공혈관 섬유구조체의 제조 기술
		5) 친환경섬유 제조 기술: 환경친화적 섬유 원료를 사용한 섬유 제조기술로서 생분해성 섬유고분자 제조 및 분해성 제어 기술, 열가소성 셀룰로오스 섬유 제조 기술, 바이오매스 나노섬유 제조 기술
		6) PTFE(PolyTetraFluoro Ethylene) 멤브레인 기반 고성능 복합필터 제조기술: 공기 중의 0.3um 크기의 입자 99.97% 이상을 균일하게 포집할 수 있는 PTFE 멤브레인 기반의 고성능 복합필터 핵심 소재·부품 관련 제조·가공 기술

		7) 특수계면활성제 제조 기술: 전자부품 제조 공정용으로 사용되는 저표면에너지(24~27 mN/m, 0.1% solution/PGMEA), 극미량의 금속함유량(100ppb 이하) 특성을 지닌 불소계 계면활성제 및 도료 및 포소화제의 기능향상을 위한 첨가제 등으로 사용되는 저표면에너지(15~18 mN/m, 0.1% 수용액), 극미량의 PFOA 함유량(1ppm 미만) 특성을 지닌 불소계 계면활성제 제조 기술
		8) 극세 장섬유 부직포 및 복합필터 제조기술: 유해물질을 여과·분리·차단하는 1㎛이하 극세 장섬유 부직포 제조기술과 HEPA(High Efficiency Particulate Air)급 이상의 고성능 정밀여과 복합필터 제조 기술
	나. 초경량 금속	1) 고강도 마그네슘 부품의 온간성형기술: 미세조직 구성인자의 제어와 성형기법의 개선을 통해 저온(150℃ 이하)에서 성형 가능한 고품위·고강도 Mg(마그네슘) 부품 제조 기술
		2) 차세대 조명용 고효율 경량 방열부품 생산기반기술: 알루미늄 등 경량소재를 이용하여 주조, 성형 및 표면처리를 통해 방열 부품을 제조함으로써 고열전도도, 열확산능, 친환경 특성 등의 기능을 갖게 하는 기술
	다. 하이퍼 플라스틱	인성특성이 향상된 고강성 하이퍼플라스틱(High Performance Plastics) 복합체 제조 및 가공 기술: 고강성 하이퍼플라스틱의 인성특성을 개선하여 고충격성(60KJ/m² 이상), 내화학성(온도 23℃의 염화칼슘 5% 용액에 600시간 담근 후 인장강도 유지율 90% 이상), 내마모성(50rpm, 150N, 측정거리 3Km 조건으로 내마모 시험 후 마모량 1.0mm3/Kgf·Km 이하) 중 하나 이상의 특성을 지닌 고강성·고인성 하이퍼플라스틱 복합체 제조 및 가공기술
	라. 구리합금	1) 고강도 구리합금 설계·제조기술: 인장강도 900Mpa 이상의 고강도 특성을 갖춘 주석함유 구리합금(Cu-Ni-Sn계) 설계·제조 기술
		2) 구리 및 구리합금 박판 제조기술: 자동차, 전기·전자 분야의 고성능·소형화에 적용 가능한 두께 0.1mm 이하의 구리 및 구리합금 박판 제조 기술
	마. 특수강	1) 고청정 스테인레스계 무계목강관·봉강 제조기술: 망간 함유량 0.8% 이하 및 황 함유량 0.005%이하로 제어된 고청정 스테인리스계 합금을 활용하여 용접이음매를 갖지 않는 강관 및 봉 형태의 철강재를 제조하는 기술
		2) 고기능성 H형강 제품 제조기술: 고강도(420Mpa급 이상), 고인성(-40℃이하에서 충격값 50 Joule 이상) 특성을 갖는 고기능성 H형강 제품 제조기술
		3) 장수명 프리미엄급 금형소재 제조기술: 기존 교체주기 5만회의 금형대비 30%이상 수명이 향상된 합금설계, 고청정 특수강 제조 및 소성가공 기술
	바. 기능성 탄성·접착 소재	1) 고기능 불소계 실리콘 제조·가공 기술: 내열성(온도 175℃에서 22시간동안 영구압축줄음율 30%이내), 내화학성(150℃, 240시간 내유체적변화율 10%이하) 및 저온성(-66℃이하에서 기밀력 1800psi이상)의 특성을 지닌 불소계 실리콘 고무 합성 및 분자량 제어기술
		2) 고기능 불소계 고무 제조·가공 기술: 2원계 이상의 공중합체로서 불소함량이 50% 이상이며 내한성(어는점 -15℃ 이하), 내열성(200℃ 이상) 및 내화학성(온도 25℃ Fuel-C에서 체적변화율 4% 이내)을 갖춘 불소계 고무 제조·가공기술

			3) 고기능 부타디엔 고무 제조·가공 기술: 고상 및 액상 기능성(Cis content 90% 이상, 무니점도(ML1+4, 100℃) 40 이상) 부타디엔류 고무 제조 기술과 고내마모성(내마모도 60㎣ 이하, 구름저항 5.5 이하) 부타디엔 고무 제조 기술
			4) 고기능 비극성계 접착소재 제조기술: Haze 1% 이하의 광학특성과 연속사용온도 100℃의 열안정성을 갖는 실리콘계 점착·접착 소재 및 300℃ 이상의 고온가공성형이 가능한 아크릴레이트 함량 5~35% 또는 관능기의 함량 1.2~8%의 에틸렌계 점착·접착 소재 제조 기술
			5) 고기능 에폭시 수지 접착소재 제조 기술: 에폭시 수지를 주성분으로 하여 경량 수송기기 부품의 구조접착에 사용되는 전단강도 25MPa 이상, 저온 충격강도 20N/mm 이상, T-박리강도 250N/25mm 이상의 기계적 성능을 갖는 접착소재 제조기술과 전자부품의 접착에 사용되는 WVTR(Water Vapor Transmission Rate) 0g/㎡·24h 이하 및 20kV/mm 이상의 전기절연성을 갖는 비할로겐형 접착소재 제조기술
		사. 희소금속·소재	1) 타이타늄 소재 제조기술과 금속재료 부품화 기술: 사염화타이타늄(TiCl4), 스폰지, 잉곳, 루타일 및 아나타제 이산화타이타늄(TiO2) 등의 소재 개발·제조기술과 합금설계, 압연, 주조, 단조, 용접 등의 금속재료 부품화 기술
			2) 고순도 몰리브덴 금속·탄화물 분말 및 금속괴 제조 기술: 순도 99.5% 이상의 몰리브덴 금속분말, 순도 99% 이상의 몰리브덴 탄화물 분말 및 순도 99.95% 이상의 몰리브덴 금속괴 제조 기술
			3) 중희토 저감 고기능 영구자석 생산 기술 : 결정립도 5㎛이하 소결체 제조 및 결정립 주변 나노단위 두께의 중희토 확산층 형성 등을 통해 기존 자석 대비 중희토 함유량을 50% 이상 절감하여 고기능 영구자석을 생산하는 기술
			4) 차세대 배기가스 규제 대응을 위한 핵심소재 생산 기술 : 포집된 이산화탄소를 활용하여 운송·발전·산업용 기관을 운전할 때 배출되는 배기가스내 질소산화물, 황산화물 등 배기배출물을 저감시키기 위해 필요한 핵심소재 제조기술
10. 로봇		가. 첨단제조 및 산업로봇	1) 고청정 환경 대응 반도체 생산 로봇 기술: 청정환경에서 450mm 대형 웨이퍼, 일반 반도체를 핸들링하며 5Port 이상 대응 가능(수평 이송범위 2,100mm 이상 및 수직 이송범위 900mm 이상)한 청정환경용 반도체 로봇 기술과 10나노급 초정밀 공정용 초정밀 매니퓰레이션 기술, 대형 웨이퍼 핸들링을 위한 진동 억제 기술
			2) 차세대 태양전지(Solar cell) 제조 로봇 기술: 고진공/고청정 환경의 태양전지 생산 현장에서 대면적·고중량 기판을 핸들링할 수 있는 로봇의 설계·제조 기술
			3) 실내외 자율 이동·작업수행 로봇 기술: 광범위 거리측정센서, GPS 등을 활용하여 실내외 환경에서 경로를 계획하여 이동하고(미리 정해진 경로를 따라 이동하는 방식은 제외한다), 자율적으로 작업을 수행하는 지능형 로봇 및 기계 기술
			4) FPD(Flat panel display) 이송로봇 기술: 일반 대기압 또는 진공 환경 하에서 고중량(400kg 이상)의 FPD 및 마스크를 이송하는 로봇 설계·제조 기술

		5) 협동기반 차세대 제조로봇 기술: 사용자와 같은 공간에서 협업이 가능한 초소형(가반하중 1kg 미만) 및 중대형(가반하중 25kg 이상) 로봇, 첨단 안전기술(PL e, Cat 4 또는 이와 동일한 수준의 안전등급 이상)이 탑재된 로봇 또는 7축 이상의 다관절 로봇을 설계 · 제조 · 제어하는 기술
		6) 용접로봇 기술: 생산과정 내 용접 공정의 자동화 및 용접 품질관리를 위한 6축 이상의 용접용 수직다관절로봇, 용접전원장치, 용접용센서 설계 · 제조 기술
	나. 안전로봇	1) 감시경계용 서비스로봇을 위한 주변환경 센싱 기술, 실내외 전천후 위치인식 및 주행 기술: 실내외에서 외부 환경을 인식하고 이를 바탕으로 감시 경계 업무를 수행하기 위해 외부 환경에 강인한 센서융합, 위치인식, 환경인식 및 주행기술 등 기술의 선택적 적용이 유연한 개방형 자율 아키텍쳐 기술
		2) 내단열 기능이 구비된 험지 돌파형 소형 구조로봇 플랫폼 기술: 고온 및 화염에 강하고 협소구역 돌파가 우수한 고속주행 소형이동로봇 기술로서 장비 내외부 내화 설계 기술, 강제 내화시스템 설계 기술 및 험지 이동형 고속주행 메카니즘 설계 기술
	다. 의료 및 생활 로봇	1) 수술, 진단 및 재활 로봇기술: 로봇기술을 이용한 진단 보조, 시술 · 수술 보조와 이에 따른 환자의 조기 치유 · 재활이 목적인 의료로봇 기술
		2) 간병 및 케어 로봇 기술: 간호사의 단순반복 업무 지원 및 환자의 정서케어 서비스 지원이 가능한 로봇 서비스 시스템 기술
		3) 안내, 통역, 매장서비스, 홈서비스 등의 안내로봇 기술: 공공접객 장소 내에서 다양한 멀티미디어 콘텐츠를 활용한 제품 및 서비스 등을 효과적으로 안내하고 홍보하는 로봇 기술
		4) Tele-presence 로봇 기술: 자율이동기능, 진단 · 지시용 매니퓰레이터 및 얼굴모션 동기화 등의 기술구현을 통한 원격진료 · 진료자문 및 교육 등이 가능한 Tele-presence 로봇 기술
		5) 생활도우미 응용 서비스 기술: 가정 및 사회 환경 내에서 인간과 교감하며 정보의 취득, 일상생활 및 가사노동을 지원하는 지능형 로봇 및 서비스 기술로서 심부름, 가사작업 및 이동 보조형 로봇 기술
		6) 유치원, 초등학교에서 교사를 보조하는 교육로봇 기술: 유치원이나 초등학교에서 교과과정에 적합한 교육 컨텐츠 및 로봇플랫폼을 활용하여 교사를 보조하여 학습하는 교육로봇 기술
	라. 로봇공통	1) 실내외 소음환경에서의 대화신호 추출 기술: 잔향과 소음이 뒤섞인 실내외 환경에서 원거리에서도 고신뢰도의 음성인식이 가능하게 하고, 음성으로부터 사람의 언어를 문자형태로 인식하고, 인식된 문자정보를 바탕으로 사람과 자연스럽게 대화하면서 다양한 태스크를 수행할 수 있는 기술
		2) 모터, 엔코더, 드라이버 일체형의 구동 기술: 로봇용 관절구성에 필요한 모터, 엔코더, 감속기, 드라이버를 모두 하나의 몸체에 넣어서 만든 관절 구동형 액츄에이터(Actuator) 기술
		3) 웨어러블 로봇 기술: 인체에 착용하여 인체 동작의도를 인식하고 추종제어 알고리즘을 통해 착용자의 신체능력 증강 및 운동을 지원하는 착용형 로봇 기술

		4) 직관적 교시기술: 코딩(Coding) 없이 그래픽 인터페이스를 활용하거나 직관적인 방식으로 로봇의 동작을 입력하여 임무를 수행할 수 있도록 하는 소프트웨어 기술
11. 항공·우주	가. 무인이동체	1) 무인기 지능형 자율비행 제어 시스템 기술: 무인기가 내외부의 비행 상황을 인식하고, 스스로 조종하며 임무를 수행하기 위해 필요한 비행조종컴퓨터 개발기술과 자율비행 알고리즘(algorithm) 그리고 관련 소프트웨어 기술로, 장애물 탐지 및 지상/공중 장애물 충돌회피 기술, 고장진단 및 고장허용 제어기술, 인공지능 기반 비행체 유도제어 성능향상 기술, 무인이동체 실시간 운영체제 및 소프트웨어 아키텍쳐 설계기술, 고신뢰성과 비행안전성 보장 경량 비행조종컴퓨터 기술을 포함하는 기술
		2) 지능형 임무수행 기술: 무인기의 자율적인 비행과 임무수행 데이터 획득 분석을 위한 기술로서 3차원 디지털 맵 생성 및 위치인식 기술, GPS 및 Non-GPS 기반의 항법기술, 무인기 교통관제 및 경로최적화 기술, 무인기 활용서비스용 데이터 처리 및 가공 기술을 포함하는 기술
		3) 무인기 탑재 첨단센서 기술: 무인기의 운항 지원과 활용 목적에 따른 임무 달성 지원을 위해 첨단 센서 및 장비를 적용하는 기술로, GPS, INS(Inertial Navigation System) 등의 항법센서기술, 소형 경량레이더 기술, 충돌회피용 소형 LIDAR(Light detection and ranging) 센서 기술, 멀티스펙트럼(multi-spectrum) 카메라 기술, 360°카메라 및 송수신 기술, Non-GNSS(Global Navigation Satellite System) 융합센서기술을 포함하는 기술
		4) 무인기 전기구동 핵심부품 기술: 전기동력을 기반으로 무인기의 조종, 이착륙, 추진 등을 담당하는 핵심부품을 개발하기 위한 기술로서, 소형무인기용 고효율 전기모터 기술, 무인기용 저온용 배터리 및 전원관리시스템 기술, 고효율 전기모터용 인버터(inverter) 기술을 포함하는 기술
		5) 무인기 데이터링크 핵심기술: 무인기와 지상국·조종기간, 무인기와 타 무인이동체 간에 감시 및 추적, 정보 전달 등의 데이터 송수신을 지속적으로 유지하기 위한 기반 기술로 소형·경량 탑재통신장비, 정밀 추적 안테나, 무인기간 네트워크 보안을 포함하는 기술
		6) 무인기 지상통제 핵심기술: 무인기를 지상에서 원격으로 조종하고 상황을 모니터링하기 위한 조종기, 지상국, 텔레메트리(telemetry) 장비와 관련 운영 소프트웨어 프로그램 기술로 소형무인기 조종기 개발기술, 무인기 조종훈련을 위한 시뮬레이터(simulator)기술, 실시간 무인기 상황 및 임무 현황 분석기술을 포함하는 기술
		7) 물류 배송용 드론 제조기술: 일정 중량(10kg) 이상 물품의 비가시권 비행을 100% 신뢰성을 확보하여 안전하게 운송 가능한 드론 제조 기술 및 기능개선에 필요한 소재(열전도율 5kcal/m·h 대비 10% 이상 개선)·부품(세계 최고 CPU 속도대비 약 66% 이상 처리성능 개선)·장비(다지점 배달용 물품 적재함, 물품배송 드론용 도킹스테이션 등의 경량화)의 설계·제조 기술
		8) 드론용 하이브리드 추진 시스템 기술: 전기배터리 무인기의 체공시간(120분 이상) 및 탑재량(12kg 이상) 증대를 위해 엔진 동력을 이용하여 전기모터를 동작시키는 하이브리드 추진시스템 기술 및 이와 관련한 소재·부품 및 장비의 설계·제조 기술

	나. 우주	1) 위성본체 부분품 개발기술: 위성본체 개발을 목적으로 하는 전력시스템, 자세제어용 센서 및 시스템, 위성탑재 컴퓨터시스템, 위성교신을 위한 송수신시스템, 위성 구조체 시스템(태양전지 포함), 추진시스템(추력기, 추진제 저장탱크, 밸브 및 제어기 등), 열제어시스템 등에 대한 기술
		2) 위성 탑재체(정찰, 통신, 지구 탐사, 기상예보 따위와 같은 임무를 수행하기 위해 탑재되는 위성체의 구성 부분을 말한다) 부분품 개발기술: 인공위성 탑재를 목적으로 하는 광학 탑재체, 영상레이더 탑재체, 통신·방송 탑재체, 우주과학 탑재체, 항법 탑재체 시스템 및 위성용 영상자료처리장치, 주파수 변조기 및 안테나 등에 대한 기술
		3) 우주발사체 부분품 개발기술: 우주발사체 개발을 목적으로 하는 액체엔진(핵심부품), 대형 구조물[추진제 탱크, 동체, 연결부, 페어링(fairing: 노출부의 보호 및 공기 저항력 감소를 위한 유선형 덮개를 말한다), 탑재부, 분리기구 등], 관성항법유도시스템, 자세제어시스템, 전력시스템, 원격측정·추적시스템, 비행종단시스템 등에 대한 기술
		4) 위성통신 송수신 안테나 개발 기술: 통신목적 인공위성과의 안정적인 데이터 송신 및 수신을 위해 안테나가 탑재된 대상(항공기 등)이 고속으로 이동하면서 자이로센서(Gyro sensor)·GPS 정보 등을 이용하여 인공위성을 추적(Tracking)하거나, 안테나가 지향하는 인공위성이 지구의 자전보다 빠른 속도로 이동함에 따라(중·저궤도 위성) 인공위성 궤도 데이터·GPS 정보 등을 이용하여 인공위성을 추적(Tracking)하는 기능을 가진 위성통신 안테나를 제작하는 기술
12. 첨단 소재 ·부품 ·장비	가. 첨단 소재	1) 고기능성 알루미늄 도금강판 제조 기술: 550℃에서 200시간 유지 가능한 내열성과 SST 2400(KSD9502)시간 보증 가능한 내식성이 우수한 고성능 알루미늄 도금강판 개발을 위한 조성개발, 고온성형성 향상 기술, 특수 용접기술 등의 제조기술
		2) 고순도 산화알루미늄 제조기술: 순도 99.9% 이상의 산화알루미늄 분말 제조를 위한 합성, 가공, 고순도화, 고밀도화 등의 제조기술
		3) 거리감지센서용 압전결정소자 및 초음파 트랜듀서 기술: 거리감지센서 등에 사용되는 압전결정소자 및 초음파 트랜듀서 설계·제조기술
		4) 고기능성 인조흑연 제조기술: 인조흑연 제조용 피치 및 코크스 제조 기술, 전극봉·등방블록·흑연분말 성형 및 2,800℃ 이상의 열처리를 통한 흑연화 기술
		5) 고효율·고용량 이차전지 음극재 제조 기술: 나노 실리콘 결정크기(5nm 이하) 제어 및 카본코팅을 통해 부피팽창 문제 해결과 고효율(88% 이상), 고용량(1800mAh/g 이상) 음극재를 구현하는 소재 기술
		6) 전극용 탄소나노튜브 제조 및 이를 활용한 도전재 제조 공정 기술: 비철계 촉매를 사용하여 전도성이 우수한 전극용 탄소나노튜브(CNT, Carbon Nanotube)를 제조하는 기술 및 CNT를 활용하여 열화 현상을 줄이고 용량 및 수명을 개선한 도전재를 제조하는 공정 기술
		7) 고순도 리튬화합물 제조 기술: 리튬 광석 또는 염호 등 천연리튬 자원으로부터 고순도 99.5% 리튬화합물(Li2CO3, LiOH 등)을 제조하기 위한 선광·제련 공정 기술

		8) 니켈광 대상 니켈 회수공정 기술: 니켈광(라테라이트 등)으로부터 니켈을 회수하기 위한 선광·제련(고압산침출, 질산침출 등)·추출·정제 기술
		9) 희토류 원료 제조공정 기술: 희토류 원광으로부터 순도 95% 이상 희토류 원료를 제조하는 기술 또는 순환자원(폐영구자석, 폐형광체, 폐촉매 등)으로부터 희토류 금속을 회수하는 회수율 85% 이상의 공정 기술
	나. 첨단 부품	1) 고정밀 롤러베어링 및 볼베어링 설계·제조 기술: 구름베어링의 일종으로 내외륜 사이에 다수의 볼 또는 롤러를 삽입하여 마찰을 감소시켜 고속 운전을 돕거나 큰 하중에 견딜 수 있는 정밀도 P5급 이상의 기계부품 설계·제조 기술
		2) 고압 컨트롤 밸브 설계·제조 기술: 유압펌프에서 발생한 330 Bar 이상 고압의 유체에너지를 작업자의 작업의도에 따라 각 유압 액추에이터, 선회 및 주행의 유압모터 등에 공급하며, B5 10,000시간 이상의 높은 내구 신뢰성을 가지는 메인 컨트롤 벨브 부품 설계·제조 기술
		3) 고정밀 볼스크류 설계·제조기술: 회전운동을 직선운동으로 변환하는 정밀도 C3급 이상, 축방향 공차 5㎛ 이내의 동력전달부품 설계·제조 기술
		4) 능동마그네틱 베어링 설계·제조기술: 자력을 이용하여 회전축을 지지하고, 윤활제가 필요 없이 극저온(-250℃ 내외) 또는 고온(300℃ 이상), 진공에서 축의 회전 궤적을 능동적으로 제어할 수 있는 부품 설계·제조 기술
		5) 고성능 터보식 펌프 설계·제조기술: 임펠러 및 블레이드가 회전함으로써 기계의 운동에너지를 유체·기체의 압력에너지로 전환하여 2,500L/s 이상의 배기속도 및 1.3x10-9 mbar 이상의 최고 진공도를 만드는 터보식 펌프의 설계·제조기술
		6) 특수 렌즈 소재·부품·장비 제조기술: 고배율[굴절률(nd) 2.0 이상], 야간 투시[원적외선(파장 8~12㎛) 투과율 50% 이상], 자외선투과[자외광(193nm) 투과율 80% 이상] 등 특수용도로 사용되는 카메라 구성에 필요한 특수 광학소재의 소재·부품·장비 제조기술
		7) 고기능 적층세라믹콘덴서(MLCC: Multi Layer Ceramic Capacitor) 소재·부품 제조기술: 고용량, 고신뢰성을 갖춘 적층세라믹컨덴서의 소재·부품 제조기술 소재·부품·장비 제조기술
		8) 선박용 모터(Motor) 설계·제조기술 : 각종 펌프(Pump), 압축기, 엔진(Engine) 시동장치, 크레인(Crane), 팬(Pan) 등 일반선박용 모터의 소재·부품 및 액화천연가스(LNG, Liquefied Natural Gas) 추진선박, 가스(Gas) 운반선, 유조선, 화학물 취급선 등 특수선박용 방폭형 모터와 전기 추진선박, 수소 연료전지 선박 등 전기추진용 모터의 핵심 소재·부품을 설계·제작·시험·평가하는 기술
	다. 첨단 장비	1) 첨단 머시닝센터 설계·제조기술: 자동공구교환장치(Automatic Tool Changer)를 장착하여, 밀링, 드릴링, 보링가공 등 여러 공정의 작업을 수행할 수 있는 가공정밀도 5㎛ 이내, 동시 제어 5축 이상, 최대 스핀들 속도 12,000rpm 이상의 절삭가공장비 및 부품의 설계·제조 기술[가공 회전수, 축 이동, 진동오차 제어 등 머시닝센터의 고정밀 작업을 제어하는 CNC(Computerized Numerical Controller) 모듈 관련 기술 포함]

		2) 열간 등방압 정수압 프레스 설계 · 제조 기술: 기체 또는 액체를 압력매체로 활용하여 1,500℃ 이상에서 작동하면서 1분당 최고 50℃의 속도로 냉각이 가능하고, 금속 소재를 모든 방향에서 100MPa 이상의 정수압 또는 등방압 조건으로 가압하는 직경 1,000mm 이상의 프레스 장비 설계 · 제조 기술
		3) 연삭가공기 설계 · 제조 기술: 사파이어, 다이아몬드 등 고경도의 광물입자를 결합제로 고정시킨 숫돌을 이용하여 평면 · 원통 등 단순한 형태가 아닌 복잡한 형태의 가공공정을 수행하는 장비 설계 · 제조 기술
		4) 첨단 터닝센터 설계 · 제조기술: 원통형 부품의 가공을 위해 소재를 회전시키면서 절삭 공구가 상대 이동하는 가공정밀도 5㎛ 이내, 최대 스핀들 속도 3,000rpm 이상의 절삭가공장비 설계 · 제조 기술(ISO 7등급 이하의 기어 제조를 위한 고속 스카이빙 가공장비 관련 기술 포함)
		5) 첨단 회전 성형기 설계 · 제조 기술: 다축 정밀 동시제어시스템을 갖추고, 회전하는 주축과 롤러, 맨드릴을 이용하여 최대 성형롤 하중 60kN 이상, 최대 성형품 직경 500mm 이상, 성형 정밀도 ±0.5mm를 충족하는 성형 장비 설계 · 제조기술
		6) 첨단 밸런싱머신 설계 · 제조기술: 회전기계의 핵심부품인 회전부의 불균일한 질량분포를 측정한 후, 베어링으로 전달되는 힘이나 진동을 국제규격(ISO 21940-21) 규정 이내가 되도록 불균일 질량을 교정하는 장비 설계 · 제조 기술
		7) 첨단 레이저 가공장비 설계 · 제조기술: 절단, 천공, 용접, 정밀가공 등을 위해 고출력 레이저 가공헤드로 공작물을 용융 · 증발시켜서 분리하는 5축 이상의 레이저 가공장비를 설계 · 제조하는 기술
		8) 방전가공기 장비 · 부품의 설계 · 제조기술: 공작물과 전극 사이에 불꽃방전을 일으켜 티타늄, 초경합금 등 난삭재의 마이크로급 초정밀 가공을 수행하는 방전가공 장비 및 핵심요소부품의 설계 · 제조기술
13. 탄소중립	가. 탄소포집 · 활용 · 저장(CCUS : Carbon Capture, Utilization and Storage)	1) 연소 후 이산화탄소 포집 기술: 화력발전소, 철강, 화학공정, 시멘트공정 및 선박 등에서 화석연료 연소 후 발생되는 배기가스 중 이산화탄소를 효과적으로 분리하기 위한 흡수제, 흡착제, 분리막 등 분리소재를 제조하는 기술과 이를 이용한 이산화탄소 포집공정기술
		2) 연소 전 이산화탄소 포집기술: 석탄가스화 후 생성된 이산화탄소와 수소 중 이산화탄소를 분리하기 위한 흡수제, 흡착제, 분리막 등 분리소재를 제조하는 기술과 이를 이용한 이산화탄소 포집공정기술
		3) 순산소 연소기술 및 저가 산소 대량 제조기술: 기존 대량산소 제조기술인 심냉법을 대체하기 위한 이온전도성분리막(ITM, Ion Transfer Membrane), 세라믹-메탈 복합분리막(Ceramic-metal composite membrane), 흡착제 및 CLC(Chemical Looping Cycle) 등과 같이 산소를 저가로 대량생산 할 수 있는 기술과 이를 이용한 미분탄 등 화석연료의 순산소연소 공정기술
		4) 이산화탄소 지중 저장소 탐사기술 : 이산화탄소 포집 후 지하공간에 저장하기 위해 다양한 탐사 기술을 이용하여 지하 저장소를 파악하는 기술

		5) 이산화탄소 수송·저장 기술: 대량발생원에서 포집된 이산화탄소를 이송하기 위한 압축·액화 수송기술, 수송된 이산화탄소를 지하심부에 안정적으로 저장하기 위한 시추 및 주입기술, 주입된 이산화탄소의 거동을 관측하고 예측하는 기술, 이산화탄소의 누출시 지하 및 지표 생태계에 미치는 영향을 평가하고 모니터링함으로써 장기적 안정성을 제고하는 환경영향평가 및 사후관리 기술
		6) 산업 부생가스(CO, CH4) 전환기술: 제철소, 석유화학공단, 유기성 폐기물 등에서 발생하는 부생가스(CO, CH4)를 화학·생물 전환기술을 통해 화학원료 또는 수송연료 등을 생산하는 기술
		7) 이산화탄소 활용 기술: 이산화탄소를 광물화, 화학적·생물학적 변환을 통해 연료·화학물·건축소재 등을 재생산하는 기술
	나. 수소	1) 삭제 〈2023. 6. 7.〉
		2) 부생수소 생산기술: 철강제조공정, 석유화학공정, 가성소다 생산 공정 등에서 발생하는 부생가스를 분리 정제하여 수소를 생산하는 기술
		3) 삭제 〈2023. 6. 7.〉
		4) 액화수소 제조를 위한 수소액화플랜트 핵심부품 설계 및 제조기술: 액화수소 제조를 위한 수소액화플랜트의 LNG냉열 이용 예냉사이클 설계기술, 수소액화공정에 필요한 부품(압축기·팽창기 등) 설계 및 제작기술
		5) 삭제 〈2024. 2. 29.〉
		6) 삭제 〈2024. 2. 29.〉
		7) 삭제 〈2023. 6. 7.〉
		8) 삭제 〈2023. 6. 7.〉
		9) 액화수소 운반선의 액화수소 저장·적하역 및 증발가스 처리기술: 액화수소 운반선 내에 액화수소를 저장·적하역하기 위한 극저온 화물창 설계·제조 기술, 카고핸들링 기술 및 증발가스 처리를 위한 장치 제조 기술
		10) 암모니아 발전 기술: 암모니아 연료를 단독으로 사용하거나 석탄 또는 천연가스와 혼합하여 전력을 생산하는 기술로 연료전지, 가스터빈, 미분탄 보일러 및 유동층 보일러에 적용 가능한 발전 시스템을 설계·제작하는 기술
		11) 산업용 수소 보일러 및 연소기 설계·제작 기술: 수소 연료를 연소(혼소·전소)하여 발생하는 열에너지를 직접 사용하거나 증기·온수를 생산하는 산업용 수소 보일러 및 이를 구성하는 수소 연소기 부품을 설계·제작·운용하는 기술
	다. 신재생에너지	1) 고체산화물 연료전지 지지형셀·스택·시스템 설계 및 제조 기술: 고체산화물 연료전지(SOFC, Solid Oxide Fuel Cell)에서 중저온(650℃ 이하)에서 작동이 가능하고 출력효율이 높은 금속·연료극 지지형셀, 셀·분리판 등이 결합되어 전기와 열을 생산하는 스택, 스택을 결합하여 대량으로 발전이 가능한 시스템(발전효율 50% 이상인 4kW급 이상)을 제조하는 기술

		2) 삭제 〈2023. 6. 7.〉
		3) 고체산화물 연료전지(SOFC, Solid Oxide Fuel Cell) 소재 기술: 650℃이하에서 작동하는 연료전지로 다양한 연료[수소, 액화석유가스(LPG), 액화천연가스(LNG) 등]의 사용이 가능하고 전도 세라믹(Conducting Ceramic)을 이용하며 복합발전시스템이 가능한 전력변환장치로서 발전용 연료전지로 사용하는 소재 개발·제조기술
		4) 페로브스카이트(Perovskite), 페로브스카이트·결정질 실리콘 등 탠덤 태양전지 핵심소재 제조 및 대면적화 기술: 고효율성 및 고내구성을 가진 대면적 웨이퍼, 광활성층, 전자·정공수송층, 투명전극, 금속전극, 금속리본, 봉지, 경량 전후면 외장 재료 등의 핵심소재 제조기술, 대면적·고효율 셀 및 고출력 모듈화 기술(대면적 제조장비, 연속 공정기술 포함)
		5) 풍력에너지 생산 기술로서 회전동력을 증속시켜 발전기에 전달하는 부품 설계 및 제조기술: 블레이드(blade)로부터 전달되는 회전력을 전달받아 증속하여 발전기에 전달하는 장치를 구성하는 유성기어(planet carrier)·축(shaft)·베어링(bearing)·이음쇠(coupling)·브레이크(brake) 및 제어기(controller)의 설계 및 제조 기술
		6) 풍력에너지 생산 기술로서 발전기(Generator) 및 변환기(Inverter) 제조기술: 동력 구동장치 증속기로부터 동력을 전달받아 회전자(rotor)와 고정자(stator)를 통해 전기를 발생시키는 발전기(generator)와 정속운전 유도발전기용 변환기, 가변속 운전 이중여자 유도발전기용 변환기 및 가변속 운전 동기발전기용 변환기의 설계 및 제조 기술
		7) 풍력발전 블레이드 기술: 8MW급 이상의 풍력발전 블레이드(Blade) 설계 및 제조 기술
		8) 지열 에너지 회수 및 저장 기술: 지열에너지 이용 효율 및 경제성을 향상시키는 그라우팅(grouting) 재료 제작 기술·보어홀(borehole) 전열저항 저감기술·저비용 시추기술 및 지중 축열 기술
		9) 지열발전기술: 지하 2km 이상 깊이의 심부 지열자원을 개발하여 전기를 생산하기 위한 일련의 기술로서 지열자원탐사기술, 심부시추 기술, 심부시추공 조사기술, 인공 지열저류층 생성기술(enhanced geothermal system), 지열수 순환시스템 구축기술과 지열유체를 이용하여 전기를 생산하고 열에너지를 활용하는 기술
		10) 바이오매스 유래 에너지 생산기술: 자연에 존재하는 다양한 자원을 이용하여 직접 또는 전환공정을 통해 연료로 사용할 수 있는 고형연료, 알코올, 메탄, 디젤, 수소, 항공유 등을 생산하는 기술
		11) 폐기물 액화·가스화 기술: 재생폐기물로부터 연료유 또는 가스를 생산하기 위한 열분해·가스화 기술
		12) 미활용 폐열 회수·활용을 통한 발전 기술: 산업현장에서 사용되지 않고 버려지는 중저온(900℃ 이하) 미활용 폐열을 초임계 이산화탄소·유기 냉매·열전소자 등을 통해 회수한 후 친환경 전기에너지 생산에 활용하는 발전설비 및 시스템 개발 기술

		13) 해상풍력 발전단지 내·외부 전력망에 사용되는 해저케이블 시스템 기술: 대용량 전력 전송을 위한 고밀도·장조장 특성을 갖는 해저케이블(HVAC 345kV 이상 또는 HVDC 500kV 이상)과 이를 변전소 등에 연결하는 내부전력망용 해저케이블(semi-wet 방식, 66kV 이상) 설계·제조기술
		14) 고효율 n형 대면적 태양전지와 이를 집적한 모듈화 기술: 효율 24% 이상의 n형 대면적(M10 이상) 결정질 실리콘 태양전지 공정기술 및 고출력(출력밀도 210W/m2이상) 모듈화 집적기술(고효율 셀 기술, 고집적 모듈기술)
	라. 산업공정	1) 삭제〈2024. 2. 29.〉
		2) 함수소가스 활용 고로취입기술 : 제철소 발생 함수소가스 또는 수소가스를 고로 공정의 연료로 활용하여 철강을 제조하는 기술
		3) 복합취련전로 활용 스크랩 다량 사용기술 : 전로 공정에서 스크랩의 사용량을 높이기 위한 상저취전로 및 노내 2차 연소기술(복합취련전로 기술)을 활용하는 기술
		4) 이산화탄소 반응경화 시멘트 생산기술 : 시멘트의 주원료인 석회석을 탄산칼슘(CaCO3)이 없는 물질(Rankinite, Wollastonite 등)로 대체하는 공정기술과 이산화탄소에 경화되는 시멘트를 생산하는 기술
		5) 산화칼슘 함유 비탄산염 산업부산물의 시멘트 원료화 기술 : 시멘트 산업에서 클링커 원료인 석회석을 산화칼슘(CaO)를 함유한 비탄산염 산업부산물로 대체하는 공정기술로 비탄산염 원료 전처리 기술, 공정운전 최적화 기술
		6) 이산화탄소 저감 시멘트 생산을 위한 연·원료 대체기술 : 시멘트 제조공정 중 석회석 등 탄산염광물을 비탄산염 원료로 대체하는 소재·공정기술과 수소, 바이오매스, LNG 등 친환경 열원 및 가연성 순환자원연료를 이용하여 이산화탄소(CO2) 발생을 저감하는 소성 기술
		7) 시멘트 소성공정 유연탄 대체 기술 : 시멘트 소성공정의 열원인 유연탄을 대체하기 위한 대체연료(가연성 폐기물, 바이오매스) 전처리 및 연료 제조기술, 고효율 연소기술 및 연소 후 후처리 기술
		8) 석유계 플라스틱 대체 바이오 케미칼 원료 생산기술 : 바이오 매스를 처리하여 활용 가능한 당, 지질, 글리세롤 등을 바이오 플라스틱의 원료인 케미칼 원료로 전환시키는 화학적, 생물학적 기술
		9) 전기가열 나프타 분해기술 : 전기저항/유도 가열 방식을 활용한 나프타 분해공정을 통해 에틸렌·프로필렌 등 석유화학 기초원료를 제조하는 기술
		10) 반도체·디스플레이 식각·증착공정의 대체소재 제조 및 적용기술 : 반도체·디스플레이 제조공정에서 사용하는 식각 및 증착용 온실가스를 GWP(Global Warming Potential)가 낮은 가스로 대체하기 위한 소재를 제조하는 기술 및 이를 적용하기 위한 설비 및 부품개발, 공정설계 및 평가기술

		11) 반도체 및 디스플레이 제조공정에서 배출되는 불소화합물 및 아산화질소 배출 저감기술: 반도체·디스플레이 제조공정에서 배출되는 불소화합물 및 아산화질소 가스를 LNG, 전기 에너지 등을 활용하여 고온에서 분해하는 방법의 배출저감기술
		12) 해상(FSRU) 및 육상 LNG터미널에서의 LNG 냉열발전 결합형 재기화 기술: LNG 냉열의 회수 공정을 이용하여 재기화 송출 용량이 750 MMSCFD(Million Metric Standard Cubic Feet per Day) 이상이고, 소요전력 20퍼센트 이상 절감 및 온실가스 20퍼센트 이상 감소 가능한 냉열 발전이 결합된 재기화 시스템의 공정 설계 및 설비 제작 기술
		13) 철강 가열공정 탄소연료 대체기술: 단조, 압연 공정에 사용되는 화석연료를 저탄소 연료(수소, 암모니아)로 전환하는 기술 및 발생된 이산화탄소는 재순환시켜 에너지 효율을 향상시키는 기술
		14) 전기로 저탄소원료(직접환원철·수소환원철) 활용기술: 전기로 용해공정에서 저탄소 원료인 직접환원철 또는 수소환원철로 철강을 제조하는 기술
	마. 에너지효율·수송	1) 지능형 전력계통(Smart Grid) 설계 및 제조기술: 전력 기술과 정보·통신 기술의 융합을 통해 전력 공급자와 소비자가 양방향으로 실시간 정보를 교환함으로써 고신뢰도 유지 및 에너지 효율 최적화를 달성하기 위한 차세대 전력시스템 설계 및 제조기술
		2) 지능형 배전계통 고도화 및 운용기술: 지능형 배전계통에 필요한 고신뢰성·고품질의 전력공급 및 지능형 배전계통을 보호·제어하기 위한 기술로서 보호 및 제어용 지능형전력장치(IED, Intelligent Electric Device) 기술, IED가 탑재된 배전용 개폐기 및 차단기 제조 기술, 지능형 배전계통 데이터베이스(database) 통합 관리 기술, 지능형 배전계통의 자산관리 및 운용 기술, 지능형 직류배전 공급용 기기 제조 기술, 지능형 분산전원 연계기기 제조 기술, 지능형 배전계통 전력품질 보상기기 및 지능형 배전망 운용 기술
		3) 지능형 건축물 에너지 통합 관리시스템 기술: 개별 또는 복수의 건축물을 대상으로 해당 건축물에서 소비하는 에너지를 원격 및 통합적으로 계측·평가 및 관리하는 관리 시스템 설계·구축 기술
		4) 지능형 검침인프라(AMI, Advanced Metering Infrastructure) 설계·제조기술: 양방향 통신 기반의 전자식 계량기를 활용하여 전기사용정보 등을 수집 후 통합관리하는 인프라로서 실시간으로 전력가격 및 사용정보를 소비자에게 전달하여 수요반응 등을 가능케 하고, 공급자에게는 더욱 정확한 수요예측 및 부하관리 등이 가능하게 하는 기술
		5) 데이터센터 냉방·공조 및 에너지 효율화 기술: 냉방·공조 시스템 및 IT 기반시설 장치를 제어하여 전체 데이터센터의 에너지 효율을 최적화하는 데이터센터 인프라 관리 기술
		6) 극저온 액체 저장 및 이송용 펌프 설계·제조기술: 액화천연가스(LNG), 액화수소가스(LH2) 등 극저온 액체를 누수 없이 저장 및 이송하기 위해 사용하는 극저온용 펌프로 극저온용 밀봉 소재와 베어링(Bearing), 터미널 헤더(Terminal Heather) 등의 부품을 설계·제조·시험·평가 기술

		7) 히트펌프 적용 온도 범위 확대 및 효율 향상 기술 : 친환경 냉매 개발, 열교환기 성능 향상과 사용 열원 확대를 통해 고온·저온의 열에너지 공급이 가능한 히트펌프 시스템 기술
		8) 선박용 디젤엔진 제조 기술: 해상 운송의 추진, 발전용으로 사용하고, 이중연료[액화천연가스(LNG), 액화석유가스(LPG) 등의 가스연료 포함] 사용이 가능한 디젤엔진을 제조하는 기술로, 크랭크 샤프트(Crankshaft), 피스톤(Piston), 피스톤링(Piston Ring), 실린더헤드(Cylinder Head) 등 엔진의 핵심 소재·부품을 설계·제작·시험·평가하는 기술
		9) 친환경 굴착기 설계·제조기술 : 순수 전기(모터), 하이브리드(모터와 엔진), 바이오연료(엔진)로 구동할 수 있는 굴착기 생산 기술
		10) 암모니아 추진선박의 연료공급 및 후처리 기술 : 암모니아를 연료로 추진하는 선박에 적용되는 암모니아 연료 공급 시스템 및 연소 후 배기가스 후처리 시스템 기술
		11) 극저온 액체 저장 및 이송용 극저온 냉동기술: 극저온 액체 저장 및 이송용 극저온 냉동기술: 액화질소(끓는 점 -196℃), 액화수소(끓는 점 -253℃) 등 -196℃ 이하의 극저온 액체를 자체 증발로 인한 손실 없이 저장 및 이송하기 위해 사용하는 극저온 냉동 기술
		12) 연료전지, 배터리 및 축발전기 모터를 적용한 선박 발전시스템: 연료전지, 배터리 및 축발전기 모터 하이브리드 전력시스템을 선박의 발전원으로 활용하는 기술
		13) 고효율 산업용 전동기 설계·제조 기술: IEC 60034-30-1규격의 IE4급 이상의 고효율 산업용 전동기 설계·제조 기술
14. 방위산업	가. 방산장비	1) 추진체계 기술: 유무인 항공기, 기동장비, 유도무기, 함정 등에 장착하는 터보제트엔진, 터보샤프트엔진, 터보프롭엔진, 터보팬엔진, 왕복엔진의 완제엔진, 부체계(엔진제어, 연료, 윤활, 기어박스 등), 구성품(팬, 압축기, 연소기, 터빈, 배기노즐 등), 소재(내열·경량합금, 복합재, 고온코팅 등) 등을 설계·제작·조립·인증·시험평가하는 기술
		2) 군사위성체계 기술: 군사용 위성체계 중 감시정찰 및 통신위성의 위성체계(전력체계, 자세제어체계, 위성탑재컴퓨터, 송수신체계, 구조체 등), 구성품(위성통신송수신 안테나, 광학장비, 영상레이더, 항법체계 등), 관련 소재, 지상장비, 발사체(고체연료) 등을 설계·제작·조립·인증·시험평가하는 기술
	나. 전투지원	1) 유무인복합체계 기술: 유무인복합체계에 필요한 환경인식기술, 위치추정기술, 자율임무 수행기술, 유무인협업기술, 무선통신기술, 네트워크 보안기술, 의사결정지원기술, 원격통제기술 등을 활용하여 유무인복합체계를 설계·제작·조립하는 기술

비고
위 표에 따른 신성장·원천기술의 유효기한은 2024년 12월 31일로 한다.

■ 조세특례제한법 시행규칙 [별표 1] 〈개정 2021. 3. 16.〉

건축물 등 사업용 유형자산(제12조제1항 관련)

구분	구조 또는 자산명
1	차량 및 운반구, 공구, 기구 및 비품
2	선박 및 항공기
3	연와조, 블록조, 콘크리트조, 토조, 토벽조, 목조, 목골모르타르조, 철골·철근콘크리트조, 철근콘크리트조, 석조, 연와석조, 철골조, 기타 조의 모든 건물(부속설비를 포함한다)과 구축물

비고
1. 제1호를 적용할 때 취득가액이 거래단위(취득한 자가 그 취득한 자산을 독립적으로 사업에 직접 사용할 수 있는 것) 별로 20만원 이상으로서 그 고유업무의 성질상 대량으로 보유하고 그 자산으로부터 직접 수익을 얻는 비품은 제1호의 비품에 포함하지 않는다.
2. 제3호를 적용할 때 부속설비에는 해당 건물과 관련된 전기설비, 급배수·위생설비, 가스설비, 냉방·난방·통풍 및 보일러설비, 승강기설비 등 모든 부속설비를 포함한다.
3. 제3호를 적용할 때 구축물에는 하수도, 굴뚝, 경륜장, 포장도로, 교량, 도크, 방벽, 철탑, 터널 그 밖에 토지에 정착한 모든 토목설비나 공작물을 포함하되, 기계·장치 등 설비에 필수적이고 전용으로 사용되는 구축물은 제외한다.

조세특례제한법 시행규칙 [별표 2] 〈개정 2021. 3. 16.〉

환경보전시설(제12조제2항제3호 관련)

구분	적용범위
1. 대기오염방지시설 및 무공해·저공해자동차 연료공급시설	가. 「대기환경보전법」에 따른 대기오염방지시설, 휘발성 유기화합물질 및 비산먼지로 인한 대기오염을 방지하기 위한 시설 나. 「악취방지법」에 따른 악취방지시설 다. 「대기환경보전법」에 따른 무공해자동차나 저공해자동차의 연료공급시설
2. 소음·진동방지시설 및 방음시설, 방진시설	「소음·진동관리법」에 따른 소음·진동방지시설, 방음시설, 방진시설
3. 가축분뇨 처리시설	「가축분뇨의 관리 및 이용에 관한 법률」에 따른 처리시설
4. 오수처리시설	「하수도법 시행령」에 따른 오수처리시설
5. 수질오염방지시설	「물환경보전법」에 따른 폐수배출시설로부터 배출되는 폐수를 처리하기 위한 시설
6. 폐기물처리시설 및 폐기물 감량화시설	「폐기물관리법」에 따른 폐기물처리시설 및 폐기물감량화시설
7. 건설폐기물 처리시설	「건설폐기물의 재활용촉진에 관한 법률」에 따른 건설폐기물 처리시설
8. 재활용시설	「자원의 절약과 재활용촉진에 관한 법률」에 따른 재활용시설
9. 해양오염방제업의 선박·장비·자재	「해양환경관리법」에 따른 오염방지·오염물질 처리시설 및 방제시설
10. 탈황시설	「석유 및 석유대체연료 사업법」에 따른 석유 속에 함유된 황을 제거 또는 감소시키는 시설(중유를 재가공하여 유황성분의 제거·분해·정제 과정을 통해 휘발유·등유 또는 경유를 생산하는 시설은 제외한다)
11. 토양오염방지시설	「토양환경보전법」 제12조제3항에 따른 토양오염방지시설(같은 법 시행령 제7조의2제2항에 따른 권장 설치·유지·관리기준에 적합한 것으로 한정한다)
12. 청정생산시설	「환경친화적 산업구조로의 전환촉진에 관한 법률」 제4조에 따른 산업환경실천과제에 포함된 청정생산시설(투자일 현재를 기준으로 한다)
13. 온실가스 감축시설	다음 각 목의 어느 하나에 해당하는 기술이 적용된 시설 가. 이산화탄소(CO_2) 저장, 수송, 전환 및 포집기술 나. 메탄(CH_4) 포집, 정제 및 활용기술 다. 아산화질소(N_2O) 재사용 및 분해기술 라. 불소화합물(HFCs, PFCs, SF_6) 처리, 회수 및 대체물질 제조기술

비고: 각 호에 따른 환경보전시설 및 공해물질의 배출시설에 부착된 측정시설을 포함한다.

■ 조세특례제한법 시행규칙 [별표 3] 〈개정 2021. 3. 16.〉

장애인·노인·임산부 등의 편의시설 등(제12조제2항제4호다목 관련)

구분	적용범위
1. 장애인·노인·임산부 등을 위한 편의시설	가. 장애인용 승강기, 장애인용 에스컬레이터, 휠체어 리프트, 시각 및 청각 장애인 유도·안내설비, 점자블록, 시각 및 청각 장애인 경보·피난설비, 장애인용 화장실에 설치되는 장애인용 대변기·소변기·세면대, 장애인 등이 이용 가능한 접수대·작업대 및 장애인 등이 출입가능한 자동문 나. 장애인 등이 통행할 수 있는 계단·경사로, 장애인 등이 이용할 수 있는 객실·침실 및 장애인 등이 이용할 수 있는 관람석·열람석
2. 버스, 기차 등 교통수단에 설치하는 편의시설	자동안내방송장치, 전자문자안내판, 휠체어승강설비
3. 통신시설	점자표시전화기, 큰문자버튼전화기, 음량증폭전화기, 보청기호환성전화기, 골도전화기 (청각장애인을 위해 두개골에 진동을 주는 방법으로 통화가 가능한 전화기를 말한다)
4. 장애인의 직업생활을 위한 편의시설	가. 장애인용으로 제작된 작업대 및 작업장비(작업물 운송 및 운반장치, 특수작업의자, 휠체어용 작업테이블, 경사각작업테이블, 높낮이 조절 작업 테이블) 나. 장애인용으로 제작된 작업보조공학기기(청각장애인용 신호장치, 소리증폭장치, 화상전화기, 문자전화기, 보완대체의사소통장치, 특수키보드, 특수마우스, 점자정보단말기, 점자프린트, 음성지원카드, 컴퓨터 화면확대 소프트웨어, 확대독서기, 문서인식 소프트웨어, 음성메모리, 대형모니터) 다. 장애인근로자의 통근용 승합자동차 및 특수설비 라. 의무실 또는 물리 치료실 등 장애인 고용에 필요한 부대시설(장애인근로자가 10명 이상이고 전체 근로자의 100분의 30 이상일 경우에 한정한다)

비고 1. 제1호나목에 규정된 시설의 경우에는 장애인 등이 이용 가능하도록 건물 등의 구조를 변경함에 따라 발생하는 비용에 한정한다.
  2. 장애인·노인·임산부등의 편의시설은 「장애인·노인·임산부 등의 편의증진보장에 관한 법률 시행령」 별표 1에 따른 편의시설의 구조·재질 등에 관한 세부기준에 적합한 것에 한정한다.

■ **조세특례제한법 시행규칙 [별표 4] 〈개정 2023. 3. 20.〉**

안전시설(제12조제2항제5호관련)

구분	적용범위
1. 산업재해예방시설	가. 「산업안전보건법」 제38조에 따른 안전조치 및 같은 법 제39조에 따른 보건조치를 위해 필요한 시설 나. 「도시가스사업법 시행규칙」 제17조에 따른 가스공급시설의 안전유지를 위한 시설 다. 「액화석유가스의 안전관리 및 사업법 시행규칙」 제12조에 따른 액화석유가스 공급시설 및 저장시설의 안전유지를 위한 시설 라. 「화학물질관리법 시행규칙」 제21조제2항에 따른 유해화학물질 취급시설의 안전유지를 위한 시설 마. 「위험물안전관리법」 제5조제4항에 따른 제조소·저장소 및 취급소의 안전유지를 위한 시설 바. 「집단에너지사업법」 제21조에 따른 집단에너지 공급시설의 안전유지를 위한 시설 사. 「송유관안전관리법 시행규칙」 제5조제1호에 따른 송유관의 안전설비
2. 화재예방·소방시설	가. 「화재예방, 소방시설 설치·유지 및 안전관리에 관한 법률」 제2조제1항제1호에 따른 소방시설 나. 「소방장비관리법 시행령」 별표1에 따른 소방자동차(「위험물안전관리법」 제19조에 따라 자체소방대를 설치해야 하는 사업소의 관계인이 설치하는 화학소방자동차는 제외한다)
3. 광산안전시설	「광산안전법 시행령」 제4조제1항에 따른 안전조치를 위해 필요한 시설 및 같은 법 시행규칙 제2조 각 호의 어느 하나 해당하는 장비
4. 내진보강시설	「지진·화산재해대책법 시행규칙」 제3조의4에 따라 내진성능 확인을 받은 건축물에 보강된 시설(기존 건물의 골조에 앵커 등 연결재로 접합·일체화하여 기존부와 보강부를 영구히 접합시키는 경우로 한정한다)
5. 비상대비시설	「비상대비에 관한 법률」 제11조에 따라 중점관리대상으로 지정된 자가 정부의 시설 보강 및 확장 명령에 따라 비상대비업무를 수행하기 위해 보강하거나 확장한 시설

■ 조세특례제한법 시행규칙 [별표 5] 〈개정 2021. 3. 16.〉

유통산업합리화시설(제12조제3항제4호 관련)

구분	적용범위
1. 저온보관고	농수산물과 그 가공품을 위한 저온보관고
2. 운반용 화물자동차	적재정량 1톤 이상의 상품운반화물자동차로 냉장·냉동·보냉이나 인양장비가 된 것
3. 무인반송차	컴퓨터시스템에 의하여 물품을 필요로 하는 위치까지 자동으로 반송하는 기능을 갖춘 무인 반송시스템
4. 창고시설 등	물품의 보관·저장 및 반출을 위한 창고로서 「건축법 시행령」 별표 1 제18호가목의 창고(상품의 보관·저장 및 반출이 자동적으로 이루어질 수 있도록 시스템화된 창고시설을 포함한다) 및 물품의 보관·저장 및 반입·반출을 위한 탱크시설(지상 또는 지하에 고정 설치된 것에 한정하고, 탱크시설에 필수적으로 부수되는 배관시설 등을 포함한다)
5. 선반(랙)	파렛트화물을 보관·저장하는 선반(랙)
6. 파렛트트럭	파렛트화물을 창고내·외에서 운반하는 전동식 파렛트트럭
7. 컨테이너와 컨테이너 하역·운반장비	물품수송에 직접 사용되는 컨테이너, 지게차, 부두 위에 설치되어 컨테이너 선박으로부터 컨테이너를 하역하거나 부두에 있는 컨테이너를 선박에 선적하는 컨테이너크레인(Container crane)과 하버크레인(Habor crane), 장치장에 운반되어진 컨테이너를 적재 또는 반출하는 데 사용되는 트랜스퍼크레인(Transfer crane), 부두와 장치장 사이에서 야드샤시(Yard chassis)를 견인하여 컨테이너를 운반하는 야드트랙터(Yard tractor) 및 유압식 지브크레인이 설치된 형상으로 크레인 끝에 스프레더를 장착한 컨테이너핸들러로 컨테이너를 하역하는 리치스태커(Reach Stacker)
8. 초대형 화물 하역장비	모듈 트레일러(Module Trailer), 트랜스포터(Transporter)

■ **조세특례제한법 시행규칙 [별표 6] 〈개정 2024. 3. 22.〉**

신성장 · 원천기술을 사업화하는 시설(제12조의2제1항 관련)

구분	영 별표 7의 기술		사업화 시설
	분야	신성장 · 원천기술	
1. 미래형 자동차	가. 삭제 〈2023. 6. 7.〉		
	나. 전기 구동차	1) 삭제 〈2023. 6. 7.〉	
		2) 삭제 〈2023. 6. 7.〉	
		3) 전기차 초고속 · 고효율 무선충전 기술	전기구동방식 자동차와 관련하여 감전위험이 없는 비접촉 무선 전력전송 방식(자기유도, 자기공명, 전자기파)으로 배터리를 충전하기 위한 전력 전송효율 90% 이상의 초고속 고효율 무선충전시스템 및 무선충전 핵심모듈(급전 인버터, 집전 픽업구조, 레귤레이터)을 제작하는 시설
		4) 초고효율 하이브리드 시스템 기술	하이브리드자동차(HEV)의 연비 향상, 배출가스 감축 등을 위해 엔진 열효율(공급된 연료에너지에 대해 출력되는 유효일의 비를 말한다)을 45% 이상으로 구현하기 위한 하이브리드 구동시스템을 설계 · 제조하는 시설
2. 지능정보	가. 인공지능	인지컴퓨팅 기술	인공지능 알고리즘(algorithm) 처리가 용이하도록 초고성능 연산 플랫폼(Platform)을 제공하는 컴퓨터 하드웨어를 제조하는 시설
	마. 착용형 스마트 기기	1) 신체 부착형 전자회로의 유연기판 제작기술 및 유연회로 인쇄기술	스마트 착용형기기(wearable device)에 사용되는 신체 부착형 전자회로의 유연기판을 제작하는 시설
		2) 유연한 양 · 음극 소재 및 전극 설계 · 제조기술	20퍼센트 이상의 변형 시에도 기계적 · 전기화학적 신뢰성 확보가 가능하며 100㎛ 후박급의 착용형기기(wearable device)에 전원용으로 사용되는 유연한(flexible) 양 · 음극 소재 및 해당 전극을 제조하는 시설
		3) 섬유기반 유연전원 (fabric based flexible battery) 제조 기술	유연 성능이 4.5g · cm²/cm이상으로 변형에 대한 형태 안정성이 우수한 유연전원(fabric based flexible battery)으로서, 에너지 밀도가 100Wh/kg 이상으로 고효율 · 고수명의 성능을 가진 섬유기반 유연전원을 제조하는 시설
		4) 전투기능 통합형 작전용 첨단디지털 의류기술	군사 및 경찰 작전 등의 특수 임무를 수행하는 데 필요한 극한기능과 신호전송기능 및 신체보호기능을 갖춘 총체적 디지털 기능 전투복을 제조하는 시설
	바. IT 융합	1) 지능형 전자항해 기술	IMO(International Maritime Organization, 국제해사기구)의 e-Navigation 구현을 목적으로 장소에 구애받지 않고 4S(ship to ship, ship to shore, shore to ship, shore to shore) 통신을 구현하는 통신단말장치를 제작하는 시설

			2) 지능형 기계 및 자율협업 기술	생산설비의 품질(상태)정보 및 공정조건을 실시간으로 분석하여 최적의 작업상태를 제공할 수 있는 진단·처방정보를 바탕으로 생산설비를 원격으로 제어하는 개방형 제어기(controller), M2M(Machine to Machine, Machine to Man, 기계 간의 통신 및 인간이 작동하는 기계와의 통신) 디바이스(device) 및 개방형 컨트롤러 디바이스를 탑재하여 자동으로 상태감시·진단·제어기능을 하는 지능형 기계를 제조하는 시설
		아. 양자 컴퓨터	양자컴퓨터 제작 및 활용 기술	양자 정보를 처리할 수 있는 메모리(큐비트, Qubit)를 구현하고, 큐비트간 연산처리가 가능한 장치를 제조하는 시설
		자. 스마트 물류	지능형 콜드체인 모니터링 기술	화물의 운송 과정에서 온도, 습도, 충격 등의 상태 데이터를 정보수집 장치를 통해 수집 및 저장하고, 이를 국제표준 ISO 27017에 따라 보안성이 검증된 클라우드 서버로 전송하여 단위 화물 정보와 연동하고 이를 소프트웨어 상에서 모니터링하는 장치를 제조하는 시설
5. 차세대 전자정보 디바이스	가. 지능형 반도체·센서	1) SoC 파운드리 제조, 후공정 및 장비 제작 기술	SoC(System on Chip) 반도체 파운드리(Foundry) 장비를 제작하는 시설 및 파운드리 분야의 7nm 이하급 제조 시설
		2) 차세대 메모리반도체 제조기술과 소재·장비 및 장비부품의 설계·제조 기술	기존 메모리반도체인 D램(DRAM)과 낸드 플래시메모리(Nand Flash Memory)의 장점을 조합한 STT-MRAM(Spin Transfer Torque-Magnetic Random Access Memory), PRAM(Phase-change Random Access Memory), ReRAM(Resistive Random Access Memory) 등 차세대 메모리반도체 제조 시설 및 이와 관련된 소재·장비 및 장비부품을 제조하는 시설
		3) 지능형 마이크로센서 기술	물리적·화학적인 아날로그(analogue) 정보를 얻는 감지부와 논리·판단·통신기능을 갖춘 지능화된 신호처리 집적회로가 결합된 소자로서 나노기술, MEMS[Micro Electro Mechanical System, 기계부품·센서(sensor)·액츄에이터(actuator) 및 전자회로를 하나의 기판 위에 집적화)] 기술, 바이오 기술, 0.8㎛이하 CMOS 이미지센서 기술 또는 SoC(System on Chip) 기술이 결합된 초소형 고성능 센서를 제조하는 시설
		4) 차량용 반도체 설계·제조기술	자동차 기능안전성 국제표준 ISO26262, 자동차용 반도체 신뢰성 시험규격 AEC-Q100을 만족하는 MCU(Micro Controller Unit), ECU(Electronic Control Unit), 파워IC, SOC, 하이브리드/전기차 및 자율주행용 IC 반도체를 제조하는 시설
		5) 에너지효율향상 반도체 설계·제조 기술	실리콘 기반의 MOSFET(MOS Field-Effect Transistor)에 비해 저저항·고효율 특성을 지니며 차세대 응용 분야(전기차, 하이브리드카, 태양광, 풍력발전 등 신재생에너지, 스마트그리드 등) 인버터 등에 탑재되는 SJ(Super Junction) MOSFET, IGBT(Insulated Gate Bipolar Transistor), SiC(Silicon Carbide) MOSFET을 제조하는 시설
		6) 에너지효율향상 전력 반도체 BCDMOS 설계·제조 기술	실리콘 기반의 저저항·고효율 특성을 지니며 차세대 응용 분야(5G, 전기차, 하이브리드카, 태양광, 풍력발전 등 신재생에너지, 스마트그리드 등)에 탑재되는 아날로그, 디지털 로직, 파워소자를 원칩화한 초소형·초절전 전력반도체 0.13㎛ 이하 BCDMOS(Bipolar / Complementary/Double-diffused metal-oxide-semiconductor) 설계 및 제조를 위한 시설

		7) 웨이퍼레벨 칩 패키징 공정기술	LED 칩을 미세 패턴이 가공된 열전도성이 높은 웨이퍼 위에서 일련의 공정을 통해 패키징한 후 다이싱(dicing)하여 칩 패키지를 제조하는 시설
	나. 반도체 등 소재·부품	1) 포토레지스트 개발 및 제조기술	반도체 및 디스플레이용 회로형성에 필요한 리소그래피(lithography)용 수지로서 회로의 내열성, 전기적 특성, 현상(Developing) 특성을 좌우하는 Photoresist 및 관련 소재를 제조하는 시설 [ArF(불화아르곤) 광원용 및 EUV(극자외선) 광원용]
		2) 원자층증착법(ALD) 및 화학증착법(CVD)을 위한 고유전체(High-k dielectric)용 전구체 개발 기술	기존의 이산화규소(SiO2)보다 우수한 유전특성을 갖는 박막제조를 위해 증착공정[ALD(Atomic Layer Deposition), CVD(Chemical Vapor Deposition)]에 사용되는 전구체(금속을 포함하고 있는 용액)를 제조하는 시설
		3) 고순도 불화수소 개발 및 제조기술	반도체 회로형성에 필요한 순도 99.999%(5N) 이상의 고순도 불화수소를 제조하는 시설
		4) 블랭크 마스크(Blank Mask) 개발 및 제조 기술	ArF(불화아르곤) 광원 및 EUV(극자외선) 광원을 이용하여 반도체 회로를 형성하는데 사용되는 블랭크마스크 원판 및 관련 소재(펠리클(Pelllicle), 합성 쿼츠, 스터러링용 타겟 등을 포함)를 제조하는 시설
		5) 반도체용 기판 개발 및 제조기술	14nm 이하급 D램(DRAM)과 170단 이상 낸드플래시 메모리 및 에피텍셜 반도체용 기판을 제조하는 시설
		6) 첨단 메모리반도체 장비 및 장비부품의 설계·제조 기술	14nm 이하급 D램(DRAM)과 170단 이상 낸드 플래시메모리 양산을 위한 장비·장비부품을 제조하는 시설
		7) 고기능성 인산 제조 기술	질화규소(SiNx), 산화규소(SiOx) 막질의 선택적인 식각이 가능한 고선택비(1,000이상) 인산계 식각액 제조시설
		8) 고순도 석영(쿼츠) 도가니 제조 기술	반도체 웨이퍼 제조용 용융 실리콘의 오염을 막기 위한 도가니 형태의 순도 99.999%(5N) 이상의 고순도 석영 용기(Quartz Crucible) 제조 시설
		9) 코트막형성재 개발 및 제조 기술	완성된 반도체 소자의 표면을 외부환경으로부터 보호하기 위해 사용하는 절연성을 가진 고감도(80mJ/㎠ 이하) 감광성 코팅 기술 또는 패키징 재배선(배선폭 7㎛ 이하) 형성 재료를 제조하는 시설
	다. 유기발광 다이오드 (OLED: Organic Light Emitting Diode) 등 고기능 디스플레이	1) 9인치 이상 능동형 유기발광 다이오드 (AMOLED) 패널·부품·소재·장비 제조 기술	저온폴리실리콘(LTPS) 또는 산화물(Oxide) TFT(전자이동도 8㎠/Vs 이상) 기판 상에 진공 증발 증착 또는 프린팅 방식으로 고화질(고해상도, 고색재현, 고균일, HRD)을 구현한 대화면(9인치 이상) AMOLED(Active Matrix Organic Light Emitting Diode) 패널을 제조하기 위한 시설(모듈조립 공정기술은 제외한다)과 AMOLED 패널을 제조하기 위한 부품·소재·장비를 제조하는 시설

		2) 대기압 플라즈마 식각 장비 기술		디스플레이를 제조할 목적으로 대기압에서 플라즈마(plasma)를 발생시켜 박막을 식각하는 장비를 제조하는 시설
		3) 플렉서블 디스플레이 패널·부품·소재·장비 제조 기술		플렉서블 디스플레이(유연성 또는 유연한 성질을 가지는 디스플레이로, 깨지지 않고 휘거나 말 수 있고 접을 수 있는 특성을 지닌 것을 말한다. 이하 같다)를 제조하는 시설 및 이를 제조하기 위해 공정별로 사용되는 부품·소재·장비를 제조하는 시설
		4) 차세대 차량용 디스플레이 패널·부품·소재·장비 제조기술		굴곡된 형상으로 제조 가능하고, 동작온도 -30℃~95℃, 시인성 black uniformity 60% 이상을 만족하는 다결정 저온 폴리실리콘(LTPS-LCD) 패널 및 이와 관련한 부품·소재 및 장비를 제조하는 시설
		5) 마이크로 LED 디스플레이 패널·부품·소재·장비 제조 기술		실리콘(Silicon) 또는 사파이어(Sapphire) 기판에 저결함 에피공정을 적용한 100㎛ 이하의 자발광 R/G/B 마이크로 LED 칩과 이를 이용한 픽셀·패널 및 이와 관련한 부품·소재 및 장비를 제조하는 시설
		6) VR·AR·MR용 디스플레이 패널·부품·소재·장비 제조 기술		가상현실, 증강현실, 혼합현실 기기에 사용되는 초고해상도(1,500ppi 이상) 디스플레이를 제조하기 위해 공정별로 사용되는 기술과 이와 관련한 부품·소재 및 장비를 제조하는 시설
		7) 친환경 QD (Quantum Dot) 나노 소재 적용 디스플레이 패널·부품·소재·장비 제조 기술		적은 소비전력으로 고색재현 및 화학적·열적 안정성 개선이 가능한 QD 나노 소재 적용 디스플레이를 제조하기 위해 공정별로 사용되는 기술을 적용한 시설과 이와 관련한 부품·소재 및 장비를 제조하는 시설
	라. 3D프린팅	3D프린팅 소재개발 및 장비제조기술		3차원 디지털 설계도에 따라 액체수지, 금속분말 등 다양한 형태의 재료를 적층하여 제품을 생산하는 데 사용되는 소재 및 장비를 제조하는 시설
	마. AR 디바이스	AR 디바이스 제조기술		실제의 이미지나 배경에 유의미한 상황 정보를 기반으로 한 영상·텍스트·소리 등의 가상정보를 나타내어 사용자의 경험이 증강되고 현실세계와 동기화할 수 있는 장비 및 관련 부품을 제조하는 시설
6. 차세대 방송통신	가. 5세대(5G: 5generation) 및 6세대(6G: 6generation) 이동통신	1) 5G 이동통신 기지국 장비 기술		가입자와 연결을 위해 이동통신사업자가 구축하는 5G 이동통신 광역 및 소형 셀(cell) 기지국 장비를 제조하는 시설
		2) 5G 이동통신 코어네트워크(Core Network, 기간망) 기술		트래픽(traffic) 전송·제어, 네트워크(network) 간 연결 등을 위해 5G 이동통신 기지국 장비와 연동되는 게이트웨이(gateway), 라우터(router), 스위치(switch) 등 장비를 제조하는 시설
		3) 5G 이동통신 단말 특화 부품 기술		5G 이동통신 단말을 구현하기 위해 새롭게 개발·적용될 통신모듈[베이스밴드(baseband, 기저대역) 모뎀, RF(Radio Frequency) 칩셋(chipset) 등]의 부품·소자를 제조하는 시설
	나. UHD (Ultra-High Definition)	지상파 UHD방송 송신기 성능 향상기술		냉각 기술(공냉, 수냉, 질소냉각 등 포함)의 개선, 회로 설계 방식 개선 등을 통한 고효율 지상파 UHD방송용 송신기를 제조하는 시설

7. 바이오·헬스	가. 바이오·화합물의약	1) 삭제 〈2023. 8. 29.〉	
		2) 방어 항원 스크리닝 및 제조기술	면역 기전을 이용하여 인체질환을 방어하기 위해 항원을 스크리닝하고 이 항원을 제조하여 각종 질환을 치료하거나(치료용 백신) 예방하기 위한 백신(예방용 백신)을 제조하는 시설
		3) 삭제 〈2023. 8. 29.〉	
		4) 혁신형 신약(화합물의약품) 후보물질 발굴 및 제조기술	혁신형 신약(화합물의약품)과 혁신형 신약의 원료를 개발·제조하는 시설
		5) 혁신형 개량신약(화합물의약품) 개발 및 제조 기술	혁신형 개량신약(화합물의약품)과 혁신형 개량 신약의 원료를 개발·제조하는 시설
		6) 삭제 〈2023. 8. 29.〉	
		7) 삭제 〈2023. 8. 29.〉	
	나. 의료기기·헬스케어	1) 기능 융합형 초음파 영상기술	조기 정밀 진단을 위한 영상기술 간 융합(X-ray - 초음파, 광음향 - 초음파) 및 정밀치료를 위한 초음파 영상유도 기반의 체외충격파 치료 기술 기반 기능 융합형 초음파 영상기기를 제조하는 시설
		2) 신체 내에서 생분해 되는 소재 개발 및 제조 기술	우수한 유연성과 고강도의 기계적 물성을 가지며, 시술에 따른 혈전증 및 재협착률을 최소화하는 생분해성 스텐트를 제조하는 시설
		3) 유전자 검사용 진단 기기 및 시약의 개발 및 제조 기술	질병의 진단이나 건강상태 평가를 목적으로 인체에서 채취한 검체로부터 DNA(deoxyribonucleic acid), RNA(Ribo Nucleic Acid), 염색체, 대사물질을 추출하여 분석하는 기기 및 시약을 제조하는 시설
		4) 암진단용 혈액 검사 기기 및 시약의 개발 및 제조 기술	채취한 혈액으로부터 종양 표지자의 농도를 측정하여 암 발생 유무를 판단하는 데 활용되는 검사기기 및 시약을 제조하는 시설
		5) 감염병 병원체 검사용 진단기기 및 시약의 개발 및 제조 기술	인체에서 채취된 혈액, 소변, 객담, 분변 등의 검체를 이용해 국내에서 새롭게 발생하였거나 발생할 우려가 있는 감염병 또는 국내 유입이 우려되는 해외 유행 감염병의 병원체를 검사하는 데 활용되는 기기 및 시약을 제조하는 시설
		6) 신체기능 복원·보조 의료기기 기술	생체역학·바이오닉스 등 첨단 의공학 기술을 통해 영구 손상된 신체기능을 원래대로 복원하여 정상적인 일상생활을 가능하게 하는 장치를 제조하는 시설
	다. 바이오 농수산·식품	1) 비가열 및 고온·고압 가공처리 기술	초고압(1,000기압 이상), 고압전자기장, 전기저항가열, 방사선 조사와 같은 대체 열에너지를 사용하거나, 가압·진공·과열증기 및 증기직접주입법 등을 이용한 고온·고압 처리기술을 사용하여 미생물 수를 감소 또는 사멸시키는 가공처리 시설

			2) 식품용 기능성 물질 개발 및 제조 기술	동·식물 및 미생물 유래 기능성 물질을 가공 또는 대량 생산하는 시설
			3) 신품종 종자 개발기술 및 종자 가공처리 기술	종자의 품질을 높이기 위해 프라이밍(priming), 코팅(coating), 펠렛팅(pelleting) 등 종자를 가공 처리하는 시설
			4) 유용미생물의 스크리닝 기술 및 유용물질 대량생산공정 기술	세균이나 곰팡이를 선발·분리하여 효용성을 평가하거나 이들 미생물을 활용하여 균주개발, 최적활성 연구, 발효공정, 정제공정 등을 거쳐 유용물질을 대량으로 생산하는 시설
			5) 스마트팜 환경제어기기 제작 기술	온실이나 축사의 온도, 습도, 이산화탄소, 악취 등을 감지하여 환경을 조절하는 센서와 이를 통해 작동하는 액츄에이터(actuator) 및 제어시스템을 제조하는 시설
			6) 단백질 분리·분획·정제 및 구조화기술	물리적·화학적 방법을 이용하여 농·식품자원으로부터 단백질을 전분, 지방 등과 분리하여 용도에 맞게 분획·정제하는 시설, 동물세포나 조직을 배양·분화하는 시설 및 단백질 또는 세포를 3D 프린터, 압출식 성형방식, 지지체 등을 통해 구조화하고 원료·소재와 제품을 대량으로 생산하는 시설
			7) 식품 냉·해동 안정화 기술	수분전이제어, 원물코팅, 라디오 주파수·저온스팀(Steam) 해동 등을 활용하여 냉동원료 및 제품의 품질을 균일하게 제어할 수 있는 식품 냉·해동 안정화 시설
		라. 바이오 화학	1) 바이오매스 유래 바이오플라스틱 생산 기술	재생가능한 유기자원을 이용하여 직접 또는 전환공정을 통해 당 또는 리그닌을 추출·정제하는 시설 및 바이오플라스틱을 생산하는 시설
			2) 바이오 화장품 소재(원료) 개발 및 제조 기술	세포활성 제어기술, 미생물 발효 및 생물전환기술, 활성성분 대량생산기술 등의 바이오 기술(bio technology)을 활용하여 화장품의 소재(원료)를 제조하는 시설
			3) 신규 또는 대량 생산이 가능한 바이오화학소재 개발 및 미생물 발굴 바이오 파운드리 기술	바이오플라스틱, 바이오화장품 소재, 바이오생리활성 소재 등을 생산하는 미생물 확보를 위한 유전자 편집 등의 합성생물학 기술과 이를 활용한 디자인, 제작, 시험, 학습 등의 순환 과정을 수행하는 바이오파운드리 시설
8. 에너지 신·환경		가. 에너지 저장 시스템 (ESS: Energy Storage System)	1) 비리튬계 이차전지 소재 등 설계 및 제조 기술	흐름전지(Flow Battery)에 사용되는 전극·멤브레인(Membrane)·전해질·저가 분리판·스택(Stack)을 제조하는 시설 및 나트륨(Sodium)계 이차전지에 사용되는 소재(양극·음극·전해질)·셀(Cell)·모듈(Module)을 제조하는 시설
			2) 전력관리시스템 설계 및 전력변환장치 설계 및 제조 기술	저장장치 전력과 전력계통 간의 특성을 맞춰주는 전력변환장치(PCS, Power Conversion System)를 제조하는 시설
			3) 배터리 재사용·재제조를 위한 선별 기술	초기용량 대비 80% 이하로 수명이 종료된 전기동력 자동차 배터리를 검사·분해·평가하는 시설
			4) 고성능 리튬이차전지 기술	265wh/kg 이상의 에너지밀도 또는 6C-rate 이상의 방전속도를 충족하고 안전성이 향상된 고성능 리튬이차전지에 사용되는 부품·소재·셀(cell) 및 모듈(module)을 제조하는 시설

		5) 전기동력 자동차의 에너지저장 시스템 기술	전기동력 자동차(xEV)의 주행거리 연장, 충전시간 단축 등을 위해 에너지 밀도를 160Wh/kg 이상으로 구현한 이차전지를 생산하는 시설
	나. 발전시스템	1) 대형가스터빈 부품 및 시스템 설계·제작·조립·시험 평가 기술	천연가스를 연소시킬 때 발생하는 고온 고압의 에너지로 발전기를 회전시켜 전기를 생산하는 용량 380MW 이상, 효율 43% 이상의 터빈 및 부품을 제조하는 시설
		2) 초임계 이산화탄소 터빈구동 시스템	열원을 활용하여 생성된 초임계상태의 이산화탄소(supercritical CO_2)를 작동 유체로 터빈을 구동하는 고효율 터빈·압축기·열교환기 등 발전설비 및 시스템을 제조하는 시설
	다. 원자력	1) 원자로 냉각재 펌프 설계 기술	원자로에서 핵반응을 통해 발생되는 열을 제거하여 증기발생기로 보내기 위해 냉각재를 순환시키는 원자력발전소 핵심 기기인 원자로냉각재펌프를 제조하는 시설
		2) 내열 내식성 원자력 소재 기술	방사선, 고온 및 부식성 환경속에서 내부식성을 극대화시킬 수 있는 내·내식성 소재(핵연료 피복관, 증기발생기 세관(340℃·150기압의 1차 냉각수 및 300℃·50기압의 2차 냉각수 노출 가능), 원자로 내부 구조물(중성자 조사 및 340℃·150기압의 1차 냉각수 노출 가능) 등을 생산하는 시설
		3) 방사선이용 대형 공정 시스템 검사기술	철강 배관의 손상 진단 및 미세 결함 검출을 위한 와전류 자동검사 장비, X선 발생장치와 이리듐(Ir)-192 감마선 조사장치에 적합한 이동용 방사선투시 장비를 제조하는 시설
		4) SMR(Small Modular Reactor) 제조 기술	탄력운전 대응 열적성능강화 핵연료집합체, 혁신형 제어봉 집합체, 무붕산 노심설계가 가능한 일체형 가연성 흡수봉 제조 시설, 증기발생기 전열관 제조 시설 및 원자로·증기발생기·가압기 등 주요 기기가 일체화된 원자로모듈을 제조하는 시설
		5) 친환경·저탄소 후행 핵주기 기술	원전 해체, 해체 원전 계통·기기·구조물 제염, 금속·콘크리트구조물 절단, 해체 폐기물 처리·감용, 방폐물 인수·처리 및 방폐물 운반·저장에 필요한 설비를 제조하는 시설
		6) 대형 원자력발전소 제조기술	원자로·내부구조물, 핵연료 취급·검사장비, 증기발생기·가압기, 원자로 냉각재펌프, 증기터빈·주발전기 및 보조기기를 제조하는 시설
		7) 혁신 제조공법 원전 분야 적용 기술	분말-열간등방압성형(PM-HIP) 기술, 전자빔 용접(EBW) 기술, 다이오드 레이저 클래딩(DLC) 기술 또는 원전기자재 적층제조 기술을 활용하여 원전 기자재를 제조하는 시설
	라. 오염방지·자원순환	1) 미세먼지 제거 및 고정밀 미세먼지·온실가스 동시 측정 기술	미세먼지 및 원인가스를 동시에 제거하고 세척 후 재사용이 가능한 세라믹필터 및 촉매 시설, 기액접촉층 및 습식 플라즈마(wet plasma)를 통한 무필터 정화 시설, 0.3㎛ 이하 고정밀 미세먼지를 수분과 구별하여 측정하는 시설 및 공정내부 미세먼지 온실가스 농도 동시 실시간 측정 시설

		2) 차세대 배기가스 규제 대응을 위한 운송·저장시스템 기술	운송·발전용 기관을 운전할 때 배출되는 배기가스 내의 질소산화물 및 배기배출물을 과급기 하류측에서 선택적촉매환원법(SCR, Selective Catalytic Reduction) 등을 사용하여 저감시키는 시스템·부품을 제조하는 시설
		3) 디젤 미립자 필터(DPF) 제조 기술	디젤이 제대로 연소하지 않아 생겨나는 탄화수소 찌꺼기 등 유해물질을 모아 필터로 걸러낸 뒤 550℃ 이상의 고온으로 다시 태워 오염물질을 줄이는 저감장치를 제조하는 시설
		4) 폐플라스틱 물리적 재활용 기술	폐플라스틱의 분리·선별, 세척, 파쇄·용융·배합 등 물리적 재활용 과정을 거쳐 재생원료 및 플라스틱 제품 등을 제조하는 시설
		5) 폐플라스틱 등의 화학적 재활용을 통한 산업원료화 기술	폐플라스틱·폐타이어·폐섬유의 해중합, 열분해 또는 가스화 공정을 거쳐 화학원료·고부가가치 탄소화합물 제품 등을 제조하는 시설
		6) 생분해성 플라스틱 생산기술	바이오화학 및 석유화학 원료를 사용하여 생분해성이 향상된 플라스틱 컴파운드[『환경기술 및 환경산업 지원법』 제17조에 따라 환경표지 인증을 받거나 수출을 목적으로 하는 생분해성수지제품 및 해당 제품의 원료로 사용되는 경우에 한한다]를 제조하고 물성을 증대하는 시설
		7) 폐기물 저감형 포장소재 생산 기술	복합소재의 단일화, 오염 저감 표면처리, 수(水)분리성 강화 등 포장재의 재활용도를 개선하는 포장재 생산 시설 및 소재 경량화, 석유계 용제 저감 등 포장재와 관련된 플라스틱·오염물질의 발생을 저감하는 포장재 생산 시설
9. 융복합소재	가. 고기능섬유	1) 탄소섬유복합재의 가공장비 및 검사장비 설계·제조기술	탄소섬유복합재 부품가공을 위한 복합 가공장비[관련되는 공구, 부품 고정을 위한 유연지그, 공정 모니터링 센서 모듈 및 컴퓨터 수치제어기(CNC, Computerized Numerical Controller) 등을 포함한다]를 제조하는 시설 및 탄소섬유복합재 가공 품질 검사를 위한 검사장비를 제조하는 시설
		2) 극한성능 섬유 제조 기술	고탄성·고강도 탄소섬유, 섬유용 CNT(Carbon Nano Tube, 탄소나노튜브) 또는 고탄성·고강도·고내열성(250℃ 이상)·고내한성(-153℃~-273℃) 아라미드(Aramid)·초고분자량폴리에틸렌(UHMWPE, Ultra-High Molecular Weight Polyethylene)·액정섬유를 제조하는 시설 및 이들의 복합화 설계를 통한 초경량, 고탄성, 고강도, 고내열(한)성 섬유복합체를 제조하는 시설
		3) 섬유기반 전기전자 소재·부품 및 제품 제조기술	전기 또는 광 신호의 생산, 저장 또는 전달이 가능한 전도성 섬유를 가공·변형하여 트랜지스터, 저항, 콘덴서, 안테나 등의 전자회로 소자를 직물 형태로 구현하기 위한 소재·부품 및 제품을 제조하는 시설
		4) 의료용 섬유 제조기술	생체적합성(생체재료가 생체조직이나 체액·혈액 등과 접촉 시 거부반응이 나타나지 않는 특성)과 생체기능성(생체재료가 체내에서 존재하는 동안 목표한 기능을 완전히 수행 가능한 특성)을 갖춘 의료용 섬유로서, 약물전달용 나노섬유, 바이러스·세균 감응섬유구조체, 혈액의 투석·정화용 섬유구조체, 손상조직을 대체 가능한 섬유구조체 또는 꼬이지 않고 계속되는 수축·팽창에 견딜 수 있는 인공혈관 섬유구조체를 제조하는 시설

		5) 친환경섬유 제조 기술	환경친화적 섬유 원료를 사용한 섬유로서 생분해성 섬유고분자, 열가소성 셀룰로오스 섬유 또는 바이오매스 나노섬유를 제조하는 시설
		6) PTFE (PolyTetraFluoro Ethylene) 멤브레인 기반 고성능 복합필터 제조기술	공기중의 0.3um 크기의 입자 99.97% 이상을 균일하게 포집할 수 있는 PTFE 멤브레인 기반의 고성능 복합필터 핵심 소재·부품을 제조·가공하는 시설
		7) 특수계면활성제 제조기술	전자부품 제조 공정용으로 사용되는 저표면에너지(24~27 mN/m, 0.1% solution/PGMEA), 극미량의 금속함유량(100ppb 이하) 특성을 지닌 불소계 계면활성제 및 도료 및 포소화제의 기능향상을 위한 첨가제 등으로 사용되는 저표면에너지(15~18 mN/m, 0.1% 수용액), 극미량의 PFOA(Perfluorooctanoic Acid) 함유량(1ppm 미만) 특성을 지닌 불소계 계면활성제 제조 시설
		8) 극세 장섬유 부직포 및 복합필터 제조기술	유해물질을 여과·분리·차단하는 1㎛이하 극세 장섬유 부직포 및 HEPA(High Efficiency Particulate Air)급 이상의 고성능 정밀여과 복합필터를 제조하는 시설
	나. 초경량금속	1) 고강도 마그네슘 부품의 온간성형기술	미세조직 구성인자의 제어와 성형기법의 개선을 통해 저온(150℃ 이하)에서 성형 가능한 고품위·고강도 Mg(마그네슘) 부품을 제조하는 시설
		2) 차세대 조명용 고효율 경량 방열부품 생산 기반기술	알루미늄 등 경량소재를 이용하여 주조, 성형 및 표면처리를 통해 방열 부품을 제조하는 시설
	다. 하이퍼플라스틱	인성특성이 향상된 고강성 하이퍼플라스틱 (High Performance Plastics) 복합체 제조 및 가공 기술	고강성 하이퍼플라스틱의 인성특성을 개선하여 고충격성(60KJ/m²이상), 내화학성(온도 23℃의 염화칼슘 5% 용액에 600시간 담근 후 인장강도 유지율 90% 이상), 내마모성(50 rpm, 150N, 측정거리 3Km 조건으로 내마모 시험 후 마모량 1.0 mm3/Kgf·Km 이하) 중 하나 이상의 특성을 지닌 고강성·고인성 하이퍼플라스틱 복합체를 제조하는 시설
	라. 구리합금	1) 고강도 구리합금 설계·제조기술	인장강도 900Mpa 이상의 고강도 특성을 갖춘 주석함유 구리합금(Cu-Ni-Sn계)을 제조·가공하는 시설
		2) 구리 및 구리합금 박판 제조기술	자동차, 전기·전자 분야의 고성능·소형화에 적용 가능한 두께 0.1mm 이하의 구리 및 구리합금 박판을 제조·가공하는 시설
	마. 특수강	1) 고청정 스테인레스계 무계목강관·봉강 제조기술	망간 함유량 0.8% 이하 및 황 함유량 0.005% 이하로 제어된 고청정 스테인리스계 합금을 활용하여 용접이음매를 갖지 않는 강관 및 봉 형태의 철강재를 제조·가공하는 시설
		2) 고기능성 H형강 제품 제조기술	고강도(420Mpa급 이상), 고인성(-40℃ 이하에서 충격값 50 Joule 이상) 특성을 갖는 고기능성 H형강 제품을 제조·가공하는 시설
		3) 장수명 프리미엄급 금형소재 제조기술	기존 교체주기 5만회의 금형대비 30% 이상 수명이 향상된 합금설계, 고청정 특수강을 제조·가공하는 시설

	바. 기능성 탄성·접착소재	1) 고기능 불소계 실리콘 제조·가공 기술	내열성(온도 175℃에서 22시간 동안 영구압축줄음율 30% 이내), 내화학성(150℃, 240시간 내유체적변화율 10% 이하) 및 저온성(-66℃ 이하에서 기밀력 1800psi 이상)의 특성을 지닌 불소계 실리콘 고무 합성 및 분자량 제어 관련 제조시설
		2) 고기능 불소계 고무 제조·가공 기술	2원계 이상의 공중합체로서 불소함량이 50% 이상이며 내한성(어는점 -15℃ 이하), 내열성(200℃ 이상) 및 내화학성(온도 25℃ Fuel-C에서 체적변화율 4% 이내)을 갖춘 불소계 고무 제조·가공시설
		3) 고기능 부타디엔 고무 제조·가공 기술	고상 및 액상 기능성(Cis content 90% 이상, 무니점도(ML1+4, 100℃) 40 이상) 부타디엔류 고무 제조 기술과 고내마모성(내마모도 60㎣ 이하, 구름저항 5.5 이하) 부타디엔 고무 제조·가공 시설
		4) 고기능 비극성계 접착소재 제조기술	Haze 1% 이하의 광학특성과 연속사용온도 100℃의 열안정성을 갖는 실리콘계 점착·접착 소재 및 300℃ 이상의 고온 가공성형이 가능한 아크릴레이트 함량 5~35% 또는 관능기의 함량 1.2~8%의 에틸렌계 점착·접착 소재 제조 시설
		5) 고기능 에폭시 수지 접착소재 제조 기술	에폭시 수지를 주성분으로 하여 경량 수송기기 부품의 구조접착에 사용되는 전단강도 25MPa 이상, 저온 충격강도 20N/mm 이상, T-박리강도 250N/25mm 이상의 기계적 성능을 갖는 접착소재 제조기술과 전자부품의 접착에 사용되는 WVTR(Water Vapor Transmission Rate) 0g/㎡·24h 이하 및 20kV/mm 이상의 전기절연성을 갖는 비할로겐형 접착소재 제조시설
	사. 희소금속·핵심소재	1) 타이타늄 소재 제조 기술과 금속재료 부품화 기술	사염화타이타늄(TiCl4), 스폰지, 잉곳, 루타일 및 아나타제 이산화 타이타늄(TiO2) 등의 소재를 제조 및 부품화하는 시설
		2) 고순도 몰리브덴 금속·탄화물 분말 및 금속괴 제조 기술	순도 99.5% 이상의 몰리브덴 금속분말, 순도 99% 이상의 몰리브덴 탄화물 분말 및 순도 99.95% 이상의 몰리브덴 금속괴를 제조·가공하는 시설
		3) 중희토 저감 고기능 영구자석 생산 기술	결정립도 5㎛ 이하 소결체 제조 및 결정립 주변 나노단위 두께의 중희토 확산층 형성 등을 통해 기존 자석 대비 중희토 함유량을 50% 이상 절감하여 고기능 영구자석을 생산하는 시설
		4) 차세대 배기가스 규제 대응을 위한 핵심소재 생산 기술	포집된 이산화탄소를 활용하여 운송·발전·산업용 기관을 운전할 때 배출되는 배기가스내 질소산화물, 황산화물 등 배기배출물을 저감시키기 위해 필요한 핵심소재 제조시설
10. 로봇	가. 첨단제조 및 산업로봇	1) 고청정 환경 대응 반도체 생산 로봇 기술	청정환경에서 450mm 대형 웨이퍼, 일반 반도체를 핸들링하며 5Port 이상 대응 가능(수평 이송범위 2,100mm 이상 및 수직 이송범위 900mm 이상)한 청정환경용 반도체 로봇을 제조하는 시설
		2) 차세대 태양전지(Solar cell) 제조 로봇 기술	고진공/고청정 환경의 태양전지 생산 현장에서 대면적·고중량 기판을 핸들링할 수 있는 로봇을 제조하는 시설

		3) 실내외 자율 이동·작업수행 로봇	농업, 건설, 물류, 보안·감시 분야에서 광범위 거리측정센서, GPS 등을 활용하여 실내외 환경에서 경로를 계획하여 주행하고(미리 정해진 경로를 따라가는 방식은 제외), 자율적으로 작업을 수행하는 지능형 로봇 및 기계를 제조하는 시설
		4) 평판 디스플레이(FPD) 이송로봇 기술	일반 대기압 또는 진공 환경 하에서 고중량(400kg 이상)의 FPD(Flat Panel Display) 및 마스크를 이송하는 로봇을 제조하는 시설
		5) 협동기반 차세대 제조로봇 기술	사용자와 같은 공간에서 협업이 가능한 초소형(가반하중 1kg 미만) 및 중대형(가반하중 25kg 이상) 로봇을 제조하는 시설
	다. 의료 및 생활 로봇	1) 수술, 진단 및 재활 로봇기술	로봇기술을 이용한 진단 보조, 시술·수술보조와 이에 따른 환자의 조기 치유·재활이 목적인 의료로봇을 제작하는 시설
		2) 간병 및 케어 로봇 기술	간호사의 단순반복 업무 지원 및 환자의 정서케어 서비스 지원이 가능한 로봇을 제작하는 시설
		3) 안내, 통역, 매장 서비스, 홈서비스 등의 안내로봇 기술	공공접객 장소 내에서 다양한 멀티미디어 콘텐츠를 활용한 제품 및 서비스 등을 효과적으로 안내하고 홍보하는 로봇을 제작하는 시설
		4) 원격현실(Tele-presence) 로봇 기술	자율이동기능, 진단·지시용 매니퓰레이터 및 얼굴모션 동기화 등의 기술구현을 통한 원격진료·진료자문 및 교육 등이 가능한 Tele-presence 로봇을 제작하는 시설
		5) 생활도우미 응용 서비스 기술	가정 및 사회 환경 내에서 인간과 교감하며 정보의 취득, 일상생활 및 가사노동을 지원하는 지능형 로봇으로서 심부름, 가사작업 및 이동 보조형 로봇을 제작하는 시설
		6) 유치원, 초등학교에서 교사를 보조하는 교육로봇 기술	유치원이나 초등학교에서 교과과정에 적합한 교육 컨텐츠 및 로봇플랫폼을 활용하여 교사를 보조하여 학습하는 교육로봇을 제작하는 시설
	라. 로봇 공통	1) 모터, 엔코더, 드라이버 일체형의 구동 기술	로봇용 관절구성에 필요한 모터, 엔코더, 감속기, 드라이버를 모두 하나의 몸체에 넣어서 만든 관절구동형 액츄에이터(Actuator)를 제작하는 시설
		2) 웨어러블 로봇 기술	인체에 착용하여 인체 동작의도를 인식하고 추종제어 알고리즘을 통해 착용자의 신체능력 증강 및 운동을 지원하는 착용형 로봇을 제작하는 시설
11. 항공·우주	가. 무인이동체	1) 무인기 전기구동 핵심부품 기술	전기동력을 기반으로 무인기의 조종, 이착륙, 추진 등을 담당하는 핵심부품을 제조하는 시설
		2) 물류 배송용 드론 제조기술	일정 중량(10kg) 이상 물품을 100% 신뢰성을 확보한 비가시권 비행으로 안전하게 운송 가능한 드론과 기능개선에 필요한 소재(열전도율 5kcal/m·h 대비 10% 이상 개선)·부품(세계 최고 CPU 속도대비 약 66% 이상 처리성능 개선)·장비(다지점 배달용 물품 적재함, 물품배송 드론용 도킹스테이션 등의 경량화)를 설계 및 제조하는 시설

		3) 드론용 하이브리드 추진 시스템 기술	전기배터리 무인기의 체공시간(120분 이상) 및 탑재량(12kg 이상) 증대를 위해 엔진 동력을 이용하여 전기모터를 동작시키는 하이브리드 추진시스템과 관련한 소재·부품 및 장비를 제조하는 시설
	나. 우주	위성탑재체 부분품 개발 기술	인공위성 탑재를 목적으로 하는 광학 탑재체, 영상레이더 탑재체, 통신·방송 탑재체, 우주과학 탑재체, 항법 탑재체 시스템 및 위성용 영상자료처리장치, 주파수 변조기 및 안테나 등을 제조하는 시설
12. 첨단소재·부품·장비	가. 첨단 소재	1) 고기능성 알루미늄 도금강판 제조 기술	550℃에서 200시간 유지 가능한 내열성과 SST(Stainless Steel) 2400(KSD9502)시간 보증 가능한 내식성이 우수한 고성능 알루미늄 도금강판을 제조·가공하는 시설
		2) 고순도 산화알루미늄 제조기술	순도 99.9% 이상의 산화알루미늄 분말 제조를 위한 합성, 가공, 고순도화, 고밀도화 등의 제조시설
		3) 고기능성 인조흑연 제조기술	인조흑연 제조용 피치 및 코크스 제조 시설, 전극봉·등방블록·흑연분말 성형 및 2,800℃ 이상의 열처리를 통한 흑연화 제조 시설
	나. 첨단 부품	1) 고정밀 롤러베어링 및 볼베어링 설계·제조 기술	구름베어링의 일종으로 내외륜 사이에 다수의 볼 또는 롤러를 삽입하여 마찰을 감소시켜 고속운전을 돕거나 큰 하중에 견딜 수 있는 정밀도 P5급 이상의 기계부품 설계·제조 시설
		2) 고압 컨트롤 밸브 설계·제조 기술	유압펌프에서 발생한 330 Bar 이상 고압의 유체에너지를 작업자의 작업의도에 따라 각 유압 액추에이터, 선회 및 주행의 유압모터 등에 공급하며, B5 10,000시간 이상의 높은 내구 신뢰성을 가지는 메인 컨트롤 밸브 부품 설계·제조 시설
		3) 고정밀 볼스크류 설계·제조기술	회전운동을 직선운동으로 변환하는 정밀도 C3급 이상, 축방향 공차 5μm 이내의 동력전달부품 설계·제조 시설
		4) 능동마그네틱 베어링 설계·제조기술	자력을 이용하여 회전축을 지지하고, 윤활제가 필요 없이 극저온(-250℃ 내외) 또는 고온(300℃ 이상), 진공에서 축의 회전 궤적을 능동적으로 제어할 수 있는 부품 설계·제조 시설
		5) 고성능 터보식 펌프 설계·제조기술	임펠러 및 블레이드가 회전함으로써 기계의 운동에너지를 유체·기체의 압력에너지로 전환하여 2,500L/s 이상의 배기속도 및 1.3×10^{-9} mbar 이상의 최고 진공도를 만드는 터보식 펌프의 설계·제조 시설
		6) 특수 렌즈 소재·부품·장비 제조기술	고배율[굴절률(nd) 2.0 이상], 야간 투시[원적외선(파장 8~12μm) 투과율 50% 이상], 자외선투과[자외광(193nm) 투과율 80% 이상] 등 특수용도로 사용되는 카메라 구성에 필요한 특수 광학소재의 소재·부품·장비 제조 시설
	다. 첨단 장비	1) 첨단 머시닝센터 설계·제조기술	자동공구교환장치(Automatic Tool Changer)를 장착하여, 밀링, 드릴링, 보링가공 등 여러 공정의 작업을 수행할 수 있는 가공정밀도 5μm 이내, 동시 제어 5축 이상, 최대 스핀들 속도 12,000rpm 이상의 절삭가공장비 및 부품의 설계·제조 기술(가공 회전수, 축 이동, 진동오차 제어 등 머시닝센터의 고정밀 작업을 제어하는 CNC(Computerized Numerical Controller) 모듈 관련 기술 포함) 제조 시설

		2) 열간 등방압 정수압 프레스 설계·제조 기술	기체 또는 액체를 압력매체로 활용하여 1,500℃이상에서 작동하면서 1분당 최고 50℃의 속도로 냉각이 가능하고, 금속 소재를 모든 방향에서 100MPa 이상의 정수압 또는 등방압 조건으로 가압하는 직경 1,000mm 이상의 프레스 장비 설계·제조 시설
		3) 연삭가공기 설계·제조 기술	사파이어, 다이아몬드 등 고경도의 광물입자를 결합제로 고정시킨 숫돌을 이용하여 평면·원통 등 단순한 형태가 아닌 복잡한 형태의 가공공정을 수행하는 장비 설계·제조 시설
		4) 첨단 터닝센터	원통형 부품의 가공을 위해 소재를 회전시키면서 절삭 공구가 상대 이동하는 가공정밀도 5㎛ 이내, 최대 스핀들 속도 3,000rpm 이상의 절삭가공장비 설계·제조 시설(ISO 7등급 이하의 기어 제조를 위한 고속 스카이빙 가공장비 관련 시설 포함)
		5) 첨단 회전 성형기 설계·제조 기술	다축 정밀 동시제어시스템을 갖추고, 회전하는 주축과 롤러, 맨드릴을 이용하여 최대 성형롤 하중 60kN 이상, 최대 성형품 직경 500mm 이상, 성형 정밀도 ±0.5mm를 충족하는 성형 장비 설계·제조 시설
		6) 첨단 밸런싱머신 설계·제조기술	회전기계의 핵심부품인 회전부의 불균일한 질량분포를 측정한 후, 베어링으로 전달되는 힘이나 진동을 국제규격(ISO 21940-21) 규정 이내가 되도록 불균일 질량을 교정하는 장비 설계·제조 시설
		7) 첨단 레이저 가공장비 설계·제조기술	절단, 천공, 용접, 정밀가공 등을 위해 고출력 레이저 가공헤드로 공작물을 용융·증발시켜서 분리하는 5축 이상의 레이저 가공장비를 설계·제조하는 시설
		8) 방전가공기 장비·부품의 설계·제조 기술	공작물과 전극 사이에 불꽃 방전을 일으켜 티타늄, 초경합금 등 난삭재의 마이크로급 초정밀 가공을 수행하는 방전가공 장비 및 핵심요소부품의 설계·제조 시설
13. 탄소중립	가. 탄소 포집·활용·저장 (CCUS)	1) 연소 후 이산화탄소 포집 기술	화력발전소, 철강·화학공정 및 선박 등에서 화석연료 연소 후 발생되는 배기가스 중 이산화탄소를 효과적으로 분리하기 위한 흡수제, 흡착제, 분리막 등 분리소재를 제조하는 시설과 이산화탄소를 포집·분리하는 공정시설, 분리된 이산화탄소를 압축·정제하는 시설
		2) 연소 전 이산화탄소 포집 기술	석탄가스화 후 생성된 이산화탄소와 수소 중 이산화탄소를 분리하기 위한 흡수제, 흡착제, 분리막 등 분리소재를 제조하는 시설과 이산화탄소를 포집·분리하는 공정시설, 분리된 이산화탄소를 압축·정제하는 시설
		3) 순산소 연소기술 및 저가 산소 대량 제조 기술	공기 연소 대신 산소를 직접 연소하거나 매체순환연소(Chemical Looping Combustion)을 통해 별도의 분리공정 없이 이산화탄소를 포집할 수 있는 순산소 연소시설
		4) 이산화탄소 지중 저장소 탐사기술	이산화탄소 포집 후 저장에 필요한 지하공간을 탐사하기 위한 물리탐사 및 시추시설

		5) 이산화탄소 수송, 저장 기술	대량발생원에서 포집된 이산화탄소를 이송하기 위한 압축·액화 시설, 수송 시설, 수송된 이산화탄소를 지하심부에 안정적으로 저장하기 위한 시추 및 주입 시설, 이산화탄소의 거동 및 누출을 모니터링 하는 시설
		6) 산업 부생가스(CO, CH4) 전환기술	제철소, 석유화학공단, 유기성 폐기물 등에서 발생하는 부생가스(CO, CH4)를 활용하여 화학·생물 전환기술을 통해 화학원료 또는 수송연료 등을 생산하는 시설
		7) 이산화탄소 활용 기술	이산화탄소를 광물화, 화학적·생물학적 변환을 통해 연료·화학물·건축소재 등을 재생산하는 시설
	나. 수소	1) 삭제 〈2023. 6. 7.〉	
		2) 부생수소 생산기술	철강제조공정, 석유화학공정, 가성소다 생산 공정 등에서 발생하는 부생가스를 분리 정제하여 수소를 생산하는 시설
		3) 삭제 〈2023. 6. 7.〉	
		4) 액화수소 제조를 위한 수소액화플랜트 핵심 부품 설계 및 제조기술	액화수소 제조를 위한 수소액화플랜트의 액화천연가스(LNG, Liquefied Natural Gas) 냉열 이용 예냉사이클, 수소액화공정에 필요한 부품(압축기·팽창기 등)을 설계 및 제조하는 시설
		5) 삭제 〈2024. 3. 22.〉	
		6) 삭제 〈2024. 3. 22.〉	
		7) 삭제 〈2023. 6. 7.〉	
		8) 삭제 〈2023. 6. 7.〉	
		9) 액화수소 운반선의 액화수소 저장·적하역 및 증발가스 처리기술	액화수소 운반선 내에 액화수소를 저장·적하역하기 위한 극저온 화물창를 제조하는 시설 및 증발가스 처리를 위한 장치를 제조하는 시설
		10) 암모니아 발전 기술	암모니아 연료를 단독으로 사용하거나 석탄 또는 천연가스와 혼합하여 전력을 생산하는 시설 및 연료전지, 가스터빈, 미분탄 보일러 및 유동층 보일러에 적용 가능한 발전 시스템을 설계·제작하는 시설
	다. 신재생 에너지	1) 고체산화물 연료전지 지지형셀·스택·시스템 기술	고체산화물 연료전지(SOFC)에서 중저온(650℃ 이하)에서 작동이 가능하고 출력효율이 높은 금속·연료극 지지형셀, 셀·분리판 등이 결합되어 전기와 열을 생산하는 스택, 스택을 결합하여 대량으로 발전이 가능한 시스템(발전효율 50% 이상인 4kW급 이상)을 제조하는 시설
		2) 삭제 〈2023. 6. 7.〉	
		3) 고체산화물 연료전지 소재 기술	650℃ 이하에서 작동하는 연료전지로 다양한 연료[수소, 액화석유가스(LPG, Liquefied Petroleum Gas), 액화천연가스(LNG, Liquefied Natural Gas) 등]의 사용이 가능하고 전도세라믹(Conducting Ceramic)을 이용하며 복합발전시스템이 가능한 전력변환장치로서 발전용 연료전지로 사용하는 소재를 제조하는 시설

		4) 페보브스카이트, 페로브스카이트·결정질 실리콘 등 탠덤 태양전지 핵심소재 제조 및 대면적화 기술	고효율성 및 고내구성을 가진 대면적 웨이퍼, 광활성층, 전자·정공수송층, 투명전극, 금속전극, 금속리본, 봉지, 경량 전후면 외장 재료 등의 핵심소재를 제조하는 시설 및 페로브스카이트(Perovskite), 페로브스카이트/결정질 실리콘 등 탠덤 대면적·고효율 셀과 고내구성·고출력 태양광 모듈을 제조하는 시설(대면적 제조장비, 연속 공정기술 포함)	
		5) 풍력에너지 생산 기술로서 회전동력을 증속시켜 발전기에 전달하는 부품 설계 및 제조 기술	블레이드(blade)로부터 전달되는 회전력을 전달받아 증속하여 발전기에 전달하는 장치를 구성하는 유성기어(planet carrier)·축(shaft)·베어링(bearing)·이음쇠(coupling)·브레이크(brake) 및 제어기(controller)를 제조하는 시설	
		6) 풍력에너지 생산 기술로서 발전기 및 변환기 제조기술	동력 구동장치 증속기로부터 동력을 전달받아 회전자(rotor)와 고정자(stator)를 통해 전기를 발생시키는 발전기(generator)를 제조하는 시설 및 정속운전 유도발전기용 변환기, 가변속 운전 이중여자 유도발전기용 변환기 및 가변속 운전 동기발전기용 변환기를 제조하는 시설	
		7) 풍력발전 블레이드 기술	8MW급 이상의 풍력발전 블레이드(Blade)를 설계 및 제조하는 시설	
		8) 지열 에너지 회수 및 저장 기술	지열에너지 이용효율 및 경제성을 향상시키는 그라우팅(grouting) 재료를 제조하는 시설 및 지중 축열 장비를 제조하는 시설	
		9) 바이오매스 유래 에너지 생산기술	자연에 존재하는 다양한 자원을 이용하여 직접연소 또는 전환공정을 통해 연료로 사용할 수 있는 고형연료, 알코올, 메탄, 디젤, 수소, 항공유 등을 생산하는 시설	
		10) 폐기물 액화·가스화 기술	재생폐기물로부터 연료유 또는 가스를 생산하기 위한 열분해·가스화 시설	
		11) 미활용 폐열 회수·활용을 통한 발전 기술	산업현장에서 사용되지 않고 버려지는 중저온(900℃ 이하) 미활용 폐열을 초임계 이산화탄소·유기냉매·열전소자 등을 통해 회수한 후 친환경 전기에너지 생산에 활용하는 발전설비를 제조하는 시설	
		12) 해상풍력 발전단지 내·외부 전력망에 사용되는 해저케이블 시스템 기술	대용량 전력 전송을 위한 고밀도·장조장 특성을 갖는 해저케이블(HVAC 345kV 이상 또는 HVDC 500kV 이상)과 이를 변전소 등에 연결하는 내부전력망용 해저케이블(semi-wet 방식, 66kV 이상)을 제조하는 시설	
		13) 고효율 n형 대면적 태양전지와 이를 집적한 모듈화 기술	효율 24% 이상의 n형 대면적(M10 이상) 결정질 실리콘 태양전지 및 고출력(출력밀도 210W/㎡ 이상) 태양광 모듈을 제조하는 시설	
	라. 산업공정	1) 삭제 〈2024. 3. 22.〉		
		2) 함수소가스 활용 고로취입기술	제철소 발생 함수소가스 또는 수소가스를 고로 공정의 연료로 활용하여 철강을 제조하는 시설	
		3) 복합취련전로 활용 스크랩 다량 사용기술	복합취련기술을 활용한 전로공정에서 스크랩 사용량을 높임으로써 이산화탄소 배출을 저감하는 시설	

		4) 이산화탄소 반응경화 시멘트 생산기술	이산화탄소 반응경화 시멘트를 제조 및 양생하는 시설
		5) 산화칼슘 함유 비탄산염 산업부산물의 시멘트 원료화 기술	산화칼슘(CaO) 함유 비탄산염 원료 전처리 시설
		6) 이산화탄소 저감 시멘트 생산을 위한 연·원료 대체기술	석회석 등 탄산염 광물을 비탄산염 원료로 대체하고, 수소·바이오매스·LNG 등 친환경 열원과 가연성 순환연료를 사용하는 소성시설
		7) 시멘트 소성공정 유연탄 대체 기술	유연탄을 대체하기 위한 연료(가연성 폐기물, 바이오매스) 전처리 및 제조 시설, 고효율 연소를 위한 시설 및 연소 후 처리 시설
		8) 석유계 플라스틱 대체 바이오 케미칼 원료 생산기술	바이오 매스를 처리하여 활용 가능한 당, 지질, 글리세롤 등을 바이오 플라스틱의 원료인 케미칼 원료로 전환하여 생산하는 시설
		9) 전기가열 나프타 분해기술	전기저항/유도 가열 방식을 활용한 나프타 분해공정을 통해 에틸렌·프로필렌 등 석유화학 기초원료를 제조하는 시설
		10) 반도체·디스플레이 식각·증착공정의 대체소재 제조 및 적용기술	반도체·디스플레이 제조공정에서 사용하는 식각 및 증착용 온실가스를 온난화지수(GWP, Global Warming Potential)가 낮은 가스로 대체하기 위한 소재를 제조하는 시설
		11) 반도체 및 디스플레이 제조공정에서 배출되는 불소화합물 및 아산화질소 배출 저감기술	반도체·디스플레이 제조공정에서 배출되는 불소화합물 및 아산화질소 가스를 LNG, 전기 등을 활용하여 고온에서 분해하는 온실가스 배출저감 시설
		12) 해상(FSRU) 및 육상 LNG터미널에서의 LNG 냉열발전 결합형 재기화 기술	LNG 냉열의 회수 공정을 이용하여 재기화 송출 용량이 750 MMSCFD(Million Metric Standard Cubic Feet per Day) 이상이고, 소요전력의 20% 이상을 절감하고 온실가스의 20% 이상을 감소시킬 수 있는 냉열 발전이 결합된 재기화 시스템을 제작하는 시설
		13) 철강 가열공정 탄소 연료 대체기술	단조, 압연 공정에 사용되는 화석연료를 저탄소 연료(수소, 암모니아)로 전환하거나, 발생된 이산화탄소를 재순환시켜 에너지 효율을 향상시키는 설비를 제조하는 시설
	마. 에너지효율·수송	1) 지능형 배전계통 고도화 및 운용기술	배전계통을 보호·제어하기 위한 지능형 전력장치(IED, Intelligent Electric Device)를 제조하는 시설, IED가 탑재된 배전용 개폐기 및 차단기를 제조하는 시설 및 지능형 직류 배전 공급용 기기를 제조하는 시설
		2) 지능형 검침인프라 설계·제조 기술	양방향 통신 기반의 전자식 계량기를 활용하여 전기사용정보 등을 수집 후 통합관리하는 인프라로서 실시간으로 전력가격 및 사용정보를 소비자에게 전달하여 수요반응 등을 가능케 하고, 공급자에게는 더욱 정확한 수요예측 및 부하 관리 등이 가능하게 하는 설비를 제조하는 시설

		3) 히트펌프 적용 온도 범위 확대 및 효율 향상 기술		친환경 냉매 개발, 열교환기 성능 향상, 사용 열원 확대를 통해 고온·저온의 열에너지 공급이 가능한 히트펌프 시스템을 제조하는 시설
		4) 친환경 굴착기 개발 기술		순수 전기(모터), 하이브리드(모터와 엔진), 바이오연료(엔진)로 구동할 수 있는 굴착기를 설계·제조하는 시설
		5) 암모니아 추진선박의 연료공급 및 후처리 기술		암모니아를 연료로 추진하는 선박에 적용되는 암모니아 연료 공급 시스템 및 연소 후 배기가스 후처리 시스템의 설계·제조·시험·평가를 위한 시설
		6) 극저온 액체 저장 및 이송용 극저온 냉동 기술		액화질소(끓는 점 −196℃), 액화수소(끓는 점 −253℃) 등 −196℃ 이하의 극저온 액체를 자체 증발로 인한 손실 없이 저장 및 이송하기 위해 사용하는 극저온 냉동 설비를 제조하는 시설
		7) 연료전지 및 배터리를 적용한 선박발전시스템		연료전지 및 배터리 하이브리드 전력시스템을 선박의 발전원으로 활용하는 선박 발전시스템을 제조하는 시설
		8) 고효율 산업용 전동기 설계·제조 기술		IEC 60034-30-1규격의 IE4급 이상의 고효율 산업용 전동기를 제조하는 시설
14. 방위산업	가. 방산장비	1) 추진체계 기술		유무인 항공기, 기동장비, 유도무기, 함정 등에 장착하는 터보제트엔진, 터보샤프트엔진, 터보프롭엔진, 터보팬엔진, 왕복엔진의 완제엔진, 부체계(엔진제어, 연료, 윤활, 기어박스 등), 구성품(팬, 압축기, 연소기, 터빈, 배기노즐 등), 소재(내열·경량합금, 복합재, 고온코팅 등) 등을 설계·제작·조립·인증·시험평가하는 시설
		2) 군사위성 체계 기술		군사용 위성체계 중 감시정찰 및 통신위성의 위성체계(전력체계, 자세제어체계, 위성탑재컴퓨터, 송수신체계, 구조체 등), 구성품(위성통신송수신 안테나, 광학장비, 영상레이더, 항법체계 등), 관련 소재, 지상장비, 발사체(고체연료) 등을 설계·제작·조립·인증·시험평가하는 시설
	나. 전투지원	유무인복합체계 기술		유무인복합체계에 필요한 환경인식기술, 위치추정기술, 자율임무 수행기술, 유무인협업기술, 무선통신기술, 네트워크 보안기술, 의사결정지원기술, 원격통제기술 등을 활용하여 유무인복합체계를 설계·제작·조립하는 시설

■ 조세특례제한법 시행규칙 [별표 6의2] 〈개정 2024. 3. 22.〉

국가전략기술을 사업화하는 시설(제12조의2제2항 관련)

영 별표 7의 기술		
영 별표 7의2의 기술		사업화 시설
분야	국가전략기술	
1. 반도체	가. 첨단 메모리 반도체 설계·제조 기술	16nm 이하급 D램 및 128단 이상 낸드플래시 메모리 제조 시설
	나. 차세대 메모리 반도체(STT-MRAM, PRAM, ReRAM, PIM, HBM, LLC, CXL, SOM) 설계·제조기술	기존 메모리반도체인 D램(DRAM)과 낸드 플래시메모리(Nand Flash Memory)의 장점을 조합한 STT-MRAM(Spin Transfer Torque-Magnetic Random Access Memory), PRAM(Phase-change Random Access Memory), ReRAM(Resistive Random Access Memory), 초거대 AI 응용을 위해 CPU와 메모리 간의 병목현상 해결을 목적으로 메모리반도체에 전용 AI 프로세서를 추가한 메모리시스템인 PIM(Processing In Memory), HBM(High Bandwidth Memory), LLC(Last Level Cache), CXL(Compute eXpress Link), SOM(Selector Only Memory) 등 차세대 메모리반도체 제조 시설
	다. 차세대 디지털 기기 SoC 설계·제조기술	IoT, 착용형 스마트 단말기기, 가전, 의료기기 및 핸드폰 등 차세대 디지털 기기 SoC의 주파수 조정 기능 반도체(RF switch 등 RF반도체), 디지털·아날로그 신호의 데이터 변환 반도체(인버터/컨버터, Mixed signal 반도체 등), 메모리반도체와의 원칩화를 통한 컨트롤 IC(eNVM) 및 IoT 지능형 서비스를 적용하기 위한 지능정보 및 데이터의 처리가 가능한 IoT·웨어러블 SoC(System on Chip)의 제조 시설
	라. 고성능 마이크로 센서의 설계·제조·패키징 기술	물리적·화학적인 아날로그(analogue) 정보를 얻는 감지부와 논리·판단·통신기능을 갖춘 지능화된 신호처리 집적회로가 결합된 소자로서 나노기술, MEMS[Micro Electro Mechanical System, 기계부품·센서(sensor)·액츄에이터(actuator) 및 전자회로를 하나의 기판 위에 집적화)] 기술, 바이오 기술, 0.8㎛이하 CMOS 이미지센서 기술 또는 SoC(System on Chip) 기술이 결합된 고성능 센서 및 칩 패키지를 제조하는 시설
	마. 차량용 반도체 설계·제조기술	자동차 기능안전성 국제표준 ISO26262 및 자동차용 반도체 신뢰성 시험규격 AEC-Q100을 만족하는 MCU(Micro controller unit), ECU(Electronic control unit), 파워IC, SoC, 전기자동차, 하이브리드자동차 및 자율주행용 IC 반도체의 제조 시설
	바. 에너지효율향상 반도체 설계·제조 기술	에너지효율향상 반도체 설계·제조 기술: 저저항·고효율 특성을 지니며 차세대 응용 분야(전기자동차, 하이브리드자동차, 태양광/풍력발전 등 신재생에너지, 스마트그리드 등)에 탑재되는 실리콘 기반의 에너지효율향상 반도체(SJ(Super Junction) MOSFET, IGBT, 화합물(SiC, GaN, Ga2O3) 기반의 에너지효율향상 반도체(MOSFET, IGBT) 및 모듈의 제조 시설

	사. 에너지효율향상 전력반도체 (BCDMOS, UHV, 고전압 아날로그 IC) 설계·제조 기술(0.35㎛이하)	실리콘 기반의 저저항·고효율 특성을 지니며 차세대 응용 분야(5G, 전기자동차, 하이브리드자동차, 차세대 디지털기기용 디스플레이, 태양광, 풍력발전 등 신재생에너지, 스마트그리드 등)에 탑재되는 아날로그, 디지털 로직, 파워 소자를 원칩화한 초소형·초절전 전력반도체(0.35㎛이하 BCDMOS, 800V 이상 UHV, 12V 이상 고전압 아날로그 IC) 제조 시설
	아. 차세대 디지털 기기·차량용 디스플레이 반도체 설계·제조기술	화면에 문자나 영상 이미지 등이 표시되도록 차세대 디지털기기 및 차량의 디스플레이(OLED, Flexible, 퀀텀닷, 롤러블, 폴더블, 마이크로LED, Mini LED, 4K·120Hz급 이상 고해상도 LCD 등)에 구동 신호 및 데이터를 전기신호로 제공하는 반도체(DDI), 디스플레이 패널의 영상 정보를 변환·조정하는 것을 주기능으로 하는 반도체(T-Con), 디스플레이용 반도체와 패널에 필요한 전원 전압을 생성·제어하는 반도체(PMIC)를 제조하는 시설
	자. SoC 반도체 개발·양산 위한 파운드리 분야 7nm 이하급 제조공정 및 공정 설계기술	SoC(System on Chip) 반도체 개발·양산을 위한 핵심 기반기술로 파운드리(Foundry) 분야의 7nm 이하급 제조 시설
	차. WLP, PLP, SiP, 플립칩 기술등을 활용한 2D/2.5D/3D 패키징 공정기술 및 패키징 관련 소재·부품·장비 설계·제조기술	반도체 패키징 기술(WLP, PLP, SiP, 플립칩 등)을 활용한 2D/2.5D/3D 패키징 공정기술·테스트 및 패키징·테스트 관련 소재, 부품, 장비 제조 시설
	카. 반도체용 실리콘 기판 및 화합물 기판 개발 및 제조기술	16nm 이하급 D램과 128단 이상 낸드플래시메모리, 7nm 이하급 파운드리 SoC, 에피텍셜 반도체용의 실리콘 기판 및 화합물(SiC, GaN, Ga2O3) 기판을 제조하는 시설
	타. 첨단 메모리반도체 및 차세대 메모리반도체, SoC 반도체 파운드리 소재·장비·장비부품 설계·제조기술	첨단 메모리반도체(16nm급 이하 D램 및 128단 이상 낸드플래시메모리), 차세대 메모리반도체(STT-MRAM, PRAM, ReRAM) 및 SoC 반도체 파운드리의 소재, 장비 및 부품 제조 시설
	파. 포토레지스트 (Photoresist) 개발 및 제조 기술	반도체 및 디스플레이용 회로형성에 필요한 리소그래피(lithography)용 수지로서 회로의 내열성, 전기적 특성, 현상(Developing) 특성을 좌우하는 포토레지스트 및 관련 소재를 제조하는 시설 [ArF(불화아르곤) 광원용 및 EUV(극자외선) 광원용]
	하. 원자층증착법 및 화학증착법을 위한 고유전체용 전구체 개발 기술	기존의 이산화규소(SiO2)보다 우수한 유전특성을 갖는 high-k dielectric 박막 증착을 위한 원자층증착법(ALD, Atomic Layer Deposition) 및 화학증착법(CVD, Chemical Vapor Deposition)공정에 사용되는 전구체를 제조하는 시설

	거. 고순도 불화수소 개발 및 제조기술	반도체 회로형성에 필요한 순도 99.999%(5N) 이상의 고순도 불화수소를 제조하는 시설
	너. 블랭크 마스크 개발 및 제조기술	ArF(불화아르곤) 광원 및 EUV(극자외선) 광원을 이용하여 반도체 회로를 형성하는 데 사용되는 블랭크마스크 원판 및 관련 소재[펠리클(Pelllicle), 합성쿼츠, 스터터링용 타겟 등을 포함]를 제조하는 시설
	더. 고기능성 인산 제조 기술	SiNx, SiOx 막질의 선택적인 식각이 가능한 고선택비(1,000 이상) 인산계 식각액 제조 시설
	러. 고순도 석영(쿼츠) 도가니 제조 기술	반도체 웨이퍼 제조용 용융 실리콘의 오염을 막기 위한 도가니 형태의 순도 99.999%(5N) 이상의 고순도 석영 용기 제조 시설
	머. 코트막형성재 개발 및 제조기술	완성된 반도체 소자의 표면을 외부환경으로부터 보호하기 위해 사용하는 절연성을 가진 고감도(80mJ/㎠ 이하) 감광성 코팅 기술 또는 패키징 재배선(배선폭 7㎛ 이하) 형성 재료 제조 시설
	버. 고성능·고효율 시스템 반도체의 테스트 기술 및 테스트 관련장비, 부품 설계·제조 기술	1) 동작속도 250MHz 이상의 SoC(System on Chip) 반도체, 6GHz 이상의 주파수를 지원하는 RF(Radio Frequency) 반도체, AEC-Q100을 만족하는 차량용 반도체, 4,800만화소 이상의 모바일용 CMOS 이미지센서, 내전압 1,000V 이상의 전력반도체, 소스채널 900개 이상의 OLED용 DDI(Display Driver IC)의 양·불량 여부를 전기적 특성검사를 통해 판단할 수 있는 테스트 시설 2) 1)에 따른 테스트에 사용되는 최대 검사속도 500Mbps 이상의 주검사장비, 접촉정확도 1㎛ 이하의 프로브스테이션(Probe Station), MEMS(Micro Electro Mechanial System) 기술 기반의 프로브카드를 제조하는 시설
2. 이차전지	가. 고에너지밀도 이차전지 팩 제조기술	전기차, 에너지저장장치 등에 사용되는 이차전지 팩의 중량당 에너지밀도를 160Wh/kg 이상으로 구현하기 위한 모듈 및 팩 제조 시설
	나. 고성능 리튬이 차전지 부품·소재·셀 및 모듈 제조 기술	이차전지 셀을 기준으로 중량당 에너지밀도가 265Wh/kg 이상 또는 1시간 기준 방전출력 대비 6배 이상의 고출력(6C-rate 이상) 또는 충방전 1,000회 이상의 장수명을 충족하는 고성능 리튬이차전지에 사용되는 부품·소재·셀 및 모듈 제조 시설
	다. 사용후 배터리 평가 및 선별 기술	수명이 종료(초기용량 대비 80% 이하)된 전기동력 자동차 배터리를 검사·분해·평가하는 시설
	라. 사용후배터리 재활용 기술	수명이 종료된 사용후배터리를 친환경적으로 처리하고, 리튬, 니켈, 코발트, 구리 등 재자원화가 가능한 유가금속을 회수하는 시설 (리튬 35% 이상, 니켈/코발트 90% 이상 회수)
	마. 차세대 리튬이 차전지 부품·소재·셀 및 모듈 제조 기술	중량당 방전용량이 600mAh/g 이상인 고성능 전극 또는 고체전해질을 기반으로 하는 차세대 리튬이차전지에 사용되는 부품·소재·셀 및 모듈 제조시설
	바. 하이니켈 양극재 제조기술	니켈 함량이 80% 이상인 고용량 양극재 및 리튬계 원자재, 금속전구체 등 양극재 원료와 관련 장비를 제조하는 시설
	사. 장수명 음극재 제조기술	충방전 1,000회 이상이 가능한 장수명 음극재 및 음극재 제조에 필요한 카본계 또는 금속계의 원료와 이의 제작에 필요한 장비를 제조하는 시설

		아. 이차전지 분리막 및 전해액 제조 기술	수명특성, 신뢰성, 안전성을 향상시키는 분리막 과 저온특성, 장수명, 안전성을 향상시키는 전해액 및 이와 관련된 원료·장비를 제조하는 시설
		자. 이차전지 부품 제조기술	배터리 장기 사용을 위한 패키징 부품(파우치, 캔, 리드탭)과 고성능 배터리를 위한 전극용 소재부품(도전재, 바인더, 집전체) 및 이와 관련된 원료·장비를 제조하는 시설
3. 백신		가. 방어 항원 등 스크리닝 및 제조기술	각종 질환을 치료하거나(치료용 백신) 예방하기 위해(예방용 백신) 면역기전을 이용하여 인체질환을 방어하는 물질(항원, 핵산, 바이러스벡터 등)을 스크리닝하고 제조하는 시설 및 이를 적용한 백신을 제조하는 시설
		나. 원료 및 원부자재 등 개발·제조 기술	백신 개발·제조에 필요한 원료 및 원부자재(필터, 레진, 버퍼, 배양배지 등) 또는 백신의 효능을 증가시키는 물질(면역보조제)을 제조하는 시설
		다. 생산장비 개발· 제조 기술	백신 및 백신 원료·원부자재(필터, 레진, 버퍼, 배양배지 등) 생산에 필요한 장비를 제조하는 시설
4. 디스플레이		가. AMOLED 패널 설계·제조· 공정·모듈· 구동 기술	기판(유리, 플렉시블, 스트레처블) 위에 저온폴리실리콘산화물(LTPO)·저온폴리실리콘(LTPS)·산화물(Oxide) TFT를 형성한 백플레인 또는 실리콘(Silicon)에 구동소자를 형성한 웨이퍼에 발광특성을 가진 유기물을 진공 증발 증착 또는 프린팅 방식으로 형성하는 FHD 이상의 고화질 또는 고성능(고휘도, 저소비전력) 패널과 구동소자, 커버윈도우 등을 가공·조립하는 AMOLED 패널을 제조하는 시설
		나. 친환경 QD (Quantum Dot) 소재 적용 디스플레이 패널 설계·제조·공정· 모듈·구동 기술	반치폭(FWHM, full width at half maximum) 40나노미터(nm) 이하인 RoHS(유럽 6대 제한물질 환경규제) 충족 QD 소재를 노광 또는 직접 패터닝 방식으로 제조한 패널과 구동소자, 커버윈도우 등을 가공·조립하는 친환경 QD 소재 적용 디스플레이 패널을 제조하는 시설
		다. Micro LED 디스플레이 패널 설계·제조· 공정·모듈· 구동 기술	실리콘(Silicon) 또는 사파이어(Sapphire) 기판에 저결함(1×10^{15}/cm³ 이하) 에피(Epi)공정을 적용한 단축 50㎛ 크기 이하의 R·G·B 마이크로 LED를 적용한 패널과 구동소자, 커버윈도우 등을 가공·조립하는 Micro LED 디스플레이 패널을 제조하는 시설
		라. 디스플레이 패널 제조용 증착· 코팅 소재 기술	전자이동도 9㎠/Vs 이상의 산화물 TFT(Thin Film Transistor)와 유기물(발광·공통층) 소재 및 양자점(QD)·화소격벽·폴리이미드(PI) 코팅소재 등 디스플레이 패널 제조용 증착·코팅 소재를 제조하는 시설
		마. 디스플레이 TFT 형성 장비 및 부품 기술	전자이동도 9㎠/Vs 이상의 TFT(Thin Film Transistor) 형성공정에 사용되는 노광기, 물리 또는 화학적 증착기, 이온주입기, 식각기, 검사장비를 제조하는 시설
		바. OLED 화소 형성 ·봉지 공정 장비 및 부품 기술	유기증착기(Evaporation), 잉크젯장비(Inkjet), 봉지장비(Encapsulation), FMM(Fine Metal Mask) 등 OLED 화소 형성 및 봉지 공정에 사용되는 장비와 부품을 제조하는 시설

5. 수소	가. 수전해 기반 청정 수소 생산 기술	재생에너지·원자력에너지 등 무탄소 전원, 계통제약전력(미활용전력) 등을 활용하여 물을 분해하여 청정수소를 생산·공급하는 수전해 공정의 소재·부품·스택(stack)·시스템을 설계 및 제조하는 시설
	나. 탄소포집 청정 수소 생산기술	천연가스 또는 액화석유가스로부터 추출수소를 생산하는 과정에서 배출되는 이산화탄소를 포집하여 청정수소를 생산하는 시설
	다. 수소연료 저장·공급 장치 제조 기술	수소연료로 전기를 생산하여 운행되는 이동수단에 수소연료를 저장·공급하는 장치를 제조하는 시설
	라. 수소충전소의 수소 생산·압축·저장·충전설비 부품 제조기술	수소충전소의 수소 생산설비, 압축설비, 저장설비, 충전설비 및 그 부품을 설계 및 제작하는 시설
	마. 수소차용 고밀도 고효율 연료전지시스템 기술	연료전지 스택 출력밀도 3.1kW/L 이상 또는 연료전지 스택 운전효율[저위발열량(LHV, Lower Heating Value)에 따라 산출된 운전효율을 말한다] 60% 이상을 만족하는 수소전기차용 고밀도·고효율 연료전지시스템을 설계 및 제조하는 시설
	바. 연료전지 전용 부품 제조기술	연료전지 핵심부품인 개질기, 막전극 접합체, 금속 분리판 또는 블로어를 제조하는 시설
	사. 수소 가스터빈(혼소·전소) 설계 및 제작 기술	수소를 연료로 사용하여 연소시킬 때 발생하는 고온·고압의 에너지로 발전기를 회전시켜 전기를 생산하는 가스터빈의 부품 설계·제작·조립·시험·평가를 위한 시설
	아. 수소환원제철 기술	철강 제조공정에서 수소(H_2)를 사용하여 철광석을 환원하고, 전기용융로에서 쇳물(용선)을 생산하는 시설
	자. 수소 저장 효율화 기술	수소를 고압기체, 액체, 암모니아, 액상 유기물 수소 저장체(LOHC) 등의 형태로 저장하거나 고체에 흡장 또는 흡착하여 저장하기 위한 시설
6. 미래형 이동수단	가. 주행상황 인지 센서 기술	주행상황을 인지하는 차량탑재용 비전 센서(vision sensor), 레이더 센서(radar sensor), 라이다 센서(LIDAR sensor)를 제작하는 시설
	나. 전기동력 자동차의 구동시스템 고효율화 기술	전기동력 자동차에서 전기에너지를 운동에너지로 변환시키는 모터와 구동력을 바퀴에 전달하기 위한 감속기·변속기 등을 고효율화하는 구동시스템을 제조하는 시설 및 해당 고효율화 구동시스템이 적용된 전기동력 자동차를 제조하는 시설
	다. 전기동력 자동차의 전력변환 및 충전 시스템 기술	최대 출력 100kW급 이상, 최대 효율 92% 이상을 만족하는 전기동력 자동차 급속충전용 전력변환장치와 전기동력 자동차와 연결되는 충전 인터페이스장치를 설계·제조하는 시설

7. 바이오의약품	가. 바이오 신약[바이오 베터(Bio Better)를 포함한다] 후보물질 발굴 및 바이오 신약 제조 기술	유전자재조합기술, 세포배양·정제·충전 기술 등 새로운 생명공학기술을 이용하여 생명체에서 유래된 단백질·호르몬·펩타이드·핵산·핵산유도체 등을 원료 및 재료로 하는 단백질의약품·유전자치료제·항체치료제·세포치료제를 제조하는 시설
	나. 바이오시밀러 제조 및 개량 기술	바이오시밀러를 제조하는 시설
	다. 바이오의약품 원료·소재 제조 기술	바이오의약품을 생산하기 위한 세포 배양 관련 소재(배지, 첨가물 등), 분리·정제·농축을 위해 사용하는 바이오 필터 소재, 완제품 생산을 위해 제형화에 필요한 원부자재 등을 제조하는 시설
	라. 바이오의약품 부품·장비 설계·제조 기술	바이오의약품 생산·제조 장비와 바이오의약품 품질 분석 및 환경관리에 필요한 장비·부품을 설계·제조하는 시설

■ 조세특례제한법 시행규칙 [별표 8의9] 〈개정 2022. 3. 18.〉

영상콘텐츠 제작비용(제13조의9 관련)

구 분	제작비용	적용범위
1. 제작 준비	가. 시나리오	1) 원작·각본·각색료, 대본제작비
	나. 기획 및 프로듀서	1) 프로듀서 인건비 2) 캐스팅 디렉터의 인건비
	다. 연출료	1) 인센티브를 제외한 감독의 인건비
2. 촬영 제작	가. 배우출연료	1) 주연·조연·단역·보조출연·특별출연, 스턴트맨, 대역, 성우, 동물에 대한 출연료 2) 연기지도, 안무지도 등 연기관련 지도에 대한 인건비
	나. 제작부문비	1) 제작팀장, 조감독, 스크립터 등에 대한 인건비
	다. 촬영비	1) 촬영감독, 촬영 조수(보조자를 포함한다. 이하 같다) 인건비 2) 카메라·스테디캠, 크레인, 지미집, 이동차, 렌즈, 필터의 대여비용 3) 촬영소모품 구입비용 4) 촬영탑차(유류비를 포함한다) 대여비용
	라. 조명비	1) 조명감독, 조명 조수 인건비 2) 기본조명, 조명추가기재, 발전차, 조명크레인, 조명탑차(유류비 포함)의 대여비용 3) 조명소모품 구입비용
	마. 미술비	1) 미술감독, 미술감독 보조, 콘티작화의 인건비 2) 미술재료비
	바. 세트비	1) 세트제작비, 스튜디오임대료
	사. 소품비	1) 소품담당자 인건비 2) 제작소품의 재료비 및 제작비용, 구입소품의 구입비용, 대여소품의 대여비용
	아. 의상비	1) 의상담당자 인건비 2) 제작의상의 재료비 및 제작비용, 구입의상의 구입비용, 대여의상의 대여비용
	자. 분장 및 미용비	1) 헤어, 분장, 특수분장 담당자 인건비 2) 특수분장 제작비용, 분장 소모품 구입 및 대여비용
	차. 특수효과비	1) 특수효과담당자 인건비 2) 강풍기, 강우기, 강설기 등 기후효과 관련장비 사용료 및 총기 등 특수효과 대여장비 사용료 3) 컴퓨터그래픽 작업료
	카. 동시녹음비	1) 동시녹음기사 인건비 2) 동시녹음장비의 사용료
	타. 촬영차량비	1) 촬영진행용 차량, 소품차량, 레카차 대여료
	파. 운송비	1) 촬영버스, 분장차, 제작부 진행차량 대여료 2) 촬영버스, 진행차량 연료비, 주차비

		하. 필름비	1) 촬영용 하드디스크, 필름 재료비와 그 현상료
		거. 보험료	1) 연기자 외 스태프에 대한 인보험 2) 카메라, 조명기기, 동시녹음 장비 등 장비의 보험가입 비용 3) 차량보험료
		너. 제작 진행비	1) 숙박료, 교통비, 식대 (촬영제작 비용 합계액의 100분의 10을 한도로 한다)
3. 후반 제작		가. 편집비	1) 편집감독, 편집 조수 인건비 2) 편집실 대여비용
		나. 음악 관련비용 등	1) 음악감독, 작곡·편곡, 가수, 연주자의 인건비 2) 음악 및 영상 사용을 위한 저작권 비용 3) 녹음실 사용료, 음악마스터의 제작비용
		다. 사운드비	1) 사운드책임자, 대사편집담당, 믹싱, 성우 인건비 2) 녹음실, 장비 사용료 3) 광학녹음 및 현상을 위한 필름비용 및 작업료, 돌비로열티
		라. 현상비	1) 프린트 현상을 위한 필름 및 현상료 2) 비디오 색보정을 위한 작업료 및 재료비
		마. 자막 관련 비용	1) 자막 작업을 위한 필름비용과 작업료
		바. 컴퓨터그래픽, 특수효과	1) 컴퓨터그래픽 작업료 2) 디지털 색보정 작업료

비고 : 인건비에 대하여는 해당 영상콘텐츠 외에 다른 영상콘텐츠의 제작을 겸하지 않는 경우에만 공제대상 인건비로 본다.

■ 조세특례제한법 시행령 [별표 14] 〈개정 2021. 11. 9.〉

상가임대료를 인하한 임대사업자에 대한 세액공제를 적용받지 못하는 임차소상공인의 업종
(제96조의3제3항제1호다목 관련)

다음 각 호의 어느 하나에 해당하는 업종 또는 사업
1. 다음 각 목의 구분에 따른 업종

업종분류	분류코드	세액공제 적용배제 업종
가. 제조업	C33402	영상게임기 제조업(도박게임 등 사행행위에 사용되는 영상게임기로 한정한다)
	C33409	기타 오락용품 제조업(도박게임 등 사행행위에 사용되는 오락용품으로 한정한다)
나. 정보통신업	J5821	게임 소프트웨어 개발 및 공급업(도박게임 등 사행행위에 사용되는 게임소프트웨어로 한정한다)
다. 금융 및 보험업	K64	금융업
	K65	보험 및 연금업
	K66	금융 및 보험 관련 서비스업[「전자금융거래법」 제2조제1호에 따른 전자금융업무, 「자본시장과 금융투자업에 관한 법률」 제9조제27항에 따른 온라인소액투자중개 및 「외국환거래법 시행령」 제15조의2제1항에 따른 소액해외송금업무를 업으로 영위하는 업종 중 그 외 기타 금융지원 서비스업(66199)은 제외한다]
라. 부동산업	L68	부동산업[부동산 관리업(6821) 및 부동산 중개 및 대리업(68221)은 제외한다]
마. 공공행정, 국방 및 사회보장행정	O84	공공행정, 국방 및 사회보장 행정
바. 교육 서비스업	P851	초등 교육기관
	P852	중등 교육기관
	P853	고등 교육기관
	P854	특수학교, 외국인학교 및 대안학교
사. 예술, 스포츠 및 여가관련 서비스업	R9124	사행시설 관리 및 운영업
아. 협회 및 단체, 수리 및 기타 개인 서비스업	S94	협회 및 단체
자. 가구 내 고용활동 및 달리 분류되지 않은 자가소비 생산활동	T97	가구 내 고용활동
	T98	달리 분류되지 않은 자가소비를 위한 가구의 재화 및 서비스 생산활동
차. 국제 및 외국기관	U99	국제 및 외국기관

비고: 업종분류, 분류코드 및 세액공제 적용배제 업종은 「통계법」 제22조에 따라 통계청장이 고시하는 「한국표준산업분류」에 따른다.

2. 「개별소비세법」 제1조제4항에 따른 과세유흥장소를 경영하는 사업

■ **조세특례제한법 시행규칙 [별표 9] 〈개정 2023. 3. 20.〉**

기업의 운동경기부 등 설치 · 운영 시 과세특례 대상 종목(제47조제1항 관련)

구분	종목명
1. 운동 종목	육상, 역도, 핸드볼, 럭비, 여자축구, 비치사커, 배드민턴, 테니스, 정구, 스쿼시, 탁구, 복싱, 유도, 레슬링, 체조, 사이클, 승마, 하키, 아이스하키, 사격, 펜싱, 양궁, 근대5종, 트라이애슬론, 카바디, 소프트볼, 볼링, 세팍타크로, 스포츠클라이밍, 패러글라이딩, 롤러스포츠, 수영, 다이빙, 수구, 아티스틱스위밍, 조정, 카누, 요트, 알파인스키, 크로스컨트리, 스키점프, 스노보드, 프리스타일스키, 노르딕복합, 바이애슬론, 스피드스케이팅, 쇼트트랙 스피드스케이팅, 피겨스케이팅, 봅슬레이, 스켈레톤, 루지, 컬링, 태권도, 카라테, 우슈, 주짓수, 킥복싱, 바둑
2. 이스포츠 종목	리그 오브 레전드, 배틀그라운드, 배틀그라운드 모바일, FIFA 온라인 4, 브롤스타즈, 서든어택, 카트라이더, 오디션, eFootball PES 2023, 클래시 로얄, A3: 스틸얼라이브, 스타크래프트2, 하스스톤, 크로스파이어, 이터널리턴, 발로란트

■ 중소기업기본법 시행령 [별표 1] 〈개정 2017. 10. 17.〉

주된 업종별 평균매출액등의 중소기업 규모 기준(제3조제1항제1호가목 관련)

해당 기업의 주된 업종	분류기호	규모 기준
1. 의복, 의복액세서리 및 모피제품 제조업	C14	평균매출액등 1,500억원 이하
2. 가죽, 가방 및 신발 제조업	C15	
3. 펄프, 종이 및 종이제품 제조업	C17	
4. 1차 금속 제조업	C24	
5. 전기장비 제조업	C28	
6. 가구 제조업	C32	
7. 농업, 임업 및 어업	A	평균매출액등 1,000억원 이하
8. 광업	B	
9. 식료품 제조업	C10	
10. 담배 제조업	C12	
11. 섬유제품 제조업(의복 제조업은 제외한다)	C13	
12. 목재 및 나무제품 제조업(가구 제조업은 제외한다)	C16	
13. 코크스, 연탄 및 석유정제품 제조업	C19	
14. 화학물질 및 화학제품 제조업(의약품 제조업은 제외한다)	C20	
15. 고무제품 및 플라스틱제품 제조업	C22	
16. 금속가공제품 제조업(기계 및 가구 제조업은 제외한다)	C25	
17. 전자부품, 컴퓨터, 영상, 음향 및 통신장비 제조업	C26	
18. 그 밖의 기계 및 장비 제조업	C29	
19. 자동차 및 트레일러 제조업	C30	
20. 그 밖의 운송장비 제조업	C31	
21. 전기, 가스, 증기 및 공기조절 공급업	D	
22. 수도업	E36	
23. 건설업	F	
24. 도매 및 소매업	G	

25. 음료 제조업	C11	평균매출액등 800억원 이하
26. 인쇄 및 기록매체 복제업	C18	
27. 의료용 물질 및 의약품 제조업	C21	
28. 비금속 광물제품 제조업	C23	
29. 의료, 정밀, 광학기기 및 시계 제조업	C27	
30. 그 밖의 제품 제조업	C33	
31. 수도, 하수 및 폐기물 처리, 원료재생업(수도업은 제외한다)	E (E36 제외)	
32. 운수 및 창고업	H	
33. 정보통신업	J	
34. 산업용 기계 및 장비 수리업	C34	평균매출액등 600억원 이하
35. 전문, 과학 및 기술 서비스업	M	
36. 사업시설관리, 사업지원 및 임대 서비스업(임대업은 제외한다)	N (N76 제외)	
37. 보건업 및 사회복지 서비스업	Q	
38. 예술, 스포츠 및 여가 관련 서비스업	R	
39. 수리(修理) 및 기타 개인 서비스업	S	
40. 숙박 및 음식점업	I	평균매출액등 400억원 이하
41. 금융 및 보험업	K	
42. 부동산업	L	
43. 임대업	N76	
44. 교육 서비스업	P	

비고
1. 해당 기업의 주된 업종의 분류 및 분류기호는 「통계법」제22조에 따라 통계청장이 고시한 한국표준산업분류에 따른다.
2. 위 표 제19호 및 제20호에도 불구하고 자동차용 신품 의자 제조업(C30393), 철도 차량 부품 및 관련 장치물 제조업(C31202) 중 철도 차량용 의자 제조업, 항공기용 부품 제조업(C31322) 중 항공기용 의자 제조업의 규모 기준은 평균매출액등 1,500억원 이하로 한다.

■ 조세특례제한법 시행령 [별표 6] 〈개정 2024. 8. 6.〉

연구·인력개발비 세액공제를 적용받는 비용(제9조제1항 관련)

1. 연구개발
가. 자체연구개발
　1) 연구개발 또는 문화산업 진흥 등을 위한 기획재정부령으로 정하는 연구소 또는 전담부서(이하 "전담부서등"이라 한다)에서 근무하는 직원(연구개발과제를 직접 수행하거나 보조하지 않고 행정 사무를 담당하는 자는 제외한다) 및 연구개발서비스업에 종사하는 전담요원으로서 기획재정부령으로 정하는 자의 인건비. 다만, 다음의 인건비를 제외한다.
　　가) 「소득세법」 제22조에 따른 퇴직소득에 해당하는 금액
　　나) 「소득세법」 제29조 및 「법인세법」 제33조에 따른 퇴직급여충당금
　　다) 「법인세법 시행령」 제44조의2제2항에 따른 퇴직연금등의 부담금 및 「소득세법 시행령」 제40조의2제1항제2호에 따른 퇴직연금계좌에 납부한 부담금
　2) 1)에 해당하는 직원 및 전담요원이 가입한 제30조의4제4항제1호부터 제4호까지의 사회보험에 대해 사용자가 부담하는 사회보험료 상당액
　3) 전담부서등 및 연구개발서비스업자가 연구용으로 사용하는 견본품·부품·원재료와 시약류구입비(시범제작에 소요되는 외주가공비를 포함한다) 및 소프트웨어(「문화산업진흥 기본법」에 따른 문화상품 제작을 목적으로 사용하는 경우에 한정한다)·서체·음원·이미지의 대여·구입비
　4) 전담부서등 및 연구개발서비스업자가 직접 사용하기 위한 연구·시험용 시설(제25조의3제3항제2호가목에 따른 시설을 말한다. 이하 같다)의 임차 또는 나목1)에 따른 기관의 연구·시험용 시설의 이용에 필요한 비용
나. 위탁 및 공동연구개발
　1) 다음의 기관에 과학기술 및 산업디자인 분야의 연구개발용역을 위탁(재위탁을 포함한다)함에 따른 비용(전사적 기업자원 관리설비, 판매시점 정보관리 시스템 설비 등 기업의 사업운영·관리·지원 활동과 관련된 시스템 개발을 위한 위탁비용은 제외한다. 이하 이 목에서 같다) 및 이들 기관과의 공동연구개발을 수행함에 따른 비용
　　가) 「고등교육법」에 따른 대학 또는 전문대학
　　나) 국공립연구기관
　　다) 정부출연연구기관
　　라) 국내외의 비영리법인(비영리법인에 부설된 연구기관을 포함한다)
　　마) 「산업기술혁신 촉진법」 제42조에 따른 전문생산기술연구소 등 기업이 설립한 국내외 연구기관
　　바) 전담부서등(전담부서등에서 직접 수행한 부분으로 한정한다) 또는 국외기업에 부설된 연구

기관
사) 영리를 목적으로 「연구산업진흥법」 제2조제1호가목 또는 나목의 산업을 영위하는 기업 또는 영리목적으로 연구·개발을 독립적으로 수행하거나 위탁받아 수행하고 있는 국외 소재 기업
아) 「산업교육진흥 및 산학연협력촉진에 관한 법률」에 따른 산학협력단
자) 한국표준산업분류표상 기술시험·검사 및 분석업을 영위하는 기업
차) 「산업디자인진흥법」 제4조제2항 각 호에 해당하는 기관
카) 「산업기술연구조합 육성법」에 따른 산업기술연구조합
2) 「고등교육법」에 따른 대학 또는 전문대학에 소속된 개인(조교수 이상으로 한정한다)에게 과학기술분야의 연구개발용역을 위탁함에 따른 비용
다. 해당 기업이 그 종업원 또는 종업원 외의 자에 대한 직무발명 보상금 지급으로 발생한 금액
라. 기술정보비(기술자문비를 포함한다) 또는 도입기술의 소화개량비로서 기획재정부령으로 정하는 비용
마. 중소기업이 「과학기술분야 정부출연연구기관 등의 설립·운영 및 육성에 관한 법률」에 따라 설립된 한국생산기술연구원과 「산업기술혁신 촉진법」에 따라 설립된 전문생산기술연구소의 기술지도 또는 「중소기업진흥에 관한 법률」에 따른 기술지도를 받음에 따라 발생한 비용
바. 중소기업에 대한 공업 및 상품디자인 개발지도를 위하여 발생한 비용
사. 중소기업이 「산업재산 정보의 관리 및 활용 촉진에 관한 법률」 제17조제1항에 따라 지정된 산업재산진단기관의 특허 조사·분석을 받음에 따라 발생한 비용

2. 인력개발
가. 위탁훈련비(전담부서등에서 연구업무에 종사하는 연구요원으로 한정한다)
  1) 국내외의 전문연구기관 또는 대학에의 위탁교육훈련비
  2) 「국민 평생 직업능력 개발법」에 따른 직업훈련기관에 위탁훈련비
  3) 「국민 평생 직업능력 개발법」에 따라 고용노동부장관의 승인을 받아 위탁훈련하는 경우의 위탁훈련비
  4) 중소기업이 「중소기업진흥에 관한 법률」에 따른 기술연수를 받기 위하여 발생한 비용
  5) 그 밖에 자체기술능력향상을 목적으로 한 국내외 위탁훈련비로서 기획재정부령으로 정하는 것
나. 「국민 평생 직업능력 개발법」 또는 「고용보험법」에 따른 사내직업능력개발훈련 실시 및 직업능력개발훈련 관련사업 실시에 소요되는 비용으로서 기획재정부령으로 정하는 것
다. 중소기업에 대한 인력개발 및 기술지도를 위하여 발생하는 비용으로서 기획재정부령으로 정하는 것
라. 생산성 향상을 위한 인력개발비로서 기획재정부령으로 정하는 비용
마. 기획재정부령으로 정하는 사내기술대학(대학원을 포함한다) 및 사내대학의 운영에 필요한

비용으로서 기획재정부령으로 정하는 것
바. 「산업교육진흥 및 산학연협력촉진에 관한 법률 시행령」 제2조제1항제3호 및 제4호에 따른 학교 또는 산업수요 맞춤형 고등학교 등과의 계약을 통해 설치·운영되는 직업교육훈련과정 또는 학과 등의 운영비로 발생한 비용
사. 산업수요 맞춤형 고등학교 등과 기획재정부령으로 정하는 사전 취업계약 등을 체결한 후, 직업교육훈련을 받는 해당 산업수요 맞춤형 고등학교의 재학생에게 해당 훈련기간 중 지급한 훈련수당, 식비, 교재비 또는 실습재료비(생산 또는 제조하는 물품의 제조원가 중 직접 재료비를 구성하지 않는 것만 해당한다)
아. 「산업교육진흥 및 산학연협력촉진에 관한 법률」 제11조의3에 따라 현장실습산업체가 교육부장관이 정하는 표준화된 운영기준을 준수하는 현장실습을 실시하는 산업교육기관 등과 기획재정부령으로 정하는 사전 취업약정 등을 체결하고 해당 현장실습 종료 후 현장실습을 이수한 대학생을 채용한 경우 현장실습 기간 중 해당 대학생에게 같은 조 제3항에 따라 지급한 현장실습 지원비(생산 또는 제조하는 물품의 제조원가 중 직접 재료비를 구성하지 않는 것만 해당한다)
자. 「산업교육진흥 및 산학연협력촉진에 관한 법률」 제2조제2호다목에 따른 대학과의 계약을 통해 설치·운영되는 같은 법 제8조제2항에 따른 계약학과등의 운영비로 발생한 비용

■ 중소기업기본법 시행령 [별표 3] 〈개정 2017. 10. 17.〉

주된 업종별 평균매출액등의 소기업 규모 기준(제8조제1항 관련)

해당 기업의 주된 업종	분류기호	규모 기준
1. 식료품 제조업	C10	평균매출액등 120억원 이하
2. 음료 제조업	C11	
3. 의복, 의복액세서리 및 모피제품 제조업	C14	
4. 가죽, 가방 및 신발 제조업	C15	
5. 코크스, 연탄 및 석유정제품 제조업	C19	
6. 화학물질 및 화학제품 제조업(의약품 제조업은 제외한다)	C20	
7. 의료용 물질 및 의약품 제조업	C21	
8. 비금속 광물제품 제조업	C23	
9. 1차 금속 제조업	C24	
10. 금속가공제품 제조업(기계 및 가구 제조업은 제외한다)	C25	
11. 전자부품, 컴퓨터, 영상, 음향 및 통신장비 제조업	C26	
12. 전기장비 제조업	C28	
13. 그 밖의 기계 및 장비 제조업	C29	
14. 자동차 및 트레일러 제조업	C30	
15. 가구 제조업	C32	
16. 전기, 가스, 증기 및 공기조절 공급업	D	
17. 수도업	E36	
18. 농업,임업 및 어업	A	평균매출액등 80억원 이하
19. 광업	B	
20. 담배 제조업	C12	
21. 섬유제품 제조업(의복 제조업은 제외한다)	C13	
22. 목재 및 나무제품 제조업(가구 제조업은 제외한다)	C16	
23. 펄프, 종이 및 종이제품 제조업	C17	
24. 인쇄 및 기록매체 복제업	C18	
25. 고무제품, 및 플라스틱제품 제조업	C22	
26. 의료, 정밀, 광학기기 및 시계 제조업	C27	

27. 그 밖의 운송장비 제조업	C31	
28. 그 밖의 제품 제조업	C33	
29. 건설업	F	
30. 운수 및 창고업	H	
31. 금융 및 보험업	K	
32. 도매 및 소매업	G	평균매출액등 50억원 이하
33. 정보통신업	J	
34. 수도, 하수 및 폐기물 처리, 원료재생업(수도업은 제외한다)	E (E36 제외)	평균매출액등 30억원 이하
35. 부동산업	L	
36. 전문·과학 및 기술 서비스업	M	
37. 사업시설관리, 사업지원 및 임대 서비스업	N	
38. 예술, 스포츠 및 여가 관련 서비스업	R	
39. 산업용 기계 및 장비 수리업	C34	평균매출액등 10억원 이하
40. 숙박 및 음식점업	I	
41. 교육 서비스업	P	
42. 보건업 및 사회복지 서비스업	Q	
43. 수리(修理) 및 기타 개인 서비스업	S	

비고
1. 해당 기업의 주된 업종의 분류 및 분류기호는 「통계법」 제22조에 따라 통계청장이 고시한 한국표준산업분류에 따른다.
2. 위 표 제27호에도 불구하고 철도 차량 부품 및 관련 장치물 제조업(C31202) 중 철도 차량용 의자 제조업, 항공기용 부품 제조업(C31322) 중 항공기용 의자 제조업의 규모 기준은 평균매출액등 120억원 이하로 한다.

■ 법인세법 시행규칙 [별표 3] 〈개정 2019. 3. 20.〉

무형자산의 내용연수표(제15조제2항 관련)

구분	내용연수	무형자산
1	5년	영업권, 디자인권, 실용신안권, 상표권
2	7년	특허권
3	10년	어업권, 「해저광물자원 개발법」에 따른 채취권(생산량비례법 선택 적용), 유료도로관리권, 수리권, 전기가스공급시설이용권, 공업용수도시설이용권, 수도시설이용권, 열공급시설이용권
4	20년	광업권(생산량비례법 선택 적용), 전신전화전용시설이용권, 전용측선이용권, 하수종말처리장시설관리권, 수도시설관리권
5	50년	댐사용권

■ 조세특례제한법 시행령 [별표 7] 〈개정 2024. 2. 29.〉

신성장 · 원천기술의 범위(제9조제2항 관련)

구분	분야	신성장 · 원천기술
1. 미래형자동차	가. 자율 주행차	1) 삭제 〈2023. 6. 7.〉
		2) 삭제 〈2023. 6. 7.〉
		3) 삭제 〈2023. 6. 7.〉
		4) 자율주행 기록 및 사고원인 규명 기술: 자율주행 운행 기록과 사고시점 전후의 자동차 내외부 정보를 저장하고 분석하는 기술
		5) 탑승자 인지 및 인터페이스 기술: 탑승자의 안면인식 등을 통한 신체적 · 감정적 변화 감지 기술과 탑승자의 모션 · 음성 · 터치 등을 통해 운전 · 내부조작 등이 가능한 상호작용 기술
	나. 전기 구동차	1) 삭제 〈2023. 6. 7.〉
		2) 삭제 〈2023. 6. 7.〉
		3) 전기차 초고속 · 고효율 무선충전 기술: 전기동력 자동차와 관련하여 감전위험이 없는 비접촉 무선 전력전송 방식(자기유도, 자기공명, 전자기파)으로 배터리를 충전하기 위한 전력 전송효율 90% 이상의 초고속 고효율 무선충전시스템 및 무선충전 핵심모듈(급전 인버터, 집전 픽업구조, 레귤레이터) 기술
		4) 하이브리드자동차의 구동시스템 고효율화 기술: 하이브리드자동차(HEV)의 연비 향상, 배출가스 감축 등을 위해 엔진 열효율(공급된 연료에너지에 대해 출력되는 유효일의 비를 말한다)을 45% 이상으로 구현하기 위한 하이브리드 구동시스템 고효율화 기술
2. 지능정보	가. 인공지능	1) 학습 및 추론 기술: 다양한 기계학습 알고리즘(algorithm), 딥러닝(deep learning), 지식베이스(knowledge base) 구축, 지식추론 등 학습 알고리즘과 모델링(modeling) 조합을 통해 지능의 정확도와 속도를 향상시키는 소프트웨어 기술
		2) 언어이해 기술: 텍스트(text), 음성에서 언어를 인지 · 이해하고 사람처럼 응대할 수 있는 자연어 처리, 정보검색, 질의응답, 언어의미 이해, 형태소 · 구문 분석 등 언어 관련 소프트웨어 기술
		3) 시각이해 기술: 비디오(video), 이미지(image) 등에서 객체를 구분하고 움직임의 의미를 파악하기 위한 컴퓨터 비전(computer vision), 행동 인식, 내용기반 영상검색, 영상 이해, 영상 생성 등 사람의 시각지능을 모사한 소프트웨어 기술
		4) 상황이해 기술: 다양한 센서(sensor)를 통해 수집된 환경정보를 이해하거나, 대화 상대의 감정을 이해하고 주변상황과 연결한 자신의 상태를 이해하는 등 자신이 포함된 세계나 환경을 이해하여 적절한 행동을 결정짓는 소프트웨어 기술

		5) 인지컴퓨팅 기술: 저전력·고효율로 지능정보 학습을 수행할 수 있도록 컴퓨터 시스템 구조를 재설계하거나, 인공지능 알고리즘(algorithm) 처리가 용이하도록 초고성능 연산 플랫폼(Platform)을 제공하는 컴퓨터 하드웨어 및 소프트웨어 기술
	나. 사물인터넷(IoT: Internet of Things)	1) IoT 네트워크 기술: 사물간의 네트워크(network)를 구성하기 위한 대량의 네트워크(Massive IoT) 구성 기술, 저전력 초경량 네트워크 기술(LPWA: Low Power Wide Area) 및 네트워크 상황에 따른 품질 보장형 협업 네트워크와 사물인터넷 전용망 기술
		2) IoT 플랫폼 기술: 다양한 사물인터넷 기기에 대한 식별·통신·검색·접근 및 사물인터넷 기기를 통한 데이터 수집·저장·관리와 데이터에 대한 분석·가공을 지원하는 지능형 소프트웨어 플랫폼(Software Platform) 기술
		3) 사이버물리시스템 기술: 센서와 구동체[액츄에이터(Actuator)]를 갖는 기계적 장치와 이를 제어하는 정보통신 인프라(infra)를 결합하여 물리적 환경과 가상 환경을 연결하는 것으로 물리적 환경을 실시간으로 모니터링(monitoring)하여 대량의 데이터(data)를 수집·분석·처리하고 이를 바탕으로 물리적 기계장치 또는 컴퓨팅(computing) 장치를 자동으로 제어하는 임베디드(embedded) 기반 분산제어 시스템 기술
	다. 클라우드(Cloud)	1) SaaS(Software as a Service) 기술: 다양한 클라우드 환경에서 인터넷을 통한 소프트웨어 사용이 실행가능하도록 상호운용성을 확보하고, 다양한 사용자 요구를 소프트웨어 자체의 변경 없이 수용하는 맞춤형 서비스 기술 및 SaaS 응용을 연계하여 새로운 서비스를 제공하는 서비스 매쉬업(mashup) 기술
		2) PaaS(Platform as a Service) 기술: 개발자가 데이터베이스(database), 웹(web), 모바일(mobile), 데이터(data) 처리 등의 소프트웨어 개발 환경을 클라우드 상에서 손쉽게 활용하여 응용 서비스의 개발·배포 및 이전이 가능하도록 하는 기술 및 실행환경 제공 기술
		3) IaaS(Infrastructure as a Service) 기술: 가상머신(Virtual Machine) 혹은 컨테이너(container, 경량화된 가상화기술) 기반으로 자원을 가상화하고, 다중 클라우드 연동을 통해 자원을 확장하는 기술 및 다양한 클라우드 인프라 서비스의 중개를 위한 클라우드 서비스 브로커리지(Cloud Service Brokerage) 기술
	라. 빅데이터(Big Data)	1) 빅데이터 수집·정제·저장 및 처리기술: 여러 입력 소스(source)에서 발생하는 다양한 종류의 대규모 데이터(data)를 수집·정제하거나, 향후 분석을 위해 고속의 저장소에 저장하고 관리하는 기술
		2) 빅데이터 분석 및 예측 기술: 대규모 데이터(data)에 다양한 통계기법, 기계학습, 시뮬레이션(simulation) 기법 등을 활용하여 분석하고, 데이터에 내재한 의미를 추출하고 장단기 미래 동향을 예측하는 소프트웨어 기술
		3) 데이터 비식별화 기술: 개인의 사생활을 침해하지 않으면서 인공지능 학습 등에 활용할 수 있도록 대량의 비정형데이터(이미지·영상 등) 및 개인정보 데이터를 비식별화하는 기술
	마. 착용형 스마트기기	1) 신체 부착형 전자회로의 유연기판 제작기술 및 유연회로 인쇄기술: 스마트 착용형기기(wearable device)에 사용되는 신체 부착형 전자회로의 유연기판 제작기술 및 유연회로 인쇄기술

		2) 유연한 양·음극 소재 및 전극 설계·제조기술: 20퍼센트 이상의 변형 시에도 기계적·전기화학적 신뢰성 확보가 가능하며 100㎛ 후박급의 착용형기기(wearable device)에 전원용으로 사용되는 유연한(flexible) 양·음극 소재 설계·제조 기술 및 해당 전극의 조성(composition)·형상(forming)의 설계·제조 기술
		3) 섬유기반 유연전원(fabric based flexible battery) 제조 기술: 유연 성능이 4.5g·㎠/㎝ 이상으로 변형에 대한 형태 안정성이 우수한 유연전원(fabric based flexible battery)으로서, 에너지 밀도가 100Wh/kg 이상으로 고효율·고수명의 성능을 가진 섬유기반 유연전원을 제조하는 기술
		4) 전투기능 통합형 작전용 첨단디지털 의류기술: 군사 및 경찰 작전 등의 특수 임무를 수행하는 데 필요한 극한기능과 신호전송기능 및 신체보호 기능을 갖춘 총체적 디지털 기능 전투복 제조 기술
		5) 생체정보 처리 및 인체내장형 컴퓨팅 기술: 생체신호 측정 및 전달 기술, 생체기능의 컴퓨터 시뮬레이션(모사) 기술, 내장형 심장 박동 기술, 인슐린 자동 분비 기술, 인공 눈/귀 등과 같이 신체의 내·외부에 장착되어 사용자의 생체정보 또는 기능을 인식·모사·처리하거나 신체의 기능을 보완·대체하는 기술
	바. IT 융합	1) 지능형 전자항해 기술: IMO(International Maritime Organization, 국제해사기구)의 e-Navigation 구현을 목적으로 장소에 구애받지 않고 4S(ship to ship, ship to shore, shore to ship, shore to shore) 통신을 구현하는 통신단말장치 제작기술과 그 통신단말장치를 기반으로 육상과의 실시간 디지털 통신을 통해 입항부터 출항까지의 항해 업무를 통합적으로 처리하고 증강현실 및 3차원 전자해도를 활용한 충돌·좌초 회피지원기능을 갖는 선박항해시스템 설계 및 구축기술
		2) 지능형 실시간 도시 시설물 관리시스템 기술: 도시 시설물(도로, 철도, 교량, 항만, 댐, 터널, 건축물, 전기·가스·수도 등의 공급설비, 통신시설 및 하수도시설 등)에 부착 또는 삽입하여 동 시설물들을 대상으로 통신기능 및 에너지 수확기능을 갖는 센서(sensor)를 활용하여 시설물의 운영상황 및 위험요인(물리적·기능적 결함여부 포함)을 실시간으로 계측·평가하여 유지·보수하는 지능형 도시 시설물 관리시스템 설계·구축 기술
		3) 지능형 기계 및 자율협업 기술: 생산설비에 붙박이 형태(built-in)로 장착한 다양한 센서(sensor)나 엔코더(Encoder)로부터 수집한 생산설비의 품질(상태)정보 및 공정조건을 실시간으로 분석하여 최적의 작업상태를 제공할 수 있는 진단·처방정보를 창출하는 내장형·외장형 소프트웨어 제작기술과, 동 정보를 바탕으로 생산설비를 원격으로 제어하는 개방형 제어기(controller), M2M(Machine to Machine, Machine to Man, 기계 간의 통신 및 인간이 작동하는 기계와의 통신) 디바이스(device) 제작기술 및 내장형·외장형 소프트웨어와 개방형 컨트롤러 디바이스를 탑재하여 자동으로 상태감시·진단·제어기능을 하는 지능형 기계 제작기술
	사. 블록체인	블록체인 기술: 모든 구성원이 분산형 네트워크(P2P Network)를 통해 정보 및 가치를 검증·저장·실행함으로써 특정인의 임의적인 조작이 어렵도록 설계된 분산 신뢰 인프라를 구현하기 위한 P2P 네트워킹기술, 합의기술, 스마트계약 검증기술, 분산저장기술, 플랫폼기술(확장성·성능 개선 등), 보안기술, IoT 기술, 적합성검증 기술

	아. 양자컴퓨터	양자컴퓨터 제작 및 활용 기술: 양자 정보를 처리할 수 있는 메모리(큐비트, Qubit)를 구현하고, 큐비트간 연산처리가 가능한 장치의 제작 기술 및 양자컴퓨터의 구동·원격사용과 양자컴퓨터를 이용한 계산 등 양자컴퓨터를 활용하기 위한 기술
	자. 스마트 물류	지능형 콜드체인 모니터링 기술: 화물의 운송 과정에서 온도, 습도, 충격 등의 상태 데이터를 정보수집 장치를 통해 수집 및 저장하고, 이를 국제표준 ISO 27017에 따라 보안성이 검증된 클라우드 서버로 전송하여 단위 화물 정보와 연동하고 이를 소프트웨어상에서 모니터링하는 기술
3. 차세대 소프트웨어 (SW) 및 보안	가. 기반 소프트웨어 (SW)	1) 융합서비스·제품의 소프트웨어 내재화 기술: 기존 서비스 및 제품에 지능화·자동화 등을 위한 지능형 소프트웨어 기술을 적용하여 신규 서비스를 창출하거나 새로운 기능을 추가하고, 신뢰성·고속성·실시간성·저전력 등을 통해 10% 이상 기능을 향상시키는 기술
		2) 이기종(異機種) 멀티코아 소프트웨어 기술: 중앙연산장치(CPU)에 보조연산장치·연산가속장치 등의 여러 컴퓨팅 장치를 결합하여 고효율·고성능(전력소모량 등 비용 효율성을 10배 이상 개선하거나, 연산속도를 10배 이상 개선한 것을 말한다)을 구현하는 소프트웨어 기술
		3) 분산병렬 소프트웨어 기술: 대규모 데이터 연산 처리를 위해 분산 컴퓨팅 환경에서 10,000개 이상의 노드(센서, 컴퓨터 등) 지원을 대규모로 분산하는 소프트웨어 기술 및 100개 이상의 병렬성에서 99.999%의 신뢰성을 보장하는 고신뢰 병렬 소프트웨어 기술
		4) 차세대 메모리 기반 시스템 소프트웨어 기술: 기존 메모리와 다른 대용량 비휘발성 메모리를 활용하여 컴퓨터·서버·휴대단말기 등의 컴퓨팅 속도를 20% 이상 개선하거나 메모리 용량을 4배 이상 증대시키는 시스템 소프트웨어 기술
		5) 컴퓨터 이용 설계 및 공학적 분석 소프트웨어 기술: 제품 생산에 있어 개념 설계 단계 이후 제작도면 작성과 작성된 도면의 제품 성능 및 품질 검토를 수행하는 소프트웨어 기술
	나. 융합보안	1) 사이버 위협 인텔리전스(Intelligence) 대응기술: 인적 자원으로 불가능한 대규모 사이버 공격의 분석 또는 대응을 위해 지능정보기술(인공지능, 빅데이터 등)을 활용한 사이버 위협 자동분석·대응 기술
		2) 휴먼바이오(human-bio)·영상 기반 안전·감시·보안기술: 인간의 신체적 특성(지문, 얼굴, 홍채, 정맥 등)과 행동적 특성(서명, 음성, 걸음걸이 등)을 이용한 신원확인 기술과 영상정보를 이용하여 특정 객체(사람·사물)나 이상상황(범죄·사고 등)을 자동으로 인지하는 기술
		3) 미래컴퓨팅 응용·보안기술: 양자컴퓨팅(quantum computing) 특성에 따른 고속의 데이터·통신 암호화 및 암호해독방지 기술
		4) 융합서비스·제품의 보안내재화 기술: 사이버 공격으로 인명이나 재산상의 손실을 끼칠 수 있는 정보통신기술(ICT) 융합서비스·제품(자율주행차, 인공심박기, 도어락 등)에 탑재될 수 있도록 저전력·경량화되면서도 외부 공격(탈취, 파괴, 위·변조 등)에 의해 정보가 유출·변경되는 것을 방지·대응하기 위한 기술

4. 콘텐츠	가. 실감형 콘텐츠	1) 가상현실(VR) 콘텐츠 기술: 사용자의 오감을 가상공간으로 확장·공유함으로써 환경적 제약에 의해 직접 경험하지 못하는 상황을 간접 체험할 수 있게 하는 가상현실(Virtual Reality) 콘텐츠 제작 기술
		2) 증강현실(AR) 콘텐츠 기술: 디지털 콘텐츠를 현실 공간과 사물에 혼합시킴으로써 사용자에게 보다 많은 체험 서비스를 제공하게 하는 증강현실(Augmented Reality) 콘텐츠 제작 기술
		3) 오감체험형 4D 콘텐츠 제작기술: 기존의 3D 입체영상 콘텐츠에 증강현실(Augmented Reality) 영상기술과 시각·후각·청각·미각·촉각 등의 오감체험을 통한 양방향성의 상호작용 기술이 융합된 4D 콘텐츠 제작기술
		4) 디지털 홀로그램(Hologram) 콘텐츠 제작기술: 물체 형태에 대한 완벽한 3차원 정보를 조명광 파면(wavefront)의 간섭무늬 형태로 담고 있는 홀로그램 프린지(fringe) 패턴을 생성하고, 디지털화된 처리를 통해 3차원 영상으로 재현, 편집, 정합 또는 공간인식을 하는 기술
	나. 문화콘텐츠	1) 게임 콘텐츠 제작기술: 게임엔진·게임저작도구·게임 UI(User Interface)·게임 운영환경 등의 개발 또는 기능 개선을 통해 게임 콘텐츠를 기획·제작하거나 서비스를 제공하는 기술, 실시간 데이터를 활용한 시·청각화 관련 기술, 유저와의 상호작용을 위한 데이터 처리 및 시나리오 구현 기술, 학습·의료 등 분야의 기능성 게임 모델 개발 등 게임 콘텐츠 응용 기술
		2) 영화·방송 콘텐츠 제작기술: 영화·방송 콘텐츠의 기획·제작을 위한 사전시각화(pre-visualization) 및 그래픽 품질 개선 기술
		3) 애니메이션 콘텐츠 제작기술: 애니메이션 콘텐츠의 기획·제작을 위한 대용량 디지털 데이터 처리 관리 기술, AI 머신러닝을 통한 애니메이션·에셋 자동생성 기술, 게임엔진을 활용한 실시간 제작기술, 버추얼 프로덕션(virtual production) 기술
		4) 만화·웹툰 콘텐츠 제작기술: 만화·웹툰 콘텐츠의 기획·제작 및 서비스를 위한 디지털 만화 저작도구 개발 기술, 만화 멀티미디어 콘텐츠 제작 기술, 플랫폼 구축 및 서비스를 위한 저작권 보호 기술
5. 차세대전자 정보 디바이스	가. 지능형 반도체·센서	1) 고속 컴퓨팅을 위한 SoC 설계·제조 기술: 인간형 인식, 판단, 논리를 수행할 수 있는 뉴럴넷(Neural Network)을 구현하는 초고속, 저전력 슈퍼프로세서 기술로서 지능형 자율주행 이동체(드론 등), 지능형 로봇, 게임로봇, 고속 정보 저장·처리 및 통신기기, 위성체 및 군사용 무기 체계, 보안카메라, DVR (Digital Video Recoder)등의 화상처리용 지능형 보안시스템, 복합 교통관제 시스템 등의 제작을 위해 매니코어(Many Core)를 단일 반도체에 통합한 SoC(System on Chip) 설계 및 제조(7nm 이하) 기술
		2) 초소형·초저전력 IoT·웨어러블 SoC 설계·제조 기술: IoT, 착용형 스마트 단말기기 및 웨어러블 센서(wearable sensor) 등을 위해 장기간 지속 사용이 가능하고, 초소형·초저전력으로 동작하며, IoT 네트워크에 지능형 서비스를 적용하기 위한 지능정보 및 데이터의 처리가 가능한 초저전력 SoC(System on Chip) 설계·제조 기술
		3) SoC 파운드리 제조, 후공정 및 장비 설계·제조 기술: SoC(System on Chip) 반도체 개발·양산을 위한 핵심 기반기술로 파운드리(Foundry) 분야의 7nm 이하급 제조공정 및 공정 설계기술, 2D/2.5D/3D 패키징 등 파운드리(Foundry) 후공정 기술 및 파운드리 소재·장비 설계·제조 기술

		4) 차세대 메모리반도체 제조기술과 소재·장비 및 장비부품의 설계·제조 기술: 기존 메모리반도체인 D램(DRAM)과 낸드 플래시메모리(Nand Flash Memory)의 장점을 조합한 STT-MRAM(Spin Transfer Torque-Magnetic Random Access Memory), PRAM(Phase-change Random Access Memory), ReRAM(Resistive Random Access Memory) 등 차세대 메모리반도체 제조 기술 및 관련 소재·장비 및 장비부품의 설계·제조기술
		5) 지능형 마이크로 센서 설계·제조·패키지 기술: 물리적·화학적인 아날로그(analogue) 정보를 얻는 감지부와 논리·판단·통신기능을 갖춘 지능화된 신호처리 집적회로가 결합된 소자로서 나노기술, MEMS[Micro Electro Mechanical System, 기계부품·센서(sensor)·액츄에이터(actuator) 및 전자회로를 하나의 기판 위에 집적화)] 기술, 바이오 기술, 0.8㎛이하 CMOS 이미지센서 기술 또는 SoC(System on Chip) 기술이 결합된 초소형 고성능 센서 설계·제조 및 패키지 기술
		6) 차량용 반도체 설계·제조기술: 자동차 기능안전성 국제표준 ISO26262, 자동차용 반도체 신뢰성 시험규격 ACE-Q100을 만족하는 MCU(Micro controller unit), ECU(Electronic control unit), 파워IC, SOC, 전기차, 하이브리드자동차 및 자율주행용 IC 반도체의 설계·제조 기술
		7) 에너지효율향상 반도체 설계·제조기술: 실리콘 기반의 MOSFET(MOS field-effect transistor)에 비해 저저항·고효율 특성을 지니며 차세대 응용 분야(전기차, 하이브리드자동차, 태양광, 풍력발전 등 신재생에너지, 스마트그리드 등) 인버터 등에 탑재되는 SJ(Super Junction) MOSFET, IGBT, SiC MOSFET의 설계·제조 기술
		8) 첨단 메모리반도체 설계·제조기술: 12nm 이하급 D램과 220단 이상 낸드 플래시메모리 설계·제조 기술
		9) 에너지효율향상 전력 반도체 BCDMOS(Bipolar /Complementary/Double-diffused metal-oxide-semiconductor) 설계·제조 기술: 실리콘 기반의 저저항·고효율 특성을 지니며 차세대 응용 분야(5G, 전기차, 하이브리드자동차, 태양광, 풍력발전 등 신재생에너지, 스마트그리드 등)에 탑재되는 아날로그, 디지털 로직, 파워소자를 원칩화한 초소형·초절전 전력반도체 0.13㎛ 이하 BCDMOS 설계·제조 기술
		10) 전자제품 무선충전 기술: 기존 유도방식 무선충전 대비 충전 자유도가 높은 고출력 공진방식 무선·급속 충전 기술 및 원거리 RF(Radio Frequency) 전력전송 기술
		11) 웨이퍼레벨 칩 패키징 공정기술: LED 칩을 미세 패턴이 가공된 열전도성이 높은 웨이퍼 위에서 일련의 공정을 통해 패키징한 후 다이싱(dicing)하여 칩 패키지를 제조하는 기술
	나. 반도체 등 소재·부품	1) 포토레지스트(Photoresist) 개발 및 제조기술: 반도체 및 디스플레이용 회로 형성에 필요한 리소그래피(lithography)용 수지로서 회로의 내열성, 전기적 특성, 현상(Developing) 특성을 좌우하는 Photoresist 및 관련 소재를 개발 및 제조하는 기술 [ArF(불화아르곤) 광원용 및 EUV(극자외선) 광원용]
		2) 원자층증착법(ALD, Atomic Layer Deposition) 및 화학증착법(CVD, Chemical Vapor Deposition)을 위한 고유전체(High-k dielectric)용 전구체 개발 기술: 기존의 이산화규소(SiO2)보다 우수한 유전특성을 갖는 high-k dielectric 박막 증착을 위한 ALD 및 CVD 공정에 사용되는 전구체를 개발하는 기술

		3) 고순도 불화수소 개발 및 제조기술: 반도체 회로형성에 필요한 순도 99.999%(5N) 이상의 고순도 불화수소를 개발 및 제조하는 기술
		4) 블랭크 마스크(Blank Mask) 개발 및 제조기술: ArF(불화아르곤) 광원 및 EUV(극자외선) 광원을 이용하여 반도체 회로를 형성하는 데 사용되는 블랭크마스크 원판 및 관련 소재[펠리클(Pelllicle), 합성 쿼츠, 스터러링용 타겟 등을 포함]을 개발 및 제조하는 기술
		5) 반도체용 기판 개발 및 제조기술: 14nm 이하급 D램과 170단 이상 낸드플래시메모리 및 에피텍셜 반도체용 기판을 개발 및 제조하는 기술
		6) 첨단 메모리반도체 장비 및 장비부품의 설계·제조 기술: 14nm 이하급 D램(DRAM)과 170단 이상 낸드 플래시메모리(Nand Flash Memory) 양산을 위한 장비·장비부품의 설계·제조 기술
		7) 플렉서블 디스플레이 패널, 차세대 차량용 디스플레이 패널용 DDI 칩(Display Driver IC) 설계 및 제조 기술: 화면에 문자나 영상 이미지 등이 표시되도록 디스플레이 패널에 구동 신호 및 데이터를 전기신호로 제공하는 반도체를 설계 및 제조하는 기술
		8) 고기능성 인산 제조 기술: SiN_x, SiO_x 막질의 선택적인 식각이 가능한 고선택비(1,000이상) 인산계 식각액 제조기술
		9) 고순도 석영(쿼츠) 도가니 제조 기술: 반도체 웨이퍼 제조용 용융 실리콘의 오염을 막기 위한 도가니 형태의 순도 99.999%(5N) 이상의 고순도 석영 용기 제조 기술
		10) 코트막형성재 개발 및 제조 기술: 완성된 반도체 소자의 표면을 외부환경으로부터 보호하기 위해 사용하는 절연성을 가진 고감도($80mJ/cm^2$ 이하) 감광성 코팅 기술 또는 패키징 재배선(배선폭 $7\mu m$ 이하) 형성 재료 제조 기술
	다. 유기발광 다이오드 (OLED: Organic Light Emitting Diode) 등 고기능 디스플레이	1) 9인치 이상 능동형 유기발광 다이오드(AMOLED: Active Matrix Organic Light Emitting Diode) 패널 기능개선 및 부품·소재·장비 제조 기술: 저온폴리실리콘(LTPS, Low Temperature Poly Silicon) 또는 산화물(Oxide) TFT(Thin Film Transistor, 전자이동도 $8cm^2/Vs$ 이상) 기판 상에 진공 증발 증착 또는 프린팅 방식으로 고화질(고해상도, 고색재현, 고균일, HRD)을 구현한 대화면(9인치 이상) AMOLED 패널을 제조하기 위해 공정별로 사용되는 기술(모듈조립공정기술은 제외한다)과 AMOLED 패널을 제조하기 위한 부품·소재·장비 제조 기술
		2) 대기압 플라즈마 식각 장비 기술: 디스플레이를 제조할 목적으로 대기압에서 플라즈마(plasma)를 발생시켜 박막을 식각하는 장비 제작기술
		3) 플렉서블 디스플레이 패널·부품·소재·장비 제조 기술: 플렉서블 디스플레이(유연성 또는 유연한 성질을 가지는 디스플레이로, 깨지지 않고 휘거나 말 수 있고 접을 수 있는 특성을 지닌 것을 말한다. 이하 같다)를 제조하기 위해 공정별[유연필름 제조, 이형과 접합, TFT(Thin Film Transistor) 제조, 화소형성, 봉지, 모듈 공정 등]로 사용되는 기술과 이와 관련된 부품·소재 및 장비 제조 기술

			4) 차세대 차량용 디스플레이 패널·부품·소재·장비 제조 기술: 굴곡된 형상으로 제조 가능하고, 동작온도 -30℃~95℃, 시인성 black uniformity 60% 이상을 만족하는 다결정 저온 폴리실리콘(LTPS-LCD) 패널 제조기술(모듈조립공정기술은 제외한다)과 이와 관련한 부품·소재 및 장비 제조 기술
			5) 마이크로 LED 디스플레이 패널·부품·소재·장비 제조 기술: 실리콘(Silicon) 또는 사파이어(Sapphire) 기판에 直결합 에피공정을 적용하여 100㎛ 이하의 자발광 R/G/B 마이크로 LED 칩을 제조하는 기술과 이를 이용한 픽셀·패널 제조 기술 및 이와 관련한 부품·소재 및 장비 제조 기술
			6) VR·AR·MR용 디스플레이 패널·부품·소재·장비 제조 기술: 가상현실, 증강현실, 혼합현실 기기에 사용되는 초고해상도(1,500 ppi이상) 디스플레이를 제조하기 위해 공정별로 사용되는 기술과 이와 관련한 부품·소재 및 장비 제조기술
			7) 친환경 QD(Quantum Dot) 나노 소재 적용 디스플레이 패널·부품·소재·장비 제조 기술: 적은 소비전력으로 고색재현 및 화학적·열적 안정성 개선이 가능한 QD 나노 소재 적용 디스플레이를 제조하기 위해 공정별로 사용되는 기술과 이와 관련한 부품·소재 및 장비 제조 기술
	라. 3D프린팅		3D프린팅 소재·장비 개발 및 제조기술: 3차원 디지털 설계도에 따라 액체수지, 금속분말 등 다양한 형태의 재료를 적층하여 제품을 생산하는 데 사용되는 소재·장비를 개발 및 제조하는 기술
	마. AR 디바이스		AR 디바이스 제조기술: 실제의 이미지나 배경에 유의미한 상황 정보를 기반으로 한 영상·텍스트·소리 등의 가상정보를 나타내어 사용자의 경험이 증강되고 현실세계와 동기화할 수 있는 장비 및 관련 부품의 개발 및 제조기술
6. 차세대 방송 통신	가. 5세대(5G: 5generation) 및 6세대 (6G: 6generation)이동통신		1) 5G 이동통신 기지국 장비 기술: 가입자와 연결을 위해 이동통신사업자가 구축하는 5G 이동통신 광역 및 소형 셀(cell) 기지국 장비에 적용되는 기술
			2) 5G 이동통신 코어네트워크(Core Network, 기간망) 기술: 트래픽(traffic) 전송·제어, 네트워크(network) 간 연결 등을 위해 5G 이동통신 기지국 장비와 연동되는 게이트웨이(gateway), 라우터(router), 스위치(switch) 등에 적용되는 기술
			3) 5G 이동통신 단말 특화 부품 기술: 5G 이동통신 단말을 구현하기 위해 새롭게 개발·적용될 통신모듈[베이스밴드(baseband, 기저대역) 모뎀, RF(radio frequency) 칩셋(chipset) 등]의 부품·소자에 적용되는 기술
			4) 6G 이동통신 기술: 초저지연(μsec급) 기술을 기반으로 초고속(Tera bps급) 통신 지원을 위해 Tera-Hz 대역 활용을 가능하게 하는 신소자 RF·안테나 및 모뎀 및 부품·소자에 적용되는 기술
			5) 차세대 근거리 무선통신 기술: IEEE(Institute of Electrical & Electronics Engineers, 국제전기전자기술자협회) 802.11ac 규격보다 높은 주파수 효율과 전송속도를 제공하는 근거리 무선통신(무선랜: wireless LAN) 기술
	나. UHD (Ultra-High Definition)		1) 지상파 UHD방송 송신기 성능 향상기술: 냉각 기술(공냉, 수냉, 질소냉각 등 포함)의 개선, 회로 설계 방식 개선 등을 통한 고효율 지상파 UHD방송용 송신기 설계·제조 기술

		2) UHD 방송 통합 다중화기 기술: 신규 전송 프로토콜[ROUTE, MMT(MPEG Media Transport) 등 포함]과 기존 전송 프로토콜[MPEG-2 TS(Transport System)]로 생성된 신호를 입력받아, 국내외 UHD 방송 표준에 따른 전송 프로토콜로 출력하는 통합형 다중화기 기술
		3) 신규 방송서비스 제공을 위한 시그널링 시스템 기술: 다양한 신규 방송서비스 제공을 위해 UHD방송 표준에 따른 시그널링(signaling) 시스템[시그널 인코더(signal encoder), 서비스가이드 인코더(service guide encoder), 시그널/서비스가이드 서버(signal/service guide server), 서비스 메타데이터(metadata) 관리서버, 통합 모니터링(monitoring) 시스템, 앱 시그널링 인코더(app signaling encoder), 콘텐츠 푸시 서버(push server, 자동제공서버) 등을 포함한다] 기술
7. 바이오·헬스	가. 바이오·화합물의약	1) 삭제〈2023. 8. 29.〉
		2) 방어 항원 스크리닝 및 제조기술: 면역 기전을 이용하여 인체질환을 방어하기 위해 항원을 스크리닝하고 이 항원을 제조하여 각종 질환을 치료하거나(치료용 백신) 예방하기 위한 백신(예방용 백신) 제조 기술
		3) 삭제〈2023. 8. 29.〉
		4) 혁신형 신약(화합물의약품) 후보물질 발굴 및 제조기술: 인체내 질병의 원인이 되는 표적 수용체(Receptor) 또는 효소(Enzyme) 등의 반응 기전(Mechanism)을 규명하고 분자설계를 통해 표적체(Target)와 선택적으로 작용할 수 있는 구조의 화합물 후보물질 라이브러리(Library)를 확보하며, 고속탐색법(HTS, High Throughput Screening) 기술을 이용하여 후보물질 라이브러리로부터 후보물질을 도출한 후 유기합성기술을 통해 안전성 및 유효성이 최적화된 신약 후보물질로 개발하는 기술 및 혁신형 신약을 제조하거나 혁신형 신약의 원료를 개발·제조하는 기술
		5) 혁신형 개량신약(화합물의약품) 개발 및 제조 기술: DDS(Drug Delivery System, 약물전달시스템), 염변경, 이성체 제조, 복합제 제조 및 바이오·나노기술과의 융합 등의 기술을 통해 기존 신약보다 안전성, 유효성, 유용성(복약순응도, 편리성 등), 효능 등을 현저히 개선시킨 개량 신약을 개발·제조하는 기술 및 혁신형 개량신약의 원료를 개발·제조하는 기술
		6) 임상약리시험 평가기술(임상1상 시험): 혁신형 신약(화합물의약품) 후보물질의 초기 안정성, 내약성, 약동학적, 약력학적 평가 및 약물대사와 상호작용 평가, 초기 잠재적 치료효과 추정을 위한 임상약리시험 평가기술
		7) 치료적 탐색 임상평가기술(임상2상 시험): 혁신형 신약(화합물의약품) 후보물질의 용량 및 투여기간 추정 등 치료적 유용성 탐색을 위한 평가기술
		8) 치료적 확증 임상평가기술(임상3상 시험): 바이오시밀러[R&D비용이 매출액의 2% 이상이고, 국가전략기술과 신성장·원천기술 R&D비용(바이오시밀러 임상비용 포함)이 전체 R&D비용의 10% 이상인 기업의 임상시험으로 한정하되, 국가전략기술 R&D비용(바이오시밀러 임상비용 포함)이 전체 R&D비용의 10% 이상인 기업의 임상시험은 제외한다], 혁신형 신약(화합물의약품) 후보물질의 안전성, 유효성 등 치료적 확증을 위한 평가기술
		9) 삭제〈2023. 8. 29.〉
		10) 삭제〈2023. 8. 29.〉

	나. 의료기기·헬스케어	1) 기능 융합형 초음파 영상기술: 조기 정밀 진단을 위한 영상기술 간 융합(X-ray - 초음파, 광음향 - 초음파) 및 정밀치료를 위한 초음파 영상유도 기반의 체외충격파 치료 기술
		2) 신체 내에서 생분해되는 소재 개발 및 제조 기술: 우수한 유연성과 고강도의 기계적 물성을 가지며, 시술에 따른 혈전증 및 재협착률을 최소화하는 생분해성 스텐트 제조 기술
		3) 유전자 검사용 진단기기 및 시약의 개발 및 제조 기술: 질병의 진단이나 건강상태 평가를 목적으로 인체에서 채취한 검체로부터 DNA(deoxyribonucleic acid), RNA(ribo nucleic acid), 염색체, 대사물질을 추출하여 분석하는 기기 및 시약의 개발 및 제조 기술
		4) 암진단용 혈액 검사기기 및 시약의 개발 및 제조 기술: 채취한 혈액으로부터 종양 표지자의 농도를 측정하여 암발생 유무를 판단하는 데 활용되는 검사기기 및 시약의 개발 및 제조 기술
		5) 감염병 병원체 검사용 진단기기 및 시약의 개발 및 제조 기술: 인체에서 채취된 혈액, 소변, 객담, 분변 등의 검체를 이용하여 국내에서 새롭게 발생했거나 발생할 우려가 있는 감염병 또는 국내 유입이 우려되는 해외 유행 감염병의 병원체를 검사하는 데 활용되는 기기 및 시약의 개발 및 제조 기술
		6) 정밀의료 등 맞춤형 건강관리 및 질병 예방·진단·치료 서비스를 위한 플랫폼 기술: 서로 다른 형태의 개인건강정보(진료기록, 일상건강정보, 유전자 분석 데이터, 공공데이터 등)를 저장·관리하기 위한 정보 변환기술과, 수집된 정보의 분석을 통해 질병 발병도 등 건강을 예측하고 이에 따른 맞춤형 건강관리 및 질병 예방·진단·치료를 제공하는 기술
		7) 신체기능 복원·보조 의료기기 기술: 생체역학·바이오닉스 등 첨단 의공학 기술을 통해 영구 손상된 신체기능을 원래대로 복원하여 정상적인 일상생활을 가능하게 하는 기술
	다. 바이오 농수산·식품	1) 비가열 및 고온·고압 전처리 기술: 초고압(1,000기압 이상), 고압전자기장[PET(Pulsed Electric Field) 1kV 이상], 전기저항가열(Ohmic Heating), 방사선 조사(irradiation)와 같은 대체 열에너지를 사용하거나, 가압·진공·과열증기(SHS, Superheated steam) 및 증기직접주입법(DSI, Direct steam injection) 등을 이용한 고온·고압 처리기술을 사용하여 미생물 수를 감소시키거나 사멸시키는 처리기술
		2) 식품용 기능성 물질 개발 및 제조 기술: 동·식물 및 미생물 유래 기능 물질의 탐색·분석·동정(identification)과 식품용도로 사용하기 위한 안전성·기능성 평가 및 원료 가공 또는 대량생산 기술
		3) 신품종 종자개발기술 및 종자가공처리 기술: 유전자원을 활용하여 부본과 모본의 교배를 통하거나 전통적인 육종기술에 유전공학 기술을 접목하여 생산성, 품질, 기능성 등이 개선된 신품종 종자를 개발하는 기술과 종자의 품질을 높이기 위한 프라이밍(priming), 코팅(coating), 펠렛팅(pelleting) 등 종자 가공처리 기술
		4) 유용미생물의 스크리닝 기술 및 유용물질 대량생산공정 기술: 세균이나 곰팡이를 선발·분리하여 효용성을 평가하거나 이들 미생물을 활용한 균주개발, 최적활성 연구, 발효공정, 정제공정 등을 거쳐 유용물질을 대량으로 생산하는 기술

			5) 스마트팜 환경제어 기기 제작 기술: 온실이나 축사의 온도, 습도, 이산화탄소, 악취 등을 감지하여 환경을 조절하는 센서와 이를 통해 작동하는 액츄에이터(actuator) 및 제어시스템을 설계·제조하는 기술
			6) 단백질 분리·분획·정제 및 구조화 기술: 물리적·화학적 방법을 이용하여 농·식품자원으로부터 단백질을 전분, 지방 등과 분리하여 용도에 맞게 분획·정제하는 기술, 동물세포나 조직을 배양·분화하는 기술 및 단백질 또는 세포를 3D 프린터, 압출식 성형방식, 지지체 등을 통해 구조화하고 이를 대량으로 생산하는 기술
			7) 식품 냉·해동 안정화 기술: 수분전이제어, 원물코팅, 라디오 주파수·저온 Steam 해동 등을 활용하여 냉동원료 및 제품의 품질을 균일하게 제어할 수 있는 식품 냉·해동 안정화 기술
		라. 바이오 화학	1) 바이오매스 유래 바이오플라스틱 생산 기술: 재생가능한 유기자원을 이용하여 직접 또는 전환공정을 통해 당 또는 리그닌 등 유효성분을 추출·정제하는 기술 및 바이오플라스틱을 생산하는 기술
			2) 바이오 화장품 소재(원료) 개발 및 제조기술: 세포활성 제어기술, 미생물 발효 및 생물전환기술, 활성성분 대량생산기술 등의 바이오 기술(bio technology)을 활용하여 화장품의 소재(원료)를 개발 및 제조하는 기술
			3) 신규 또는 대량 생산이 가능한 바이오화학 소재 개발 및 미생물 발굴 바이오 파운드리 기술 : 바이오플라스틱, 바이오화장품 소재, 바이오생리활성 소재 등을 생산하는 미생물 확보를 위한 유전자 편집 등의 합성생물학 기술과 이를 활용한 디자인, 제작, 시험, 학습 등의 순환 과정의 바이오파운드리 기술
8. 에너지·환경		가. 에너지 저장 시스템 (ESS: Energy Storage System)	1) 비리튬계 이차전지 소재 등 설계 및 제조기술: 흐름전지(Flow Battery)에 사용되는 전극·멤브레인(Membrane)·전해질·저가 분리판·스택(Stack) 설계 및 제조 기술과 나트륨(Sodium)계 이차전지에 사용되는 소재(양극·음극·전해질)·셀(Cell)·모듈 설계 및 제조 기술
			2) 전력관리시스템 설계 및 전력변환장치 설계 및 제조 기술: 전력을 제어하기 위한 전력관리시스템(PMS, Power Management System) 설계 기술과 저장장치 전력과 전력계통 간의 특성을 맞춰주는 전력변환장치(PCS, Power Conversion System) 설계 및 제조 기술
			3) 에너지관리시스템 기술: 주파수조정, 신재생연계, 수요반응 등의 응용 분야별 제어 소프트웨어 기술을 핵심으로 하는 에너지관리시스템(EMS, Energy Management System) 기술
			4) 배터리 재사용·재제조를 위한 선별 기술: 초기용량 대비 80% 이하로 수명이 종료된 전기자동차 배터리의 성능·안전성 평가를 통해 잔존가치를 유지한 배터리를 선별하는 기술
			5) 고성능 리튬이차전지 기술: 265wh/kg 이상의 에너지밀도 또는 6C-rate 이상의 방전속도를 충족하는 고성능 리튬이차전지에 사용되는 부품·소재·셀(cell) 및 모듈(module) 제조 및 안전성 향상 기술
			6) 전기동력 자동차의 에너지저장 시스템 기술: 전기동력 자동차(xEV)의 주행거리 연장, 충전시간 단축 등을 위해 차량용 이차전지 팩의 에너지 밀도를 160Wh/kg 이상으로 구현하기 위한 기술

	나. 발전 시스템	1) 대형가스터빈 부품 및 시스템 설계·제작·조립·시험 평가기술: 천연가스를 연소시킬 때 발생하는 고온 고압의 에너지로 발전기를 회전시켜 전기를 생산하는 용량 380MW 이상, 효율 43% 이상의 터빈·부품 설계·제작·조립·시험 평가 기술
		2) 초임계 이산화탄소 터빈구동 시스템 설계·제조기술: 열원을 활용하여 생성된 초임계상태의 이산화탄소(supercritical CO2)를 작동 유체로 터빈을 구동하는 고효율 터빈·압축기·열교환기 등 발전설비 및 시스템 개발 기술
		3) 증기터빈 부품 및 시스템 설계·제작·조립·시험 평가기술: 610℃ 이상 및 270 bar 이상의 고온·고압의 에너지로 발전기를 3,600 RPM 이상으로 회전시켜 전력을 생산하는 터빈·부품설계·제작·조립·시험 평가기술
	다. 원자력	1) 원자로 냉각재 펌프(RCP, Reactor Coolant Pump) 설계 기술: 원자로에서 핵반응을 통해 발생되는 열을 제거하여 증기발생기로 보내기 위해 냉각재를 순환시키는 원자력발전소 핵심 기기인 원자로냉각재펌프의 상세설계기술, 원형 제작기술, 성능 시험기술, 신뢰성 평가기술 등 제반 핵심 설계·제작 기술
		2) 내열 내식성 원자력 소재 기술: 방사선, 고온 및 부식성 환경 속에서 내부식성을 극대화시킬 수 있는 내열·내식성 소재(핵연료 피복관, 증기발생기 세관(340℃·150기압의 1차 냉각수 및 300℃·50기압의 2차 냉각수 노출 가능), 원자로 내부 구조물(중성자 조사 및 340℃·150기압의 1차 냉각수 노출 가능) 등)을 개발하는 기술
		3) 방사선이용 대형 공정 시스템 검사기술: 철강 배관의 손상 진단 및 미세결함 검출을 위한 와전류 자동 검사시스템 기술, X선 발생장치와 이리듐(Ir)-192 감마선 조사장치에 적합한 이동용 방사선투시 기술
		4) 신형원전(Advanced Power Reactor) 표준설계 기술: 노심 및 핵연료 설계기술, 핵증기공급계통(NSSS, Nuclear Steam Supply System) 설계기술, 주기기 설계기술, 보조기기 및 플랜트종합(BOP, Balance of Plant) 설계기술, 원전제어계통(MMIS, Man-Machine Interface System) 설계기술, 안전성분석기술 등 APR+(Advanced Power Reactor Plus) 및 SMART(System-integrated Modular Advanced Reactor)의 표준설계기술 및 표준설계인가 획득 기술
		5) 가압경수형원전(Pressurized Water Reactor) 원전설계 핵심코드 개발 기술: 원자력발전소 독자개발 및 수출에 필수적인 핵심원천기술인 고유 노심설계코드(원자로 노심의 핵연료 배치 및 장전량을 결정하고 노심의 물리적 특성을 분석하는 데 사용되는 핵설계코드, 열수력설계코드, 핵연료설계코드 등의 전산프로그램)와 고유 안전해석코드(원전에서 발생 가능한 모든 사고를 분석하고 원전의 안전성을 확인하는 데 사용되는 계통안전해석코드, 격납건물해석코드, 중대사고해석코드 등의 전산프로그램) 개발기술
		6) 친환경·저탄소 후행 핵주기 기술: 해체 엔지니어링, 해체 원전 계통·기기·구조물 제염기술, 금속·콘크리트구조물 절단기술, 해체 폐기물 처리·감용기술, 해체현장 방사능 측정 및 부지복원 기술, 준위별 방폐물 관리비용 평가기술, 처분부지 조사기술, 처분시설 설계·시공 기술, 처분시설 다중방벽 장기성능 평가 기술, 피폭선량 평가 기술(처분시설 안전성 평가 기술), 처분시스템 모니터링 기술, 방폐물 인수·처리 기술, 방폐물 운반·저장 기술 및 방폐물 처분시설 운영·관리 기술

		7) 가동원전 계측제어설비 디지털 업그레이드 기술: 가동원전 계측제어 설비의 안전성 및 신뢰성 강화를 위해 최신기술기준과 운전경험을 반영한 공통유형고장대응 안전 계통·제어기기 개발, 단일고장에 의한 발전소 정지 유발 요소제거, 심층방어 및 다양성 적용, 사이버보안 및 보안성 환경 적용, 가동원전 시뮬레이터를 이용한 설계 및 검증설비 구축, 노후화된 발전소의 신호선 및 케이블 식별 등 계측제어설비 디지털 업그레이드 기술
		8) SMR(Small Modular Reactor) 설계 및 검증 기술: SMR 노심 설계 및 해석 기술, 계통 핵심기기 설계기술, 유체계통 설계기술, MMIS(Man-Machine Interface System)용 계측제어계통 표준설계 기술, 주요기기 배치 및 구조설계 기술, BOP(Balance Of Plant) 계통 설계 기술, 확률론적 안전성 분석(PSA; Probabilistic Safety Assessment) 기술, 중대사고 분석 및 대처 기술, SMR 노심 검증기술, 열수력 검증기술, 계통기기 검증기술, 모듈 통합 검증기술, 열수력 통합 해석기술, 필수 계통 안전 해석기술
		9) SMR(Small Modular Reactor) 제조 기술: 탄력운전 대응 열적성능강화 핵연료집합체 개발·제조기술, 혁신형 제어봉집합체 개발·제조 기술, 무붕산 노심설계가 가능한 일체형 가연성흡수봉 설계·제조기술, 증기발생기 전열관 3D 벤딩 및 검사 기술, 원자로·증기발생기·가압기 등 주요기기가 일체화된 원자로모듈을 제조하는 기술
		10) 대형 원자력발전소 제조기술: 대형 원자력발전소를 구성하는 원자로·내부구조물, 핵연료 취급·검사장비, 증기발생기·가압기, 원자로 냉각재펌프, 증기터빈·주발전기 및 보조기기를 제조하는 기술
		11) 혁신 제조공법 원전 분야 적용 기술: 분말-열간등방압성형(PM-HIP) 기술, 전자빔 용접(EBW) 기술, 다이오드 레이저 클래딩(DLC) 기술 및 원전기자재 적층제조 기술
	라. 오염방지·자원순환	1) 미세먼지 제거 및 고정밀 미세먼지·온실가스 동시 측정 기술: 미세먼지 및 원인가스를 동시에 제거하고 세척 후 재사용이 가능한 세라믹필터 및 촉매 기술, 기액접촉층 및 습식 플라즈마(wet plasma)를 통한 무필터 정화 기술, 0.3㎛ 이하 고정밀 미세먼지를 수분과 구별하여 측정하는 기술 및 공정내부 미세먼지 온실가스 농도 동시 실시간 측정 기술
		2) 차세대 배기가스 규제 대응을 위한 운송·저장시스템 기술: 운송·발전용 기관을 운전할 때 배출되는 배기가스내의 질소산화물 및 배기배출물을 과급기 하류측에서 선택적촉매환원법(SCR) 등을 사용하여 저감시키는 시스템·부품의 설계·제작·시험·평가 기술
		3) 디젤 미립자 필터(DPF) 제조 기술: 디젤이 제대로 연소하지 않아 생겨나는 탄화수소 찌꺼기 등 유해물질을 모아 필터로 걸러낸 뒤 550℃ 이상의 고온으로 다시 태워 오염물질을 줄이는 저감장치의 제조 기술
		4) 폐플라스틱 등의 물리적 재활용 기술: 폐플라스틱·폐타이어·폐섬유의 선별·세척, 파쇄·용융·배합 등 물리적 가공 과정을 거쳐 플라스틱 제품 등을 제조하는 기술
		5) 폐플라스틱 등의 화학적 재활용을 통한 산업원료화 기술: 폐플라스틱·폐타이어·폐섬유의 해중합, 열분해 또는 가스화 공정을 거쳐 화학원료·고부가가치 탄소화합물 제품 등을 제조하는 기술

		6) 생분해성 플라스틱 생산기술 : 생분해성 플라스틱 생산기술 : 바이오화학 및 석유화학 원료를 사용하여 생분해성이 향상된 플라스틱 컴파운드(「환경기술 및 환경산업 지원법」 제17조에 따라 환경표지 인증을 받거나 수출을 목적으로 하는 생분해성수지제품 및 해당 제품의 원료로 사용되는 경우로 한정한다)를 제조하고 물성을 증대하는 기술
		7) 폐기물 저감형 포장소재 생산 기술 : 복합소재의 단일화, 오염 저감 표면처리, 수(水)분리성 강화 등 포장재의 재활용도를 개선하는 기술 및 소재 경량화, 석유계 용제 저감 등 포장재와 관련된 플라스틱·오염물질의 발생을 저감하는 기술
		8) 폐수 재이용 기술: 반도체 제조공정에서 발생되는 폐수를 공업용수 수질로 재생산하여 제조공정에 사용하는 수처리 시스템 개발 기술
		9) 폐섬유의 화학 및 생물학적 재활용 기술을 활용한 자원순환 섬유소재 제조기술: 혼합재질 폐섬유의 화학 및 생물학적 해중합, 정제·분리·원료(모노머) 회수 및 재중합 및 방사기술
9. 융복합소재	가. 고기능섬유	1) 탄소섬유복합재의 가공장비 및 검사장비 설계·제조기술: 탄소섬유복합재 부품가공을 위한 복합 가공장비[관련되는 공구, 부품 고정을 위한 유연지그, 공정 모니터링 센서모듈 및 컴퓨터 수치제어기(CNC, Computerized Numerical Controller) 등을 포함한다] 설계·제조기술 및 탄소섬유복합재 가공 품질 검사를 위한 검사장비 설계·제조기술
		2) 극한성능 섬유 제조 기술: 고탄성·고강도 탄소섬유 또는 섬유용 CNT(Carbon Nano Tube, 탄소나노튜브)의 제조 기술과 고탄성·고강도·고내열성(250℃ 이상)·고내한성(-153℃~-273℃) 아라미드(Aramid)·초고분자량폴리에틸렌(UHMWPE)·액정섬유의 제조 기술 및 이들의 복합화 설계를 통한 초경량·고탄성·고강도·고내열(한)성 섬유복합체 제조 기술
		3) 섬유기반 전기전자 소재·부품 및 제품 제조 기술: 전기 또는 광 신호의 생산, 저장 또는 전달이 가능한 전도성 섬유를 가공·변형하여 트랜지스터, 저항, 콘덴서, 안테나 등의 전자회로 소자를 직물 형태로 구현하는 기술
		4) 의료용 섬유 제조 기술: 생체적합성(생체재료가 생체조직이나 체액·혈액 등과 접촉시 거부반응이 나타나지 않는 특성)과 생체기능성(생체재료가 체내에서 존재하는 동안 목표한 기능을 완전히 수행 가능한 특성)을 갖춘 의료용 섬유 제조기술로서, 약물전달용 나노섬유 소재, 바이러스·세균 감응섬유구조체, 혈액의 투석·정화용 섬유구조체, 손상조직을 대체 가능한 섬유구조체 또는 꼬이지 않고 계속되는 수축·팽창에 견딜 수 있는 인공혈관 섬유구조체의 제조 기술
		5) 친환경섬유 제조 기술: 환경친화적 섬유 원료를 사용한 섬유 제조기술로서 생분해성 섬유고분자 제조 및 분해성 제어 기술, 열가소성 셀룰로오스 섬유 제조 기술, 바이오매스 나노섬유 제조 기술
		6) PTFE(PolyTetraFluoro Ethylene) 멤브레인 기반 고성능 복합필터 제조기술: 공기 중의 0.3um 크기의 입자 99.97% 이상을 균일하게 포집할 수 있는 PTFE 멤브레인 기반의 고성능 복합필터 핵심 소재·부품 관련 제조·가공 기술

		7) 특수계면활성제 제조 기술: 전자부품 제조 공정용으로 사용되는 저표면에너지(24~27 mN/m, 0.1% solution/PGMEA), 극미량의 금속함유량(100ppb 이하) 특성을 지닌 불소계 계면활성제 및 도료 및 포소화제의 기능향상을 위한 첨가제 등으로 사용되는 저표면에너지(15~18 mN/m, 0.1% 수용액), 극미량의 PFOA 함유량(1ppm 미만) 특성을 지닌 불소계 계면활성제 제조 기술
		8) 극세 장섬유 부직포 및 복합필터 제조기술: 유해물질을 여과·분리·차단하는 1㎛이하 극세 장섬유 부직포 제조기술과 HEPA(High Efficiency Particulate Air)급 이상의 고성능 정밀여과 복합필터 제조 기술
	나. 초경량 금속	1) 고강도 마그네슘 부품의 온간성형기술: 미세조직 구성인자의 제어와 성형기법의 개선을 통해 저온(150℃ 이하)에서 성형 가능한 고품위·고강도 Mg(마그네슘) 부품 제조 기술
		2) 차세대 조명용 고효율 경량 방열부품 생산기반기술: 알루미늄 등 경량소재를 이용하여 주조, 성형 및 표면처리를 통해 방열 부품을 제조함으로써 고열전도도, 열확산능, 친환경 특성 등의 기능을 갖게 하는 기술
	다. 하이퍼 플라스틱	인성특성이 향상된 고강성 하이퍼플라스틱(High Performance Plastics) 복합체 제조 및 가공 기술: 고강성 하이퍼플라스틱의 인성특성을 개선하여 고충격성(60KJ/m² 이상), 내화학성(온도 23℃의 염화칼슘 5% 용액에 600시간 담근 후 인장강도 유지율 90% 이상), 내마모성(50rpm, 150N, 측정거리 3Km 조건으로 내마모 시험 후 마모량 1.0mm3/Kgf·Km 이하) 중 하나 이상의 특성을 지닌 고강성·고인성 하이퍼플라스틱 복합체 제조 및 가공기술
	라. 구리합금	1) 고강도 구리합금 설계·제조기술: 인장강도 900Mpa 이상의 고강도 특성을 갖춘 주석함유 구리합금(Cu-Ni-Sn계) 설계·제조 기술
		2) 구리 및 구리합금 박판 제조기술: 자동차, 전기·전자 분야의 고성능·소형화에 적용 가능한 두께 0.1mm 이하의 구리 및 구리합금 박판 제조 기술
	마. 특수강	1) 고청정 스테인레스계 무계목강관·봉강 제조기술: 망간 함유량 0.8% 이하 및 황 함유량 0.005%이하로 제어된 고청정 스테인리스계 합금을 활용하여 용접이음매를 갖지 않는 강관 및 봉 형태의 철강재를 제조하는 기술
		2) 고기능성 H형강 제품 제조기술: 고강도(420Mpa급 이상), 고인성(-40℃이하에서 충격값 50 Joule 이상) 특성을 갖는 고기능성 H형강 제품 제조기술
		3) 장수명 프리미엄급 금형소재 제조기술: 기존 교체주기 5만회의 금형대비 30%이상 수명이 향상된 합금설계, 고청정 특수강 제조 및 소성가공 기술
	바. 기능성 탄성·접착 소재	1) 고기능 불소계 실리콘 제조·가공 기술: 내열성(온도 175℃에서 22시간동안 영구압축줄음율 30%이내), 내화학성(150℃, 240시간 내유체적변화율 10%이하) 및 저온성(-66℃이하에서 기밀력 1800psi이상)의 특성을 지닌 불소계 실리콘 고무 합성 및 분자량 제어기술
		2) 고기능 불소계 고무 제조·가공 기술: 2원계 이상의 공중합체로서 불소함량이 50% 이상이며 내한성(어는점 -15℃ 이하), 내열성(200℃ 이상) 및 내화학성(온도 25℃ Fuel-C에서 체적변화율 4% 이내)을 갖춘 불소계 고무 제조·가공기술

		3) 고기능 부타디엔 고무 제조·가공 기술: 고상 및 액상 기능성(Cis content 90% 이상, 무니점도(ML1+4, 100℃) 40 이상) 부타디엔류 고무 제조 기술과 고내마모성(내마모도 60㎣ 이하, 구름저항 5.5 이하) 부타디엔 고무 제조 기술
		4) 고기능 비극성계 접착소재 제조기술: Haze 1% 이하의 광학특성과 연속사용온도 100℃의 열안정성을 갖는 실리콘계 점착·접착 소재 및 300℃ 이상의 고온가공성형이 가능한 아크릴레이트 함량 5~35% 또는 관능기의 함량 1.2~8%의 에틸렌계 점착·접착 소재 제조 기술
		5) 고기능 에폭시 수지 접착소재 제조 기술: 에폭시 수지를 주성분으로 하여 경량 수송기기 부품의 구조접착에 사용되는 전단강도 25MPa 이상, 저온 충격강도 20N/mm 이상, T-박리강도 250N/25mm 이상의 기계적 성능을 갖는 접착소재 제조기술과 전자부품의 접착에 사용되는 WVTR(Water Vapor Transmission Rate) 0g/㎡·24h 이하 및 20kV/mm 이상의 전기절연성을 갖는 비할로겐형 접착소재 제조기술
	사. 희소금속·소재	1) 타이타늄 소재 제조기술과 금속재료 부품화 기술: 사염화타이타늄(TiCl4), 스폰지, 잉곳, 루타일 및 아나타제 이산화타이타늄(TiO2) 등의 소재 개발·제조기술과 합금설계, 압연, 주조, 단조, 용접 등의 금속재료 부품화 기술
		2) 고순도 몰리브덴 금속·탄화물 분말 및 금속괴 제조 기술: 순도 99.5% 이상의 몰리브덴 금속분말, 순도 99% 이상의 몰리브덴 탄화물 분말 및 순도 99.95% 이상의 몰리브덴 금속괴 제조 기술
		3) 중희토 저감 고기능 영구자석 생산 기술 : 결정립도 5㎛이하 소결체 제조 및 결정립 주변 나노단위 두께의 중희토 확산층 형성 등을 통해 기존 자석 대비 중희토 함유량을 50% 이상 절감하여 고기능 영구자석을 생산하는 기술
		4) 차세대 배기가스 규제 대응을 위한 핵심소재 생산 기술 : 포집된 이산화탄소를 활용하여 운송·발전·산업용 기관을 운전할 때 배출되는 배기가스내 질소산화물, 황산화물 등 배기배출물을 저감시키기 위해 필요한 핵심소재 제조기술
10. 로봇	가. 첨단제조 및 산업로봇	1) 고청정 환경 대응 반도체 생산 로봇 기술: 청정환경에서 450mm 대형 웨이퍼, 일반 반도체를 핸들링하며 5Port 이상 대응 가능(수평 이송범위 2,100mm 이상 및 수직 이송범위 900mm 이상)한 청정환경용 반도체 로봇 기술과 10나노급 초정밀 공정용 초정밀 매니퓰레이션 기술, 대형 웨이퍼 핸들링을 위한 진동 억제 기술
		2) 차세대 태양전지(Solar cell) 제조 로봇 기술: 고진공/고청정 환경의 태양전지 생산 현장에서 대면적·고중량 기판을 핸들링할 수 있는 로봇의 설계·제조 기술
		3) 실내외 자율 이동·작업수행 로봇 기술: 광범위 거리측정센서, GPS 등을 활용하여 실내외 환경에서 경로를 계획하여 이동하고(미리 정해진 경로를 따라 이동하는 방식은 제외한다), 자율적으로 작업을 수행하는 지능형 로봇 및 기계 기술
		4) FPD(Flat panel display) 이송로봇 기술: 일반 대기압 또는 진공 환경 하에서 고중량(400kg 이상)의 FPD 및 마스크를 이송하는 로봇 설계·제조 기술

		5) 협동기반 차세대 제조로봇 기술: 사용자와 같은 공간에서 협업이 가능한 초소형(가반하중 1kg 미만) 및 중대형(가반하중 25kg 이상) 로봇, 첨단 안전기술(PL e, Cat 4 또는 이와 동일한 수준의 안전등급 이상)이 탑재된 로봇 또는 7축 이상의 다관절 로봇을 설계·제조·제어하는 기술
		6) 용접로봇 기술: 생산과정 내 용접 공정의 자동화 및 용접 품질관리를 위한 6축 이상의 용접용 수직다관절로봇, 용접전원장치, 용접용센서 설계·제조 기술
	나. 안전로봇	1) 감시경계용 서비스로봇을 위한 주변환경 센싱 기술, 실내외 전천후 위치인식 및 주행 기술: 실내외에서 외부 환경을 인식하고 이를 바탕으로 감시 경계 업무를 수행하기 위해 외부 환경에 강인한 센서융합, 위치인식, 환경인식 및 주행기술 등 기술의 선택적 적용이 유연한 개방형 자율 아키텍쳐 기술
		2) 내단열 기능이 구비된 험지 돌파형 소형 구조로봇 플랫폼 기술: 고온 및 화염에 강하고 협소구역 돌파가 우수한 고속주행 소형이동로봇 기술로서 장비 내외부 내화 설계 기술, 강제 내화시스템 설계 기술 및 험지 이동형 고속주행 메카니즘 설계 기술
	다. 의료 및 생활 로봇	1) 수술, 진단 및 재활 로봇기술: 로봇기술을 이용한 진단 보조, 시술·수술 보조와 이에 따른 환자의 조기 치유·재활이 목적인 의료로봇 기술
		2) 간병 및 케어 로봇 기술: 간호사의 단순반복 업무 지원 및 환자의 정서케어 서비스 지원이 가능한 로봇 서비스 시스템 기술
		3) 안내, 통역, 매장서비스, 홈서비스 등의 안내로봇 기술: 공공접객 장소 내에서 다양한 멀티미디어 콘텐츠를 활용한 제품 및 서비스 등을 효과적으로 안내하고 홍보하는 로봇 기술
		4) Tele-presence 로봇 기술: 자율이동기능, 진단·지시용 매니퓰레이터 및 얼굴모션 동기화 등의 기술구현을 통한 원격진료·진료자문 및 교육 등이 가능한 Tele-presence 로봇 기술
		5) 생활도우미 응용 서비스 기술: 가정 및 사회 환경 내에서 인간과 교감하며 정보의 취득, 일상생활 및 가사노동을 지원하는 지능형 로봇 및 서비스 기술로서 심부름, 가사작업 및 이동 보조형 로봇 기술
		6) 유치원, 초등학교에서 교사를 보조하는 교육로봇 기술: 유치원이나 초등학교에서 교과과정에 적합한 교육 컨텐츠 및 로봇플랫폼을 활용하여 교사를 보조하여 학습하는 교육로봇 기술
	라. 로봇공통	1) 실내외 소음환경에서의 대화신호 추출 기술: 잔향과 소음이 뒤섞인 실내외 환경에서 원거리에서도 고신뢰도의 음성인식이 가능하게 하고, 음성으로부터 사람의 언어를 문자형태로 인식하고, 인식된 문자정보를 바탕으로 사람과 자연스럽게 대화하면서 다양한 태스크를 수행할 수 있는 기술
		2) 모터, 엔코더, 드라이버 일체형의 구동 기술: 로봇용 관절구성에 필요한 모터, 엔코더, 감속기, 드라이버를 모두 하나의 몸체에 넣어서 만든 관절 구동형 액츄에이터(Actuator) 기술
		3) 웨어러블 로봇 기술: 인체에 착용하여 인체 동작의도를 인식하고 추종제어 알고리즘을 통해 착용자의 신체능력 증강 및 운동을 지원하는 착용형 로봇 기술

		4) 직관적 교시기술: 코딩(Coding) 없이 그래픽 인터페이스를 활용하거나 직관적인 방식으로 로봇의 동작을 입력하여 임무를 수행할 수 있도록 하는 소프트웨어 기술
11. 항공·우주	가. 무인이동체	1) 무인기 지능형 자율비행 제어 시스템 기술: 무인기가 내외부의 비행 상황을 인식하고, 스스로 조종하며 임무를 수행하기 위해 필요한 비행조종컴퓨터 개발기술과 자율비행 알고리즘(algorithm) 그리고 관련 소프트웨어 기술로, 장애물 탐지 및 지상/공중 장애물 충돌회피 기술, 고장진단 및 고장허용 제어기술, 인공지능 기반 비행체 유도제어 성능향상 기술, 무인이동체 실시간 운영체제 및 소프트웨어 아키텍쳐 설계기술, 고신뢰성과 비행안전성 보장 경량 비행조종컴퓨터 기술을 포함하는 기술
		2) 지능형 임무수행 기술: 무인기의 자율적인 비행과 임무수행 데이터 획득 분석을 위한 기술로서 3차원 디지털 맵 생성 및 위치인식 기술, GPS 및 Non-GPS 기반의 항법기술, 무인기 교통관제 및 경로최적화 기술, 무인기 활용서비스용 데이터 처리 및 가공 기술을 포함하는 기술
		3) 무인기 탑재 첨단센서 기술: 무인기의 운항 지원과 활용 목적에 따른 임무 달성 지원을 위해 첨단 센서 및 장비를 적용하는 기술로, GPS, INS(Inertial Navigation System) 등의 항법센서기술, 소형 경량레이더 기술, 충돌회피용 소형 LIDAR(Light detection and ranging) 센서 기술, 멀티스펙트럼(multi-spectrum) 카메라 기술, 360°카메라 및 송수신 기술, Non-GNSS(Global Navigation Satellite System) 융합센서기술을 포함하는 기술
		4) 무인기 전기구동 핵심부품 기술: 전기동력을 기반으로 무인기의 조종, 이착륙, 추진 등을 담당하는 핵심부품을 개발하기 위한 기술로서, 소형무인기용 고효율 전기모터 기술, 무인기용 저온용 배터리 및 전원관리시스템 기술, 고효율 전기모터용 인버터(inverter) 기술을 포함하는 기술
		5) 무인기 데이터링크 핵심기술: 무인기와 지상국·조종기간, 무인기와 타 무인이동체 간에 감시 및 추적, 정보 전달 등의 데이터 송수신을 지속적으로 유지하기 위한 기반 기술로 소형·경량 탑재통신장비, 정밀 추적 안테나, 무인기간 네트워크 보안을 포함하는 기술
		6) 무인기 지상통제 핵심기술: 무인기를 지상에서 원격으로 조종하고 상황을 모니터링하기 위한 조종기, 지상국, 텔레메트리(telemetry) 장비와 관련 운영 소프트웨어 프로그램 기술로 소형무인기 조종기 개발기술, 무인기 조종훈련을 위한 시뮬레이터(simulator)기술, 실시간 무인기 상황 및 임무현황 분석기술을 포함하는 기술
		7) 물류 배송용 드론 제조기술: 일정 중량(10kg) 이상 물품의 비가시권 비행을 100% 신뢰성을 확보하여 안전하게 운송 가능한 드론 제조 기술 및 기능개선에 필요한 소재(열전도율 5kcal/m·h 대비 10% 이상 개선)·부품(세계 최고 CPU 속도대비 약 66% 이상 처리성능 개선)·장비(다지점 배달용 물품 적재함, 물품배송 드론용 도킹스테이션 등의 경량화)의 설계·제조 기술
		8) 드론용 하이브리드 추진 시스템 기술: 전기배터리 무인기의 체공시간(120분 이상) 및 탑재량(12kg 이상) 증대를 위해 엔진 동력을 이용하여 전기모터를 동작시키는 하이브리드 추진시스템 기술 및 이와 관련한 소재·부품 및 장비의 설계·제조 기술

	나. 우주	1) 위성본체 부분품 개발기술: 위성본체 개발을 목적으로 하는 전력시스템, 자세제어용 센서 및 시스템, 위성탑재 컴퓨터시스템, 위성교신을 위한 송수신시스템, 위성 구조체 시스템(태양전지 포함), 추진시스템(추력기, 추진제 저장탱크, 밸브 및 제어기 등), 열제어시스템 등에 대한 기술
		2) 위성 탑재체(정찰, 통신, 지구 탐사, 기상예보 따위와 같은 임무를 수행하기 위해 탑재되는 위성체의 구성 부분을 말한다) 부분품 개발기술: 인공위성 탑재를 목적으로 하는 광학 탑재체, 영상레이더 탑재체, 통신·방송 탑재체, 우주과학 탑재체, 항법 탑재체 시스템 및 위성용 영상자료처리장치, 주파수 변조기 및 안테나 등에 대한 기술
		3) 우주발사체 부분품 개발기술: 우주발사체 개발을 목적으로 하는 액체엔진(핵심부품), 대형 구조물[추진제 탱크, 동체, 연결부, 페어링(fairing: 노출부의 보호 및 공기 저항력 감소를 위한 유선형 덮개를 말한다), 탑재부, 분리기구 등], 관성항법유도시스템, 자세제어시스템, 전력시스템, 원격측정·추적시스템, 비행종단시스템 등에 대한 기술
		4) 위성통신 송수신 안테나 개발 기술: 통신목적 인공위성과의 안정적인 데이터 송신 및 수신을 위해 안테나가 탑재된 대상(항공기 등)이 고속으로 이동하면서 자이로센서(Gyro sensor)·GPS 정보 등을 이용하여 인공위성을 추적(Tracking)하거나, 안테나가 지향하는 인공위성이 지구의 자전보다 빠른 속도로 이동함에 따라(중·저궤도 위성) 인공위성 궤도 데이터·GPS 정보 등을 이용하여 인공위성을 추적(Tracking)하는 기능을 가진 위성통신 안테나를 제작하는 기술
12. 첨단 소재·부품·장비	가. 첨단 소재	1) 고기능성 알루미늄 도금강판 제조 기술: 550℃에서 200시간 유지 가능한 내열성과 SST 2400(KSD9502)시간 보증 가능한 내식성이 우수한 고성능 알루미늄 도금강판 개발을 위한 조성개발, 고온성형성 향상 기술, 특수 용접기술 등의 제조기술
		2) 고순도 산화알루미늄 제조기술: 순도 99.9% 이상의 산화알루미늄 분말 제조를 위한 합성, 가공, 고순도화, 고밀도화 등의 제조기술
		3) 거리감지센서용 압전결정소자 및 초음파 트랜스듀서 기술: 거리감지센서 등에 사용되는 압전결정소자 및 초음파 트랜스듀서 설계·제조기술
		4) 고기능성 인조흑연 제조기술: 인조흑연 제조용 피치 및 코크스 제조 기술, 전극봉·등방블록·흑연분말 성형 및 2,800℃ 이상의 열처리를 통한 흑연화 기술
		5) 고효율·고용량 이차전지 음극재 제조 기술: 나노 실리콘 결정크기(5nm 이하) 제어 및 카본코팅을 통해 부피팽창 문제 해결과 고효율(88% 이상), 고용량(1800mAh/g 이상) 음극재를 구현하는 소재 기술
		6) 전극용 탄소나노튜브 제조 및 이를 활용한 도전재 제조 공정 기술: 비철계 촉매를 사용하여 전도성이 우수한 전극용 탄소나노튜브(CNT, Carbon Nanotube)를 제조하는 기술 및 CNT를 활용하여 열화 현상을 줄이고 용량 및 수명을 개선한 도전재를 제조하는 공정 기술
		7) 고순도 리튬화합물 제조 기술: 리튬 광석 또는 염호 등 천연리튬 자원으로부터 고순도 99.5% 리튬화합물(Li_2CO_3, LiOH 등)을 제조하기 위한 선광·제련 공정 기술

		8) 니켈광 대상 니켈 회수공정 기술: 니켈광(라테라이트 등)으로부터 니켈을 회수하기 위한 선광·제련(고압산침출, 질산침출 등)·추출·정제 기술
		9) 희토류 원료 제조공정 기술: 희토류 원광으로부터 순도 95% 이상 희토류 원료를 제조하는 기술 또는 순환자원(폐영구자석, 폐형광체, 폐촉매 등)으로부터 희토류 금속을 회수하는 회수율 85% 이상의 공정 기술
	나. 첨단 부품	1) 고정밀 롤러베어링 및 볼베어링 설계·제조 기술: 구름베어링의 일종으로 내외륜 사이에 다수의 볼 또는 롤러를 삽입하여 마찰을 감소시켜 고속 운전을 돕거나 큰 하중에 견딜 수 있는 정밀도 P5급 이상의 기계부품 설계·제조 기술
		2) 고압 컨트롤 밸브 설계·제조 기술: 유압펌프에서 발생한 330 Bar 이상 고압의 유체에너지를 작업자의 작업의도에 따라 각 유압 액추에이터, 선회 및 주행의 유압모터 등에 공급하며, B5 10,000시간 이상의 높은 내구 신뢰성을 가지는 메인 컨트롤 벨브 부품 설계·제조 기술
		3) 고정밀 볼스크류 설계·제조기술: 회전운동을 직선운동으로 변환하는 정밀도 C3급 이상, 축방향 공차 5μm 이내의 동력전달부품 설계·제조 기술
		4) 능동마그네틱 베어링 설계·제조기술: 자력을 이용하여 회전축을 지지하고, 윤활제가 필요 없이 극저온(-250℃ 내외) 또는 고온(300℃ 이상), 진공에서 축의 회전 궤적을 능동적으로 제어할 수 있는 부품 설계·제조 기술
		5) 고성능 터보식 펌프 설계·제조기술: 임펠러 및 블레이드가 회전함으로써 기계의 운동에너지를 유체·기체의 압력에너지로 전환하여 2,500L/s 이상의 배기속도 및 1.3×10^{-9} mbar 이상의 최고 진공도를 만드는 터보식 펌프의 설계·제조기술
		6) 특수 렌즈 소재·부품·장비 제조기술: 고배율[굴절률(nd) 2.0 이상], 야간 투시[원적외선(파장 8~12μm) 투과율 50% 이상], 자외선투과[자외광(193nm) 투과율 80% 이상] 등 특수용도로 사용되는 카메라 구성에 필요한 특수 광학소재의 소재·부품·장비 제조기술
		7) 고기능 적층세라믹콘덴서(MLCC: Multi Layer Ceramic Capacitor) 소재·부품 제조기술: 고용량, 고신뢰성을 갖춘 적층세라믹컨덴서의 소재·부품 제조기술 소재·부품·장비 제조기술
		8) 선박용 모터(Motor) 설계·제조기술: 각종 펌프(Pump), 압축기, 엔진(Engine) 시동장치, 크레인(Crane), 팬(Pan) 등 일반선박용 모터의 소재·부품 및 액화천연가스(LNG, Liquefied Natural Gas) 추진선박, 가스(Gas) 운반선, 유조선, 화학물 취급선 등 특수선박용 방폭형 모터와 전기 추진선박, 수소 연료전지 선박 등 전기추진용 모터의 핵심 소재·부품을 설계·제작·시험·평가하는 기술
	다. 첨단 장비	1) 첨단 머시닝센터 설계·제조기술: 자동공구교환장치(Automatic Tool Changer)를 장착하여, 밀링, 드릴링, 보링가공 등 여러 공정의 작업을 수행할 수 있는 가공정밀도 5μm 이내, 동시 제어 5축 이상, 최대 스핀들 속도 12,000rpm 이상의 절삭가공장비 및 부품의 설계·제조 기술[가공 회전수, 축 이동, 진동오차 제어 등 머시닝센터의 고정밀 작업을 제어하는 CNC(Computerized Numerical Controller) 모듈 관련 기술 포함]

		2) 열간 등방압 정수압 프레스 설계 · 제조 기술: 기체 또는 액체를 압력매체로 활용하여 1,500℃이상에서 작동하면서 1분당 최고 50℃의 속도로 냉각이 가능하고, 금속 소재를 모든 방향에서 100MPa 이상의 정수압 또는 등방압 조건으로 가압하는 직경 1,000mm 이상의 프레스 장비 설계 · 제조 기술
		3) 연삭가공기 설계 · 제조 기술: 사파이어, 다이아몬드 등 고정도의 광물입자를 결합제로 고정시킨 숫돌을 이용하여 평면 · 원통 등 단순한 형태가 아닌 복잡한 형태의 가공공정을 수행하는 장비 설계 · 제조 기술
		4) 첨단 터닝센터 설계 · 제조기술: 원통형 부품의 가공을 위해 소재를 회전시키면서 절삭 공구가 상대 이동하는 가공정밀도 5㎛ 이내, 최대 스핀들 속도 3,000rpm 이상의 절삭가공장비 설계 · 제조 기술(ISO 7등급 이하의 기어 제조를 위한 고속 스카이빙 가공장비 관련 기술 포함)
		5) 첨단 회전 성형기 설계 · 제조 기술: 다축 정밀 동시제어시스템을 갖추고, 회전하는 주축과 롤러, 맨드릴을 이용하여 최대 성형롤 하중 60kN 이상, 최대 성형품 직경 500mm 이상, 성형 정밀도 ±0.5mm를 충족하는 성형 장비 설계 · 제조기술
		6) 첨단 밸런싱머신 설계 · 제조기술: 회전기계의 핵심부품인 회전부의 불균일한 질량분포를 측정한 후, 베어링으로 전달되는 힘이나 진동을 국제규격(ISO 21940-21) 규정 이내가 되도록 불균일 질량을 교정하는 장비 설계 · 제조 기술
		7) 첨단 레이저 가공장비 설계 · 제조기술: 절단, 천공, 용접, 정밀가공 등을 위해 고출력 레이저 가공헤드로 공작물을 용융 · 증발시켜서 분리하는 5축 이상의 레이저 가공장비를 설계 · 제조하는 기술
		8) 방전가공기 장비 · 부품의 설계 · 제조기술: 공작물과 전극 사이에 불꽃 방전을 일으켜 티타늄, 초경합금 등 난삭재의 마이크로급 초정밀 가공을 수행하는 방전가공 장비 및 핵심요소부품의 설계 · 제조기술
13. 탄소중립	가. 탄소포집 · 활용 · 저장(CCUS : Carbon Capture, Utilization and Storage)	1) 연소 후 이산화탄소 포집 기술: 화력발전소, 철강, 화학공정, 시멘트공정 및 선박 등에서 화석연료 연소 후 발생되는 배기가스 중 이산화탄소를 효과적으로 분리하기 위한 흡수제, 흡착제, 분리막 등 분리소재를 제조하는 기술과 이를 이용한 이산화탄소 포집공정기술
		2) 연소 전 이산화탄소 포집기술: 석탄가스화 후 생성된 이산화탄소와 수소 중 이산화탄소를 분리하기 위한 흡수제, 흡착제, 분리막 등 분리소재를 제조하는 기술과 이를 이용한 이산화탄소 포집공정기술
		3) 순산소 연소기술 및 저가 산소 대량 제조기술: 기존 대량산소 제조기술인 심냉법을 대체하기 위한 이온전도성분리막(ITM, Ion Transfer Membrane), 세라믹-메탈 복합분리막(Ceramic-metal composite membrane), 흡착제 및 CLC(Chemical Looping Cycle) 등과 같이 산소를 저가로 대량생산 할 수 있는 기술과 이를 이용한 미분탄 등 화석연료의 순산소연소 공정기술
		4) 이산화탄소 지중 저장소 탐사기술 : 이산화탄소 포집 후 지하공간에 저장하기 위해 다양한 탐사 기술을 이용하여 지하 저장소를 파악하는 기술

		5) 이산화탄소 수송·저장 기술: 대량발생원에서 포집된 이산화탄소를 이송하기 위한 압축·액화 수송기술, 수송된 이산화탄소를 지하심부에 안정적으로 저장하기 위한 시추 및 주입기술, 주입된 이산화탄소의 거동을 관측하고 예측하는 기술, 이산화탄소의 누출시 지하 및 지표 생태계에 미치는 영향을 평가하고 모니터링함으로써 장기적 안정성을 제고하는 환경영향평가 및 사후관리 기술
		6) 산업 부생가스(CO, CH_4) 전환기술: 제철소, 석유화학공단, 유기성 폐기물 등에서 발생하는 부생가스(CO, CH_4)를 화학·생물 전환기술을 통해 화학원료 또는 수송연료 등을 생산하는 기술
		7) 이산화탄소 활용 기술: 이산화탄소를 광물화, 화학적·생물학적 변환을 통해 연료·화학물·건축소재 등을 재생산하는 기술
	나. 수소	1) 삭제 〈2023. 6. 7.〉
		2) 부생수소 생산기술: 철강제조공정, 석유화학공정, 가성소다 생산 공정 등에서 발생하는 부생가스를 분리 정제하여 수소를 생산하는 기술
		3) 삭제 〈2023. 6. 7.〉
		4) 액화수소 제조를 위한 수소액화플랜트 핵심부품 설계 및 제조기술: 액화수소 제조를 위한 수소액화플랜트의 LNG냉열 이용 예냉사이클 설계기술, 수소액화공정에 필요한 부품(압축기·팽창기 등) 설계 및 제작기술
		5) 삭제 〈2024. 2. 29.〉
		6) 삭제 〈2024. 2. 29.〉
		7) 삭제 〈2023. 6. 7.〉
		8) 삭제 〈2023. 6. 7.〉
		9) 액화수소 운반선의 액화수소 저장·적하역 및 증발가스 처리기술: 액화수소 운반선 내에 액화수소를 저장·적하역하기 위한 극저온 화물창 설계·제조 기술, 카고핸들링 기술 및 증발가스 처리를 위한 장치 제조 기술
		10) 암모니아 발전 기술: 암모니아 연료를 단독으로 사용하거나 석탄 또는 천연가스와 혼합하여 전력을 생산하는 기술로 연료전지, 가스터빈, 미분탄 보일러 및 유동층 보일러에 적용 가능한 발전 시스템을 설계·제작하는 기술
		11) 산업용 수소 보일러 및 연소기 설계·제작 기술: 수소 연료를 연소(혼소·전소)하여 발생하는 열에너지를 직접 사용하거나 증기·온수를 생산하는 산업용 수소 보일러 및 이를 구성하는 수소 연소기 부품을 설계·제작·운용하는 기술
	다. 신재생에너지	1) 고체산화물 연료전지 지지형셀·스택·시스템 설계 및 제조 기술: 고체산화물 연료전지(SOFC, Solid Oxide Fuel Cell)에서 중저온(650℃ 이하)에서 작동이 가능하고 출력효율이 높은 금속·연료극 지지형셀, 셀·분리판 등이 결합되어 전기와 열을 생산하는 스택, 스택을 결합하여 대량으로 발전이 가능한 시스템(발전효율 50% 이상인 4kW급 이상)을 제조하는 기술

		2) 삭제 〈2023. 6. 7.〉
		3) 고체산화물 연료전지(SOFC, Solid Oxide Fuel Cell) 소재 기술: 650℃이하에서 작동하는 연료전지로 다양한 연료[수소, 액화석유가스(LPG), 액화천연가스(LNG) 등]의 사용이 가능하고 전도 세라믹(Conducting Ceramic)을 이용하며 복합발전시스템이 가능한 전력변환장치로서 발전용 연료전지로 사용하는 소재 개발·제조기술
		4) 페로브스카이트(Perovskite), 페로브스카이트·결정질 실리콘 등 탠덤 태양전지 핵심소재 제조 및 대면적화 기술: 고효율성 및 고내구성을 가진 대면적 웨이퍼, 광활성층, 전자·정공수송층, 투명전극, 금속전극, 금속리본, 봉지, 경량 전후면 외장 재료 등의 핵심소재 제조기술, 대면적·고효율 셀 및 고출력 모듈화 기술(대면적 제조장비, 연속 공정기술 포함)
		5) 풍력에너지 생산 기술로서 회전동력을 증속시켜 발전기에 전달하는 부품 설계 및 제조기술: 블레이드(blade)로부터 전달되는 회전력을 전달받아 증속하여 발전기에 전달하는 장치를 구성하는 유성기어(planet carrier)·축(shaft)·베어링(bearing)·이음쇠(coupling)·브레이크(brake) 및 제어기(controller)의 설계 및 제조 기술
		6) 풍력에너지 생산 기술로서 발전기(Generator) 및 변환기(Inverter) 제조기술: 동력 구동장치 증속기로부터 동력을 전달받아 회전자(rotor)와 고정자(stator)를 통해 전기를 발생시키는 발전기(generator)와 정속운전 유도발전기용 변환기, 가변속 운전 이중여자 유도발전기용 변환기 및 가변속 운전 동기발전기용 변환기의 설계 및 제조 기술
		7) 풍력발전 블레이드 기술: 8MW급 이상의 풍력발전 블레이드(Blade) 설계 및 제조 기술
		8) 지열 에너지 회수 및 저장 기술: 지열에너지 이용 효율 및 경제성을 향상시키는 그라우팅(grouting) 재료 제작 기술·보어홀(borehole) 전열저항 저감기술·저비용 시추기술 및 지중 축열 기술
		9) 지열발전기술: 지하 2km 이상 깊이의 심부 지열자원을 개발하여 전기를 생산하기 위한 일련의 기술로서 지열자원탐사기술, 심부시추 기술, 심부시추공 조사기술, 인공 지열저류층 생성기술(enhanced geothermal system), 지열수 순환시스템 구축기술과 지열유체를 이용하여 전기를 생산하고 열에너지를 활용하는 기술
		10) 바이오매스 유래 에너지 생산기술: 자연에 존재하는 다양한 자원을 이용하여 직접 또는 전환공정을 통해 연료로 사용할 수 있는 고형연료, 알코올, 메탄, 디젤, 수소, 항공유 등을 생산하는 기술
		11) 폐기물 액화·가스화 기술: 재생폐기물로부터 연료유 또는 가스를 생산하기 위한 열분해·가스화 기술
		12) 미활용 폐열 회수·활용을 통한 발전 기술: 산업현장에서 사용되지 않고 버려지는 중저온(900℃ 이하) 미활용 폐열을 초임계 이산화탄소·유기냉매·열전소자 등을 통해 회수한 후 친환경 전기에너지 생산에 활용하는 발전설비 및 시스템 개발 기술

		13) 해상풍력 발전단지 내·외부 전력망에 사용되는 해저케이블 시스템 기술: 대용량 전력 전송을 위한 고밀도·장조장 특성을 갖는 해저케이블(HVAC 345kV 이상 또는 HVDC 500kV 이상)과 이를 변전소 등에 연결하는 내부전력망용 해저케이블(semi-wet 방식, 66kV 이상) 설계·제조 기술
		14) 고효율 n형 대면적 태양전지와 이를 집적한 모듈화 기술: 효율 24% 이상의 n형 대면적(M10 이상) 결정질 실리콘 태양전지 공정기술 및 고출력(출력밀도 210W/m2이상) 모듈화 집적기술(고효율 셀 기술, 고집적 모듈 기술)
	라. 산업공정	1) 삭제 〈2024. 2. 29.〉
		2) 함수소가스 활용 고로취입기술 : 제철소 발생 함수소가스 또는 수소가스를 고로 공정의 연료로 활용하여 철강을 제조하는 기술
		3) 복합취련전로 활용 스크랩 다량 사용기술 : 전로 공정에서 스크랩의 사용량을 높이기 위한 상저취전로 및 노내 2차 연소기술(복합취련전로 기술)을 활용하는 기술
		4) 이산화탄소 반응경화 시멘트 생산기술 : 시멘트의 주원료인 석회석을 탄산칼슘($CaCO_3$)이 없는 물질(Rankinite, Wollastonite 등)로 대체하는 공정기술과 이산화탄소에 경화되는 시멘트를 생산하는 기술
		5) 산화칼슘 함유 비탄산염 산업부산물의 시멘트 원료화 기술 : 시멘트 산업에서 클링커 원료인 석회석을 산화칼슘(CaO)을 함유한 비탄산염 산업부산물로 대체하는 공정기술로 비탄산염 원료 전처리 기술, 공정운전 최적화 기술
		6) 이산화탄소 저감 시멘트 생산을 위한 연·원료 대체기술 : 시멘트 제조공정 중 석회석 등 탄산염광물을 비탄산염 원료로 대체하는 소재·공정기술과 수소, 바이오매스, LNG 등 친환경 열원 및 가연성 순환자원연료를 이용하여 이산화탄소(CO_2) 발생을 저감하는 소성 기술
		7) 시멘트 소성공정 유연탄 대체 기술 : 시멘트 소성공정의 열원인 유연탄을 대체하기 위한 대체연료(가연성 폐기물, 바이오매스) 전처리 및 연료 제조 기술, 고효율 연소기술 및 연소 후 후처리 기술
		8) 석유계 플라스틱 대체 바이오 케미칼 원료 생산기술 : 바이오 매스를 처리하여 활용 가능한 당, 지질, 글리세롤 등을 바이오 플라스틱의 원료인 케미칼 원료로 전환시키는 화학적, 생물학적 기술
		9) 전기가열 나프타 분해기술 : 전기저항/유도 가열 방식을 활용한 나프타 분해공정을 통해 에틸렌·프로필렌 등 석유화학 기초원료를 제조하는 기술
		10) 반도체·디스플레이 식각·증착공정의 대체소재 제조 및 적용기술 : 반도체·디스플레이 제조공정에서 사용하는 식각 및 증착용 온실가스를 GWP(Global Warming Potential)가 낮은 가스로 대체하기 위한 소재를 제조하는 기술 및 이를 적용하기 위한 설비 및 부품개발, 공정설계 및 평가 기술

		11) 반도체 및 디스플레이 제조공정에서 배출되는 불소화합물 및 아산화질소 배출 저감기술: 반도체·디스플레이 제조공정에서 배출되는 불소화합물 및 아산화질소 가스를 LNG, 전기 에너지 등을 활용하여 고온에서 분해하는 방법의 배출저감기술
		12) 해상(FSRU) 및 육상 LNG터미널에서의 LNG 냉열발전 결합형 재기화 기술: LNG 냉열의 회수 공정을 이용하여 재기화 송출 용량이 750 MMSCFD(Million Metric Standard Cubic Feet per Day) 이상이고, 소요전력 20퍼센트 이상 절감 및 온실가스 20퍼센트 이상 감소 가능한 냉열 발전이 결합된 재기화 시스템의 공정 설계 및 설비 제작 기술
		13) 철강 가열공정 탄소연료 대체기술: 단조, 압연 공정에 사용되는 화석연료를 저탄소 연료(수소, 암모니아)로 전환하는 기술 및 발생된 이산화탄소는 재순환시켜 에너지 효율을 향상시키는 기술
		14) 전기로 저탄소원료(직접환원철·수소환원철) 활용기술: 전기로 용해공정에서 저탄소 원료인 직접환원철 또는 수소환원철로 철강을 제조하는 기술
	마. 에너지효율·수송	1) 지능형 전력계통(Smart Grid) 설계 및 제조기술: 전력 기술과 정보·통신 기술의 융합을 통해 전력 공급자와 소비자가 양방향으로 실시간 정보를 교환함으로써 고신뢰도 유지 및 에너지 효율 최적화를 달성하기 위한 차세대 전력시스템 설계 및 제조기술
		2) 지능형 배전계통 고도화 및 운용기술: 지능형 배전계통에 필요한 고신뢰성·고품질의 전력공급 및 지능형 배전계통을 보호·제어하기 위한 기술로서 보호 및 제어용 지능형전력장치(IED, Intelligent Electric Device) 기술, IED가 탑재된 배전용 개폐기 및 차단기 제조 기술, 지능형 배전계통 데이터베이스(database) 통합 관리 기술, 지능형 배전계통의 자산관리 및 운용 기술, 지능형 직류배전 공급용 기기 제조 기술, 지능형 분산전원 연계기기 제조 기술, 지능형 배전계통 전력품질 보상기기 및 지능형 배전망 운용 기술
		3) 지능형 건축물 에너지 통합 관리시스템 기술: 개별 또는 복수의 건축물을 대상으로 해당 건축물에서 소비하는 에너지를 원격 및 통합적으로 계측·평가 및 관리하는 관리 시스템 설계·구축 기술
		4) 지능형 검침인프라(AMI, Advanced Metering Infrastructure) 설계·제조기술: 양방향 통신 기반의 전자식 계량기를 활용하여 전기사용정보 등을 수집 후 통합관리하는 인프라로서 실시간으로 전력가격 및 사용정보를 소비자에게 전달하여 수요반응 등을 가능케 하고, 공급자에게는 더욱 정확한 수요예측 및 부하관리 등이 가능하게 하는 기술
		5) 데이터센터 냉방·공조 및 에너지 효율화 기술: 냉방·공조 시스템 및 IT 기반시설 장치를 제어하여 전체 데이터센터의 에너지 효율을 최적화하는 데이터센터 인프라 관리 기술
		6) 극저온 액체 저장 및 이송용 펌프 설계·제조기술: 액화천연가스(LNG), 액화수소가스(LH_2) 등 극저온 액체를 누수 없이 저장 및 이송하기 위해 사용하는 극저온용 펌프로 극저온용 밀봉 소재와 베어링(Bearing), 터미널 헤더(Terminal Heather) 등의 부품을 설계·제조·시험·평가 기술

		7) 히트펌프 적용 온도 범위 확대 및 효율 향상 기술 : 친환경 냉매 개발, 열교환기 성능 향상과 사용 열원 확대를 통해 고온·저온의 열에너지 공급이 가능한 히트펌프 시스템 기술
		8) 선박용 디젤엔진 제조 기술: 해상 운송의 추진, 발전용으로 사용하고, 이중연료[액화천연가스(LNG), 액화석유가스(LPG) 등의 가스연료 포함] 사용이 가능한 디젤엔진을 제조하는 기술로, 크랭크 샤프트(Crankshaft), 피스톤(Piston), 피스톤링(Piston Ring), 실린더헤드(Cylinder Head) 등 엔진의 핵심 소재·부품을 설계·제작·시험·평가하는 기술
		9) 친환경 굴착기 설계·제조기술 : 순수 전기(모터), 하이브리드(모터와 엔진), 바이오연료(엔진)로 구동할 수 있는 굴착기 생산 기술
		10) 암모니아 추진선박의 연료공급 및 후처리 기술 : 암모니아를 연료로 추진하는 선박에 적용되는 암모니아 연료 공급 시스템 및 연소 후 배기가스 후처리 시스템 기술
		11) 극저온 액체 저장 및 이송용 극저온 냉동기술: 극저온 액체 저장 및 이송용 극저온 냉동기술: 액화질소(끓는 점 −196℃), 액화수소(끓는 점 −253℃) 등 −196℃ 이하의 극저온 액체를 자체 증발로 인한 손실 없이 저장 및 이송하기 위해 사용하는 극저온 냉동 기술
		12) 연료전지, 배터리 및 축발전기 모터를 적용한 선박 발전시스템: 연료전지, 배터리 및 축발전기 모터 하이브리드 전력시스템을 선박의 발전원으로 활용하는 기술
		13) 고효율 산업용 전동기 설계·제조 기술: IEC 60034-30-1규격의 IE4급 이상의 고효율 산업용 전동기 설계·제조 기술
14. 방위산업	가. 방산장비	1) 추진체계 기술: 유무인 항공기, 기동장비, 유도무기, 함정 등에 장착하는 터보제트엔진, 터보샤프트엔진, 터보프롭엔진, 터보팬엔진, 왕복엔진의 완제엔진, 부체계(엔진제어, 연료, 윤활, 기어박스 등), 구성품(팬, 압축기, 연소기, 터빈, 배기노즐 등), 소재(내열·경량합금, 복합재, 고온코팅 등) 등을 설계·제작·조립·인증·시험평가하는 기술
		2) 군사위성체계 기술: 군사용 위성체계 중 감시정찰 및 통신위성의 위성체계(전력체계, 자세제어체계, 위성탑재컴퓨터, 송수신체계, 구조체 등), 구성품(위성통신송수신 안테나, 광학장비, 영상레이더, 항법체계 등), 관련 소재, 지상장비, 발사체(고체연료) 등을 설계·제작·조립·인증·시험평가하는 기술
	나. 전투지원	1) 유무인복합체계 기술: 유무인복합체계에 필요한 환경인식기술, 위치추정기술, 자율임무 수행기술, 유무인협업기술, 무선통신기술, 네트워크 보안기술, 의사결정지원기술, 원격통제기술 등을 활용하여 유무인복합체계를 설계·제작·조립하는 기술

비고
위 표에 따른 신성장·원천기술의 유효기한은 2024년 12월 31일로 한다.

■ 조세특례제한법 시행령 [별표 13] 〈신설 2014.2.21.〉

외국인투자 조세감면 배제국가(제116조의2제13항 관련)

1. 레바논
2. 보츠와나
3. 도미니카 연방
4. 과테말라
5. 나우루
6. 니우에
7. 트리니다드 토바고
8. 키프로스
9. 세이셸

조세특례제한법 시행규칙 [별표 14] 〈신설 2017. 3. 17.〉

신성장기술 직접 관련 소재·공정 기술(제51조 관련)

유형분류	대상기술	적용분야
1. 소재 기술	가. 고집적도 반도체 소재 기술: 기존 반도체 메모리와 달리 얇은 자성 박막으로 만들어진 새로운 비휘발성(nonvolatile, 非揮發性) 메모리 소자로 외부 전원 공급이 없는 상태에서 정보를 유지할 수 있고 고속 동작과 집적도(degree of integration, 集積度)를 높일 수 있는 소재를 개발·제작하는 기술	5-가, 지능형반도체·센서
	나. 플렉서블 전도성 소재 기술: 초소형 웨어러블 부품 등에 활용되는 인체 신호 전달용 전극 디스플레이용 소재[플라스틱, 금속, 탄소 나노튜브(carbon-nanotube), 그래핀(Graphene) 등]를 개발·제작하는 기술	2-마, 착용형 스마트기기, 9-가, 고기능섬유
	다. 마이크로 LED 소재 기술: 광 응용 분야에 적용할 수 있는 플렉서블 디스플레이, 스마트 섬유, 바이오 콘택트렌즈, HMD(Head Mounted Display), 인체 부착 및 무선 통신 분야에 활용되는 칩 사이즈가 0~100㎛ 수준의 마이크로 LED 소재를 개발·제작하는 기술	1-가, 자율주행차, 1-나, 전기구동차, 2-마, 착용형 스마트기기, 3-나, 융합보안, 5-가, 지능형반도체·센서, 5-다, OLED, 7-가, 바이오화합물·의약, 7-나, 의료기기·헬스케어
	라. 전기자동차용 배터리 소재: 소형의 고에너지(high energy) 밀도를 가지는 나트륨-유황 전지, 아연-브롬 전지, 아연-염소 전지 등의 리튬이온 이차전지로 주로 전기자동차 또는 전력저장을 위한 배터리 소재를 개발·제작하는 기술	1-나, 전기구동차
	마. 지능형·기능성 센서 소재: 자동차, 로봇, 등의 카메라, 라이다, 레이더 등에 적용하여 전방위 물체 정보 처리, 주변 상황 인지, 자율 주행 등과 가스, 광 등 주변 변화에 민감하게 반응하는 전극용 소재 기술	1-가, 자율주행차, 2-나, IoT, 5-가, 지능형반도체·센서, 10-나, 안전로봇,
	바. 탄소복합체 신소재 기술: 탄소섬유 강화 플라스틱(CFRP, Carbon Fiber Reinforced Plastics), 경량화 미래형 핵심소재로서 아크릴 섬유를 1000℃~2000℃의 초고온 환경에서 특수 열처리해(코팅 등) 만드는 특수 소재 기술	11-나, 우주
	사. 3D프린팅용 복합소재기술(친환경,의료용,심미용): 인체유해성을 배제한 프린팅용 소재기술로 3D 프린팅 원료를 출력 가능한 형태로 가공하여 공정성 및 흐름성을 부여하고, 3차원 형상물 제조 공정 중 상변화가 용이하거나 고른 분산성을 유지하여 강한 층간결합력 및 높은 해상도를 달성할 수 있도록 하는 생체적합성(biocompatibility, 生體適合性) 소재, 능동형 하이브리드(hybrid; 혼합) 스마트 소재, 복합기능성 고분자 소재 기술	5-라, 3D프린팅

	아. 고기능성 화학품 신소재 기술: AMOLED(Active Matrix Organic Light-Emitting Diode; 능동형 유기발광다이오드) 패널 및 플렉서블 디스플레이용 회로 형성에 필요한 식각액(etchant), 박리액(Stripper), 세정액 등에 사용되는 화학품 신소재	5-다, OLED
	자. 유전자 검사용 초소형 바이오 반도체 소재: 나노반도체 기술을 바이오 분야에 접목하여 멀티 센싱(multi-sensing)을 이용해 미량의 생체분자(organic molecule, 生體分子) 혹은 생체표지자(biomarker, 生體標識子)를 검출하는 등 실시간 진단이 가능한 고기능 바이오 반도체 및 센서용 소재 기술	7-나, 의료기기, 헬스케어
	차. 유무기 나노 하이브리드소재(Organic-Inorganic Hybrid Nano-Materials)기술: OLED, 연료전지, 이차전지, 태양전지 등의 고경도, 친수(親水), 발수(撥水), 방청(防錆), 전자파 차단 등 표면 특성 강화를 위한 코팅용 유무기(有無機) 소재 기술	5-다. OLED 8-나, 신재생에너지 8-다, 에너지효율향상
	카. 슈퍼 엔지니어링 플라스틱(SEP, Super engineering plastics) 소재기술 : 무인기, 위성 및 우주발사체, 플렉서블 디스플레이 등의 경량화, 전자기기 오작동 방지 등을 위한 PPS(Poly Phenylene Sulfide) 소재, PI(Polyimide) 소재, 컴파운딩, TPEE(thermoplastic polyester elastomer) 소재, 친환경 PETG(Polyethylene terephthalate glycol-modified)소재, 생분해성(生分解性, biodegradability) 플라스틱 등 금속을 대체하는 플라스틱 소재 기술	9-나, 초경량금속 11-나, 우주
2.공정기술	가. 지능형 전력반도체 모듈 기술: 가전기기, 산업용 전동기, 자동차, 신재생 에너지 분야에 적용 가능한 전력용 반도체 모듈로서 전력소자, 구동 회로, 보호회로 및 기타 주변회로를 한 패키지 안에 집적한 제품의 설계 및 제조 기술	8-다, 에너지효율향상
	나. 대화면 플렉서블 OLED 제작 기술: 대면적 플렉서블 OLED 디스플레이의 제작을 위해 유리 봉지기술, 하이브리드 봉지기술 등을 통한 플라스틱 기판 소재 및 투명 필름 제작 공정 기술	5-다, OLED
	다. 난삭(難削) 메탈소재 가공 및 공정 기술: 항공/우주 산업의 티타늄, 복합재료 및 니켈합금, 자동차 산업의 CGI(Compacted Graphite Iron), 세라믹 및 고경도강, 바이오 산업의 바이오 세라믹 및 코발트 크롬 등 난삭(難削) 메탈소재 가공 및 공정 기술	9-라. 타이타늄
	라. 기능성(내열성, 초소형) 렌즈 수지 및 제조 공정 기술: 내충격이 우수한 고굴절 광학렌즈용 수지 조성물을 이용하여 가공성을 향상시키고 아베수(Abbe's number), 투명성, 자외선 차단성 등의 광학 특성이 우수한 기능성 광학렌즈 제조 및 공정기술	1-가, 자율주행차 2-나, IoT 2-마, 착용형스마트기기
	마. OLED 소재 패턴 정밀화 향상 기술: Fine Metal Mask(FMM) 방식으로 주로 저분자 재료를 적용하여 고진공(高眞空)하에서 박막의 금속 마스크(Metal mask)를 기판에 밀착시켜서 원하는 위치에만 OLED 재료를 증착하여 화소를 형성시키는 방법으로 주로 OLED에 이용되는 금속 박막을 이용한 제조 기술	5-다. OLED

비고 : 적용분야란 「조세특례제한법 시행령」 별표 7에 따른 신성장동력·원천기술 분야별 대상기술과 관련된 분야를 말한다.

중소기업 세액공제·감면 실무

초판발행 / 2025년 5월 8일

글쓴이 / 장상록 · 이한솔 · 안미예라
펴낸이 / 박준성
펴낸곳 / 준커뮤니케이션즈
등록일 / 2004년 1월 9일 제25100-2004-1호
주　소 / 대구광역시 중구 명륜로 129 삼협빌딩 3층
홈페이지 / www.jbooks.co.kr
전　화 / (053)425-1325
팩　스 / (053)425-1326

ISBN 979-11-6296-060-8　93360

값 30,000원

※파본은 바꿔 드립니다. 본서의 무단복제행위를 금합니다.